Großkommentare der Praxis

STAUB
Handelsgesetzbuch

Großkommentar

Begründet von Hermann Staub

5., neu bearbeitete Auflage

herausgegeben von

Claus-Wilhelm Canaris
Mathias Habersack
Carsten Schäfer

Zwölfter Band
§§ 407–450

Zweiter Teilband:
§§ 407–424; 436–442

Bearbeiter:
Patrick Schmidt

De Gruyter

Bearbeitungsstand: 1. November 2013

Zitiervorschlag: *P. Schmidt* in Großkomm. HGB, 5A, § 407 Rn 6

Bandherausgeber: Professor Dr. Dr. h.c.mult. *Claus-Wilhelm Canaris*, München

ISBN 978-3-89949-418-1
eISBN 978-3-11-028602-1

Bibliografische Information der Deutschen Nationalbibliothek

Die Deutsche Nationalbibliothek verzeichnet diese Publikation in der Deutschen Nationalbibliografie; detaillierte bibliografische Daten sind im Internet über http://dnb.d-nb.de abrufbar.

Satz/Konvertierung: Werksatz Schmidt & Schulz GmbH, Gräfenhainichen
Druck: Strauss GmbH, Mörlenbach

∞ Gedruckt auf säurefreiem Papier

Printed in Germany

www.degruyter.com

Verzeichnis der Bearbeiter der 5. Auflage

Professor Dr. **Jochen Axer**, Rechtsanwalt, Wirtschaftsprüfer, Steuerberater, axis Rechtsanwälte, Köln

Dr. **Peter Balzer**, Rechtsanwalt, Sernetz Schäfer Rechtsanwälte, Düsseldorf

Professor Dr. **Benjamin B. von Bodungen**, LL.M. (Auckland), GGS, Heilbronn

Professor Dr. **Ulrich Burgard**, Otto-von-Guericke-Universität Magdeburg

Professor Dr. Dr. h.c. mult. **Claus-Wilhelm Canaris**, Ludwig-Maximilians-Universität München

Professor Dr. **Matthias Casper**, Westfälische Wilhelms-Universität Münster

Dipl.-Kfm. **Andrej Cepuran**, axis Beratungsgruppe, Köln

Professor Dr. **Gerhard Dannecker**, Ruprecht-Karls-Universität Heidelberg

Professor Dr. **Klaus-Dieter Drüen**, Heinrich-Heine-Universität Düsseldorf

Dr. **Raimond Emde**, Rechtsanwalt, Graf von Westphalen, Hamburg

Professor Dr. **Florian Faust**, LL.M. (Univ. of Michigan), Bucerius Law School, Hamburg

Professor Dr. **Stefan Grundmann**, Humboldt-Universität Berlin

Professor Dr. **Mathias Habersack**, Ludwig-Maximilians-Universität München

Dr. **Stephan Harbarth**, LL.M. (Yale), Rechtsanwalt, SZA Schilling, Zutt & Anschütz, Mannheim

Professor Dr. h.c. mult. **Peter Hommelhoff**, Ruprecht-Karls-Universität Heidelberg

Professor Dr. **Rainer Hüttemann**, Dipl.-Volksw., Rheinische Friedrich-Wilhelms-Universität Bonn

Professor Dr. **Detlev Joost**, Universität Hamburg

Professor Dr. **Christian Kersting**, LL.M. (Yale), Heinrich-Heine-Universität Düsseldorf

Professor Dr. **Peter Kindler**, Ludwig-Maximilians-Universität München

Professor Dr. **Detlef Kleindiek**, Universität Bielefeld

Professor Dr. **Jens Koch**, Rheinische Friedrich-Wilhelms-Universität Bonn

Professor Dr. **Ingo Koller**, Universität Regensburg

Dr. **Ernst-Thomas Kraft**, Rechtsanwalt, Hengeler Mueller, Frankfurt am Main

Dr. **Stefan Kröll**, LL.M. (London), Rechtsanwalt, Köln

Daniela Mattheus, Ernst & Young Wirtschaftsprüfungsgesellschaft, Berlin

Privatdozent Dr. **André Meyer**, LL.M., Rheinische Friedrich-Wilhelms-Universität Bonn

Professor Dr. **Hartmut Oetker**, Universität zu Kiel

Professor Dr. **Karsten Otte**, M.J.C. (Austin), Direktor bei der Bundesnetzagentur, Bonn

Dr. **Moritz Pöschke**, LL.M. (Havard), Rechtsanwalt, Mülheim an der Ruhr

Dr. **Moritz Renner**, Humboldt-Universität zu Berlin

Professor Dr. **Carsten Schäfer**, Universität Mannheim

Professor Dr. **Patrick Schmidt**, Universität Mannheim

Professor Dr. **Jan Schürnbrand**, Eberhard-Karls-Universität Tübingen

Professor Dr. **Martin Schwab**, Freie Universität Berlin

Professor Dr. **Jan Thiessen**, Eberhard-Karls-Universität Tübingen
Professor Dr. **Christoph Weber**, Julius-Maximilians-Universität Würzburg
Professor Dr. **Jens Wüstemann**, Universität Mannheim

Vorwort zur 5. Auflage

Die fünfte Auflage des von Hermann Staub begründeten Großkommentars zum HGB fällt in eine Epoche, die das Handelsrecht – und mit ihm seine Kommentatoren – vor große Herausforderungen stellt. Sah sich das HGB, vom Bilanzrichtliniengesetz abgesehen, über Jahrzehnte nur punktuellen und überwiegend marginalen Änderungen ausgesetzt, so haben Tempo und Intensität der Reformen während der vergangenen fünfzehn Jahre ganz erheblich zugenommen. Das Handelsrechtsreformgesetz 1998, die Schuldrechtsreform, das Bilanzkontroll- und das Bilanzrechtsreformgesetz, das EHUG und zuletzt das MoMiG und das BilMoG – all diese und weitere Änderungsgesetze haben, vielfach gemeinschaftsrechtlichen Vorgaben Rechnung tragend, tiefgreifende Änderungen des Textes und der Systematik des HGB bewirkt, die es in der Neuauflage aufzubereiten und in ihren praktischen Folgen zu würdigen gilt.

Anspruch und inhaltliche Konzeption des Kommentars haben gegenüber der Vorauflage keine Änderungen erfahren: Nach wie vor soll der Kommentar in einer sowohl wissenschaftlichen Ansprüchen genügenden als auch die Belange und Gepflogenheiten der Praxis berücksichtigenden Art und Weise über den Stand der Diskussion informieren und Entwicklungslinien aufzeigen. Im Unterschied zur Vorauflage erscheint die Neuauflage freilich nicht mehr in Einzellieferungen, sondern in Bänden. Fünfzehn Bände sind vorgesehen, und damit liegt die Gesamtzahl über derjenigen der Vorauflage, was aber vor allem auf eine neue Bandeinteilung zurückzuführen ist. Diese wiederum soll es ermöglichen, einzelne Bände je nach Bedarf und unabhängig von andern Bänden in neuer Bearbeitung vorzulegen, ohne dass damit eine Neuauflage des Gesamtwerkes verbunden sein müsste. Mit der Neuauflage des Staub soll also eingeführt werden, was für die dreizehnte Auflage des Staudinger längst bewährte Realität ist. Der Abschluss der fünften Auflage ist für das Jahr 2015 vorgesehen.

Unter den Autoren sind *Claus-Wilhelm Canaris*, der bereits – zusammen mit *Wolfgang Schilling* und *Peter Ulmer* – Mitherausgeber der vierten Auflage war, *Mathias Habersack* und *Carsten Schäfer* mit der Herausgeberaufgabe betraut worden. Die wissenschaftliche Verantwortung der Bearbeiter für den von ihnen jeweils übernommenen Teil der Kommentierung bleibt unberührt.

Der jetzt vorgelegte Teilband 12/2 umfasst die Kommentierung der §§ 407 bis 424 sowie der §§ 436 bis 442, die Patrick Schmidt übernommen hat.

November 2013 Herausgeber und Verlag

Inhaltsübersicht

VIERTES BUCH

Handelsgeschäfte

§§

Abkürzungsverzeichnis

aA	anderer Ansicht
aaO	am angegebenen Ort
abl.	ablehnend
ablehn.	ablehnend
Abs.	Absatz
Abschn.	Abschnitt
abw.	abweichend
AcP	Archiv für civilistische Praxis
ADAC	Allgemeiner Deutscher Automobil-Club
ADHGB	Allgemeines Deutsches Handelsgesetzbuch v. 1861
aE	am Ende
a.F.	alte Fassung
AG	1. Amtsgericht 2. Aktiengesellschaft
AGB	Allgemeine Geschäftsbedingungen
AGG	Allgemeines Gleichbehandlungsgesetz
AiB	Arbeitsrecht im Betrieb
AktG	Aktiengesetz
Aktz.	Aktenzeichen
allg.	allgemein
allgM	allgemeine Meinung
a.M.	andere(r) Meinung
amtl. Begr.	Amtliche Begründung
AnfG	Anfechtungsgesetz
Anh.	Anhang
Anl.	Anleitung
Anm.	Anmerkung(en)
AO	1. Amtsordnung (Schleswig Holstein) 2. Abgabenordnung
AöR	Archiv des öffentlichen Rechts
AP	Arbeitsrechtliche Praxis
ApothekenBetrO	Apothekenbetriebsordnung
ApothekenG	Apothekengesetz
ArbG	Arbeitsgericht
ArbGG	Arbeitsgerichtsgesetz
AR-Blattei	Arbeitsrecht-Blattei
ArbR	Arbeitsrecht
ArbstättVO	Arbeitsstättenverordnung
ArbZG	Arbeitszeitgesetz
ArchBürgR	Archiv für Bürgerliches Recht
Art.	Artikel
AÜG	Arbeitnehmerüberlassungsgesetz
Aufl.	Auflage
AV	Ausführungsverordnung
AWD	Allgemeiner Wirtschaftsdienst
AZR	Gesetz über das Ausländerzentralregister

Baden-Württ.	Baden-Württemberg
BaFin	Bundesfinanzaufsicht
BAnz	Bundesanzeiger
BauspG	Gesetz über Bausparkassen
BayERVV	Bayerische Verordnung über den elektronischen Rechtsverkehr und elektronische Verfahren (E-Rechtsverkehrsverordnung – ERVV)
BaWüNotZ	Baden-Württembergische Notarzeitung
BayObLG	Bayerisches Oberlandesgericht
BayZ	Bayerische Zeitung
BAG	Bundesarbeitsgericht
BAO	Bundesabgabenordnung
BÄO	Bundesärzteordnung
BB	Der Betriebs-Berater
BBiG	Berufsbildungsgesetz
BC	Zeitschrift für Bilanzierung, Rechnungswesen und Controlling
Bd.	Band
Bek. v.	Bekanntmachung vom
Begr.	Begründung
Beschl.	Beschluss
BetrAVG	Gesetz zur Verbesserung der betrieblichen Altersversorgung (Betriebsrentengesetz)
BetrVG	Betriebsverfassungsgesetz
BeurkG	Beurkundungsgesetz
BfA	Bundesversicherungsanstalt für Angestellte
BFH	Bundesfinanzhof
BFHE	Entscheidungen des Bundesfinanzhofes
BGB	Bürgerliches Gesetzbuch vom 18.8.1896
BGBl.	Bundesgesetzblatt
BGH	Bundesgerichtshof
BGHR	BGH-Rechtsprechung, hrsg. von den Richtern des Bundesgerichtshofes
BGHZ	Entscheidungen des Bundesgerichtshofes in Zivilsachen
BKartA	Bundeskartellamt
BKR	Zeitschrift für Bank- und Kapitalmarktrecht
Bl.	Blatt
BMJ	Bundesministeriums der Justiz
BNotO	Bundesnotarordnung
BoHdR	Bonner Handbuch der Rechnungslegung
BörsG	Börsengesetz
BörsZulV	Börsenzulassungsverordnung
BPatG	Bundespatentgericht
BPatGE	Entscheidungen des Bundespatentgerichts
BR-Drucks.	Bundesratsdrucksache
BRAGO	Bundesgebührenordnung für Rechtsanwälte
BRAK-Mitt	Mitteilungen der Bundesrechtsanwaltskammer
BStBl	Bundessteuerblatt
BT	Bundestag
BT-Drucks.	Bundestagsdrucksache
BUrlG	Bundesurlaubsgesetz vom 8.1.1963
BVerfG	Bundesverfassungsgericht
BVerfGE	Entscheidungen des Bundesverfassungsgerichts
BVK	Bayerische Versicherungskammer
BWNotZ	Zeitschrift für das Notariat in Baden-Württemberg
bzgl.	bezüglich
bzw.	beziehungsweise

CDH	Centralvereinigung Deutscher Wirtschaftsverbände für Handelsvermittlung und Vertrieb e.V.
cic	culpa in contrahendo
CISG	United Nations Convention on Contracts for the International Sale of Goods, UN-Kaufrecht
DAR	Deutsches Autorecht
DAV	Deutscher Anwaltsverein
ders.	derselbe
DB	Der Betrieb
DCGK	Deutscher Corporate Governance Kodex
d.h.	das heißt
dies.	dieselbe(n)
DIHT	Deutscher Industrie- und Handelstag
Dipl.	Diplom
Diss	Dissertation
DJT	Deutscher Juristentag
DNotZ	Deutsche Notarzeitung
DR	Deutsches Recht
DStR	1. Deutsche Steuerrundschau 2. Deutsches Strafrecht
DV	1. Durchführungsverordnung 2. Deutsche Verwaltung
DZWIR	Deutsche Zeitschrift für Wirtschafts- und Insolvenzrecht
E	Entscheidung
EBE/BGH	Eildienst Bundesgerichtliche Entscheidungen
EBJS	Ebenroth/Boujong/Joost/Strohn
EDV	elektronische Datenverarbeitung
EFG	Entscheidungen der Finanzgerichte
EFZG	Entgeltfortzahlungsgesetz
EG	Europäische Gemeinschaft
EGBGB	Einführungsgesetz zum Bürgerlichen Gesetzbuch
EGHGB	Einführungsgesetz zum Handelsgesetzbuch
EGInsO	Einführungsgesetz zur Insolvenzordnung
EGVP	Elektronisches Gerichts- und Verwaltungspostfach
EGVVG	Einführungsgesetz zum Versicherungsvertragsgesetz
ehem.	ehemalige
EHUG	Gesetz über elektronische Handelsregister und Genossenschaftsregister sowie das Unternehmensregister
einh.	Einheitlich
Einl.	Einleitung
e.K.	Eingetragener Kaufmann/Eingetragene Kauffrau
Entsch.	Entscheidung
ErbStG	Erbschaftsteuer- und Schenkungsteuergesetz
E-Register	elektronisches Register
ERJuKoG	Gesetz über elektronische Register und Justizkosten für Telekommunikation
Erl.	Erläuterung
EStG	Einkommenssteuergesetz
etc.	et cetera
EU	Europäische Union
EuGH	Europäischer Gerichtshof
EuGHE	Entscheidungen des Europäischen Gerichtshofs
EuG	Europäisches Gericht Erster Instanz
EuGVVO	Verfahrensverordnung des Europäischen Gerichts Erster Instanz vom 1.3.2002

EuGVÜ	Übereinkommen über die gerichtliche Zuständigkeit und die Vollstreckung von Entscheidungen in Zivil- und Handelssachen, vom 27.9.1968, seit dem 1.3.2002 weitgehend durch die EuGVVO ersetzt
EuInsVO	Europäische Insolvenzverordnung
EuLF	European Law Forum
EuZVO	Europäische Zustellungsverordnung
EuZW	Europäische Zeitung für Wirtschaftsrecht
EuroEG	Euro- Einführungsgesetz
EWiR	Entscheidungen zum Wirtschaftsrecht
EWIV	Europäische wirtschaftliche Interessenvereinigung
EWR	Europäischer Wirtschaftsraum
EWS	1. Europäisches Währungssystem 2. Europäisches Wirtschafts- und Steuerrecht
EV	1. Eigentumsvorbehalt 2. Einführungsverordnung
EzA	Entscheidungssammlung zum Arbeitsrecht
f	folgende
FamFG	Familienverfahrensgesetz
FAZ	Frankfurter Allgemeine Zeitung
FeiertagslohnzahlungsG	Feiertagslohnzahlungsgesetz
ff	fortfolgende
FG	Finanzgericht
FGG	Gesetz über die Freiwillige Gerichtsbarkeit
FGPrax	Praxis der freiwolligen Gerichtsbarkeit
Fn	Fußnote
FS	Festschrift
GBO	Grundbuchordnung
GbR	Gesellschaft bürgerlichen Rechts
gem.	gemäß
GenG	Genossenschaftsgesetz
GewO	Gewerbeordnung
GesRZ	Der Gesellschafter
GG	Grundgesetz
ggf.	gegebenenfalls
GK	Großkommentar
GmbH	Gesellschaft mit beschränkter Haftung
GmbHG	Gesetz betreffend die Gesellschaften mit beschränkter Haftung
GmbHR	GmbH-Rundschau
GenG	Genossenschaftsgesetz
GewO	Gewerbeordnung
GewStG	Gewerbesteuergesetz
GoA	Geschäftsführung ohne Auftrag
GOÄ	Gebührenordnung für Ärzte
GOZ	Gebührenordnung für Zahnärzte
GREStG	Grunderwerbsteuergesetz
GRUR	Gewerblicher Rechtsschutz und Urheberrecht
GRUR-RR	Gewerblicher Rechtsschutz und Urheberrecht/Rechtsprechungsreport
GSG	Gerätesicherheitsgesetz
GV	Gebührenverzeichnis
GVG	Gerichtsverfassungsgesetz
GVO	Gerichtsvollzieherordnung
GWB	Gesetz gegen Wettbewerbsbeschränkungen

hA	herrschende Ansicht
HAG	1. Heimarbeitsgesetz 2. Hessisches Ausführungsgesetz
Halbbd.	Halbband
HansGZ	Hanseatische Gerichtszeitschrift
HandelsR	Handelsrecht
Hdb.	Handbuch
HdJ	Handbuch des Jahresabschlusses
HdR-EA	Handbuch der Rechnungslegung – Einzelabschluss
HGB	Handelsgesetzbuch
HK	Handelskammer
HKO	Haager Landkriegsordnung
hL	herrschende Lehre
hM	herrschende Meinung
HOAI	Honorarordnung für Architekten und Ingenieure in der Bekanntmachung vom 4.3.1991
HRefG	Handelsrechtsreformgesetz vom 22.6.1998
HRegGebV	Verordnung über Gebühren in Handels, Partnerschafts- und Genossenschaftsregistersachen Handelsregistergebührenverordnung)
HRegGebNeuOG	Handelsregistergebühren-Neuordnungsgesetz
HRR	Höchstrichterliche Rechtsprechung
Hrsg.	Herausgeber
HRV	Verordnung über die Einrichtung und Führung des Handelsregisters
Hs./Hs	Halbsatz
HSG	Hochschulgesetz
HuRB	Handwörterbuch unbestimmter Rechtsbegriffe im Bilanzrecht des HGB
HV	Handelsvertreter
HVR	Humanitäres Völkerrecht
HVuHM	Der Handelsvertreter und Handelsmarker
HWK	Handwerkskammer
ICC	1. Intergovernmental Copyright Committee 2. International Chamber of Commerce
i.d.F.	in der Fassung
i.d.R.	in der Regel
IDW	Institut der Wirtschaftsprüfer
i.E.	im Ergebnis
i.e.S.	im engeren Sinne
IFSt	Institut Finanzen und Steuern
IHR	Internationales Handelsrecht
insbes.	insbesondere
Ind.- u. Handelsk.	Industrie- und Handelskammer
InsO	Insolvenzordnung
InsoBekV	Verordnung zu öffentlichen Bekanntmachungen in Insolvenzverfahren im Internet
InvG	Investmentgesetz
InvStG	Investmentsteuergesetz
IPRax	Praxis des Internationalen Privat- und Verfahrensrechts
IPRsp.	Die Deutsche Rechtsprechung auf dem Gebiet des internationalen Privatrechts
i.S.d.	im Sinne des
i.S.v.	im Sinne von
i.V.m.	in Verbindung mit
i.w.S.	im weiteren Sinne

IZPR	Das Internationale Zivilprozess
JA	Juristische Arbeitsblätter
JbFSt	Jahrbuch der Fachanwälte für Steuerrecht
jew.	jeweils
JMBl.	Justizministerialblatt
JR	Juristische Rundschau
JRPV	Juristische Rundschau für Privatversicherung
JURA	Juristische Ausbildung
JuS	Juristische Schulung
JVKostO	Justizverwaltungskostengesetz
JW	Juristische Wochenschrift
JZ	Juristenzeitung
Kart	Kartell
Kfm.	Kaufmann
KFR	Kommentierte Finanzrechtsprechung
Kfz	Kraftfahrzeug
KG	1. Kammergericht 2. Kommanditgesellschaft
KGaA	Kommanditgesellschaft auf Aktien
KGJ	Jahrbuch für Entscheidungen des Kammergerichts in Sachen der freiwilligen Gerichtsbarkeit und Kosten-, Stempel- und Strafsachen
KO	1. Kassenordnung 2. Konkursordnung
KOM	Kommissionsdokumente
Königl.	Königlich
KÖSDI	Kölner Steuerdialog
KostG	Kostengesetz
KostO	Kostenordnung
krit.	kritisch
KSchG	Kündigungsschutzgesetz in der Bekanntmachung vom 25.8.1969
KTS	Konkurs-, Treuhand- und Schiedsgerichtswesen
KWG	1. Kommunalwahlgesetz 2. Kreditwesengesetz
LAG	Landesarbeitsgericht
LG	Landgericht
lit.	litera
LM	Nachschlagewerk des Bundesgerichtshofes, hrsg. v. Lindemaier
LS	1. Landessatzung 2. Leitsatz
Ltd.	Private Company Limited by Shares
LVA	Landesversicherungsanstalt
LZ	Leipziger Zeitschrift für Deutsches Recht
m.	mit
M.	Meinung
MarkenG	Markengesetz
m.a.W.	mit anderen Worten
m. Bespr.	mit Besprechung
mglw.	möglicherweise
MitbestG	Mitbestimmungsgesetz
MittRhNotK	Mitteilungen Rheinische Notar-Kammer
MittBayNot	Mitteilungen der Bayerischen Notarkammer

MiZi	Mitteilungen in Zivilsachen
mN	mit Nachweisen
MoMiG	Gesetz zur Modernisierung des GmbH-Rechts und zur Bekämpfung von Missbräuchen
MuW	Markenschutz und Wettbewerb
mwN	mit weiteren Nachweisen
m.W.v.	mit Wirkung vom
Nachw.	Nachweise
NaStraG	Gesetz zur Namensaktie und zur Erleichterung der Stimmrechtsausübung
NdsRpfl.	Niedersächsische Rechtspflege
n.F.	neue Fassung
NJOZ	Neue Juristische Online Zeitschrift
NJW	Neue Juristische Wochenschrift
NJW-RR	Neue Juristische Wochenschrift, Rechtssprechungsreport
NotBZ	Zeitschrift für die notarielle Beurkundungspraxis
Nr.	Nummer
NRW	Nordrhein-Westfalen
n.v.	nicht veröffentlicht
NWB	NWB Steuer- und Wirtschaftsrecht (bis 2008: Neue Wirtschafts-Briefe für Steuer- und Wirtschaftsrecht)
NZA	Neue Zeitschrift für Arbeits- und Sozialrecht
NZA-RR	Neue Zeitschrift für Arbeits- und Sozialrecht, Rechtsprechungsreport
NZG	Neue Zeitschrift für Gesellschaftsrecht
NZI	Neue Zeitschrift für das Recht der Insolvenz und Sanierung
NZM	Neue Zeitschrift für Miet- und Wohnungsrecht
o.	oben
o.ä.	oder ähnliches
OFD	Oberfinanzdirektion
österr.	Österreichisches
(ö)OGH	Oberster Gerichtshof (Österreich)
OGHZ	Entscheidungen des Obersten Gerichtshofs für die Britische Zone in Zivilsachen
OHG	Offene Handelsgesellschaft
OLG	Oberlandesgericht
OLGR	OLG-Report: Zivilrechtsprechung der Oberlandesgerichte
OWiG	Ordnungswidrigkeitengesetz
PartGG	Partnerschaftsgesellschaftsgesetz
PflegeVG	Pflege-Versicherungsgesetz
PiR	NWB Internationale Rechnungslegung
ppa.	per procura (in Vollmacht)
ProdHaftG	Produkthaftungsgesetz
PublG	Publizitätsgesetz
PucheltsZ	Zeitschrift für französisches Zivilrecht
RabelsZ	Zeitschrift für ausländisches und internationales Privatrecht
RAG	Reichsarbeitsgericht
RAG ARS	Reichsarbeitsgericht, Arbeitsrechts-Sammlung (Entscheidungen des Reichsarbeitsgerichts und des Reichsehrengerichts, der Landesarbeitsgerichte, Arbeitsgerichte und Ehrengerichte, 1928 ff)
RBerG	Rechtsberatungsgesetz
RdA	Recht der Arbeit

Rdn	Randnummer
Rdsch.	Rundschau
RdW	Das Recht der Wirtschaft
RegBegr	Regierungsbegründung
RegE	Regierungsentwurf
RG	1. Reichsgericht 2. Reichsgesetz
RGSt	Entscheidungen des Reichsgerichts in Strafsachen
RGZ	Entscheidungen des Reichsgerichts in Zivilsachen
RIW	Recht der Internationalen Wirtschaft
RJA	Entscheidungen in Angelegenheiten der freiwilligen Gerichtsbarkeit und des Grundbuchrechts, zusammengestellt im Reichsjustizamt
RKS	Rechtsprechung kaufmännischer Schiedsgerichte
RL	Richtlinie
RNotZ	Rheinische Notar-Zeitschrift
Rn	Randnummer
ROHG	Reichsoberhandelsgericht
ROHGE	Entscheidungen des Reichsoberhandelsgerichts
Rpfleger	Rechtspfleger
RPflG	Rechtspflegergesetz
Rs.	Rechtssache
Rspr.	Rechtsprechung
RuS	Recht und Schaden
Rz	Randziffer
s.	siehe
S.	1. Seite 2. Satz
s.a.	siehe auch
SAE	Sammlung arbeitsgerichtlicher Entscheidungen
Sächs.	Sächsisch
ScheckG	Scheckgesetz vom 14.8.1933
SE	Societas Europaea – Europäische Gesellschaft
SEAG	Gesetz zur Ausführung der Verordnung des Rates über das Statut der Europäischen Gesellschaft (SE)
Sg	Sozialgericht
SGB	Sozialgesetzbuch
SigG	Signaturgesetz
Slg.	Sammlung
sog.	Sogenannte
SpruchG	Gesetz über das gesellschaftsrechtliche Spruchverfahren – Spruchverfahrensgesetz
st.	ständige
Stgb	Die Steuerberatung
StBp	Die steuerliche Betriebsprüfung
std. Rspr.	ständige Rechtsprechung
StGB	Strafgesetzbuch
str.	strittig
StuB	Zeitschrift für das Steuerrecht und die Rechnungslegung der Unternehmen
StuW	Steuer und Wirtschaft
s.u.	siehe unten
TB-Merkmale	Tatbestandsmerkmale
TDG	Gesetz über die Nutzung von Telediensten – Teledienstegesetz

teilw.	teilweise
TranspR	Transportrecht
TUG	Transparenzrichtlinie-Umsetzungsgesetz
TVG	Tarifvertragsgesetz
Tz	Teilziffer
TzBfG	Teilzeit- und Befristungsgesetz
u.a.	unter anderem
u.ä.	und ähnliches
Ubg	Die Unternehmensbesteuerung
UG	Unternehmergesellschaft
umf.	umfassend
UmwG	Umwandlungsgesetz
unstr.	unstrittig
Unterabs.	Unterabsatz
UrhG	Urheberrechtsgesetz
Urt.	Urteil
URV	Verordnung über das Unternehmensregister
usf.	und so fort
UWG	Gesetz gegen den unlauteren Wettbewerb
u.U.	unter Umständen
v.	von/vom
VAG	Versicherungsaufsichtsgesetz
VerBAV	Veröffentlichungen des Bundesaufsichtsamtes für das Versicherungswesen
VerkprospG	Verkaufsprospektgesetz
VersVerm	Versicherungsvermittlung
Vertikal-GVO	Die Gruppenfreistellungsverordnung für vertikale Vereinbarungen
VertriebsR	Vertriebsrecht
VGA	Bundesverband der Geschäftsstellenleiter und Assekuranz
Vgl.	Vergleiche
v.H.	von Hundert
VO	Verordnung
Voraufl.	Vorauflage
Vorb.	Vorbemerkung
VRS	Verkehrsrechts-Sammlung
VvaG	Versicherungsverein auf Gegenseitigkeit
VVG	Gesetz über den Versicherungsvertrag
VW	Versicherungswirtschaft
VwVfG	Verwaltungsverfahrensgesetz
WarnRprs	1. Rechtsprechung des Reichsgerichts auf dem Gebiete des Zivilrechts, soweit sie nicht in der amtlichen Sammlung der Entscheidungen des RG abgedruckt ist, hrsg. v. Warnmeyer 2. Sammlung zivilrechtlicher Entscheidungen des Reichsgerichts hrsg. von Buchwald (Begründet von Warnmeyer)
WechselG	Wechselgesetz
weit.	weitere(n)
WG	1. Wassergesetz 2. Wechselgesetz 3. Wohnwirtschaftliche Gesetzgebung
WM	1. Wertpapier Mitteilungen, Zeitschrift für Wirtschafts- und Bankrecht 2. Wohnwirtschaft und Mietrecht
wN	weitere Nachweise

WpAIV	Wertpapierhandelsanzeige- und Insiderverzeichnisverordnung
WPg	Die Wirtschaftsprüfung
WpHG	Wertpapierhandelsgesetz
WPO	Gesetz über eine Berufsordnung der Wirtschaftsprüfer. (Wirtschaftsprüferordnung)
WpÜG	Wertpapiererwerbs- und Übernahmegesetz
WRP	Wettbewerb in Recht und Praxis
WuW	Wirtschaft und Wettbewerb
WuW-E	Wirtschaft und Wettbewerb, Entscheidungen zum Kartellrecht
WVK	Wiener Vertragsrechtskonvention
Z	(in Zusammenhängen) Zeitschrift, Zeitung, Zentralblatt
z.B.	zum Beispiel
ZBH	Zentralblatt für Handelsrecht
ZBR	Zeitschrift für Beamtenrecht
ZErb	Zeitschrift für die Steuer- und Erbrechtspraxis
ZEuP	Zeitschrift für Europäisches Privatrecht
ZEV	Zeitschrift für Erbrechts- und Vermögensnachfolge
ZfA	Zeitschrift für Arbeitsrecht
ZfLR	Zeitschrift für Immobilienrecht
ZfV	1. Zeitschrift für Versicherungswesen 2. Zeitschrift für Verwaltung
ZGR	Zeitschrift für Unternehmens- und Gesellschaftsrecht
ZHR	Zeitschrift für das gesamte Handelsrecht und Wirtschaftsrecht
ZIP	Zeitschrift für Wirtschaftsrecht
ZInsO	Zeitschrift für das gesamte Insolvenzrecht
ZPO	Zivilprozessordnung
ZR	Zivilrecht
ZRP	Zeitschrift für Rechtspolitik
ZS	Zivilsenat
ZSR	1. Zeitschrift für Schweizerisches Recht 2. Zeitschrift für Sozialrecht
z.T.	zum Teil
zust.	zustimmend
ZustErgG	Zuständigkeitsergänzungsgesetz
zutr.	zutreffend
ZVersWiss	Zeitschrift für Versicherungswissenschaft
ZVglRWi(ss)	Zeitschrift für vergleichende Rechtswissenschaft
zwh.	zweifelhaft

Verzeichnis der abgekürzt zitierten Literatur

zu

Staub, Handelsgesetzbuch
Großkommentar

Abkürzungen der 5. Aufl.

Soweit andere als im nachfolgenden Verzeichnis angegebene Auflagen zitiert werden, sind diese mit einer hochgestellten Ziffer gekennzeichnet.

Adler	Das Handelsregister, seine Öffentlichkeit und sein öffentlicher Glaube, 1908
ADS	Adler/Düring/Schmaltz (Hrsg.),Rechnungslegung und Prüfung der Unternehmen, Stuttgart, 6. Aufl. 1995–2000
ADS International	Adler/Düring/Schmaltz (Hrsg.), Rechnungslegung nach Internationalen Standards, Stuttgart, 7. Ergänzungslieferung August 2011 (Loseblatt)
AnwKommBGB	Dauner-Lieb/Heidel/Ring (Hrsg.), Anwaltkommentar BGB, 6 Bd., Bonn, 2. Aufl. 2012
Assmann/Schütze/*Bearbeiter*	Assmann/Schütze (Hrsg.), Handbuch des Kapitalanlagerechts, München, 3. Aufl. 2007
Baetge et al./*Bearbeiter*	Baetge/Wollmert/Kirsch/Oser/Bischof (Hrsg.), Rechnungslegung nach IFRS, Stuttgart, 2. Aufl. 2011 (Loseblatt)
Baetge/Kirsch/Thiele/*Bearbeiter*	Baetge/Kirsch/Thiele (Hrsg.) Bilanzrecht, Bonn/Berlin, 49. Ergänzungslieferung Mai 2013 (Loseblatt)
Ballwieser et al./*Bearbeiter*	Ballwieser/Beine/Hayn/Peemöller/Schruff/Weber (Hrsg.), Wiley IFRS-Handbuch 2010, Weinheim, 7. Aufl. 2011
Bamberger/Roth	Kommentar zum Bürgerlichen Gesetzbuch, 3 Bd., München, 3. Aufl. 2012
Bassenge/Roth FamFG/RPflG	Bassenge/Roth, Gesetz über die Angelegenheiten der freiwilligen Gerichtsbarkeit. Rechtspflegergesetz, Kommentar, Heidelberg, 12. Aufl. 2009
Bauer/Diller Wettbewerbsverbote	Bauer/Diller, Wettbewerbsverbote, München, 6. Aufl. 2012
Baumbach/Hefermehl/Casper WechselG u. ScheckG	Baumbach/Hefermehl/Casper, Wechselgesetz, Scheckgesetz, Recht der kartengestützten Zahlungen: WG, ScheckG, Kartengestützte Zahlungen, München, 23. Aufl. 2008
Baumbach/Hueck/*Bearbeiter* GmbHG	Baumbach/Hueck, GmbH-Gesetz, München, 20. Aufl. 2013
Baumbach/Hopt/*Bearbeiter*	Baumbach/Hopt, Handelsgesetzbuch, München, 35. Aufl. 2012
Baumbach/Lauterbach/Albers/*Bearbeiter*	Baumbach/Lauterbach/Albers/Hartmann, Zivilprozessordnung: ZPO, München, 70. Aufl. 2012
Baums	Eintragung und Löschung von Gesellschafterbeschlüssen, 1981

Beck-HdR-*Bearbeiter*	Beck'sches Handbuch der Rechnungslegung, Castan/Böcking/Heymann/Pfitzer/Scheffler (Hrsg.), München 40. Aufl. 2013(Loseblatt)
Beck IFRS-Hdb-*Bearbeiter*	Beck'sches IFRS-Handbuch, Bohl/Riese/Schlüter (Hrsg.), München, 4. Aufl. 2013
BeckRS	Beck Rechtsprechung
Beck BilKomm-*Bearbeiter*	Ellrott/Förschle/Hoyos/Winkeljohann (Hrsg.), Beck'scher Bilanz-Kommentar, München, 8. Aufl. 2012
BoHdR-*Bearbeiter*	Hofbauer/Kupsch, Bonner Handbuch der Rechnungslegung, Loseblatt, Stand 2012
Bohl/Riese/Schlüter/*Bearbeiter*	Bohl/Riese/Schlüter (Hrsg.), Beck'sches IFRS-Handbuch, München, 4. Aufl. 2013
Bohnert OWiG	Bohnert, OWiG, Kommentar zum Ordnungswidrigkeitenrecht, München, 3. Aufl. 2010
Bokelmann Firmenrecht	Das Recht der Firmen- und Geschäftsbezeichnungen, Freiburg, 5. Aufl. 2000
Boos/Fischer/Schulte-Mattler/*Bearbeiter* KWG	Boos/Fischer/Schulte-Mattler (Hrsg.), Kreditwesengesetz: KWG, München, 4. Aufl. 2012
Bork	Bork, Der Vergleich, Berlin 1988
Braun, InsO	Braun (Hrsg.), Insolvenzordnung: InsO, München, 5. Aufl. 2012 zitiert: *Bearbeiter* in: Braun, InsO
Brox/Henssler	Brox/Henssler, Handelsrecht mit Grundzügen des Wertpapierrechts, München, 21. Aufl. 2011
Brox/Walker	Brox/Walker, Allgemeiner Teil des BGB, Berlin, 37. Aufl. 2013
Bruck/Möller	Baumann, Horst/Beckmann, Roland Michael/Johannsen, Katharina/Johannsen, Ralf (Hrsg.), Großkommentar zum Versicherungsvertragsgesetz, Berlin, 9. Aufl. 2008 ff
Bürgers/Körber/*Bearbeiter* AktG	Bürgers/Körber (Hrsg.), Heidelberger Kommentar zum Aktiengesetz, Heidelberg, 2. Aufl. 2011
Bumiller/Harders FamFG	Kommentar zum Gesetz über das Verfahren in Familiensachen und in den Angelegenheiten der freiwilligen Gerichtsbarkeit, München, 10. Aufl. 2011
Busse von Colbe/Ordelheide Konzernabschlüsse	Busse von Colbe, Walther/Ordelheide, Dieter, Konzernabschlüsse, 9. Aufl. 2009
Canaris Handelsrecht	Canaris, Claus-Wilhelm, Handelsrecht, München, 24. Aufl. 2006
Canaris Vertrauenshaftung	Canaris, Claus-Wilhelm, Die Vertrauenshaftung im deutschen Privatrecht, München 1971
Christ/Müller-Helle	Veröffentlichungspflichten nach dem neuen EHUG, Freiburg 2007
Deloitte iGAAP 2011	Deloitte (Hrsg.), iGAAP 2011, London, 4. Aufl. 2010
Düringer/Hachenburg	Düringer, Adelbert/Hachenburg, Max, Das Handelsgesetzbuch vom 10. Mai 1897 (unter Ausschluß d. Seerechts) auf d. Grundlage d. Bürgerl. Gesetzbuchs, Mannheim 1935
Ebenroth/Boujong/Joost/Strohn/*Bearbeiter*; EBJS	Ebenroth/Boujong/Joost/Strohn (Hrsg.), Handelsgesetzbuch: HGB, Band 1 §§ 1–342e, München, 2. Aufl. 2008, Band 2 §§ 343–475h, München, 2. Aufl. 2009
Ehrenbergs Hdb	Ehrenbergs Handbuch des gesamten Handelsrechts, 5. Band, I. Abteilung, 1. Hälfte, 1. Lieferung, 1926
Eidenmüller	Ausländische Kapitalgesellschaften im deutschen Recht, München 2004

Emmerich/Habersack KonzernR	Konzernrecht, München, 9. Aufl. 2008
Ensthaler	Ensthaler (Hrsg.), Gemeinschaftskommentar zum Handelsgesetzbuch: HGB, Neuwied, 7. Aufl. 2007, zitiert: *Bearbeiter* in: Ensthaler
Erman/*Bearbeiter*	Erman, Bürgerliches Gesetzbuch, Kommentar, Köln, 13. Aufl. 2011
Ernst & Young International GAAP 2011	Ernst & Young (Hrsg.), International GAAP 2011, Chichester 2011
Fezer MarkenG	Markenrecht, Kommentar, München, 4. Aufl. 2009
FK-InsO/*Bearbeiter*	Wimmer (Hrsg.), Frankfurter Kommentar zur Insolvenzordnung, München, 7. Aufl. 2013
Fleischhauer/Preuß	Handelsregisterrecht – Verfahren – Anmeldemuster – Erläuterungen, Berlin, 2. Aufl. 2010
Frankfurter Kommentar zum Kartellrecht/*Bearbeiter*	Jaeger, u.a. (Hrsg.), Frankfurter Kommentar zum Kartellrecht, 77. Lieferung Dezember 2012 (Loseblatt)
Gesetzgebungsmaterialien zum ADHGB	Lutz, Protokolle der Kommission zur Berathung eines allgemeinen deutschen Handelsgesetzbuches 1858 ff
Geßler/Hefermehl	Geßler/Hefermehl/Eckardt/Kropff, Aktiengesetz, 1973 ff
v. Gierke/Sandrock Handels- und Wirtschaftsrecht	v. Gierke/Sandrock, Handels- und Wirtschaftsrecht, Berlin, 9. Aufl. 1975
Goldmann	Der Schutz des Unternehmenskennzeichens, Berlin, 2. Aufl. 2005
Großkommentar AktG/*Bearbeiter*	Hopt/Wiedemann (Hrsg.), Aktiengesetz Großkommentar, Berlin, 4. Aufl. 1992 ff
Großkomm/*Bearbeiter*	Staub, Hermann, Handelsgesetzbuch: Großkommentar, Berlin, 5. Aufl. 2008 ff
Großkomm GmbHG/*Bearbeiter*	Ulmer/Habersack/Winter (Hrsg.), Gesetz betreffend die Gesellschaften mit beschränkter Haftung (GmbHG): Großkommentar, Tübingen, 2005 ff
GroßkommUWG/*Bearbeiter*	Jacobs/Lindacher/Teplitzky (Hrsg.), Großkommentar zum UWG, Berlin, 1991 ff
Grüll/Janert Die Konkurrenzklausel	Grüll/Janert, Die Konkurrenzklausel, Heidelberg, 5. Aufl. 1993
Habersack	Habersack, Europäisches Gesellschaftsrecht, München, 4. Aufl. 2011
Hachenburg/*Bearbeiter* GmbHG	Ulmer (Hrsg.), Hachenburg, GmbHG – Gesetz betreffend die Gesellschaften mit beschränkter Haftung, Kommentar, 3 Bd., Berlin, 8. Aufl. 1992/1997
Hahn ADHGB	von Hahn, Friedrich, Das Handelsgesetzbuch vom 10. Mai 1897 (mit Ausschluss des Seerechts) auf der Grundlage des Bürgerlichen Gesetzbuchs, Braunschweig, 4. Aufl. 1894
Handbuch des Außendienstrechts I	Küstner/Thume, Handbuch des gesamten Außendienstrechts, Band I: Das Recht des Handelsvertreters. Ohne Ausgleichsrecht, Heidelberg, 4. Aufl. 2012
HdJ-*Bearbeiter*	von Wysocki/Schulze-Osterloh/Hennrichs/Kuhner (Hrsg.), Handbuch des Jahresabschlusses (HdJ) Rechnungslegung nach HGB und internationalen Standards, Köln, 56. Ergänzungslieferung Mai 2013 (Loseblatt)
Heidel/*Bearbeiter* AktienR	Heidel (Hrsg.), Aktienrecht und Kapitalmarktrecht, Kommentar, Baden-Baden, 4. Aufl. 2013
Herrmann/Heuer/Raupach/*Bearbeiter*	Einkommensteuer- und Körperschaftsteuergesetz mit Nebengesetzen, Köln (256. Ergänzungslieferung) 2013 (Loseblatt)

Hess/Binz/Wienberg Gesamtvollstreckungsordnung	Hess/Binz/Wienberg, Gesamtvollstreckungsordnung, Neuwied, 4. Aufl. 1998
Hess/Weis/Wienberg InsO	Hess/Weis/Wienberg (Hrsg.), Insolvenzordnung, Heidelberg, 2. Aufl. 2001, zitiert: *Bearbeiter* in: Hess/Weis/Wienberg InsO
Heuser/Theile/*Bearbeiter*	Heuser/Theile (Hrsg.), IFRS-Handbuch, Köln, 5. Aufl. 2012
Heymann/*Bearbeiter* HGB	Horn (Hrsg.), Heymann, Handelsgesetzbuch (ohne Seerecht), Kommentar, 4 Bd., Berlin, 2. Aufl. 1995 ff
HuRB	Leffson/Rückle/Großfeld (Hrsg.), Handwörterbuch unbestimmter Rechtsbegriffe im Bilanzrecht des HGB, Köln 1986
Hirte/Bücker	Grenzüberschreitende Gesellschaften, Berlin, 2. Aufl. 2006
HK-HGB	Glanegger/Kirnberger/Kusterer u.a., Heidelberger Kommentar zum Handelsgesetzbuch, Heidelberg, 7. Aufl. 2007, zitiert: *Bearbeiter* HK-HGB
Hoeren/Sieber/*Bearbeiter*	Handbuch Multimediarecht – Rechtsfragen des elektronischen Geschäftsverkehrs, Loseblatt, München 2009 ff 33. Aufl. 2013, 34. Erg.Lief. April 2013
Hopt/Mössle/*Bearbeiter* Handelsrecht	Hopt/Mössle, Handels- und Gesellschaftsrecht, Band I: Handelsrecht, München, 2. Aufl. 1999
Hueck/Canaris Recht der Wertpapiere	Hueck/Canaris, Recht der Wertpapiere, München, 12. Aufl. 1986
Hueck/Nipperdey Arbeitsrecht	Hueck, Alfred, Lehrbuch des Arbeitsrechts, Band 2: Kollektives Arbeitsrecht, Berlin, 7. Aufl. 1967/1970
A. Hueck OHG	Alfred Hueck, Das Recht der offenen Handelsgesellschaft, Berlin, 4. Aufl. 1971
Hüffer AktG	Hüffer, Aktiengesetz, München, 10. Auflage 2012
Ingerl/Rohnke	Markengesetz, Kommentar, München, 3. Aufl. 2010
Jansen/*Bearbeiter*	von Schuckmann/Sonnenfeld (Hrsg.), Großkommentar zum FGG, 3. Aufl., 3 Bd., Berlin 2005/2006
Kallmeyer/*Bearbeiter*	Kallmeyer u.a., Umwandlungsgesetz, Köln, 5. Aufl. 2013
Keidel/Krafka/*Bearbeiter* RegisterR	Keidel/Krafka (Hrsg.), Registerrecht, München, 9. Aufl. 2013
Keidel/*Bearbeiter* FamFG	FamFG, Kommentar, München, 17. Aufl. 2011
Köhler BGB, Allgemeiner Teil	Köhler, Helmut, BGB Allgemeiner Teil, München, 38. Aufl. 2013
Köhler/Bornkamm/*Bearbeiter*	Gesetz gegen den unlauteren Wettbewerb: UWG – PAngV – UKlaG, München, 31. Aufl. 2013
Koller/Roth/Morck/*Bearbeiter*	Koller/Roth/Morck, Handelsgesetzbuch: HGB, München, 7. Aufl. 2011
KölnKomm-AktG/*Bearbeiter*	Claussen/Zöllner (Hrsg.), Kölner Kommentar zum Aktiengesetz, Köln, 2. Aufl. 1988 ff; 3. Aufl. 2004 ff
KK-*Bearbeiter*	Claussen/Scherrer (Hrsg.), Kölner Kommentar zum Rechnungslegungsrecht, Köln, 2011
KK-OWiG/*Bearbeiter*	Senge (Hrsg.), Karlsruher Kommentar zum Gesetz über Ordnungswidrigkeiten: OWiG, München, 3. Aufl. 2006
KPMG Insights into IFRS	KPMG (Hrsg.), Insights into IFRS, London, 9. Aufl. 2012/2013
Küstner/Thume	Küstner/Thume, Handelsvertreterverträge, Frankfurt am Main, 2. Aufl. 2011
Küstner/Thume I	Küstner, Thume (Hrsg.), Handbuch des gesamten Außendienstrechts, Band 1: Das Recht des Handelsvertreters. Ohne Ausgleichsrecht, Heidelberg, 3. Aufl. 2000

Küstner/Thume II	Küstner, Thume (Hrsg.), Handbuch des gesamten Außendienstrechts, Band 2: Der Ausgleichsanspruch des Handelsvertreters. Warenvertreter, Versicherungs- und Bausparkassenvertreter, Heidelberg, 8. Aufl. 2008
Küstner/Thume III	Küstner/Thume, Handbuch des gesamten Außendienstrechts, Band 3: Vertriebsrecht. Reisende, Vertragshändler, Kommissionsagenten, Versicherungsmakler, Franchising und Direktvertrieb, Heidelberg, 3. Aufl. 2009
HdR-EA/*Bearbeiter*/ HdR-*Bearbeiter*	Küting/Weber (Hrsg.), Handbuch der Rechnungslegung – Einzelabschluss, Stuttgart, 5. Aufl. 2011 (Loseblatt)
Küting/Weber/*Bearbeiter*	Küting/Weber (Hrsg.), Handbuch der Konzernrechnungslegung, Stuttgart, 2. Aufl. 1998
Lettl	Handelsrecht, München, 2. Aufl. 2011
Loewenheim/Meessen/Riesenkampff/ *Bearbeiter*	Loewenheim/Meessen/Riesenkampff (Hrsg.), Kartellrecht, München, 2. Aufl. 2009
Lohmüller/Beustien/Josten	Lohmüller u.a., Handels- und Versicherungsvertreterrecht, 2. Aufl. 1970/71, Loseblatt
Lüdenbach/Hoffmann/*Bearbeiter*	Lüdenbach/Hoffmann (Hrsg.), Haufe IFRS-Kommentar, Freiburg, 9. Aufl. 2011
Lutter/*Bearbeiter* UmwG	Lutter/Winter (Hrsg.), Umwandlungsgesetz, 2 Bd., Köln, 4. Aufl. 2009
Lutter/Hommelhoff/*Bearbeiter* GmbHG	Lutter/Hommelhoff u.a., GmbH-Gesetz, Köln, 18. Aufl. 2012
Manigk	Manigk, Alfred, Willenserklärung und Willensgeschäft, Berlin 1907
Martinek Franchising	Martinek, Michael, Franchising, Heidelberg 1987
Martinek/*Bearbeiter*	Martinek, Michael (Hrsg.), Handbuch des Vertriebsrechts, München, 3. Aufl. 2010
Medicus AT	Allgemeiner Teil des BGB, Heidelberg, 10. Aufl. 2010
Meilicke/von Westphalen PartGG	Meilicke/Graf von Westphalen/Hoffmann/Lenz/Wolff, Kommentar, Partnerschaftsgesellschaftsgesetz: PartGG, Gesetz über Partnerschaftsgesellschaften Angehöriger Freier Berufe, München, 2. Aufl. 2006
Michalski/*Bearbeiter* GmbHG	Michalski (Hrsg.), Kommentar zum Gesetz betreffend die Gesellschaften mit beschränkter Haftung (GmbH-Gesetz), 2 Bd., München, 2. Aufl. 2010
MünchHdbGesR/*Bearbeiter*	Münchener Handbuch des Gesellschaftsrechts, 6 Bd., München, 3. Aufl. 2007 ff
MünchKommAktG/*Bearbeiter*	Goette/Habersack (Hrsg.), Münchener Kommentar zum Aktiengesetz, 3. Aufl., München 2008 ff
MünchKommBGB/*Bearbeiter*	Rebmann/Säcker/Rixecker (Hrsg.), Münchener Kommentar zum Bürgerlichen Gesetzbuch, München, 5. Aufl. 2006 ff, 6. Aufl. 2012 ff
MünchKommBilR/*Bearbeiter*	Hennrichs/Kleindiek/Watrin (Hrsg.), Münchener Kommentar zum Bilanzrecht, Band 1 IFRS, München 2011
MünchKommHGB/*Bearbeiter*	Schmidt, Karsten (Hrsg.), Münchener Kommentar zum Handelsgesetzbuch: HGB, München, 2. Aufl. 2005 ff, 3. Aufl. 2013 ff
MünchKommInsO/*Bearbeiter*	Kirchhof/Lwowski/Stürner (Hrsg.), Münchener Kommentar zur Insolvenzordnung, 3 Bd., München, 3. Aufl. 2013
MünchKommZPO/*Bearbeiter*	Rauscher/Wax/Wenzel (Hrsg.), Münchener Kommentar zur Zivilprozessordnung, 4 Bd., München, 3. Aufl. 2007 ff, 4. Aufl. 2012 ff

Musielak/*Bearbeiter* ZPO	Musielak (Hrsg.), Kommentar zur Zivilprozessordnung: ZPO, München, 10. Aufl. 2013
Noack/*Bearbeiter*	Noack (Hrsg.), Das neue Gesetz über elektronische Handels- und Unternehmensregister – EHUG, 2007
Oetker Handelsrecht	Handelsrecht, Heidelberg, 6. Aufl. 2010
Oetker/*Bearbeiter*	HGB, Kommentar, München, 3. Aufl. 2013
Oppenländer/*Bearbeiter*	Praxishandbuch der GmbH-Geschäftsführung, München, 2. Aufl. 2011
Palandt/*Bearbeiter*	Palandt, Bürgerliches Gesetzbuch: BGB, München, 72. Aufl. 2013
Prölss/Martin/*Bearbeiter* VVG	Prölss/Martin, Versicherungsvertragsgesetz: VVG, München, 28. Aufl. 2010
PwC IFRS Manual of Accounting 2011	PricewaterhouseCoopers (Hrsg.), IFRS Manual of Accounting 2011, London 2010
PWW/*Bearbeiter*	Prütting/Wegen/Weinrich (Hrsg.), BGB Kommentar, Köln, 8. Aufl. 2013
Raiser/Veil	Recht der Kapitalgesellschaften, München, 5. Aufl. 2010
Reithmann/Martiny/*Bearbeiter*	Reithmann/Martiny (Hrsg.), Internationales Vertragsrecht Internationales Vertragsrecht, Köln, 7. Aufl. 2010
RGRK/*Bearbeiter* BGB	Das Bürgerliche Gesetzbuch mit besonderer Berücksichtigung der Rechtsprechung des Reichsgerichts und des Bundesgerichtshofes, Berlin, 12. Aufl. 1975–1999
RGRK-HGB/*Bearbeiter*	Kommentar zum Handelsgesetzbuch, Berlin, 1. Aufl. 1939 ff
Richardi Wertpapierrecht	Richardi, Reinhard, Wertpapierrecht, Heidelberg 1987
Ritter HGB	Ritter, Kommentar zum HGB, 2. Aufl. 1932
Röhricht/v. Westphalen/*Bearbeiter*	Röhricht/Westphalen (Hrsg.), Handelsgesetzbuch: HGB, Kommentar zu Handelsstand, Handelsgesellschaften, Handelsgeschäften und besonderen Handelsverträgen (ohne Bilanz-, Transport- und Seerecht), Köln, 3. Aufl. 2008
Roth/Altmeppen	GmbHG-Gesetz betreffend die Gesellschaften mit beschränkter Haftung, Kommentar, München, 7. Aufl. 2012
Rowedder/Schmidt-Leithoff/ *Bearbeiter* GmbHG	Rowedder/Schmidt-Leithoff (Hrsg.), Gesetz betreffend die Gesellschaften mit beschränkter Haftung: GmbHG, München, 5. Aufl. 2013
Schlegelberger/*Bearbeiter*	Schlegelberger/Geßler, Handelsgesetzbuch Kommentar, München, 5. Aufl. 1973
K. Schmidt Gesellschaftsrecht	Schmidt, Karsten, Gesellschaftsrecht, Köln, 4. Aufl. 2002
K. Schmidt Handelsrecht	Schmidt, Karsten, Handelsrecht, Köln, 5. Aufl. 1999
K. Schmidt/Lutter AktG	Schmidt, Karsten/Lutter, Marcus, Kommentar zum Aktiengesetz, Köln, 2. Aufl. 2010
Scholz/*Bearbeiter* GmbHG	Scholz (Hrsg.), Kommentar zum GmbHG, 3 Bd., Köln, 10. Aufl. 2010
Schönke/Schröder/*Bearbeiter* StGB	Schönke/Schröder (Hrsg.), Strafgesetzbuch: StGB, Kommentar, München, 28. Aufl. 2010
Schubert/Schmiedel/Krampe	Schubert, Werner/Schmiedel, Burkhard/Krampe, Christoph (Hrsg.), Quellen zum Handelsgesetzbuch von 1897, Frankfurt am Main 1988, zitiert: *Schubert/Schmiedel/Krampe* Bd. / Seitenzahl
Schultze/Wauschkuhn/Spenner/Dau	Schultze/Wauschkuhn/Spenner/Dau, Der Vertragshändlervertrag, Frankfurt am Main, 4. Aufl. 2008, zitiert: *Bearbeiter* in: Schultze/Wauschkuhn/Spenner/Dau

Schwark/Zimmer/*Bearbeiter*	Schwark/Zimmer (Hrsg.), Kapitalmarktrechts-Kommentar, München, 4. Aufl. 2010
Soergel/*Bearbeiter*	Soergel/Siebert (Hrsg.), Bürgerliches Gesetzbuch mit Einführungsgesetz und Nebengesetzen, Stuttgart, 13. Aufl. 2001 ff
Spindler/Stilz/*Bearbeiter* AktG	Spindler/Stilz (Hrsg.), Aktiengesetz, Kommentar, 2 Bd., München, 2. Aufl. 2010
Staub ADHGB	Staub, Hermann: Kommentar zum Allgemeinen Deutschen Handelsgesetzbuch, Berlin, 5. Aufl. 1897
Staudinger/*Bearbeiter*	J. von Staudingers Kommentar zum Bürgerlichen Gesetzbuch mit Einführungsgesetz und Nebengesetzen, 13. Bearbeitung, Berlin 1993 ff
Stolterfoht	Stolterfoht, Joachim N., Handelsrecht, Berlin 1973
Straatmann/Ulmer	Straatmann/Ulmer, Handelsrechtliche Schiedsgerichts-Praxis (HSG), 1975 ff
Straube/*Bearbeiter*	Straube (Hrsg.), Kommentar zum Handelsgesetzbuch, Wien, 3. Aufl. 2003 ff
Ströbele/Hacker	Markengesetz, Kommentar, Köln, 10. Aufl. 2012
Stumpf/Jaletzke/*Bearbeiter*	Stumpf/Jaletzke, Der Vertragshändlervertrag, Heidelberg, 3. Aufl. 1997
Stüsser	Stüsser, Rolf, Die Anfechtung der Vollmacht nach Bürgerlichem Recht und Handelsrecht, Berlin 1986
Thiele/von Keitz/Brücks/*Bearbeiter*	Thiele/von Keitz/Brücks (Hrsg.), Internationales Bilanzrecht, Bonn/Berlin 2008 (Loseblatt)
Thomas/Putzo/*Bearbeiter*	Thomas/Putzo, Zivilprozessordnung: ZPO, München, 34. Aufl. 2013
Uhlenbruck/*Bearbeiter*	Uhlenbruck/Hirte/Vallender (Hrsg.), Insolvenzordnung: InsO, Kommentar, München, 13. Aufl. 2010
Ulmer/Brandner/Hensen/ *Bearbeiter* AGB-Recht	Ulmer/Brandner/Hensen, AGB-Recht Kommentar, Köln, 11. Aufl. 2011
Ulmer/Habersack	Ulmer/Habersack, Verbraucherkreditgesetz, München, 2. Aufl. 1995
Ulmer/Habersack/Winter/ *Bearbeiter* GmbHG	Ulmer/Habersack/Winter (Hrsg.), GmbH-Gesetz, Kommentar, 3 Bd., Tübingen, 2005 ff, 2. Aufl. 2013 ff
Ulmer/Schäfer	Ulmer/Schäfer, Gesellschaft bürgerlichen Rechts und Partnerschaftsgesellschaft, München, 5. Aufl. 2009
Vater et al./*Bearbeiter* IFRS Änderungskommentar 2009	Vater/Ernst/Hayn/Knorr/Mißler (Hrsg.), IFRS Änderungskommentar 2009, Weinheim 2009
von Godin/Wilhelmi	Aktiengesetz, Kommentar, Berlin, 4. Aufl. 1971
von Wysocki et al./*Bearbeiter*	von Wysocki/Schulze-Osterloh/Hennrichs/Kuhner (Hrsg.), Handbuch des Jahresabschlusses, Köln 1984 (Loseblatt)
Wessel/Zwernemann/Kögel Firmengründung	Wessel/Zwernemann/Kögel, Firmengründung, Heidelberg, 7. Aufl. 2001
WP-Handbuch I	IDW (Hrsg.), Wp Handbuch 2012, Band I, Düsseldorf, 14. Aufl. 2012
Zöller/*Bearbeiter* ZPO	Zöller, Richard, Zivilprozessordnung: ZPO, Kommentar, Köln, 30. Aufl. 2014
Zöllner Wertpapierrecht	Zöllner, Wolfgang, Wertpapierrecht, München, 14. Aufl. 1987

VIERTER ABSCHNITT

Frachtgeschäft

ERSTER UNTERABSCHNITT

Allgemeine Vorschriften

§ 407
Frachtvertrag

(1) Durch den Frachtvertrag wird der Frachtführer verpflichtet, das Gut zum Bestimmungsort zu befördern und dort an den Empfänger abzuliefern.

(2) Der Absender wird verpflichtet, die vereinbarte Fracht zu zahlen.

(3) Die Vorschriften dieses Unterabschnitts gelten, wenn

1. das Gut zu Lande, auf Binnengewässern oder mit Luftfahrzeugen befördert werden soll und

2. die Beförderung zum Betrieb eines gewerblichen Unternehmens gehört.

Erfordert das Unternehmen nach Art oder Umfang einen in kaufmännischer Weise eingerichteten Geschäftsbetrieb nicht und ist die Firma des Unternehmens auch nicht nach § 2 in das Handelsregister eingetragen, so sind in Ansehung des Frachtgeschäfts auch insoweit die Vorschriften des Ersten Abschnitts des Vierten Buches ergänzend anzuwenden; dies gilt jedoch nicht für die §§ 348 bis 350.

Schrifttum

Aissen/Kremer/Topp in: Korf/Hölser (Hrsg.) Jahrbuch der Güterverkehrswirtschaft 1998/1999, 1998 S. 85–91; *Andresen* Die Beförderung von Umzugsgut – Neuregelung durch den Entwurf eines Transportrechtsreformgesetzes, TranspR 1998, 97–100; *ders.* Die Fautfracht bei Kündigung des Frachtvertrages in: Schachtschneider (Hrsg.) Transport-Wirtschaft-Recht: Gedächtnisschrift Helm, 2001 S. 3–12; *ders.* Die Haftung des Möbelspediteurs beim Umzug, in: Thume (Hrsg.), Transport- und Vertriebsrecht 2000, Festgabe für Herber, 2001 S. 145–152; *Asariotis* Anwendungssystem und Zuständigkeitsvorschriften der Hamburger Regeln als Mittel zur Durchsetzung des Haftungsregimes, ETL 1998, 161–191; *Bästlein/Bästlein* Beweisfragen in Rechtsstreitigkeiten gegen den HGB-Frachtführer wegen Güterschäden, TranspR 2003, 413–419; *Bartels* Der Teilstreckenvertrag beim Multimodal-Vertrag, TranspR 2005, 203–206; *Basedow* Der Transportvertrag. Studien zur Privatrechtsangleichung auf regulierten Märkten, 1987; *ders.* Die Tragweite des zwingenden Rechts im neuen deutschen Gütertransportrecht, TranspR 1998, 58–65; *ders.* Gefährliche Ladung, RabelsZ 48 (1984), 365–372; *ders.* Hundert Jahre Transportrecht: Vom Scheitern der Kodifikationsidee und ihrer Renaissance, ZHR 161 (1997), 186–212; *ders.* Internationale multimodale Gütertransporte – Rechtsvergleichung, Einheitsrecht, Kollisionsrecht, in: Lagoni/Paschke (Hrsg.), Seehandelsrecht und Seerecht, Festschrift für Herber, 1999 S. 15–44; *ders.* Wettbewerb auf den Verkehrsmärkten. Eine rechtsvergleichende Untersuchung zur Verkehrspolitik, 1989; *ders.* Zulässigkeit und Vertragsstatut der Kabotagetransporte, ZHR 156 (1992) 413–442; *Baumgarten* Trends und Strategien in der Logistik zweitausend – Analysen, Potentiale, Perspektiven, 1999; *Baunack* Die Haftung der Eisenbahn im kombinierten Ladungsverkehr, TranspR 1980, 73–77; *Becker* Die Geltendmachung von Ersatzansprüchen gegen den Frachtführer gemäß § 421 Abs. 1 S. 2 HGB, AcP 202 (2002) 722–744; *Bellardita*

Fachanwalt: Einführung in das Transport- und Speditionsrecht, JuS 2006, 136–140; *Benkelberg/Beier* Empfängerhaftung nach Maßgabe des Frachtbriefes – Versender als „Vormann" im Sinne des § 442 HGB?, TranspR 1989, 351–355; *Benkelberg/Bertier* Die Träger der Normsetzungsbefugnisse für die internationale Eisenbahnbeförderung, ZIEV 1998, 84–100; *Blaschczok* Die Haftung beim Einsatz vertragswidriger Transportmittel, TranspR 1987, 401–409; *Bodis/Remiorz* Der Frachtzahlungsanspruch gegen den Empfänger nach § 421 Abs. 2 HGB; TranspR 2005, 438–443; *Bracker* ADSp 1998 und Speditionsversicherung, TranspR 1998, 450–452; *Braun* Das frachtrechtliche Leistungsstörungsrecht nach dem Transportrechtsreformgesetz, Eine Untersuchung der frachtrechtlichen Leistungsstörungstatbestände der §§ 407 ff HGB unter besonderer Berücksichtigung der Bezüge zum bürgerlichen Recht, Münster, 2002; *Brett* Die geplante Regelung des Transportrechts, WiB 1997, 1221–1225; *Brüggemann* Auswirkungen des Transportrechtsreformgesetzes auf das Recht der Umschlagsbetriebe, TranspR 2000, 53–56; *Büdenbender* Drittschadensliquidation bei obligatorischer Gefahrentlastung – eine notwendige oder überflüssige Rechtsfigur, NJW 2000, 986–992; *Bullinger* Ausschluß der Haftung eines Frachtführers, VersR 1981, 1098–1099; *Butzer* Die Ermittlung des Ersatzwertes für Unikate im Frachtrecht – zugleich ein Beitrag zum Begriff des „gemeinen Wertes", VersR 1991, 854–860; *Czapski* Interprétation de la Convention CMR à la lumière du droit international public, ETL 1998, 461–497; *Czerwenka* Bedarf es einer Revision der CMR zur Einführung des elektronischen Frachtbriefs im internationalen Straßenverkehr?, Sonderbeilage zu TranspR 2004, IX–XII; *dies.* Das Budapester Übereinkommen über den Vertrag über die Güterbeförderung in der Binnenschiffahrt (CMNI), TranspR 2001, 277–284; *dies.* Das neue allgemeine Frachtrecht nach der Reform des Transportrechts und das Seehandelsrecht. Wechselwirkungen und Vorbildfunktionen, in: Lagoni/Paschke (Hrsg.), Seehandelsrecht und Seerecht, Festschrift für Herber, 1999 S. 45–67; *dies.* Das neue Transportrecht nach dem Regierungsentwurf eines Gesetzes zur Neuregelung des Fracht-, Speditions- und Lagerrechts, TranspR 1997, 353–359; *dies.* Die Bedeutung der Transportrechtsreform für den Eisenbahnverkehr und die Allgemeinen Geschäftsbedingungen der Eisenbahnunternehmen, Die Güterbahnen: zukunftsfähige Mobilität für Wirtschaft und Gesellschaft, 2002, S. 94–107; *Demuth* Ausführende Frachtführer auch im Bereich der CMR, TranspR 1999, 100–101; *Didier* Risikozurechnung bei Leistungsstörungen im Gütertransportrecht, Diss. Duisburg 2001; *Drews* Der multimodale Transport im historischen Zusammenhang, TranspR 2006, 177–184; *ders.* Warenumschlag im Seehafen als Teilstrecke? TranspR 2004, 450–454; *ders.* Zum anwendbaren Recht beim multimodalen Transport, TranspR 2003, 12–19; *Ebenroth* Die Haftung im multimodalen Gütertransport bei unbekanntem Schadensort, DB 1990, 1073–1077; *ders./Strittmatter* Fremdbestimmte Investitionen in der Umstrukturierung von Absatzmittlungsverhältnissen auf dem Automobilsektor, BB 1993, 1521–1535; *ders./Fischer/Sorek* Haftungsprobleme im internationalen multimodalen Gütertransportrecht, VersR 1988, 757–764; *Ehmen* Zur Haftung des Frachtführers und des Spediteurs für streikbedingte Verzögerungsschäden bei innerdeutschen und internationalen Transporten, TranspR 2007, 354–360; *Emmerich* Beschränkte Vertragshaftung und konkurrierende Ansprüche aus unerlaubter Handlung im Frachtrecht, JuS 1967, 345–349; *Endrigkeit* Zur Unternehmerhaftung für fremde Wechselaufbauten im Güterfernverkehr, VersR 1971, 999–1000; *Enge* Transportversicherung, 1987; *Erbe/Schlienger* Der Multimodal-Vertrag im schweizerischen Recht, TranspR 2005, 421–429; *Eye* Kaufrechtliche Aspekte des Palettenverkehrs, TranspR 1984, 237–245; *Faust* Haftungsprobleme beim Versendungskauf, DB 1991, 1556–1561; *Fikentscher* Der Werkverschaffungsvertrag, AcP 190 (1990), 34–111; *Fischer* Der „Güter"-Begriff der CMR, TranspR 1995, 326–337; *ders.* Die CMR auf dem Vormarsch in Europa, TranspR 1994, 365–375; *ders.* Ergänzung der CMR durch unvereinheitlichtes deutsches Recht nach der Transportrechtsreform, TranspR 1999, 261–291; *ders.* Leistungsstörung und Kostenlast im Frachtvertrag der Binnenschifffahrt, in: Riedel (Hrsg.), Transport- und Haftungsrecht in der Binnenschifffahrt, Band 2 der Schriftenreihe des Instituts für Binnenschifffahrtsrecht, 2000, S. 39–59; *Fraikin/Kaupp* Wettbewerbsorientiertes Benchmarking für Speditionen auf Basis des Internet, in: Korf/Hölser Jahrbuch der Güterverkehrswirtschaft 1998/1999, S. 68–77; *Franken* Dingliche Sicherheiten und Dokumente des kombinierten Transports, 1982; *Frantzioch* Das neue Lagerrecht, TranspR 1998, 101–106; *ders.* Ist das neue Lagerrecht auch das alte? in: Thume (Hrsg.) Transport- und Vertriebsrecht 2000, Festgabe für Herber, 1999 S. 187–196; *Freise* Auswirkungen des neuen Frachtrechts auf die Eisenbahn, TranspR 1998, 89–92; *Fremuth* Das Transportrechtsreformgesetz und sein Überleitungsrecht, TranspR 1999, 95–98; *ders.* Die Tätigkeit der Sachverständigenkommission zur Reform des Transportrechts, in: Thume (Hrsg.),

Transport- und Vertriebsrecht 2000, Festgabe für Herber, 1999 S. 65–76; *ders.* Die Vorschläge des Kommissionsentwurfes für den Frachtvertrag, TranspR 1997, 48–58; *Froeb* Die Haftung für Beschaffenheitsschäden im Transportrecht, 1991; *Gass* Die Bedeutung der Logistik für Speditionsunternehmen im Rahmen moderner Hersteller-Zuliefererbeziehungen, TranspR 2000, 203–213; *ders.* Digitale Wasserzeichen als urheberrechtlicher Schutz digitaler Werke?, ZUM 1999, 815–818; *Geiger* Nochmals: Beweislast des Transportunternehmers für grobe Fahrlässigkeit, 170–170; *Glöckner* Die Haftungsbeschränkungen und die Versicherung nach den Art. 3, 23–29 CMR, TranspR 1988, 327–334; *de Gottrau* Die Haftung bei der Beförderung von gefährlichen Gütern, TranspR 1988, 320–326; *Gran* Die Beförderungsbedingungen im Luftfrachtverkehr, TranspR 1999, 173–188; *Griesshaber* Das gesetzliche Leitbild des Spediteurs und das Speditionsgewerbe – ein Beitrag zur Reform des Transportrechts, VersR 1998, 31–34; *ders.* Gütertransport und Versicherungen, DtGesTranspR, Schriften zum Transportrecht, Heft 2, 1990; *ders.* Haftung für Schäden beim Transport von Gütern, Schriftenreihe der DtVerkWissGes Reihe B 34, 1977; *ders.* Industrie-Transportbedingungen, 1980; *ders.* Industrie-, Transport- und Logistikbedingungen: die AGB-Alternative des neuen Transportrechts, 1998; *Gröhe* Der Transportvertrag als Vertrag zugunsten Dritter, ZEuP 1993, 141–150; *Grönfors* The Paperless Transfer of Transport Information and Legal Functions, in: Schmitthoff/Goode International carriage of goods: some legal problems and possible solutions 1988, S. 19–34; *Gronemeyer* Die Entwicklung des EU-Kabotage-Rechts bis zur neuen Kabotage-Verordnung (EWG) Nr. 3118/99, TranspR 1994, 267–271; *Haake* Die Gefahrtragung für zufälligen Verlust oder zufällige Beschädigung beim Einsatz von Mehrweg-Paletten, BB 1982, 1389–1392; *Heiss* Das Zivilrecht der Nachnahme in: Chiotellis/Fikentscher Rechtstatsachenforschung, 1985, S. 169–187; *Helm* Der Ersatzberechtigte im CMR-Haftpflicht-Fall, TranspR 1983, 29–35; *ders.* Die beschränkte Kausalhaftung von Absender, Versender und Einlagerer, in: Thume (Hrsg.) Transport- und Vertriebsrecht 2000, Festgabe für Herber, 1999 S. 88–95; *ders.* Haftung für Schäden an Frachtgütern. Studien zur Schadensersatzpflicht aus Frachtgeschäften und zur Konkurrenz vertraglicher und außervertraglicher Ersatzansprüche, 1966; *ders.* Probleme der CMR: Geltungsbereich – ergänzendes Recht – Frachtbrief – Weisungsbefugnis – aufeinanderfolgende Frachtführer, VersR 1988, 548–556; *ders.* Versicherung von Transportschäden und Versichererregress. 25 Jahre Karlsruher Forum, 1983, 116–122; *ders.* Verzögerte Ausführung von Straßengütertransporten nach der Tarifaufhebung, TranspR 1994, 277–279; *Herber* Besondere Problemkreise des neuen Transportrechts: Anwendungsbereich, ADSp-Einbeziehung und Multimodalvertrag, TranspR 1999, 89–95; *ders.* Das Abkommen vom 10. Okt. 1989 über die Haftung bei der Beförderung gefährlicher Güter auf der Straße, auf der Schiene und auf Binnengewässern (CRTD), ETL 1991, 161–172; *ders.* Das Transportrecht im vereinten Deutschland, TranspR 1991, 1–6; *ders.* Das zweite Seerechtsänderungsgesetz, TranspR 1986, 249–259; *ders.* Der Entwurf der Sachverständigenkommission für die Reform des Transportrechts, TranspR 1997, 45–48; *ders.* Die CMR und der Roll-on/Roll-off-Verkehr, VersR 1988, 645–648; *ders.* Die Neuregelung des deutschen Transportrechts, NJW 1998, 3297–3308; *ders.* Einführung in das UN-Übereinkommen über den internationalen multimodalen Gütertransport, TranspR 1981, 37–45; *ders.* Einführung in: Herber (Hrsg.) Transportgesetze, 1992; *ders.* Empfiehlt sich eine Kodifizierung des deutschen Transportrechts?, JZ 1974, 629–634; *ders.* Gedanken zur internationalen Vereinheitlichung des Seehandelsrechts, Festschrift für Stödter, 1979, S. 56–77; *ders.* Haftung beim multimodalen Transport, TranspR 1990, 4–14; *ders.* Haftung beim Ro-Ro-Verkehr, TranspR 1994, 375–382; *ders.* Haftung nach Haager Regeln, Haag/Visby-Regeln und Hamburg-Regeln, TranspR 1995, 261–266; *ders.* Neue Entwicklungen im Recht des Multimodaltransports, TranspR 2006, 435–439; *ders.* Nochmals: Multimodalvertrag, Güterumschlag und anwendbares Recht, TranspR 2005, 59–62; *ders.* Probleme des Durchfrachtvertrages und des Speditionsrechts – Prüfsteine des deutschen Frachtrechts, VersR 1981, 993–1000; *ders.* Probleme des Multimodaltransports mit Streckeneinschluss nach neuerem deutschen Recht, TranspR 2001, 101–108; *ders.* Sind die deutschen Tarife im Straßen- und Binnenschiffsverkehr ungültig?, TranspR 1992, 241–256; *ders.* The New German Transport Legislation, ETL 1998, 591–606; *ders.* Transportrechtsreformgesetz und AGB-Kontrolle. Gedanken aus Anlass der Entscheidung BGH – I ZR 233/95, TranspR 1998, 344–346; *ders.* UN-Übereinkommen über den internationalen Gütertransport, Hansa 1980, 950–954; *ders.* Verjährung von Vergütungsansprüchen des Frachtführers und Spediteurs aus Altverträgen, TranspR 2000, 20–23; *ders.* Versteckte Änderungen des Transportrechts. Anmerkungen zu einer verwirrenden gesetzgeberischen Praxis, TranspR 1989, 51–53; *ders.* Zur Berücksichtigung des

Teilstreckenrechts bei multimodalem Transportvertrag, Festschrift für Piper, 1996, S. 877–897; *Herber-Schmuck* Beweislast des Transportunternehmers für grobe Fahrlässigkeit, VersR 1991, 1209–1213; *Herzog* Das neue Speditions- und Frachtrecht – Entwurf oder nur Ein-Wurf?, VW 1997, 127–128; *Heuer* Das künftige deutsche Frachtrecht, TranspR 1998, 45–51; *ders.* Einige kritische Anmerkungen zu den ADSp 1998, TranspR 1998, 333–336; *ders.* Verkehrshaftpflichtversicherungen, in: Gütertransport und Versicherungen, Symposium der deutschen Gesellschaft für Transportrecht, S. 31–67; *ders.* Zur Frachtführerhaftung nach der CMR: Haftungszeitraum – Ladetätigkeiten – Fahrervollmacht – Lkw- bzw. Ladungsdiebstahl, VersR 1988, 312–317; *Hill* Das Verhältnis der transportrechtlichen Haftung zur Haftung wegen positiver Forderungsverletzung, Diss. Tübingen 1993; *Hole/Busch* Internationale und nationale Vorschriften für die Beförderung gefährlicher Güter, TranspR 1986, 401–408; *Huber* Zur Verjährung des Schadensersatzanspruches gegen den Frachtführer, JBl. 1986, 227–230; *Hübsch* Vertragliche Wirkungen zu Lasten Dritter im Gütertransport, VersR 1997, 799–808; *Jung* Subsidiarität in der europäischen Verkehrspolitik, TranspR 1999, 129–138; *Junker* Schadensersatzpflicht bei einem Verstoß gegen ein ausländisches Embargo, JZ 1991, 699–702; *Kilian* Die Adresse im Internet – Domains und ihr rechtlicher Schutz, DZWir 1997, 381–390; *Knieps* Zugang zu Netzen, MMR 1998, 275–280; *Knöfel* Der Ausführende Frachtführer – eine Rechtsfigur im Schnittpunkt von Transportrecht und allgemeinem Schuldrecht in: Thume (Hrsg.) Transport- und Vertriebsrecht 2000, Festgabe für Herber, 1999 S. 96–105; *ders.* Die Haftung des Güterbeförderers für Hilfspersonen, 1995; *Knorre* Zu den Auswirkungen des europäischen Rechts auf das deutsche Straßen- und Güterverkehrsrecht in: Thume (Hrsg.) Transport- und Vertriebsrecht 2000, Festgabe für Herber, 1999 S. 209–223; *ders.* Zur Haftung des Frachtführers nach Art. 23, 25 CMR, TranspR 1985, 241–245; *ders.* Zur Problematik des Palettentausches, TranspR 2001, 1–7; *ders.* Zur rechtlichen Problematik des sogenannten „Palettentausches", TranspR 1990, 99–101; *Koller* ADSp 1999 – Bedenken gegen Einbeziehung und Wirksamkeit nach AGBG, TranspR 2000, 1–11; *ders.* Bedeutung der Klausel „cash against documents" (Kasse gegen Dokumente) im internationalen Handelsverkehr, IPRax 1990, 301–303; *ders.* CMR und Speditionsrecht, VersR 1988, 556–563; *ders.* Das Standgeld bei CMR-Transporten, TranspR 1988, 129–138; *ders.* Die Abgrenzung zwischen Speditions- und Frachtverträgen, NJW 1988, 1756–1761; *ders.* Die Bedeutung des § 662 für den multimodalen Transport, VersR 1982, 1–8; *ders.* Die Haftung des Multimodalbeförderers beim bekannten Schadenort, VersR 2000, 1187–1194; *ders.* Die Haftung des Unterfrachtführers gegenüber dem Empfänger, VersR 1988, 673–674; *ders.*, Die Haftung beim Transport mit vertragswidrigen Beförderungsmitteln, VersR 1988, 432–439; *ders.* Die Haftung bei unbekanntem Schadensort im multimodalen Verkehr, VersR 1989, 769–775; *ders.* Die Haftungsbegrenzung bei sonstigen Vermögensschäden nach dem Transportrechtsreformgesetz, in: Thume (Hrsg.) Transport- und Vertriebsrecht 2000, Festgabe Herber, 1999 S. 106–118; *ders.* Die Inanspruchnahme des Empfängers für Beförderungskosten durch Frachtführer oder Spediteur, TranspR 1993, 41–48; *ders.* Die Leichtfertigkeit im deutschen Transportrecht, VersR 2004, 1346–1360; *ders.* Die Rechtsnatur des Umschlagsvertrages und ihre Bedeutung für die Teilstrecke, TranspR 2008, 333–339; *ders.* Die Tragweite von Vertragsabwehrklauseln und der Einwand des Mitverschuldens im Gütertransportrecht, VersR 2004, 269–275; *ders.* Die Übertragung des Namensladescheins, Festschrift für Richardi, 2007, S. 1121; *ders.* Die Unzulänglichkeit der Verpackung im Transport- und Transportversicherungsrecht, VersR 1993, 519–526; *ders.* Die Vereinbarung der Ausführungsart im Werkvertrags- und Transportrecht, TranspR 2007, 221–225; *ders.* Rechtsnatur und Rechtswirkungen frachtrechtlicher Sperrpapiere, TranspR 1994, 181–189; *ders.* Übernahmeort und Gerichtsstand bei der Einschaltung von Fixkostenspediteuren und Unterfrachtführern, TranspR 2000, 152–154; *ders.* Vertragliche Direktansprüche gegen schädigende Unterfrachtführer im Straßentransportrecht, VersR 1993, 920–930; *ders.* Zum Begriff des Schadens und zur Kausalität im Recht der CMR, VersR 1994, 384–388; *ders.* Zur Aufklärung über die Schadensentstehung im Straßentransportrecht, VersR 1990, 553–560; *ders.* Zur Beweislast für unzureichende Vorkühlung des Transportguts, TranspR 2000, 449–450; *Konow* Aufwendungsersatz bei Fürsorgemaßnahmen für das Gut während des Transports, TranspR 1988, 229–232; *ders.* Frachtbrief-Ladeschein-Frachtbriefdoppel, DB 1972, 1613–1619; *ders.* Frachtrechtliche Rahmenvereinbarungen, DB 1974, 565–567; *ders.* Grundfragen des frachtrechtlichen Schadenausgleichs – Verursachung und Verschulden als Haftungsgrundlagen, ausgehend von der Haftung der Eisenbahn, DB 1976, 469–474; *ders.* Haftungsfragen bei Frachtgeschäften, an denen mehrere Frachtführer beteiligt sind, DB 1973, 905–910; *ders.* Rechtsfolgen der Nichtausstellung von Frachtpapieren bei Beförderungsverträgen, BB 1965, 149–150; *ders.* Schadensersatz wegen positiver Forderungsverletzungen im Rahmen von Frachtverträgen, TranspR 1987, 14–17; *Korioth* Auswirkungen des neuen Frachtrechts auf die Binnenschiffahrt, TranspR 1998, 92–97; *Krieger* Das Internet – ein Zahnschmerzsyndrom?, in: Korf/Hölser Jahrbuch der Güterverkehrswirtschaft 1998/1999, S. 60–66; *Krings-Brand* Vertragswidrige Transportmittel und Beförderung durch internationale Kurierdienste, IPRax 1994, 272–276; *Krins* Haftung und Versicherung in der Kontraktlogistik: Ein Überblick, TranspR 2007, 269–279; *Krüger* Das deutsche Transportrecht an der Schwelle zum europäischen Binnenmarkt. Bericht über ein Symposium, TranspR 1992, 315–321; *Lammich* Die Zukunft des Güterkraftverkehrsgesetzes, TranspR 1997, 363–366; *Larsen/Dielmann* Die „Multimodalkonvention" von 1980, VersR 1982, 417–423; *Lenz* Konkurrierende Verjährungsfristen im Straßengütertransportrecht, TranspR 1989, 396–402; *ders.* Straßengütertransportrecht, Köln 1988; *Lieser* Ergänzung der CMR durch unvereinheitlichtes deutsches Recht, 1991; *Looks* Der multimodale Transportvertrag nach dem TRG, VersR 1999, 31–36; *Mankowski* Kollisionsrechtsanwendung bei Güterbeförderungsverträgen, TranspR 1993, 213–227; *Martell* Das neue Güterkraftverkehrsgesetz – „Grundgesetz" des Straßengüterverkehrs", NJW 1999, 193–195; *Meier* Die Gesamtgläubigerschaft – ein unbekanntes, weil überflüssiges Wesen?, AcP 205 (2005) 858–904; *Meyer/Rehfueß* Aktuelle Fragen des deutschen und internationalen Landtransportrechts, TranspR 1994, 326–338; *dies.* Das frachtvertragliche Weisungsrecht, 1995; *de la Motte* Beladepflicht nach CMR und KVO?, TranspR 1988, 364–365; *ders.* Besondere Haftungsfälle nach dem Transportrecht unter Berücksichtigung der Transportrechtsreform in: Haftungsrisiken beim Transport vermeiden, 1998, S. 41–54; *ders.* CMR: Schaden – Entschädigung – Versicherung, VersR 1988, 317–324; *ders.* Die neue Speditionsversicherung: Rückblick und Ausblick, in: Thume (Hrsg.) Transport- und Vertriebsrecht 2000, Festgabe Herber 1999, S. 179–186; *ders.* Die Vorschläge des Kommissionsentwurfs für das Speditionsrecht, TranspR 1997, 85–88; *ders.* Schadensvorbehalt des Empfängers – § 438 HGB, § 39 KVO, Art. 30 CMR, VersR 1982, 1037–1038; *Müglich* Probleme des Einsatzes neuer Informationstechniken im Transportrecht, TranspR 2000, 145–151; *G. Müller* Haftungsrechtliche Probleme des Massenschadens, VersR 1998, 1181–1188; *W. Müller* Internationale Regelung der Haftung für Schäden bei der Beförderung gefährlicher Güter auf Binnenwasserstraßen, in: Thume (Hrsg.), Transport- und Vertriebsrecht 2000, Festgabe Herber, 1999 S. 280–292; *ders.* Von der Überlebenskraft gesetzlicher Fehlentwicklungen – Gedanken zur Reform des Transportrechts, TranspR 1997, 359–363; *Müller-Rostin* Die Anspruchsberechtigung für Güterschäden nach dem Warschauer Abkommen, TranspR 1995, 89–94; *Neufang/Valder* Laden und Ladungssicherung im Straßengüterverkehr – Wer ist verantwortlich?, TranspR 2002, 325–334; *Niederleithinger* Vorbemerkungen zum neuen deutschen Transportrecht, in: Thume (Hrsg.), Transport- und Vertriebsrecht 2000, Festgabe für Herber, 1999 S. 77–87; *Oetker* Versendungskauf, Frachtrecht und Drittschadensliquidation, JuS 2001, 833–841; *Oeynhausen* Das Ladegeschäft im Güterfernverkehr bei Versendung durch Spediteure, TranspR 1981, 139–144; *ders.* Die Bedeutung der Rücksendung von Belegen für die Verjährung von Ansprüchen gegen Frachtführer, VersR 1983, 312–314; *Otte* Abstrakte oder konkrete Berechnung des Nutzungsausfallschadens, TranspR 2005, 391–399; *ders./Thyes* Die Entwicklung des deutschen Binnenschiffahrtsrechts in den Jahren 1999 bis 2002, TranspR 2003, 221–231; *Pelz* Frachtbrief und Übergabe des Frachtgutes in ihrer Bedeutung für den Frachtvertrag, Diss. Bochum 1980; *Pesce* Merkmale und Grundlagen für den Ausschluß der Höchstentschädigungspflicht des internationalen Frachtführers, TranspR 1994, 227–232; *Philippi* Zur Frage der Fortgeltung des Grundsatzes der stillschweigenden Einbeziehung der ADSp, TranspR 1999, 375–378; *Piper* Einige ausgewählte Probleme des Schadensrechts der CMR, VersR 1988, 201–209; *ders.* Probleme der CMR unter Berücksichtigung der Rechtsprechung des BGH, insbesondere zur Ersatzverpflichtung des CMR-Frachtführers, TranspR 1990, 357–362; *ders./Pokrant/Gran* Höchstrichterliche Rechtsprechung und Vertragsgestaltung, 2007; *Prölss/Martin* Versicherungsvertragsgesetz, 25. Auflage 1992; *ders./Weiß* Logistik und Lean Production, in: Weber/Baumgarten (Hrsg.) Handbuch Logistik, 1999, S. 900–909; *Pohlmann/Stibitz* Transportorganisation im Wandel, die Rolle der Spedition vor dem Hintergrund veränderter großindustrieller Logistikorganisationen, in: Mendius/Wengeling-Schröder (Hrsg.) Zulieferer im Netz – Zwischen Abhängigkeit und Partnerschaft, 1991, S. 255–273; *Protsch* Der Gerichtsstand und die Vollstreckung im internationalen Speditions- und Frachtrecht, 1989; *Rabe* Ausgewählte Fragen zur Haftung und zur Darlegungs- und Beweislast im Prozeß des Frachtführers und Spediteurs unter Berücksichtigung des Transportrechtsreformgesetzes in: Thume (Hrsg.) Transport- und Vertriebsrecht 2000, Festgabe für

Herber, 1999 S. 135–144; *ders.* Auswirkungen des neuen Frachtrechts auf das Seefrachtrecht, TranspR 1998, 429–440; *ders.* Die Probleme bei einer multimodalen Beförderung unter Einschluss einer Seestrecke, TranspR 2000, 189–196; *ders.* Drittschadensliquidation im Güterbeförderungsrecht, TranspR 1993, 1–9; *Ramming* Die CMNI – erste Fragen der Rechtsanwendung, TranspR 2006, 373–380; *ders.* Die Haftung des ausführenden Frachtführers nach § 437 HGB, TranspR 2000, 277–297; *ders.* Die Nicht-Zurverfügungstellung des Beförderungsmittels zur vorgesehenen Zeit, TranspR 2003, 419–435; *ders.* Durchbrechung der Einheitslösung (§ 452 S. 1 HGB) im Hinblick auf besondere Durchführungsvorschriften des Rechts der (See-)Teilstrecke, TranspR 2004, 201–206; *ders.* Probleme der Rechtsanwendung im neuen Recht der multimodalen Beförderung, TranspR 1999, 325–345; *ders.* Teilstrecken einer multimodalen Beförderung und ihre Abgrenzung, TranspR 2007, 89–94; *ders.* Umschlag von Gut als Beförderung im Sinne des § 407 Abs. 1 HGB, TranspR 2004, 56–61; *ders.* Zur Abdingbarkeit des Höchstbetrages der Haftung des Frachtführers nach neuem Frachtrecht – unter besonderer Berücksichtigung multimodaler Beförderungen, die eine Seeteilstrecke umfassen, VersR 1999, 1177–1189; *H. Richter/Richter* Möglichkeit und Notwendigkeit der Vereinheitlichung des internationalen Transportrechts, 1978; *Ridder* Transportvorschriften für gefährliche Güter, ETL 1991, 26–35; *Risch* Personenschäden und Schäden an nicht zum Transport gehörenden Sachen bei Be- und Entladetätigkeiten im Rahmen eines Frachtvertrages, VersR 2001, 948–951; *Roesch* Abschluß des Beförderungsvertrags, Lieferfristbeginn und Lieferfristhaftung im Landfrachtrecht, VersR 1982, 828–835; *ders.* Das Ladegeschäft nach KVO und CMR, BB 1982, 20–24; *ders.* Ist die Frachtführerhaftung nach Art. 17 Abs. 1 CMR Verschuldens- oder Gefährdungshaftung?, VersR 1976, 707–711; *ders.* Kann im Frachtrecht bei Güterschäden über die Haftungsbestimmungen der einzelnen anzuwendenden frachtrechtlichen Regelungen hinaus Ersatz aus positiver Vertragsverletzung oder unerlaubter Handlung beansprucht werden?, VersR 1980, 314–321; *ders.* Zum Erlöschen und zur Verjährung der Ersatzansprüche gegen den Straßenfrachtführer nach KVO und CMR, VP 1982, 21–23; *Rodière* Introduction to Transport Law and Combined Transport, International Encyclopedia of Comparative Law, Band 12, 1972; *Roltsch* Der Direktanspruch des Verfügungsberechtigten gegen den Straßentransport-Haftpflichtversicherer, VersR 1985, 317–322; *ders.* Die Haftpflichtversicherung des Straßenfrachtführers, 1983; *ders.* Die Zurechnung des Verhaltens Dritter im Straßengüterverkehr unter bes. Berücksichtigung versicherungsrechtlicher Aspekte, VP 1984, 157–161; *Rugullis* Die objektive Anknüpfung von internationalen Speditionsverträgen, TranspR 2006, 380–384; *Ruhwedel* Transportrechtsreformgesetz und Frachtgutbeförderung auf dem Luftweg, TranspR 1999, 369–374; Rundnagel, Beförderungsgeschäfte in: Ehrenberg (Hrsg.) Handbuch des gesamten Handelsrechts, Band 5/2, 1915; *Runge* Dauereinsatzverträge im Güterfernverkehr, TranspR 1979, 48–49; *Saller* Die Rechtsnatur des Autokranvertrages, TranspR 1995, 142–157; *Scheele* Leistungsstörungen bei Beförderungsverträgen, Diss. Bonn 1963; *Scheer* Informations- und Kommunikationssysteme in der Logistik in: Weber/Baumgarten (Hrsg.) Handbuch der Logistik, 1999, S. 496–508; *Schindler* Das Handelsrechtsreformgesetz, NJW 1998, 2161–2169; *ders.* Zivilrechtliche Verantwortlichkeit bei Gefahrguttransport auf der Straße, in: Thume (Hrsg.) Transport- und Vertriebsrecht 2000, Festgabe für Herber, 1999 S. 119–127; *ders./Kehl* Die Haftung des CMR-Frachtführers nach den Grundsätzen der culpa in contrahendo, TranspR 1996, 89–95; *Schlicht* Die Nachnahme im internationalen Transportrecht, Eine vergleichende Betrachtung der Nachnahme im französischen, deutschen und englischen, sowie im internationalen Recht vor dem Hintergrund eines gemeinsamen europäischen Privatrechts, Aachen 1999; *Schmid* Die Ansprüche des geschädigten Dritten gegen den Fahrer als Arbeitnehmer im Bereich des Verkehrshaftungsrechts, TranspR 1986, 49–53; *Schneider* Outsourcing von Beschaffungsprozessen – Beschaffungsdienstleister und ihre Konzepte. Eine Untersuchung für den Bundesverband Materialwirtschaft, Einkauf und Logistik e.V. (BME), 1998, S. 47–80; *ders.* Verkehrshaftungsversicherungen, 1992; *Schuback* Die Entwicklung des elektronisch übermittelten Bill of Lading, TranspR 1999, 41–50; *Schubert/Schmiedel/Krampe* Quellen zum HGB von 1897, Bd. 2, 1. Halbb. 1987; *Schünemann* Zivilrechtliche Haftung bei der Gefahrgutbeförderung, TranspR 1992, 53–60; *Schwenk* Überblick über neue deutsche Entscheidungen zum Luftrecht, NZV 1998, 314–320; *Schwenzer* Einbeziehung von Spediteurbedingungen sowie Anknüpfung des Schweigens bei grenzüberschreitenden Verträgen, IPRax 1988, 86–88; *Sellmann/Blume* Die Entwicklung des öffentlichen Verkehrsrechts, NVwZ 1999, 250–261; *Sieg* Die verkannte Bedeutung der Gütertransportversicherung für Exporteur und Spediteur, VersR 1998, 430–432; *Starck* Qualifiziertes Verschulden nach der Transportrechtsreform – Bemerkungen zu Begriff und Geltungsbereich in: Thume

(Hrsg.) Transport- und Vertriebsrecht 2000, Festgabe für Herber, 1999 S. 128–134; *Starosta* Falschauslieferung an den Endempfänger?, VersR 1992, 804–805; *Stratmann* Internet domain names oder der Schutz von Namen, Firmenbezeichnungen und Marken gegen die Benutzung durch Dritte als Internet-Adresse, BB 1997, 689–693; *Temme* Individualvereinbarungen und AGB im neuen Transportrecht, in: Thume (Hrsg.), Transport- und Vertriebsrecht 2000, Festgabe für Herber, 1999 S. 197–208; *Theunis* Die Haftung des Frachtführers der Ro/Ro-Beförderung, TranspR 1990, 263–275; *Thume* Das neue Transportrecht, BB 1998, 2117–2121; *ders.* Die geplante Neuregelung des Transportrechts, BB 1997, 585–589; *ders.* Die Stellung des Empfängers im neuen Frachtrecht in: Transport- und Vertriebsrecht, Festgabe für Herber, 1999 S. 153–162; *ders.* Gemischte Verträge mit Gemischtbetrieben, TranspR 1994, 382–385; *ders.* Haftungsprobleme bei CMR-Kühltransporten, TranspR 1992, 1–7; *ders.* Haftungsprobleme beim Containerverkehr, TranspR 1990, 41–48; *ders.* Keine Rechte des Empfängers nach Art. 13 Abs. 1 CMR und § 435 HGB gegen den Unterfrachtführer?, TranspR 1991, 85–89; *ders.* Kommentar zur CMR, 1995; *ders.* Palettenverträge im Straßengüterverkehr, TranspR 1989, 47–50; *ders.* Transportrecht und Gesetz über Allgemeine Geschäftsbedingungen, DtGesTranspR, Schriften zum Transportrecht, Heft 1, 1988; *ders.* Zur Lieferfristüberschreitung gem. Art. 19 CMR, TranspR 1992, 403–405; *Trappe* Haftung beim Transport gefährlicher Güter im Seeverkehr, VersR 1986, 942–948; *Tunn* Beweislast und Beweisführung für Güterschäden bei der Ablieferung von Sendungen nach § 438 HGB, VersR 2005, 1646–1651; *ders.* Rechtsfragen zum Verkehr mit Euro- und Gitterboxpaletten, TranspR 1992, 263–266; *Valder* Ablieferung von Gütern, Stellungnahme zu Widmann (TranspR 2001, 72–74), TranspR 2001, 363–364; *ders.* Das Entladen von Gütern im Straßengüterverkehr in: Schachtschneider (Hrsg.) Transport-Wirtschaft-Recht, Gedächtnisschrift für Helm, 2001 S. 355–364; *ders.* Das künftige Speditionsrecht – Strukturen und praktisch wichtige Neuerungen im Detail, TranspR 1998, 51–57; *ders.* Zur Definition des Speditionsgeschäfts, in: Thume (Hrsg.), Transport- und Vertriebsrecht 2000, Festgabe für Herber, 1999 S. 171–178; *ders./Wieske* Logistik AGB: Ein neues Klauselwerk, TranspR 2006, 221–226; *Voigt* Der Beginn der Lieferfristüberschreitung beim CMR-Vertrag, VersR 1973, 501–504; *Vollkommer/Vollkommer* Auswirkungen und Impulse der Transportrechtsreform von 1998 auf das Prozeßrecht in: Schachtschneider (Hrsg.) Transport-Wirtschaft-Recht, Gedächtnisschrift für Helm, 2001 S. 365–379; *Weber* Netzwerkartige Wertschöpfungssysteme, 1999; *Widmann* Ablieferung von Gütern nach der Verfassung des HGB, TranspR 2001, 72–74; *ders.* Zur Frachtzahlung, TranspR 2002, 103–105; *Weipert* Vertrag über projektbezogene kombinierte Transporte, in: Schütze/Weipert Münchener Vertragshandbuch, Band 2, 1993, S. 375–428; *Widmann* Ablieferung von Gütern nach der Neufassung des HGB, TranspR 2001, 72–74; *Wiebe* Zur Kennzeichnungsfunktion von Domain Names, CR 1998, 157; *Wildemann* Die modulare Fabrik, 1997; *Willenberg* Der internationale Straßengüterverkehr nach dem Inkrafttreten der CMR, NJW 1968, 1020–1025; *ders.* Kraftverkehrsordnung für den Güterfernverkehr mit Kraftfahrzeugen, 1991; *ders.* Rechtsfragen des Palettenverkehrs auf der Straße, TranspR 1985, 161–170; *ders.* Sonderprobleme bei der Beförderung fabrikneuer Personenkraftwagen auf PKW-Straßentransporten, TranspR 1983, 57–63; *Wilmer* Offene Fragen der rechtlichen Einordnung von Internet domains, CR 1997, 562–566; *Wöhrn* Die Verantwortlichkeit des Beförderers/Operators im internationalen kombinierten Transport für Schäden durch verspätete Auslieferung der Güter, 1980; *Zapp* Ansprüche gegen den ausführenden Frachtführer bei internationalen Lufttransporten, TranspR 2000, 239–242; *ders.* Ausführender Frachtführer im Sinne des § 237 HGB, TranspR 2000, 106–109; *ders.* Die Haftung des „413 HGB"-Spediteurs bei grenzüberschreitenden LKW-Transporten für Schäden aus verspäteter Ladungsübernahme, TranspR 1993, 334–336; *ders.* Grobe Fahrlässigkeit nach Art. 29 CMR, TranspR 1994, 142–146; *ders.* Rechtsprobleme im Zusammenhang mit der Verpackung in der CMR und im deutschen Handelsgesetzbuch, TranspR 2004, 333–340; *ders.* Vertraglich begründete Überprüfungspflichten und Art. 41 CMR, TranspR 1991, 371–373; *Zech* Sind Transportketten ohne Barcode-Technologie in Zukunft überhaupt noch möglich? in: Korf/Hölser, Jahrbuch der Güterverkehrswirtschaft 1998/1999, S. 78–84; *Züchner* Abgrenzung der Frachtführerhaftung bei Kühlgutverkehr nach der KVO und der CMR, DB 1971, 513–518; *ders.* Der Rechtsverlust im Frachtrecht, VersR 1965, 830–833; *ders.*, Ersatzpflicht bei Lieferfristüberschreitungen nach der CMR, VersR 1970, 701–704; *ders.* Verpflichtung zum Verladen und Entladen sowie Haftung für Verladefehler und Entladeschäden nach der CMR, VersR 1968, 723–726; *ders.* Zur Frachtführerhaftung für Verluste an Schüttgütern nach der CMR, VersR 1967, 430–432.

Übersicht

I. Einleitung

1 Das Transportrecht als Gegenstand eigenständiger Regelung blickt auf eine lange Tradition zurück. Schon im Altertum hatte es sich als Sonderrechtsgebiet entwickelt, das der besonderen, seinerzeit noch deutlich schwerer zu beherrschenden Gefahrenlage – vor allem im Bereich des Seehandels – Rechnung trug.[1] Erste grundlegende Kodifikationen in Deutschland erfolgten mit dem Preußischen Allgemeinen Landrecht von 1794 und dem ADHGB von 1861. Bis zu seiner Reform 1998 war das Transportrecht sektoral stark zersplittert. Bereits mit dem preußischen Eisenbahngesetz von 1838 waren Sonderregelungen für die öffentlichen Eisenbahnen erlassen worden. Es folgte die Eisenbahn-Verkehrsordnung (EVO) von 1892, für den Bereich der Binnenschifffahrt das BinschG von 1895 und die Regelung des Luftfrachtvertrags im LuftVG von 1922. Weiter wurde 1931 im Bereich des Lagerrechts die Verordnung über Lagerscheine, 1935 das Gesetz betreffend den Güterfernverkehr mit Kraftfahrzeugen (GFG) und 1936 die Kraftverkehrsordnung für den Güterfernverkehr mit Kraftfahrzeugen (KVO) erlassen. Schließlich trat 1983 der Güterkraftverkehrstarif für den Umzugsverkehr (GüKUMT) in Kraft.[2]

2 Hinzuweisen ist auch auf die mit dem ausgehenden 19. Jahrhundert einsetzende Entwicklung einheitsrechtlicher Regelungen für transnationale Gütertransporte, die sich in Abhängigkeit vom eingesetzten Verkehrsträger unterscheiden. Ein verkehrsträgerübergrei-

[1] Siehe auch *Wüstendörfer* in Ehrenberg, Handbuch des gesamten Handelsrechts, 7. Band, II. Abteilung, 1923, S. 5 ff; MünchKommHGB²/*Czerwenka* Einleitung Rn 1.

[2] Siehe auch MünchKommHGB²/*Czerwenka* Einleitung Rn 3.

fender Regelungsansatz ist insoweit in näherer Zukunft nicht zu erwarten, allenfalls eine inhaltliche Annäherung in Einzelpunkten, bspw. dem des Haftungshöchstbetrags. Eine gewisse Vereinheitlichung geht damit einher, dass im Falle lückenfüllenden Rückgriffs auf deutsches Recht (dazu noch unten Rn 63 ff) mit den §§ 407 ff Bestimmungen zur Anwendung gelangen, die einheitlich für Beförderungen zu Lande, auf Binnengewässern oder mit Luftfahrzeugen gelten.

Mit dem[3] **am 1.7.1998 in Kraft getretenen TRG**[4] hat der Gesetzgeber im Interesse größerer Rechtssicherheit und zur Schaffung gleicher Wettbewerbsbedingungen der verschiedenen Verkehrsträger die zersplitterten sowie zum Teil überregulierten und mehr als 100 Jahre alten unterschiedlichen Teiltransportrechte vereinheitlichen, bereinigen und unter Berücksichtigung internationaler transportrechtlicher Übereinkommen modernisieren wollen. Zugleich hatte die Reform zum Ziel, das Transportprivatrecht sowohl an die bereits 1994 erfolgte Liberalisierung und Umstrukturierung des Güterkraftverkehrs durch das Tarifaufhebungsgesetz und das Eisenbahnneuordnungsgesetz als auch an die Änderung des Ordnungsrahmens im nationalen Güterverkehr aufgrund der sog. Kabotage-VO[5] anzupassen.[6] **3**

Die Neuregelung folgt im Wesentlichen den Vorschlägen der 1992 vom Bundesministerium der Justiz eingesetzten Sachverständigenkommission zur Reform des Transportrechts.[7] Diese hatte vorgesehen, das Frachtrecht in enger Anlehnung an die CMR umfassend und einheitlich für die Verkehrsträger Straße, Schiene und Binnenschifffahrt im HGB neu zu regeln und dabei auch moderne Handelspraktiken wie den Multimodaltransport gesetzlich zu berücksichtigen.[8] Im Interesse größtmöglicher Rechtsvereinheitlichung und zur Vermeidung innerstaatlicher Sonderregelungen auf dem Gebiet des Frachtrechts wurde schließlich auf Empfehlung des Rechtsausschusses des Deutschen Bundestages der Anwendungsbereich der allgemeinen frachtrechtlichen Vorschriften noch auf den Lufttransport erstreckt.[9] **4**

Der dargestellte Ansatz bedingte eine Aufhebung der bis dahin für einzelne Verkehrsträger und Transportarten bestehenden Sonderregelungen. Lediglich für die Binnenschifffahrt wurde eine Sonderregelung in § 412 Abs. 4 aufgenommen. Auch die Möglichkeit globaler Haftungsbeschränkung nach Maßgabe der §§ 4 ff BinSchG blieb unangetastet. Aufgehoben wurden indes die §§ 27–76 BinSchG, die §§ 37–96 EVO sowie die gesamte KVO. Zu den Einzelheiten sowie allen weiteren Aufhebungen und Änderungen siehe Art. 2 ff TRG. **5**

Das neue HGB-Transportrecht stellt den Frachtvertrag an den Beginn und weicht damit von der vorherigen Struktur ab, die zunächst das Speditionsgeschäft (§ 407 ff a.F.), sodann das Lagergeschäft (§§ 416 ff a.F.) und erst anschließend das Frachtgeschäft in **6**

---

[3] Mit Ausnahme des Art. 8, welcher erst am 1.1.2000 in Kraft getreten ist, Art. 12 Abs. 1 des TRG.

[4] Gesetz zur Neuregelung des Fracht-, Speditions- und Lagerrechts vom 25.6.1998, BGBl. 1998, 1588 ff.

[5] VO (EWG) Nr. 3118/93 über die Festlegung der Bedingungen für die Zulassung von Verkehrsunternehmen zum Güterkraftverkehr innerhalb eines Mitgliedstaates, in dem sie nicht ansässig sind, ABl. EG 1993 L 279/1; mittlerweile aufgehoben durch die Nachfolge-VO (EG) Nr. 1072/2009 vom 21.10.2009 über gemeinsame Regeln für den Zugang zum Markt des grenzüberschreitenden Güterkraftverkehrs, ABl. EU 2009 L 300/72.

[6] Siehe BR-Drucks. 368/97, S. 1; BT-Drucks. 13/8445, S. 1.

[7] Zur Arbeit der Kommission MünchKomm-HGB[2]/*Czerwenka* Einleitung Rn 8 ff.

[8] Siehe auch BR-Drucks. 368/97, S. 1; BT-Drucks. 13/8445, S. 1.

[9] Siehe BT-Drucks. 13/10014, S. 1, 46.

den §§ 425 ff a.F. regelte. Diese systematische Änderung hängt mit Wandlungen im Erscheinungsbild der Spedition zusammen. Während der Gesetzgeber des ausgehenden 19. Jahrhunderts vom Leitbild des Transportkommissionärs ausging, der als mittelbarer Vertreter des Absenders für dessen Rechnung, aber im eigenen Namen gegen Provision Frachtverträge abschließt – was es nahelegte, den Speditionsvertrag in unmittelbarem Anschluss an den Kommissionsvertrag und zum Teil unter Verweisung auf dessen Vorschriften zu regeln –, erbringen Spediteure heute weit darüber hinausgehende Leistungen, die sich ihrerseits wiederum auf frachtvertragliche Leistungen beziehen.[10] Dies lässt es angebracht erscheinen, den Frachtvertrag voranzustellen.

7 Die Regelung des Frachtgeschäfts gliedert sich in drei Unterabschnitte. Der erste Unterabschnitt reicht von § 407–§ 450 und enthält die allgemeinen Vorschriften. Der zweite Unterabschnitt (§§ 451–451h) verankert den bis dato durch Verordnung geregelten Umzugsvertrag im HGB. Im dritten Unterabschnitt (§§ 452–452d) findet sich erstmals eine Regelung für die Beförderung mit verschiedenartigen Beförderungsmitteln (sog. Multimodal-Transport). Insgesamt umfasst der frachtrechtliche Regelungskomplex 58 Vorschriften, was in etwa ein Viertel des Normenbestands vor der Reform ist.

8 Von der Vereinheitlichung nach wie vor ausgenommen ist das Seerecht. Dies hat sich auch durch das Inkrafttreten des Gesetzes zur Reform des Seehandelsrechts vom 20. April 2013 mit Wirkung zum 25.04.2013[11] nicht geändert. Der Seehandel ist weiterhin Gegenstand eigenständiger Regelung im 5. Buch, den §§ 476 ff. Seine Neuregelung ist inhaltlich nunmehr allerdings in Teilen stärker an Regelungen des Landfrachtrechts angelehnt[12]. Nach Maßgabe des § 452 gelangen die §§ 407 ff – und nicht die seerechtlichen Bestimmungen – zur Anwendung, wenn bei Beförderung des Gutes aufgrund eines einheitlichen Frachtvertrages ein Teil der Beförderung zur See durchgeführt wird. Für eine Beförderung ohne Umladung sowohl auf Binnen- als auch auf Seegewässern findet sich in § 450 eine Kollisionsregelung.

9 Die §§ 407 ff erfassen nur die Beförderung von Gütern und gelten damit nicht für die Personenbeförderung.

II. Sachlicher Regelungsgehalt des § 407

10 **1. Überblick.** § 407 ist die Zentralnorm des geltenden Frachtrechts. Die Norm erfasst den Frachtvertrag als einen Vertrag, durch den sich der Frachtführer gegen Zahlung der vereinbarten Fracht (Abs. 2) verpflichtet, das Gut zu Lande, auf Binnengewässern oder mit Luftfahrzeugen (Abs. 3 Satz 1 Nr. 1) zum Bestimmungsort zu befördern und dort an den Empfänger abzuliefern (Abs. 1). Diese Definition, die wesentlich einer Abgrenzung des Frachtvertrags von anderen Vertragstypen dient, ist sach-, nicht personenbezogen.[13] Da Abs. 3 Satz 1 Nr. 2, Satz 2 jedoch weiter voraussetzen, dass die Beförderung für den Frachtführer zum Betrieb eines gewerblichen Unternehmens gehört, bleibt der Charakter der §§ 407 ff als Sonderrecht der Kaufleute bzw. Unternehmer im Wesentlichen erhalten (im Einzelnen noch unten Rn 59 ff).[14]

11 a) **Vertragsschluss.** Die §§ 407 ff enthalten keine besonderen Vertragsschlussregelungen. Insbesondere fehlt es an einer den früheren §§ 15 KVO, 61 EVO sachlich ent-

---

[10] MünchKommHGB²/*Czerwenka* Einleitung Rn 25.

[11] BGBl. I S. 831 vom 24.04.2013.

[12] Siehe etwa BT-Drucks. 17/10309, S. 44.

[13] Siehe auch Ebenroth/Boujong/Joost/Strohn²/*Reuschle* Rn 29.

[14] Siehe auch BT-Drucks. 13/8445, S. 34 f; Baumbach/HoptHGB³⁵/*Merkt* Rn 8 f.

sprechenden Regelung, die den Abschluss des Vertrages von der Annahme des Gutes und des Frachtbriefs abhängig machte. Zurückzugreifen ist auf die allgemeinen Vertragsschlussregelungen des BGB (§§ 145 ff), der Frachtvertrag damit nach § 151 Satz 1 Hs. 1 BGB **Konsensualvertrag**, nicht Real- und/oder Formalvertrag.[15]

Nach allgemeinen Regelungen kommt auch eine Erklärungsabgabe durch schlüssiges Verhalten in Betracht. Wann eine solche konkludente Erklärungsabgabe anzunehmen ist, ist Tatfrage. Mitunter kann dies bereits dann der Fall sein, wenn der Frachtführer um Beförderung gebeten wird und er daraufhin das Beförderungsgut tatsächlich entgegennimmt. Auch Schweigen kann ausnahmsweise Erklärungswert haben, wenn die Parteien dies besonders vereinbart haben,[16] ferner im kaufmännischen Geschäftsverkehr nach § 346 oder § 362 HGB. Davon, dass Verträge über Güterbeförderungen eine „Besorgung von Geschäften für andere" i.S.d. § 362 HGB mit sich bringen, geht auch die höchstrichterliche Rechtsprechung aus.[17] **12**

Hinsichtlich des Frachtvertrags besteht grundsätzlich Abschlussfreiheit. Ausnahmen gelten, soweit ein Unternehmen Postdienstleistungen auf Grund einer Verpflichtung zu Universaldienst nach § 13 oder § 14 PostG oder diese Leistungen nach § 56 PostG erbringt (§ 3 PDLV). Weiter kommt ausnahmsweise auch ein Kontrahierungszwang nach § 826 BGB, § 20 Abs. 1, 2 GWB, dem sogenannten Verkehrssicherstellungsgesetz[18] oder §§ 19, 21 AGG[19] in Betracht. **13**

Die Parteien können sich bei Vertragsschluss vertreten lassen (§§ 164 ff BGB). Die gesetzliche Vertretungsmacht des Schiffsführers umfasst nicht die Befugnis zum Abschluss von Frachtverträgen; hierzu bedarf es nach § 15 Abs. 2 BinSchG einer rechtsgeschäftlichen Bevollmächtigung durch den Schiffseigner. Die in dieser (Sonder-)Regelung zum Ausdruck kommende Sachwertung dürfte auch zu berücksichtigen sein, wenn es um die Frage geht, ob angestellte (Lkw-)Fahrer zum Abschluss von Frachtverträgen und sonstigen Geschäften bevollmächtigt sind.[20] Die großzügige Annahme weitreichender Bevollmächtigung auch dann, wenn die Voraussetzungen einer Duldungs- oder Anscheinsvollmacht nicht vorliegen, geht letztlich darüber hinweg, dass Schiffer wie Fahrer nicht gleichsam automatisch umfängliche Vollmacht zur Vertretung ihres Dienstherrn haben.[21] **14**

Wird eine (etwa nach §§ 3, 4 KriegswaffenkontrollG oder § 4 AtomG) notwendige Transportgenehmigung versagt, führt dies nicht zu einer Nichtigkeit des Frachtvertrags nach § 134 BGB,[22] sondern zum Vorliegen eines nachträglichen Leistungshindernisses.[23] **15**

---

15 Siehe auch MünchKommHGB²/*Czerwenka* Rn 101; Ebenroth/Boujong/Joost/Strohn²/*Reuschle* Vor § 407 Rn 6; zum Vertragsschluss unter Geltung der früheren KVO bzw. EVO StaubHGB⁴/*Helm* zu § 15 KVO, 61 EVO.

16 Dazu auch Ebenroth/Boujong/Joost/Strohn²/*Reuschle* Rn 14 mit Fn. 27.

17 BGH NJW-RR 1988, 925 (926) (zu Nachnahmevereinbarung mit Spediteur); gegen einen Vertragsschluss durch Schweigen *Temme* in Festgabe Herber, 197 (202); auch *Andresen/Valder* Rn 36; *Koller*⁸ Rn 38; MünchKommHGB²/*Czerwenka* Rn 103; Ebenroth/Boujong/Joost/Strohn²/*Reuschle* Rn 13 f.

18 Siehe auch MünchKommHBG²/*Czerwenka* Rn 99.

19 Zu den insoweit zu beachtenden Voraussetzungen MünchKommBGB⁵/*Thüsing* AGG § 2 Rn 34 ff, § 19 Rn 4, 8 ff, § 21 Rn 17 ff.

20 Dazu auch *Koller*⁸ Rn 38.

21 Richtig daher die Einzelfallbetrachtung des OLG Nürnberg TranspR 1994, 288 f; zu großzügig wohl LG Augsburg TranspR 1991, 83 ff.

22 So aber MünchKommHGB²/*Czerwenka* Rn 110.

23 Ebenso *Koller*⁸ Rn 39, 41.

Eine Sittenwidrigkeit des Vertrags i.S.d. § 138 BGB mag freilich dann gegeben sein, wenn die Parteien von Anfang an beabsichtigten, einen Kriegswaffen- oder Kernbrennstofftransport ungenehmigt durchzuführen. Die Rechtsprechung hat eine Sittenwidrigkeit des Frachtvertrags ferner in Fällen angenommen, in denen dieser als Belohnung für die Ausstellung eines unrichtigen Transportdokuments geschlossen worden war[24] oder die Umgehung von Embargobestimmungen durch Täuschung zum Gegenstand hatte.[25] Der Verstoß gegen ein ausländisches Verbotsgesetz, das im Inland keine unmittelbare Verbindlichkeit besitzt und daher nicht zu einer Vertragsnichtigkeit nach § 134 BGB zu führen vermag, kann „mittelbar" für die Frage beachtlich sein, ob ein Verstoß gegen die guten Sitten i.S.d. § 138 BGB vorliegt.[26] Die Rechtsprechung der Instanzgerichte ist in der Annahme einer Vertragsnichtigkeit allerdings zurückhaltend.[27]

16 Schließt der Frachtführer (regelmäßig in seinen Allgemeinen Geschäftsbedingungen) bestimmte Güter, insbesondere Wertsachen, von der Versendung aus (sog. **Verbotsgut**), muss der Kontext beachtet werden, in dem sich die Verbotsgutklausel findet. So hat der BGH[28] zu Klauseln, mit denen Edelsteine bzw. Schmuckstücke bei Überschreitung einer bestimmten Wertgrenze von der Versendung ausgeschlossen sein sollten, ausgeführt, es gelte die betreffende Regelung nicht insoliert, sondern im systematischen Zusammenhang zu betrachten. Regelungen (etwa) zu einer Haftung des Frachtführers bei Einlieferung und Transport nicht bedingungsgerechter Sendungen ergäben aus Sicht eines verständigen Absenders nur dann Sinn, wenn vom Zustandekommen des Vertrages ausgegangen werde. Verbotsgutklauseln hindern demnach grundsätzlich das Zustandekommen eines wirksamen Frachtvertrags nicht. Soll die Verbotsgutklausel den Absender nur zu einer Wertdeklaration anhalten, kommt eine Lösung von dem abgeschlossenen Vertrag wegen eines Verschuldens bei Vertragsschluss (Verletzung der Aufklärungspflicht über den Wert der Sendung) nicht in Betracht. Es besteht jedoch ein Gegenanspruch, soweit die Inpflichtnahme des Absenders, wertvolles Gut als solches zu deklarieren, einen über das gewöhnliche Maß hinausgehenden Schaden verhindern sollte.[29] Dass der BGH im Falle einer wirksamen Verbotsgutklausel eine Regelung, derzufolge die Haftung des Frachtführers für grobes Verschulden unberührt bleibt, dahingehend versteht, dass in den betreffenden Fällen ohne Weiteres auch für besonders wertvolles Gut ausgehend von dessen vollem Wert gehaftet werde,[30] erweist sich ausgehend davon als letztlich unproblematisch.[31]

17 Ein Vertragsschluss der Parteien scheitert schließlich nicht an divergierenden Vorstellungen darüber, ob es sich um einen Speditions- oder Frachtauftrag handelt,[32] an der Nichtfestlegung des konkret einzusetzenden Transportmittels[33] oder an einer Nichtbeachtung der Pflichten nach § 312e BGB bei einem Vertragsschluss im elektronischen Geschäftsverkehr. Ein Verstoß gegen die letztgenannte Norm berührt die Vertragswirksamkeit nicht, ist vielmehr, wie schon aus § 312e Abs. 3 Satz 2 BGB zu ersehen, spezifisch sanktioniert.[34]

---

[24] OLG München RIW 1983, 957 ff.

[25] BGH NJW 1961, 822 f; BGH NJW 1962, 1436 (1437); BGH NJW 1991, 634.

[26] BGHZ 59, 82 ff.

[27] Siehe OLG Köln VersR 2000, 206 f; LG Lübeck TranspR 2000, 222 f.

[28] BGH TranspR 2006, 254, (255 f); TranspR 2006, 448 (450).

[29] *Schmidt* TranspR 2008, 299 (303).

[30] Siehe BGH TranspR 2006, 345 (347).

[31] *Schmidt* TranspR 2008, 299 (303).

[32] Siehe OLG Hamburg VersR 1975, 660; MünchKommHBG²/*Czerwenka* Rn 104.

[33] Ebenroth/Boujong/Joost/Strohn²/*Reuschle* Rn 6.

[34] BGH NJW 2008, 2026 (2028); Palandt/BGB⁷¹/*Grüneberg* § 312e BGB Rn 11.

b) **Vertragsparteien**

aa) **Hauptfrachtführer und Unterfrachtführer.** Da der Vertragspartner des (Ur-)Absenders regelmäßig nicht gehalten ist, den versprochenen Transport selbst durchzuführen, kann er zur Durchführung der Beförderung seinerseits (Unter-)Frachtverträge schließen. Die Transportverpflichtung des Unterfrachtführers kann für die vom Hauptfrachtführer versprochene Gesamtstrecke oder auch einen Streckenteil begründet werden. Die „Kette", in der der Transportauftrag weitergereicht werden kann, lässt sich beliebig verlängern, in dem der (erste) Unterfrachtführer seinerseits einen Unterfrachtführer (zweiten Grades) einschaltet usw. Die jeweils bestehenden Vertragsbeziehungen sind strikt von einander zu trennen und jeweils isoliert zu betrachten.[35] Der Hauptfrachtführer ist dem Urabsender zur Beförderung des Gutes verpflichtet und bleibt dies trotz „Weiterreichung" des Transportauftrags in der Kette. Der (erste) Unterfrachtführer ist seinerseits nicht dem Urabsender vertraglich verpflichtet, sondern lediglich dem Hauptfrachtführer. Dieser ist *im Verhältnis zu ihm* Absender. Der Unterfrachtvertrag ist echter Frachtvertrag, der keine Sonderbehandlung verlangt, siehe im Einzelnen Kommentierung zu § 421 Rn 13 f, 40. **18**

Der Schiffseigner im Sinne des § 1 BinSchG, der einen Binnenschiffstransport durchführt, ist regelmäßig Frachtführer, muss dies jedoch noch nicht zwingend sein.[36] So verwendet etwa im Werksverkehr der Eigentümer sein Schiff zur Schifffahrt im Sinne des § 1 BinSchG, ist also Schiffseigner, ohne dass er zugleich einer anderen Person frachtvertraglich verpflichtet wäre. Umgekehrt spielt es keine Rolle, wenn der Frachtführer nicht zugleich Schiffseigner ist. Der Frachtführer muss nicht einmal über ein eigenes Fahrzeug verfügen. Vor allem im Seebereich finden sich häufig sogenannte non vessel owning common carriers. Statt des Begriffs „Frachtführer" ist dort – ohne Sachunterschied – der Begriff „Verfrachter" geläufig. **19**

bb) **Ausführender Frachtführer.** Mit der Transportrechtsreform in § 437 eingeführt hat der Gesetzgeber den sogenannten ausführenden Frachtführer. Nach der dortigen Definition handelt es sich um einen Dritten, der die Beförderung ganz oder teilweise ausführt. Geschieht dies aufgrund eines zwischen dem Hauptfrachtführer und dem Dritten abgeschlossenen Unterfrachtvertrags, sind ausführender Frachtführer und Unterfrachtführer personenidentisch. Zwingend ist dies jedoch nicht, da das Merkmal der Beförderungsausführung in § 437 ein rein tatsächliches und es daher grundsätzlich unerheblich ist, wenn zwischen vertraglichem und ausführendem Frachtführer kein wirksamer Frachtvertrag besteht, der vertragliche Frachtführer die Beförderung durch den ausführenden Frachtführer nicht „billigt" oder der Frachtführer nicht berechtigt war, die Beförderung durch Dritte ausführen zu lassen.[37] § 437 gewährt dem Geschädigten einen im Wesentlichen vertragsrechtlichen Regeln folgenden Anspruch gegen den real schädigenden Frachtführer, wenngleich es in diesem Verhältnis an einer Vertragsbeziehung fehlt. Zu Einzelheiten siehe die Kommentierung zu § 437; dort auch zur Abweichung von § 432 a.F. und anderen Regelungsmodellen. **20**

cc) **Zwischen- und Teilfrachtführer.** Überträgt der Frachtführer in eigenem Namen eine von ihm selbst nicht geschuldete Beförderung einem anderen Frachtführer, so ist **21**

---

[35] *Koller*[8] Rn 8; *Schmidt* in: Probleme des Binnenschiffahrtsrechts XII, 21 f.

[36] Vgl. auch *v. Waldstein/Holland*, Binnenschiffahrtsrecht[5], Rn 8.

[37] Siehe im Einzelnen Kommentierung zu § 437 Rn 22 f.

dieser Zwischenfrachtführer. Die Abgrenzung von Unter- und Zwischenfrachtvertrag richtet sich danach, ob der erste Frachtführer die Beförderung auf der „übertragenen" Strecke zunächst selbst versprochen hat (dann Unterfrachtvertrag) oder nicht (dann Zwischenfrachtvertrag). In letzterem Fall betätigt sich der erste Frachtführer als Spediteur; sein Absender ist insoweit Versender im Sinne des Speditionsrechts. Der erste Frachtführer haftet in diesem Fall nur für Spediteurverschulden, also vor allem für mangelhafte Auswahl.[38]

22 Überträgt der erste Frachtführer eine von ihm nicht geschuldete Beförderungsleistung *im Namen des Absenders* an einen anderen Frachtführer, so bezeichnet man im Hinblick auf den gesamten Beförderungsvorgang beide als Teilfrachtführer. Dieser Fall unterscheidet sich frachtrechtlich nicht von dem, dass der Absender von Anfang an zwei oder mehrere Frachtführer jeweils mit Teilbeförderungen betraut.[39] Entsprechend haftet jeder Teilfrachtführer nur für seinen (eigenen) Beförderungsabschnitt.[40]

23 c) **Beförderung unter der Obhut des Frachtführers.** Mit der Beförderung verspricht der Frachtführer, eine Ortsveränderung des Gutes zu bewirken und das Gut währenddessen in seine Obhut zu nehmen.

24 aa) **Besondere Erscheinungsformen der Beförderung.** Anders als Art. 1 Abs. 1 S. 1 CMR setzt § 407 keine Beförderung „mittels Fahrzeugen" voraus. Auch ein Trageumzug oder gar das Treiben von Vieh kann daher den §§ 407 ff unterfallen. Lediglich § 407 Abs. 3 S. 1 Nr. 1 Var. 3 spricht von einer Beförderung mit Luft*fahrzeugen*. Man dürfte deshalb aber nicht verallgemeinernd sagen können, die Beförderung müsse stets mit Fahrzeugen ausgeführt werden. Dagegen, der hier benannten Teilbereichsregelung eine verallgemeinerbare Aussage zu entnehmen, spricht bereits, dass eine Luftbeförderung kaum anders als mit Luftfahrzeugen denkbar ist, ein Transport zu Lande hingegen – je nach Umständen – auch ohne Fahrzeugeinsatz erfolgen kann.

25 Bleibt die Ortsveränderung gering, ist dies unerheblich; entscheidend ist allein, dass eine Ortsveränderung überhaupt stattfinden soll. Auch das Versetzen einer Maschine kommt demnach als frachtvertragliche Leistung in Betracht. Irrelevant sind Vor-, Zwischen- oder Nachlagerungen der Güter, sofern sie der Vertragsbeziehung nicht ihr Gepräge als Frachtvertrag nehmen. In Anlehnung an den durch das Transportrechtsreformgesetz außer Kraft gesetzten § 33 KVO dürften Vor- und Nachlagerungen bis zu einer Dauer von 15 Tagen (§ 33 lit. d KVO), Zwischenlagerungen bis zu einer Dauer von 8 Tagen (§ 33 lit. e KVO) im Zweifel noch als frachtvertragstypisch zu qualifizieren sein.[41]

26 Das Verbringen von Gut von einem Beförderungsmittel auf ein anderes, aus dem Lager auf ein Beförderungsmittel oder vom Beförderungsmittel in ein Lager ist den dargestellten Grundsätzen entsprechend ebenfalls frachtvertraglich geprägt.[42] Wird mit dem **Umschlag** (separat) ein Umschlagunternehmen betraut, das die Güter beispielsweise auch wiegen, zählen oder verpacken soll,[43] handelt es sich um einen gemischten Vertrag, der

---

[38] Siehe auch StaubHGB[4]/*Helm* § 432 a.F. Rn 9.

[39] *Konow* DB 1973, 905; StaubHGB[4]/*Helm* § 432 a.F. Rn 10.

[40] Siehe auch Ebenroth/Boujong/Joost/Strohn[2]/*Reuschle* Rn 38.

[41] Ebenroth/Boujong/Joost/Strohn[2]/*Reuschle* Vor § 407 Rn 98 f.

[42] *Koller* TranspR 2008, 333 (336); *Koller*[8] Rn 10; *Brüggemann* TranspR 2000, 53 (54); *Bartels* TranspR 2005, 203 (204); MünchKommHGB[2]/*Czerwenka* Rn 28; **aA** *Ramming* TranspR 2004, 56 (58 f).

[43] Der Begriff des Umschlags ist insoweit offen, siehe auch BT-Drucks. 13/8445, S. 34.

nach Frachtrecht zu behandeln ist, wenn sein Schwerpunkt auf dem Verbringen (Umladen) des Gutes liegt.[44] Das Gesagte führt grundsätzlich auch dann zu einer frachtrechtlichen Qualifikation der Umschlagtätigkeit, wenn diese vom Frachtführer im Rahmen eines Frachtvertrags als beförderungsnahe Nebenleistung erbracht wird.

Schwierigkeiten in der Bestimmung des anwendbaren Haftungsregimes ergeben sich insbesondere beim Umschlag von Gütern von einem Seeschiff auf einen LKW oder ein anderes Landtransportmittel. Hier kommt es nicht allein auf die Qualifikation der Umschlagtätigkeit als frachtvertraglicher Natur an, sondern angesichts der für Multimodal-Transporte bestehenden Vorschriften weiter darauf, ob der Umschlag als eigenständige Teilstrecke im Rahmen des Multimodalvertrags betrachtet werden kann. Dies wird von der Rechtsprechung für den Fall bejaht, dass dem Umschlag wegen seines Aufwands „eigenes Gewicht" zukommt und er sich als Beförderung darstellt.[45] Für den Fall, dass dem Umschlag kein eigenes Gewicht zukomme und er entsprechend nicht als eigenständige Teilstrecke zu werten sei, müsse, so das OLG Hamburg, die Phase des Entladens der vorangegangenen, die Phase des Beladens dagegen der nachfolgenden Teilstrecke zugeordnet werden.[46] Damit kann die Anwendung von See- oder Landfrachtrecht davon abhängen, ob man eine Umschlagtätigkeit aufgrund ihrer „Unselbstständigkeit" als Annex zur Seestrecke betrachtet oder aufgrund „eigenständigen Gewichts" als separate Landteilstrecke. Es liegt auf der Hand, dass die demnach notwendige Abgrenzung Unwägbarkeiten birgt. Dies betrifft zum Einen die Frage, ob der Umschlag im konkreten Fall überhaupt als selbstständige Teilstrecke zu betrachten ist, zum anderen die Frage, welchem Streckenteil man ihn zuschlägt, wenn man im Einzelfall zu einer unselbstständigen Nebenleistung gelangt und der Schadensfall sich etwa auf halber Strecke zwischen den Beförderungsmitteln ereignet hat. Der BGH hat seine Leitlinie zunächst dahingehend gefasst, dass bei einem multimodalen Transport unter Einschluss einer Seestrecke diese nicht schon mit dem Löschen der Ladung, sondern erst mit der Verladung des Gutes auf das Transportmittel, mit dem es aus dem Hafen entfernt werden soll, ende. Zugleich hat er aber eingeschränkt, dies gelte „zumindest dann, wenn insoweit keine besonderen Umstände gegeben sind".[47] Nachfolgend hat er ergänzt, bei einem solchen Transport ende die Seestrecke spätestens mit dem Beginn der Verladung des Gutes auf das Beförderungsmittel, mit dem der nachfolgende Landtransport durchgeführt werden soll.[48] Vorzugswürdig dürfte es sein, die Umschlagtätigkeit nur dann einer der Teilstrecken zuzuordnen, wenn ihre enge Beziehung zu diesem Transport evident ist und sie nur als Annex zu der betreffenden Beförderung erscheint.[49] In den übrigen Fällen – und damit auch im Zweifel – dürfte der Umschlag als selbstständige Teilstrecke anzusehen sein.[50] 27

In den Fällen des Schleppens eines Schiffes oder des Abschleppens eines liegengebliebenen Pkw kommt es entscheidend darauf an, ob der Vertrag auch eine Inobhutnahme des zu befördernden Gegenstands durch den Transportunternehmer umfasst. Schon das Reichsgericht[51] hat zur rechtlichen Natur des Schleppvertrags ausgeführt, in 28

---

[44] Siehe außer den in der vorausgehenden Fußnote genannten auch OetkerHGB³/*Paschke* Rn 26; Heymann²/*Joachim* Rn 20.

[45] OLG Hamburg TranspR 2004, 402 ff.

[46] OLG Hamburg TranspR 2004, 402 ff.

[47] BGHZ 164, 394 ff; dazu auch *Koller* EWiR 2006, 79 f; *Ramming* TranspR 2007, 89 ff; *Drews* TranspR 2008, 18 ff; *Martinsen* VersR 2008, 888 ff.

[48] BGH TranspR 2007, 472 ff; dazu auch *Herber* TranspR 2007, 475 ff; *Rabe* TranspR 2008, 186 ff.

[49] *Koller* TranspR 2008, 333 (338); MünchKommHGB²/*Czerwenka* Rn 29.

[50] So wohl auch MünchKommHGB²/*Czerwenka* Rn 29 a.E.

[51] RGZ 67, 10 (12).

der Regel werde dieser ein gewöhnlicher Werkvertrag sein; es könne sich aber auch um einen Dienstvertrag oder um einen Frachtvertrag handeln. Ein Frachtvertrag sei dann anzunehmen, „wenn der Transportunternehmer nicht nur die bewegende Kraft zum Zwecke der Beförderung zur Verfügung stellt, sondern wenn ihm der zu befördernde Gegenstand außerdem zum Zwecke der Beförderung in seine Obhut gegeben wird. Ist dieser ein Schiff, so wird es damit Frachtgut und fährt unter ausschließlicher Leitung, Obhut und Verantwortlichkeit des Transportunternehmers." Ein Frachtvertrag ist damit anzunehmen, wenn sich die Einwirkungsmöglichkeiten des Absenders auf den zu befördernden Gegenstand ab Übergabe wesentlich auf Weisungsrechte beschränken, wie sie in § 418 niedergelegt sind. Entsprechend ist es richtig, den Vertrag über das Abschleppen eines liegengebliebenen Pkw jedenfalls dann als Frachtvertrag zu qualifizieren, wenn der Fahrer beim Abschleppvorgang nicht mehr in seinem Kfz sitzt, sondern auf dem Beifahrersitz des Abschleppwagens Platz genommen hat.[52] Ein Vertrag, der das Verschleppen eines Schwimmdocks auf die offene See zum Inhalt hat, stellt einen Seefrachtvertrag dar, wenn die nautische Leitung allein beim Kapitän des Schleppers liegt.[53]

29 Kein Frachtvertrag, sondern Miete im Sinne der §§ 535 ff BGB ist die Überlassung von Beförderungsmitteln, etwa von Containern oder Paletten, an einen anderen zum Gebrauch.[54] Der Vermieter nimmt in diesem Fall kein Gut in seine Obhut. Auch wenn der Unternehmer ein bemanntes Fahrzeug nach Weisung des Auftraggebers zu stellen hat (sog. **Lohnfuhrvertrag**), übernimmt er keine Beförderungspflicht im Sinne eines Erfolgsversprechens. Zwar ist der Begriff des Lohnfuhrvertrags rechtlich nicht eindeutig festgelegt; historisch diente er jedoch dazu, den Frachtvertrag von Verträgen abzugrenzen, die Dienstverträge, Dienstverschaffungsverträge, bürgerlich-rechtliche Werkverträge, Mietverträge oder gemischte Verträge sein können.[55] In den meisten Fällen dürfte es sich bei der Lohnfuhr um einen kombinierten Miet- und Dienstverschaffungsvertrag handeln.[56]

30 **bb) Beförderung zum Bestimmungsort.** Missverständlich formuliert ist § 407 Abs. 1 insofern, als die Norm sagt, der Frachtführer sei verpflichtet, das Gut zum Bestimmungsort zu befördern, das Gesetz an anderer Stelle als Bestimmungsort aber die politische Gemeinde des Zielorts bezeichnet, während es hinsichtlich des genauen Beförderungsziels von „Ablieferungsstelle" spricht.[57] Es ist jedoch unzweifelhaft, dass das Leistungsversprechen des Frachtführers darauf gerichtet ist, die Sendung zu ihrer exakten Destination, konkretisiert etwa durch Straße und Hausnummer, zu verbringen. Normativ lässt sich dies womöglich damit begründen, dass § 407 Abs. 1 nicht nur die Beförderung zum Bestimmungsort verlangt, sondern auch eine Ablieferung des Gutes an den Empfänger.[58] Rein sprachlich bezieht sich das „dort" in § 407 Abs. 1 freilich wieder nur auf den Bestimmungsort.

31 Umstritten ist, inwieweit die Parteien über die **Qualität** der geschuldeten Beförderung disponieren können.[59] Nach herrschender Auffassung können die Parteien etwa über die Beschaffenheit des einzusetzenden Beförderungsmittels jedenfalls nicht disponieren, so-

---

52 Siehe OLG Düsseldorf VersR 2001, 1302; OLG Köln VersR 2004, 1438; LG Frankfurt VersR 2002, 1260.

53 OLG Hamburg TranspR 1993, 194 ff.

54 Siehe auch MünchKommHGB[2]/*Czerwenka* Rn 31.

55 Siehe BGH NJW 1975, 780.

56 Siehe auch StaubHGB[4]/*Helm* § 425 a.F. Rn 94; ferner *Temme* „Lohnfuhr und Charter" TranspR 2012, 419 ff.

57 Siehe auch Kommentierung zu § 418 Rn 11 sowie zu § 421 Rn 9.

58 So MünchKommHGB[2]/*Czerwenka* Rn 33.

59 Ausführlich dazu *Koller*[8] Rn 46.

weit die getroffene Vereinbarung die Durchführung der Beförderung gefährdet, also vertragliche Kardinalpflichten berührt, beispielsweise weil dem Frachtführer gestattet wird, ein nicht fahr- und ladungstüchtiges Schiff zu stellen.[60] Die Rechtsprechung neigt jedoch dazu, weitergehend das „Leitbild des Normalfrachtführers“[61] richterrechtlich unabdingbar festzuschreiben, indem sie über eine AGB-Kontrolle nach § 307 Abs. 1 S. 1 BGB „Qualitätssicherung“ betreibt.[62] Die Annahme, die Vereinbarung einer näher bestimmten, niedriger als gewöhnlich liegenden Transportqualität sei nicht mit § 449 (bzw. Art. 41 CMR) vereinbar,[63] lässt jedoch unberücksichtigt, dass nach ständiger höchstrichterlicher Rechtsprechung Allgemeine Geschäftsbedingungen zur „Güte“ der Leistung kontrollfrei sind. Dieser Grundsatz darf nicht dadurch übergangen werden, dass leichtfertig eine – kontrollfähige – Ausgestaltung des Leistungsversprechens angenommen wird.[64] Dass der BGH etwa die Durchführung von Schnittstellenkontrollen zum notwendigen Mindeststandard jeglicher Versendung erklärt,[65] ist mit Blick auf die Eigenverantwortung der Parteien, sofern nur ein hinreichender Einblick des Absenders in die vom Frachtführer offerierte Transportqualität gegeben ist, nicht gerechtfertigt, und zwar auch bei wirtschaftlicher Betrachtung nicht, da etwa im Falle der Beförderung genormter Schrauben von kostspieliger Investition in Schnittstellenkontrollen abzusehen, durchaus sinnvoll sein kann.[66]

d) **Ablieferung an den Empfänger.** Nach § 407 Abs. 1 hat der Frachtführer das Gut nicht nur zum Bestimmungsort zu befördern, sondern dort auch an den Empfänger abzuliefern. **32**

aa) **Person des Empfängers.** Empfänger im Sinne des § 407 Abs. 1 ist der Soll-Empfänger, also derjenige, an den nach der zwischen Absender und Frachtführer getroffenen Vertragsabsprache das Gut abgeliefert werden soll. Zu berücksichtigen ist in diesem Zusammenhang, dass der Absender nach § 418 Abs. 1 die Möglichkeit hat, den Vertrag durch Weisung nachträglich einseitig zu ändern und so insbesondere auch zu verlangen, dass das Gut an einen anderen Empfänger als den ursprünglich bestimmten abgeliefert wird (§ 418 Abs. 1 S. 2 Var. 4). Bei Ausstellung eines Ladescheins steht gemäß § 446 Abs. 1 das Verfügungsrecht nach den §§ 418 und 419 ausschließlich dessen legitimiertem Besitzer zu. Wird die Weisung erteilt, das Gut an einen anderen als den ursprünglich benannten Empfänger auszuliefern, so ist der neu bestimmte Empfänger Soll-Empfänger im Sinne des § 407 Abs. 1. **33**

Zwischen dem Frachtführer und dem Empfänger besteht keine Vertragsbeziehung. Eine solche wird auch nicht mit Stellung eines Ablieferungsverlangens nach § 421 Abs. 1 S. 1 begründet.[67] Empfänger kann ein Empfangsspediteur sein,[68] in unterfrachtvertraglichen Beziehungen auch ein anderer Frachtführer; die Empfängerstellung ist mit Blick **34**

---

60 BGHZ 49, 346 (363); BGHZ 65, 364 (367); BGHZ 73, 167 (171); OLG Köln TranspR 2000, 130 (131); MünchKommHGB²/*C. Schmidt* § 449 Rn 34.

61 *Koller*⁸ Rn 46.

62 Siehe BGH TranspR 2006, 169 (171); BGH TranspR 2006, 388 ff; OLG Bamberg TranspR 2005, 358 (361); OLG Düsseldorf TranspR 2005, 216 (219); OLG Düsseldorf TranspR 2006, 349 (350); OLG Nürnberg NJW-RR 2005, 183 (184).

63 BGH TranspR 2006, 169 (171); siehe dazu auch *Koller* TranspR 2006, 265 ff.

64 *Koller*⁸ Rn 46.

65 BGH TranspR 2006, 388 ff.

66 *Koller* TranspR 2006, 413 (419).

67 Siehe auch Kommentierung zu § 421 Rn 3.

68 Ebenroth/Boujong/Joost/Strohn²/*Reuschle* Rn 47.

auf die jeweilige Vertragsbeziehung zu bestimmen. Eine Personengleichheit von Absender und Empfänger ist nicht ausgeschlossen (Fälle der Selbstadressierung wie der Rücktransportweisung).

35 Nicht Empfänger ist der sogenannte Zufallsempfänger, d.h. derjenige, an den etwa aufgrund einer Personenverwechslung ausgeliefert wird. Die Empfängerrechte nach § 421 Abs. 1 stehen dem Zufallsempfänger nicht zu.[69] Unter der sogenannten Meldeadresse ist nicht zwingend der Empfänger anzutreffen. Bei Übereinstimmen von Meldeadresse und Ablieferungsstelle wird man allerdings häufig davon ausgehen können, dass der an der Meldeadresse anzusprechenden Person Vollmacht erteilt ist, für den Empfänger die Auslieferung des Gutes zu fordern.[70] Die Auslieferung des Gutes an eine nicht zum Empfang berechtigte Person ist (bereits) unter den Voraussetzungen des § 424 als Güterverlust zu behandeln.[71]

36 **bb) Ablieferungsvoraussetzungen.** Ablieferung meint nach ständiger Rechtsprechung den Vorgang, durch den der Frachtführer die zur Beförderung erlangte Obhut über das Gut mit ausdrücklicher oder stillschweigender Einwilligung des Verfügungsberechtigten wieder aufgibt und diesen in die Lage versetzt, die tatsächliche Gewalt über das Gut auszuüben.[72] Verfügungsberechtigter, der in die Ablieferung einwilligen muss, ist gewöhnlich der Empfänger, der das Verfügungsrecht mit Ankunft des Gutes an der Ablieferungsstelle erwirbt (§ 418 Abs. 2 S. 1, 2). Das Reichsgericht[73] spricht von der Ablieferung als einem das Zusammenwirken des Frachtführers und des Empfängers erfordernden „zweiseitigen Akt“, der BGH[74] sieht in diesem Akt ein Rechtsgeschäft. Richtig ist sicherlich, das bloße Vorliegen einer Tathandlung (Realakt) auszuscheiden.[75] Ob die Einwilligung des Empfängers als Rechtsgeschäft oder – was vorzugswürdig sein dürfte – bloß als geschäftsähnliche Handlung[76] zu qualifizieren ist, ist von bloß dogmatischem Interesse. Bereits eine Qualifikation als geschäftsähnliche Handlung erlaubt, die Anfechtbarkeit der Einwilligung[77] für grundsätzlich möglich zu halten.[78]

37 Die Einwilligung des Empfängers in die Ablieferung ist keine Abnahme im Sinne der werkvertraglichen Vorschriften (§ 640 BGB)[79], aber abnahmeähnlich. Dieser Gesichtspunkt vermag die Einordnung der Einwilligung des Empfängers als geschäftsähnliche Handlung zu stützen,[80] ebenso die Bejahung grundsätzlicher Anfechtbarkeit.[81] Zu beachten bleiben allerdings die frachtvertraglichen Besonderheiten, so etwa, dass die frachtvertragliche „Abnahme“ vom Empfänger, nicht vom Absender als „Besteller des Werks“, zu erklären ist, im Falle einer Annahmeverweigerung § 419 greift und eine vorbehaltlose Entgegennahme einer beschädigten Lieferung nicht entsprechend § 640 Abs. 2 BGB, sondern nach §§ 425, 438 zu beurteilen ist.

---

69 Siehe auch Kommentierung zu § 421 Rn 12.
70 Siehe Kommentierung zu § 421 Rn 12.
71 Ebenroth/Boujong/Joost/Strohn[2]/*Reuschle* Rn 48.
72 BGH NJW 1982, 1284; BGH NJW 1980, 833; ebenso auch bereits RGZ 108, 50 (55); RGZ 114, 308 (313 f).
73 RGZ 108, 341 (342).
74 BGH NJW 1982, 1284.
75 So auch BGH aaO.
76 Allgemein PalandtBGB[70]/*Ellenberger* Überblick vor § 104 BGB Rn 6.
77 Nach allgemeinen Grundsätzen freilich nicht wegen eines Irrtums über die an die Einwilligung knüpfenden Rechtsfolgen, so mit Recht MünchKommHGB[2]/*Czerwenka* Rn 37.
78 Siehe auch PalandtBGB[70]/*Ellenberger* § 119 BGB Rn 4.
79 Siehe auch MünchKommHGB[2]/*Czerwenka* Rn 88.
80 So für die Abnahme nach § 640 BGB etwa StaudingerBGB[13]/*Peters*/*Jacoby* § 640 BGB Rn 10.
81 Siehe MünchKommBGB[5]/*Busche* § 640 BGB Rn 5.

Wie bei der werkvertraglichen Abnahme[82] muss der Verfügungsberechtigte bei Ablieferung die Leistung als in der Hauptsache vertragsgemäße Erfüllung billigen. Eine Entgegennahme des Gutes etwa zu Prüfzwecken genügt insofern nicht.[83] In tatsächlicher Hinsicht weiter erforderlich ist eine Aufgabe des Besitzes an dem Gut durch den Frachtführer und ein Besitzerwerb auf Seiten des Verfügungsberechtigten. Fällt, wie vom Gesetz als Regelfall vorgesehen (§ 412 Abs. 1 Satz 1), das Entladen in den Aufgabenbereich des Absenders (bzw. des Empfängers als Erfüllungsgehilfen des Absenders), geht die Ablieferung dem Entladen voraus.[84] In den betreffenden Fällen genügt es, dass ein Verhältnis hergestellt wird, das dem zur Entgegennahme bereiten Empfänger die Einwirkungsmöglichkeiten auf das Gut einräumt.[85] Behält der Frachtführer das Gut aus einem veränderten Rechtsgrund – etwa zur Ausführung eines neuen Frachtvertrags – in Besitz, steht dies einer Ablieferung nicht entgegen.[86] Eine Ablieferung ist nur an dem Ort möglich, den der frachtvertraglich Verfügungsberechtigte bestimmt hat. Im Falle vorzeitiger, vom Frachtführer befolgter Weisung des (noch nicht verfügungsberechtigten) Empfängers, das Gut an einem anderen Ort zu entladen, mag es mit Blick auf ein hypothetisches Alternativgeschehen an einer ursächlich auf die Pflichtverletzung des Frachtführers zurückzuführenden Schädigung des Absenders fehlen. Die vom OLG München[87] gesehene Verteilung der Darlegungs- und Beweislast (zu Lasten des Absenders) bleibt allerdings zu hinterfragen. **38**

Eine Ablieferung ist zu verneinen, solange der Verfügungsberechtigte nicht in der Lage ist, die tatsächliche Gewalt über das Gut auszuüben, so etwa, wenn er zwar selbst zu entladen hat, das Transportfahrzeug jedoch nicht hinreichend gegen ein Umkippen beim Entladen gesichert ist.[88] Entlädt der Empfänger trotz der Umkippgefahr, ist eine Ablieferung damit gegeben.[89] Sind mehrere Güter einer einheitlichen Sendung an den Empfänger abzuliefern, erfolgt die Ablieferung nicht sukzessive, sondern erst mit Ablieferung des letzten Gutes (Rechtsgedanke des § 266 BGB).[90] Ein anderes ist in dem Fall anzunehmen, dass ein Frachtführer, etwa die Post, „zufällig" mehrere Sendungen gleichzeitig abzuliefern hat. Zur Beendigung der Beförderung im Falle von Ablieferungshindernissen siehe § 419 Abs. 3 Satz 5 und die Kommentierung zu jener Vorschrift. **39**

e) **Nähere Ausgestaltung von Frachtvertragsverhältnissen**

aa) Dauer- und rahmenvertragliche Gestaltungen. Transportverträge werden nicht selten als Dauer- oder Rahmenfrachtverträge abgeschlossen. Während ein Rahmenvertrag nur die Bedingungen künftig abzuschließender Frachtverträge festlegt und unter Umständen klagbare Ansprüche auf entsprechende Abschlüsse schafft,[91] begründet der Dauerfrachtvertrag unmittelbar eine Verpflichtung des Frachtführers zu (wiederkehrenden) Transportleistungen.[92] Werden mehrere Transportverpflichtungen in einem einheitlichen Frachtvertrag zusammengefasst, besteht die wesentliche Schwierigkeit darin, die Reichweite der dem Frachtführer gewährten Transportsicherheiten zu bestimmen.[93] **40**

---

82 Siehe BGHZ 48, 257 (262).

83 Siehe auch MünchKommHGB²/*Czerwenka* Rn 48.

84 Siehe auch Kommentierung zu § 412 Rn 24.

85 Siehe OLG Düsseldorf NJW 1955, 1322 f.

86 RGZ 102, 92 (93); OLG Düsseldorf NJW – RR 1994, 1190; MünchKommHGB²/*Czerwenka* Rn 38.

87 OLG München TranspR 1993, 348 ff.

88 OLG Stuttgart TranspR 2003, 104 (105).

89 MünchKommHGB²/*Czerwenka* Rn 45.

90 So auch MünchKommHGB²/*Czerwenka* Rn 41.

91 Siehe *Konow* DB 1965, 565 (566); MünchKommHGB²/*Czerwenka* Rn 84.

92 Siehe auch BGH VersR 1992, 595 ff; Ebenroth/Boujong/Joost/Strohn²/*Reuschle* Rn 59.

93 Siehe dazu *Schmidt* TranspR 2011, 56 (65); Kommentierung zu § 441 Rn 22.

41 bb) **Sog. Palettentauschabreden.** Häufig ergänzen die Parteien den Frachtvertrag um eine (auch konkludente) Absprache zum Umgang mit überlassenen Paletten. Mit Blick auf die Normung der Paletten ist es wirtschaftlich unsinnig, dass der Absender seine Paletten zurückerhält. In Betracht kommt daher zunächst, dass der Frachtführer dem Absender bei Übernahme palettierten Gutes Leerpaletten in entsprechender Anzahl überlässt. Schon dies bedarf allerdings besonderer Abrede.[94] Bei fortdauerndem Austausch werden die Palettenbewegungen häufig unter wechselseitiger Verrechnung in laufende Konten (Kontokorrent) eingestellt.[95] Rechtsgrund der Überlassung von Paletten ist in den betreffenden Fällen regelmäßig ein Sachdarlehensvertrag nach § 607 BGB.[96] Vorrangig bleibt selbstverständlich auf die konkrete Parteiabsprache zu blicken,[97] zumal die §§ 607 ff BGB uneingeschränkt abdingbar sind.[98] Einer Qualifikation als Sachdarlehen steht es jedenfalls nicht entgegen, wenn kein Entgelt i.S.d. § 607 Abs. 1 Satz 2 Var. 1 BGB zu zahlen ist.[99]

42 Ist der Frachtführer im Verhältnis zum Absender gehalten, palettiertes Gut an den Empfänger nur abzuliefern, wenn dieser gleichzeitig eine entsprechende Stückzahl an Leerpaletten überlässt, liegt ein nachnahmeähnliches Rechtsverhältnis vor.[100] Die Rechtsprechung geht davon aus, dass es sich bei der Palettenrückgabe des Empfängers an den Frachtführer um eine Holschuld handelt.[101] Im kaufmännischen Geschäftsverkehr ist die Vereinbarung einer pauschalierten Nutzungsentschädigung bei verspäteter Rückgabe von Paletten auch AGB-vertraglich wirksam.[102] Bedenken begegnet jedoch eine Regelung, derzufolge neben dem Verzögerungsentgelt nach Ablauf von 30 Tagen ohne Weiteres Ersatzkosten in Höhe des Wiederbeschaffungswerts der nicht zurückgegebenen Paletten verlangt werden können.[103] Verkehrsüblich dürfte der Fahrer des Transportfahrzeugs als bevollmächtigt angesehen werden können, (AGB-vertragliche) „Bedingungen für den Palettentausch" in das Rechtsverhältnis über die Überlassung von Paletten einzubeziehen.[104]

43 cc) **Grenzziehung zu speditionellen Rechtsverhältnissen.** Divergierende Vorstellungen der Parteien darüber, ob zwischen ihnen ein Fracht- oder ein Speditionsvertrag besteht, hindern nicht das Vertragszustandekommen als solches.[105] Richtig dürfte es sein, die Darlegungs- und Beweislastverteilung in dieser Frage nach allgemeinen Grundsätzen – und damit in Abhängigkeit von den Parteirollen – vorzunehmen[106] und nicht generell dem Spediteur die Darlegungs- und Beweislast dafür aufzuerlegen, dass ein Speditions- und kein Frachtvertrag vorliegt, wenn ein Vertrag über einen Transport unstreitig zustande gekommen ist.[107] Unerheblich ist die Abgrenzung, soweit der Spediteur gem. §§ 458 ff ohnehin nach Frachtrecht haftet.[108] Kommt es auf eine Abgrenzung an, kann aus einer

---

94 Ausführlich *Koller*[8] Rn 55 ff.

95 Siehe OLG Frankfurt ZIP 1982, 1331 ff; OLG Frankfurt TranspR 1993, 145 f.

96 OLG Frankfurt ZIP 1982, 1331 ff; KG TranspR 1985, 299 ff.

97 So deutlich auch *Koller*[8] Rn 56; siehe ferner auch *Knorre* TranspR 2001, 1 ff.

98 PalandtBGB[70]/*Weidenkaff* § 607 BGB Rn 2.

99 Anders wohl MünchKommHGB[2]/*Czerwenka* Rn 86 a.E., die von einem „zeitversetzten" Tausch ausgeht.

100 *Koller*[8] Rn 57.

101 OLG Celle TranspR 1994, 247 (249).

102 LG Bonn TranspR 1989, 74 ff.

103 LG Bonn TranspR 1989, 74 ff; MünchKommHGB[2]/*Czerwenka* Rn 87.

104 MünchKommHGB[2]/*Czerwenka* Rn 87.

105 Siehe OLG Hamburg VersR 1975, 660; sowie bereits oben Rn 17.

106 So OLG Hamm TranspR 1994, 76.

107 So aber OLG München VersR 1993, 81.

108 Dies ist nur der Fall, soweit es um den „eigentlichen" Beförderungsvorgang geht, siehe Ebenroth/Boujong/Joost/Strohn[2]/*Reuschle* Vor § 407 Rn 69.

Zugrundelegung der ADSp nicht zwingend geschlossen werden, dass es sich um einen Speditionsauftrag handeln soll, da die ADSp auch Frachtverträge betreffen.[109] Entscheidend ist, ob mit dem Transportauftrag aus Sicht eines idealisierten Erklärungsempfängers die Beförderung als solche angesprochen ist (dann Frachtvertrag) oder lediglich deren Organisation. Maßgeblich zu berücksichtigen ist dabei der unterschiedliche Verständnishorizont von unternehmerischen Auftraggebern und Verbrauchern.[110]

dd) Beschäftigungsverträge. Der Frachtführer ist zwingend selbständig. Wird die Tätigkeit des Transporteurs stärker eingeschränkt, als es auf Grund gesetzlicher Regelungen oder wegen versicherungsrechtlicher Obliegenheiten geboten ist, kann der Beförderer daher nicht als Frachtführer, das mit ihm begründete Rechtsverhältnis vielmehr als Arbeitsverhältnis anzusehen sein.[111] Das Bundessozialgericht hält es sogar für zweifelhaft, ob – gleichsam umgekehrt – gesagt werden kann, träfen den Transporteur nur die im HGB vorgesehenen Verpflichtungen, sich Weisungen des Spediteurs, des Absenders und des Empfängers zu unterwerfen und entsprechende Kontrollen des Spediteurs zu dulden, scheide die Annahme eines abhängigen Beschäftigungsverhältnisses sozialrechtlich zwingend aus.[112] Insbesondere Kurierfahrer, die eng vorgegebene Touren zu festen Zeiten bewältigen müssen, sind regelmäßig abhängig beschäftigt.[113] Letztlich entscheidend sind allerdings die Umstände des Einzelfalles, wobei es zu berücksichtigen gilt, dass der selbständige Frachtführer schon nach seinem Berufsbild – im Vergleich zu anderen selbständigen Unternehmern – in hohem Maße weisungsabhängig ist.[114] 44

2. Frachtzahlungspflicht des Absenders (Abs. 2). Nach § 407 Abs. 2 ist der Absender verpflichtet, die vereinbarte Fracht zu zahlen. Eine Gefälligkeitsbeförderung fällt nicht unter die §§ 407 ff. Aus dem Fehlen einer ausdrücklichen Vergütungsvereinbarung darf indes nicht auf die Unentgeltlichkeit der Beförderung geschlossen werden. Entsprechend § 632 Abs. 1 BGB gilt eine Vergütung als stillschweigend vereinbart, wenn die Beförderungsdurchführung den Umständen nach nur gegen eine Vergütung zu erwarten ist. Ist die Höhe der zu zahlenden Fracht nicht festgelegt, schuldet der Absender entsprechend § 632 Abs. 2 BGB die übliche Vergütung. Bewegt sich diese innerhalb einer Spanne, darf der Tatrichter regelmäßig einen Mittelwert zu Grunde legen.[115] 45

Die Fälligkeit des Zahlungsanspruchs nach § 407 Abs. 2 regelt § 420 Abs. 1 S. 1. Demnach ist die Fracht bei Ablieferung des Gutes zu zahlen. Abweichende Parteivereinbarungen zur Fälligkeit der Fracht sind – grundsätzlich auch AGB-vertraglich – möglich.[116] Zum Erfüllungsort der Frachtzahlungspflicht siehe Kommentierung zu § 420 Rn 10. 46

Die Fracht umfasst bereits die im regelmäßigen Verlauf der Beförderung für den Transport anfallenden Kosten.[117] Auch solche Zusatzaufwendungen infolge eines unplanmäßigen Reiseverlaufs, für die ein sorgfältig kalkulierender Frachtführer bei Ange- 47

---

[109] *Koller* NJW 1988, 1756 (1758); MünchKommHGB²/*Czerwenka* Rn 80; Ebenroth/Boujong/Joost/Strohn²/*Reuschle* Vor § 407 Rn 77.

[110] Eingehend *Koller* „Die Abgrenzung zwischen Speditions- und Frachtverträgen“ NJW 1988, 1756 ff, der im Ergebnis (S. 1761) festhält, eine Lösung des Problems erfordere „den Verzicht auf Einheitslösungen“.

[111] BAGE 87, 129 ff.

[112] BSG NZS 2006, 318; siehe auch BSG BeckRS 2009, 69002; BeckOK SGB VI/*Rittweger* § 7 Rn 10a.

[113] *Rittweger* aaO mwN.

[114] Siehe auch LAG Rheinland-Pfalz Beschluss vom 5.3.2010 – 10 Ta 10/10, juris.

[115] BGHZ 94, 98 (104).

[116] Siehe Kommentierung zu § 420 Rn 39.

[117] BT-Drucks. 13/8445, S. 53; MünchKommHGB²/*Czerwenka* Rn 58.

botserstellung einen Risikozuschlag in die Fracht eingerechnet hätte, sind mit der Fracht bereits abgegolten. Über die Fracht hinaus Ersatz von Aufwendungen nach § 420 Abs. 1 Satz 2 verlangen kann der Frachtführer daher nur ausnahmsweise.[118] Nicht möglich ist es, im Falle einer Aufwendungsersparnis § 420 Abs. 1 S. 2 gleichsam umzukehren und so zu einer Kürzung der vereinbarten Fracht zu gelangen.[119]

48 Frachtzahlungspflichtig ist der Absender. Die Absendereigenschaft ist nach dem oben Rn 18 Gesagten zu bestimmen. Bezogen auf den (ersten) Unterfrachtvertrag ist daher der Hauptfrachtführer Absender und trifft ihn die Verpflichtung aus § 407 Abs. 2. Nicht verpflichtet nach § 407 Abs. 2 wird der Empfänger. Diesen trifft eine Zahlungspflicht nur nach Maßgabe des § 421. Zu Einzelheiten siehe die dortige Kommentierung. Zur Verjährung des Frachtzahlungsanspruch siehe § 439 und die diesbezügliche Kommentierung.

III. Anwendbarkeit der §§ 407 ff

49 **1. Anwendbarkeitsvoraussetzungen nach § 407 Abs. 3.** Gemäß § 407 Abs. 3 S. 1 Nr. 1 gelten die Vorschriften der §§ 407–450 („dieses Unterabschnitts") nur, wenn das Gut zu Lande, auf Binnengewässern oder mit Luftfahrzeugen befördert werden soll. Für die Beförderung von Umzugsgut und die Beförderung mit verschiedenartigen Beförderungsmitteln finden sich in den §§ 451 ff, 452 ff Sonderregelungen, die in weitem Umfang auf die allgemeinen Regelungen des Frachtrechts verweisen. Zur Voraussetzung hat die Anwendung der §§ 407 ff weiter, dass die Beförderung für den Frachtführer zum Betrieb eines gewerblichen Unternehmens gehört (§ 407 Abs. 3 S. 1 Nr. 2).

50 a) **Vereinbarte Beförderung zu Lande, auf Binnengewässern oder mit Luftfahrzeugen.** Maßgeblich ist die vereinbarte Art der Beförderung. Die §§ 407 ff gelangen zur Anwendung, wenn das Gut unimodal nur zu Lande, nur auf Binnengewässern oder nur mit Luftfahrzeugen befördert werden soll, ferner aber jedenfalls auch dann, wenn ein Multimodal-Frachtvertrag geschlossen wird, bei dem sämtliche Teilstrecken (im Rahmen der nach § 452 S. 1 hypothetisch vorzunehmenden Prüfung) den §§ 407 ff unterworfen wären.

51 Beförderung zu Lande ist jede Beförderung, die nicht auf Gewässern oder mit Luftfahrzeugen vorgenommen wird.[120] In Betracht kommt insbesondere ein Transport auf Straße oder Schiene. Auch ein Viehtrieb oder Trageumzug ist Transport zu Lande.[121] Wesentlich ist, dass mit Blick auf die drei von § 407 Abs. 3 S. 1 Nr. 1 genannten Varianten der Seetransport aus dem Anwendungsbereich der §§ 407 ff herausfällt. Daneben ist aber auch die Abgrenzung zwischen den einzelnen Varianten nicht zu vernachlässigen. Handelt es sich etwa um einen Transport, der nicht zu Lande, sondern auf Binnengewässern erfolgt, sind die durch das BinSchG gegebenen Vorschriften zu beachten.

52 In der Frage, wann eine Beförderung auf Binnengewässern vorliegt, ist primär auf die Festlegung der geografischen Grenzen zwischen der Seeschifffahrt und der Binnenschifffahrt durch § 1 der 3. Durchführungsverordnung zum Flaggenrechtsgesetz zu blicken. Hilfsweise ist eine natürliche Betrachtung unter Berücksichtigung der Auffassung der

---

[118] Siehe im Einzelnen Kommentierung zu § 420 Rn 11.

[119] Siehe OHG Wien VersR 1992, 476; ferner Kommentierung zu § 420 Rn 13 f.

[120] Ähnliche Negativabgrenzung auch bei *Koller*[8] Rn 21.

[121] Siehe bereits oben Rn 24 ff.

Schifffahrtstreibenden vorzunehmen.[122] Unerheblich ist, ob das Schiff, das Güter auf einem Binnengewässer befördert, als Binnen- oder als Seeschiff anzusehen ist. Bei einem Transport sowohl auf Binnen- als auch auf Seegewässern gilt § 450, siehe dazu noch unten Rn 57.

Anders als § 407 Abs. 3 S. 1 Var. 1 und 2 stellt Var. 3 ihrem Wortlaut nach nicht entscheidend darauf ab, wo das Gut befördert werden soll, sondern womit. Ein Sachunterschied dürfte daraus freilich nicht folgen.[123] Dies ergibt sich auch aus der offenen Definition des Begriffs der Luftfahrzeuge in § 1 Abs. 2 LuftVG, derzufolge nicht nur Flugzeuge, Drehflügler, Luftschiffe, Ballone und ähnliches als Luftfahrzeuge anzusehen sind, sondern auch sonstige für die Benutzung des Luftraums bestimmte Geräte, sofern sie in Höhen von mehr als 30 Metern über Grund oder Wasser betrieben werden können (§ 1 Abs. 2 S. 1 Nr. 11 LuftVG). Eine Schwierigkeit vermag sich daher allenfalls zu ergeben, sofern ein sich in der Luft bewegendes Beförderungsmittel nicht unter die im Einzelnen aufgeführten Kategorien gefasst und auch nicht in einer Höhe von mehr 30 Metern betrieben werden kann. In einem solchen Fall müsste entweder der Begriff des Luftfahrzeugs in § 407 weiter als dieselbe Begrifflichkeit im Luftverkehrsgesetz verstanden oder mit Blick auf die geringe Höhe von einer Beförderung zu Lande ausgegangen werden. **53**

Nicht erforderlich ist, dass die Parteien das einzusetzende Transportmittel im Vertrag festlegen; nur die Vereinbarung der Beförderung als solche ist vertragswesentlich.[124] In vielen Fällen, in denen das Transportmittel nicht ausdrücklich benannt ist, wird eine konkludente Verständigung erfolgt sein. Ergibt eine Auslegung der Vertragsabsprache hingegen, dass der Absender die Auswahl des einzusetzenden Transportmittels in das Ermessen des Frachtführers gestellt hat (unbenannter Transportvertrag), hat die Bestimmung der Billigkeit entsprechend zu erfolgen (§ 315 Abs. 1 BGB).[125] Eine Unbilligkeit ist nicht bereits darin zu erblicken, dass der Frachtführer mit der Entscheidung für ein bestimmtes Transportmittel unter Umständen – vor allem bei transnationalen Beförderungen – über das zur Anwendung gelangende Haftungsregime bestimmten[126] und ein ihm günstiges auswählen kann. Dieses Risiko ist der Absender mit der Vertragsabsprache, die dem Frachtführer die Auswahl des Transportmittels überlässt, gerade eingegangen. Selbstverständlich aber bleibt in den betreffenden Fällen vorrangig zu fragen, inwieweit die Parteiabsprache dem Frachtführer überhaupt ein Auswahlermessen einräumt. **54**

Haben sich die Parteien auf den Einsatz eines bestimmten Transportmittels geeinigt und setzt der Frachtführer vertragswidrig ein anderes ein, kann er sich dadurch dem Haftungsregime, das die Parteien mit der vertraglichen Festlegung des einzusetzenden Transportmittels bestimmt haben, nicht entziehen.[127] Insbesondere für den Bereich des MÜ besteht weiter jedoch die Problematik, dass gerade der Vertragsverstoß den Frachtführer haftungsrechtlich zu privilegieren vermag, dieser im Falle unerlaubten (Luftfracht-) Ersatzverkehrs milder haftet als bei gestattetem.[128] Dies muss zu der Frage führen, ob der Absender durch eine Rechtsgestaltung das ihm günstigere Haftungsregime des vertragswidrig eingesetzten Beförderungsmittels zur Anwendung bringen kann. Die wohl **55**

---

122 Siehe BGHZ 76, 201 (204) zur Qualifikation des Wattenmeers als See.

123 Siehe bereits oben Rn 24.

124 Siehe auch Ebenroth/Boujong/Joost/Strohn²/*Reuschle* Rn 6.

125 Siehe BGH VersR 1989, 1066 ff.

126 Siehe MünchKommHGB²/*Czerwenka* Rn 115.

127 BGH VersR 1984, 680; BGHZ 101, 172 (176 f); OLG Bremen VersR 1986, 1120 f; OLG Hamburg TranspR 1987, 142 ff; Ebenroth/Boujong/Joost/Strohn²/*Reuschle* Rn 7.

128 Eingehend Ebenroth/Boujong/Joost/Strohn²/*Pokrant* Art. 18 MÜ Rn 23 f.

überwiegende Auffassung nimmt dies an, indem sie dem Absender die Möglichkeit zugesteht, den vertragswidrigen Ersatzverkehr durch nachträgliche Zustimmung (Genehmigung) zu einem erlaubten zu machen.[129] Dies dürfte richtig sein. Die so zu erzielenden Ergebnisse sind evident sachgerecht. Dogmatisch ergibt sich kein Einwand daraus, dass der Transport mit einem anderen als dem vereinbarten Beförderungsmittel nicht rechtsgeschäftlicher Natur, sondern Tathandlung ist. So wird etwa für die Bestimmung des § 185 BGB eine entsprechende Anwendung auf Realakte durchaus diskutiert und im Ergebnis vielfach bejaht.[130] Hier wie dort ist die Sachfrage die des Bestehens einer Genehmigungsmöglichkeit. In jedem Fall ist das gewählte Haftungsregime insgesamt anzuwenden; eine selektive Wahl einzelner Haftungsvorschriften ist dem Absender nicht möglich.[131]

56 b) **Besonders geregelte Komplexe.** Besonders geregelt hat das Transportrechtsreformgesetz in den §§ 451 ff den Frachtvertrag, der die Beförderung von Umzugsgut zum Gegenstand hat. Auf diesen sind die allgemeinen frachtrechtlichen Regelungen der §§ 407–450 nur anzuwenden, soweit sich nicht aus den besonderen Vorschriften der §§ 451a–451h oder anzuwendenden internationalen Einkommen etwas anderes ergibt (§ 451). Besonders geregelt ist auch die Beförderung mit verschiedenartigen Beförderungsmitteln in §§ 452 ff. Zu Einzelheiten siehe die Kommentierung zu den jeweiligen Vorschriften.

57 Eine weitere mit Blick auf den Anwendungsbereich der §§ 407 ff bedeutsame Regelung enthält § 450, der bestimmt, dass auf einen Frachtvertrag, der die Beförderung von Gut ohne Umladung sowohl auf Binnen- als auch auf Seegewässern zum Gegenstand hat, Seefrachtrecht anzuwenden ist, wenn entweder ein Konnossement ausgestellt oder die auf Seegewässern zurückzulegende Strecke die größere ist. Die Regelung betrifft nicht die Fälle einer Multimodalbeförderung im Sinne des § 452, sondern diejenigen, in denen – regelmäßig im küstennahen Bereich – nur ein Schiff zum Einsatz gelangt (Fluss-See-Schifffahrt). Sie zielt auf eine „Kompromisslösung“ hinsichtlich des Verhältnisses zwischen allgemeinem Frachtrecht und Seefrachtrecht.[132] Unmittelbar regelt die Vorschrift, wann Seefrachtrecht zur Anwendung gelangt. Im Umkehrschluss ist ihr zugleich zu entnehmen, wann die §§ 407 ff zur Anwendung gelangen.[133]

58 Die Regelungen über den Selbsteintritt des Spediteurs (§ 458), die Spedition zu festen Kosten (§ 459) und die Versendung des Gutes in Sammelladung (§ 460) führen „hinsichtlich der Beförderung“ zur Anwendung von Frachtrecht. Zu Einzelheiten siehe die Kommentierung der betreffenden Vorschriften.

59 c) **Unternehmereigenschaft des Frachtführers.** Die Anwendung der §§ 407 ff setzt gemäß § 407 Abs. 3 Satz 1 Nr. 2 voraus, dass die Beförderung zum Betrieb eines gewerblichen Unternehmens gehört, der Transport mit anderen Worten eine unternehmerische Tätigkeit des Beförderers ist. Flankierend bestimmt § 407 Abs. 3 Satz 2, dass in Ansehung des Frachtgeschäfts die Vorschriften der §§ 343–347, 351–372 auch anzuwenden

---

[129] Ebenroth/Boujong/Joost/Strohn²/*Reuschle* Rn 10; Ebenroth/Boujong/Joost/Strohn²/*Pokrant* Art. 18 MÜ Rn 24 mwN in Fn. 65.

[130] Siehe etwa MünchKomm,BGB/*Füller*, § 951 Rn 22 mwN.

[131] Siehe, wenngleich in anderem Zusammenhang, BGH TranspR 2010, 437 ff; *Thume* TranspR 2008, 78 ff; *Schmidt* TranspR 2009, 1 (2).

[132] BT-Drucks. 13/8445, S. 89.

[133] So wohl auch die Vorstellung des Gesetzgebers, siehe BT-Drucks. 13/8445, S. 89.

sind, wenn das Unternehmen nach Art oder Umfang einen in kaufmännischer Weise eingerichteten Geschäftsbetrieb nicht erfordert und die Firma des Unternehmens nicht nach § 2 in das Handelsregister eingetragen ist. Erfasst sind danach sowohl gewerbsmäßig unternommene Beförderungen als auch Beförderungen durch Kaufleute als Gelegenheitsfrachtführer wie Transporte von Kleingewerbetreibenden.[134] Die Entgeltlichkeit der Beförderung ist keine Anwendungsvoraussetzung des Frachtrechts nach § 407 Abs. 3 Satz 1 Nr. 2,[135] sondern gemäß Abs. 2 Wesensmerkmal des Frachtvertrags. Gehört die Beförderung nicht zum Betrieb eines gewerblichen Unternehmens, sind auf sie grundsätzlich die §§ 631 ff, 675 BGB anzuwenden.[136] Soweit diese den Parteien eine Dispositionsmöglichkeit eröffnen, mag im Wege der Vertragsabsprache freilich ein Haftungsregime vereinbart werden, das sachlich wesentlich Regelungen der §§ 407 ff übernimmt.

Ob die Warenversendung für den Absender zum Betrieb eines gewerblichen Unternehmens gehört, spielt für die Anwendbarkeit der §§ 407 ff keine Rolle. Wie etwa aus den §§ 414, 449 zu ersehen, kann der Absender Verbraucher, ebenso aber Unternehmer sein. Lediglich innerhalb von Einzelvorschriften ist zu differenzieren. **60**

Der Transport muss für den Beförderer zum Betrieb „eines" gewerblichen Unternehmens gehören, nicht typischer Gegenstand gerade seines Unternehmens sein. Das angesprochene Merkmal hinderte damit nicht an einer Anwendung der frachtrechtlichen Bestimmungen in den Fällen, in denen ein gewerblicher Verkäufer die Kaufsache an den Käufer ausliefert. Regelmäßig fehlt es in den betreffenden Fällen jedoch an einer Übernahme der Beförderungs- als vertraglicher Hauptleistungspflicht. Vom Bestehen eines gewerblichen Unternehmens auszugehen ist bei einer erkennbar planmäßigen, auf Dauer angelegten, selbstständigen, auf Gewinnerzielung ausgerichteten oder jedenfalls wirtschaftlichen Tätigkeit am Markt, wobei freiberufliche, wissenschaftliche und künstlerische Tätigkeiten auszunehmen sind.[137] Nach § 344 Abs. 1 gelten die von einem Kaufmann vorgenommenen Rechtsgeschäfte im Zweifel als zum Betrieb seines Handelsgewerbes gehörig. Die Reichweite dieser Anordnung ist durch § 407 Abs. 3 Satz 2 Hs. 2 ausgedehnt. **61**

2. **Anwendbarkeit auf grenzüberschreitende Transporte.** Die §§ 407 ff sind grundsätzlich nicht nur auf innerstaatliche Transporte, sondern auch im grenzüberschreitenden Verkehr anzuwenden, sofern die Regelungen des Internationalen Privatrechts zur Anwendung deutschen Sachrechts führen. **62**

a) **Vorrang einheitsrechtlicher Regelungen und subsidiäre Anwendbarkeit nationalen Rechts.** Zu beachten ist jedoch der – häufige – Vorrang einheitsrechtlicher Regelungen wie der CMR für den internationalen Straßengüterverkehr, der CIM für die internationale Eisenbahnbeförderung von Gütern und der CMNI für die Güterbeförderung durch Binnenschiffe. In dem von ihnen geregelten Bereich verdrängen diese Übereinkommen sowohl die Vorschriften des Internationalen Privatrechts als auch die innerstaatlichen materiell-rechtlichen Vorschriften, deren Bedeutung sich auf die Ausfüllung von Lücken der einheitsrechtlichen Regelungswerke reduziert (dazu noch nachfolgend). **63**

---

134 Siehe BT-Drucks. 13/8445, S. 35; ferner Baumbach/HoptHGB[35]/*Merkt* Rn 8.

135 Siehe BT-Drucks. 13/8445, S. 35.

136 Ebenroth/Boujong/Joost/Strohn[2]/*Reuschle* Rn 11; MünchKommHGB[2]/*Czerwenka* Rn 125.

137 MünchKommHGB[2]/*Czerwenka* Rn 127; Ebenroth/Boujong/Joost/Strohn[2]/*Reuschle* § 1, Rn 12; zu Einzelheiten siehe StaubHGB[5]/*Oetker* Kommentierung zu § 1.

64 Die einheitsrechtlichen Regelwerke gehen zurück auf völkerrechtliche Verträge, was zu der Frage führt, wie die Regelungen des völkerrechtlichen Vertrages in der innerstaatlichen Rechtsordnung Geltung erlangen. Wohl überwiegend wird die Auffassung vertreten, der zur innerstaatlichen Geltung erforderliche Akt in Gestalt eines Zustimmungsgesetzes erfolge transformatorisch, „verwandle also das Vertragswerk in eine innerstaatliche Rechtsquelle, besser: verschaffe ihm so eine zweite Natur, die neben der Eigenschaft als Völkerrechtsquelle besteht".[138] Die sogenannte Vollzugslehre belässt den Vertrag demgegenüber „im Völkerrecht",[139] geht also nicht davon aus, dass mit dem Zustimmungsgesetz eine rein innerstaatliche Rechtsquelle entsteht oder eine innerstaatliche Rechtsquelle zu der völkerrechtlichen Norm hinzutreten würde. Legt man die Transformationslehre zugrunde, die auf einer dualistischen Sichtweise gründet, ist das Transformationsergebnis eine Norm des nationalen Rechts, was bedeuten müsste, „dass für die innerstaatliche Norm das Geltungsschicksal der Völkerrechtsnorm unbeachtlich ist, also etwa (...), dass die innerstaatliche Norm gegebenenfalls schon innerstaatlich zur Anwendung des sachlichen Gehalts des Vertrages verpflichtet, ehe dieser (s.c. völkerrechtlich) in Kraft getreten ist".[140] Gezogen wird diese Konsequenz jedoch ganz überwiegend nicht, insbesondere nicht von der Rechtsprechung. So nimmt etwa das Bundesverfassungsgericht[141] an, der Zeitpunkt, von dem an der Vertragsinhalt als innerstaatliches deutsches Recht gelte, liege „jedenfalls nicht vor Eintritt der völkerrechtlichen Wirksamkeit des Vertrages."[142]

65 Diese Auffassung erweist sich jedenfalls als nicht völlig überzeugend schon mit Blick darauf, dass der nationale Gesetzgeber, wenn er einer völkervertraglich vereinbarten Regelung vor Inkrafttreten des völkerrechtlichen Vertrages nationale Geltung verschaffen will, jedenfalls die Möglichkeit hat, schlicht ein nationales Gesetz zu verabschieden, das im Wortlaut den (völkervertraglich) noch nicht in Kraft getretenen Regelungen entspricht. Ob er so verfährt oder aber ein Zustimmungsgesetz beschließt, das die völkervertragliche Regelung in die Gesetzesanlage nimmt, ist eine primär technische Frage, denn das Zustimmungsgesetz entfaltet nicht weniger normative Kraft als alle anderen Gesetze.[143] Die Inbezugnahme der Anlage stellt sich nicht als Verweisung, sondern als Aufnahme derselben in das Gesetz dar.[144] Vor dem dargestellten Hintergrund leitet Burghart[145] her, unmittelbar anwendbare völkervertragliche Regelungen träten bereits gleichzeitig mit dem Vertragsgesetz nach Art. 59 Abs. 2 Satz 1 GG innerstaatlich in Kraft. Dies ergebe sich unter den Gesichtspunkten der Gewaltenteilung, rechtsstaatlicher Voraus-schaubarkeit und des Parlamentsvorbehalts.

66 Auch diese Auffassung dürfte in ihrer Allgemeinheit nicht vollkommen zutreffen. Zwar überzeugt es, dass der nationale Gesetzgeber, wenn er eine der völkerrechtlichen Verbindlichkeit vorausgehende innerstaatliche Geltung dadurch herbeiführen kann, dass er den völkervertraglichen Normtext schlicht in ein nationales Regelungswerk „kopiert",

[138] *Kunig* in: Graf Vitzthum, Völkerrecht^4, 2. Abschnitt, Rn 111.

[139] *Streinz* in: Sachs, Grundgesetz^4, Art. 59 Rn 61.

[140] *Kunig* in: Graf Vitzthum, Völkerrecht^4, 2. Abschnitt, Rn 38; siehe auch *Streinz* in: Sachs, Grundgesetz^4, Art. 59 Rn 63.

[141] BVerfGE 1, 396 (411).

[142] Siehe auch BVerfGE 63, 343, 354, dort allerdings mit der Einschränkung, „grundsätzlich". Wenn etwa BVerfG DVBl. 1990, 1163, die Notwendigkeit des völkerrechtlichen Vertragszustandekommens nicht ausdrücklich erwähnt, so dürfte dies darauf zurückzuführen sein, dass der Einigungsvertrag bereits zuvor völkerrechtlich abgeschlossen worden war.

[143] *Burghart* DÖV 1993, 1038 (1044).

[144] *Stern* DtZ 1990, 289 (290).

[145] *Burghart* DÖV 1993, 1038 ff, insbesondere 1043 ff.

dieselben Wirkungen auch muss herbeiführen können, indem er in einem Zustimmungsgesetz die zur völkerrechtlichen Verbindlichkeit vorgelagerte innerstaatliche Geltung der betreffenden Normen anordnet. Hieraus folgt jedoch nur, dass der nationale Gesetzgeber entsprechendes tun *kann*, nicht dass er dies tun *muss*. Die Frage des innerstaatlichen Geltungsbeginns ist daher in den betreffenden Fällen durch Auslegung der Inkrafttretensregelung des Zustimmungsgesetzes zu beantworten. Auszugehen ist dabei davon, dass der Gesetzgeber die verfassungsgerichtliche Rechtsprechung, nach der der Vertragsinhalt (ohne Verabschiedung eines wortgleichen nationalen Gesetzes) nicht vor Eintritt der völkerrechtlichen Wirksamkeit des Vertrages durch ein Zustimmungsgesetz innerstaatliche Verbindlichkeit erlangen kann, beachtet und, sollte er ein vorzeitiges innerstaatliches Inkrafttreten anordnen wollen, dies ausdrücklich klarstellt.[146]

Ist die einheitsrechtliche Regelung national in Kraft gesetzt, geht diese in ihrem An- **67** wendungsbereich nach Spezialitätsgrundsätzen den allgemeinen Bestimmungen vor. Gleichwohl verlieren jene ihre Bedeutung nicht vollständig. Soweit einheitsrechtliche Regelungen eine bestimmte Frage, wie beispielsweise diejenige eines Pfandrechts des Frachtführers, nicht regeln, eine ergänzende Anwendung nationaler Bestimmungen zulassen und die Regelungen des Internationalen Privatrechts zu einer Anwendung deutschen Sachrechts führen, gelangen die die betreffende Frage regelnden Nationalnormen subsidiär zur Anwendung. Dies ist etwa der Fall bei einem CMNI-Transport, da deren Art. 29 ergänzend auf das nationale Recht verweist, weiter im Fall einer Beförderung unter Geltung der CMR oder einem dem Warschauer Abkommen bzw. dem gegebenenfalls vorrangigen Montrealer Übereinkommen unterfallenden Lufttransport. Für die internationale Beförderung per Eisenbahn hingegen ist umstritten, ob die CIM eine ergänzende Anwendung nationaler Bestimmungen zulässt. Geht man davon aus, dass die CIM in ihrem Bereich ebenso wenig wie die CMR eine abschließende Kodifikation für internationale Transportvorgänge bereitstellt, dürfte ein lückenfüllender Rückgriff auf Bestimmungen des Nationalrechts auch insoweit nicht grundsätzlich gesperrt sein.[147]

b) **Maßgebliche Kollisionsnormen.** Ebenso wie die einheitsrechtlichen Regelungs- **68** werke[148] enthalten auch die §§ 407 ff (partiell) eigene Kollisionsnormen. So bestimmt etwa § 449 Abs. 3, dass § 449 Abs. 1, 2 auch dann anzuwenden sind, wenn der Frachtvertrag, wie dies durch Rechtswahl nach Art. 3 Abs. 1 Satz 1 Rom I-Verordnung geschehen kann, ausländischem Recht unterliegt, der Ort der Übernahme und der Ort der Ablieferung des Gutes nach dem Vertrag aber im Inland liegen. Ähnliche Regelungen finden sich in §§ 451h Abs. 3, 466 Abs. 4. Nicht gehindert wird eine Abbedingung zwingenden deutschen Rechts mittels Rechtswahl durch Art. 3 Abs. 3 Rom I-Verordnung bei sogenannten Kabotagetransporten, d.h. innerstaatlichen Beförderungen, die von ausländischen Unternehmern ausgeführt werden. In den betreffenden Fällen hat der Sachverhalt über die Wahl ausländischen Rechts hinaus tatsächlich Auslandsberührung. Jedoch bestimmt Art. 9 Abs. 1 der Verordnung (EG) Nr. 1072/2009 des Europäischen Parlaments und des Rates vom 21.10.2009, in Kraft seit 14.05.2010, dass die Durchführung

---

[146] Zur behandelten Problematik im Zusammenhang mit dem Geltungsbeginn der CMNI siehe OLG Stuttgart TranspR 2010, 387 ff; OLG Stuttgart TranspR 2009, 309 ff einerseits; LG Stade Binnenschifffahrt 2009, 75 ff andererseits.

[147] *Koller*[8] vor Art. 1 CIM, Rn 6; *Schmidt* TranspR 2011, 56.

[148] Dazu *Schmidt* TranspR 2011, 56 (64).

der Kabotage den Rechts- und Verwaltungsvorschriften des Aufnahmemitgliedsstaats unter anderem im Hinblick auf die für den Beförderungsvertrag geltenden Bedingungen unterliegt (lit. a).

69 Soweit sich keine speziellen kollisionsrechtlichen Bestimmungen finden, gelangen die allgemeinen Regelungen des Internationalen Privatrechts zur Anwendung. Nach Art. 3 Rom I-Verordnung kann das auf den Beförderungsvertrag zur Anwendung gelangende Recht grundsätzlich frei gewählt werden. Fehlt es an einer Rechtswahl, ist auf den Beförderungsvertrag das Recht des Staates anzuwenden, in dem der Beförderer seinen gewöhnlichen Aufenthalt hat, sofern sich in diesem Staat auch der Übernahmeort oder der Ablieferungsort oder der gewöhnliche Aufenthalt des Absenders befindet. Sind diese Voraussetzungen nicht erfüllt, so ist das Recht des Staates des von den Parteien vereinbarten Ablieferungsorts anzuwenden (Art. 5 Abs. 1 Satz 1, 2 Rom I-Verordnung). Etwas anderes gilt nur dann, wenn der Vertrag eine offensichtlich engere Verbindung zu einem anderen Staat aufweist; in diesem Fall ist dessen Recht anzuwenden (Art. 5 Abs. 3 Rom I-Verordnung). Das auf außervertragliche Schuldverhältnisse anzuwendende Recht bestimmt sich nach der Verordnung Rom II.[149]

70 Keine Einigkeit besteht hinsichtlich der Anknüpfung sich aus § 437 ergebender Ansprüche. Beachtet werden muss in diesem Zusammenhang zunächst, dass die Vorschrift ohnehin grundsätzlich nur dann eingreift, wenn auf den Hauptfrachtvertrag deutsches Recht zur Anwendung kommt.[150] Ist diese Voraussetzung gegeben, ist weiter die eingangs angesprochene Anknüpfungsfrage selbst zu beantworten. Koller[151] will insoweit eine Anknüpfung nach den Regelungen der Rom I-Verordnung vornehmen, da § 437 einen quasi-vertraglichen Anspruch gewähre, Herber[152], der die Qualifikation des Anspruchs als quasi-vertraglich teilt, hingegen die Grundsätze über außervertragliche Ansprüche (Rom II) zur Anwendung gelangen lassen. Ramming[153] teilt schließlich bereits die Qualifikation des Anspruchs als quasi-vertraglich nicht, sondern geht von einem „echten außervertraglichen" Anspruch aus, was zwingend dazu führen muss, eine Anknüpfung nach Art. 4 Rom II-Verordnung vorzunehmen.[154] Allerdings soll sodann Art. 4 Abs. 3 Rom II-Verordnung unter Umständen wieder eine im Ergebnis vertragsakzessorische Anknüpfung ermöglichen.[155] Czerwenka schließlich hat jüngst[156] eine Anknüpfung in Art. 12 Abs. 2 der Rom II-Verordnung mit der Begründung verneint, eine Regelungslücke sei nicht erkennbar, ist dabei aber ebenso von der Qualifikation des Anspruchs als außervertraglich ausgegangen, was zweifelhaft bleibt.

71 Richtig dürfte es zunächst sein, die Haftung des ausführenden Frachtführers als quasi-vertraglich zu qualifizieren, ähnlich beispielsweise der Haftung desjenigen, der vertraglich nicht gebunden ist, aber vertragsähnlich aus culpa in contrahendo oder culpa post contractum finitum haftet.[157] Zieht man diese Parallele, dürfte eine Anknüpfung entsprechend Art. 2 Abs. 1, 12 Rom II-Verordnung vorzunehmen sein.[158] Im Ergebnis wird so freilich eine vertragsakzessorische Anknüpfung bewirkt.[159]

---

149 Zu Einzelheiten siehe auch *Schmidt* TranspR 2011, 56 (64 f).
150 BGH NJW 2009, 1205 ff.
151 Rn 117.
152 MünchKommHGB²/*Herber* § 437 Rn 51 f.
153 *Ramming* TranspR 2000, 277 (293).
154 Konsequent *Ramming* TranspR 2000, 277 (294 f), für die seinerzeitige Regelung der Art. 40 ff EGBGB.
155 *Ramming* VersR 2007, 1190 ff.
156 *Czerwenka* TranspR 2012, 408, 410.
157 Siehe im Einzelnen auch Kommentierung zu § 437, dort insbesondere Rn 2.
158 Wie hier auch *Koller*⁸ § 437 Rn 43.
159 Siehe auch *Pfeiffer* EuZW 2008, 622 (623); *Leible/Lehmann* RIW 2008, 528 (530).

Bei Multimodal-Verträgen kommt es im praktischen Ergebnis zu einer Verdoppelung der kollisionsrechtlichen Fragestellung. In einem ersten Schritt ist das Vertragsstatut des multimodalen Transportvertrags zu bestimmen, sodann, soweit Fragen zu entscheiden sind, für die das Vertragsstatut dem sogenannten Network-Prinzip folgt, in einem zweiten Schritt zu untersuchen, welches nationale Recht für einen hypothetischen Teilstreckenfrachtvertrag maßgeblich wäre.[160] Denkbar ist es, dass die Parteien unterschiedliche Rechtsordnungen etwa für die Haftung auf den verschiedenen Teilstrecken eines Transports vereinbaren.[161] **72**

3. **Zeitliche Anwendbarkeit.** Die Frage der zeitlichen Anwendbarkeit der durch das Transportrechtsreformgesetz mit Wirkung zum 1.7.1998 in Kraft gesetzten §§ 407 ff verliert an Bedeutung, je länger die Transportrechtsreform zurückliegt. Keinem Zweifel unterliegt es, dass die §§ 407 ff auf solche Verträge Anwendung finden, die am 1.7.1998 oder später geschlossen worden sind. Was die Erfassung vor dem 1.7.1998 abgeschlossener „Altverträge" betrifft, ist Art. 170 EGBGB (verallgemeinernd) der Rechtsgedanke zu entnehmen, dass für ein vor der Gesetzesänderung begründetes Schuldverhältnis die bisherigen Gesetze maßgebend bleiben. Eine Ausnahme besteht entsprechend Art. 169 EGBGB für die Verjährungsvorschrift des § 439.[162] Eine vorsichtige Ausdehnung der in Art. 171 EGBGB für Miet-, Pacht- und Dienstverhältnisse enthaltenen Ausnahme zu Art. 170 EGBGB auf andere Dauerschuldverhältnisse scheint denkbar;[163] ihr kann nicht entgegengehalten werden, Ausnahmevorschriften seien einer teleologischen Extension generell unzugänglich.[164] Mit Blick auf die weitgehend dispositive Ausgestaltung des neuen Frachtrechts bleibt wesentlich auf die Handhabung der Parteien zu blicken. Lehnt man eine Erstreckung des Art. 171 EGBGB zu entnehmenden Rechtsgedankens auf rahmen- und dauerfrachtvertragliche Absprachen der Parteien ab, ist die Möglichkeit zu berücksichtigen, dass die Vertragspartner das Schuldverhältnis nach neuem Recht behandelt und es so auf die neue Rechtslage „umgestellt" haben.[165] Wendet man Art. 171 EGBGB extensiv an, können die Vertragsparteien in den Grenzen zulässiger Parteivereinbarung ihr Rechtsverhältnis auch fortan altrechtlichen Regeln unterstellen. Insbesondere bei kurz vor Inkrafttreten des Transportrechtsreformgesetzes getroffenen Vertragsabsprachen bleibt zu fragen, ob diesen nicht – etwa im Wege ergänzender Auslegung – entnommen werden kann, dass die Parteien ihre Rechtsbeziehung ab Inkrafttreten des Transportrechtsreformgesetzes den neuen Regelungen unterstellen wollten. **73**

IV. Nebenpflichten

Der Frachtvertrag nach § 407 begründet zahlreiche Nebenpflichten. So ist der Absender etwa gehalten, auf Verlangen des Frachtführers einen Frachtbrief auszustellen (§ 408); beim Transport gefährlicher Güter hat er dem Frachtführer ferner eine § 410 Abs. 1 entsprechende Mitteilung zu machen. Auch die §§ 411 ff begründen – allerdings **74**

---

160 MünchKommHGB²/*Czerwenka* Einleitung Rn 29; eingehend *Basedow* in: Festschrift Herber, 1999, 15 (31 ff)

161 *Hartenstein* TranspR 2005, 9 (10 f); *Koller*⁷ § 452 Rn 1 a.

162 Siehe im Einzelnen Kommentierung zu § 439 Rn 10; zu Art. 169 f EGBGB als Ausdruck allgemeiner Rechtsgedanken auch PalandtBGB⁷⁰/*Heinrichs* Überblick vor Art. 181 EGBGB Rn 2.

163 Skeptisch *Fremuth* TranspR 1999, 95 (98) mwN.

164 Siehe allgemein *Larenz* Methodenlehre der Rechtswissenschaft⁶, S. 355; *Canaris* Die Feststellung von Lücken im Gesetz², S. 181.

165 *Fremuth* TranspR 1999, 95 (98).

nur partiell[166] – echte Pflichten des Absenders. Die Übergabe des Gutes an den Frachtführer ist keine Pflicht des Absenders, sondern Mitwirkungsobliegenheit.[167] Kommt der Absender dieser nicht nach, kann der Frachtführer nach § 417 vorgehen. Wegen sämtlicher Einzelheiten wird auf die Kommentierung der genannten Normen verwiesen.

75 Der Absender kann sich zur Erfüllung seiner Verpflichtungen dritter Personen bedienen, die seine Erfüllungsgehilfen (§ 278 Satz 1 BGB) sind. Erfüllungsgehilfe des Absenders ist auch der Frachtführer, der eine Absenderpflicht (etwa eine solche zur Verpackung) als eine von den Pflichten des Frachtvertrags unabhängige zusätzliche werkvertragliche Pflicht übernimmt. In diesem Fall ist gleichsam in der Person des Frachtführers zu trennen, der nicht bloß Transport-, sondern daneben noch Werkunternehmer – und in dieser Rolle Erfüllungsgehilfe des unter Einschaltung der Hilfsperson selbst verpackenden Absenders – ist. Verpackt der Frachtführer das Gut als Erfüllungsgehilfe des Absenders, ist er von der frachtrechtlichen Haftung für Schäden, die auf einer ungenügenden Verpackung des Gutes beruhen, nach § 427 Abs. 1 Nr. 2 befreit.[168]

76 Den Frachtführer trifft unter anderem die Pflicht, für die betriebssichere Verladung zu sorgen (§ 412 Abs. 1 Satz 2), mit ihm überlassenen Begleitpapieren sorgsam umzugehen, diese richtig zu verwenden (§ 413 Abs. 2) und Weisungen nach § 418 zu befolgen. Im Falle von Beförderungs- und Ablieferungshindernissen hat er den Verfügungsberechtigten um Weisung zu ersuchen (§ 419 Abs. 1, 2) und, wenn er solche innerhalb angemessener Zeit nicht erlangen kann, die Maßnahmen zu ergreifen, die im Interesse des Verfügungsberechtigten die besten zu sein scheinen (§ 419 Abs. 3). Zur Einziehung des Nachnahmebetrags ist er nach § 422 verpflichtet. Zwar setzt die Norm eine besondere Nachnahmevereinbarung der Parteien voraus, jedoch kann eine solche auch durch Weisung nach § 418 begründet werden.[169] Dies rechtfertigt es, die Nachnahmeverpflichtung des Frachtführers nicht völlig losgelöst vom Frachtvertrag zu betrachten.[170] Wegen sämtlicher Einzelheiten zu den angeführten Normen wird auf die Kommentierung der jeweiligen Vorschrift verwiesen.

77 Absender wie Frachtführer treffen nicht nur die frachtrechtlich besonders geregelten Nebenpflichten, sondern auch allgemeine Rücksichtnahmeverpflichtungen (§ 241 Abs. 2 BGB). Ausfluss dieser Pflicht ist es etwa, dass der Frachtführer, wenngleich ihn keine Pflicht trifft, die vom Absender vorgenommene Verladung der Ware auf Beförderungssicherheit zu prüfen, dem Absender mitteilen muss, wenn er erkennt oder evident ist, dass das Gut nicht beförderungssicher verladen ist.[171]

78 Zum Abschluss einer Transportversicherung für das Gut ist der Frachtführer nur dann verpflichtet, wenn die Parteien dies vereinbart haben.[172] Die Transportversicherung ist als Versicherung von Gütern eine Sach- und keine Haftpflichtversicherung. Dies unterscheidet sie von der Gütertransportversicherung (Verkehrshaftungsversicherung), die der Frachtführer abschließt und nach Maßgabe des § 7a GüKG abschließen muss, um seine vertragliche Haftung als sogenannter „Verkehrsträger" abzudecken. Während bei der

---

166 Soweit es sich nämlich nicht um bloße Obliegenheiten handelt, dazu Kommentierung zu § 411 Rn 2, 14, 16; § 412 Rn 7, 14; § 413 Rn 3.

167 Siehe auch MünchKommHGB²/*Czerwenka* Rn 72.

168 BGH NJW 2008, 1072; siehe auch *Schmidt* TranspR 2010, 88; zu Unrecht kritisch *Ramming* NJW 2008, 1075 (1076).

169 Siehe Kommentierung zu § 422 Rn 4.

170 Anders wohl MünchKommHGB²/*Czerwenka* Rn 69.

171 Siehe auch Kommentierung zu § 412 Rn 8; OLG Düsseldorf VersR 1973, 282.

172 Siehe BGH VersR 1975, 610; MünchKommHGB²/*Czerwenka* Rn 71.

Transportversicherung das versicherte Interesse das Sacherhaltungsinteresse des Versicherungsnehmers ist, ist es bei der Gütertransportversicherung das Freistellungsinteresse vom Transporthaftungsrisiko.[173] Die Versicherungspflicht nach § 7a GüKG ist rein öffentlich-rechtlich ausgestaltet.[174] Ein Direktanspruch in der Pflichtversicherung besteht nur unter den Voraussetzungen des § 115 Abs. 1 Nr. 2, 3 VVG.[175]

V. Verhältnis der §§ 407 ff zu sonstigen Vorschriften, insbesondere zum allgemeinen Zivilrecht

Neben den §§ 407 ff anwendbar sind Sondervorschriften wie etwa diejenigen über die globale Haftungsbeschränkung in der Binnenschifffahrt (§ 4 ff BinSchG). Der Schiffseigner erhält so unter den in §§ 4–5 m BinSchG im Einzelnen bestimmten Voraussetzungen die Möglichkeit, seine Haftung summenmäßig auf einen bestimmten, sich grundsätzlich an den technischen Merkmalen seines Schiffes (Tragfähigkeit, Wasserverdrängung, Motorleistung, Beförderungskapazität) orientierenden Betrag zu begrenzen.[176] Ist der Schiffseigner zugleich Frachtführer,[177] besteht die Möglichkeit globaler Haftungsbeschränkung „zusätzlich" zu den sich bereits frachtrechtlich ergebenden Haftungsbefreiungen und -begrenzungen. Während Letztere auch dann in Fortfall geraten, wenn nicht dem Frachtführer selbst, sondern einer der in § 428 genannten Personen ein qualifiziertes Verschulden anzulasten ist, ist eine globale Haftungsbeschränkung gemäß §§ 4 ff BinSchG nach dessen § 5b Abs. 1 nur ausgeschlossen, wenn der Verschuldensvorwurf den Schiffseigner selbst trifft. Der Schiffseigner oder solche Personen, die ihm nach § 5c BinSchG gleichgestellt sind, müssen sich weder absichtliches noch leichtfertiges Verhalten der Schiffsbesatzung noch sonstiger Erfüllungs- oder Verrichtungsgehilfen zurechnen lassen.[178] **79**

In seinen Einzelheiten schwierig zu beurteilen ist das Verhältnis der §§ 407 ff zu den Leistungsstörungsregelungen des allgemeinen Zivilrechts.[179] Sachlich angesprochen sind damit wesentlich die Möglichkeiten der Parteien, sich vom Vertrag zu lösen und/oder Schadensersatz zu erhalten, insb. die Frage, ob und inwieweit eine Lösung vom Vertrag oder ein Schadensersatzverlangen auf allgemein-zivilrechtliche Bestimmungen gestützt werden kann. **80**

Ausweislich der Materialien zu § 415 war der Gesetzgeber des Transportrechtsreformgesetzes der Auffassung, „im Vorfeld der Kündigung" des Absenders nach § 415 verblieben diesem „die Rechtsbehelfe des allgemeinen Schuldrechts, etwa der Rücktritt nach den §§ 323 ff BGB."[180] Die Worte „im Vorfeld der Kündigung" ergeben dabei **81**

---

173 *Thume* VersR 2008, 455 (459); siehe auch bereits BGH VersR 2005, 238 f; *Thume* VersR 2004, 1222 (1223).

174 MünchKommHGB²/*Czerwenka* Rn 71.

175 *Thume* VersR 2010, 849 (855); *ders.* VersR 2008, 455 (458).

176 Siehe *v. Waldstein/Holland*, Binnenschifffahrtsrecht⁵, § 4 BinSchG Rn 1.

177 Dies mag regelmäßig der Fall sein, ist indes nicht zwingend, siehe Rn 19.

178 BGHZ 181, 292 ff, zur seerechtlichen Bestimmung des § 660 Abs. 3; OLG Stuttgart TranspR 2010, 387 ff; *v. Waldstein/Holland*, Binnenschiffahrtsrecht⁵, § 5b BinSchG Rn 8.

179 Monographisch dazu insb. *Braun* Das frachtrechtliche Leistungsstörungsrecht nach dem Transportrechtsreformgesetz: Eine Untersuchung der frachtrechtlichen Leistungsstörungstatbestände der §§ 407 ff HGB unter besonderer Berücksichtigung der Bezüge zum Bürgerlichen Recht, 2002.

180 BT-Drucks. 13/8445, S. 46.

keine Einschränkung der gewöhnlichen Reichweite des Rücktrittsrechts nach allgemeinen Bestimmungen, da mit wirksamer Kündigung der Vertrag, von dem ein Rücktritt erfolgen könnte, beendet ist. Nimmt man dies zum Ausgangspunkt, müsste sich der Absender – jedenfalls in dem behandelten Teilbereich – nicht nur auf die spezifisch frachtrechtlichen Normen, sondern auch auf die Rechtsbehelfe des allgemeinen Schuldrechts stützen können.

82 Eine solche Sicht würde jedoch zu erheblichen Wertungswidersprüchen führen.[181] Der Sicht des historischen Gesetzgebers dürfte schon deshalb allenfalls untergeordnete Bedeutung zukommen, weil die Regelung des § 415 Abs. 2 Satz 2 Hs. 2, die den konkret berechneten Zahlungsanspruch des Frachtführers unter Risikogesichtspunkten einschränkt, erst im späteren Verlauf der Beratungen in den Gesetzentwurf eingefügt worden ist, vor allem aber, weil der Gesetzgeber das Bestehen einer „neutralen Risikosphäre" verkannt hat.[182] Könnte der Absender im Falle eines zeitweiligen Leistungshindernisses, das in die neutrale Risikosphäre fällt, nach den §§ 323 ff BGB vorgehen, würden so die speziellen Risikozuweisungen des § 415 unterminiert.[183] Dass ein Rückgriff auf die §§ 419, 420 Abs. 2[184] u.U. zu demselben Ergebnis wie eine Anwendung der §§ 323 ff BGB führt, mag man als Argument gegen einen Rückgriff auf jene Bestimmungen im Rahmen des spezifisch transportrechtlichen Konkurrenzverhältnisses in Erwägung ziehen, nicht aber gegen die angestellten Konkurrenzüberlegungen insgesamt.

83 Einigkeit wird man im Ausgangspunkt darüber erzielen können, dass die speziellen Sachwertungen des Transportrechts nicht durch eine konkurrierende Anwendung der allgemeinen Regelungen unterlaufen werden dürfen. Diese Festlegung führt zu keiner abschließenden Klärung des Konkurrenzverhältnisses, da die wesentliche Frage, inwieweit die §§ 407 ff überhaupt spezielle Sachwertungen enthalten, bleibt, erlaubt aber immerhin die Ableitung folgender Leitlinien:

84 **1. Abstandnahme vom Vertrag.** Die §§ 323 ff BGB sind gegenüber § 415 grundsätzlich (zu Einschränkungen des Grundsatzes noch nachfolgend) subsidiär.[185] § 419 erlaubt es dem Verfügungsberechtigten, den Frachtvertrag durch Weisung einseitig zu ändern und so einer Unmöglichkeit der ursprünglich vereinbarten Beförderung ihre Bedeutung zu nehmen.[186] Soweit § 419 zur Anwendung gelangt, kann daher nicht auf die allgemeinen Unmöglichkeitsvorschriften des BGB und die Neuregelung in § 420 Abs. 2 Satz 1 zurückgegriffen werden. Auch für die Fälle, in denen keine oder keine verbindliche (§ 418 Abs. 1 Satz 3) Weisung erteilt wird, enthält § 419 mit seinem Absatz 3 eine spezielle Regelung.[187] Nicht ausgegangen werden kann dabei von einer Anwendbarkeit des § 419 auch in den Fällen, in denen der Frachtführer das Gut noch nicht zur Beförderung übernommen hat. Dies entsprach schon vor Inkrafttreten des Gesetzes zur Reform des Seehandelsrechts h.M., war indes nicht zweifelsfrei, wobei beachtliche Gründe für die gegenteilige Auffassung sprachen[188] Nunmehr stellt § 419 Abs. 1 Satz 1 ausdrücklich klar, dass die Vorschrift nur dann zur Anwendung gelangt, wenn das Beförderungs- oder Ablieferungshindernis nach Übernahme des Gutes erkennbar wird.[189] Entsprechend

---

[181] So explizit auch *Koller*[8] Rn 82.
[182] Siehe im Einzelnen Kommentierung zu § 415 Rn 40.
[183] Siehe Kommentierung zu § 415 Rn 41.
[184] Dazu Kommentierung zu § 415 Rn 42.
[185] Siehe auch Kommentierung zu § 415 Rn 42.
[186] Siehe im Einzelnen Kommentierung zu § 419 Rn 2 ff.
[187] Siehe Kommentierung zu § 419 Rn 62.
[188] Siehe im Einzelnen auch noch Kommentierung zu § 419 Rn 6 ff.
[189] Siehe auch BT-Drucks. sind. 17/10309, S. 54.

beschränkt sich der Anwendungsbereich des § 419, jenseits dessen auf Bestimmungen des Unmöglichkeitsrechts zurückgegriffen werden kann.[190]

Die demnach anzunehmende weitgehende Verdrängung der allgemein-zivilrechtlichen Leistungsstörungsregelungen gilt auch in deren Verhältnis zu § 417, d.h. für die Vertragslösungsmöglichkeiten des Frachtführers. Da die in § 417 Abs. 2 zu findende Verweisung auf § 415 Abs. 2 für eine einheitliche Ausgestaltung der Rechtsfolgen im Kündigungsfall sorgt, gleichgültig, welche Seite den Vertrag kündigt, sollte davon ausgegangen werden, dass die §§ 323 ff BGB in gleichem Umfang von § 417 zurückgedrängt werden, wie dies durch § 415 geschieht.[191] Entgegen der wohl überwiegenden Auffassung erfasst § 417 dabei auch ein nicht ordnungsgemäßes Verladen/Zur-Verfügung-Stellen von Gut und ist entsprechend auf den Fall anwendbar, dass der Absender pflichtwidrig ordnungsgemäße Begleitpapiere nicht rechtzeitig zur Verfügung stellt.[192] **85**

Soweit (wie dies regelmäßig der Fall ist; zu Durchbrechungen des Grundsatzes noch sogleich) die §§ 323 ff BGB zurückgedrängt werden, lässt sich ein Fortfall der Vergütungspflicht des Absenders bei Vorliegen eines Leistungshindernisses nicht nach § 326 Abs. 1 BGB begründen.[193] Mit der Neuregelung des § 420 Abs. 2 Satz 1 nähert sich das Gesetz der Regelung des § 326 Abs. 1 BGB jedoch inhaltlich an.[194] Soweit die Beförderung unmöglich ist, entfällt demnach der Frachtzahlungsanspruch des Frachtführers. Da die Bestimmung für die betreffenden Fälle den Fortfall der Vergütungspflicht des Absenders unmittelbar anordnet, braucht für sie die bis zur Seehandelsrechtsreform diskutierte Frage, ob der Absender in bestimmten Leistungsstörungsfällen – statt den Frachtvertrag nach § 415 zu kündigen – den Transport analog §§ 419, 420 Abs. 2 (in der Fassung vor der Seehandelsrechtsreform) für beendet erklären und so das Entstehen einer Vergütungspflicht vermeiden könne,[195] nicht länger gestellt zu werden. Für die Fälle, in denen ein Hindernis nicht die Unmöglichkeitsschwelle erreicht, sondern die Beförderung infolge eines Beförderungs- oder Ablieferungshindernisses vorzeitig beendet wird, findet sich in § 420 Abs. 2 Satz 2 eine Regelung. In Hinblick auf das Verhältnis dieser Bestimmung zum vorausgehenden Satz 1 fragt sich, ob auch ein Abreisehindernis, das nicht die Intensität einer Unmöglichkeit nach § 420 Abs. 2 Satz 1 erreicht, als Beförderungshindernis erfasst werden kann, womit lediglich Distanzfracht geschuldet wäre, die mangels zurückgelegten Streckenteils konkret nicht anfiele. Die Einbeziehung von Abreisehindernissen läuft insofern praktisch auf einen Entfall der Frachtzahlungspflicht unterhalb der in § 420 Abs. 2 Satz 1 statuierten Unmöglichkeitsschwelle hinaus. Vermeiden ließe sich dies mit der Argumentation, die Regelung des § 420 Abs. 2 Satz 2 gehe ersichtlich davon aus, dass zumindest ein Teil der Beförderung bereits zurückgelegt sei, weshalb bei bereits nicht begonnener Beförderung dem Absender nur die Kündigungsmöglichkeit bleibe, wenn er den Transport nicht durchgeführt wissen wolle, die Störung aber nicht die Intensität einer Unmöglichkeit erreiche. Letztlich dürfte dieser Argumentation aber nicht zu folgen sein: Zum einen ist es kaum einsichtig, warum der Absender bei einem Beförderungshindernis, **86**

190 Siehe im Einzelnen auch noch Kommentierung zu § 419 Rn 6 ff.

191 Siehe Kommentierung zu § 417 Rn 25.

192 Im Einzelnen Kommentierung zu § 417 Rn 5 ff; der Hinweis auf § 414 Abs. 1 Nr. 4 (*Koller*[7] Rn 86) ist zur Stützung der Gegenansicht unbehilflich, da die Norm Schadensersatzpflichten des Absenders betrifft und nicht die – davon zu unterscheidende – Frage einer Vertragslösungsmöglichkeit des Frachtführers.

193 Infolge der Annahme eines kleineren Anwendungsbereichs des § 419 im Ergebnis anders Ebenroth/Boujong/Joost/Strohn[2]/*Reuschle* Rn 67, 69.

194 Siehe auch BT-Druck. 17/10309, S. 55 (75).

195 Siehe *Koller*[7] Rn 85 ff.

das auf den ersten Metern der Strecke auftritt, nur die geringe Distanzfracht schulden sollte, im Falle, dass das Hindernis schon anfänglich als Abreisehindernis besteht, indes auf die – demgegenüber nachteilige – Kündigungsmöglichkeit verwiesen sein sollte. Zum anderen verdient Berücksichtigung, dass in den Fällen eines Abreisehindernisses, das die Unmöglichkeitsschwelle nicht erreicht, dem Absender eine Weisungsmöglichkeit (§ 419) erhalten bleibt. Bei der Anwendung des § 420 Abs. 2 Satz 2 auf Abreisehindernisse geht es somit darum, dem Absender hinsichtlich des Frachtvertrags die Umgestaltungsmöglichkeit zu erhalten und ihn nicht in das Unmöglichkeitsrecht „hineinzudrängen". Für bereits bei Abreise bestehende Hindernisse entspricht die in § 420 Abs. 2 vorzunehmende Unterscheidung somit im Wesentlichen der aus dem allgemeinen Unmöglichkeitsrecht geläufigen Differenzierung zwischen schon gestaltungsunabhängig gegebenen Unmöglichkeitsfällen (§ 275 Abs. 1 BGB bzw. hier § 420 Abs. 2 Satz 1) und den Fällen einer Unmöglichkeit kraft Gestaltung (etwa § 275 Abs. 2 BGB bzw. hier die Entscheidung des Absenders für ein Beförderungsende in den Fällen des § 420 Abs. 2 Satz 2).

87 Die vorstehend dargestellten Grundsätze bedürfen der Einschränkung. So kann der Frachtführer nicht darauf beschränkt sein, sich in den Fällen des § 417 vom Vertrag zu lösen, muss vielmehr auch dann Abstand vom Vertrag nehmen können, wenn der Absender beispielsweise wiederholt aus Unachtsamkeit beim Beladen das Beförderungsmittel beschädigt o.ä. Da insoweit die §§ 407 ff keine spezielle Sachwertung bereithalten, bleibt hier ein Rückgriff auf § 324 BGB möglich. Ebenso ist es denkbar, dem Absender eine Rücktrittsmöglichkeit nach § 323 Abs. 1, 2 Nr. 1 BGB zuzugestehen in den Fällen, in denen sich der Frachtführer ernsthaft und endgültig weigert, seiner frachtvertraglichen Beförderungspflicht nachzukommen.[196] Freilich ist insoweit – mit Blick auf die voraussetzungslose Kündigungsmöglichkeit des Absenders nach § 415 Abs. 1 und den Ausschluss von Ansprüchen des Frachtführers nach Abs. 2 der Norm in den betreffenden Fällen – weniger die so begründete Vertragslösungsmöglichkeit des Absenders von Interesse als vielmehr die Frage des Bestehens von Schadensersatzansprüchen. Im Ergebnis wäre es gleich, sähe man § 323 BGB als auch in dem behandelten Fall durch § 415 verdrängt an, würde auf die Kündigung nach § 415 aber § 325 BGB entsprechend anwenden. Die zunächst vorgestellte Lösungsmöglichkeit einer ausnahmsweisen Anwendbarkeit des § 323 mag konstruktiv allerdings klarer sein. Sie hat zudem den Vorteil, dass bei (ausnahmsweiser) Anwendbarkeit der §§ 323 ff BGB insgesamt auch ein Vertragslösungsrecht des Frachtführers (etwa nach § 324 BGB; dazu soeben) in den Fällen begründet werden kann, die nicht § 417 unterfallen. Alternativ müsste man, um jedenfalls Schadensersatzansprüche des Frachtführers nicht auszuschließen, wohl den Rechtsgedanken des § 645 Abs. 2 BGB großzügig zur Anwendung bringen.

88 **2. Schadensersatz.** Soweit nicht Bestimmungen wie die §§ 425 ff (für Güter- und Verspätungsschäden), § 414 (für bestimmte Nebenpflichtverletzungen) oder auch § 422 Abs. 3 (für Nachnahmefehler) die Frage der Schadensersatzverpflichtung besonders regeln, dürfte ein Rückgriff auf die §§ 280 ff BGB möglich sein. So spricht nichts dagegen, dem Absender im Falle der Erfüllungsverweigerung seitens des Frachtführers einen Ersatzanspruch nach den §§ 280 Abs. 1, 3, 281 Abs. 1, 2 BGB zuzugestehen. Gleiches gilt bei Übernahme und bei (anfänglicher oder nachträglicher) Unmöglichkeit nach näherer Maßgabe der jeweils zur Anwendung gelangenden allgemeinen Normen. Zu beachten ist allerdings stets, dass den §§ 425 ff Vorrang zukommt, wenn Ersatz eines Güter- oder Ver-

---

[196] Siehe auch Ebenroth/Boujong/Joost/Strohn²/*Reuschle* Rn 79.

spätungsschadens begehrt wird.[197] Der BGH[198] hat die transportrechtlichen Sonderregelungen auch auf die nicht rechtzeitige Durchführung einer versprochenen Abfuhr, also auf die verspätete Inobhutnahme angewandt. Nicht entscheidend dürfte demnach sein, ob die Pflichtverletzung des Frachtführers vor oder nach der Inobhutnahme liegt, sondern ob das Fehlverhalten zu einem Güter- oder Verspätungsschaden geführt hat. Entsprechend bestimmt sich in den Fällen des Verzugs der ersatzfähige Schaden nach den §§ 425 ff, wenn der Schaden aus der verspäteten Ablieferung des Gutes resultiert,[199] wohingegen die §§ 280 Abs. 1, 2, 286 BGB zur Anwendung gelangen, wenn die verspätete Abholung der Ware für sich genommen einen Schaden verursacht.[200] Führt dasselbe äußere Ereignis zu einem Verlust bzw. einer Beschädigung von Gütern und – daneben – zu einem sonstigen Schaden, bestimmt sich die Einstandspflicht nach §§ 425 ff, soweit es um den Güterschaden geht, im Übrigen nach §§ 280 ff BGB.[201] Zu beachten ist die grundsätzliche Limitierung des Haftungshöchstbetrags bei sonstigen Vermögensschäden nach § 433, auch wenn sich die betreffenden Ansprüche aus allgemein-zivilrechtlichen Vorschriften ergeben, ferner die Verjährungsregelung des § 439, die im Grundsatz sämtliche Ansprüche erfasst, die an das tatsächliche Geschehen der Ortsveränderung anknüpfen.[202]

§ 408
Frachtbrief. Verordnungsermächtigung

(1) Der Frachtführer kann die Ausstellung eines Frachtbriefes mit folgenden Angaben verlangen:

1. Ort und Tag der Ausstellung;
2. Name und Anschrift des Absenders;
3. Name und Anschrift des Frachtführers;
4. Stelle und Tag der Übernahme des Gutes sowie die für die Ablieferung vorgesehene Stelle;
5. Name und Anschrift des Empfängers und eine etwaige Meldeadresse;
6. die übliche Bezeichnung der Art des Gutes und die Art der Verpackung, bei gefährlichen Gütern ihre nach den Gefahrgutvorschriften vorgesehene, sonst ihre allgemein anerkannte Bezeichnung;
7. Anzahl, Zeichen und Nummern der Frachtstücke;
8. das Rohgewicht oder die anders angegebene Menge des Gutes;
9. die bei Ablieferung geschuldete Fracht und die bis zur Ablieferung anfallenden Kosten sowie einen Vermerk über die Frachtzahlung;
10. den Betrag einer bei der Ablieferung des Gutes einzuziehenden Nachnahme;
11. Weisungen für die Zoll- und sonstige amtliche Behandlung des Gutes;
12. eine Vereinbarung über die Beförderung in offenem, nicht mit Planen gedecktem Fahrzeug oder auf Deck.

In den Frachtbrief können weitere Angaben eingetragen werden, die die Parteien für zweckmäßig halten.

---

[197] Siehe BGH NJW 1982, 1944 f; MünchKommHGB²/*Czerwenka* Vor § 407 Rn 11.

[198] BGHZ 55, 217 ff (zu §§ 425 ff a.F.).

[199] Ebenso MünchKommHGB²/*Czerwenka* Rn 8.

[200] OLG Frankfurt TranspR 1991, 249 f.

[201] Siehe OLG Hamburg VersR 1986, 357.

[202] Zu Einzelheiten siehe Kommentierung zu § 439 Rn 11 ff, 15 ff.

(2) Der Frachtbrief wird in drei Originalausfertigungen ausgestellt, die vom Absender unterzeichnet werden. Der Absender kann verlangen, dass auch der Frachtführer den Frachtbrief unterzeichnet. Nachbildungen der eigenhändigen Unterschriften durch Druck oder Stempel genügen. Eine Ausfertigung ist für den Absender bestimmt, eine begleitet das Gut, eine behält der Frachtführer.

(3) Dem Frachtbrief gleichgestellt ist eine elektronische Aufzeichnung, die dieselben Funktionen erfüllt wie der Frachtbrief, sofern sichergestellt ist, dass die Authentizität und die Integrität der Aufzeichnung stets gewahrt bleiben (elektronischer Frachtbrief). Das Bundesministerium der Justiz wird ermächtigt, im Einvernehmen mit dem Bundesministerium des Innern durch Rechtsverordnung, die nicht der Zustimmung des Bundesrates bedarf, die Einzelheiten der Ausstellung, des Mitführens und der Vorlage eines elektronischen Frachtbriefs sowie des Verfahrens einer nachträglichen Eintragung in einen elektronischen Frachtbrief zu regeln.

Schrifttum

Basedow Der Transportvertrag: Studien zur Privatrechtsangleichung auf regulierten Märkten, 1987; *Freise* Auswirkungen des neuen Frachtrechts auf die Eisenbahn, TranspR 1998, 89–92; *ders.* Abschied vom Wertpapier? Dokumentenlose Wertbewegungen im Effekten-Gütertransport- und Zahlungsverkehr, Arbeiten zur Rechtsvergleichung, Schriftenreihe der Gesellschaft für Rechtsvergleichung Nr. 37, 1988, 83; *Heuer* Das künftige deutsche Frachtrecht, TranspR 1998, 45–51; *Koller* Die Abgrenzung zwischen Speditions- und Frachtverträgen, NJW 1988, 1756–1761; *ders.* Rechtsnatur und Rechtswirkung frachtrechtlicher Sperrpapiere, TranspR 1994, 181–189; Konow Frachtbrief – Ladeschein – Frachtbriefdoppel, DB 1972, 1613–1619; *Müglich* Probleme des Einsatzes neuer Informationstechniken im Transportrecht, TranspR 2000, 145–151; *Nielsen* Auswirkungen der Transportrechtsreform auf die Andienungsfähigkeit von Transportdokumenten bei der Im- und Exportfinanzierung, TranspR 1999, 424–432; *Pelz* Frachtbrief und Übergabe des Frachtgutes in ihrer Bedeutung für den Frachtvertrag, Diss. 1980; *Schuback* Die Entwicklung der elektronisch übermittelten Bill of Lading, TranspR 1999, 41–50.

Übersicht

I. Einleitung

§ 408 gestaltet den Frachtbrief als Absenderpapier und Beweisurkunde aus. Die Regelung orientiert sich an § 426 a.F., §§ 10 f KVO, Art. 5 f CMR sowie §§ 55 f EVO a.F. und Art. 12 f CIM 1980. Dem Modell eines Frachtbriefzwangs erteilt sie jedoch – abweichend von § 10 KVO, § 55 Abs. 1 EVO a.F. und Art. 12 § 2 CIM 1980 – im Interesse größtmöglicher Gestaltungsfreiheit der Parteien eine Absage.[1] **1**

Abs. 1 Satz 1 der Bestimmung regelt, dass der Frachtführer vom Absender die Ausstellung eines Frachtbriefs verlangen kann, und nennt die Angaben, die in den Frachtbrief aufzunehmen sind. Weitere Angaben können gemäß Abs. 1 Satz 2 in den Frachtbrief eingetragen werden, wenn die Parteien dies für zweckmäßig halten. Abs. 2 regelt wesentlich die Form der Frachtbriefausstellung und gewährt dem Absender in seinem Satz 2 das Recht zu verlangen, dass auch der Frachtführer den Frachtbrief unterzeichnet. Hat der Frachtführer die Ausstellung eines Frachtbriefs verlangt,[2] kann der Absender somit durch sein an den Frachtführer gerichtetes Gegenzeichnungsverlangen die erhöhte Beweiswirkung nach § 409 (dazu ausführlich die dortige Kommentierung) herbeiführen. **2**

Der Frachtbrief ist in erster Linie eine Beweisurkunde mit vielfältiger, differenzierter Beweiswirkung.[3] In Ermangelung eines Frachtbriefzwangs ist er keine vertragskonstitutive Urkunde. Der Frachtbrief ist grundsätzlich kein Wertpapier, kann nach Maßgabe des § 418 Abs. 4 allerdings als Sperrpapier ausgestaltet werden.[4] Über seine beweisrechtliche Bedeutung hinaus kommt dem Frachtbrief regelmäßig eine Quittungsfunktion zu. Ausführlich zu den Folgen, die an eine Frachtbriefausstellung knüpfen, noch unten Rn 39 ff. **3**

II. Begriff des Frachtbriefs und möglicher Inhalt

1. Begriff. Das Reichsgericht[5] verstand den Begriff des Frachtbriefs dahingehend, „daß er eine einseitige schriftliche Erklärung des Absenders des Frachtguts über den Inhalt des mit dem Frachtführer geschlossenen Frachtvertrags ist, die als Beweisurkunde für diesen Inhalt zu dienen geeignet ist." Diese Definition gilt im Kern auch heute noch. Wesentlich kommt es demnach vor allem darauf an, dass der Beförderungsvorgang im Frachtbrief dokumentiert wird.[6] Unschädlich ist, wenn der Frachtbrief nicht sämtliche in § 408 Abs. 1 Satz 1 vorgesehenen Angaben enthält. Das Dokument muss allerdings zumindest so ausgestellt sein, dass es einem konkreten Transportvorgang zuzuordnen ist und aus ihm hervorgeht, dass es für diesen als warenbegleitendes Papier gedacht ist. Dies fordert wenigstens Angaben über die Parteien des Vertrags und über die vorgesehene Beförderung.[7] Die Unterschrift des Absenders ist Wirksamkeitserfordernis.[8] **4**

Da die Frachtbriefausstellung nur „Mindestangaben"[9] erfordert, sind Nebenabreden auch ohne frachtvertraglichen Vermerk wirksam, selbst wenn sie Gegenstände betreffen, **5**

---

1 Siehe BR-Drucks. 368/97, S. 34.
2 Andernfalls ist ein Rückgriff auf die Norm nicht möglich, vgl. Heymann²/*Schlüter* Rn 5.
3 Siehe StaubHGB⁴/*Helm* § 426 HGB a.F. Rn 72.
4 Zur – umstrittenen – Wertpapiereigenschaft in diesem (Sonder-)Fall: *Koller* TranspR 1994, 181 ff.
5 RGZ 80, 58 (60 f).
6 StaubHGB⁴/*Helm* § 426 a.F. Rn 2.
7 *Helm* VersR 1988, 548 (550); MünchKommHGB²/*Czerwenka* Rn 3; 23.
8 Arg. e. § 408 Abs. 2 Satz 1 Hs. 2; siehe auch *Koller*⁸ Rn 3; MünchKommHGB²/*Czerwenka* Rn 18; ferner BGH VersR 1987, 304 zur Regelung der CMR.
9 MünchKommHGB²/*Czerwenka* Rn 23.

die in der Aufzählung des § 408 Abs. 1 Satz 1 ausdrücklich genannt werden. So kann bei Ausstellung eines Frachtbriefs eine Nachnahmevereinbarung auch außerhalb desselben mündlich oder schriftlich wirksam getroffen werden.[10] Die frachtbriefmäßige Eintragung einer solchen Vereinbarung dient nur Beweiszwecken, ist für die sachliche Wirksamkeit der Vereinbarung oder Weisung indes bedeutungslos.[11] Gleiches gilt für Vereinbarungen zur Lieferfrist und andere Vereinbarungsgegenstände.[12]

6 **2. Inhalt.** Eine Unterscheidung zwischen den in § 408 Abs. 1 Satz 1 vorgesehenen, besonders aufgezählten Angaben und solchen, die nach Abs. 1 Satz 2 eingetragen werden können, ist bedeutsam, da der Frachtführer die Ausstellung eines Frachtbriefs mit den Angaben nach Abs. 1 Satz 1 verlangen kann, während weitere Angaben nur aufgenommen werden können, wenn die Parteien dies – übereinstimmend – für zweckmäßig halten. Hinsichtlich Angaben nach Abs. 1 Satz 2 besteht somit kein Eintragungsanspruch des Frachtführers.[13] Ein Anspruch auf einzelne Angaben nach Abs. 1 Satz 1 kann demgegenüber lediglich mit Blick auf die konkreten Umstände des Einzelfalls nicht gegeben sein. So ergibt sich etwa aus § 408 Abs. 1 Satz 1 Nr. 7 keine Pflicht des Absenders, die Frachtstücke mit Zeichen und Nummern zu versehen, und muss der Absender entsprechend keine Angaben zur Kennzeichnung des Gutes im Frachtbrief machen, wenn es an einer solchen fehlt.[14] Ist das Gut indes gekennzeichnet, kann der Frachtführer verlangen, dass die betreffenden Angaben sich im Frachtbrief wiederfinden.

a) Vorgesehener Inhalt nach Abs. 1 Satz 1

7 **Nr. 1.** Übereinstimmend mit § 426 Abs. 2 Nr. 1 a.F. und Art. 6 Abs. 1 lit. a CMR ist in den Frachtbrief der Ort und Tag seiner Ausstellung aufzunehmen. Insoweit ohne Bedeutung sind Ort und Tag des Frachtvertragsschlusses. Auch in den Fällen des § 409 beweist die betreffende Eintragung daher nicht den Zeitpunkt des Vertragsschlusses. Allerdings steht mit dem Zeitpunkt der Frachtbriefausstellung regelmäßig der Zeitpunkt fest, für den eine frachtvertragliche Einigung spätestens anzunehmen ist.[15]

8 **Nr. 2.** Die Angabe von Name und Anschrift des Absenders lehnt sich an die Regelung des Art. 6 Abs. 1 lit. b CMR an. Gemeint ist der vertragliche Absender, d.h. der Vertragspartner des Frachtführers. Falsch ist es etwa, wenn der Name des Versenders (§ 453 Abs. 2) angegeben wird.

9 **Nr. 3.** Nach Nr. 3 ist – insoweit übereinstimmend mit Art. 6 Abs. 1 lit. c CMR – weiterhin der Name und die Anschrift des anderen Vertragspartners, nämlich des Frachtführers in den Frachtbrief aufzunehmen. Auch insoweit ist die Stellung als Partei des Frachtvertrags entscheidend, die Angabe des Namens und der Anschrift des Unterfrachtführers somit nur richtig, wenn der Frachtvertrag bezogen auf das Rechtsverhältnis des Hauptfrachtführers (als Absender) zum Unterfrachtführer ausgestellt wird.

10 **Nr. 4.** Die Regelung der Nr. 4 übernimmt die Formulierung des Art. 6 Abs. 1 lit. d CMR. Von § 426 Abs. 2 Nr. 4 a.F. weicht sie (unter anderem) dadurch ab, dass sie nicht

---

[10] BGHZ 83, 96 ff; OLG Hamm TranspR 1983, 151 ff; *Andresen/Valder* Rn 12.

[11] BGHZ 83, 96 ff.

[12] BGHZ 123, 303 ff; siehe auch OLG Düsseldorf VersR 1979, 356 (357); OLG Hamburg VersR 1980, 290 (291); OLG Düsseldorf VersR 1986, 1069; OLG Hamm VersR 1987, 609 (610).

[13] Siehe Baumbach/HoptHGB[35]/*Merkt* Rn 4; Heymann[2]/*Schlüter* Rn 4.

[14] Siehe *Koller*[8] Rn 10.

[15] Siehe *Koller*[8] Rn 4; MünchKommHGB[2]/*Czerwenka* Rn 11.

bloß auf die Ablieferung blickt, und statt der Angabe des „Ortes" konkreter die Angabe der „Stelle" der Übernahme und Ablieferung des Gutes verlangt. Anzugeben ist damit nicht nur die jeweilige politische Gemeinde, sondern die genauest mögliche geografische Bezeichnung, etwa nach Straße und Hausnummer.[16] Im Falle einer Binnenschiffsbeförderung sind damit nicht nur Lade- und Löschhafen anzugeben, sondern weitergehend Lade- und Löschstelle.[17] Stehen diese Stellen noch nicht fest, genügt die Angabe des Hafens[18] und trifft den Frachtführer unter Umständen eine Erkundigungspflicht.[19]

„Tag der Übernahme des Gutes" ist der Tag, an dem das Gut tatsächlich übernommen wird.[20] Die gegenteilige Auffassung, derzufolge auf den Tag abzustellen ist, an dem das Gut übernommen werden *soll*,[21] übersieht, dass es nach dem Wortlaut des § 408 Abs. 1 Satz 1 Nr. 4 nur für die Ablieferung auf das *vorgesehene* Geschehen ankommt. **11**

Nr. 5. Die Regelung der Nr. 5 lehnt sich an § 426 Abs. 2 Nr. 3 a.F. sowie Art. 6 Abs. 1 lit. e CMR an, erweitert die geforderten Angaben jedoch um die sogenannte Meldeadresse, wenn eine solche gegeben ist („etwaige Meldeadresse"). **12**

Anzugeben sind zunächst Name und Anschrift des Empfängers. Die Empfängeranschrift kann sich von der Ablieferungsstelle unterscheiden. Mit Blick auf das Verfügungsrecht des Absenders nach § 418 Abs. 1 kann dieser sich die Benennung des Empfängers auch vorbehalten.[22] In diesem Fall dürfte im Frachtbrief zur Person des Empfängers die Angabe „wird noch benannt" erforderlich wie genügend sein. **13**

Bei der Meldeadresse („notify address") handelt es sich um Namen und Anschrift einer Person, zu der der Frachtführer Kontakt aufzunehmen hat, um nähere Informationen über Ort, Zeit und Modalitäten der Ablieferung einzuholen oder um seine Entladebereitschaft anzuzeigen.[23] Rechnung getragen wird mit der Regelung insbesondere den Gegebenheiten beim Binnenschiffstransport, da bei diesem vielfach zum Zeitpunkt der Ausstellung des Frachtbriefs noch keine abschließenden Angaben über die Modalitäten der Empfangnahme gemacht werden können.[24] Allerdings ist die Angabe einer Meldeadresse auch im Luftverkehr durchaus üblich.[25] **14**

Nr. 6. Nach dem Vorbild des Art. 6 Abs. 1 lit. f CMR ist weiter die übliche Bezeichnung der Art des Gutes und die Art der Verpackung, bei gefährlichen Gütern ihre nach den Gefahrgutvorschriften vorgesehene, sonst ihre allgemein anerkannte Bezeichnung anzugeben. Zur Beschreibung der Art (Gattung) des Gutes sind allgemein gebräuchliche Begrifflichkeiten zu verwenden.[26] Gleiches gilt für die Angaben zur Verpackungsart.[27] Da der Frachtführer die Transporteignung der Verpackung nicht zu prüfen, sondern lediglich darauf zu achten hat, ob die Verpackung beschädigt ist, genügen insoweit regelmäßig recht allgemeine Angaben (etwa Kartons, Kisten oder Säcke).[28] **15**

Gefährliche Güter, die zusätzliche Angaben erfordern, sind solche, die unter § 410 fallen. Erfasst wird daher auch Gut, das nicht unter die öffentlich-rechtlichen Gefahrgutvorschriften fällt, aber unter beförderungsspezifischen Gesichtspunkten als gefährlich **16**

---

16 Siehe BR-Drucks. 368/97, S. 34.
17 *v. Waldstein/Holland* Binnenschifffahrtsrecht[5], Rn 7; MünchKommHGB[2]/*Czerwenka* Rn 27.
18 Siehe allgemein BR-Drucks. 368/97, S. 34.
19 Siehe *Andresen/Valder* Rn 6.
20 Ebenso *v. Waldstein/Holland* Binnenschifffahrtsrecht[5], Rn 7; *Koller*[8] Rn 7; Heymann[2]/*Schlüter* Rn 3.
21 MünchKommHGB[2]/*Czerwenka* Rn 28.
22 MünchKommHGB[2]/*Czerwenka* Rn 30.
23 *Koller*[8] Rn 8; siehe auch OLG Karlsruhe TranspR 1999, 349 (350).
24 Siehe BR-Drucks. 368/97, S. 35.
25 *Müller-Rostin* TranspR 1995, 89 ff; MünchKommHGB[2]/*Czerwenka* Rn 29.
26 Vgl. OLG Düsseldorf TranspR 1992, 218 (219).
27 *Koller*[8] Rn 9.
28 Siehe *Zapp* TranspR 2004, 333 (334).

anzusehen ist.[29] Handelt es sich um Gefahrgut, ist die Bezeichnung in den Frachtbrief aufzunehmen, die nach den Gefahrgutvorschriften vorgesehen ist. Allgemein gebräuchliche und für die beteiligten Verkehrskreise verständliche Abkürzungen genügen.[30] Bei gefährlichem Gut, das nicht unter die Gefahrgutvorschriften fällt, ist die allgemein anerkannte Bezeichnung zu verwenden. Detailangaben sind nach Maßgabe des § 410 Abs. 1 geschuldet, müssen sich aber nicht sämtlich im Frachtbrief wiederfinden.

17 Nr. 7. Die Regelung der Nr. 7 entspricht Art. 6 Abs. 1 lit. g CMR. Nach ihr sind Anzahl, Zeichen und Nummern der Frachtstücke anzugeben. Zu einer Kennzeichnung der Frachtstücke wird der Frachtführer durch die Bestimmung jedoch nicht verpflichtet. Kommt es durch ungenügende Kennzeichnung der Frachtstücke seitens des Absenders zu einem Schadensfall, ist eine Haftung des Frachtführers nach Maßgabe des § 427 Abs. 1 Nr. 5 ausgeschlossen und haftet der Absender seinerseits unter den Voraussetzungen des § 414 Abs. 1 Satz 1 Nr. 1 Var. 2. Frachtstücke im Sinne der Vorschrift sind sämtliche Einzelstücke sowie alle vom Absender hergestellten Einheiten, auch wenn sie – wie z.B. eine Palette – nur der Verpackung oder sonst der Erleichterung des Transports dienen.[31] Liegt eine Einheit (z.B. verschweißte Palette) vor, kommt es auf die innerhalb dieser sichtbaren Untereinheiten (etwa die Zahl der auf der Palette befindlichen Kartons) nicht an.[32] Bei einem von beiden Parteien unterzeichneten Frachtbrief wird, wenn der Frachtführer keinen begründeten Vorbehalt in den Frachtbrief eingetragen hat, vermutet, dass die Anzahl der vom Frachtführer tatsächlich übernommenen Frachtstücke und ihre Zeichen und Nummern mit den Angaben im Frachtbrief übereinstimmen (§ 409 Abs. 2).

18 Nr. 8. Die Angabe des Rohgewichts oder der anders angegebenen Menge des Gutes entspricht Art. 6 Abs. 1 lit. h CMR. Die Vermutung, dass die betreffenden Frachtbriefangaben mit den tatsächlichen Gegebenheiten übereinstimmen, begründet auch der beiderseits unterzeichnete Frachtbrief nur dann, wenn eine Überprüfung nach Maßgabe des § 409 Abs. 3 stattgefunden hat. Unter „Rohgewicht" ist das Nettogewicht des Gutes zuzüglich des Verpackungsgewichts (Tara, § 380) und der Ladehilfsmittel zu verstehen. Letztere bleiben nur dann außer Betracht, wenn sie vom Frachtführer gestellt werden.[33] Bei anders als durch Rohgewicht angegebener Menge des Gutes muss die Menge so mitgeteilt werden, dass unschwer auf das Gewicht rückgeschlossen werden kann. Angaben in Raumeinheiten sind grundsätzlich nur beim Transport von Flüssigkeiten üblich.[34] Zur Bedeutung der Frachtbriefangaben, wenn die Fracht nach Zahl, Gewicht oder anders angegebener Menge des Gutes vereinbart ist, § 420 Abs. 4.[35]

19 Nr. 9. Die Regelung der Nr. 9 erweitert die Vorgängerbestimmung des § 426 Abs. 2 Nr. 7. Seit Inkrafttreten der Seehandelsrechtsreform ist jedoch nicht mehr allgemein die vereinbarte Fracht, sondern (nur noch) die bei Ablieferung geschuldete einzutragen. Seinen Grund findet dies darin, dass die Eintragung wesentlich dazu dient, den Empfänger des Gutes darüber zu informieren, in welcher Höhe ihn noch eine Frachtzahlungsverpflichtung trifft.[36] Dieser Information dient es auch, dass ein Vermerk über die Frachtzahlung generell gefordert wird und nicht nur dann, wenn bei Ablieferung noch Fracht geschuldet wird. Ein Unterschied liegt wesentlich darin, dass bei Vorabzahlung der

---

[29] Siehe dazu im Einzelnen Kommentierung zu § 410.

[30] Siehe auch *Koller*[8] Rn 9.

[31] Baumbach/HoptHGB[35]/*Merkt* Rn 3.

[32] Siehe OLG Hamm TranspR 2000, 424 ff.

[33] Gemeinschaftskommentar/*Bracker* Rn 11; für eine generelle Außerachtlassung von Ladehilfen Ebenroth/Boujong/Joost/Strohn[2]/*Reuschle* Rn 20; Ladehilfsmittel stets einbeziehend *Koller*[8] Rn 11.

[34] *Koller*[8] Rn 11.

[35] Siehe im Einzelnen auch Kommentierung zu § 420 Rn 32 ff.

[36] BT-Drucks. 17/10309, S. 52.

Fracht nur dies zu vermerken ist, während im Fall der Frachtzahlung bei Ablieferung Angaben insbesondere auch zur Anspruchshöhe zu machen sind. Frei- oder Unfreivermerke sind nach dem Gesagten einzutragen.[37] Praktisch wichtig ist die Eintragung vor allem, soweit die getroffene Vereinbarung von den gesetzlichen Bestimmungen der §§ 420 Abs. 1, 421 abweicht.

Anzugeben sind weiter die bis zur Ablieferung anfallenden Kosten, d.h. die für das Gut gemachten Aufwendungen (§ 420 Abs. 1 Satz 2) und alle anderen vom Absender zu ersetzenden Aufwendungen, soweit diese bei Ausstellung des Frachtbriefs bereits vorhersehbar und bestimmbar sind. Ein exakter Ausweis ist vielfach nicht möglich und in den betreffenden Fällen auch nicht nötig.[38] Soweit es sich um Aufwendungen handelt, die bei Ausstellung des Frachtbriefs nicht einmal abstrakt bezifferbar sind (wie etwa mögliche Aufwendungen infolge von Weisungen, § 418, oder Beförderungs- oder Ablieferungshindernissen, § 419) ist die Anordnung des § 408 Abs. 1 Satz 1 Nr. 9 zu restringieren.[39] **20**

Zu den Kosten der Beförderung zählen z.B. Auslagen von Grenz- oder Empfangsspediteuren, Mehrkosten für Umwege, für den Einsatz von technischem Gerät für die Entladung des Gutes oder auch die Einfuhrumsatzsteuer.[40] **21**

Nr. 10. Die Art. 6 Abs. 2 lit. c CMR entsprechende Regelung der Nr. 10 verlangt die Eintragung des Betrags einer bei der Ablieferung des Gutes einzuziehenden Nachnahme. Voraussetzung ist das Vorliegen einer Nachnahmevereinbarung im Sinne des § 422 Abs. 1. Ob es sich um eine Waren- und/oder Kostennachnahme handelt, ist unerheblich.[41] Anzugeben ist nicht nur die Nachnahmeweisung als solche, sondern der konkrete Nachnahmebetrag. Unterbleibt eine Eintragung im Frachtbrief, berührt dies die materielle Wirksamkeit der getroffenen Nachnahmevereinbarung nicht.[42] **22**

Nr. 11. Das für Weisungen bestehende Eintragungserfordernis nach Nr. 11 beschränkt sich – übereinstimmend mit der Regelung in Art. 6 Abs. 1 lit. j CMR – auf Weisungen für die Zoll- und sonstige amtliche Behandlung des Gutes. Weisungen mit anderem Gegenstand sind nach Maßgabe des § 408 Abs. 1 Satz 2 eintragungsfähig.[43] Einzutragen sind sämtliche Weisungen, die bis zur Ausstellung des Frachtbriefs ausgesprochen werden, gleichviel ob die Weisung bereits Bestandteil der Ursprungsvereinbarung ist oder erst nachträglich nach § 418 Abs. 1 erteilt wird. Nicht um eine Weisung handelt es sich indes bei Auskünften im Sinne des § 413 Abs. 1.[44] **23**

Nr. 12. Die Vorschrift der Nr. 12, die ohne Vorbild in der CMR ist, verlangt die Eintragung einer Vereinbarung über die Beförderung in offenem, nicht mit Planen gedecktem Fahrzeug oder auf Deck. Im Falle einer solchen Beförderung sind die Güter in besonderem Maße schädigenden äußeren Einflüssen ausgesetzt. Die Regelung soll einem gesteigerten Informations- und Beweissicherungsbedarf von Absender und Empfänger Rechnung tragen.[45] Sie ist insbesondere mit Blick auf den Haftungsausschlussgrund des § 427 Abs. 1 Nr. 1 von Bedeutung. Ein Eintragungserfordernis besteht allerdings nur in den Fällen, in **24**

---

37 Siehe dazu auch MünchKommHGB²/*Czerwenka* Rn 41.

38 Siehe BGH NJW 1970, 604; BGHZ 114, 248 ff; Ebenroth/Boujong/Joost/Strohn²/*Reuschle* Rn 21.

39 *Koller*⁸ Rn 12.

40 Siehe BGH NJW 1970, 604; BGHZ 114, 248 ff; OLG Düsseldorf NJW 1981, 1910 f; Ebenroth/Boujong/Joost/Strohn²/*Reuschle* Rn 21.

41 Baumbach/HoptHGB³⁵/*Merkt* Rn 3; *Andresen/Valder* Rn 12; unklar Ebenroth/Boujong/Joost/Strohn²/*Reuschle* Rn 22 mit Ausführungen zur Rechtslage nach der CMR.

42 Siehe bereits oben Rn 5.

43 Siehe auch MünchKommHGB²/*Czerwenka* Rn 43.

44 Siehe *Koller*⁸ Rn 14.

45 Vgl. BR-Drucks. 368/97, S. 35.

denen eine Vereinbarung über eine „offene" Beförderung ausdrücklich getroffen wird. Ergibt sich die Zulässigkeit einer Beförderung auf Deck oder in offenen Fahrzeugen aus der Verkehrssitte, besteht für eine Dokumentation im Frachtbrief kein Bedarf.[46]

25 **b) Weitere, für zweckmäßig gehaltene Angaben (Abs. 1 Satz 2).** Gemäß Abs. 1 Satz 2 können in den Frachtbrief weitere Angaben eingetragen werden, die die Parteien für zweckmäßig halten. Zweckmäßig kann es beispielsweise sein, eine vereinbarte Lieferfrist im Frachtbrief festzuhalten. Voraussetzung einer entsprechenden Eintragung ist jedoch, dass *die Parteien* sie für zweckmäßig halten, mit anderen Worten über die Zweckmäßigkeit der Angabe und ihre Eintragung im Frachtbrief eine Einigung erzielen.[47] Den Parteien kommt so zusätzliche Gestaltungsfreiheit hinsichtlich des Frachtbriefinhalts zu.[48] In der Sache entspricht die Bestimmung der Regelung des Art. 6 Abs. 3 CMR.

III. Frachtbriefausstellung

26 **1. Ausstellungspflicht des Absenders auf Verlangen des Frachtführers.** Aussteller des Frachtbriefs ist der Absender. Der Frachtführer kann von diesem die Ausstellung eines Frachtbriefs mit den Angaben nach Abs. 1 Satz 1 verlangen. Bei dem gegen den Absender gerichteten Anspruch handelt es sich um einen sogenannten verhaltenen Anspruch,[49] d.h. einen solchen, bei dem der Schuldner (Absender) erst auf Verlangen des Gläubigers (Frachtführers) leisten darf.[50] Keine Verpflichtung zur Ausstellung eines Frachtbriefs trifft den Absender bei Umzugstransporten (§ 451b Abs. 1).

27 Vertretung bei der Ausstellung des Frachtbriefs ist nach allgemeinen Regeln (§§ 164 ff BGB) zulässig. Lässt der Absender dem Frachtführer die notwendigen Informationen zukommen, kann auch dieser als Vertreter fungieren.[51] Die Wertung des § 181 BGB steht dieser Sicht nicht entgegen, weil vom Verbot des In-sich-Geschäfts auch konkludent befreit werden kann.[52] Auch eine Blankounterschrift verbunden mit einer Ausfüllungsermächtigung ist möglich.[53]

28 Auch die – zwar nicht zwingende, wegen der Beweiswirkungen des § 409 aber bedeutsame – Gegenzeichnung des Frachtbriefs durch den Frachtführer (§ 408 Abs. 2 Satz 2) kann durch Bevollmächtigte erfolgen. Ob der Fahrer zur Unterzeichnung des Frachtbriefs berechtigt ist, hängt von den Umständen des Einzelfalls ab.[54] Im Zweifel ist eine entsprechende Bevollmächtigung anzunehmen.[55] Eine Duldungs- oder Anscheinsbevollmächtigung vermag sich nach allgemeinen Grundsätzen zu ergeben.[56] Die Befugnis des Schiffers zur Gegenzeichnung des Frachtbriefs ergibt sich a maiore ad minus aus § 16 Abs. 2 BinSchG.[57]

---

46 *Koller*[8] Rn 15.

47 Siehe Baumbach/HoptHGB[35]/*Merkt* Rn 4; Heymann[2]/*Schlüter* Rn 4.

48 BR-Drucks. 368/97, S. 36.

49 *Koller*[8] Rn 19; MünchKommHGB[2]/*Czerwenka* Rn 15.

50 Siehe allgemein etwa *Langheineken* in: Festgabe für v. Brünneck, 1912, S. 27 ff; StaudingerBGB[13]/*Bittner*, § 271 BGB Rn 27; JurisPK-BGB[4]/*Kerwer* § 271 BGB Rn 5.

51 Siehe MünchKommHGB[2]/*Czerwenka*[2] Rn 14.

52 PalandtBGB[71]/*Ellenberger* § 181 BGB Rn 17; dort Rn 8, auch zu einer Anwendung der Bestimmung auf einseitige Rechtsgeschäfte und geschäftsähnliche Handlungen.

53 Siehe OLG Düsseldorf VersR 1983, 749; *Koller*[8] Rn 18.

54 Siehe OLG Nürnberg TranspR 1994, 288 f.

55 *Andresen/Valder* Rn 21; *Koller*[8] Rn 20 für den Fahrer im Straßengüterverkehr.

56 Siehe auch MünchKommHGB[2]/*Czerwenka* Rn 20.

57 MünchKommHGB[2]/*Czerwenka* Rn 20.

2. Frachtbriefausfertigungen. Gemäß Abs. 2 Satz 1 wird der Frachtbrief in drei Originalausfertigungen ausgestellt, die vom Absender unterzeichnet werden. Satz 4 des Abs. 2 bestimmt ergänzend, dass eine Ausfertigung für den Absender bestimmt ist, eine das Gut begleitet und eine der Frachtführer behält. 29

Aufgrund der Gleichwertigkeit der Ausfertigungen kommt es auf die Zuordnungsreihenfolge nicht an. Absenderausfertigung im Sinne des § 418 Abs. 4 ist diejenige Ausfertigung, die – tatsächlich – beim Absender verbleibt bzw. diesem vom Frachtführer nach Gegenzeichnung zurückgegeben wird.[58] 30

3. Formerfordernis: Unterzeichnung durch den Absender. § 408 Abs. 2 Satz 1 Hs. 2 verlangt, dass die (drei) Originalausfertigungen vom Absender unterzeichnet werden. Eine bloße Kopie der Originalurkunde kann nicht an die Stelle einer Urkundenausfertigung gesetzt werden.[59] Sollen unter Verwendung eines Durchschreibesatzes mehrere Originalurkunden im Wege der Durchschrift erstellt werden, muss der Beweis geführt werden, dass das Durchschreibeverfahren willentlich eingesetzt worden ist, d.h. auch die hinter dem ersten Blatt liegenden Urkundenexemplare willentlich unterzeichnet worden sind.[60] 31

Ist lediglich eines der Frachtbriefexemplare vom Absender unterschrieben worden und genügen die übrigen Exemplaren den Anforderungen nicht, die an die Erstellung einer weiteren Originalurkunde (Ausfertigung) zu stellen sind, bleibt die Frage, welche Rechtsfolgen daran knüpfen. Unzweifelhaft ist, dass die formelle Beweiskraft des § 416 ZPO nur für Urschriften gilt, der Urkundenbeweis bei einer Privaturkunde nur durch Vorlage eines Originals nach § 420 ZPO geführt werden kann.[61] Fraglich bleibt indes, ob ein Verstoß gegen das Erfordernis des § 408 Abs. 2 Satz 1, drei Originalausfertigungen auszustellen, die (sämtlich) vom Absender unterzeichnet werden, zur Formunwirksamkeit auch des (einzigen) unterschriebenen Frachtbriefexemplars führt, mit anderen Worten auch dieses als Beweisurkunde im Sinne der §§ 416 ff ZPO ausscheidet. Diese Frage dürfte zu verneinen sein.[62] Für diese Sicht spricht, dass die Parteien wegen des dispositiven Charakters der in Rede stehenden Regelung die Anzahl der Frachtbriefausfertigungen nach Bedarf ändern können.[63] Im Zweifel wird es ihrem Willen entsprechen, dass wenigstens das wirksam unterzeichnete Exemplar des Frachtbriefs urkundliche Gültigkeit besitzt. 32

a) **Elektronische Frachtbriefe (Abs. 3).** Sieht man als zwingendes Formerfordernis einer wirksamen Frachtbriefsausstellung lediglich die Unterschrift des Absenders unter *ein* Frachtbriefexemplar an (dazu vorausgehende Rn.), waren die Bedenken, die gegen eine elektronische Frachtbriefausstellung vorgebracht wurden, schon vor Ergänzung des Abs. 3 in § 408 nur teilweise berechtigt. Zwar war es bis dato sicherlich richtig, dass die Regeln des HGB zum Frachtbrief grundsätzlich von einem in einem Papier verkörperten 33

---

[58] *Koller*[8] Rn 17.

[59] OLG Düsseldorf VersR 1996, 218; siehe auch MünchKommHGB[2]/*Czerwenka* Rn 16.

[60] OLG Düsseldorf VersR 1996, 218; siehe auch *Bästlein/Bästlein* TranspR 2003, 413 (414); ferner BGH VersR 2006, 1400 ff, zu einer vom Vollmachtgeber mittels Durchschreibesatzes erstellten Vollmacht als Originalurkunde im Sinne des § 172 BGB (verneint).

[61] BGH VersR 1992, 1021 (1022); OLG Düsseldorf VersR 1996, 218.

[62] So wohl auch *Koller*[8] Rn 26, der von einer Formungültigkeit des Frachtbriefs nur ausgeht, wenn *keine* der Ausfertigungen eine ordnungsgemäße Unterschrift des Absenders trägt.

[63] *Andresen/Valder* Rn 18.

Dokument ausgingen.[64] Eine Ersetzung der schriftlichen Form durch die elektronische unter Verwendung einer qualifizierten elektronischen Signatur (§ 126a BGB) ist jedoch nur dann nicht möglich, wenn sich dies (ausnahmsweise) aus dem Gesetz ergibt (§ 126 Abs. 3 BGB). Nicht genügend war insoweit der Hinweis auf die Regelungen über verschiedene Originalausfertigungen, über die „Vorlage" des Frachtbriefs und über die das Gut begleitende Frachtbriefausfertigung.[65] Auch in den Fällen, in denen lediglich ein Frachtbriefexemplar vom Absender (wirksam) unterzeichnet ist, existieren keine verschiedenen Originalausfertigungen, bestehen unter Umständen Schwierigkeiten bei der Vorlage eines (wirksamen) Frachtbriefs und mag es an einer (wirksamen) Frachtbriefausfertigung, die das Gut begleitet, fehlen. Aus den angeführten Regelungen des HGB zum Frachtbrief ergaben sich daher schon früher keine *grundsätzlichen* Bedenken dagegen, eine Ersetzung der schriftlichen Form durch die elektronische zuzulassen.[66] Eine Gegenzeichnung des Frachtführers (§ 408 Abs. 2 Satz 2) hätte grundsätzlich entsprechend § 126a Abs. 2 BGB erfolgen können.[67] Dem Argument, das Gesetz meine mit dem Frachtbrief offensichtlich ein bestimmtes Urkundenexemplar in Papierform,[68] kam Bedeutung wesentlich für Sonderfälle zu, so wenn der Frachtbrief nach § 418 Abs. 4 als Sperrpapier ausgestaltet war. In diesem Fall, in dem das Gesetz die Ausübung des Verfügungsrechts durch den Absender gerade von der Vorlage der Absenderausfertigung abhängig macht, musste es sich notwendig um ein verkörpertes Dokument handeln. Zu unterscheiden war entsprechend zwischen der grundsätzlichen Möglichkeit elektronischer Frachtbriefausstellung und der Möglichkeit im Einzelfall.

34 Den generellen Bedenken, was eine elektronische Frachtbriefausstellung betrifft, und den jedenfalls verbleibenden Unsicherheiten trägt das Gesetz nunmehr Rechnung, indem es in Abs. 3 ausdrücklich die Möglichkeit regelt, anstelle eines papiergebundenen Frachtbriefs einen elektronischen auszustellen und zu verwenden. Voraussetzung für den elektronischen Frachtbriefs soll sein, dass die Gleichwertigkeit der elektronischen Aufzeichnung mit dem herkömmlichen Frachtbrief gewährleistet ist. Ist diese Voraussetzung gegeben, soll die elektronische Aufzeichnung nach § 418 Abs. 4 sogar zum Sperrpapier gekürt werden können.[69] Jedenfalls dies stellt eine Verbesserung gegenüber der bisherigen Rechtslage (dazu unter der vorausgehenden Rn.) dar. Andererseits sieht die Neuregelung von einer weitergehenden und detaillierten Regelung des elektronischen Frachtbriefs mit der Begründung ab, dass ausreichende Erfahrungen mit der Verwendung elektronischer Dokumente in der Praxis noch fehlen, und verschiebt einen konkreteren Rechtsetzungsprozess auf die Verordnungsebene.[70] Die weitere Entwicklung im Bereich elektronischer Frachtbriefe hängt damit wesentlich vom Inhalt der (noch zu erlassenden) der Verordnung ab.

35 b) **Unterschriftennachbildung durch Druck oder Stempel.** § 408 Abs. 2 Satz 3 weicht das Schriftformerfordernis, welches sich aus den beiden vorausgehenden Sätzen in Verbindung mit § 126 BGB ergibt, auf und lässt auch eine Nachbildung der eigenhändigen Unterschrift durch Druck oder Stempel genügen. Aus dieser Regelung ergibt sich kein Argument gegen eine Ersetzung der handschriftlichen Unterschrift durch eine elektronische Signatur.[71] Im Gegenteil muss die elektronische Form als der Schriftform gleichwer-

---

64 So MünchKommHGB²/*Czerwenka* Rn 22.

65 Auf diese stellt MünchKomm HGB²/*Czerwenka* Rn 42.

66 Anders MünchKommHGB²/*Czerwenka* Rn 22; Ebenroth/Boujong/Joost/Strohn²/*Reuschle* Rn 7, 11.

67 So auch *Koller*⁷ Rn 20.

68 MünchkommHGB²/*Czerwenka* Rn 22.

69 BT-Drucks. 17/10309, S. 52.

70 BT-Drucks. 17/10309, S. 52 f.

71 So aber MünchKommHGB²/*Czerwenka* Rn 22.

tige Art der Unterzeichnung (§ 126 Abs. 3 BGB) erst recht zulässig sein, wenn das strikte bürgerlich-rechtliche Schriftformerfordernis durch § 408 Abs. 2 Satz 3 noch eine Aufweichung erfährt.

Nicht jede Namensangabe durch Druck oder Stempel ist genügend. Es bedarf einer Nachbildung der eigenhändigen Unterschrift, d.h. einer **Faksimilierung**. Dieses Erfordernis soll ein Mindestmaß an Fälschungssicherheit gewährleisten.[72] Dem Unterzeichnungserfordernis nicht Genüge getan ist bei einer bloß maschinenschriftlichen Namenseintragung,[73] ebenso bei Verwendung eines gewöhnlichen Firmenstempels.[74] 36

4. Anspruch des Absenders auf Unterzeichnung auch durch den Frachtführer. (Nur) wenn der Frachtführer vom Absender die Ausstellung eines Frachtbriefs verlangt hat, kann dieser seinerseits fordern, dass auch der Frachtführer den Frachtbrief unterzeichnet (§ 408 Abs. 2 Satz 2). Die Gegenzeichnung durch den Frachtführer verleiht dem Frachtbrief erhöhte Beweiskraft nach Maßgabe des § 409, siehe dazu und zu einseitigen Vermerken des Frachtführers auf dem Frachtbrief ausführlich die dortige Kommentierung. 37

Der Gegenzeichnungsanspruch wird fällig mit Übernahme des Gutes durch den Frachtführer.[75] § 408 Abs. 2 Satz 3 gilt mit Blick auf seine systematische Stellung auch für die Unterschrift des Frachtführers. Zu dessen Vertretung bereits oben Rn 28. 38

IV. Folgen der Frachtbriefausstellung

1. Beweisrechtliche Bedeutung. Dem von beiden Parteien unterzeichneten Frachtbrief kommt gemäß § 409 erhöhte Beweiskraft zu, insbesondere dient er bis zum Beweis des Gegenteils (§ 292 ZPO) als Nachweis für Abschluss und Inhalt des Frachtvertrages sowie für die Übernahme des Gutes durch den Frachtführer (§ 409 Abs. 1). Einem nur von einer Partei[76] unterschriebenen Frachtbrief kommt der Beweiswert einer Privaturkunde nach § 416 ZPO zu.[77] Ist die Privaturkunde unterschrieben, in Urschrift vorgelegt, echt und mangelfrei, mithin beweiskräftig, so begründet sie nach § 416 ZPO – ohne Rücksicht auf die Überzeugung des Gerichts – vollen Beweis dafür, dass die in ihr enthaltenen Erklärungen von dem Aussteller abgegeben worden sind.[78] Ihre Beweiskraft erstreckt sich indes insbesondere nicht auf den Inhalt der Erklärung,[79] m.a.W. auf die inhaltliche Richtigkeit der gemachten Angaben. Die Frage des materiellen Gehalts der beurkundeten Erklärungen unterliegt der freien tatrichterlichen Beweiswürdigung.[80] Frei zu würdigen ist auch eine Urkunde, die den Erfordernissen des § 416 ZPO nicht genügt,[81] z.B. der von keiner Partei unterzeichnete Frachtbrief. 39

72 Siehe BR-Drucks. 368/97, S. 36.
73 Siehe BGH TranspR 1998, 21 (23).
74 Siehe *Bästlein/Bästlein* TranspR 2003, 413 (414).
75 *Koller*[8] Rn 20; MünchKommHGB[2]/*Czerwenka* Rn 21; *v. Waldstein/Holland*, Binnenschiffahrtsrecht[5], §§ 408, 409 Rn 21.
76 In Betracht kommt vor allem, indes nicht ausschließlich, der Absender; zur Unterschrift des Frachtführers unter einen wegen Fehlens der Absenderunterschrift formungültigen Frachtbrief siehe auch *Koller*[8], Rn 26.
77 Siehe BGH TranspR 1998, 21 ff zu Art. 9 CMR.
78 BGH NJW-RR 2003, 384 f; Musielak-ZPO[10]/*Huber* § 416 ZPO Rn 3.
79 RGZ 73, 276 (279 f); BGH NJW 2002, 2707; MünchKommZPO[4]/*Schreiber* § 416 ZPO Rn 9.
80 BGH NJW-RR 1993, 1379 (1380).
81 Siehe BGH Urt. v. 21.1.1954 – IV ZR 175/53, LM Nr. 1 zu § 416 ZPO; MünchKomm-ZPO[4]/*Schreiber* § 416 ZPO Rn 10.

40 Umstritten ist, ob auch bei Frachtbriefen mit faksimilierter Unterschrift oder qualifizierter elektronischer Signatur § 416 ZPO zur Anwendung gelangt.[82] Der BGH[83] hat diese Frage zur KVO in einem Fall, in dem ein Firmenstempel verwendet worden war,[84] offengelassen. Sie ist richtigerweise durch Auslegung des § 416 ZPO zu beantworten. Angesichts der grundsätzlichen Gleichstellung von Schriftform (§ 126 BGB) und elektronischer Form (§ 126a BGB) in § 126 Abs. 3 BGB sollte ein mit Namen versehenes und mit einer qualifizierten elektronischen Signatur unterzeichnetes Dokument genügen. Auch bei einer Unterzeichnung gemäß § 408 Abs. 2 Satz 3, etwa unter Verwendung eines Faksimile-Stempels, sprechen beachtliche Gründe für eine Anwendbarkeit des § 416 ZPO.[85] Nicht um eine Privaturkunde im Sinne des § 416 ZPO handeln soll es sich bei einem elektronischen Frachtbrief nach § 408 Abs. 3.[86]. Diese Sicht scheint jedoch zu restriktiv schon mit Blick darauf, dass die Gesetzesbegründung[87] selbst davon ausgeht, Authentizität und Integrität der Aufzeichnung würden („bisher jedenfalls") gerade durch Einhaltung der elektronischen Form nach § 126a BGB gewährleistet. Zudem ordnet § 408 Abs. 3 eine *Gleichstellung* von (Papier-)Frachtbrief und den gesetzlichen Anforderungen genügender Aufzeichnung (elektronischer Frachtbrief) an; eine Differenzierung unterläuft diese Gleichstellung partiell.

41 Eine bloße Paraphierung genügt weder den Anforderungen nach § 416 ZPO noch den an eine Quittung im Sinne des § 368 Satz 1 BGB zu stellenden.[88] Dem nur vom Frachtführer ordnungsgemäß unterzeichneten Frachtbrief kommt demgegenüber die Wirkung einer Empfangsbestätigung (Übernahmequittung für die Anzahl der übergebenen Frachtstücke und den Zustand des Gutes) zu.[89] Die materielle Beweiskraft einer solchen Quittung hängt – ebenso wie bei einer Quittung im Sinne des § 368 BGB – von den Umständen des Einzelfalls ab. Sie unterliegt der freien richterlichen Beweiswürdigung nach § 286 ZPO und kann durch jeden Umstand, durch den die Überzeugung des Gerichts von ihrer inhaltlichen Richtigkeit erschüttert wird, entkräftet werden.[90] Letzteres kommt etwa in Betracht, wenn die Empfangsquittung Angaben enthält, die der Unterzeichnende ersichtlich oder erwiesenermaßen nicht bestätigen konnte.[91] So bezieht sich die materielle Beweiskraft einer Empfangsquittung im Zweifel nicht auf den Inhalt einer verschlossenen Sendung.[92] Auch der unbestrittene Vortrag des übernehmenden Frachtführers, durch dessen Fahrer der Erhalt des Frachtgutes quittiert wurde, es sei weder feststellbar noch überprüfbar gewesen, ob das vom Absender angegebene Gewicht überhaupt zutreffend war, kann geeignet sein, die Überzeugung des Gerichts von der bescheinigten Tatsache zu erschüttern.[93]

42 **2. Haftungsrechtliche Bedeutung.** An die Frachtbriefausstellung anknüpfen nach Maßgabe des § 414 Abs. 1 Satz 1 Nr. 2 haftungsrechtliche Sanktionen, wenn die in den

---

82 Verneinend *Bästlein/Bästlein* TranspR 2003, 413, (414); *Koller*[8] Rn 23; StaubHGB[4]/*Helm* § 426 a.F. Rn 34 (nur Indizwirkung im Rahmen des § 286 ZPO).
83 BGH NJW 1960, 39 (40).
84 Dazu, dass dieser den Anforderungen des § 408 Abs. 2 Satz 3 nicht genügt, siehe oben Rn 36.
85 Siehe dazu MünchKommZPO[4]/*Schreiber* § 416 ZPO Rn 6.
86 BT-Drucks. 17/10309 S. 52.
87 AaO.
88 BGH NJW-RR 2007, 351 f.
89 Siehe BGH TranspR 2003, 156 (158); BGH TranspR 2005, 403 (404); OLG Düsseldorf Urt. v. 18.02.2010 – I-18 U 132/09, juris; MünchKommHGB[2]/*Czerwenka* Rn 7.
90 Vgl. BGH WM 1978, 849 f.
91 BGH TranspR 2005, 403 (404).
92 BGH TranspR 1986, 459 (461); BGH TranspR 2003, 156 (158).
93 OLG Düsseldorf Urt. v. 18.02.2010 – I-18 U 132/09, juris.

Frachtbrief aufgenommenen Angaben unrichtig oder unvollständig sind. Eine Mitverantwortlichkeit des Frachtführers ist gemäß § 414 Abs. 2 zu berücksichtigen. Ist der Absender ein Verbraucher, haftet er nur, soweit ihn ein Verschulden trifft (§ 414 Abs. 3). Zu Einzelheiten siehe die Kommentierung zu § 414.

V. Sonstige Pflichtverletzungen

Weigert sich der Absender, dem Verlangen des Frachtführers nachzukommen und einen Frachtbrief auszustellen, steht dem Frachtführer ein Zurückbehaltungsrecht nach § 273 BGB zu.[94] Die verweigerte Frachtbriefausstellung ist Pflichtverletzung im Sinne des § 280 Abs. 1 BGB,[95] die unter den weiteren Voraussetzungen der Norm zu einer Schadensersatzverpflichtung führt. Ebenso macht sich der Frachtführer ersatzpflichtig, wenn er den Frachtbrief gegenzuzeichnen hat (§ 408 Abs. 2 Satz 2) und dies verweigert. In diesem Fall kann der Absender vor Antritt der Beförderung den Frachtvertrag gemäß § 415 kündigen, ohne Forderungen des Frachtführers ausgesetzt zu sein.[96] Eine Möglichkeit des Frachtführers, bei verweigerter Frachtbriefausstellung durch den Absender Abstand vom Vertrag zu nehmen, besteht nach allgemeinem Leistungsstörungsrecht (§ 323 BGB).[97] **43**

VI. Abweichende Vereinbarungen

Es besteht kein Frachtbriefzwang. Die Parteien können auf die Ausstellung eines solchen gänzlich verzichten; der Frachtführer kann auch schlicht davon absehen, ein Ausstellungsverlangen an den Absender zu richten. Auch bei Ausstellung eines Frachtbriefs unterliegt dessen Ausgestaltung der Parteidisposition.[98] AGB-rechtlich bedenklich ist es allerdings, wenn in Allgemeinen Geschäftsbedingungen (siehe Nr. 3 Satz 2 ALB DB Cargo) der Gegenzeichnungsanspruch des Absenders (§ 408 Abs. 2 Satz 2) grundsätzlich ausgeschlossen wird.[99] Dem Umstand, dass bei Übernahme von Wagenladungen im Gleisanschlussverkehr Überprüfungsmöglichkeiten typischerweise fehlen,[100] dürfte nach der gesetzlichen Grundwertung durch das Anbringen eines Vorbehalts im Frachtbrief (§ 409 Abs. 2 Satz 2), nicht durch Ausschluss des Gegenzeichnungsanspruchs zu begegnen sein. **44**

§ 409
Beweiskraft des Frachtbriefs

(1) Der von beiden Parteien unterzeichnete Frachtbrief dient bis zum Beweis des Gegenteils als Nachweis für Abschluß und Inhalt des Frachtvertrages sowie für die Übernahme des Gutes durch den Frachtführer.

---

[94] *Zapp* TranspR 2004, 333 (334); *Koller*[8] Rn 21; MünchKommHGB[2]/*Czerwenka* Rn 46.

[95] Baumbach/HoptHGB[35]/*Merkt* Rn 1; MünchKommHGB[2]/*Czerwenka* Rn 47.

[96] Siehe *Koller*[8] Rn 22.

[97] MünchKommHGB[2]/*Czerwenka* Rn 47.

[98] Siehe auch Fremuth/Thume/*Fremuth* Rn 39.

[99] Siehe *Czerwenka* Die Bedeutung der Transportrechtsreform für den Eisenbahnverkehr, S. 100; MünchKommHGB[2]/*Czerwenka* Rn 19.

[100] Siehe *Andresen/Valder* § 409 Rn 10.

(2) Der von beiden Parteien unterzeichnete Frachtbrief begründet ferner die Vermutung, daß das Gut und seine Verpackung bei der Übernahme durch den Frachtführer in äußerlich gutem Zustand waren und daß die Anzahl der Frachtstücke und ihre Zeichen und Nummern mit den Angaben im Frachtbrief übereinstimmen. Der Frachtbrief begründet diese Vermutung jedoch nicht, wenn der Frachtführer einen begründeten Vorbehalt in den Frachtbrief eingetragen hat; der Vorbehalt kann auch damit begründet werden, daß dem Frachtführer keine angemessenen Mittel zur Verfügung standen, die Richtigkeit der Angaben zu überprüfen.

(3) Ist das Rohgewicht oder die anders angegebene Menge des Gutes oder der Inhalt der Frachtstücke vom Frachtführer überprüft und das Ergebnis der Überprüfung in den von beiden Parteien unterzeichneten Frachtbrief eingetragen worden, so begründet dieser auch die Vermutung, daß Gewicht, Menge oder Inhalt mit den Angaben im Frachtbrief übereinstimmt. Der Frachtführer ist verpflichtet, Gewicht, Menge oder Inhalt zu überprüfen, wenn der Absender dies verlangt und dem Frachtführer angemessene Mittel zur Überprüfung zur Verfügung stehen; der Frachtführer hat Anspruch auf Ersatz seiner Aufwendungen für die Überprüfung.

Schrifttum

Bästlein/Bästlein Beweisfragen in Rechtsstreitigkeiten gegen den HGB-Frachtführer wegen Güterschäden, TranspR 2003, 413–419; *Heise* Rechtsfolgen der Nichtausstellung von Frachtpapieren bei Beförderungsverträgen, BB 1966, 1428–1430; *Helm* Probleme der CMR: Geltungsbereich – ergänzendes Recht – Frachtbrief – Weisungsbefugnis – aufeinanderfolgende Frachtführer, VersR 1988, 548–556; *Koller* Rechtsnatur und Rechtswirkungen frachtrechtlicher Sperrpapiere, TranspR 1994, 181–189; *ders.* Zur Beweislast für unzureichende Vorkühlung des Transportgutes, TranspR 2000, 449–450; *Rundnagel* Beförderungsgeschäfte in Ehrenbeck, Handbuch des gesamten Handelsrechts, Bd. 5, 2. Abt. 1915, 125; *Piper* Probleme der CMR unter Berücksichtigung der Rechtsprechung des Bundesgerichtshofes, insbesondere zur Ersatzverpflichtung des CMR-Frachtführers, TranspR 1990, 357–362.

Übersicht

I. Einleitung

§ 409 stattet den von beiden Parteien unterzeichneten Frachtbrief mit erhöhter Beweiskraft aus. In ihren Grundzügen entspricht die Regelung, insbesondere in der Verknüpfung von Beweiskraft und beidseitiger Unterschrift, dem Regelungsmodell der Art. 5 Abs. 1 Satz 1, 9 CMR. Ähnliche Regelungen fanden sich auch in § 61 EVO und Art. 11 §§ 3 f CIM sowie bereits in Art. 391 ADHGB.[1] Wenngleich der Gesetzgeber die Unterzeichnung des Frachtbriefs durch den Frachtführer als Kernvoraussetzung für die Zumessung der Beweiswirkungen angesehen hat, ist die Möglichkeit, in Fortführung des Gedankens auf die Unterschrift des Absenders zu verzichten und allein an die Unterschrift des Frachtführers anzuknüpfen, nicht weiter verfolgt worden, da sich das Erfordernis beidseitiger Unterzeichnung in der Praxis bewährt hat.[2] 1

II. Beweiswirkung des von beiden Parteien unterzeichneten Frachtbriefs im Allgemeinen

1. Beidseitige Unterzeichnung. Zur formgültigen Frachtbriefausstellung genügt grundsätzlich eine Unterzeichnung des Frachtbriefs durch den Absender (§ 408 Abs. 2 Satz 1).[3] Die erhöhte Beweiskraft nach § 409 erfordert indes über die Formgültigkeit des Frachtbriefs hinaus die Unterschrift auch des Frachtführers, den die gesteigerte Beweiskraft regelmäßig belastet.[4] An den Frachtbriefeintragungen inhaltlich festhalten lassen soll sich der Frachtführer nur dann müssen, wenn er „jedenfalls durch seine Unterschrift seiner Kenntnis und Billigung des Frachtbriefinhalts Ausdruck gegeben hat."[5] Eine Unterzeichnung durch Nachbildung der eigenhändigen Unterschrift mittels Druck oder Stempel (§ 408 Abs. 2 Satz 3) genügt auch im Rahmen des § 409.[6] Ein Anspruch des Absenders gegen den Frachtführer, der darauf gerichtet ist, dass auch der Frachtführer den Frachtbrief unterzeichnet, besteht nach Maßgabe des § 408 Abs. 2 Satz 2. 2

2. Beweiswirkung. Der *nicht* beidseitig unterzeichnete Frachtbrief vermag als Privaturkunde unter den Voraussetzungen des § 416 ZPO den Beweis zu erbringen, dass der (alleinige) Unterzeichner die in ihm enthaltenen Erklärungen abgegeben hat. Die Frage der inhaltlichen Richtigkeit des Bekundeten unterliegt in diesem Fall indes der freien richterlichen Beweiswürdigung nach § 286 ZPO. Zwar mag insoweit der Erfahrungssatz bestehen, dass jemand, der etwas bestätigt, sich regelmäßig zutreffend erklärt.[7] Indes kann die Überzeugung des Gerichts von der inhaltlichen Richtigkeit des Erklärten durch jeden Gegenbeweis entkräftet werden; der volle Beweis des Gegenteils ist nicht nötig.[8] 3

Dies ändert sich bei Anwendbarkeit des § 409. Unter den normierten Voraussetzungen wird die inhaltliche Richtigkeit der von der Vorschrift erfassten Frachtbriefangaben 4

---

1 Siehe dazu auch *Gehrke* Das elektronische Transportdokument – Frachtbrief und Konnossement in elektronischer Form im deutschen und internationalen Recht, 2005, S. 4.

2 BR-Drucks. 368/97, S. 36.

3 Zu Einzelheiten siehe Kommentierung zu § 408 Rn 31 ff.

4 Siehe auch Baumbach/HoptHGB[35]/*Merkt* Rn 1.

5 BR-Drucks. 368/97, S. 36.

6 MünchKommHGB[2]/*Czerwenka* Rn 3; Baumbach/HoptHGB[35]/*Merkt* Rn 1.

7 *Koller*[8] Rn 3.

8 Vgl. BGH WM 1978, 849; BGH TranspR 2003, 156 (158); BGH TranspR 2005, 403 (404); siehe im Einzelnen auch die Kommentierung zu § 408 Rn 39 ff.

bis zum Beweis des Gegenteils (§ 292 ZPO) vermutet. Der Beweis des Gegenteils ist Vollbeweis. Er obliegt dem Gegner, zu dessen Lasten die Vermutung wirkt. Dieser muss das Gegenteil der Vermutung zur vollen Überzeugung des Gerichts beweisen. Eine bloße Erschütterung der Vermutungsbasis und ein Erwecken von Zweifeln beim Richter genügt nicht.[9] Ein non liquet geht damit zu Lasten desjenigen, gegen den die Vermutung wirkt.[10]

5 Die erhöhte Beweiskraft des Frachtbriefs nach § 409 bleibt nicht auf das Verhältnis der Parteien des Frachtvertrags beschränkt, sondern wirkt nach Maßgabe der §§ 421 ff auch gegenüber dem Empfänger des Gutes.[11] Die besondere Beweiswirkung kann durch die Eintragung von Vorbehalten zerstört werden. Soweit dies geschieht, gelangen die allgemeinen Regeln, denen die Beweislastverteilung folgt, zur Anwendung.[12]

III. Gegenstand der Vermutung im Einzelnen

6 **1. Abschluss und Inhalt des Frachtvertrags, Übernahme des Gutes (Abs. 1).** Nach § 409 Abs. 1 dient der Frachtbrief bei beidseitiger Unterzeichnung als Nachweis für Abschluss und Inhalt des Frachtvertrages sowie für die Übernahme des Gutes durch den Frachtführer. Die Vermutung ist widerleglich, der Beweis des Gegenteils als Möglichkeit ausdrücklich vorgesehen. Dieser kann auch durch den Antrag auf Parteivernehmung nach § 445 ZPO geführt werden (§ 292 Satz 2 ZPO).

7 a) **Abschluss des Frachtvertrags.** Bis zum Beweis des Gegenteils wird vermutet, dass der Frachtvertrag zwischen den Personen zustande gekommen ist, die im Frachtbrief als Absender und Frachtführer genannt sind.[13] Die Beweiswirkung erstreckt sich nicht auf den Zeitpunkt des Vertragsschlusses, das Fehlen von Willensmängeln, die Frage der Geschäftsfähigkeit oder der Vertretungsmacht.[14] Der Beweis, dass eine andere Person als die im Frachtbrief genannte Partei des Frachtvertrags ist, ist zulässig.[15]

8 b) **Inhalt des Frachtvertrags.** Die Vermutung für den Inhalt des Frachtvertrags erfasst alle Angaben im Sinne des § 408 Abs. 1, die sich im Frachtbrief finden. Darauf, ob es sich um Angaben handelt, deren Eintragung im Frachtbrief der Frachtführer verlangen kann (§ 408 Abs. 1 Satz 1), oder um solche, die die Parteien für zweckmäßig halten (§ 408 Abs. 1 Satz 2), kommt es nicht an.[16] Vermutet wird nur positiv die Richtigkeit des im Frachtbrief zum Inhalt des Frachtvertrags Eingetragenen, nicht weitergehend auch negativ, dass keine (eintragungsfähigen) nicht wiedergegebenen Abreden getroffen worden sind.[17] Fehlen etwa Angaben über die vereinbarte Fracht (§ 408 Abs. 1 Satz 1 Nr. 9) oder eine einzuziehende Nachnahme (§ 408 Abs. 1 Satz 1 Nr. 10), wird nicht vermutet, dass es an einer entsprechenden Abrede fehlt. Allerdings hat derjenige, der eine beson-

---

9 Siehe BGH MDR 1959, 114 f.

10 Siehe MusielakZPO[10]/*Huber* § 292 ZPO Rn 5; zu den dargestellten Abgrenzungsfragen auch BGH NJW 1988, 27 (41 f).

11 Baumbach/HoptHGB[35]/*Merkt* Rn 1.

12 Siehe *Koller*[8] Rn 6.

13 Siehe OLG München VersR 1982, 264; OLG Hamburg VersR 1982, 556; *Koller*[8] Rn 4; MünchKommHGB[2]/*Czerwenka* Rn 5.

14 Ebenroth/Boujong/Joost/Strohn[2]/*Reuschle* Rn 4.

15 Siehe BGH NJW 1960, 39 (40); BGH VersR 1964, 479(480).

16 Heymann[2]/*Schlüter* Rn 4; *Andresen/Valder* Rn 3; **aA** Baumbach/HoptHGB[35]/*Merkt* Rn 1.

17 *Koller*[8] Rn 4; MünchKommHGB[2]/*Czerwenka* Rn 6.

dere Frachtzahlungs- oder eine Nachnahmevereinbarung behauptet, diese nach allgemeinen Regeln darzulegen und zu beweisen.[18] Nichts anderes gilt selbst dann, wenn ein Formular mit vorgedruckten Rubriken verwendet worden ist und dort die Felder für einzelne Eintragungen frei geblieben sind.[19]

c) **Übernahme des Gutes.** Die Vermutung der Übernahme des Gutes durch den Frachtführer bezieht sich nur darauf, dass Güter der im Frachtbrief dokumentierten Art in die Obhut des Frachtführers gelangt sind,[20] nicht weitergehend auch auf den Zustand des Gutes, die Anzahl der Frachtstücke, deren Inhalt oder die exakte Menge an Gut. Insoweit sind die Abs. 2, 3 speziell.[21] Widerlegt ist die Vermutung der Übernahme des Gutes nur bei (Voll-)Beweis des Gegenteils; der Nachweis, „blind" unterschrieben zu haben, genügt dazu nicht.[22] **9**

d) **Vorbehalte.** Abs. 1 erwähnt nicht die Möglichkeit, durch Anbringung eines Vorbehalts dem Frachtbrief hinsichtlich des Punktes, auf den der Vorbehalt sich bezieht, seine erhöhte Beweiskraft zu nehmen. Daraus zu folgern, bezogen auf die von Abs. 1 erfassten Angaben könne kein Vorbehalt angebracht werden, würde in der Transportabwicklung zu erheblichen Komplikationen führen, wenn die Parteien nicht zu einer einheitlichen Sicht gelangen können.[23] Zu sehen ist, dass mit Blick auf die von Abs. 2 Satz 1 erfassten Angaben die Regelung des Abs. 2 Satz 2 nicht erst allgemein die Möglichkeit eröffnet, einen Vorbehalt anzubringen, sondern – spezieller – einen Begründungszwang statuiert. Damit lässt sich argumentieren, ein Vorbehalt könne grundsätzlich – auch in den Fällen des Abs. 1 – erklärt werden; dies setze § 409 voraus. Während ein solcher Vorbehalt in den Fällen des Abs. 2 zu begründen ist, bedarf es, was Angaben nach Abs. 1 betrifft, nicht einmal einer solchen Begründung.[24] **10**

Auch ein unbegründeter Vorbehalt muss allerdings erkennen lassen, gegen welche Angabe oder Angaben des Frachtbriefs die den Vorbehalt erklärende Partei etwas einzuwenden hat. Ein gegen den gesamten Frachtbrief gerichteter Pauschalvorbehalt ist unbeachtlich.[25] Der Vorbehalt muss nur wirksam, nicht auch inhaltlich berechtigt sein. **11**

2. Zustand des Gutes und seiner Verpackung; Anzahl, Zeichen und Nummern der Frachtstücke. Gemäß Abs. 2 Satz 1 begründet der von beiden Parteien unterzeichnete Frachtbrief ferner die Vermutung, dass das Gut und seine Verpackung bei der Übernahme durch den Frachtführer in äußerlich gutem Zustand waren und dass die Anzahl der Frachtstücke und ihre Zeichen und Nummern mit den Angaben im Frachtbrief übereinstimmen. Will der Frachtführer verhindern, dass dem Frachtbrief insoweit erhöhte Beweiswirkung zukommt, kann er einen Vorbehalt anbringen, ist jedoch gezwungen, diesen zu begründen (Abs. 2 Satz 2 Hs. 1). Dies ist ihm auch unter Berufung darauf möglich, dass ihm keine angemessenen Mittel zur Verfügung standen, die Richtigkeit der betreffenden Angaben zu überprüfen (Abs. 2 Satz 2 Hs. 2). **12**

---

18 Siehe auch BGH NJW-RR 1990, 1314 (1316); Heymann²/*Schlüter* Rn 4; MünchKommHGB²/*Czerwenka* Rn 6.

19 *Koller*⁸ Rn 4.

20 MünchKommHGB²/*Czerwenka* Rn 7.

21 Siehe auch *Koller*⁸ Rn 4; Heymann²/*Schlüter* Rn 5.

22 AA Ebenroth/Boujong/Joost/Strohn²/*Reuschle* Rn 6 unter Bezugnahme auf OLG Köln TranspR 1998, 303 (304), wobei allerdings übersehen wird, dass in dem vom OLG Köln entschiedenen Fall dem Frachtbrief gerade keine erhöhte Beweiswirkung nach § 409 zukam.

23 *Koller*⁸ Rn 5.

24 Baumbach/HoptHGB³⁵/*Merkt* Rn 1; Heymann²/*Schlüter*, Rn 6; *Koller*⁸ Rn 5.

25 So auch *Koller*⁸ Rn 5.

13 Die Vorschrift folgt inhaltlich im Wesentlichen Art. 9 Abs. 2 und Art. 8 Abs. 2 CMR, ist sprachlich allerdings abweichend gefasst. Dadurch, dass der Eintritt der Vermutungswirkung an den Anfang der Vorschrift gestellt wird, soll betont werden, dass diese Wirkung den Kern der Vorschift bildet.[26] Entsprechend anzuwenden ist Abs. 2 Satz 1 auf Begleitpapiere.[27]

14 a) **Zustand des Gutes und seiner Verpackung.** Vermutet wird der äußerlich gute Zustand des Gutes und seiner Verpackung bei Übernahme durch den Frachtführer, wenn dieser keinen begründeten Vorbehalt in den Frachtbrief eingetragen hat. Äußerlicher Zustand ist der Zustand, den ein sorgfältiger Frachtführer, der über keine besonderen Warenkenntnisse und Prüfeinrichtungen verfügt, ohne Weiteres erkennen kann.[28] Da der Frachtführer Verpackungen regelmäßig weder öffnen muss noch darf, ist bei verpacktem Gut primär auf den Zustand der Verpackung abzustellen. Lediglich soweit sich durch diese hindurch der Zustand des Gutes erkennen lässt, ist auch dieser maßgeblich.[29]

15 Abweichendes kann für Spezialtransporte gelten. So wird man bei Kühltransporten nicht nur dann von einem äußerlich erkennbaren Mangel auszugehen haben, wenn die Kühlscheibe des übernommenen Kühlcontainers eine unzureichende Vorkühlung erkennen lässt,[30] sondern auch, wenn der Frachtführer, der Kühltransporte durchführt, eine unschwer mögliche Überprüfung der Ladetemperatur durch entsprechende Messgeräte unterlässt.[31]

16 Der äußerliche Zustand ist „gut", wenn keine Mängel festgestellt werden können.[32] Ein Mangel liegt beispielsweise vor, wenn das Transportgut zerkratzt oder sonstwie beschädigt ist, die Verpackung durchnässt ist, oder auch, wenn sich unter einer mit Stretchfolie umhüllten Palette Staunässe gebildet hat.[33] Die auf die Verpackung bezogene Vermutung erstreckt sich nicht auch auf deren Beförderungstauglichkeit.[34]

17 b) **Anzahl, Zeichen und Nummern der Frachtstücke.** Die Vermutung, dass Stückzahlen, Zeichen und Nummern mit den Angaben im Frachtbrief übereinstimmen, hat die „Frachtstücke" zum Bezugspunkt („Anzahl der Frachtstücke und ihre Zeichen und Nummern"). Was als ein Frachtstück anzusehen ist, bestimmt sich nach der Verkehrsauffassung. Güter auf einer Palette bilden dann keine Einheit, wenn sie für verschiedene Empfänger bestimmt sind.[35] Sind sie für denselben Empfänger bestimmt, kommt es in erster Linie auf die Angaben im Frachtbrief an. Ist dort als Gut die Palette genannt, handelt es sich bei dieser um ein einziges Frachtstück. Anderes gilt, wenn im Frachtbrief (nur) die auf der Palette befindlichen Einzelstücke genannt sind.

18 Nennt der Frachtbrief sowohl die Anzahl der Paletten als auch die Zahl der Einzelstücke pro Palette, ist durch Auslegung zu ermitteln, welcher der beiden Angaben entscheidende Bedeutung zukommen soll. Zu berücksichtigen sind dabei sämtliche Begleit-

---

26 BR-Drucks. 368/97, S. 37.

27 OLG Schleswig VersR 1979, 141; Baumbach/HoptHGB[35]/*Merkt* Rn 2; *Koller*[8] Rn 14.

28 Vgl. *Bästlein/Bästlein* TranspR 2003, 413 (415); MünchKomHGB[2]/*Czerwenka* Rn 10; *Koller*[8] Rn 16.

29 *Bästlein/Bästlein* TranspR 2003, 413 (416); Ebenroth/Boujong/Joost/Strohn[2]/*Reuschle* Rn 13; MünchKommHGB[2]/*Czerwenka* Rn 11.

30 Vgl. OLG Hamburg TranspR 1996, 29; abweichend OLG Hamm TranspR 1998, 301 (302).

31 *Bästlein/Bästlein* TranspR 2003, 413 (414).

32 MünchKommHGB[2]/*Czerwenka* Rn 12.

33 Siehe BGH TranspR 2004, 369 (370).

34 *Koller*[8] Rn 18.

35 *Koller*[8] Rn 14.

umstände, so etwa, ob der Frachtführer unschwer erkennen konnte, welche Anzahl von Einzelgütern auf der Palette gepackt war.[36] Ist als Frachtstück demnach nur die Palette anzusehen, bedarf es keines Vorbehalts, wenn womöglich die Anzahl der auf der Palette verstauten Einzelstücke nicht zutreffend angegeben ist.[37]

c) **Begründeter Vorbehalt.** Ein Rückgriff auf die Vermutung ist gesperrt, wenn der Frachtführer einen begründeten Vorbehalt in den Frachtbrief eingetragen hat. Gemäß Abs. 2 Satz 2 Hs. 2 kann der Vorbehalt auch damit begründet werden, dass dem Frachtführer keine angemessenen Mittel zur Verfügung standen, die Richtigkeit der Angaben zu überprüfen. Der Gesetzgeber sieht den Fall eines durch fehlende Überprüfungsmöglichkeiten begründeten Vorbehalts als praktisch wichtigsten an und beschreibt ihn seiner Gebräuchlichkeit wegen ausdrücklich. Damit ist zugleich klargestellt, dass neben dieser noch andere Begründungen in Betracht kommen.[38] 19

Der Vorbehalt ist im Frachtbrief einzutragen. Er ist nicht nur (wenigstens) in der Absenderausfertigung,[39] sondern mit Blick auf § 421 Abs. 2 auch in der das Gut begleitenden Ausfertigung anzubringen.[40] Das Frachtbriefformular kann bereits so konzipiert sein, dass nur noch anzukreuzen ist, ob ein Vorbehalt erklärt und wie dieser begründet wird.[41] 20

Ausreichend begründet ist der Vorbehalt, wenn er so konkretisiert wird, dass ein Außenstehender ihn nachvollziehen kann.[42] Nicht genügend ist die schlichte Angabe „unter Vorbehalt" des Frachtführers vor seiner Unterschrift auf dem Frachtbrief.[43] Bei Durchnässung einzelner Frachtstücke ist konkret anzugeben, um welche es sich handelt, bei Vorbehalten in Hinblick auf Anzahl, Zeichen und Nummern der Frachtstücke vom Frachtführer regelmäßig die seines Erachtens richtige Zahl bzw. das richtige Zeichen oder die zutreffende Nummer einzutragen.[44] 21

Dass ein begründeter Vorbehalt die Vermutung des § 409 Abs. 2 zerstört, gilt selbst dann, wenn der Vorbehalt falsch ist.[45] Im Einzelfall allerdings mag ein missbräuchlich angebrachter Vorbehalt nach §§ 242, 826 BGB unbeachtlich sein. Eine Überprüfung oder – in den Fällen des 2. Halbsatzes – ein Prüfversuch muss der Erklärung des Vorbehalts nicht vorausgegangen sein.[46] 22

3. **Gewicht, Menge, Inhalt (Abs. 3).** Die in Abs. 3 enthaltene Vermutungsregelung soll eine Lücke schließen, welche bezüglich der Beweiskraft des Frachtbriefs in der CMR vorliegt. So enthält Art. 8 Abs. 3 CMR zwar Regelungen zur Pflicht des Frachtführers, das Rohgewicht oder die anders angegebene Menge des Gutes zu überprüfen, zur Leistung von Aufwendungsersatz sowie zur Eintragung des Prüfergebnisses in den Frachtbrief. Es fehlt jedoch – anders als etwa in der seefrachtrechtichen Regelung zum Konnossement – an einer Normierung der Rechtsfolgen der Frachtbriefeintragung.[47] Für das Frachtrecht des HGB bestimmt nunmehr § 409 Abs. 3 Satz 1 ausdrücklich, dass der Frachtbrief auch die Vermutung begründet, dass Gewicht, Menge oder Inhalt mit den Angaben im Fracht- 23

[36] *Bästlein/Bästlein* TranspR 2003, 413 (415); MünchKommHGB²/*Czerwenka* Rn 15; siehe auch OLG Hamm TranspR 2000, 424 (425).
[37] MünchKommHGB²/*Czerwenka* Rn 15.
[38] BR-Drucks. 368/97, S. 37.
[39] So *Müglich* Rn 27.
[40] Heymann²/*Schlüter* Rn 9.
[41] BR-Drucks. 368/97, S. 37.
[42] Siehe OLG Düsseldorf TranspR 1993, 54 f.
[43] AG Kenzingen TranspR 1999, 245 (246).
[44] *Koller*⁸ Rn 9.
[45] LG Köln TranspR 2002, 155 (156); Baumbach/HoptHGB³⁵/*Merkt* Rn 2.
[46] Heymann²/*Schlüter* Rn 8.
[47] Vgl. BR-Drucks. 368/97, S. 37.

brief übereinstimmen, wenn die betreffende Angabe vom Frachtführer überprüft und das Ergebnis der Überprüfung in den von beiden Parteien unterzeichneten Frachtbrief eingetragen worden ist.

24 Zum Inhalt der Frachtstücke rechnet dabei alles, was nicht bereits zum äußerlichen Zustand des Gutes gehört.[48] Zum Begriff des Rohgewichts oder der anders angegebenen Menge des Gutes siehe Kommentierung zu § 408 Rn 18.

25 a) **Prüfpflicht des Frachtführers nach Satz 2 Hs. 1.** Eine Verpflichtung des Frachtführers, Gewicht, Menge oder Inhalt zu überprüfen, ist unter zwei Voraussetzungen gegeben. Zum einen muss der Absender die Überprüfung verlangen, zum anderen müssen dem Frachtführer angemessene Mittel zur Überprüfung zur Verfügung stehen. Fehlt es an entsprechenden Mitteln, ist der Frachtführer somit nicht gezwungen, diese zu beschaffen und nach erfolgter Überprüfung Aufwendungsersatz (§ 409 Abs. 3 Satz 2 Hs. 2) zu verlangen; er kann vielmehr bereits die Überprüfung ablehnen.[49]

26 Ein anderes gilt, wenn der Frachtführer sich dem Absender gegenüber vertraglich zu einer Überprüfung des Gewichts, der Menge oder des Inhalts verpflichtet hat. In diesem Fall kann er sich nicht darauf berufen, ihm würden für eine solche Überprüfung keine angemessenen Mittel zur Verfügung stehen.[50] Der in § 409 Abs. 3 Satz 2 geregelte Fall einer Überprüfung aufgrund Absenderverlangens ist ein spezieller Ausfluss des allgemeinen Weisungsrechts des Absenders (§ 418).[51]

27 Ohne ein Verlangen des Absenders ist der Frachtführer im Verhältnis der Parteien zueinander zwar nicht verpflichtet, wohl aber regelmäßig berechtigt, Gewicht und Menge des Gutes zu prüfen. Voraussetzung ist ein berechtigtes Interesse, das sich etwa mit Blick auf die Gefahr einer Überladung oder – im Fall des § 420 Abs. 4 – die Höhe der Fracht zu ergeben vermag.[52] Den verpackten Inhalt darf der Frachtführer in diesem Fall grundsätzlich nicht ohne Erlaubnis überprüfen. Auch hat er die für eine Überprüfung anfallenden Kosten grundsätzlich selbst zu tragen. Abweichendes vermag sich im Einzelfall aus dem Recht der Geschäftsführung ohne Auftrag zu ergeben.[53]

28 Der Absender hat sein Überprüfungsverlangen dem Frachtführer gegenüber zu erklären. Die Erklärung bedarf keiner bestimmten Form, Stellvertretung ist möglich.

29 b) **Aufwendungsersatz bei Überprüfung (Satz 2 Hs. 2).** Ist der Frachtführer zu einer Überprüfung verpflichtet und führt er diese durch, steht ihm gegen den Absender ein Anspruch auf Ersatz der Aufwendungen für die Überprüfung zu. Da es sich bei § 409 Abs. 3 Satz 2 um einen speziellen Ausfluss des allgemeinen Weisungsrechts des Absenders nach § 418 handelt, kann der Frachtführer analog § 418 Abs. 1 Satz 4 einen Vorschuss verlangen.[54]

30 Der Frachtführer kann nicht nur Erstattung seiner Selbstkosten verlangen. Ihm ist vielmehr auch die übliche Vergütung zu gewähren, die ein Dritter für eine entsprechende Überprüfung in Rechnung stellen würde.[55] Ist zur ordnungsgemäßen Überprüfung der Fracht die Hinzuziehung eines Experten notwendig, sind auch die für diesen anfallenden

---

[48] *Koller*[8] Rn 21; Heymann[2]/*Schlüter* Rn 10.
[49] Siehe auch BR-Drucks. 368/97, S. 37 f.
[50] *Koller*[8] Rn 22.
[51] Heymann[2]/*Schlüter* Rn 11; *Koller*[8] Rn 22.
[52] Siehe auch *Koller*[8] Rn 26; MünchKommHGB[2]/*Czerwenka* Rn 22.
[53] Siehe Baumbach/HoptHGB[35]/*Merkt* Rn 3.
[54] *Andresen/Valder* Rn 17; MünchKommHGB[2]/*Czerwenka* Rn 23; *Koller*[8] Rn 25.
[55] *Andresen/Valder* Rn 17.

Aufwendungen zu erstatten.[56] Nicht zu ersetzen sind Aufwendungen, sofern sich der Frachtführer bereits im Frachtvertrag zu einer Überprüfung verpflichtet hat und die Aufwendungen von der Fracht mit abgedeckt sind.[57]

Unberührt bleibt ein eventueller Standgeldanspruch nach § 412 Abs. 3 für die Zeit, in der die Überprüfung durchgeführt wird. **31**

c) **Eintragung nach Überprüfung.** Die erhöhte Beweiskraft des Frachtbriefs mit Blick auf die Angaben zu Gewicht, Menge oder Inhalt setzt weiter voraus, dass das Überprüfungsergebnis in den von beiden Parteien unterzeichneten Frachtbrief eingetragen worden ist. Nach dem Gesetzeswortlaut verlangt die erhöhte Beweiskraft damit kumulativ, dass eine Überprüfung stattgefunden hat und das Prüfergebnis in den Frachtbrief eingetragen worden ist. Sofern der Frachtführer allerdings eine Überprüfung sorgfaltswidrig unterlässt, die Angaben im Frachtbrief zu Gewicht, Menge oder Inhalt aber gleichwohl als Prüfungsergebnis bescheinigt, besteht kein Grund, ihn zu schützen. Eine ohne Überprüfung vom Frachtführer in den Frachtbrief aufgenommene derartige Angabe muss erst recht die Vermutungswirkung begründen, wenn schon die nach einer Überprüfung eingetragene Angabe diese begründet. Es ist nicht einzusehen, weshalb der Frachtführer, der sorgfaltswidrig die Prüfung unterlässt und dennoch eine Übereinstimmung als Ergebnis einer angeblichen Überprüfung bescheinigt, besser gestellt sein sollte als der, der eine Überprüfung tatsächlich vornimmt.[58] **32**

IV. Folgen falscher Angaben

Macht der Absender im Frachtbrief unrichtige oder unvollständige Angaben, haftet er dem Frachtführer für den dadurch verursachten Schaden nach Maßgabe des § 414. Die Einstandspflicht des Frachtführers gegenüber dem Absender bei Verletzung der Überprüfungs- oder Eintragunsverpflichtung richtet sich nach § 280 BGB. § 433 ist zu beachten.[59] Sich vom Vertrag zu lösen, ist dem Absender durch Kündigung nach § 415 möglich. **33**

Auch dem Empfänger gegenüber vermag sich eine Einstandspflicht für falsche, nicht mit einem Vorbehalt versehene Angaben im Frachtbrief zu ergeben. Der Empfänger ist zwar nicht Partei des Frachtvertrags, der Frachtvertrag jedoch Vertrag zu seinen Gunsten.[60] Zahlt der Empfänger etwa im Vertrauen auf schuldhaft unrichtige Frachtbriefangaben, kommt ein Ersatzanspruch gemäß §§ 328, 276, 278 BGB in Betracht, soweit ihm dadurch ein Schaden entsteht.[61] Zu einer Skripturhaftung analog § 418 Abs. 6 bei fehlender Übernahme des Gutes siehe Kommentierung zu § 418 Rn 52. Als Anspruchsgrundlage in Betracht kommen auch die §§ 280 Abs. 1, 241 Abs. 2, 311 Abs. 3 BGB sowie bei Vorsatz die Regeln über die Rechtsscheinshaftung und § 826 BGB.[62] **34**

---

56 Heymann²/*Schlüter* Rn 12.

57 *Koller*⁸ Rn 25.

58 *Bästlein/Bästlein* TranspR 2003, 413 (416); ähnlich auch MünchKommHGB²/*Czerwenka* Rn 20; aA *Koller*⁸ Rn 28.

59 Siehe MünchKommHGB²/*Czerwenka* Rn 32; *Koller*⁷ Rn 24; Heymann²/*Schlüter* Rn 11.

60 Siehe Kommentierung zu § 421 Rn 1.

61 Siehe BGH NJW 1987, 588 f.

62 Siehe *Koller*⁸ Rn 31; Ebenroth/Boujong/Joost/Strohn²/*Reuschle* Rn 20; Baumbach/HoptHGB³⁵/*Merkt* Rn 6; in Einzelpunkten zurückhaltender MünchKommHGB²/*Czerwenka* Rn 30.

V. Abdingbarkeit

35 Die Parteien können grundsätzlich beliebig weitere Beweiswirkungen und Beweisregeln im Zusammenhang mit der Ausstellung eines Frachtbriefs vereinbaren.[63] Eine Abweichung von der gesetzlichen Regelung kann auch in AGB vereinbart werden.[64] Eine AGB-Festigkeit der Regelung folgt insbesondere nicht „reflexartig" daraus, dass § 425 gegen Modifikationen durch AGB weitgehend geschützt ist und § 409 im Rahmen der Haftungsanordnung praktisch eine erhebliche Rolle spielt. Nur die in § 425 selbst angelegte Beweislastverteilung kann durch AGB nicht modifiziert werden.[65] Einer AGB-vertraglichen Modifikation der gesetzlichen Regelung sind die allgemeinen Grenzen insbesondere der §§ 305c Abs. 1, 307 BGB gesetzt. Mit einer Abbedingung des § 409 geht indes keine unangemessene Benachteiligung des Absenders einher, da dieser sich durch Ausstellung einer Übernahmequittung schützen kann.[66]

§ 410
Gefährliches Gut

(1) Soll gefährliches Gut befördert werden, so hat der Absender dem Frachtführer rechtzeitig in Textform die genaue Art der Gefahr und, soweit erforderlich, zu ergreifende Vorsichtsmaßnahmen mitzuteilen.

(2) Der Frachtführer kann, sofern ihm nicht bei Übernahme des Gutes die Art der Gefahr bekannt war oder jedenfalls mitgeteilt worden ist,

1. **gefährliches Gut ausladen, einlagern, zurückbefördern oder soweit erforderlich, vernichten oder unschädlich machen, ohne dem Absender deshalb ersatzpflichtig zu werden, und**
2. **vom Absender wegen dieser Maßnahmen Ersatz der erforderlichen Aufwendungen verlangen.**

Schrifttum

De Bouver L'information des participants aux transports de marchandises dangereuses, ETL 26 (1991), 40–83; *Bremer* Die Haftung beim Gefahrguttransport, 1992; *Coco* Le mode de transport terrestre le plus approprié au transport de marchandises dangereuses – mythe ou realité, ETL 26 (1991), 83; *de Gottrau* Die Haftung bei der Beförderung von gefährlichen Gütern, TranspR 1988, 320–326); *Herber* Das Übereinkommen vom 10. Oktober 1998 über die Haftung bei der Beförderung gefährlicher Güter auf der Straße, auf der Schiene und auf Binnengewässern, ETL 1991, 161–173; *ders.* Zum ECE-Übereinkommen vom 10. Oktober 1989 über die Haftung beim Transport gefährlicher Güter, TranspR 1990, 51–54; *ders.* Auf dem Weg zu einer Regelung der Haftung für gefährliche Güter, TranspR 1983, 5–11; *ders.* Haftung beim Transport gefährlicher Güter – ein noch ungelöstes Problem, TranspR 1987, 253–264; *Hole-Busch* Internationale und nationale Vorschriften für die Beförderung gefährlicher Güter, TranspR 1986, 401–409; *Koller* Die zivilrechtliche Haftung bei Gefahrguttransporten zu Lande im geltenden und zukünftigen Recht in: Jahrbuch des Umwelt-

---

63 Fremuth/Thume/*Fremuth* Rn 14.

64 AA *Lammich/Pöttinger* Rn 27, der übersieht, dass § 409 in § 449 nicht genannt wird.

65 *Koller*[8] Rn 32; Ebenroth/Boujong/Joost/Strohn[2]/*Reuschle* Rn 22.

66 Ebenroth/Boujong/Joost/Strohn[2]/*Reuschle* Rn 22; *Koller*[8] Rn 32.

und Technikrechts 1994, S. 127 ff; *Korioth* Auswirkungen des neuen Frachtrechts auf die Binnenschiffahrt, TranspR 1998, 92–97; *Löwe* Erläuterungen zum Übereinkommen vom 19.5.1956 über den Beförderungsvertrag im internationalen Straßengüterverkehr (CMR), ETL 1976, 503–597; *Müller* Über die Notwendigkeit und die Möglichkeit einer internationalen Regelung der Haftung für Schäden, die bei der Beförderung gefährlicher oder schädlicher Güter auf europäischen Binnenwasserstraßen verursacht werden, TranspR 1998, 269–279; *Mutz* Übereinkommen über die zivilrechtliche Haftung für Schäden bei der Beförderung gefährlicher Güter auf der Straße, auf der Schiene und auf Binnenschiffen (CRTD), ZIntEisenb 1990, 32–39; *Salje* Der Gefahrgutbeauftragte im Umweltgesetzbuch, TranspR 2000, 101–106; *Schindler* Zivilrechtliche Verantwortlichkeit beim Gefahrguttransport auf der Straße, in: Thume (Hrsg.) Transport- und Vertriebsrecht 2000, Festgabe für Herber, S. 119 ff; *Schünemann* Zivilrechtliche Haftung bei der Gefahrgutbeförderung. Schadenersatzrechtliche Grundsatzfragen unter besonderer Berücksichtigung der Umwelthaftung, TranspR 1992, 53–60; *Smeddinck* Gerfahrguttransporte im Visier des UGB, TranspR 1999, 433–439; *Steinfelder* Die Beförderung gefährlicher Güter auf der Straße, 1979; *Stricker* Die neue Gefahrgutbeauftragtenverordnung nach der Harmonisierung der europäischen Union, Jahrbuch der Güterverkehrswirtschaft 98/99, S. 168 ff; *Visser* Entwicklungen in den Vorschriften für die Beförderung gefährlicher Güter auf Schiene und Straße (RID/ADR), ETL 1991, 92–97; *Wiesbauer* Haftungsfragen beim internationalen Gefahrguttransport, RdW 1984, 70.

Übersicht

I. Allgemeines

Der insbesondere an Art. 22 CMR angelehnten Regelung liegt der Gedanke zugrunde, **1**
dass der Frachtführer kein Warenfachmann ist. Die Gefährlichkeit von ihm zu transportierender Güter kann er daher nicht ohne Weiteres erkennen und sich entsprechend einrichten. Damit der Frachtführer Vorsorgemaßnahmen treffen kann, verpflichtet die Norm den Absender, ihn qualifiziert zu informieren; die betreffende Information ist echte Rechtspflicht des Absenders.[1] Für die Fälle, in denen der Absender seiner Mitteilungspflicht nicht nachkommt und dem Frachtführer die Art der Gefahr bei Übernahme des Gutes auch nicht bekannt war, sieht Abs. 2 Möglichkeiten des Frachtführers vor, sich der gefährlichen Ware zu entledigen, ohne dem Absender deshalb ersatzpflichtig zu werden (Abs. 2 Nr. 1), und vom Absender Ersatz der für die Entledigungsmaßnahmen erforderlichen Aufwendungen zu verlangen (Abs. 2 Nr. 2).

---

1 *Braun* Das frachtrechtliche Leistungsstörungsrecht, S. 278 f; *Koller*[8] Rn 1.

2 Die Norm geht davon aus, dass ein Frachtvertrag bereits geschlossen wurde, will dem Frachtführer also nicht etwa die Wahl lassen, ob er das ihm unbekannte Gefahrgut überhaupt transportieren will.[2] Sie betrifft nur das Verhältnis der Parteien des Frachtvertrags und entbindet insbesondere keine der Parteien mit Blick auf ihr Handeln von einer Einhaltung der zu beachtenden öffentlich-rechtlichen Vorschriften.[3] (AGB-)Vertraglich findet sich der Absender häufig stärker in die Pflicht genommen, indem ihm beispielsweise aufgegeben wird, die Eigenschaft der zu transportierenden Ware als gefährliches Gut bereits bei Auftragserteilung mitzuteilen.[4]

II. Informationspflicht des Absenders

3 Nach Abs. 1 hat der Absender dem Frachtführer, wenn gefährliches Gut befördert werden soll,
– die genaue Art der Gefahr
und, soweit erforderlich,
– zu ergreifende Vorsichtsmaßnahmen
rechtzeitig in Textform mitzuteilen.

4 **1. Gefährliches Gut als Beförderungsgegenstand.** Die Mitteilungspflicht knüpft daran, dass gefährliches Gut beförderungsgegenständlich ist. Bewusst verwendet das Gesetz nicht den Begriff „Gefahrgut", da auch Gut, das nicht unter die öffentlich-rechtlichen Gefahrgutvorschriften[5] fällt, aber unter beförderungsspezifischen Gesichtspunkten als gefährlich anzusehen ist, von der Norm erfasst werden soll.[6]

5 Auslöser der Mitteilungspflicht ist eine **Überschreitung der Normalgefahr**, welche mit grundsätzlich jedem Transport verbunden ist und mit der der Frachtführer daher ohnehin rechnen muss.[7] Berücksichtigt man das Ziel der Vorschrift, den Frachtführer durch die Mitteilung in die Lage zu versetzen, besondere Vorsorgemaßnahmen beim Transport gefährlichen Guts zu ergreifen, lässt sich sagen, gefährliches Gut sei solches, bei dem ein *verständiger* Frachtführer eben dies tun und es nicht bei einem Standardtransport belassen würde. Auf diesem Wege lässt sich auch die wohl notwendige Einschränkung erreichen, dass nicht etwa jede Gefahr der Durchnässung anderen Transportguts den möglicherweise nässenden Gegenstand zu einem gefährlichen i.S.d. § 410 werden lässt.[8] Entscheidend ist eine Einzelfallbetrachtung,[9] die – ähnlich wie bei der Bestimmung der verkehrserforderlichen Sorgfalt im Rahmen des § 276 Abs. 2 BGB – danach fragt, ob es sich bei dem Gut um solches handelt, bei dem ein ordentlicher, gewissenhafter Frachtführer, wenn ihm die Eigenschaften des Gutes mitgeteilt oder bekannt gewesen wären, besondere Vorkehrungen getroffen hätte.

---

[2] Heymann[2]/*Schlüter* Rn 3; zu Möglichkeiten, die Beförderung von Gefahrgut zurückzuweisen oder ausnahmsweise auch den Frachtvertrag anzufechten, siehe in diesem Zusammenhang *Koller*[8] Rn 19.

[3] Siehe etwa MünchKommHGB[2]/*Czerwenka* Rn 19.

[4] Siehe Ziffer 3.3, 3.5 ADSp; § 7 VBGL; zu den Grenzen einer solchen Regelung noch unten Rn 30.

[5] Siehe etwa Ebenroth/Boujong/Joost/Strohn[2]/*Reuschle* Rn 1 mit Fn. 2.

[6] MünchKommHGB[2]/*Czerwenka* Rn 2; Heymann[2]/*Schlüter* Rn 1.

[7] Heymann[2]/*Schlüter* Rn 1; *Koller*[8] Rn 2.

[8] Dazu MünchKommHGB[2]/*Czerwenka* Rn 3.

[9] *Müglich* Rn 3.

Umstritten ist, wem eine Gefahr drohen muss, damit die Mitteilungspflicht ausgelöst wird. Teilweise wird vertreten, es genüge nicht, wenn das Gut die weitere Ladung oder das Beförderungsmittel selbst gefährde; erforderlich sei vielmehr eine Gefahr für andere außerhalb des Beförderungsmittels befindliche Personen oder Sachen.[10] Dem Gesetz ist eine solche Einschränkung indes nicht zu entnehmen. Die Norm will den Frachtführer vielmehr *umfassend* in die Lage versetzen, notwendige Vorsorgemaßnahmen zu treffen, weshalb kein Grund besteht, die Fälle auszuscheiden, in denen allein die mit dem gefährlichen Gut zusammen geladene Ware gefährdet wird. Ebensowenig besteht ein Anlass, die Gefährdung bloß des Transportmittels selbst nicht ausreichen zu lassen.[11] Es kommt daher nicht darauf an, ob eine unmittelbare Gefährdung für das Transportmittel, andere transportierte Güter oder sonstige Rechtsgüter besteht.[12] 6

2. Gegenstand der Informationspflicht. Der Absender ist verpflichtet, dem Frachtführer zum einen die genaue Art der Gefahr und zum anderen, soweit erforderlich, die zu ergreifenden Vorsichtsmaßnahmen mitzuteilen. Eine Ausnahme gilt insoweit gemäß § 451b Abs. 2 Satz 1 Hs. 1 lediglich für den Verbraucherumzug, bei dem der Absender den Frachtführer nur„allgemein" über die von dem Gut ausgehende Gefahr unterrichten muss. Diese Unterrichtung bedarf zudem keiner Form (§ 451b Abs. 2 Satz 1 Hs. 2), und der Frachtführer hat den Absender seinerseits zunächst über dessen Mitteilungspflicht zu unterrichten (§ 451b Abs. 2 Satz 2). 7

a) **Mitteilung der genauen Art der Gefahr.** Zur Unterrichtung über die genaue Art der Gefahr gehört auch der Gefahrenumfang. Bei Ware, die Gefahrgut im Sinne der öffentlich-rechtlichen Bestimmungen darstellt, genügt der Absender im Grundsatz seiner Mitteilungspflicht, wenn er dem Frachtführer unter Hinweis auf die betreffenden Gefahrgutvorschriften die jeweiligen Gefahrgutklassen und die gängige Bezeichnung des Gefahrguts mitteilt. Eine weitere Information ist nicht vonnöten, da der Absender davon ausgehen darf, dass der Frachtführer als ordentlicher Kaufmann Kenntnis über die Gefahrgutvorschriften und die Klassifizierung hat.[13] Da der Frachtführer chemische Zusammensetzungen nicht kennen muss, genügt es nicht, wenn ihm eine chemische Formel mitgeteilt wird. Bei Gut, das nicht unter die öffentlich-rechtlichen Gefahrgutbestimmungen fällt, aber beförderungsspezifisch gefährlich ist, muss der Absender den Frachtführer so detailliert über die Gefahr in Kenntnis setzen, dass dieser in der Lage ist, die erforderlichen Gefahrabwehrmaßnahmen zu ergreifen.[14] Wird in diesen Fällen im Frachtbrief in Einklang mit § 408 Abs. 1 Satz 1 Nr. 6 nur die allgemein anerkannte Bezeichnung des Gutes angegeben, so ist der Absender verpflichtet, zusätzlich an anderer Stelle auf die genaue Art der Gefahr hinzuweisen, sofern sich diese nicht bereits aus der Bezeichnung des Gutes ergibt.[15] 8

b) **Mitteilung zu ergreifender Vorsichtsmaßnahmen.** Neben der genauen Art der Gefahr hat der Absender den Frachtführer auch, soweit erforderlich, über zu ergreifende 9

[10] OLG Düsseldorf TranspR 1992, 218 (219); MünchKommHGB[2]/*Czerwenka* Rn 3.

[11] Vgl. OLG Düsseldorf NJW 1995, 891 f – „Gefräßiges Zirkusschwein"; OLG Köln ZfB 1999, 80 f; *Korioth* TranspR 1998, 92 (93).

[12] Wie hier *de Gottrau* TranspR 1988, 320 ff; *Loewe* ETL 1976, 503 (567); Ebenroth/Boujong/Joost/Strohn[2]/*Reuschle* Rn 1; *Koller*[8] Rn 2.

[13] Ebenroth/Boujong/Joost/Strohn[2]/*Reuschle* Rn 6; Heymann[2]/*Schlüter* Rn 4; MünchKommHGB[2]/*Czerwenka* Rn 10.

[14] Ebenroth/Boujong/Joost/Strohn[2]/*Reuschle* Rn 6.

[15] *Koller*[8] Rn 3.

Vorsichtsmaßnahmen zu unterrichten. Häufig kann dies durch die Übergabe von Unfallmerkblättern geschehen.[16] In der Frage der Erforderlichkeit ist auf einen verobjektivierten Absenderhorizont abzustellen.[17] Das Risiko unzureichender Information trägt der Absender.[18] Allerdings ist nur die fehlende Mitteilung hinsichtlich der Art der Gefahr nach Abs. 2 sanktioniert, die unterlassene oder unzureichende Mitteilung zu ergreifender Vorsichtsmaßnahmen nicht.

10 **3. Informationsgläubiger/-schuldner.** Schuldner der Information ist der Absender, bei dem es sich auch um einen Spediteur handeln kann, Gläubiger der Frachtführer. Bei der Mitteilung handelt es sich um eine geschäftsähnliche Handlung.[19] Auf geschäftsähnliche Willensäußerungen und Mitteilungen finden die allgemeinen Vorschriften über Willenserklärungen entsprechende Anwendung,[20] so dass insbesondere eine Stellvertretung zulässig ist. Ferner gelangen die Auslegungsbestimmungen der §§ 133, 157 BGB zur Anwendung sowie die Vorschriften über Willensmängel.[21] Für eine wirksame Mitteilung des Absenders nach § 410 Abs. 1 dürfte allenfalls beschränkte Geschäftsfähigkeit zu fordern sein, da die Mitteilung dem Absender keine Nachteile bringt.[22]

11 Die Mitteilung ist auch dann an den Frachtführer zu richten, wenn dieser keinerlei Fahrzeuge besitzt und nur durch Einschaltung von Unterfrachtführern seiner Beförderungspflicht nachkommen kann.[23] In Betracht kommt eine Empfangsvertretung. So sind Kfz- und Lkw-Fahrer regelmäßig als Empfangsvertreter des Frachtführers zu behandeln, ebenso im Bereich der Binnenschifffahrt der Schiffer. Lokomotivführer dürften hingegen nach bisheriger Übung nicht als Empfangsvertreter zu behandeln sein.[24]

12 **4. Zeitpunkt der Mitteilung.** Die Mitteilung hat „rechtzeitig“ zu erfolgen, wobei es für ihr Wirksamwerden aufgrund des vorstehend Gesagten auf den Zugang beim Erklärungsgegner ankommt.[25]

13 Mit dem Rechtzeitigkeitserfordernis ist einem flexiblen Regelungsmodell der Vorzug vor Überlegungen gegeben worden, die Mitteilungspflicht entweder auf den Zeitpunkt des Vertragsschlusses oder den der Übergabe des Gutes zu beziehen. Eine verkörperte Mitteilung im Zeitpunkt des Vertragsschlusses hätte vor allem praktische Schwierigkeiten bereitet; ein mehrschichtiges Informationsmodell (formlose Unterrichtung bei Vertragsschluss und nachfolgende Mitteilung in Textform spätestens bei Übergabe des Gutes) wurde ebenfalls verworfen.[26] Dass nach geltendem Recht die Unterrichtung *spätestens* bei Übernahme zu erfolgen hat, kann aus § 410 Abs. 2 hergeleitet werden.[27] Eine solch späte Unterrichtung ist jedoch nicht in jedem Fall genügend. Die Mitteilung hat vielmehr so früh zu erfolgen, dass der Frachtführer nach Erhalt der Informationen noch imstande

---

16 Vgl. *Andresen/Valder* Rn 11.

17 BR-Drucks. 368/97, S. 38.

18 Ebenroth/Boujong/Joost/Strohn²/*Reuschle* Rn 7.

19 Wie hier MünchKommHGB²/*Czerwenka* Rn 4; Ebenroth/Boujong/Joost/Strohn²/*Reuschle* Rn 2; **aA** noch *Koller*⁷ Rn 5; zum Begriff der geschäftsähnlichen Handlung allgemein PalandtBGB⁷¹/*Ellenberger* Überbl v § 104 BGB Rn 6.

20 Vgl. BGH NJW 1967, 1800 (1802); BGH NJW 1989, 1792.

21 BGH NJW 1989, 1792.

22 Vgl. allgemein PalandtBGB/*Ellenberger* BGB Überbl v § 104 BGB Rn 7; weitergehend als hier (Geschäftsfähigkeit unerheblich) Ebenroth/Boujong/Joost/Strohn²/*Reuschle* Rn 2.

23 MünchKommHGB²/*Czerwenka* Rn 9.

24 Vgl. *Koller*⁸ Rn 11.

25 Vgl. BGH NJW 1967, 1800, 1802; wie hier im Ergebnis auch *Koller*⁸ Rn 5.

26 Siehe *Müglich* Rn 6.

27 *Lammich/Pöttinger* Gütertransportrecht, Rn 11.

ist, die geeigneten Maßnahmen für einen reibungslosen Transport des gefährlichen Guts ergreifen zu können, also etwa ein geeignetes Transportfahrzeug zu beschaffen, erforderliche Genehmigungen zu besorgen oder geeignete Transporthilfsmittel einzusetzen.[28] Erfolgt die Mitteilung nicht rechtzeitig, aber noch vor Übernahme, muss der Frachtführer grundsätzlich transportieren.[29] Er dürfte jedoch berechtigt sein, den Transport hinauszuschieben, bis es ihm möglich war, die erforderlichen Vorsorgemaßnahmen zu treffen, welche er aufgrund verspäteter Unterrichtung noch nicht treffen konnte.

5. **Form der Mitteilung.** Die Mitteilung ist in der Form des § **126b BGB** zu machen. Daher sind beispielsweise Mitteilungen per E-Mail oder Telefax ausreichend. Aus ihnen muss die Person des Erklärenden hervorgehen; ferner muss der Abschluss der Erklärung in geeigneter Weise erkennbar gemacht sein. Sind diese Voraussetzungen gewahrt, dürften in vorsichtiger Erweiterung des Wortlauts des § 410 auch eindeutige Piktogramme oder Warnsymbole genügen.[30] Häufig dürfte es bei diesen aber an der (erkennbaren) Urheberschaft des Absenders fehlen. Keinesfalls ausreichend ist eine mündliche Mitteilung. Dies gilt auch, wenn sie auf einem Anrufbeantworter hinterlassen wird.[31] **14**

Nicht unbedenklich ist die Annahme, § 410 werde konkludent abbedungen, wenn der Frachtführer oder eine insoweit vertretungsberechtigte Hilfsperson mündlich Informationen entgegennehme, ohne die Form der Mitteilung zu beanstanden.[32] Das Textformerfordernis droht auf diese Weise ausgehöhlt zu werden. Um zu einer konkludenten Abbedingung des Textformerfordernisses zu gelangen, ist vielmehr erforderlich, im Einzelfall konkret zu begründen, dass und warum das Verhalten der Parteien die Anforderungen an eine – wenn auch „nur" konkludente – Willenserklärung erfüllt. Vom Empfängerhorizont darf dabei nicht ohne Weiters davon ausgegangen werden, dass der Frachtführer, der mündliche Informationen beanstandungslos entgegennimmt, damit auf eine Wahrung des Formerfordernisses verzichtet, weil so der gesetzliche Textformzwang unbeachtet bliebe. Erforderlich dürfte sein, dass der Frachtführer das Textformerfordernis kennt und sich bewusst ist, auf seine Einhaltung zu verzichten. **15**

Die praktische Relevanz der vorstehend behandelten Frage bleibt indes gering, da auch eine formwidrige Unterrichtung dazu führt, dass der Frachtführer weiß, dass es sich um gefährliches Gut handelt. In diesem Fall (der Kenntnis) greift § 410 Abs. 2 nicht.[33] Die formgerechte Mitteilung ist daher vor allem für die Fälle bedeutsam, in denen eine tatsächliche Kenntnisnahme nicht erfolgt oder nicht nachzuweisen ist. Ist der Frachtführer auf das gefährliche Gut formgerecht aufmerksam gemacht worden, so ist es etwa dem Fahrer zuzumuten, die einschlägigen Unfallmerkblätter etc. unter den Begleitpapieren zu suchen.[34] Die formgerechte Mitteilung führt insofern dazu, dass es nicht auf die tatsächliche Kenntnisnahme, sondern auf die Kenntnisnahmemöglichkeit ankommt.[35] **16**

---

[28] Ebenroth/Boujong/Joost/Strohn²/*Reuschle* Rn 4.

[29] Vgl. *Koller*⁸ Rn 19 a.E.

[30] *Koller*⁸ Rn 3; Heymann²/*Schlüter* Rn 2.

[31] MünchKommHGB²/*Czerwenka* Rn 13 mit überzeugender Begründung.

[32] So OetkerHGB³/*Paschke* Rn 14; *Koller*⁸ Rn 3 a.E.; Heymann²/*Schlüter* Rn 9.

[33] Siehe auch Ebenroth/Boujong/Joost/Strohn²/*Reuschle* Rn 4 f.

[34] *Koller*⁸ Rn 5.

[35] Siehe auch MünchKommHGB²/*Czerwenka* Rn 17.

III. Selbsthilfebefugnisse des Frachtführers nach Abs. 2

17 Aufgrund der selbsthilfeartigen Befugnisse, welche Abs. 2 dem Frachtführer, dem nicht bei Übernahme des Gutes die Art der Gefahr bekannt war oder jedenfalls mitgeteilt worden ist, gibt, kann der Transporteur sich der gefährlichen Ware auf verschiedene Weise entledigen. Zu den Entledigungsmöglichkeiten gehört – anders als nach Art. 22 CMR – auch eine Einlagerung sowie eine Rückbeförderung. Abs. 2 gewährt flankierend noch einen Aufwendungsersatzanspruch des Frachtführers wegen der Entledigungsmaßnahmen (Nr. 2) und stellt im letzten Halbsatz der Nr. 1 klar, dass der Frachtführer sich durch rechtmäßige Entledigungsmaßnahmen dem Absender gegenüber nicht ersatzpflichtig macht.

18 **1. Weder Kenntnis noch Mitteilung der Gefahr bei Übernahme.** Die selbsthilfeartigen Befugnisse zugunsten des Frachtführers bestehen nur, wenn diesem bei Übernahme des Gutes die **Art der Gefahr** weder bekannt war noch mitgeteilt worden ist. Nicht von Abs. 2 erfasst wird daher der Fall, dass der Frachtführer lediglich über zu ergreifende Vorsichtsmaßnahmen nicht unterrichtet wird.[36] Auffällig ist weiter, dass Abs. 2 lediglich von „Art der Gefahr" spricht, während in Abs. 1 noch von „genauer Art der Gefahr" die Rede ist. Der Frachtführer kennt nicht schon die Art der Gefahr, wenn er nur weiß, dass er überhaupt Gefahrgut befördert. Ausreichend ist es indes, wenn er weiß, um welche Art von Gefahrgut es sich handelt.[37]

19 Die Kenntnis der Wissensvertreter des Frachtführers wird diesem zugerechnet, so z.B. diejenige seines Kfz-Fahrers. Zwar besteht keine Pflicht des Frachtführers, sich wegen einer etwaigen Gefährlichkeit des Gutes zu erkundigen.[38] Verschließt er sich der Kenntnis, Gefahrgut zu übernehmen, jedoch bewusst, indem er sich nichtmals ein Minimum an aktuellem Fachwissen aneignet, so erfolgt eine Zurechnung ebenfalls.[39]

20 **2. Entledigungsmöglichkeiten.** Hinsichtlich der Befugnis des Frachtführers, gefährliches Gut auszuladen etc., ist zunächst zu beachten, dass § 410 diese Befugnis lediglich im Verhältnis zum Absender gewährt. Die Norm dispensiert nicht von einer Einhaltung der maßgeblichen öffentlich-rechtlichen Bestimmungen.[40]

21 Der Frachtführer kann das Gut ausladen und einlagern. Letzteres kann bei ihm oder einem Dritten im eigenen Namen auf fremde Rechnung geschehen.[41] Regelmäßig ist der Frachtführer gehalten, das Gut nicht nur auszuladen, sondern auch für seine sichere Verwahrung zu sorgen. Ein isoliertes Ausladen kommt im Wesentlichen dann in Betracht, wenn jemand bereitsteht, die Obhut über das Gut zu übernehmen. Dies kann der Absender sein, bei dem das Gut nach Beladung sofort wieder entladen wird, oder ein Dritter, z.B. ein Lagerhalter, der das Gut im Auftrag des Absenders entgegennimmt.[42]

22 Der Frachtführer kann das Gut ferner zurückbefördern und hat in diesem Fall einen Anspruch gegen den Absender auf Rücknahme des Gutes.[43] Er darf schließlich, soweit

---

[36] Unstreitig, siehe nur Ebenroth/Boujong/Joost/Strohn[2]/*Reuschle* Rn 8; MünchKommHGB[2]/*Czerwenka* Rn 17.

[37] So auch MünchKommHGB[2]/*Czerwenka* Rn 18.

[38] MünchKommHGB[2]/*Czerwenka* Rn 15.

[39] Vgl. BGH NJW 1994, 2289 ff; *Koller*[8] Rn 11.

[40] Ebenroth/Boujong/Joost/Strohn[2]/*Reuschle* Rn 10; MünchKommHGB[2]/*Czerwenka* Rn 19.

[41] OetkerHGB[3]/*Paschke* Rn 10.

[42] *Koller*[8] Rn 15.

[43] BT-Drucks. 368/97, S. 38 f.

erforderlich, das Gut auch vernichten oder unschädlich machen, d.h. es zerstören oder einer Behandlung unterziehen, die dazu führt, dass die Ware ihre gefährlichen Eigenschaften verliert.

Ein Weisungsrecht des Absenders, zu welcher Maßnahme der Frachtführer greifen soll, besteht nicht.[44] Allerdings wird der Gesichtspunkt der **Verhältnismäßigkeit,** was die Wahl zwischen den verschiedenen Handlungsvarianten betrifft, in der Literatur teilweise stark betont, und soll der Frachtführer aufgrund des Verhältnismäßigkeitsprinzips gehalten sein, grundsätzlich vor Maßnahmen i.S.d. § 410 Abs. 2 Nr. 1 beim Absender zurückzufragen.[45] Regelmäßig geht es aber nicht nur darum, die Interessen des Absenders durch Wahl des mildesten Mittels möglichst wenig zu beeinträchtigen, sondern auch darum, *effektive* Gefahrvorsorge zu betreiben.[46] Dem Wortlaut des § 410 Abs. 2 Nr. 1 zufolge ist die Einschränkung „soweit erforderlich" nur auf die Varianten des Vernichtens und Unschädlichmachens bezogen. Jedenfalls in den Fällen, in denen auf das Gut des Absenders irreversibel eingewirkt und es beispielsweise zerstört wird, ist der Frachtführer gehalten, die Erforderlichkeit streng zu beachten. In den übrigen Fällen kann die Auswahl einer bestimmten Variante aufgrund von Treu und Glauben geboten sein. Allerdings steht dem Frachtführer ein weiter Beurteilungsspielraum zu.[47] **23**

3. Ausschluss der Ersatzpflicht gegenüber dem Absender. Abs. 2 Nr. 1 a.E. stellt klar, dass sich der Frachtführer gegenüber dem Absender nicht ersatzpflichtig macht, wenn er rechtmäßig seine selbsthilfeartigen Befugnisse ausübt und das gefährliche Gut beispielsweise, weil erforderlich, vernichtet. Eine Ersatzpflicht ist allerdings dann gegeben, wenn eine solche Zerstörung sich als nicht erforderlich darstellt und etwa auch eine Einlagerung des Gutes ausgereicht hätte. Damit eine Ersatzpflicht ausscheidet, muss ein unmittelbarer Zurechnungszusammenhang zwischen der vom Frachtführer in Folge der Gefährlichkeit des Gutes ergriffenen Maßnahme und dem Schadensfall bestehen, wie die Verwendung des Wortes „deshalb" verdeutlicht.[48] **24**

4. Aufwendungsersatzanspruch des Frachtführers. Nach Abs. 2 Nr. 2 kann der Frachtführer vom Absender wegen rechtmäßiger Maßnahmen, mit denen er sich des Gutes entledigt hat, Ersatz der erforderlichen Aufwendungen verlangen. Dieser Aufwendungsersatzanspruch umfasst – anders als derjenige nach Art. 22 Abs. 2 Hs. 2 CMR – nicht nur entstehende Beförderungsauslagen, sondern auch die Kosten einer Vernichtung oder Unschädlichmachung.[49] **25**

§ 410 Abs. 2 Nr. 2 ist neben § 414 Abs. 1 Satz 1 Nr. 3 anwendbar.[50] Eine Abgrenzung der betreffenden Ansprüche voneinander ist im Bereich des Aufwendungsersatzes vorzunehmen. Nach § 414 Abs. 3 haften Verbraucher nur auf Ersatz von Aufwendungen, soweit sie ein Verschulden trifft, während im Rahmen des § 410 Abs. 2 Nr. 2 kein Absender einer Haftung dadurch entgehen kann, dass er nachweist, (schuldlos) selbst nichts von den gefährlichen Eigenschaften des Gutes gewusst zu haben.[51] Eine (analoge) Anwendung des § 410 auf Schäden scheitert daran, dass deren Ersatz sich in § 414 geregelt findet.[52] **26**

---

44 Siehe *Müglich* Rn 4.
45 Siehe etwa *Koller*[8] Rn 14 m.w.N.
46 OetkerHGB[3]/*Paschke* Rn 12.
47 *de Gottrau* TranspR 1988, 320 (322); *Müglich* Rn 8.
48 Ebenroth/Boujong/Joost/Strohn[2]/*Reuschle* Rn 10.
49 Fremuth/Thume/*Fremuth* Rn 22.
50 Heymann[2]/*Schlüter* Rn 7; *Koller*[8] Rn 17.
51 *Lammich/Pöttinger* Rn 20.
52 *Koller*[8] Rn 16 a.E. sowie 17; **aA** Ebenroth/Boujong/Joost/Strohn[2]/*Reuschle* Rn 11.

27 Der Aufwendungsersatzanspruch nach § 410 Abs. 2 korrespondiert mit dem Aufwendungsersatzanspruch gemäß § 419 Abs. 4.[53] Wie im Falle des § 683 BGB sind dem Frachtführer auch seine Arbeitszeit und die seines Personals zu vergüten.[54]

28 5. **Haftung des Frachtführers.** Der Frachtführer haftet dem Absender, wenn er die Grenzen des § 410 Abs. 2 überschreitet und etwa Gut vernichtet, ohne dass dies erforderlich wäre, oder solches, das nur scheinbar gefährlich ist. Gegenüber anderen Absendern haftet der Frachtführer für Schäden an deren Gütern, die durch das Gefahrgut verursacht werden, nach § 425. Insoweit kann er vom Absender nach § 414 Abs. 1 Nr. 3 HGB Befreiung von seiner Ersatzpflicht verlangen.[55] Gleiches gilt, wenn der Frachtführer außenstehenden Dritten gegenüber haftet und seine Einstandspflicht darauf beruht, dass der Absender ihn über die Gefährlichkeit des schadenstiftenden Guts nicht in Kenntnis gesetzt hat.

IV. Abdingbarkeit; Beweislast

29 § 410 ist – auch in AGB – abdingbar, da die Norm im Katalog des § 449 nicht genannt wird. Zur Annahme einer konkludenten Abbedingung, wenn der Frachtführer oder ein vertretungsberechtigter Gehilfe, ohne zu protestieren, mündliche Informationen über das Gefahrgut entgegennimmt, bereits oben Rn 15 f.

30 Eine AGB-vertragliche Erweiterung der den Absender treffenden Pflichten, wie sie sich etwa in Ziffer 3.3, 3.5 ADSp und § 7 VBGL findet, ist an § 307 BGB zu messen. Im Ergebnis dürften die betreffenden Verschärfungen nicht zu beanstanden sein, da der Absender typischerweise in der Lage ist, seine schriftliche Mitteilung bei Vertragsschluss zu machen. Der Gesetzgeber hat eine solche Lösung hauptsächlich aufgrund von Praktikabilitätserwägungen verworfen, damit aber nicht das Gegenteil zum gesetzlichen Leitbild erhoben. Auch eine Lastenverschiebung zum Nachteil des Frachtführers ist an § 307 BGB zu messen. Sämtliche Abreden betreffen jeweils nur das Verhältnis der Vertragsparteien zueinander und lassen öffentlich-rechtliche Pflichten und deliktische Verkehrssicherungspflichten unberührt.[56]

31 Die **Beweislast** für eine Erfüllung der sich aus § 410 Abs. 1 ergebenden Pflichten liegt beim Absender, wenn dieser auf Erfüllung in Anspruch genommen wird. In den Fällen des Abs. 2 hat der Absender zu beweisen, dass dem Frachtführer bei Übernahme des Gutes die Art der Gefahr bekannt war oder jedenfalls mitgeteilt worden ist, wie die Formulierung „sofern … nicht" erweist. Im Übrigen, also hinsichtlich der Höhe der Aufwendungen, ihrer Erforderlichkeit, der Erforderlichkeit/Verhältnismäßigkeit der ergriffenen Maßnahme und des Zurechnungszusammenhangs zwischen dieser und dem Schadensfall ist der Frachtführer beweisbelastet.

---

[53] Fremuth/Thume/*Fremuth* Rn 22.

[54] Vgl. BGHZ 65, 384 (390); BGH WM 1989, 801 (802); MünchKommHGB²/*Czerwenka* Rn 22; *Koller*⁸ Rn 16.

[55] Heymann²/*Schlüter* Rn 8.

[56] Ebenroth/Boujong/Joost/Strohn²/*Reuschle* Rn 15; *Koller*⁸ Rn 22.

§ 411
Verpackung, Kennzeichnung

Der Absender hat das Gut, soweit dessen Natur unter Berücksichtigung der vereinbarten Beförderung einer Verpackung erfordert, so zu verpacken, daß es vor Verlust und Beschädigung geschützt ist und daß auch dem Frachtführer keine Schäden entstehen. Soll das Gut in einem Container, auf einer Palette oder in oder auf einem sonstigen Lademittel, das zur Zusammenfassung von Frachtstücken verwendet wird, zur Beförderung übergeben werden, hat der Absender das Gut auch in oder auf dem Lademittel beförderungssicher zu stauen und zu befestigen. Der Absender hat das Gut ferner, soweit dessen vertragsgemäße Behandlung dies erfordert, zu kennzeichnen.

Schrifttum

Bischof Vertragsrechtliche Fragen bei Abschluss eines CMR-Frachtvertrags und Ersatzpflicht des Frachtführers, Anmerkung zum Urteil des OLG Hamburg Urt. v. 29.5.1980, Az. 6 U 137/79, VersR 1981, 539–540; *Braun* Das frachtrechtliche Leistungsstörungsrecht nach dem Transportrechtsreformgesetz, Diss. Regensburg 2002; *Herzog* GüKUMT ist zwingende Rechtsnorm, nicht AGB!, TranspR 1988, 8–10; *Koller* Die Unzulänglichkeit der Verpackung im Transport- und Transportversicherungsrecht, VersR 1993, 519–526; *ders.* Die Leichtfertigkeit im deutschen Transportrecht, VersR 2004, 1346–1360; *ders.* Die Vereinbarkeit der Ausführungsart im Werkvertrags- und Transportrecht, TranspR 2007, 221–225; *Konow* Aufwendungsersatz bei Fürsorgemaßnahmen für das Gut während des Transports, TranspR 1988, 229–232; *P. Schmidt* Vereinbarte Verpackung durch den Transportunternehmer: Nebenpflicht im Rahmen der §§ 407 ff HGB oder werkvertragliche Hauptleistungspflicht?, TranspR 2010, 88–93; *Thume* Haftungsprobleme beim Containerverkehr, TranspR 1990, 41–48; *Willenberg* Sonderprobleme bei der Beförderung fabrikneuer Personenkraftwagen auf PKW-Straßentransportern, TranspR 1983, 57–63; *Willinger* Rechtliche Grundlagen für die Verpackung gefährlicher Güter, TranspR 1981, 81–85; *Zapp* Rechtsprobleme im Zusammenhang mit der Verpackung in der CMR und im deutschen Handelsgesetzbuch, TranspR 2004, 333–340.

Übersicht

Einführung

§ 411 weist die Verpackung (Satz 1) und Kennzeichnung (Satz 3), soweit eine solche erforderlich ist, dem Absender zu. Die Norm trägt damit nicht nur dem Umstand Rechnung, dass der Frachtführer kein „Warenfachmann“ ist, sondern schützt diesen weitergehend auch davor, das Transportgut verpacken zu müssen, ohne dies gesondert vergütet zu bekommen.[1] Erreicht wird so eine Entlastung des Frachtführers von mitunter zeitrau- 1

[1] Siehe auch Ziff. 4.1.1, 4.2 ADSp; ferner *Andresen/Valder* Rn 6.

benden und ihn bei fehlender Warenkenntnis häufig überfordernden Dienstleistungen.[2] Andererseits ist aber der Absender auch kein „Transportfachmann“. Wenngleich den Frachtführer grundsätzlich[3] keine Pflicht trifft, die Verpackung des Absenders auf ihre Geeignetheit zu prüfen, hat er den Absender doch zu warnen, wenn die erkennbare Gefahr besteht, dass dieser das Transportrisiko unterschätzt.[4] Über besondere Transportverhältnisse muss er aufklären und auf offensichtliche Verpackungs- und Kennzeichnungsmängel hinweisen.[5]

2 Abweichend vom HGB-Frachtrecht vor der Transportrechtsreform löst die Regelung die Verpackungs- und Kennzeichnungsproblematik nicht länger allein nach Verschuldens- und Mitverschuldensgesichtspunkten, indem sie – anders auch als Art. 17 Abs. 4 lit. b, e CMR – eine ausdrückliche Pflicht des Absenders zu Verpackung und Kennzeichnung normiert.[6] Ihr Vorbild findet die jetzige Regelung in § 18 KVO. Nicht um eine Pflicht des Absenders, sondern um eine bloße Obliegenheit[7] handelt es sich, soweit dem Frachtführer infolge der unzureichenden Verpackung/Kennzeichnung keinerlei Schaden droht und Nachteile (§ 427 Abs. 1 Nr. 2, 5) ausschließlich den Absender zu treffen vermögen. Ein Schaden entsteht dem Frachtführer indes auch in den Fällen, in denen er sich Dritten, insbesondere den Absendern anderer Güter, ersatzpflichtig macht.[8] Wegen der Beweisbelastung des Frachtführers für die Mangelhaftigkeit der Verpackung (näher dazu noch unten Rn 27) sollte für die Fälle, in denen die Verpackung eine bloße Obliegenheit des Absenders darstellt, angenommen werden, dass diesen eine Nebenpflicht zur Anerkennung des Verpackungsmangels trifft, wenn er sein mangelhaft verpacktes Gut befördert wissen will.[9]

3 § 411 bietet ein dispositives gesetzliches Modell für die Pflichtenverteilung zwischen den Parteien des Frachtvertrags.[10] Vertraglich kann die Verpackung nicht nur einem Dritten, sondern auch dem Frachtführer übertragen werden. Übernimmt dieser die Verpackung als eine von den Pflichten des Frachtvertrags unabhängige zusätzliche werkvertragliche Pflicht, ist er insoweit Erfüllungsgehilfe des Absenders, im Schadensfall § 427 Abs. 1 Nr. 2 HGB anwendbar.[11] Allerdings scheint eine Zuordnung werkvertraglicher Zusatzleistungen zum transportrechtlichen Haftungsregime in größerem Umfang möglich als bisweilen angenommen.[12]

4 Für den Verbraucherumzug findet sich in § 451a Abs. 2 eine Sonderregelung. AGB-vertraglich ist die Pflicht des Absenders zu Verpackung und Kennzeichnung etwa in Ziff. 6 ADSp, § 3 VBGL besonders niedergelegt.

---

2 MünchKommHGB²/*Czerwenka* Rn 12.

3 Vorbehaltlich einer abweichenden Vereinbarung, *Zapp* TranspR 2004, 333 (336).

4 *Koller* VersR 1993, 519 (522); *ders.* Rn 4.

5 OLG Hamburg VersR 1970, 51 (52); OLG München TranspR 1992, 185 f; Baumbach/HoptHGB³⁵/*Merkt* Rn 1; OLG Hamm TranspR 1989, 432 (433).

6 BR-Drucks. 368/97, S. 39.

7 Zum Obliegenheitsbegriff siehe Palandt-BGB⁷¹/*Grüneberg* Einl vor § 241 BGB Rn 13.

8 Heidelberger Kommentar⁷/*Ruß* Rn 2; *Andresen/Valder* Rn 14.

9 **AA** Heymann²/*Schlüter* Rn 6; *Koller*⁸ Rn 12; tendenziell wie hier *Andresen/Valder* Rn 14. Zur Anwendbarkeit des § 273 bei Bestehen eines Anspruchs auf Anerkenntnis des Verpackungsmangels StaubHGB⁴/*Helm* Anhang II zu § 452 (§ 18 KVO) Rn 5; zum Beweiswert des erklärten Anerkenntnisses *Koller*⁸ Rn 12.

10 BR-Drucks. 368/97, S. 39; MünchKommHGB²/*Czerwenka* Rn 1; *Andresen/Valder* Rn 2.

11 BGHZ 173, 344 ff; zustimmend *Schmidt* TranspR 2010, 88 f; kritisch *Ramming* NJW 2008, 1075 (1076).

12 Eingehend *Schmidt* TranspR 2010, 88 (89 ff).

I. Verpackung

1. Erforderlichkeit einer Verpackung. Der Absender hat das Gut zu verpacken, soweit dies erforderlich ist. Die Erforderlichkeit bestimmt sich dabei nach der Natur des Gutes (güterspezifisches Kriterium) unter Berücksichtigung der vereinbarten Beförderung (beförderungsspezifisches Kriterium). Die konkrete Erforderlichkeit einer Verpackung ist nicht mit deren Verkehrs- oder Handelsüblichkeit gleichzusetzen.[13] Zwar sind Verkehrssitten nach §§ 157 BGB, 346 HGB zu berücksichtigen. Ist allerdings etwa die Verpackung aus Kostengründen vom Absender einfacher gestaltet, als dies zum vollständigen Schutz der Güter erforderlich wäre, so geht diese Sparmaßnahme, auch wenn sie verkehrsüblich ist, zu Lasten des Absenders.[14] Verpackungsbedingungen, die ein Hersteller seinen Zulieferern vorgibt,[15] haben Bedeutung für die Abwicklung eines Schadensfalls *zwischen diesen Parteien.* Für das Verhältnis des Absenders zum Frachtführer relevant sind sie allenfalls, soweit sie allgemeinen technischen Normen über Verpackungsstandards und -optimierung[16] entsprechen. 5

Eine Verpackung ist erforderlich, soweit das Gut ohne sie vor den Gefahren nicht hinreichend geschützt ist, die von der vereinbarten **Beförderung im Normalfall** ausgehen; die Verpackung zielt nicht auf absoluten Schutz des Transportguts.[17] Grundsätzlich darf der Frachtführer auf standardmäßig ausgerüstete Transportmittel zurückgreifen und hat der Absender sich auf übliche Transportbedingungen einzustellen.[18] Mit einem besonders vorsichtigen Transport darf der Absender auch bei empfindlichem Gut nicht rechnen, es sei denn, der Frachtführer hat ihm einen solchen – wenigstens konkludent – zugesagt.[19] 6

Verpackung kann auch ein Container sein, selbst wenn dieser wie jegliche Verpackung seinerseits zu beförderndes Gut darstellt.[20] Bei der Verwendung von Containern muss der Absender darauf achten, dass das Gut gegen mechanische Einwirkungen beim Transport und Umschlag ausreichend geschützt ist.[21] Werden die Güter im Container nicht genügend befestigt, so dass sie gegeneinander oder gegen die Wände des Containers stoßen und dabei beschädigt werden, liegt eine mangelhafte Verpackung der Güter vor.[22] Auf Paletten angelieferte Frachtstücke müssen i.d.R. durch Bänder oder Folien zusammengehalten und gesichert werden.[23] 7

a) **Güterspezifische Gesichtspunkte.** Nicht jedes Gut erfordert eine Verpackung. So werden etwa lebende Tiere regelmäßig unverpackt befördert. Allerdings müsste etwa ein gefährlicher Kampfhund in einer Gitterbox oder ähnlichem eingeschlossen werden. Bisweilen wird Gut durch seine Verpackung erst beförderungsfähig, so etwa Flüssigkeiten, Gase und staubförmige Substanzen.[24] 8

---

13 BGHZ 31, 183 (185).

14 AG Nienburg VersR 1974, 30 f; StaubHGB⁴/*Helm* Anhang II zu § 452 (§ 18 KVO) Rn 3.

15 Dazu Ebenroth/Boujong/Joost/Strohn²/*Reuschle* Rn 2.

16 Dazu *Willinger* TranspR 1981, 81; OetkerHGB³/*Paschke* Rn 7.

17 Ebenroth/Boujong/Joost/Strohn²/*Reuschle* Rn 3, 9; *Koller*⁸ Rn 6.

18 *Koller* VersR 1993, 519 (521); Heymann²/*Schlüter* Rn 3.

19 Fremuth/Thume/*Fremuth* Rn 8; **aA** OLG Düsseldorf VersR 1980, 276 f.

20 *Thume* TranspR 1990, 41 (46); *Koller*⁸ Rn 5.

21 BGH NJW 1971, 1363; OLG Bremen TranspR 1990, 22 ff.

22 BGH NJW 1971, 1363.

23 Ebenroth/Boujong/Joost/Strohn²/*Reuschle* Rn 13; OetkerHGB³/*Paschke* Rn.6.

24 Vgl. BGHZ 31, 183; Ebenroth/Boujong/Joost/Strohn²/*Reuschle* Rn 4.

9 Frostempfindliches Gut ist, wenn mit Frost zu rechnen ist,[25] durch entsprechende Verpackung gegen Kälte zu schützen.[26] Will der Absender dies vermeiden, bleibt ihm die Möglichkeit, die Beförderung mit einem isolierten Fahrzeug zu vereinbaren.[27] Ist mit einer mehrfachen Umladung des Gutes zu rechnen, muss die Verpackung auch Schutz gegen Witterungseinflüsse, insb. Regen, bieten.[28]

10 Der Absender hat von Gesetzes wegen nicht die Möglichkeit, in minderer Qualität zu verpacken und diesen Mangel durch das Anbringen von Warnsymbolen (etwa Regenschirm, Glassymbol) auszugleichen.[29] In Ermangelung einer besonderen Vereinbarung braucht der Frachtführer weder besonders vorsichtig transportieren, noch sich auf die individuellen Eigenschaften des Gutes einstellen.[30] Bei besonders diebstahlgefährdetem Gut ist der Absender nicht aufgrund seiner Verpackungspflicht gehalten, eine Verpackung zu wählen, die keinen Rückschluss auf den Wert des beförderten Guts ermöglicht.[31]

11 **b) Beförderungsspezifische Gesichtspunkte.** Der Absender darf und muss regelmäßig mit normalen Transportbedingungen rechnen. Auf beförderungstypische Erschütterungen muss er sich daher ebenso einrichten wie auf Fliehkräfte in engen Kurven.[32] Auch Notbremsungen gehören zum einzukalkulierenden Risiko, Mängel des Fahrzeugs oder ein Unfall hingegen nicht.[33] Mit der Bildung von Schwitzwasser ist zu rechnen,[34] ebenso mit den Einflüssen von Hitze, Kälte und Gerüchen. **Nicht** zu den üblichen Einwirkungen rechnen Regen, Schnee, sonstige Nässe von außen, Hagel, Sturm[35] wie auch unübliche Verzögerungen. Allerdings muss Gut, das per Sammelladung befördert wird, den Belastungen infolge mehrfacher Umladungen standhalten.[36] In einem solchen Fall muss die Verpackung auch Schutz gegen Witterungseinflüsse bieten.[37]

12 Im Falle einer Eisenbahnbeförderung muss der Absender mit Erschütterungen, Umladungen und Rangierstößen rechnen. Ist zum Abholen und Zurollen eine Beförderung auf der Straße erforderlich, muss das Gut auch für den Lkw-Transport ordnungsgemäß verpackt sein.[38] Bei einer Beförderung mit Binnenschiffen ist insbesondere Feuchtigkeit in Rechnung zu stellen.[39] Ist eine Beförderung im offenen Wagen vereinbart, hat die Verpackung so ausgelegt zu sein, dass sie das Gut vor den Gefahren schützt, denen dieses durch Witterungseinflüsse (Sonne, Regen, ggfs. auch Hagel und Schnee) wie durch herunterhängende Äste ausgesetzt ist.[40]

13 Da der Absender kein Transportfachmann ist, trifft den Frachtführer – wenngleich dieser nicht zu prüfen hat, ob die Verpackung für den Transport geeignet ist oder ob die

---

[25] § 411 enthält insofern ein Verschuldenselement, als dass es auf die *vorhersehbaren* Transporteinflüsse ankommt, vgl. *Koller*[8] Rn 5.

[26] BGHZ 32, 297 (300).

[27] Siehe *Andresen/Valder* Rn 11.

[28] BGH TranspR 2004, 369 (372).

[29] *Koller*[8] Rn 5.

[30] *Koller* VersR 2004, 1346 (1352); Ebenroth/Boujong/Joost/Strohn[2]/*Reuschle* Rn 6.

[31] MünchKommHGB[2]/*Czerwenka* Rn 8.

[32] BGH NJW-RR 1993, 606; OLG Zelle VersR 1977, 911 (912).

[33] *Koller*[8] Rn 4; Ebenroth/Boujong/Joost/Strohn[2]/*Reuschle* Rn 8.

[34] AG Mettmann TranspR 2001, 317 (318).

[35] Vgl. BGHZ 31, 183; BGH NJW-RR 1993, 606; OLG Köln TranspR 1990, 425 (426).

[36] OLG Düsseldorf TranspR 1984, 109 (111); Rn 9.

[37] BGH TranspR 2004, 369 (372).

[38] OLG Düsseldorf TranspR 1998, 167 (168); *Andresen/Valder* Rn 8.

[39] *v. Waldstein/Holland* Binnenschiffahrtsrecht[5], Rn 3; MünchKommHGB[2]/*Czerwenka* Rn 10.

[40] Vgl. OLG Frankfurt VersR 1978, 535 (536); *Koller* TranspR 2007, 221 (223); MünchKommHGB[2]/*Czerwenka* Rn 11.

Ware überhaupt einer Verpackung bedarf –[41] eine Warnpflicht, wenn erkennbar ist, dass der Absender das Transportrisiko unterschätzt, und eine Hinweispflicht, wenn Verpackungsmängel evident sind; dazu bereits oben Rn 1.

2. Zweck der Verpackung. Die dem Absender aufgegebene Verpackung bezweckt einen doppelten Schutz. Zum einen soll die vom Absender zur Beförderung gegebene Ware selbst vor Verlust und Beschädigung geschützt werden, zum anderen der Frachtführer vor Schäden. Soweit dem Frachtführer aufgrund mangelhafter Verpackung keine Schäden drohen, stellt die Anordnung des § 411 lediglich eine Obliegenheit des Absenders dar, im Übrigen ist sie Pflicht; siehe auch schon oben Rn 2. **14**

Ein Schaden kann für den Frachtführer auch darin liegen, dass er Dritten, insbesondere den Absendern anderer Güter haftet.[42] Die sprachliche Abweichung von § 18 Abs. 1 KVO, der als Ziel der Verpackung noch ausdrücklich die Verhütung einer Beschädigung „von Personen, Betriebsmitteln oder anderen Gütern“ nannte, bedeutet keine inhaltliche Einschränkung.[43] **15**

Mit dem Gesetz zur Reform des Seehandelsrechts hinzugekommen ist die Regelung in Satz 2, derzufolge der Absender das Gut auch in oder auf dem Lademittel beförderungssicher zu stauen und zu befestigen hat, wenn Gut in einem Container, auf einer Palette oder in oder auf einem sonstigen Lademittel, das zur Zusammenfassung von Frachtstücken verwendet wird, zur Beförderung übergeben wird. Die Regelung, die sich an Art. 27 Abs. 3 der Rotterdam Rules orientiert, hat lediglich klarstellenden Charakter.[44] Auch früher ließ sich eine entsprechende Obliegenheit respektive Pflicht bereits aus Satz 1 der Regelung herleiten.[45] **16**

II. Kennzeichnung

Die vorstehend behandelte Differenzierung zwischen Rechtspflicht und Obliegenheit des Absenders gilt für die Kennzeichnung entsprechend. Drohen bei Verstößen gegen § 411 Satz 3 lediglich dem Absender Verluste (§ 427 Abs. 1 Nr. 5), handelt es sich um eine bloße Obliegenheit.[46] **17**

Gegenstand der – vom Absender vorzunehmenden – Kennzeichnung ist das „Gut“. Die terminologische Abweichung von § 408 Abs. 1 Satz 1 Nr. 7 und § 427 Abs. 1 Nr. 5 erklärt sich daraus, dass der Gesetzgeber innerhalb des § 411 einheitlich den Begriff „Gut“ verwenden wollte.[47] Freilich wäre es besser gewesen, in § 411 Satz 3 begrifflich klar und systematisch konsequent von „Frachtstücken“ zu reden. Im Ergebnis kann kein Zweifel bestehen, dass bei einem Gut, das sich aus mehreren Frachtstücken zusammensetzt, auch diese Frachtstücke u. U. einzeln markiert werden müssen.[48] **18**

§ 411 Satz 3 verlangt eine Anbringung der Kennzeichnung nur auf dem Frachtstück, nicht im Frachtbrief. Verlangt der Frachtführer allerdings die Ausstellung eines solchen, muss die Kennzeichnung nach § 408 Abs. 1 Satz 1 Nr. 7 auch in diesen aufgenommen werden. **19**

---

41 *Zapp* TranspR 2004, 333 (335); Ebenroth/Boujong/Joost/Strohn²/*Reuschle* Rn 2.
42 Heidelberger Kommentar⁷/*Ruß* Rn 2; *Andresen/Valder* Rn 14.
43 *Andresen/Valder* Rn 14.
44 BT-Drucks. 17/10309, S. 53, 68.
45 Siehe OLG Hamburg TranspR 2001, 38, 40.
46 Siehe auch *Koller*⁸ Rn 2.
47 BR-Drucks. 368/97, S. 39.
48 *Koller*⁸ Rn 19; Heymann²/*Schlüter* Rn 7.

20 Im Unterschied zu § 18 Abs. 5 KVO ist eine Kennzeichnung nicht nur bei Stückgütern, sondern auch im Sammelladungsverkehr vorzunehmen.[49] Ein weiterer Unterschied liegt in der – der KVO unbekannten – Einschränkung, derzufolge das Gut nur zu kennzeichnen ist, soweit seine vertragsgemäße Behandlung dies erfordert. Da durch die Kennzeichnung **Falschauslieferungen und Verwechslungen vermieden werden sollen**,[50] bedarf es keiner Kennzeichnung, wenn das Gut nach Art und Beschaffenheit klar von anderen Gütern unterscheidbar ist und für einen sorgfältigen Frachtführer auch ohne Kennzeichnung keinerlei Verwechslungsgefahr besteht.[51] Zur Kennzeichnung gehört es auch, irreführende, insbesondere alte Anschriften und Zettel zu entfernen oder deutlich durchzustreichen.[52] Eine Kennzeichnung als Nachnahmegut wird von der Bestimmung nicht vorgeschrieben.[53] Da der Absender das Gut nach Satz 1 so zu verpacken hat, dass es bei vertragsgemäßer Behandlung keinen Schaden erleidet, umfasst die Kennzeichnung nach Satz 3, die eine vertragsgemäße Behandlung sichern soll, nicht das Anbringen von Warnsymbolen.[54] Im Rahmen der Verpackungspflicht kann eine Markierung aber insofern geboten sein, als dass sie auf die Gefahr eines besonderen Schadens aufmerksam macht[55] und einer vertragswidrigen Transportbeanspruchung vorbeugt.[56]

III. Rechtsfolgen von Verpackungs-/Kennzeichnungsmängeln

21 Die ungenügende Verpackung oder Kennzeichnung stellt zunächst einen Haftungsausschlussgrund nach § 427 Abs. 1 Nr. 2 resp. Nr. 5 dar. In den Fällen, in denen der Frachtführer einen Schaden erleidet oder infolge des Verpackungs- oder Kennzeichnungsmangels Aufwendungen macht, haftet der Absender für diese nach § 414 Abs. 1 Satz 1 Nr. 1. Diese Haftung ist seit Inkrafttreten des Gesetzes zur Reform des Seehandelsrechts auch für Schäden ihrer Höhe nach unbegrenzt, jedoch auch AGB-vertraglich begrenzbar (§ 449 Abs. 2 Satz 2). Grundsätzlich besteht sie verschuldensunabhängig (Ausnahme: § 414 Abs. 3). Sieht sich der Frachtführer Ersatzansprüchen Dritter ausgesetzt, kann er im Rahmen des § 414 vom Absender Freihaltung von der Ersatzpflicht verlangen.[57] Eine Möglichkeit Dritter, sich unter Berufung auf einen – nicht gegebenen – Drittschutz der Bestimmung unmittelbar an den Absender zu halten, besteht nicht.[58]

22 Für weitergehende Ansprüche des Frachtführers auf Schadensersatz statt der Leistung nach § 282 BGB wegen Verletzung einer Pflicht gem. § 241 Abs. 2 BGB ist kein Raum. § 414 ist insoweit *lex specialis*.[59]

23 Sofern dem Frachtführer infolge des Verpackungs- oder Kennzeichnungsmangels ein Schaden droht, kann er die Durchführung des Transports bis zur Behebung des Mangels verweigern (§ 273 Abs. 1 BGB). Nimmt man mit dem oben Rn 2 Gesagten für die Fälle,

---

49 *Lammich/Pöttinger* Rn 11.

50 Ebenroth/Boujong/Joost/Strohn²/*Reuschle* Rn 20.

51 Siehe *Koller*⁸ Rn 19.

52 In der Sache entspricht dies § 18 Abs. 5 Satz 3 KVO.

53 *Koller*⁸ Rn 20; OetkerHGB³/*Paschke* Rn 14.

54 Heymann²/*Schlüter* Rn 7; *Koller*⁸ Rn 20; MünchKommHGB²/*Czerwenka* Rn 17; **aA** MünchKommHGB Ergänzungsband 7a/*Dubischar* Rn 4.

55 *Koller*⁸ Rn 20.

56 MünchKommHGB²/*Czerwenka* Rn 17.

57 Siehe allgemein PalandtBGB⁷¹/*Grüneberg* Vorb vor § 249 BGB Rn 46.

58 MünchKommHGB²/*Czerwenka* Rn 4; Heymann²/*Schlüter* Rn 5.

59 Ebenso Ebenroth/Boujong/Joost/Strohn²/*Reuschle* Rn 16; nicht vollkommen klar *Koller*⁸ Rn 10 und § 414 Rn 20a; siehe auch noch Kommentierung zu § 414 Rn 36.

in denen sich die Verpackung lediglich als Obliegenheit des Absenders darstellt, eine Nebenpflicht, den Verpackungsmangel anzuerkennen, an, ist § 273 BGB auch insoweit anwendbar.

Standgeld kann der Frachtführer nach § 412 Abs. 3 verlangen.[60]

Umstritten ist, nach welchen Bestimmungen die Möglichkeit des Frachtführers, sich in den Fällen, in denen der Absender seiner Verpackungspflicht nicht nachkommt, vom Vertrag zu lösen, zu behandeln ist. Wohl überwiegend wird angenommen, der Frachtführer könne nach § 323 Abs. 1, 2 BGB vom Vertrag zurücktreten oder wegen Verzögerung einer Mitwirkungshandlung den Frachtvertrag gem. §§ 643, 323 BGB kündigen.[61] Richtig scheint demgegenüber eine Anwendung des § 417.[62] Nach der Gegenauffassung, die eine – sei es auch nur analoge – Anwendung des § 417 ablehnt, ist jene Bestimmung nur auf die Anlieferung und Verladung als solche, nicht jedoch auf andere den Absender treffende Mitwirkungspflichten oder -obliegenheiten anzuwenden.[63] Der Wortlaut des § 417 lässt jedoch durchaus Raum, unter einer Zur-Verfügung-Stellung des Gutes ein *ordnungsgemäßes* Zur-Verfügung-Stellen zu verstehen. Systematisch könnte die in § 417 Abs. 2 enthaltene Verweisung lediglich auf § 415 Abs. 2, nicht jedoch auch auf § 415 Abs. 3, und die in § 417 Abs. 3 enthaltene Sonderregelung für Teilverladung dafür sprechen, dass der Gesetzgeber in Abs. 2 nur den Fall regeln wollte, dass noch überhaupt kein Gut verladen wurde.[64] Unter teleologischen Gesichtspunkten erschließt sich jedoch nicht, warum der Frachtführer, der dem Absender bereits eine Nachfrist gesetzt hat, die Rechte nach § 417 Abs. 2 haben soll, wenn der Absender beispielsweise telefonisch mitteilt, er werde bis Ablauf der Nachfrist kein Gut anliefern, weil es ihm nicht rechtzeitig gelinge, dieses zu verpacken, indes auf die Rechte nach den allgemeinen Bestimmungen des BGB verwiesen sein soll, wenn der Absender in letzter Minute mit völlig unzureichend verpacktem Gut bei ihm aufwartet. Die Interessenlage ist in beiden Fällen dieselbe, weshalb die Fallgestaltungen unterschiedslos nach § 417 zu beurteilen sind.[65] 24

Ein erst nach Reiseantritt entdeckter Verpackungsmangel ist nach § 419 Abs. 1 zu behandeln; eine bei Ablieferung entdeckte Unzulänglichkeit der Kennzeichnung kann ein Ablieferungshindernis darstellen.[66] Die Weisung des Verfügungsberechtigten, den Verpackungsmangel zu beheben, ist nur im Rahmen des § 418 verbindlich, d.h. es besteht keine unbedingte Pflicht, die Verpackung auszubessern.[67] Ein Selbsthilferecht des Frachtführers, die Verpackung zu verbessern, ist nicht gegeben.[68] 25

IV. Abdingbarkeit; Beweislast

Das von § 411 vorgesehene Modell für die Pflichtenverteilung ist dispositiv (§ 449). Es soll vor allem die Vertragsabwicklung in der Praxis erleichtern, indem es den Parteien die Sorge um eine ausdrückliche Vereinbarung zu Verpackungs- und Kennzeichnungspflichten nimmt.[69] Verpackung und Kennzeichnung können indes auch dem Frachtführer übertragen werden. Zu der Frage, ob die vereinbarte Verpackung durch den Frachtführer 26

---

60 *Koller*[8] Rn 10.
61 *Koller*[8] Rn 10; Ebenroth/Boujong/Joost/Strohn[2]/*Reuschle* Rn 19.
62 MünchKommHGB[2]/*Czerwenka* Rn 19.
63 *Braun* Das frachtrechtliche Leistungsstörungsrecht, S. 284.
64 MünchKommHGB[2]/*Czerwenka* § 417 Rn 5.
65 Ebenso MünchKommHGB[2]/*Czerwenka* § 417 Rn 5.
66 *Koller*[8] Rn 14, 21.
67 *Zapp* TranspR 2004, 333, 337; *Koller*[8] Rn 14.
68 Heymann[2]/*Schlüter* Rn 5.
69 BR-Drucks. 368/97, S. 39.

Nebenpflicht im Rahmen der §§ 407 ff oder werkvertragliche Hauptleistungspflicht ist, bereits oben Rn 3 mit Fn. 11 f.

27 Zu beweisen sind Verpackungs- und Kennzeichnungsmängel vom Frachtführer, der ihretwegen Ansprüche geltend macht (§ 414 Abs. 1 Satz 1 Nr. 1) oder eine Haftungsbefreiung nach § 427 Abs. 1 Nr. 2 resp. 5 einwendet. Gelingt ihm dieser Beweis, wird in den Fällen des § 427 die Schadensursächlichkeit des Verpackungs- oder Kennzeichnungsmangels für den eingetretenen Schaden nach dessen Abs. 2 Satz 1 vermutet.[70]

28 Nach § 408 Abs. 1 Nr. 6 kann der Frachtführer die Eintragung der Verpackungsart in den Frachtbrief verlangen und im Fall einer ungenügenden Verpackung einen Vorbehalt im Frachtbrief anbringen.[71] Fehlt ein solcher Vorbehalt, so spricht in den Fällen des § 409 die Vermutung des beiderseits unterzeichneten Frachtbriefs zwar für den äußerlich guten Zustand der Verpackung, nicht aber weitergehend auch für deren Transportsicherheit.[72]

29 Aus einem unfallfreien, „normalen" Fahrtverlauf kann nicht *prima facie* auf das Vorliegen von Verpackungsmängeln geschlossen werden.[73] Der Frachtführer muss vielmehr über ein „normales" Transportgeschehen hinaus konkrete Tatsachen für einen Verpackungsmangel nachweisen. Weiterhin muss er darlegen und beweisen, dass der eingetretene Schaden seiner Art nach auf die Gefahr mangelhafter Verpackung oder Kennzeichnung zurückzuführen sein kann, bevor die Vermutung des § 427 Abs. 2 Satz 1 greift.[74]

§ 412
Verladen und Entladen. Verordnungsermächtigung

(1) Soweit sich aus den Umständen oder der Verkehrssitte nicht etwas anderes ergibt, hat der Absender das Gut beförderungssicher zu laden, zu stauen und zu befestigen (verladen) sowie zu entladen. Der Frachtführer hat für die betriebssichere Verladung zu sorgen.

(2) Für die Lade- und Entladezeit, die sich mangels abweichender Vereinbarung nach einer den Umständen des Falles angemessenen Frist bemißt, kann keine besondere Vergütung verlangt werden.

(3) Wartet der Frachtführer auf Grund vertraglicher Vereinbarung oder aus Gründen, die nicht seinem Risikobereich zuzurechnen sind, über die Lade- oder Entladezeit hinaus, so hat er Anspruch auf eine angemessene Vergütung (Standgeld).

(4) Das Bundesministerium der Justiz wird ermächtigt, im Einvernehmen mit dem Bundesministerium für Verkehr, Bau und Stadtentwicklung durch Rechtsverordnung, die nicht der Zustimmung des Bundesrates bedarf, für die Binnenschiffahrt unter Berücksichtigung der Art der zur Beförderung bestimmten Fahrzeuge, der Art und Menge der umzuschlagenden Güter, der beim Güterumschlag zur Verfügung stehenden technischen Mittel und der Erfordernisse eines beschleunigten Verkehrsablaufs die Voraussetzungen für den Beginn der Lade- und Entladezeit, deren Dauer sowie die Höhe des Standgeldes zu bestimmen.

---

70 Siehe auch OLG Stuttgart Urt. v. 9.2.2011 – 3 U 173/10, juris.

71 Ebenroth/Boujong/Joost/Strohn²/*Reuschle* Rn 14.

72 *Koller*⁸ Rn 9, 17; Heymann²/*Schlüter* Rn 3.

73 BGH NJW 1985, 554 (555); OLG Köln NJW-RR 1994, 1454.

74 Siehe OLG Nürnberg TranspR 1992, 63 (64 f); Ebenroth/Boujong/Joost/Strohn²/*Reuschle* 15.

Schrifttum

Braun Das frachtrechtliche Leistungsstörungsrecht nach dem Transportrechtsreformgesetz, 2002; *De la Motte* Beladepflicht nach CMR und KVO?, TranspR 1988, 364–365; *Didier* Risikozurechnung bei Leistungsstörungen im Gütertransportrecht, Diss. Mannheim 2001; *Koller* Die Haftung des Frachtführers nach CMR wegen unzureichender Überprüfung der Verladung, DB 1988, 589–592; *Konow* Aufwendungsersatz bei Fürsorgemaßnahmen für das Gut während des Transports, TranspR 1988, 229–232; *Neufang/Valder* Laden und Ladungssicherung im Straßengüterverkehr – Wer ist verantwortlich?, TranspR 2002, 325–334; *Oeynhausen* Das Ladegeschäft im Güterfernverkehr bei Versendungen durch Spediteure, TranspR 1981, 139–144; *Otte* Abstrakte oder konkrete Berechnung des Nutzungsausfallschadens, TranspR 2005, 391–399; *Otte/Thyes* Die Entwicklung des deutschen Binnenschiffahrtsrechts in den Jahren 1999 bis 2002, TranspR 2003, 221–231; *Risch* Personenschäden und Schäden an nicht zum Transportgut gehörenden Sachen bei Be- und Entladetätigkeiten im Rahmen eines Frachtvertrages, VersR 2001, 948–951; *Roesch* Das Ladegeschäft nach KVO und CMR, BB 1982, 20, 22–24; *v. Tegelen* Rechtsfragen des Be- und Entladens im innerstaatlichen Güterverkehr, BB 1970, 560; *Valder* Ablieferung von Gütern, TranspR 2001, 363–364; *Voigt* Anmerkung zum Urteil des BGH Urt. v. 20.3.1970, Az. I ZR 28/69, VersR 1970, 635–637; *Willenberg* Sonderprobleme bei der Beförderung fabrikneuer Personenkraftwagen auf PKW-Straßentransportern, TranspR 1983, 57–63; *Thonfeld* Verantwortlichkeiten für das Be- und Entladen im Straßengüterverkehr, TranspR 1998, 19–21; *Züchner* Verpflichtung zum Verladen und Entladen sowie Haftung für Verladefehler und Entladeschäden nach der CMR, VersR 1968, 723–726.

Übersicht

I. Einführung

Die Norm regelt die Pflichtenverteilung beim Ver- und Entladen sowie die Rechtsfolgen etwaiger Verzögerungen. Mit der ausdrücklichen Zuweisung der Pflichten im Ladegeschäft soll abweichend vom vormaligen HGB-Landfrachtrecht und der CMR in einem bis zur Transportrechtsreform prozessträchtigen Bereich Rechtsklarheit geschaffen werden.[1] 1

[1] BR-Drucks. 368/97, S. 39.

Die Verteilung der Pflichten kann von den Parteien abweichend geregelt werden; gleiches gilt auch für die Folgen von Ladefristüberschreitungen.

2 Nach dem gesetzlichen Regelungsmodell fällt die **beförderungssichere Verladung** ebenso wie das Entladen regelmäßig in den **Verantwortungsbereich des Absenders.** Für die betriebs- im Sinne von verkehrssichere Verladung hat demgegenüber der Frachtführer zu sorgen. Wenngleich eine klare Unterscheidung von Beförderungs- und Betriebssicherheit möglich ist, da erstere sich auf das Gut, letztere sich auf das Fahrzeug bezieht, überschneiden sich die Pflichtenkreise der Parteien bisweilen.[2] Dass der Absender für das beförderungssichere Ver- und Entladen zu sorgen hat, findet seinen Grund darin, dass er der Ware näher steht als der Frachtführer.[3] Jedenfalls für das Verladen soll die vorgenommene Pflichtenverteilung in der Sache § 17 Abs. 1 KVO entsprechen,[4] der allerdings – anders als § 412 – zwischen Stück- und Ladungsgütern unterschied.

3 Absatz 2 regelt, dass die Lade- und Entladezeit bereits mit der Fracht abgegolten und nicht gesondert zu vergüten ist. Mangels abweichender Vereinbarung ist dem Absender für das Be- wie für das Entladen eine „nach den Umständen des Falles angemessene" Frist zuzubilligen.

4 Wartet der Frachtführer über die sich nach Abs. 2 ergebende Lade- oder Entladefrist hinaus, so gewährt ihm Abs. 3 **Standgeld**, wenn das Warten aufgrund vertraglicher Vereinbarung (insbesondere Vereinbarung einer sog. Überliegezeit in der Schifffahrt) oder aus Gründen geschieht, die nicht seinem Risikobereich zuzurechnen sind. Der Risikobereich des Frachtführers umfasst nicht nur die von diesem zu vertretenden Umstände; näher noch unten Rn 51 ff.

5 Abs. 4 enthält eine Verordnungsermächtigung für den Bereich der Binnenschifffahrt, von der mit der Verordnung über die Lade- und Löschzeiten sowie das Liegegeld in der Binnenschifffahrt (BinSchLV) (BGBl. 1999 I S. 2389) Gebrauch gemacht worden ist. Da mit ihr den besonderen Verhältnissen in der Binnenschifffahrt Rechnung getragen werden soll,[5] ist sie auf andere Verkehrsträger nicht übertragbar.[6]

II. Beförderungssicheres Verladen/Entladen (Abs. 1 Satz 1)

6 **1. Verladen.** Unter dem Begriff des Verladens versteht das Gesetz – legaldefiniert – das Laden, Stauen und Befestigen. Laden meint Verbringen des Guts in oder auf das Beförderungsmittel, Stauen das Platzieren, Verteilen und Stapeln des Guts, Befestigen schließlich die abschließende Fixierung des Gutes zum Schutz vor Verrutschen, Umstürzen oder Herabfallen, beispielsweise durch Verzurren, Verkeilen oder Verspannen.[7] Durch die Bezogenheit des Verladens nach Abs. 1 Satz 1 auf die Beförderungssicherheit kann eine gewisse zeitliche Eingrenzung des Ladevorgangs vorgenommen und geschlossen werden, dass die Verladung jedenfalls in dem Zeitpunkt abgeschlossen ist, in dem der Absender das Gut auf das Beförderungsmittel verbracht und die notwendigen Maßnah-

---

[2] *Andresen/Valder* Rn 1, 13; siehe auch OLG Stuttgart TranspR 2003, 104 (105); Ebenroth/Boujong/Joost/Strohn[2]/*Reuschle* Rn 4.

[3] BR-Drucks. 368/97, 39; *Neufang/Valder* TranspR 2002, 325; kritisch *Heuer* TranspR 1998, 45 (47), der die Unterscheidung zwischen beförderungs- und betriebssicherer Verladung als „recht künstlich" bezeichnet.

[4] BR-Drucks. 368/97, S. 39.

[5] BR-Drucks. 368/97, S. 41.

[6] *Andresen/Valder* Rn 33.

[7] MünchKommHGB[2]/*Czerwenka* Rn 7.

men zur Befestigung abgeschlossen hat.[8] Die Bestimmung des betreffenden Zeitpunkts ist unter anderem deshalb bedeutsam, weil mit Abschluss des Verladens der für § 425 Abs. 1 maßgebliche Haftungszeitraum beginnt.[9] Hat allerdings der Frachtführer zu verladen, fällt bereits diese Verladung in den Obhutszeitraum des § 425 Abs. 1, es sei denn die Verpflichtung zum Verladen resultiert aus einem gesonderten Vertragsverhältnis.[10]

a) **Verpflichteter.** Grundsätzlich ist der Absender verpflichtet, beförderungssicher zu verladen. Nicht um eine Pflicht, sondern um eine bloße Obliegenheit handelt es sich, soweit ein Verladefehler nur zur Schädigung des Guts selber führen kann, da in diesem Fall lediglich dem Absender selbst ein Verlust von Ersatzansprüchen (§ 427 Abs. 1 Nr. 3) droht.[11] **7**

Die gesetzliche Pflichtenzuweisung würde ausgehöhlt, wenn man den Frachtführer generell für verpflichtet hielte, die vom Absender vorgenommene Verladung der Ware auf Beförderungssicherheit zu prüfen; ihn trifft **grundsätzlich keine Kontrollpflicht.**[12] Aufgrund allgemeiner Vertragspflichten (§ 241 Abs. 2 BGB) ist er jedoch gehalten, auf eine ordnungsgemäße, das Gut vor Schaden bewahrende Verladung hinzuwirken, wenn er – beispielsweise bei der Überprüfung der Betriebssicherheit des Fahrzeugs – **erkennt**, dass das Gut nicht beförderungssicher verladen ist, oder wenn die Gefahr eines Schadenseintritts nach den Umständen für ihn ohne Weiteres ersichtlich (**evident**) ist.[13] Der unterbliebene Hinweis des Frachtführers kann als Mitverschulden zu berücksichtigen sein.[14] Nichts anderes gilt, wenn der Frachtführer vor Fahrtantritt gar nicht prüft, ob die Betriebssicherheit gewährleistet ist,[15] und ihm im Falle einer entsprechenden Überprüfung auch die Beförderungsunsicherheit aufgefallen wäre. **8**

b) **Abweichende Pflichtenverteilung aufgrund Gesetzes, Absprache, der Umstände oder der Verkehrssitte.** Eine Verpflichtung des Frachtführers, das Gut zu verladen, ergibt sich für die **Beförderung von Umzugsgut** aus § 451a Abs. 1. Auch kann die Verladeverpflichtung aufgrund vertraglicher Vereinbarung auf den Frachtführer übertragen werden; die Verteilung der Aufgaben nach § 412 Abs. 1 Satz 1 steht zur Disposition der Parteien. Überträgt der Absender die Verpflichtung zum Verladen auf einen Dritten, so bleibt er im Verhältnis zum Frachtführer gleichwohl verpflichtet;[16] der Dritte ist sein Erfüllungsgehilfe (§ 278 BGB). **9**

Eine **konkludente Vereinbarung** über eine Verladung durch den Frachtführer ist anzunehmen, wenn die Parteien beispielsweise die Beförderung mit einem Transportmittel vereinbart haben, dessen technische Ladeeinrichtungen ohne Weiteres nur vom Frachtführer bzw. dessen Fahrer bedient werden können.[17] Keine Spezialfahrzeuge in dem Sinne, dass ihre Beladung zwingend vom Frachtführer vorgenommen werden müsste, **10**

---

8 BR-Drucks. 368/97, S. 40.

9 Ebenroth/Boujong/Joost/Strohn²/*Reuschle* Rn 12.

10 *Koller*⁸ Rn 7, 15 sowie § 425 Rn 20.

11 Heymann²/*Schlüter* Rn 3; *Koller*⁸ Rn 2.

12 Siehe auch MünchKommHGB/*Czerwenka*² Rn 11; *Koller*⁸ Rn 19 f.

13 BGH TranspR 1988, 108 ff.

14 BGH TranspR 1988, 108 ff, OLG München TranspR 1996, 240 (241).

15 *Thonfeld* TranspR 1998, 19 (21).

16 Zur Einschaltung eines Güterumschlagsbetriebes LG Hamburg TranspR 2010, 308 ff; allgemein dazu ferner Ebenroth/Boujong/*Reuschle* Rn 24.

17 BGH VersR 1985, 1035 (1036) (etwa Kipper, Silolastwagen, Tankfahrzeuge); LG Köln TranspR 2003, 396 (397); *Koller*⁸ Rn 9.

sind doppelstöckige Transporter zur Beförderung von Personenkraftwagen.[18] Bei einem Hebebühnenfahrzeug kann daraus, dass die Parteien keine Bedienung der Verladevorrichtung durch den Absender vereinbart haben, nicht geschlossen werden, dass die beförderungssichere Verladung des Transportguts abweichend von § 412 Abs. 1 Satz 1 dem Frachtführer obliegt.[19] Allerdings wird man nach dem Grad der Bedienschwierigkeit im Einzelfall unterscheiden müssen und so etwa eine Differenzierung zwischen privaten und gewerblichen Absendern vorzunehmen haben.[20] In jedem Fall vermag sich eine Verpflichtung des Frachtführers zur beförderungssicheren Verladung des Gutes daraus zu ergeben, dass dieser im Rahmen laufender Geschäftsbeziehungen die Verladetätigkeit übernommen hatte und der Absender nach Treu und Glauben annehmen durfte, der Frachtführer werde auch weiterhin so verfahren.[21]

11 Kaum zu unterscheiden sind die Fälle einer konkludenten Vereinbarung über eine Verladung durch den Frachtführer von denjenigen, in denen sich solches **„aus den Umständen“**ergibt. Nach Koller[22] sind die in § 412 Abs. 1 Satz 1 genannten Umstände „Ausfluss von Treu und Glauben (§ 157 BGB)“; kein anderer Maßstab aber gilt in der Frage, ob ein Parteiverhalten als (schlüssige) Erklärung zu werten ist. Auch soll es hinsichtlich der „Umstände“ in erster Linie auf solche Gegebenheiten ankommen, die bereits zum Zeitpunkt des Vertragsschlusses vorgelegen haben.[23] Im Ergebnis ist es unerheblich, ob etwa bei Übergabe eines einzelnen Pakets[24] angenommen wird, die Verpflichtung zu beförderungssicherer Verladung sei durch konkludente Vereinbarung auf den Frachtführer übertragen worden, oder dass sich Entsprechendes aus den Umständen ergebe.

12 Aufgrund **Verkehrssitte** übertragen ist dem Frachtführer das Verladen in den Fällen, in denen schon die Natur des Beförderungsmittels verbietet, dass Tätigkeiten im Beförderungsmittel von Betriebsfremden ausgeführt werden. Dies ist beispielsweise bei Flugzeugen regelmäßig der Fall.[25] Eine sich nicht aus solchen Sachzwängen ergebende, sondern eher arbeitsökonomisch motivierte[26] Verkehrssitte ist nur anzunehmen, soweit sich in den beteiligten Kreisen über längere Zeit auf freiwilliger Basis eine tatsächliche Übung, derzufolge der Frachtführer zu verladen hat, herausgebildet hat, die nahezu ausnahmslos befolgt wird.[27]

13 **Beweisbelastet** ist der **Absender**, der eine Abweichung von der in § 412 Abs. 1 Satz 1 Hs. 2 enthaltenen Grundregelung behauptet.

14 c) **Anforderungen an die Beförderungssicherheit.** Das Erfordernis der Beförderungssicherheit meint zunächst, dass das Gut so verstaut und gegebenenfalls befestigt ist, dass *ihm* während einer normalen, vertragsgerecht durchgeführten Beförderung keinerlei Schäden drohen.[28] Das Verladen ist jedoch nicht durchgängig bloß nach § 427 Abs. 1

[18] OLG Düsseldorf VersR 1979, 862; **aA** *Rösch* BB 1982, 20 (22).
[19] BGH NJW-RR 2008, 1209 (1210); *Valder* in: Transport-Wirtschaft-Recht, S. 355 (362).
[20] Siehe auch *Koller*[8] Rn 9 a.E.
[21] BGH NJW-RR 2008, 1209 (1210).
[22] *Koller*[8] Rn 9.
[23] BGH NJW-RR 2008, 1209 (1210).
[24] Vgl. *Andresen/Valder* Rn 15.
[25] MünchKommHGB[2]/*Czerwenka* Rn 15; *Andresen/Valder* Rn 15.
[26] Vgl. MünchKommHGB[2]/*Czerwenka* Rn 15.
[27] BGH DB 1954, 83; BGH NJW 1990, 1723 (1724); *Koller*[8] Rn 8.
[28] Siehe BGHZ 32, 194 (197); BGH NJW-RR 1993, 606; MünchKommHGB/*Czerwenka*[2] Rn 8; ähnlich auch *Koller*[8] Rn 5; Heymann[2]/*Schlüter*, Rn 4 und Ebenroth/Boujong/Joost/Strohn[2]/*Reuschle* Rn 9 (Gut so zu verstauen pp., dass *es* … nicht beschädigt wird.).

Nr. 3 sanktionierte Obliegenheit des Absenders, sondern, soweit dem Frachtführer infolge des Verladefehlers Schäden drohen, Pflicht mit entsprechenden haftungsrechtlichen Folgen.[29] Entsprechend gehört etwa bei der Verladung von Teilpartien zur beförderungssicheren Verladung auch, dass der Absender so verlädt, dass die Teilpartien anderer Absender nicht gefährdet werden.[30] Schließlich ist auch ohne Weiteres denkbar, dass der Frachtführer infolge beförderungsunsicherer Verladung an seinem Transportmittel einen Schaden erleidet, ohne dass die Betriebssicherheit des Fahrzeugs zu irgendeinem Zeitpunkt nicht gegeben gewesen wäre. Zu denken ist etwa an infolge unsachgemäßer Verstauung auslaufende Farbeimer, die lediglich das Innere des Transportmittels verschmutzen.

Das Gut ist unter anderem gegen Erschütterungen, Schwankungen, Um- und Herabfallen zu sichern, jedoch nur, soweit solche Risiken mit einem normal und vertragsgerecht verlaufenden Transport einhergehen.[31] Zu den Vorkommnissen, welche der Absender einkalkulieren muss, gehören Notbremsungen[32], Fliehkräfte in Kurven,[33] plötzliche Ausweichmanöver, schlechte Straßenverhältnisse,[34] übliche Rangierstöße[35], nicht aber Unfälle.[36] **15**

Dass das zur Verfügung gestellte Transportmittel vertragsgemäß ist und beispielsweise seine Bordwände in üblichem Maß stabil sind,[37] darf der Absender annehmen. Er braucht das Transportmittel nicht auf Mängel zu überprüfen, darf jene, so sie denn evident sind, aber auch nicht ignorieren.[38] **16**

Der Absender hat auch dafür Sorge zu tragen, dass die Ware nach einer Teilentladung noch beförderungssicher verstaut ist.[39] Findet sich auf dem Beförderungsmittel bereits Gut anderer Absender, darf der Absender unterstellen, dass dieses Gut ausreichend gesichert ist, nicht jedoch, dass es als Befestigungsmittel oder Stütze verwendet werden kann.[40] **17**

Zum Bereitstellen eines vertragsgerechten Beförderungsmittels wird es häufig gehören, dass der Frachtführer übliche Ladungssicherungsmittel bereithält. Die Absenderpflichten aus § 412 Abs. 1 Satz 1 berührt dies jedoch nicht. So ist der Absender aufgrund des Umstands, dass der Frachtführer geschuldetes Befestigungsmaterial nicht mitführt, nicht berechtigt, auf die erforderliche Befestigung zu verzichten.[41] **18**

d) **Einmischung der nicht verpflichteten Vertragspartei.** Hilft der Frachtführer dem Absender beim Verladen, kann darin eine stillschweigende Abrede des Inhalts zu sehen sein, dass die Verladepflicht auf den Frachtführer übergeht. Eine solche Absprache kann jederzeit – auch noch während des Verladevorgangs – getroffen werden.[42] Allerdings darf nicht aus jeder Mitwirkung des Frachtführers oder einer seiner Hilfspersonen auf **19**

---

29 *Koller*[8] Rn 2, 23 wie auch noch unten Rn 27 ff.

30 *Neufang/Valder* TranspR 2002, 325 (326).

31 Ebenroth/Boujong/Joost/Strohn[2]/*Reuschle* Rn 9; Heymann[2]/*Schlüter* Rn 4.

32 OLG Hamm VersR 1980, 966.

33 OLG Düsseldorf NJW-RR 1994, 1253 ff; LG Gießen NJW-RR 2003, 403 f (Haftung des Frachtführers im konkreten Fall bejaht).

34 OLG Hamm VersR 1973, 911 (912); OLG Hamburg TranspR 1987, 434 (435).

35 OLG Köln TranspR 1998, 169 (170).

36 *Neufang/Valder* TranspR 2002, 325 (326).

37 Vgl. LG Gießen NJW-RR 2003, 403 f.

38 *Koller*[8] Rn 5.

39 OLG Celle NJOZ 2006, 1541 (1542); *Roesch* BB 1982, 20 (22); *Andresen/Valder* Rn 7.

40 *Koller*[8] Rn 5.

41 *Koller*[8] Rn 5 gegen LG Gießen NJW-RR 2003, 403 (404).

42 *Koller*[8] Rn 11.

eine derartige Abrede geschlossen werden.[43] Ist das Verhalten des Frachtführers aus Sicht eines objektiven Dritten nicht als Übernahme der Primärpflicht zur Verladung zu werten, kann es sich bei seiner Mithilfe um eine bloße Gefälligkeit handeln.[44] Indes kommt auch in Betracht, dass das Verhalten des Frachtführers aus objektiver Empfängerperspektive so zu verstehen ist, dass der Frachtführer (schlüssig) erklärt, er wolle zur Hilfe zwar nicht verpflichtet sein, verspreche aber immerhin, sollte er solche (freiwillig) leisten, dies sorgfältig zu tun. In diesem Fall treffen den Frachtführer immerhin Sekundärpflichten und haftet er gegebenenfalls wegen deren Verletzung.[45] Als Indiz für eine Übernahme wenigstens von Sekundärpflichten kann u.a. die erkennbare wirtschaftliche Bedeutung der Angelegenheit für den Absender dienen. Die Annahme einer Haftungsmilderung zugunsten des mithelfenden Frachtführers scheint möglich.[46]

20 Verlädt der Frachtführer oder einer seiner Leute eigenmächtig ohne Wissen des Absenders und kommt es dadurch zu einem Schaden, haftet der Frachtführer wegen der Verletzung von Schutzpflichten.[47] Bei einer Überlassung von Personal des Frachtführers, das dem Absender unter dessen Weisung und Aufsicht bei seiner Verladeverpflichtung helfen soll, greifen die für Leiharbeitnehmer entwickelten Grundsätze.[48] Der Frachtführer hat für die Leiharbeitnehmer weder nach § 278 BGB noch gemäß § 428 HGB einzustehen.[49]

21 Das vorstehend Gesagte gilt mit umgekehrten Vorzeichen, wenn nicht der Absender, sondern der Frachtführer zur Verladung verpflichtet ist.[50]

22 **2. Entladen.** Auch das Entladen fällt in den Verantwortungsbereich des Absenders. In der Binnenschifffahrt wird statt des Begriffs des Entladens der des Löschens verwendet (vgl. § 3 BinSchLV), ohne dass damit ein sachlicher Unterschied verbunden wäre. Entlädt – wie üblich – der Empfänger, ist dieser insoweit Erfüllungsgehilfe des Absenders.[51] Einer gesetzlichen Zuweisung der Entladepflicht an den Empfänger steht entgegen, dass dieser nicht Partei des Frachtvertrags ist. Das Gesagte gilt selbst dann, wenn der Empfänger nach § 421 Abs. 1 die Ablieferung des Gutes gegen Erfüllung der Verpflichtungen aus dem Frachtvertrag verlangt; bereits die in § 421 Abs. 3 hinsichtlich des Standgelds zu findende Sonderreglung lässt deutlich werden, dass der Empfänger mit einem solchen Verlangen nicht sämtliche Pflichten des Absenders aus § 412 übernimmt. Hat sich der Empfänger gegenüber dem Absender vertraglich verpflichtet, die Entladung des Gutes zu übernehmen,[52] ist diese Absprache im Verhältnis von Absender und Frachtführer ohne Bedeutung.[53]

---

[43] Vgl. OLG Düsseldorf VersR 1979, 862; OLG Düsseldorf TranspR 1989, 10 (12); *Risch* VersR 2001, 948 (949).

[44] BGH VersR 1971, 755 (756); OLG Köln NJW-RR 1996, 1183; Ebenroth/Boujong/Joost/Strohn²/*Reuschle* Rn 18; MünchKommHGB²/*Czerwenka* Rn 6.

[45] Siehe auch *Koller*⁸ Rn 11; Heymann²/*Schlüter* Rn 9.

[46] *Medicus* Bürgerliches Recht²² Rn 367, 369; *Koller*⁸ Rn 11.

[47] *Koller*⁸ Rn 14; Ebenroth/Boujong/Joost/Strohn²/*Reuschle* Rn 19; zum eigenmächtigen Entladen LG Hamburg TranspR 2001, 303 (304).

[48] Vgl. BGH NJW 1971, 1129 f; *Neufang/Valder* TranspR 2002, 325 (331).

[49] Heymann²/*Schlüter* Rn 10; *Koller*⁸ Rn 12.

[50] Vgl. BGH VersR 1971, 755 (756).

[51] MünchKommHGB²/*Czerwenka* Rn 20; Fremuth/Thume/*Fremuth* Rn 3; *Thume* in: Transport und Vertriebsrecht 2000, S. 153 (159).

[52] Dazu Ebenroth/Boujong/Joost/Strohn/*Reuschle*² Rn 26.

[53] Siehe auch *Koller*⁸ Rn 27.

Auch hinsichtlich des Entladens kann sich eine abweichende Pflichtenzuweisung aus dem Gesetz (§ 451a Abs. 1), vertraglicher Absprache (auch konkludent), den Umständen oder der Verkehrssitte ergeben. Wird etwa eine große Kiste an eine Privatadresse geliefert, bei der davon auszugehen ist, dass dort keine Entlademöglichkeiten bestehen, trifft die Entladeverpflichtung den Frachtführer.[54] **23**

Entladen bedeutet, dass der Absender (bzw. als sein Erfüllungsgehilfe der Empfänger) das Gut nach Ablieferung von der Ladefläche nimmt. Die Ablieferung muss dem Entladen mit anderen Worten vorausgegangen sein, wenn die Pflicht zur Entladung nicht ausnahmsweise beim Frachtführer liegt.[55] Die Verpflichtung des Frachtführers nach § 412 Abs. 1 Satz 2, für eine betriebssichere Verladung zu sorgen, wirkt insofern über den Ablieferungszeitpunkt nach § 425 Abs. 1 hinaus, als der Frachtführer bei Entladung durch den Empfänger diesem das Abholen oder Ausladen des Guts zu ermöglichen hat, ohne dass ein im Bereich des Frachtführers liegendes Risiko der Abnahme des Frachtguts entgegenstünde.[56] **24**

Den Absender trifft beim Entladen die Pflicht, dafür Sorge zu tragen, dass der Frachtführer keine Schäden erleidet.[57] **25**

Zu einem Tätigwerden der nicht verpflichteten Vertragspartei beim Entladevorgang gilt das oben Rn 19 ff Gesagte entsprechend. **26**

3. Rechtsfolgen beförderungsunsicherer Verladung/fehlerhafter Entladung. Erkennt der Frachtführer vor Fahrtantritt die beförderungsunsichere Verladung des Guts durch den Absender und droht ihm aufgrund dessen ein Schaden, ist er gemäß § 273 BGB berechtigt, die Beförderung des Gutes bis zu einer Nachbesserung abzulehnen.[58] Standgeld kann er nach § 412 Abs. 3 verlangen.[59] Er ist ferner berechtigt, nach § 417 vorzugehen. Die Bestimmung erfasst auch diejenigen Fälle, in denen das Gut nicht *ordnungsgemäß* verladen wird,[60] d.h. der Frachtführer kann nach erfolgloser Nachfristsetzung den Vertrag kündigen und Ansprüche nach § 415 Abs. 2 geltend machen. **27**

Entdeckt der Frachtführer den Verlademangel erst während des Transports, ist § 419 anzuwenden, wenn dem Frachtführer aufgrund des Mangels ein Schaden droht. Gleiches gilt, wenn die beförderungsunsichere Verladung nur den Absender zu schädigen droht und ein Transportschaden mit an Sicherheit grenzender Wahrscheinlichkeit eintreten wird. Im Übrigen ergibt sich eine Pflicht des Frachtführers, den Absender über den Verlademangel zu informieren und angemessene Zeit auf Weisungen (§ 418) zu warten, jedenfalls aus Treu und Glauben.[61] **28**

Nach § 427 Abs. 1 Nr. 3 ist der Frachtführer von seiner Haftung befreit, soweit der Verlust, die Beschädigung oder die Überschreitung der Lieferfrist auf beförderungsunsicheres Verladen oder fehlerhaftes Entladen des Gutes durch den Absender oder den Empfänger zurückzuführen ist. Dabei kommt ihm die Kausalitätsvermutung des § 427 Abs. 2 Satz 1 zugute. **29**

---

54 Wie hier *Koller*[8] Rn 29; MünchKommHGB[2]/*Czerwenka* Rn 21; **aA** *Valder* in: Transport-Wirtschaft-Recht, S. 355 (362).

55 MünchKommHGB[2]/*Czerwenka* Rn 22.

56 OLG Stuttgart TranspR 2003, 104 (106).

57 OLG Hamburg TranspR 1990, 292 (294).

58 *Koller*[8] Rn 21; MünchKommHGB[2]/*Czerwenka* Rn 16.

59 *Koller*[8] Rn 21.

60 Ebenso MünchKommHGB[2]/*Czerwenka* Rn 16; **aA** noch *Koller*[7] Rn 21; zum Ganzen siehe auch bereits Kommentierung zu § 411 Rn 24.

61 *Koller*[8] Rn 22 f.

30 Anders als in der Haftungsausschlussnorm des § 427 ist in der Schadensersatzbestimmung des § 414 das beförderungsunsichere Verladen und fehlerhafte Entladen *nicht* aufgeführt. Diese klare systematische Differenzierung kann und darf nicht im Wege der Analogie überwunden werden.[62] Zwar ist Reuschle darin recht zu geben, dass der Absender bei einer Haftung nach den allgemeinen Bestimmungen des BGB für einen Ver- oder Entladeschaden in unbegrenzter Höhe einzustehen hat (während bei einer Haftung aus § 414 immerhin die Beschränkungsmöglichkeit des § 449 Abs 2 Satz 2 bleibt); andererseits haftet er aufgrund des § 280 Abs. 1 Satz 2 BGB nur verschuldensabhängig und ist eine einseitige Risikoverschiebung zu seinen Lasten daher nicht zu beobachten.[63] Ein Schadensersatzanspruch des Frachtführers gegen den Absender wegen beförderungsunsicherer Verladung oder fehlerhafter Entladung ist auf die **§§ 282, 280, 241 Abs. 2 BGB** zu stützen.[64]

31 Bei der Geltendmachung seines Ersatzanspruchs muss der Frachtführer sich nach § 254 BGB entgegenhalten lassen, ein vertragswidriges Beförderungsmittel gestellt oder den Frachtführer nicht auf erkennbare Lademängel hingewiesen zu haben.[65] Verletzt der Frachtführer seine Pflicht, das Fahrzeug so zu sichern, dass es entladen werden kann, und wird das Gut aufgrund dessen beim Entladen beschädigt, kann ein gegen ihn gerichteter Ersatzanspruch auf § 280 BGB gestützt werden.[66] Bei Schadenseintritt innerhalb des Obhutszeitraums ist er nach §§ 425, 428 einstandspflichtig, so beispielsweise, wenn er entladepflichtig ist und es zu einem Entladefehler kommt.[67]

III. Betriebssicheres Verladen (Abs. 1 Satz 2)

32 Für die betriebssichere Verladung hat gem. § 412 Abs. 1 Satz 2 der Frachtführer zu sorgen.

33 **1. Begriff der betriebssicheren Verladung.** Betriebssicherheit bedeutet Verkehrssicherheit im Sinne der §§ 22, 23 StVO.[68] Der Frachtführer hat dafür zu sorgen, dass der Fahrzeugführer durch das Gut nicht in der Handhabung oder Bedienung des Fahrzeugs behindert wird und dass die Vorrichtungen des Transportmittels durch das Gut nicht beeinträchtigt werden.[69] Das beladene Transportmittel muss jeder Verkehrslage gewachsen sein, weshalb etwa die auf das Fahrzeug geladenen Güter dessen Stabilität nicht unzulässig beeinträchtigen dürfen.[70] Entsprechendes gilt für die Bremsfähigkeit des Fahrzeugs.[71]

34 Der Frachtführer hat bezogen auf die Betriebssicherheit des Fahrzeugs eine **Erkundigungspflicht** und ein **Weisungsrecht** gegenüber dem Absender. Er muss sich bei diesem nach dem Gewicht und dem Schwerpunkt des Gutes erkundigen,[72] sofern ihm kein

---

62 **AA** Ebenroth/Boujong/Joost/Strohn²/*Reuschle* Rn 32.

63 Anders beurteilen ließe sich dies angesichts des § 414 Abs. 3 allenfalls für solche Absender, die Verbraucher sind.

64 Wie hier MünchKommHGB²/*Czerwenka* Rn 18; Heidelberger Kommentar⁷/*Ruß* Rn 4; Baumbach/HoptHGB³⁵/*Merkt* Rn 1; *Koller*⁸ Rn 23.

65 *Koller*⁸ Rn 23.

66 OLG Stuttgart TranspR 2003, 104 (106); MünchKommHGB²/*Czerwenka* Rn 26.

67 *Koller*⁸ Rn 40.

68 Ebenroth/Boujong/Joost/Strohn²/*Reuschle* Rn 27; Fremuth/Thume/*Fremuth* Rn 6; *Andresen/Valder* Rn 10.

69 Ebenroth/Boujong/Joost/Strohn²/*Reuschle* Rn 27.

70 OLG Stuttgart TranspR 2003, 104 (105).

71 *Koller*⁸ Rn 42.

72 BayObLG BB 1969, 1197; OLG Düsseldorf TranspR 1998, 167 (169); *Koller*⁸ Rn 42; Ebenroth/Boujong/Joost/Strohn²/*Reuschle* Rn 28.

Frachtbrief mit Gewichtsangaben vorliegt. Ferner hat er den Absender über das zulässige Höchstgewicht zu informieren.[73] Schweren Gütern darf er einen bestimmten Platz auf der Ladefläche zuweisen[74] und muss prüfen, ob diese gegen Verrutschen auf der Ladefläche ausreichend gesichert sind.[75]

Nach dem Wortlaut des § 412 Abs. 1 Satz 2 hat der Frachtführer nicht selbst betriebssicher zu verladen, sondern lediglich für die betriebssichere Verladung *zu sorgen.* Die Ausführung der Verladung im Sinne tatsächlichen Tätigwerdens liegt daher regelmäßig allein beim Absender. Die Pflicht des Frachtführers, für die betriebssichere Verladung Sorge zu tragen, bedeutet lediglich, dass der Frachtführer den Absender über die Maßnahmen informieren muss, die zur Gewährleistung der Betriebssicherheit ergriffen werden müssen.[76] Der Frachtführer darf die Fahrt nicht antreten oder fortsetzen, ohne die Betriebssicherheit zuvor gewährleistet zu haben.[77] **35**

Den Schiffer treffen nach § 8 Abs. 2 BinSchG keine weitergehenden Pflichten. Der von jener Bestimmung verwendete Begriff der „gehörigen Stauung" ist dahingehend zu verstehen, dass mit ihm nur eine betriebs-, nicht aber weitergehend auch eine beförderungssichere Stauung gemeint ist.[78] **36**

2. Rechtsfolgen betriebsunsicherer Verladung. Kommt der Absender den berechtigten Weisungen des Frachtführers zur Gewährleistung der Betriebssicherheit des Fahrzeugs nicht nach, steht dem Frachtführer ein Zurückbehaltungsrecht nach § 273 BGB zu. Zu Standgeldansprüchen und einer Anwendung des § 417 gilt das oben Gesagte Rn 27 entsprechend. **37**

Ist ein Transportschaden *ausschließlich* auf die fehlende oder ungenügende Betriebssicherheit des Transportmittels zurückzuführen, so haftet der Frachtführer für den entstandenen Schaden nach §§ 425 ff.[79] War der Absender aufgrund einer vertraglichen Nebenpflicht gehalten, auf die (erkannte oder evidente) Betriebsunsicherheit des Transportmittels hinzuweisen, kann das Unterlassen eines solchen Hinweises zu einer Anspruchskürzung nach Maßgabe des § 425 Abs. 2 führen.[80] In den häufigen Fällen, in denen das Gut vom Absender nicht beförderungssicher verladen wird *und* die Verladung weiter auch gegen das Gebot der Betriebssicherheit verstößt, ergibt sich eine *teilweise* Ersatzpflicht des Frachtführers nach §§ 425 Abs. 1, 2, 427 Abs. 1 Nr. 3.[81] Der zeitliche und logische Vorrang der Absenderpflicht zu beförderungssicherer Verladung gibt ihrer Verletzung kein Übergewicht gegenüber einer betriebssicheren Verladung.[82] Ein Abrutschen der Ladung im Kurvenbereich begründet die Vermutung, dass die Ladungssicherung nicht hinreichend war.[83] **38**

---

73 *Lammich/Pöttinger* Rn 12.
74 OLG Stuttgart TranspR 2003, 104 (105).
75 BGH VersR 1970, 459 (460); BGH VersR 1981, 748 (749); Ebenroth/Boujong/Joost/Strohn/*Reuschle*² Rn 28.
76 *Koller*⁸ Rn 42.
77 BGH VersR 1981, 748 (749).
78 MünchKommHGB²/*Czerwenka* Rn 9; *v. Waldstein/Holland* Binnenschiffahrtsrecht⁵, § 8 BinSchG Rn 36.
79 Ebenroth/Boujong/Joost/Strohn²/*Reuschle* Rn 29.
80 Ebenroth/Boujong/Joost/Strohn²/*Reuschle* Rn 30.
81 BGHZ 32, 194 (199); BGH NJW 1962, 1059 f; BGH NJW-RR 1993, 606 f; *Koller*⁸ Rn 45; einseitig zu Lasten des Frachtführers LG Gießen NJW-RR 2003, 403 f.
82 OLG Düsseldorf NJW-RR 1998, 108; Fremuth/Thume/*Fremuth* Rn 6; *Andresen/Valder* Rn 13.
83 OLG Düsseldorf TranspR 1996, 38 (39).

IV. Lade-/Entladezeit (Abs. 2)

39 Nach Abs. 2 kann der Frachtführer für die Lade- und Entladezeit (letztere in der Binnenschifffahrt Löschzeit genannt, § 3 BinSchLV) keine besondere Vergütung verlangen. Mangels abweichender Vereinbarung bemisst sich die dem Absender zustehende Lade- und Entladefrist „nach einer den Umständen des Falles angemessenen Frist". Lade- und Entladezeit sind voneinander getrennt zu betrachten; eine überlange Ladezeit kann nicht etwa durch eine beschleunigte Entladung kompensiert werden.[84]

40 **1. Bedeutung von Lade- und Entladezeit.** Nach Abs. 3 (dazu noch die Kommentierung unten Rn 46 ff) kann der Frachtführer, soweit er aufgrund vertraglicher Vereinbarung oder aus Gründen, die nicht seinem Risikobereich zuzurechnen sind, über die Lade- oder Entladezeit hinaus wartet, Standgeld verlangen. Für die Lade-/Entladezeit schließt Abs. 2 dies explizit aus. Sie ist grundsätzlich **durch das Beförderungsentgelt bereits mit abgegolten.**[85] Die Parteien sind allerdings nicht gehindert, abweichendes zu vereinbaren.[86]

41 Ein Verstreichen der Ladezeit (zuzüglich einer angemessenen Nachfrist) eröffnet zudem grundsätzlich[87] die Möglichkeit eines Vorgehens nach § 417.

42 **2. Bemessung der Lade- und Entladezeit.** Haben die Parteien eine Vereinbarung über die Lade- oder Entladezeit getroffen, ist diese maßgeblich. Darauf, ob das Fahrzeug im vereinbarten Zeitpunkt tatsächlich lade- resp. entladebereit ist, kommt es nicht an. Faktisch verschiebt sich die Lade- bzw. Entladezeit aber entsprechend nach hinten, wenn die fehlende Lade- oder Entladebereitschaft auf Gründen beruht, die im Risikobereich des Frachtführers liegen. In diesem Fall nämlich kann er insoweit für eine Überschreitung der Lade-/Entladezeit kein Standgeld nach Abs. 3 verlangen.[88] Lade- und Entladezeit können auch in AGB geregelt werden, wie dies etwa in § 5 Abs. 2–4 VBGL geschieht.

43 Trifft das Fahrzeug vor dem vereinbarten Termin ein, ist danach zu differenzieren, ob der Absender bereits vorgezogen mit dem Laden/dem Entladen beginnt oder nicht. In erstgenannten Fall kann – abhängig von den Umständen des Einzelfalls – eine schlüssige Vereinbarung über eine Vorverlegung des Beginns der Lade-/Entladezeit angenommen werden.[89]

44 Haben die Parteien keine Vereinbarung getroffen, steht dem Absender für das Laden und Entladen jeweils eine nach den Umständen des Falles angemessene Frist zur Verfügung. Für den Bereich der Binnenschifffahrt ist in der aufgrund des § 412 Abs. 4 erlassenen BinSchLV eine genauere Festlegung getroffen (dazu noch unten Rn 61 ff).

45 Maßstab für die **Angemessenheit der Frist** ist die Frage, welche Zeit ein ordentlicher Absender innerhalb der gewöhnlichen Geschäftszeiten (§ 358) nach Anzeige der Ladebereitschaft durch den Frachtführer unter Berücksichtigung aller Umstände des Einzelfalls benötigt, um das Gut beförderungssicher und nach den Anweisungen des Frachtführers betriebssicher zu verladen.[90] Ob der Frachtführer davon ausgehen darf, dass das

---

[84] *Koller*[8] Rn 46.

[85] Vgl. auch MünchKommHGB[2]/*Czerwenka* Rn 27.

[86] Ebenroth/Boujong/Joost/Strohn[2]/*Reuschle* Rn 33; *Koller*[8] Rn 48.

[87] Etwas anderes gilt, wenn die Parteien eine bestimmte (*Koller*[7] Rn 49) „Überliegezeit" (dazu noch unten Rn 50) vereinbart haben, siehe MünchKommHGB/*Czerwenka*[2] Rn 37.

[88] MünchKommHGB[2]/*Czerwenka* Rn 29.

[89] MünchKommHGB[2]/*Czerwenka* Rn 29.

[90] *Koller*[8] Rn 46; Ebenroth/Boujong/Joost/Strohn[2]/*Reuschle* Rn 33; Baumbach/

Gut bei Erteilung des Auftrags zur Verladung bereitsteht,[91] hängt von den Umständen des Einzelfalls ab. Hat der Frachtführer den Zeitpunkt der Bereitstellung des Transportmittels anzukündigen, muss diese Ankündigung zugegangen sein (§ 130 BGB) und der Absender in den gewöhnlichen Geschäftszeiten genügend Zeit gehabt haben, das Gut zur Verladestelle zu schaffen.[92] Auch in den Fällen, in denen der Frachtführer den genauen Zeitpunkt seines Eintreffens nicht ankündigen muss, wird regelmäßig zu berücksichtigen sein, dass der Absender einen bestimmten (Mindest-)Zeitraum braucht, um das Gut zur Verladestelle zu schaffen. Ist für den Frachtführer erkennbar, dass der Absender mehrere Frachtführer abfertigen muss, so hat der Frachtführer sich auch darauf einstellen.[93]

V. Standgeld (Abs. 3)

Abs. 3 enthält eine Legaldefinition des Standgelds, bei dem es sich um eine angemessene Vergütung für die Zeit handelt, in der der Frachtführer aufgrund vertraglicher Vereinbarung oder aus Gründen, die nicht seinem Risikobereich zuzurechnen sind, über die Lade- oder Entladezeit hinaus wartet. Während Zeiten nach Abs. 2 nicht gesondert zu vergüten sind, kann für solche nach Abs. 3 eine besondere Vergütung verlangt werden. Die Bestimmung ist angelehnt an § 36 BinSchG a.F., die seerechtliche Regelung der §§ 567 ff a.F. (jetzt §§ 529, 530) sowie den früheren § 25 Abs. 4 KVO. **Schuldner** des Standgelds kann neben dem **Absender** auch der Empfänger sein (§ 421 Abs. 3). **46**

1. Qualifikation des Standgeldanspruchs. Das Standgeld ist **Vergütung** für die nach Ablauf der Lade- bzw. Entladezeit erbrachten Leistungen, insbesondere die verlängerte Bereitstellung des Transportmittels.[94] Hingegen handelt es sich weder um einen Schadensersatz- noch um einen Entschädigungsanspruch.[95] Es ist weder nötig noch möglich, einen entsprechenden Anspruch auf § 642 BGB zu stützen.[96] Neben dem Standgeld können keine weiteren Nachteile aus dem Warten geltend gemacht werden.[97] **47**

In der Binnenschifffahrt wird das Standgeld als Liegegeld bezeichnet. Das HGB verwendet einheitlich den Begriff des Standgelds aufgrund seiner Verkehrsmittelneutralität; ein Nebeneinander zweier Begriffe erschien dem Gesetzgeber zu unübersichtlich.[98] § 4 Abs. 1 BinSchLV verwendet indes den Begriff des Liegegelds und setzt ihn dem Standgeld gleich. **48**

2. Begriff des Wartens. Warten im Sinne des § 412 bedeutet, dass der Frachtführer sein Fahrzeug an der Lade- oder Entladestelle belässt und davon absieht, es anderweitig einzusetzen.[99] Zweifelhaft ist, ob man auch dann sagen kann, der Frachtführer sehe davon ab, sein Transportmittel anderweitig einzusetzen, wenn es ihm an der Möglichkeit **49**

HoptHGB[35]/*Merkt* Rn 3; MünchKommHGB[2]/*Czerwenka* Rn 30.

91 Siehe dazu OLG Düsseldorf TranspR 1993, 97 f.

92 *Koller*[8] Rn 46.

93 *Koller*[8] Rn 46; MünchKommHGB[2]/*Czerwenka* Rn 30.

94 BGH NJW-RR 2009, 715 (717); BR-Drucks. 368/97, S. 40.

95 BGH NJW-RR 2009, 715 (717); BGHZ 1, 47 (49 ff); *Valder* TranspR 2001, 363; *v. Waldstein/Holland* Binnenschiffahrtsrecht[5], Rn 30.

96 MünchKommHGB[2]/*Czerwenka* Rn 33; Ebenroth/Boujong/Joost/Strohn[2]/*Reuschle* Rn 34.

97 BGH NJW-RR 2009, 715 (717); Fremuth/Thume/*Fremuth* Rn 23.

98 BR-Drucks. 368/97, S. 40.

99 MünchKommHGB/[2]*Czerwenka* Rn 36.

fehlt, sein Fahrzeug von der Lade- oder Entladestelle fortzubewegen, so etwa bei Witterungsverhältnissen, die einen Fahrtantritt ausschließen. Auch in den betreffenden Fällen sollte man von einem Warten ausgehen, da das Gesetz die maßgebliche Risikozuteilung im Verhältnis der Parteien zueinander nicht in diesem Punkt vornimmt, sondern danach, ob das Warten aus Gründen geschieht, die dem Risikobereich des Frachtführers zuzurechnen sind oder nicht.[100]

50 **3. Vertragliche Wartevereinbarung.** Ein Warten des Frachtführers über die Lade- oder Entladezeit hinaus aufgrund vertraglicher Vereinbarung ist insbesondere in der Binnenschifffahrt häufig anzutreffen. Die erste Variante des Abs. 3 soll vor allem der in der Schifffahrt üblichen Praxis, eine sog. **Überliegezeit** zu vereinbaren, Rechnung tragen.[101] Vereinbart werden kann nicht nur die Überliegezeit als solche, sondern auch die Höhe des Liegegelds. Zu der Frage, ob und unter welchen Voraussetzungen der Frachtführer nach § 417 vorgehen kann, wenn eine Überliegezeit vereinbart ist, bereits oben Rn 41 mit Fn. 87.

51 **4. Nicht im Risikobereich des Frachtführers liegende Gründe des Wartens.** Der Frachtführer hat nicht nur dann einen Anspruch auf Standgeld, wenn er aufgrund vertraglicher Vereinbarung über die Lade- oder Entladezeit hinaus wartet, sondern auch dann, wenn ein Warten aus Gründen erfolgt, die nicht seinem Risikobereich zuzurechnen sind (§ 412 Abs. 3 Var. 2). Ein Anspruch scheidet damit aus, wenn das Warten seinen Grund in einem Umstand findet, der in den Risikobereich des Frachtführers fällt. Im Streitfall muss der Frachtführer beweisen, dass der Grund nicht in seinem Risikobereich wurzelt.[102]

52 a) **Risikobereiche der Parteien.** In den **Risikobereich des Frachtführers** fallen neben solchen Umständen, die dieser zu vertreten hat, jedenfalls auch diejenigen, die im Organisationsbereich des Frachtführers ihren Ursprung haben und für diesen abstrakt vorhersehbar wie beherrschbar sind.[103] Indes wird unterschiedlich beurteilt, ob es auf Vorhersehbarkeit und Beherrschbarkeit überhaupt ankommt.[104] Ausgangspunkt der Entscheidung hat zu sein, dass bei einer Norm, die bereits in ihrer Gänze dispositiv ist,[105] die **Abgrenzung der Risikosphären nicht ohne Blick auf die Parteivereinbarung** erfolgen kann. Gewöhnlich wird man die Vertragserklärung des Frachtführers nicht so verstehen können, dass ein Ideal-Absender ihr entnehmen dürfte, sein Vertragspartner wolle zu seinem Risikobereich auch solche Umstände gerechnet wissen, die für ihn weder vorhersehbar noch beherrschbar seien, d.h. auf die er keinerlei Einfluss habe. Im Einzelfall mag sich aus den konkreten Umständen anderes ergeben. Die verbleibende Problematik scheint eine solche der Behandlung des „neutralen Risikobereichs", der die in Rede stehenden Fallgestaltungen sachgerechten Lösungen zuführt.[106]

---

100 Wie hier MünchKommHGB²/*Czerwenka* Rn 36; *Braun* Das frachtrechtliche Leistungsstörungsrecht, S. 249; teilweise abweichend *Koller*⁸ Rn 51a.

101 BR-Drucks. 368/97, S. 40.

102 *Didier* Risikozurechnung bei Leistungsstörungen im Gütertransportrecht, S. 202 ff; *Koller*⁸ Rn 61; aA Ebenroth/Joost/Strohn²/*Reuschle* Rn 37; siehe in diesem Zusammenhang auch noch ausführlich unten Rn 55 ff.

103 *Koller*⁸ Rn 56; MünchKommHGB²/*Czerwenka* Rn 40.

104 Bejahend *Didier* Risikozurechnung bei Leistungsstörungen im Gütertransportrecht, S. 159; *v. Waldstein/Holland* Binnenschiffahrtsrecht⁵, Rn 28; verneinend MünchKommHGB²/*Czerwenka* Rn 40.

105 Vgl. *Koller*⁸ Rn 62.

106 Näher noch unten Rn 55 ff.

Nach dem Gesagten in den Risikobereich des Frachtführers fällt es, dass dieser im vertraglich vereinbarten Zeitpunkt kein Fahrzeug zur Verfügung stellt oder dass das Fahrzeug im vertraglich vereinbarten Zeitpunkt noch nicht ladebereit ist, weil es nicht hinreichend gegen Bewegungen gesichert ist oder der Laderaum noch nicht zur Verfügung steht.[107] Die abweichende Sicht[108] nähert die Kriterien der Vorhersehbarkeit und Beherrschbarkeit zu stark einem Verschulden im Sinne des § 276 BGB an. Es muss reichen, dass der Frachtführer wissen kann, dass derartiges mitunter vorkommt, und dass es seine Sache ist, im Falle entsprechender Probleme für Abhilfe zu sorgen. Immerhin kann der Frachtführer durch Veranlassung der nötigen Maßnahmen Einfluss nehmen. Anders liegen demgegenüber die Fälle, in denen der Frachtführer keinerlei Einflussmöglichkeiten hat (etwa Schifffahrtssperre; dazu noch unten Rn 58). In den Risikobereich des Frachtführers fällt auch, dass der Absender auf Grund eines unberechtigten Vorschussverlangens den Frachtvertrag kündigt.[109] 53

In den **Risikobereich des Absenders** fallen diejenigen Umstände, die im Organisationsbereich des Absenders oder Empfängers ihren Ursprung haben. Auch insoweit kommt es nicht auf ein Verschulden an,[110] wohl aber – entsprechend den vorstehenden Ausführungen – auf abstrakte Vorhersehbarkeit und Beherrschbarkeit. Abstrakt erkennbar ist für den Absender etwa, dass ein Risiko besteht, im Zeitpunkt des Beginns der Ladezeit noch nicht über das Gut zu verfügen; auch beherrscht er solche Risiken insofern, als dass er sich, wenn er das Gut von Dritten bezieht, vertraglich absichern und gegebenenfalls Schadensersatzansprüche gegen den Dritten geltend machen kann. 54

b) „Neutrale" Risikosphäre. Nach der Vorstellung des Gesetzgebers sollten Umstände, die den Vertragsablauf stören, „stets der Risikosphäre des einen oder anderen Vertragspartners zuzuordnen" sein.[111] Diese Vorstellung des (historischen) Gesetzgebers ist indes nicht Gesetz geworden. Systematisch ergibt sich klar, dass auch eine sog. **neutrale Risikosphäre existiert.** 55

Deren Bestehen folgt maßgeblich aus Überlegungen zur gesetzlich angeordneten Beweislastverteilung. So ist nach dem Wortlaut des § 412 Abs. 3 unzweifelhaft, dass der Frachtführer, der Standgeldansprüche nach der zweiten Variante der Vorschrift erhebt, auch beweisen muss, dass die Gründe, aus denen er gewartet hat, nicht seinem Risikobereich zuzurechnen sind.[112] Zwar handelt es sich um eine negative Tatsache;[113] die Beweislastverteilung ist indes nicht davon abhängig, ob eine positive oder negative Tatsache im Raum steht.[114] 56

Beweisbelastet ist der Frachtführer auch, wenn er im Falle des § 420 Abs. 4 neben der Fracht eine angemessene Vergütung verlangt. Allerdings hat er dort zu beweisen, dass die Verzögerung auf Gründen beruht, die dem Risikobereich des Absenders zuzurechnen sind (nicht lediglich, dass die Gründe nicht in seinen Risikobereich fallen). Diese Unterschiedlichkeit des Gesetzes – bei Beweisbelastung jeweils des Frachtführers – zwingt zu 57

107 MünchKommHGB²/*Czerwenka* Rn 40.; siehe auch *Neufang/Valder* TranspR 2002, 325 (326).

108 *v. Waldstein/Holland* Binnenschiffahrtsrecht⁵, Rn 28.

109 AG Darmstadt NZV 2009, 609 f.

110 MünchKommHGB²/*Czerwenka* Rn 41.

111 BR-Drucks. 368/97, S. 40.

112 *Didier* Risikozurechnung bei Leistungsstörungen im Gütertransportrecht, S. 202 ff; *Koller*⁸ Rn 61; **aA** Ebenroth/Boujong/Joost/Strohn²/*Reuschle* Rn 37.

113 Siehe auch MünchKommHGB²/*Czerwenka* Rn 46.

114 BGH NJW 1985, 1774 (1775).

dem Schluss, dass nicht ausnahmslos jeder nicht dem Risikobereich des Frachtführers zuzurechnende Verzögerungsgrund in den Risikobereich des Absenders fällt.[115] Letztlich wird allerdings trotz Anerkennung einer neutralen Risikosphäre eine Risikozuordnung zu einer Partei insofern vorgenommen, als ein Umstand, der nicht in den Risikobereich des Frachtführers fällt, zu einem Anspruch des Frachtführers nach § 412 Abs. 3 führt, ein Umstand, der nicht in den Risikobereich des Absenders fällt, einen Anspruch des Frachtführers nach § 420 Abs. 4 hingegen ausschließt. In dem einen Fall trägt letztlich der Absender das „neutrale" Risiko, in dem anderen der Frachtführer. Wesentlich auf Grund dieser Erwägungen zur Beweislastverteilung ist auch der BGH in seinem Urteil vom 22.06.2011[116] zu dem Schluss gelangt, dass nicht ausnahmslos jeder nicht dem Risikobereich des Frachtführers zuzurechnende Verzögerungsgrund zu einem Anspruch des Frachtführers gem. § 420 Abs. 3 a.F., jetzt Abs. 4 führt.

58 Weil – wie dargestellt – auch mit der neutralen Risikosphäre im Ergebnis eine Risikozuweisung verbunden ist, besteht kein Grund, diese neutrale Sphäre einzuengen. Der Auffassung, dass dem Risikobereich des Frachtführers auch all diejenigen Umstände zuzuordnen seien, die nicht aus seinem Organisationsbereich herrühren, aber unmittelbare Auswirkung auf die Nutzung des Beförderungsmittels oder des Beförderungswegs haben,[117] ist daher für den Regelfall nicht zu folgen. Wenn sich aus den Umständen des Einzelfalls nichts anderes ergibt, darf ein (Ideal-)Absender die vertragliche Erklärung des Frachtführers nicht dahingehend verstehen, dass dieser seinem Risikobereich auch solche Umstände zugeordnet wissen will, auf die er keinerlei Einfluss hat, wie etwa ein die Schifffahrt zum Erliegen bringendes Hochwasser oder eine die einzige Wasserstraße blockierende Schifffahrtssperre. Umgekehrt fällt es auch nicht in den Risikobereich des Absenders, dass Hochwasser die Zufahrt zur Beladestelle verhindert.[118] Der BGH ist davon ausgegangen, dass von außen wirkende unvorhersehbare und von den Parteien des Frachtvertrags nicht beherrschbare Störungsursachen wie beispielsweise die Sperrung eines Beförderungswegs, Hoch- oder Niedrigwasser, Eisgang oder Sturm, die nicht dem Frachtführer zugerechnet werden können, nicht ohne Weiteres in den Risikobereich des Absenders fallen.[119]

59 **5. Höhe des Standgelds.** Die Parteien können die Höhe des Standgelds vertraglich – auch in AGB – vereinbaren. Bestimmungen in Allgemeinen Geschäftsbedingungen, dass Standzeiten des Frachtführers nicht gesondert vergütet werden, unterliegen der richterlichen Inhaltskontrolle nach § 307 Abs. 3 Satz 1 BGB,[120] die insoweit gegebene Abweichung von § 412 Abs. 3 benachteiligt den Frachtführer unangemessen im Sinne des § 307 Abs. 1 Satz 1, Abs. 2 Nr. 1 BGB.[121] Haben sie nichts vereinbart, richtet sich die Vergütungshöhe nach der **Angemessenheit.** Dem Frachtführer steht kein einseitiges Leistungsbestimmungsrecht (§ 315 f BGB) zu.[122] Entscheidend ist vielmehr, was redliche Parteien, die das Risiko des Wartens hätten regeln wollen, bei Vertragsschluss vereinbart hätten.[123] Die Angemessenheit der Vergütung richtet sich daher nicht nach

115 OLG Köln ZfB 2008, 74 ff.
116 BGH TranspR 2011, 362 ff.
117 Etwa MünchKommHGB²/*Czerwenka* Rn 44.
118 **AA** MünchKommHGB²/*Czerwenka* Rn 45.
119 BGH TranspR 2011, 362 ff.
120 Kontrollfreiheit indes noch angenommen von OLG Hamm, Urt. v. 26.11.2009 – I-18 U 31/09, juris.
121 BGH TranspR 2010, 432 f.
122 *Koller*⁸ Rn 49; MünchKommHGB²/*Czerwenka* Rn 48; **aA** Fremuth/Thume/*Fremuth* Rn 19; siehe in diesem Zusammenhang auch BGH NJW 1985, 1895 ff.
123 *Koller*⁸ Rn 58.

den zur Zeit des Ladens oder Entladens, sondern nach den im Zeitpunkt des Vertragsschlusses üblichen Sätzen.[124] Das Standgeld umfasst nicht nur (Neben-)Kosten, sondern soll auch das unternehmerische Risiko des Frachtführers abgelten und dessen Gewinnspanne abdecken.[125] Bei Ermittlung der Anspruchshöhe ist § 287 Abs. 2 ZPO anwendbar.

6. Fälligkeit. Fällig ist der Standgeldanspruch bei Ablieferung. Liegt die Entladezeit 60
nach Ablieferung, wird die betreffende Vergütung sofort (§ 271 BGB) fällig.[126]

VI. Verordnungsermächtigung für die Binnenschifffahrt

Für den Bereich der Binnenschifffahrt ermächtigt Abs. 4 das Bundesministerium der 61
Justiz, im Einvernehmen mit dem Bundesministerium für Verkehr, Bau- und Stadtentwicklung durch Rechtsverordnung ohne Zustimmung des Bundesrats unter Berücksichtigung der Art der zur Beförderung bestimmten Fahrzeuge, der Art und Menge der umzuschlagenden Güter, der beim Güterumschlag zur Verfügung stehenden technischen Mittel und der Erfordernisse eines beschleunigten Verkehrsablaufs die Voraussetzungen für den Beginn der Lade- und Entladezeit zu bestimmen. Die amtliche Überschrift zu § 412 stellt nunmehr – insoweit parallel zu der amtlichen Überschrift des § 408, der in Abs. 3 ebenfalls eine Verordnungsermächtigung beinhaltet – ausdrücklich heraus, dass sich in Abs. 4 eine Verordnungsermächtigung findet. Mit der Regelung soll den besonderen Bedürfnissen der Binnenschifffahrt Rechnung getragen werden. Die Verordnungsermächtigung ist in ihrem Anwendungsbereich entsprechend beschränkt und kann nicht auf andere Verkehrsträger ausgedehnt werden.[127] Von der Ermächtigung ist mit der Verordnung über die Lade- und Löschzeiten sowie das Liegegeld in der Binnenschifffahrt (Lade- und Löschzeitenverordnung – BinSchLV) vom 23.11.1999 (BGBl. I S. 2389) Gebrauch gemacht worden. Die Verordnung differenziert wesentlich zwischen der Trockenschifffahrt (Beförderung von anderem als flüssigem oder gasförmigem Gut, §§ 1–4 BinSchLV) und der Tankschifffahrt (§§ 5–7 BinSchLV). Die Regelungen der **BinSchLV** sind **dispositiv.**[128]

1. Regelung für die Trockenschifffahrt. In der Trockenschifffahrt beginnt die Lade- 62
zeit nach Ablauf des Tages, an dem der Frachtführer die Ladebereitschaft dem Absender oder der vereinbarten Meldestelle angezeigt hat (§ 1 Abs. 1 BinSchLV). Abweichend davon beginnt die Ladezeit, sofern die Parteien vereinbart haben, dass der Zeitpunkt der Ladebereitschaft voranzumelden ist, zwei Stunden nach dem in der Voranmeldung genannten Zeitpunkt (§ 1 Abs. 2 Satz 1 BinSchLV). Nicht zur Ladezeit gehören Sonntage, Feiertage und die Zeit an Werktagen zwischen 20 Uhr und 6 Uhr. Ferner wird bei der Berechnung der Ladezeit die Zeit nicht in Ansatz gebracht, in der aus Gründen, die dem Risikobereich des Frachtführers zuzurechnen sind, das Verladen jeder Art von Gut unmöglich ist (§ 2 Abs. 2 BinSchLV).

---

[124] **AA** Ebenroth/Boujong/Joost/Strohn²/*Reuschle* Rn 40; wie hier auch MünchKommHGB²/*Czerwenka* Rn 48.

[125] Ausführlich *Koller*⁸ Rn 58; siehe auch *Andresen/Valder* Rn 28 f.

[126] *Koller*⁸ Rn 59; **aA** Fremuth/Thume/*Fremuth* Rn 22 (Fälligkeit im Zweifel stets täglich).

[127] *Andresen/Valder* Rn 33; Ebenroth/Boujong/Joost/Strohn²/*Reuschle* Rn 41.

[128] *Andresen/Valder* Rn 41.

63 Gemäß § 2 Abs. 1 beträgt die Ladezeit eine Stunde für jeweils 45 t Rohgewicht der für ein Schiff bestimmten Sendung. Als Schiff im Sinne der Bestimmung ist auch ein Schub- oder Koppelverband anzusehen.

64 Für die Löschzeit bestimmt § 3 BinSchLV eine entsprechende Anwendung der Bestimmungen über die Ladezeit.

65 Das Liegegeld beträgt bei einem Schiff mit einer Tragfähigkeit bis zu 1.500 t für jede angefangene Stunde, während der der Frachtführer nach Ablauf der Lade- oder Löschzeit wartet, 5 Eurocent je Tonne Tragfähigkeit. Bei einem Schiff mit einer Tragfähigkeit über 1.500 t beträgt das für jede angefangene Stunde anzusetzende Liegegeld 75 € zuzüglich 2 Eurocent für jede über 1.500 t liegende Tonne (§ 4 Abs. 1 BinSchLV).

66 **2. Regelung für die Tankschifffahrt.** In der Tankschifffahrt beginnt die Lade- wie die Löschzeit jeweils in dem Zeitpunkt, in dem der Frachtführer die Lade- resp. Löschbereitschaft anzeigt. Dies gilt jedoch nur, wenn der Frachtführer den Zeitpunkt der Lade- oder Löschbereitschaft mindestens 8 Stunden zuvor anmeldet. Die Voranmeldung und die Anzeige müssen in der Zeit von Montag bis Freitag zwischen 7 Uhr und 16 Uhr oder samstags zwischen 7 Uhr und 13 Uhr dem Absender oder der vereinbarten Meldestelle zugehen (§ 5 Abs. 1 BinSchLV). Werden diese Voraussetzungen nicht gewahrt, beginnt die Frist entsprechend § 1 Abs. 1 BinSchLV oder, wenn vor diesem Zeitpunkt geladen oder gelöscht wird, mit Tätigkeitsbeginn (§ 5 Abs. 2 BinSchLV).

67 Die gesamte Lade- und Löschzeit beträgt, wenn die Mindestpumpenkapazität des Tankschiffs wenigstens 200 Kubikmeter pro Stunde beträgt, bei einer für ein Schiff bestimmten Sendung mit einem Gewicht bis zu 1.100 t 24 Stunden, bis zu 1.500 t 26 Stunden und bis zu 2.000 t 30 Stunden (§ 6 Abs. 1 Satz 1 BinSchLV). Bei einer Sendung mit einem höheren Gewicht erhöht sich die Lade- und Löschzeit ebenso wie bei einer geringeren Pumpenkapazität (§ 6 Abs. 1 Satz 2, Abs. 2 BinSchLV). Die erforderliche Aufheizzeit wird angerechnet (§ 6 Abs. 1 Satz 3 BinSchLV). Nicht zur Lade- und Löschzeit gehören Sonntage, Feiertage, sowie die Zeit nach Sonn- und Feiertagen von 0 Uhr bis 7 Uhr und an Samstagen, an Heiligabend sowie Silvester zwischen 13 Uhr und 24 Uhr.

68 Das Liegegeld beträgt für jede angefangene Stunde, in der der Frachtführer nach Ablauf der Lade- und Löschzeit wartet, bei Tankschiffen mit einer Tragfähigkeit bis 500 t 25 €, bis 1.000 t 54 € und bis 1.500 t 75 €. Bei Tankschiffen mit einer Tragfähigkeit über 1.500 t beträgt das Liegegeld 75 € zuzüglich 10 € je weitere angefangene 500 t (§ 7 Abs. 1 BinSchLV).

§ 413
Begleitpapiere

(1) Der Absender hat dem Frachtführer alle Urkunden zur Verfügung zu stellen und Auskünfte zu erteilen, die für eine amtliche Behandlung, insbesondere eine Zollabfertigung, vor der Ablieferung des Gutes erforderlich sind.

(2) Der Frachtführer ist für den Schaden verantwortlich, der durch Verlust oder Beschädigung der ihm übergebenen Urkunden oder durch deren unrichtige Verwendung verursacht worden ist, es sei denn, daß der Verlust, die Beschädigung oder die unrichtige Verwendung auf Umständen berührt, die der Frachtführer nicht vermeiden und deren Folgen er nicht abwenden konnte. Seine Haftung ist jedoch auf den Betrag begrenzt, der bei Verlust des Gutes zu zahlen wäre.

Schrifttum

Basedow Die Tragweite des zwingenden Rechts im neuen deutschen Gütertransportrecht, TranspR 1998, 58–65; *Helm* Die beschränkte Kausalhaftung von Absender, Versender und Einlagerer, in: Transport- und Vertriebsrecht 2000, Festgabe für Herber, 1999 S. 88 ff; *Hill/Messent* CMR – Contracts for the international carriage of goods by road, 2. Aufl. 1995; *Koller* Die Person des Schadensersatzberechtigten bei Ansprüchen aus Art. 17 CMR, RIW 1988, 254–258; *Lenz* Straßengütertransportrecht, 1988; *Loewe* Erläuterungen zum Übereinkommen vom 19. Mai 1956 über den Beförderungsvertrag im internationalen Straßengüterverkehr (CMR), ETL 1976, 503 ff; *Pfeiffer* Handbuch der Handelsgeschäfte, 1999; *Züchner* Rechtsfragen zur CMR-Haftung und CMR-Versicherung, VersR 1969, 682–688.

Übersicht

I. Allgemeines

§ 413 trägt dem Umstand Rechnung, dass dem Transportgut gewöhnlich Begleitpapiere beigefügt sind und deren Verlust, Beschädigung oder unrichtige Verwendung damit zum Beförderungsrisiko zählt.[1] Die Vorschrift bestimmt den jeweiligen Verantwortungsbereich von Absender und Frachtführer. In Übereinstimmung mit Art. 11 Abs. 1 CMR, Art. 16 MÜ, § 12 Abs. 1 KVO und § 427 Satz 1 HGB a.F. weist § 413 Abs. 1 dem Absender als Warenfachmann die Pflicht zur Aushändigung von notwendigen Begleitpapieren und zur Erteilung erforderlicher Auskünfte bezüglich der Güterbehandlung zu.[2] 1

Abweichend von Art. 11 Abs. 3 CMR, 16 Abs. 1 MÜ, § 12 Abs. 9 Satz 1 KVO findet sich in Abs. 2 der Norm eine **verschuldensunabhängige Haftung des Frachtführers** bei Verlust, Beschädigung oder unrichtiger Verwendung der Begleitpapiere bis zur Grenze des Güterwerts angeordnet. Konzeptionell entspricht diese Haftung den §§ 425, 426.[3] Abs. 2 regelt weder die Haftung des Frachtführers für einen Verlust, ein Vergessen oder eine falsche Verwendung ihm erteilter Auskünfte,[4] noch die Haftung des Absenders für Schäden, die aus einem Fehlen, einer Unvollständigkeit oder Unrichtigkeit der geschuldeten Urkunden oder Auskünfte resultieren. Die Einstandspflicht des Absenders in letztgenannten Fällen ergibt sich aus § 414 Abs. 1 Satz 1 Nr. 4. 2

[1] Heymann[2]/*Schlüter* Rn 1.
[2] BR-Drucks. 368/97, 41; Ebenroth/Boujong/Joost/Strohn[2]/*Reuschle* Rn 1.
[3] BR-Drucks. 368/97, S. 41.
[4] *Koller*[8] Rn 13; siehe im Einzelnen auch noch unten Rn 13.

II. Pflichten des Absenders nach Abs. 1

3 Nach Abs. 1 hat der Absender dem Frachtführer
- Urkunden zur Verfügung zu stellen

und
- Auskünfte zu erteilen.

Dabei handelt es sich jedenfalls insoweit um eine echte Pflicht des Absenders, nicht um eine bloße Mitwirkungsobliegenheit, als dem Frachtführer Schäden drohen.[5] Dies ist etwa der Fall, wenn bei fehlenden oder fehlerhaften Papieren u.U. das Fahrzeug beschlagnahmt werden kann.[6] Weiter ist daran zu denken, dass der Frachtführer sich Ersatzansprüchen dritter Absender etwa wegen Lieferfristüberschreitungen ausgesetzt sieht, wenn ein Sammelladungstransport insgesamt wegen eines einzelnen Papiers warten muss.

4 Sowohl das Zur-Verfügung-Stellen von Urkunden als auch das Erteilen von Auskünften ist **nur geschuldet**, soweit dies **für** eine **amtliche Behandlung** vor der Ablieferung des Gutes **erforderlich** ist. Die mit der Seehandelsrechtsreform vorgenommene Ergänzung des Wortes „alle" in § 413 Abs. 1 bedeutet keine Ausweitung, ist vielmehr rein sprachlich bedingt und dient der Anpassung an die seerechtliche Regelung des § 486.[7] Zeitlich erfasst wird die Spanne bis zur Ablieferung des Gutes.[8] Sachlich *nicht* in den Anwendungsbereich des § 413 Abs. 1 fallen solche Urkunden, die sich nicht auf das abzufertigende Gut an sich beziehen und etwa das Gewerbe des Frachtführers betreffen (z.B. TÜV-Zertifikate, Gewerbeerlaubnis),[9] ferner auch Auskünfte, die dazu dienen, dem Frachtführer die Ladungsfürsorge zu erleichtern.[10] Die von der Norm ausdrücklich genannte Zollabfertigung stellt einen Unterfall amtlicher Behandlung dar.

5 **1. Begleitpapiere.** Urkunden im Sinne des § 413 Abs. 1 sind beispielsweise solche, die für eine Zollabfertigung benötigt werden, weiter all diejenigen Papiere, die sich auf das Gut beziehen und dessen reibungslosen Transport ermöglichen.[11] In Betracht kommen etwa öffentlich-rechtlich vorgeschriebene Begleitpapiere für Gefahrguttransporte, den Transitverkehr und gesundheitsbehördlich geforderte Papiere.[12]

6 **Erforderlich** sind die Dokumente, soweit es ihrer für einen vertragsgemäßen, wie geplant ablaufenden Transport bedarf.[13] Ist keine Weisung für eine bestimmte Route erteilt, müssen die Begleitpapiere für alle in Betracht kommenden Routen genügen. Der Absender muss alle öffentlich-rechtlichen Vorschriften im Zusammenhang mit der Güterbehandlung beachten und die Begleitpapiere beifügen, die von den Behörden verlangt werden können, ohne Rücksicht auf deren Üblichkeit, deren regelmäßige Kontrolle durch die Behörden und die Kosten der Beschaffung.[14] Dokumente, die nur nützlich, nicht aber erforderlich sind, muss er nicht zur Verfügung stellen (arg. e contr. e § 413 Abs. 1 a.E.).

7 Auch der Zeitpunkt für die Übergabe der Begleitpapiere richtet sich nach der Erforderlichkeit. Ob eine Übergabe der Papiere während der Beförderung noch **rechtzeitig** ist,

---

[5] Ähnlich wie hier MünchKommHGB[2]/*Czerwenka* Rn 3; **aA** (keine echte Pflicht zur Übergabe der Begleitpapiere) *Koller*[8] Rn 7.
[6] Vgl. *Andresen/Valder* Rn 4.
[7] BT-Drucks. 17/10309, S. 53.
[8] Heymann[2]/*Schlüter* Rn 2.
[9] Heymann[2]/*Schlüter* Rn 3.
[10] *Koller*[8] Rn 9.
[11] MünchKommHGB[2]/*Czerwenka* Rn 5.
[12] Heymann[2]/*Schlüter* Rn 3.
[13] *Koller*[8] Rn 2.
[14] Ebenroth/Boujong/Joost/Strohn[2]/*Reuschle* Rn 3 f.

lässt sich nicht allgemein sagen.[15] Die Frage ist im Licht der vertraglichen Absprachen und eines wie geplant ablaufenden Transports zu beantworten. Ist eine Übergabe der Urkunden nach Übernahme des Guts noch schwierigkeitslos und ohne jeden Nachteil möglich, wird man es kaum für erforderlich halten können, dem Frachtführer die betreffenden Urkunden bereits bei Übernahme des Gutes auszuhändigen. Das Gesetz nimmt auch keine derart enge zeitliche Eingrenzung vor. Allerdings dürften sich recht häufig Fälle finden, in denen es Schwierigkeiten bereitet, die Urkunden erst zu einem späteren Zeitpunkt zu überlassen. In Ermangelung einer ausdrücklichen Absprache ist in diesen Fällen davon auszugehen, dass der Absender dem Frachtführer die Begleitpapiere bereits bei Übernahme des Guts zur Verfügung stellen muss. Einer besonderen Aufforderung durch den Frachtführer bedarf es nicht.[16] Etwas anderes gilt nur dann, wenn – etwa auf Grund einer Änderung der einschlägigen Vorschriften – im Verlaufe der Beförderung ein Beförderungs- und Ablieferungshindernis entsteht. In diesem Fall muss der Absender ggfs. zwar Papiere oder Auskünfte nachreichen, jedoch nur auf Aufforderung des Frachtführers.[17]

2. Auskünfte. Auskünfte sind Informationen, die der Absender dem Frachtführer schriftlich, elektronisch oder mündlich zur Verfügung stellt. Zu erteilen sind die Informationen, die für die amtliche Behandlung des Gutes erforderlich sind. Dies können Informationen sein, die das Gut selbst, die Begleitpapiere oder die zu erwartende amtliche Behandlung betreffen.[18] **8**

Im Rahmen des vorstehend Gesagten **erforderlich** sind diejenigen Informationen, über die ein ordentlicher Frachtführer im Allgemeinen nicht verfügt, die er ersichtlich nicht kennt oder um die er ausdrücklich nachsucht.[19] Je stärker der Frachtführer auf das zu transportierende Gut spezialisiert ist, desto weniger ist der Absender gehalten, Auskünfte zu erteilen.[20] Informationen, die lediglich nützlich, indes nicht erforderlich sind, ist der Absender nach § 413 Abs. 1 nicht gehalten weiterzugeben. **9**

3. Prüf- und Hinweispflichten des Frachtführers. Der Frachtführer muss die ihm zur Verfügung gestellten Urkunden und erteilten Auskünfte grundsätzlich nicht auf ihre Vollständigkeit und Eignung prüfen. Dies ergibt sich im Wege eines Erst-recht-Schlusses aus der Bestimmung des § 451b Abs. 3 Satz 2.[21] Ebensowenig hat er den Absender aufzuklären, dass für den Transport bestimmte Begleitpapiere erforderlich sind (§ 451b Abs. 3 Satz 1 e contr.). Im Regelfall trägt der Absender das gesamte Risiko der öffentlich-rechtlichen Zulässigkeit des Transports.[22] **10**

Weiß der Frachtführer, dass Urkunden oder Auskünfte fehlen oder mängelbehaftet sind, trifft ihn nach § 241 Abs. 2 BGB ebenso eine Hinweispflicht wie in den Fällen, in denen Entsprechendes evident ist.[23] Im Fall einer Verletzung dieser (ausnahmsweisen) **11**

---

15 Grundsätzlich verneinend MünchKommHGB²/*Czerwenka* Rn 7; bejahend *Koller*⁸ Rn 3.

16 Ebenroth/Boujong/Joost/Strohn²/*Reuschle* Rn 3.

17 MünchKommHGB²/*Czerwenka*; *Koller*⁸ Rn 2.

18 MünchKommHGB²/*Czerwenka* Rn 8.

19 Ebenroth/Boujong/Joost/Strohn²/*Reuschle* Rn 5; Heymann²/*Schlüter* Rn 6.

20 *Helm* in: Transport- und Vertriebsrecht 2000, S. 88 (92).

21 Siehe auch Heymann²/*Schlüter* Rn 5.

22 Ebenroth/Boujong/Joost/Strohn²/*Reuschle* Rn 7.

23 Heyman²/*Schlüter* Rn 5; Fremuth/Thume/*Fremuth* Rn 9; *Lammich/Pöttinger* Rn 8.

Hinweispflichten haftet er nach den allgemeinen Bestimmungen des BGB. Dieser Sicht steht nicht etwa § 451b Abs. 3 entgegen, da die dort begründete Informationspflicht schon unabhängig davon greift, ob ein Informationsdefizit beim Absender besteht und dieses evident ist.[24]

III. Haftung des Frachtführers nach Abs. 2

12 Nach Abs. 2 haftet der Frachtführer dem Absender **bis zu dem Betrag, der bei Güterverlust zu zahlen wäre,** für Schäden, die durch **Verlust, Beschädigung** oder **unrichtige Verwendung der** ihm überlassenen **Urkunden** entstanden sind. Ein Haftungsausschluss kann sich aus Abs. 2 Satz 1 Hs. 2 ergeben.

13 Die Bestimmung ist *nicht* auch auf einen Verlust oder eine falsche Verwendung dem Frachtführer erteilter Auskünfte anzuwenden. Dem steht der klare Wortlaut der Bestimmung entgegen; auch sind die betreffenden Informationen regelmäßig nicht verbrieft, weshalb die Gefahr von Falschübermittlungen größer ist als bei der Weitergabe von Urkunden. Im Falle des Verlusts oder der falschen Verwendung von Auskünften haftet der Frachtführer daher, soweit es dadurch im Obhutszeitraum zu einem Güter- oder Verspätungsschaden kommt, gem. den §§ 425 ff, bei sonstigen Schäden – verschuldensabhängig – nach den allgemeinen Vorschriften des BGB bis zur Höhe des sich nach § 433 ergebenden Betrags.[25]

14 **1. Verlust, Beschädigung oder unrichtige Verwendung.** Urkundenverlust meint, dass der Frachtführer die Dokumente in dem Moment, in dem er sie benötigt, nicht mehr besitzt. Unter Schutzzweckgesichtspunkten ist auch der Fall einzubeziehen, dass der Frachtführer die ihm übergebenen Papiere (vorübergehend) verlegt hat und in dem Zeitpunkt, in dem er sie benötigt, nicht finden kann. Auch in diesem Fall haftet er aus § 413 Abs. 2.[26]

15 Beschädigt sind die Dokumente, wenn sie etwa wegen Zerreißens, Durchstreichens oder Beschreibens ihre Funktion nicht mehr erfüllen können.

16 Eine **unrichtige Verwendung** liegt in **jedem pflichtwidrigen Umgang** mit den Frachtdokumenten, so etwa in deren Überlassung an Dritte, die sie zu einer Fälschung nutzen können.[27] Zumindest unter Schutzzweckgesichtspunkten sollte auch dann von einem unrichtigen Verwenden gesprochen werden, wenn der Frachtführer vergisst, die ihm übergebenen Papiere überhaupt zu verwenden.[28] Demgegenüber liegt in der fehlenden Überprüfung der Urkunden[29] keine unrichtige Verwendung[30].

17 **2. Haftungsausschluss; Mitverschulden.** Der Frachtführer haftet nicht, wenn er beweist, dass der Verlust, die Beschädigung oder die unrichtige Verwendung auf Umständen beruht, die er nicht vermeiden und deren Folgen er nicht abwenden konnte (Abs. 2 Satz 1 Hs. 2). Dies entspricht im Wesentlichen der von § 426 verwendeten Formulierung, die allerdings Unabwendbarkeit „auch bei größter Sorgfalt" verlangt. Ein Unterschied

---

[24] Siehe Ebenroth/Boujong/Joost/Strohn[2]/*Reuschle* Rn 8.
[25] *Koller*[8] Rn 13.
[26] *Koller*[8] Rn 15.
[27] BGHZ 136, 147 ff.
[28] Wie hier auch *Koller*[8] Rn 15.
[29] Zum Fehlen einer entsprechenden Verpflichtung des Frachtführers bereits oben Rn 10.
[30] Vgl. OLG Düsseldorf TranspR 1997, 422 (423); *Andresen/Valder* Rn 13.

in der Sache ist indes nicht anzunehmen, da die Abweichung auf einer erst nachträglich vom Rechtsausschuss des Deutschen Bundestags vorgenommenen Ergänzung beruht.[31]

Ein Mitverschulden des Absenders ist entsprechend § 425 Abs. 2 zu berücksichtigen.[32] **18**

19 3. **Anspruchshöhe.** Der grundsätzlich nach §§ 249 ff BGB zu bemessende Schaden ist nur bis zur Höhe des Betrags ersatzfähig, der bei Verlust des Gutes zu zahlen wäre (Abs. 2 Satz 2). Diese Regelung entspricht Art. 11 Abs. 3 Hs. 2 CMR und § 12 Abs. 9 Satz 2 KVO. Die für den Frachtführer aus der strengen Haftung erwachsenden Risiken sollen so kalkulierbar bleiben.[33] § 413 Abs. 2 Satz 2 greift auch bei Verspätungs- und sonstigen Vermögensschäden ein.[34]

20 Welchen Betrag der Frachtführer bei Verlust des Gutes zu zahlen hätte, bestimmt sich nach den §§ 429, 431. Bei zulässiger Vereinbarung von § 431 abweichender Haftungshöchstgrenzen sind diese maßgeblich.[35] Die Haftungsbegrenzung entfällt unter den Voraussetzungen des § 435.

IV. Pflichtverletzungen des Absenders

21 § 413 regelt in seinem Absatz 1 zwar Pflichten des Absenders, nicht aber die Folgen deren Verletzung. Einen Anspruch auf Ersatz der durch Fehlen, Unvollständigkeit oder Unrichtigkeit der in § 413 Abs. 1 genannten Urkunden oder Auskünfte verursachten Schäden und Aufwendungen gewährt § 414 Abs. 1 Satz 1 Nr. 4.

22 Drohen dem Frachtführer auf Grund einer Unvollständigkeit der Papiere Schäden, steht ihm ein Zurückbehaltungsrecht nach § 273 BGB zu. Auf Grund der gesetzgeberisch intendierten „Gleichstellung von Frachtführerfehlverhalten im Zusammenhang mit Begleitpapieren und mit Gütern"[36] ist § **417 Abs. 2** nicht nur im Fall nicht ordnungsgemäßer[37] Verladung oder Zur-Verfügung-Stellung des Guts innerhalb der Ladezeit anzuwenden, sondern **analog** auch auf die Fälle, in denen der Absender pflichtwidrig ordnungsgemäße Begleitpapiere nicht rechtzeitig zur Verfügung stellt.[38]

V. Dispositivität; Beweislast

23 **Abs. 1** des § 413 ist grundsätzlich **abdingbar** (§ 449 Abs. 1). Allerdings ist eine vertragliche Vereinbarung, dass der Frachtführer die Zollabfertigung des Gutes übernimmt, nicht ohne Weiteres dahingehend zu verstehen, dass damit der Auftraggeber von seiner in Abs. 1 geregelten Pflicht befreit wäre.[39] Eine weitergehende Auskunftspflicht des Absenders als gesetzlich vorgesehen kann auch AGB-vertraglich vereinbart werden (so etwa Ziff. 3.3, 3.4 ADSp). Eine Abbedingung des § 413 Abs. 1 zu Lasten des Frachtführers ist

---

31 Siehe MünchKommHGB²/*Czerwenka* Rn 14.
32 *Koller*⁸ Rn 15, Ebenroth/Boujong/Joost/Strohn²/*Reuschle* Rn 14.
33 BR-Drucks. 368/97, S. 42.
34 *Koller*⁸ Rn 16.
35 *Basedow* TranspR 1998, 58 (59); *Koller*⁷ Rn 16.
36 BR-Drucks. 368/97, S. 41.
37 Siehe Kommentierung zu § 411 Rn 23, § 412 Rn 27, 37.
38 Wie hier MünchKommHGB²/*Czerwenka* Rn 20; aA *Koller*⁸ Rn 7, 12.
39 BGH TranspR 1998, 153 (155).

nach § 307 BGB unwirksam, wenn der Informationsvorsprung des Absenders als Warenfachmann im Verhältnis zum Frachtführer besonders groß ist.[40]

24 **Abs.** 2 der Bestimmung ist nur **partiell dispositiv**. Nach § 449 Abs. 1 Satz 1, Abs. 3 kann von § 413 Abs. 2 nicht zum Nachteil des Verbraucherabsenders abgewichen werden, es sei denn, der Frachtvertrag hat die Beförderung von Briefen oder briefähnlichen Sendungen zum Gegenstand. Ist der Absender hingegen Unternehmer, kann von § 413 Abs. 2 zwar zu dessen Nachteil abgewichen werden, jedoch nur durch im Einzelnen ausgehandelte Vereinbarung (§ 449 Abs. 1 Satz 1). Eine AGB-vertragliche Haftungsbegrenzung ist nach Maßgabe des § 449 Abs. 1 Satz 1 möglich.

25 Begehrt der Absender Schadensersatz nach § 413 Abs. 2, obliegt ihm der Beweis für die Übergabe der Begleitpapiere, deren unterbliebene oder fehlerhafte Verwendung sowie für die Höhe seines Schadens.[41] Dass der Verlust, die Beschädigung oder die unrichtige Verwendung auf Umständen beruht, die der Frachtführer als Anspruchsgegner nicht vermeiden und deren Folgen er nicht abwenden konnte, ist von diesem zu beweisen, wie aus der Formulierung „es sei denn" zu Beginn des 2. Halbsatzes des § 413 Abs. 2 Satz 1 folgt.

§ 414
Verschuldensunabhängige Haftung des Absenders in besonderen Fällen

(1) Der Absender hat, auch wenn ihn kein Verschulden trifft, dem Frachtführer Schäden und Aufwendungen zu ersetzen, die verursacht werden durch
1. **ungenügende Verpackung oder Kennzeichnung,**
2. **Unrichtigkeit oder Unvollständigkeit der in den Frachtbrief aufgenommenen Angaben,**
3. **Unterlassen der Mitteilung über die Gefährlichkeit des Gutes oder**
4. **Fehlen, Unvollständigkeit oder Unrichtigkeit der in § 413 Abs. 1 genannten Urkunden oder Auskünfte.**

(2) Hat bei der Verursachung der Schäden oder Aufwendungen ein Verhalten des Frachtführers mitgewirkt, so hängen die Verpflichtung zum Ersatz sowie der Umfang des zu leistenden Ersatzes davon ab, inwieweit dieses Verhalten zu den Schäden und Aufwendungen beigetragen hat.

(3) Ist der Absender ein Verbraucher, so hat er dem Frachtführer Schäden und Aufwendungen nach den Absätzen 1 und 2 nur zu ersetzen, soweit ihn ein Verschulden trifft.

Schrifttum

De Gottrau Die Haftung bei der Beförderung von gefährlichen Gütern, TranspR 1988, 320–326; *Konow* Aufwendungsersatz bei Fürsorgemaßnahmen für das Gut während des Transports, TranspR 1988, 229–232; *Zapp* Rechtsprobleme im Zusammenhang mit der Verpackung in der CMR und im deutschen Handelsgesetzbuch, TranspR 2004, 333–340.

---

40 *Koller*[8] Rn 14; Ebenroth/Boujong/Joost/Strohn[2]/*Reuschle* Rn 10.

41 Fremuth/Thume/*Fremuth* Rn 19; *Koller*[8] Rn 17.

Übersicht

I. Einführung

1 Die Norm statuiert in ihrem Abs. 1 eine **verschuldensunabhängige Haftung** des Absenders gegenüber dem Frachtführer für Schäden und Aufwendungen, die durch die unter **Nr. 1 bis 4 abschließend** genannten Gefahren verursacht werden. Ist der Absender ein Verbraucher, ist seine Haftung nach Abs. 3 insoweit modifiziert, als dass er nur haftet, soweit ihn ein Verschulden trifft. Aufgehoben ist die bis zur Seehandelsrechtsreform geltende Regelung, derzufolge sowohl der gewerbliche als auch der nicht-gewerbliche Absender für Schäden nur bis zu einem Betrag von 8,33 Sonderziehungsrechten je Kilogramm Rohgewicht der Sendung einzustehen hatten (Abs. 1 Satz 2 Hs. 1 a.F.). Ebenso wie für Aufwendungen haftet der Absender nunmehr grundsätzlich auch für Schäden unbegrenzt; nach Maßgabe des § 449 Abs. 2 Satz 2, im Umzugsverkehr des § 451h Abs. 2 Satz 3, hat er jedoch die Möglichkeit, die von ihm nach § 414 zu leistende Entschädigung der Höhe nach zu beschränken. Eine Mitverursachung der Schäden oder Aufwendungen ist nach Abs. 2 zu berücksichtigen.

2 Mit § 414 werden einige Sondertatbestände der Haftung des Absenders gegenüber dem Frachtführer auf Schadens- und Aufwendungsersatz gebündelt, die bis zur Transportrechtsreform verstreut waren.[1] Vorbilder sind hinsichtlich der Haftung für Verpackung (Abs. 1 Nr. 1) Art. 10 CMR und § 18 Abs. 3 KVO, hinsichtlich der Haftung für Frachtbriefangaben (Abs. 1 Nr. 2) Art. 7 Abs. 1 CMR, § 426 Abs. 3 HGB a.F. und § 13 Abs. 1 KVO, hinsichtlich der Haftung wegen Mängeln der Gefahrmitteilung (Abs. 1 Nr. 3) Art. 22 Abs. 2 CMR a.E., und hinsichtlich der Haftung wegen Begleitpapier- und Auskunftsfehlern (Abs. 1 Nr. 4) Art. 11 Abs. 2 CMR, § 427 Satz 2 HGB a.F.[2]

3 Im Zuge der Reform des Seehandelsrechts hat der Gesetzgeber auf die Kritik an der bis dahin in Abs. 1 Satz 2 zu findenden Haftungsbegrenzung reagiert und diese gestrichen. Schon im Rahmen der Transportrechtsreform 1998 war zunächst eine der Höhe nach unbegrenzte Haftung vorgesehen, da „ein sachgerechter Anknüpfungspunkt für eine summenmäßige Haftungsbegrenzung […] nicht ersichtlich" sei.[3] Im Laufe des Gesetzgebungsverfahrens war sodann aber eine – in Abhängigkeit von dem Gewicht der

---

1 MünchKommHGB²/*Czerwenka* Rn 1.
2 BR-Drucks. 368/97, S. 42.
3 BR-Drucks. 368/97, S. 42.

gesamten Sendung zu ermittelnde – Haftungshöchstsumme eingefügt worden, „um ein Gleichgewicht der – verschuldensunabhängigen – Haftung des Absenders mit der des Frachtführers herzustellen".[4] Diese Haftungsbeschränkung hat nachfolgend berechtigterweise deutliche Kritik erfahren, wobei nicht die Aufnahme einer Haftungshöchstsumme *als solche*, sondern wesentlich die Anknüpfung des maximalen Ersatzbetrags an das Sendungsgewicht sachwidrig war.[5] Anders als bei der Haftung des Frachtführers beziehen sich die Schäden, für die der Absender haftet, nicht auf das von ihm selbst aufgegebene Gut, sondern auf Rechtsgüter seines Vertragspartners.[6] Dass bei Aufgabe eines 10 kg schweren Pakets mit selbstentzündlichen Chemikalien der Absender lediglich bis zu einem Betrag von 83,3 Sonderziehungsrechten haften sollte, wenn es wegen eines unterlassenen Gefahrhinweises zu einer Schädigung des Frachtführers kam, war kaum nachvollziehbar.[7] Dies gilt vor allem, wenn man dem eingangs genannten Beispiel die Fallgestaltung entgegensetzt, dass ein anderer Absender, der eine besonders schwere Sendung aufgibt, etwa wegen eines Kennzeichnungsmangels in weitaus größerem Umfang haftet und ihm die Haftungsbegrenzung wegen Nichterreichens des Haftungshöchstbetrags oftmals gar nicht zu Gute kommen dürfte.

4 Vor dem dargestellten Hintergrund hat der Gesetzgeber die vormalige Haftungsbegrenzung in Abs. 1 Satz 2 nunmehr gestrichen. Zugleich hat er mit den §§ 449 Abs. 2 Satz 2, 451h Abs. 2 Satz 3 die Möglichkeit eröffnet, durch vorformulierte Vertragsbedingungen die vom Absender nach § 414 zu leistende Entschädigung der Höhe nach zu beschränken. Dieser Ansatz ist zu begrüßen, da mit ihm einerseits die sachwidrige Verknüpfung des Haftungshöchstbetrags mit dem Sendungsgewicht beseitigt, andererseits aber dem berechtigten Interesse des Absenders an einer Haftungsbeschränkungsmöglichkeit Rechnung getragen wird.

5 Die unverändert in Abs. 3 zu findende, ebenfalls erst spät in die Transportrechtsreform 1998 hineingeflossene Aufnahme eines Verbraucherschutzes im allgemeinen Frachtrecht ist systemfremd und setzt den Frachtführer im Ergebnis erheblichen Haftungslücken aus.[8] In ihrem Grundsatz (Abs. 1) sollte die Bestimmung des § 414 dem Frachtführer durch Verzicht auf das Erfordernis eines Verschuldens gerade effektiven Schutz gewähren; der Absender sollte sich nicht darauf berufen können, dass er etwa begleitende Angaben von einem Dritten übernommen[9] und diese nicht habe prüfen können. Abs. 3 relativiert diese Grundentscheidung nicht nur, sondern wirft sie über Bord.

6 Bedenklich ist insbesondere, dass der Frachtführer in den Fällen des Abs. 3 sogar das Verschulden des Frachtführers beweisen muss.[10] Auch insofern stellt die Norm den Absender besser, als er im Falle einer Haftung nach §§ 280 ff BGB stünde (§ 280 Abs. 1 Satz 2 BGB). Jedenfalls dadurch **verkehrt sich der** von der Norm **intendierte Schutz** des Frachtführers zu einem Schutz des Absenders.

---

4 BT-Drucks. 13/10014, S. 47.

5 Wie hier MünchKommHGB²/*Czerwenka* Rn 2; **aA** Ebenroth/Boujong/Joost/Strohn²/*Reuschle* Rn 2.

6 MünchKommHGB²/*Czerwenka* Rn 2.

7 *Thume* BB 1998, 2117 (2118); MünchKommHGB²/*Czerwenka* Rn 2; an der Verfassungskonformität zweifelnd; *Canaris* Handelsrecht, § 31 Rn 5; *Koller*⁷ Rn 16; zu unbegrenzter Haftung in Verschuldensfällen *Helm* in: Transport- und Vertriebsrecht 2000, S. 88 (94); *Schindler* in: Transport- und Vertriebsrecht 2000, S. 119 (124).

8 Ebenroth/Boujong/Joost/Strohn²/*Reuschle* Rn 10 f.

9 BR-Drucks. 368/97, S. 42.

10 Ebenroth/Boujong/Joost/Strohn²/*Reuschle* Rn 10; **aA** Fremuth/Thume/*Fremuth* Rn 31.

II. Verschuldensunabhängige Absenderhaftung nach Abs. 1

Ist der Absender kein Verbraucher, haftet er nach Abs. 1 verschuldensunabhängig für Schäden und Aufwendungen aus Ereignissen im Sinne der Nummern 1–4. Gewisse Einschränkungen der Verschuldensunabhängigkeit der Haftung sind insofern zu beobachten, als etwa Abs. 1 Nr. 1 durch die Verwendung des Wortes „ungenügend" zum Ausdruck bringt, dass der Absender bei der von ihm vorzunehmenden Verpackung oder Kennzeichnung die verkehrserforderliche Sorgfalt außer Acht gelassen haben muss.[11] Eine Entlastung bei Vorliegen solcher Umstände, die der Absender auch bei größter Sorgfalt nicht vermeiden oder deren Folgen er nicht abwenden konnte (§ 426 analog), sieht das Gesetz nicht vor.[12] 7

Dass bei einer verschuldensunabhängigen Haftung nicht in unmittelbarer Anwendung des § 278 BGB eine Zurechnung der Verantwortlichkeit Dritter erfolgen kann,[13] ist richtig, doch § 428 ist nicht unmittelbar einschlägig, da er *dem Frachtführer* das Handeln seiner Leute zurechnet. Handlungen Dritter muss sich der Absender jedoch in Gesamtanalogie zu den §§ 278 BGB, 428 zurechnen lassen, wobei im Rahmen der Analogie zu § 278 BGB die Verschuldensunabhängigkeit der Haftung in Rechnung zu stellen ist. 8

1. Anspruchsinhaberschaft/Anspruchsgegnerschaft. Ersatzberechtigt nach § 414 ist nur der dem Absender vertraglich verbundene Frachtführer. Nur unter der Voraussetzung, dass er in den ursprünglichen Frachtvertrag eingetreten ist, kann dies auch ein nachfolgender Frachtführer sein. Dritte, etwa der Empfänger, sind nicht aktivlegitimiert.[14] Der Bestimmung kommt keine Schutzwirkung zu ihren Gunsten zu. Kommt es bei einem Sammelladungstransport beispielsweise aufgrund unterlassener Gefahrmitteilung zu einer Schädigung der Ware dritter Absender, sind diese gehalten, Ansprüche nach §§ 425 ff gegen den Frachtführer geltend zu machen. Diesem steht seinerseits ein Anspruch nach § 414 Abs. 1 Nr. 3 gegen den Absender zu, der den Gefahrhinweis unterlassen hat. Der Anspruch ist zunächst auf Freihaltung gerichtet und vermag sich in einen Zahlungsanspruch umzuwandeln.[15] So trägt jede Partei das Risiko der Insolvenz desjenigen, dem sie vertraglich verbunden ist. Eine eventuelle Haftung aus Delikt bleibt hiervon unberührt.[16] 9

Nicht ausgeschlossen ist mit dem Gesagten die (ausnahmsweise) **Möglichkeit einer Drittschadensliquidation.**[17] Voraussetzung ist eine zufällige Schadensverlagerung, die nur dann angenommen werden kann, wenn ein Schaden, der eigentlich dem Vertragspartner drohte, bei einem Dritten eingetreten ist, ohne dass es zu einer Kumulation von Haftungsrisiken gekommen wäre.[18] Eine Drittschadensliquidation ist etwa in den Fällen möglich, in denen das Transportmittel dem Frachtführer nicht gehört, sondern von diesem angemietet ist.[19] 10

---

[11] BT-Drucks. 13/8445, S. 138.

[12] Ebenroth/Boujong/Joost/Strohn²/*Reuschle* Rn 8, *Koller*⁸ Rn 2; MünchKommHGB²/*Czerwenka* Rn 3; **aA** *Canaris* Handelsrecht, § 33 Rn 59; Heidelberger Kommentar⁷/*Ruß* Rn 12.

[13] MünchKommHGB²/*Czerwenka* Rn 4.

[14] MünchKommHGB²/*Czerwenka* Rn 5.

[15] Siehe PalandtBGB⁷¹/*Grüneberg* Vorb v § 249 Rn 46.

[16] Siehe MünchKommHGB²/*Czerwenka* Rn 6.

[17] Siehe BGHZ 15, 224, 228 f; *Koller*⁷ Rn 15; zurückhaltender MünchKommHGB²/*Czerwenka* Rn 6; ablehnend Ebenroth/Boujong/Joost/Strohn²/*Reuschle* Rn 13.

[18] *Medicus* Bürgerliches Recht²², Rn 841; *Schmidt* Jura 2007, 572 (574).

[19] BGHZ 15, 224 (228 f); *Koller*⁸ Rn 15.

11 **2. Die Haftungstatbestände im Einzelnen.** Die Aufzählung von Fällen in den Nummern 1 bis 4 des § 414 Abs. 1, in denen der Absender dem Frachtführer verschuldensunabhängig haftet, ist abschließend.[20] Die Gegenauffassung, die eine analoge Anwendung etwa im Fall von Verlademängeln befürwortet,[21] berücksichtigt nicht hinreichend, dass der Gesetzgeber ebenso, wie er es in § 427 Abs. 1 Nr. 3 getan hat, auch in § 414 Abs. 1 den Fall fehlerhaften Ver- oder Entladens hätte aufnehmen können. Aus entsprechenden Gründen ist eine analoge Anwendung der Bestimmung auf frachtbriefähnliche Dokumente und die Verletzung ausgeweiteter Informationspflichten[22] abzulehnen.[23] Der Anwendungsbereich des § 414 Abs. 1 ist klar begrenzt. Wird ein Fall von ihm nicht erfasst, können neben deliktischen Ansprüchen, Ansprüche nach §§ 280 ff gegeben sein, dies jedoch nur im Falle eines Verschuldens.

12 **a) Ungenügende Verpackung oder Kennzeichnung (Nr. 1).** Die Norm sanktioniert die Verletzung von Pflichten nach § 411. Damit erfolgt eine Anknüpfung nicht an das tatsächliche Verhalten des Absenders, sondern an die Verletzung der Rechtspflicht zu Verpackung und Kennzeichnung.[24] Eine Haftung aus § 414 ist demnach nicht gegeben, wenn der Absender, der dazu nicht verpflichtet ist, rein tatsächlich die Verpackung übernimmt, seine (freiwilligen) Maßnahmen nicht den in § 411 gestellten Anforderungen genügen und daraus ein Schaden resultiert.[25]

13 Als ungenügend stellt sich die Verpackung oder Kennzeichnung in sämtlichen Fällen dar, in denen sie gänzlich fehlt oder unzulänglich ist. Das Wort „ungenügend" impliziert, dass der Absender keine Vorsorge für *vorhersehbare* Störungen bei der Durchführung des Transports getroffen hat. Insoweit ist die Frage eines Absenderverschuldens erheblich.[26] Der Absender haftet demnach nur, wenn er seine Verpackung nicht so ausgelegt hat, dass sie der Normalgefahr eines vertragsgemäß ablaufenden Transports standhalten würde. Seine Haftung entfällt nicht dadurch, dass ein Mangel des verwendeten Verpackungsmaterials vorlag, welcher für ihn unerkennbar war.

14 Die ungenügende Verpackung oder Kennzeichnung durch Dritte, die der Absender mit dieser Aufgabe betraut hat, muss dieser sich aufgrund einer Gesamtanalogie zu den §§ 278 BGB, 428 zurechnen lassen.[27]

15 **b) Unrichtigkeit oder Unvollständigkeit der in den Frachtbrief aufgenommenen Angaben (Nr. 2).** Voraussetzung für eine Anwendbarkeit des § 414 Abs. 1 Nr. 2 ist, dass überhaupt ein Frachtbrief ausgestellt wurde. Einen Frachtbriefzwang kennt das HGB nicht.[28] § 414 Abs. 1 Nr. 2 spricht von den in den Frachtbrief „aufgenommenen" Angaben und damit auch von solchen, deren Aufnahme § 408 Abs. 1 Satz 2 lediglich

---

[20] Wie hier Baumbach/HoptHGB[35]/*Merkt* Rn 1; MünchKommHGB[2]/*Czerwenka* Rn 7; *Helm* in: Transport- und Vertriebsrecht 2000, S. 88 (93); grundsätzlich auch *Koller*[8] Rn 1 (partiell anders aber Rn 8, 10).

[21] Ebenroth/Boujong/Joost/Strohn[2]/*Reuschle* Rn 25.

[22] Siehe *Koller*[8] Rn 8, 10, 12.

[23] So für frachtbriefähnliche Dokumente ausdrücklich auch *Andresen/Valder* Rn 16; offengelassen bei *Helm* in: Transport- und Vertriebsrecht 2000, S. 88 (91 f).

[24] Wie hier *Koller*[8] Rn 6; MünchKommHGB[2]/*Czerwenka* Rn 8; wohl auch Heymann[2]/*Schlüter* Rn 3; **aA** Ebenroth/Boujong/Joost/Strohn[2]/*Reuschle* Rn 15.

[25] So auch Baumbach/HoptHGB[35]/*Merkt* Rn 2 mit Hinweis auf die Widersprüchlichkeit/Unklarheit der Gesetzesmaterialien; siehe auch *Koller*[8] Rn 6 a.E.

[26] BT-Drucks. 13/8445, S. 138.

[27] Oben Rn 8.

[28] Siehe *Andresen/Valder* Rn 16; Ebenroth/Boujong/Joost/Strohn[2]/*Reuschle* Rn 20.

ermöglicht. Weil der Frachtbrief Instruktionspapier für den Frachtführer ist und falsche Angaben in diesem ihn besonders gefährden, sollten auch einseitige Angaben des Absenders im Frachtbrief einbezogen werden.[29]

Unrichtig ist eine nicht den Tatsachen entsprechende Angabe, unvollständig eine solche, deren Aussagegehalt unvollkommen ist.[30] Das Gesetz nennt neben der Unrichtigkeit auch die Unvollständigkeit, weil Fälle denkbar sind, in denen die Angaben zwar lückenhaft, jedoch nicht unrichtig sind. Indes muss sich der Frachtführer nicht nur darauf verlassen können, dass die ihm gemachten Angaben richtig sind,[31] sondern auch darauf, dass die Mitteilung nicht Wesentliches auslässt. Allerdings liegt eine solche Auslassung nicht bereits im Fehlen einer Einzelangabe, da § 408 keinen zwingenden Frachtbriefinhalt vorschreibt.[32] Fehlt bei einer im Frachtbrief angegebenen Anschrift des Empfängers beispielsweise die Hausnummer, stellt dies eine unvollständige Angabe im Sinne des § 414 Abs. 1 Nr. 2 dar. **16**

c) **Unterlassen der Mitteilung über die Gefährlichkeit des Gutes (Nr. 3).** Der Absender haftet ferner, wenn es aufgrund einer unterlassenen Mitteilung über die Gefährlichkeit des Gutes zu einem Schaden oder Aufwendungen des Frachtführers kommt. Die Norm knüpft damit an die Verletzung einer Absenderpflicht nach § 410 Abs. 1 an. Nachdem das Gesetz dort zwischen der Gefahrmitteilung als solcher und der Information über zu ergreifende Vorsichtsmaßnahmen unterscheidet, in § 414 aber nur von der Gefahrmitteilung selbst die Rede ist, wird von der Norm die Fallgestaltung nicht erfasst, dass der Absender zwar eine zutreffende Mitteilung über die genaue Art der Gefahr macht, die zu ergreifenden Vorsichtsmaßnahmen aber falsch bezeichnet und es dadurch zu einem Schaden kommt. In diesem Fall haftet der Absender nach den allgemeinen Regeln des BGB. **17**

Von § 414 erfasst wird demgegenüber der Fall, dass der Absender die Mitteilung über die genaue Art der Gefahr nicht gänzlich unterlässt, die Mitteilung aber unrichtig ist. Dem Wortlaut der Norm ist dies nicht deutlich zu entnehmen.[33] Da der Wortlaut aber nicht hindert, in einer unrichtigen Mitteilung ein Unterlassen der gebotenen (richtigen) Mitteilung zu sehen, und eine solche Sicht dem gesetzgeberischen Willen entspricht,[34] haftet der Absender auch dann, wenn es durch eine unzutreffende Mitteilung der genauen Art der Gefahr zu Schäden oder Aufwendungen des Frachtführers kommt. **18**

d) **Fehlen, Unvollständigkeit oder Unrichtigkeit der in § 413 Abs. 1 genannten Urkunden oder Auskünfte (Nr. 4).** § 414 Abs. 1 Nr. 4 bezieht sich nur auf die Fälle eines Fehlens, einer Unvollständigkeit oder Unrichtigkeit von Urkunden oder Auskünften *im Sinne des § 413 Abs. 1*. Hätte der Gesetzgeber auch andere Fälle falscher, unrichtiger oder unvollständiger Urkunden oder Auskünfte einbeziehen wollen, würde die einschränkende Inbezugnahme des § 413 Abs. 1 fehlen. So haftet der Frachtführer weder nach § 414, wenn eine falsch erteilte Auskunft sich nicht auf die amtliche Behandlung des Gutes bezieht, noch dann, wenn sie dies zwar tut, sie aber für eine amtliche Behandlung nicht erforderlich, sondern nur nützlich ist. Auch im Falle einer vertrag- **19**

---

29 *Koller*[8] Rn 8.

30 Ebenroth/Boujong/Joost/Strohn[2]/*Reuschle* Rn 20.

31 Dazu BGH NJW 1979, 105 (106 f).

32 *Zapp* TranspR 2004, 333 (334); Fremuth/Thume/*Fremuth* Rn 23; Ebenroth/Boujong/Joost/Strohn[2]/*Reuschle* Rn 20; MünchKommHGB[2]/*Czerwenka* Rn 12.

33 Siehe auch Ebenroth/Boujong/Joost/Strohn[2]/*Reuschle* Rn 23.

34 Siehe BR-Drucks. 368/97, S. 43.

lichen Vereinbarung zusätzlicher Auskunftspflichten ist die Norm nicht entsprechend anwendbar.[35]

20 3. **Einstandspflicht für Schäden und Aufwendungen.** Als Rechtsfolge ordnet § 414 Abs. 1 die Einstandspflicht des Absenders für Schäden und Aufwendungen an, die **kausal** auf eines der in den Nummern 1 bis 4 genannten Ereignisse zurückzuführen sind. Die Unterscheidung zwischen Schäden und Aufwendungen war bislang bedeutsam, da für Schäden die Haftungsbegrenzung nach Abs. 1 Satz 2 a.F. galt, für Aufwendungen hingegen nicht. Dies hat sich mit der ersatzlosen Streichung der Haftungsbegrenzungsregelung durch das Gesetz zur Reform des Seehandelsrechts geändert. Der Begriff der Entschädigung in §§ 449 Abs. 2 Satz 2, 451 h Abs. 2 Satz 3 lässt allerdings nicht zweifelsfrei erkennen, ob er sich nur auf Schäden oder auch auf Aufwendungen im Sinne des § 414 Abs. 1 bezieht. Geht man – begrifflich naheliegend – von ersterem aus, kann es unverändert nicht sein Bewenden bei der Feststellung haben, dass die Begriffe des Schadens und der Aufwendungen sich teilweise überschneiden.[36] Mit Blick auf die AGB-vertraglich mögliche Begrenzung der Entschädigung bedarf es womöglich unverändert einer Entscheidung, ob eine Einzelpositionen als Schaden oder als Aufwendung zu betrachten ist.

21 a) **Aufwendungen.** Aufwendungen sind **freiwillige** Vermögensopfer,[37] etwa Kosten für die Ausbesserung der Verpackung. Ferner handelt es sich um Aufwendungen, wenn ein Handeln auf Weisung des Verfügungsberechtigten erfolgt ist.[38] Entsprechend § 683 BGB[39] sind auch Zeit und Arbeitskraft des Frachtführers zu vergüten.[40]

22 „Aufwendungen", die der Frachtführer machen *musste*, sind Schäden.[41] Für eine Ausweitung des Aufwendungsbegriffs auf bestimmte Arten von Schäden, wie sie im allgemeinen Zivilrecht diskutiert und häufig angenommen wird,[42] ist kein Raum, da § 414 unmittelbar auch den Ersatz von Schäden regelt.[43]

23 b) **Schäden.** Schäden sind unfreiwillige Vermögenseinbußen. In Betracht kommen Personen-, Sach- und Vermögensschäden. Ist der Frachtführer aufgrund des Absenderfehlverhaltens einem Ersatzanspruch Dritter (etwa der Absender anderer Güter) ausgesetzt, ist er auch insoweit in seinem Vermögen geschädigt. In den betreffenden Fällen ist der Ersatzanspruch des Frachtführers zunächst auf Freihaltung gerichtet; dieser Freihaltungsanspruch kann gemäß § 250 BGB in einen Geldanspruch übergehen.[44] An einem Schaden fehlt es, wenn das Gut des Absenders selbst beschädigt wird und der Haftungsausschlusstatbestand des § 427 greift.[45] Sind beide Vertragsparteien für einen Güterschaden (mit-)verantwortlich, fehlt es an einem Schaden des Frachtführers, soweit der Absender nach § 425 Abs. 2 seinen Schaden selbst tragen muss. Da das Mitverschulden des

35 **AA** Heymann[2]/*Schlüter* Rn 6; siehe zum Ganzen auch bereits oben Rn 11.

36 So *Fremuth* in: Transport- und Vertriebsrecht 2000, S. 65; Fremuth/Thume/*Fremuth* Rn 7.

37 *Zapp* TranspR 2004, 333 (339); Heymann[2]/*Schlüter* Rn 9; *Koller*[8] Rn 14; Ebenroth/Boujong/Joost/Strohn[2]/*Reuschle* Rn 28.

38 Heymann[2]/*Schlüter* Rn 9; *Koller*[8] Rn 14.

39 Dazu PalandtBGB[71]/*Sprau* § 683 BGB Rn 8.

40 So auch MünchKommHGB[2]/*Czerwenka* Rn 18.

41 Ausdrücklich *Koller*[8] Rn 14; anders *Zapp* TranspR 2004, 333 (339); wohl auch Fremuth/Thume/*Fremuth* Rn 15.

42 Vergleiche Palandt BGB[71]/*Sprau* § 670 Rn 11.

43 So auch *Koller*[8] Rn 14.

44 PalandtBGB[71]/*Grüneberg* vor § 249 Rn 46.

45 Dies übersieht *Andresen*/*Valder* Rn 8.

Absenders andernfalls doppelte Berücksichtigung fände, ist der Frachtführer gehindert, den bei ihm nach § 425 Abs. 1 verbleibenden Teil des Gesamtschadens nach § 414 vom Absender einzufordern.[46]

Nach § 252 BGB zu ersetzen ist auch der entgangene Gewinn.[47] Sollte entgegen der hier vertretenen Auffassung nach § 414 nur der Vertrauensschaden ersatzfähig sein, wäre die Regelung im Übrigen lückenhaft und daher neben ihr wohl eine Anwendung der Bestimmungen über das Verschulden bei Vertragsschluss zuzulassen. In diesem Fall könnte der Frachtführer die Differenz zwischen positivem und negativem Interesse nach den §§ 280 Abs. 1, 241 Abs. 2, 311 Abs. 2 BGB verlangen, wenn er nachweist, dass ohne das schuldhafte Verhalten des Absenders ein anderer, für ihn günstigerer Vertrag zustande gekommen wäre.[48] Ein höheres Beförderungsentgelt, das der Frachtführer vereinnahmt hätte, wenn das Gewicht nicht falsch angegeben worden wäre,[49] erhält er auch so. **24**

III. Modifikation bei Verbrauchereigenschaft des Absenders (Abs. 3)

Ist der Absender ein Verbraucher, so hat er nach Abs. 3 dem Frachtführer Schäden und Aufwendungen nach den Abs. 1 und 2 nur zu ersetzen, soweit ihn ein Verschulden trifft. Die Regelung ist kritikwürdig, jedoch hinzunehmen.[50] **25**

1. Verbraucherbegriff. Ob der Absender Verbraucher ist, beurteilt sich nach § 13 BGB. Der Verbraucherbegriff ist durch die Rechtsprechung unter Schutzzwecksgesichtspunkten über das sich unmittelbar nach § 13 BGB Ergebende hinaus ausgedehnt worden.[51] Diese von der Rechtsprechung entwickelten Maßstäbe gelten auch für eine Anwendung des § 414 Abs. 3. **26**

Bei sog. dual use-Geschäften kommt es nach überwiegender Auffassung darauf an, ob die private oder gewerbliche Zwecksetzung dominiert.[52] Ob die Vermutung des § 344 Anwendung findet,[53] kann offenbleiben, wenn der Absender hinsichtlich seiner Verbrauchereigenschaft beweisbelastet ist.[54]

2. Verschuldensnachweis. Führt der Absender den Beweis, Verbraucher zu sein, muss der Frachtführer ihm ein Verschulden im Sinne des § 276 BGB nachweisen. Insoweit trifft die Beweislast den Frachtführer; der Absender ist nicht gehalten, sich zu exkulpieren.[55] **27**

---

46 Ebenso wohl *Koller*[8] Rn 15.

47 Ebenroth/Boujong/Joost/Strohn[2]/*Reuschle* Rn 13; *Koller*[8] Rn 15; **aA** MünchKomm-HGB[2]/*Czerwenka* Rn 6.

48 BGH NJW 1998, 2900 (2901).

49 Beispiel nach MünchKommHGB[2]/*Czerwenka* Rn 6.

50 Siehe bereits oben Rn 5 f.

51 Siehe etwa BGHZ 149, 80 ff.

52 OLG Düsseldorf VRR 2009, 322; OLG Celle NJW-RR 2004, 1645 (1646); **aA** etwa Heidelberger Kommentar[7]/*Ruß* Rn 6 (maßgeblich konkrete Zuordnung der Versendung).

53 Verneinend Heidelberger Kommentar[7]/*Ruß* Rn 6; siehe allgemein auch MünchKomm/*K. Schmidt* § 344 Rn 17, der die Grundaussage, die Vermutungswirkung beschränke sich nicht auf das 4. Buch des HGB, relativiert, indem er ausführt, viel spreche dafür, die Anwendung von auf Verbraucher zielenden Bestimmungen nicht durch eine Anwendung der Vermutung zu erschweren.

54 So auch *Koller*[8] Rn 21; zur Beweisbelastung in dem betreffenden Punkt ferner *Andresen/Valder* Rn 39.

55 **AA** Fremuth/Thume/*Fremuth* Rn 31; wie hier Ebenroth/Boujong/Joost/Strohn[2]/*Reuschle* Rn 10.

§ 414 Abs. 3 schließt nicht etwa die Ersatzpflicht des Verbraucherabsenders aus, soweit ihn kein Verschulden trifft, sondern ordnet sie an, soweit ihm für eine Haftung ein Verschuldensvorwurf zu machen ist. Diese Anordnung ist eindeutig, weshalb kein Raum für die Annahme einer Beweislastverteilung bleibt, die parallel zu derjenigen im Falle einer Haftung aus §§ 280 ff BGB (§ 280 Abs. 1 Satz 2 BGB) wäre.

28 Der Verbraucherabsender haftet damit nicht, wenn es dem Frachtführer nicht gelingt zu beweisen, dass der Absender beispielsweise die Gefährlichkeit des Gutes wenigstens hätte kennen müssen (§ 122 Abs. 2 BGB). Ein Irrtum hinsichtlich gesetzlich zu erteilender Informationen dürfte dem Absender regelmäßig nicht zu Gute kommen, da es sich insoweit um Rechtsirrtümer handelt. Dass diese grundsätzlich nicht als unverschuldet angesehen werden können, folgt für das Frachtrecht bereits im Umkehrschluss aus § 451b Abs. 3 Satz 1. Der Absender hat sich erforderlichenfalls kundig zu machen.[56]

IV. Mitverantwortlichkeit des Frachtführers (Abs. 2)

29 Eine Mitverantwortlichkeit des Frachtführers für die Entstehung des Schadens oder von Aufwendungen reduziert dessen Anspruch nach Abs. 2 und kann diesen auch gänzlich entfallen lassen. Dies gilt nicht nur, wenn der Frachtführer schuldhaft gehandelt hat. Auf ein Verschulden kommt es nicht an; ausreichend ist vielmehr jedes *Verhalten* des Frachtführers, welches bei der Verursachung der Schäden oder Aufwendungen mitgewirkt hat. Es sollte daher bezogen auf Abs. 2 von „Mitverantwortlichkeit" gesprochen werden.[57]

30 Abgesehen von dem Unterschied, welcher sich nach den Darlegungen unter der vorausgehenden Randnummer ergibt, folgt die Vorschrift dem Vorbild des § 254 BGB. Gegenüber dem „Alles-oder-nichts"-Prinzip, wie es in Art. 10, 11 CMR niedergelegt ist, soll so eine größere Flexibilität und gerechtere Schadenszuweisung erreicht werden.[58] Auf die Gefahr eines ungewöhnlich hohen Schadens hat der Frachtführer den Absender entsprechend § 254 Abs. 2 BGB aufmerksam zu machen.[59]

31 Eine Mitverantwortlichkeit des Frachtführers ist beispielsweise dann anzunehmen, wenn er eine von Abs. 1 der Bestimmung sanktionierte Pflichtverletzung des Absenders erkennt oder eine solche evident ist, der Frachtführer dem Absender aber keinen entsprechenden Hinweis erteilt.[60] Zu Prüf- und Hinweispflichten des Frachtführers siehe im Einzelnen die Kommentierung zu den von § 414 Abs. 1 in Bezug genommenen Paragrafen.

32 Wie § 254 BGB begründet auch § 414 Abs. 2 eine von Amts wegen zu berücksichtigende Einwendung, keine Einrede.[61] Entsprechend § 254 BGB liegt die Beweislast für die Mitverantwortlichkeit des Geschädigten und dessen Ursächlichkeit beim Ersatzpflichtigen; der Geschädigte muss jedoch, soweit es um Umstände aus seiner Sphäre geht, an der Sachverhaltsaufklärung mitwirken und gegebenenfalls darlegen, was er zur Schadensminderung unternommen hat.[62]

---

[56] Siehe zum Vorstehenden auch *Koller*[8] Rn 22 (wohl großzügiger).

[57] Ebenroth/Boujong/Joost/Strohn[2]/*Reuschle* Rn 30.

[58] Vgl. BR-Drucks. 368/97, S. 43.

[59] *Koller*[8] Rn 19.

[60] Wie hier *Koller*[8] Rn 19; strenger *Zapp* TranspR 2004, 333 (339); Ebenroth/Boujong/Joost/Strohn[2]/*Reuschle* Rn 30 (nur im Falle positiver Kenntnis).

[61] Fremuth/Thume/*Fremuth* Rn 32; zu § 254 BGB PalandtBGB[71]/*Grüneberg* § 254 BGB Rn 82.

[62] PalandtBGB[71]/*Grüneberg* § 254 BGB Rn 82.

Eine Reduktion des Haftungshöchstbetrags aufgrund eines Mitverschuldens findet nicht statt.[63] Dies bedeutet, dass in einem ersten Schritt zu ermitteln ist, in welcher Höhe der Absender trotz eines Mitverschuldens haftet. Auf diesen Betrag ist sodann die Haftungsbegrenzung (in ihrer vollen Höhe) anzuwenden. Es ist nicht etwa der Haftungshöchstbetrag als solcher der Mitverschuldensquote entsprechend herabzusetzen. **33**

V. Beweislast; Abdingbarkeit

Der Frachtführer hat die Pflichtverletzung des Absenders, den Kausalzusammenhang zwischen dieser und den eingetretenen Schäden oder getätigten Aufwendungen sowie deren Höhe zu beweisen.[64] Ist der Absender Verbraucher, hat der Frachtführer auch dessen Verschulden zu beweisen.[65] Der Absender, der behauptet, die von ihm nach § 414 zu leistende Entschädigung durch (gegebenenfalls AGB-vertragliche) Vereinbarung mit dem Frachtführer der Höhe nach beschränkt zu haben, hat dies zu beweisen. Beweisbelastet ist er ebenso für eine eventuelle Mitverantwortlichkeit des Frachtführers. **34**

Abdingbar ist § 414 nur in den Grenzen des § 449.[66] Nach Maßgabe des § 449 Abs. 2 Satz 2 kann dabei allerdings abweichend von § 449 Abs. 1 durch vorformulierte Vertragsbedingungen die vom Absender nach § 414 zu leistende Entschädigung der Höhe nach beschränkt werden. Für den Umzugsverkehr findet sich eine entsprechende Regelung in § 451h Abs. 2 Satz 3. **35**

VI. Konkurrenzen

§ 414 ist **für den Bereich vertraglicher Haftung *lex specialis*** und schließt *insoweit* eine Anwendung allgemeiner zivilrechtlicher Regelungen aus.[67] Die Bestimmung greift indes nicht, wenn es an einem wirksam abgeschlossenen Vertrag fehlt.[68] **36**

Nicht durch § 414 verdrängt werden die deliktischen Haftungstatbestände. Vor der ersatzlosen Streichung des § 414 Abs. 1 Satz 2 im Zuge der Seerechtsreform ergab sich dies wesentlich daraus, dass der zweite Halbsatz jener Regelung die entsprechende Anwendung des § 434 anordnete. Daraus war zu folgern, dass außervertragliche Ansprüche neben solchen aus § 414 bestehen können und lediglich auch der Haftungsbeschränkung unterfallen.[69] Die Streichung der Vorschrift einschließlich ihres zweiten Halbsatzes hat daran im Grundsatz nichts geändert. Erforderlich ist lediglich, eine zwischen den Parteien (zulässigerweise und gegebenenfalls auch in AGB) vereinbarte Beschränkung der Entschädigungshöhe auch für mit § 414 konkurrierende Ansprüche wirken zu lassen. **37**

Von § 414 unberührt bleiben Ansprüche nach den §§ 412, 417 oder 419.[70] **38**

---

63 Siehe OLG Saarbrücken TranspR 2008, 409 (411); MünchKommHGB²/*Herber* § 431 Rn 28.

64 *Koller*⁸ Rn 18a; Ebenroth/Boujong/Joost/Strohn²/*Reuschle* Rn 29.

65 Dazu bereits oben Rn 6.

66 Siehe auch Fremuth/Thume/*Fremuth* Rn 34; MünchKommHGB²/*Czerwenka* Rn 3.

67 *Braun* Das frachtrechtliche Leistungsstörungsrecht, S. 157 f; Heymann²/*Schlüter* Rn 13; *Koller*⁷ Rn 20a; MünchKommHGB²/*Czerwenka*² Rn 35; **aA** *Helm* in: Transport- und Vertriebsrecht 2000, S. 88 (94).

68 Heymann²/*Schlüter*, Rn 2; *Koller*⁸ Rn 20b.

69 Dies verkennt Ebenroth/Boujong/Joost/Strohn²/*Reuschle* Rn 33.

70 Heymann²/*Schlüter* Rn 11.

§ 415
Kündigung durch den Absender

(1) Der Absender kann den Frachtvertrag jederzeit kündigen.

(2) Kündigt der Absender, so kann der Frachtführer entweder

1. die vereinbarte Fracht, das etwaige Standgeld sowie zu ersetzende Aufwendungen unter Anrechnung dessen, was er infolge der Aufhebung des Vertrages an Aufwendungen erspart oder anderweitig erwirbt oder zu erwerben böswillig unterläßt, oder

2. ein Drittel der vereinbarten Fracht (Fautfracht)

verlangen. Beruht die Kündigung auf Gründen, die dem Risikobereich des Frachtführers zuzurechnen sind, so entfällt der Anspruch auf Fautfracht nach Satz 1 Nr. 2; in diesem Falle entfällt auch der Anspruch nach Satz 1 Nr. 1, soweit die Beförderung für den Absender nicht von Interesse ist.

(3) Wurde vor der Kündigung bereits Gut verladen, so kann der Frachtführer auf Kosten des Absenders Maßnahmen entsprechend § 419 Abs. 3 Satz 2 bis 4 ergreifen oder vom Absender verlangen, daß dieser das Gut unverzüglich entlädt. Der Frachtführer braucht das Entladen des Gutes nur zu dulden, soweit dies ohne Nachteile für seinen Betrieb und ohne Schäden für die Absender oder Empfänger anderer Sendungen möglich ist. Beruht die Kündigung auf Gründen, die dem Risikobereich des Frachtführers zuzurechnen sind, so ist abweichend von den Sätzen 1 und 2 der Frachtführer verpflichtet, das Gut, das bereits verladen wurde, unverzüglich auf eigene Kosten zu entladen.

Schrifttum

Andresen Die Fautfracht bei Kündigung des Frachtvertrages in: Schachtschneider (Hrsg.) Transport – Wirtschaft – Recht: Gedächtnisschrift für Johann Georg Helm, 2001 S. 3–12; *Ramming* Die Nicht-Zurverfügungstellung des Beförderungsmittels zur vorgesehenen Zeit, TranspR 2003, 419–435; *Zimdars* Fautfracht nach deutschem Recht, die reedereiinterne Umbuchung einer Ladung und der Reisebegriff in § 588 Abs. 2 HGB, TranspR 1997, 259–266.

Übersicht

I. Einleitung

Sachlich eng an § 649 BGB angelehnt gewährt die Bestimmung dem Absender ein **jederzeitiges Kündigungsrecht**, das an **keinerlei sachliche Voraussetzungen** geknüpft ist. Bis zur Transportrechtsreform war im Bereich des Straßen- und Eisenbahntransports nur die Vertragsbeendigung nach Beförderungsbeginn im Falle eines Auftretens von Beförderungshindernissen besonders geregelt (§ 428 Abs. 2 Satz 1 a.F., § 28 Abs. 2 Satz 2 KVO, § 73 Abs. 2 Satz 2 EVO) und bedurfte es im Übrigen eines Rückgriffs auf die werkvertragliche Kündigungsregelung. Eine detaillierte Kündigungsregelung fand sich demgegenüber in §§ 36 f BinSchG a.F. Die Neuregelung, die dem Auftraggeber größtmögliche Dispositionsfreiheit gewähren soll, schafft eine einheitliche Regelung für die genannten Verkehrsträger und den dem HGB unterfallenden Lufttransport.[1] 1

In die Vereinheitlichung nicht einbezogen wurde der Bereich des Seefrachtrechts, für den sich in §§ 489, 532 eine – § 415 in vielen Punkten ähnliche – Kündigungsregelung findet. Die Fautfrachtregelung ist auf Wunsch der Binnenschifffahrt in § 415 aufgenommen, gleichwohl aber auf sämtliche von § 407 erfassten Verkehrsträger ausgedehnt worden.[2] Wird ein Seetransport unter Geltung der ADSp durchgeführt, richten sich aufgrund deren Ziffer 16.3 die Rechtsfolgen einer Auftragskündigung nach § 415.[3] 2

Das Gesetz gewährt den **Fautfrachtanspruch alternativ** zu einer **konkreten Berechnung nach Abs. 2 Satz 1 Nr. 1**, um es dem Frachtführer zu ermöglichen, sich für ein leicht handhabbares, streit- und prozesshinderndes Abrechnungsmodell zu entscheiden.[4] Nach Abs. 2 Satz Hs. 1 entfällt der Fautfrachtanspruch, wenn die Kündigung auf Gründen beruht, die dem Risikobereich des Frachtführers zuzurechnen sind. Auch ein konkret berechneter Anspruch ist in diesen Fällen nicht stets gegeben (Abs. 2 Satz 2 Hs. 2).[5] 3

Abs. 3 regelt die Sonderfragen, die sich in den Fällen stellen, in denen eine Kündigung des Frachtvertrages erfolgt, nachdem Gut bereits verladen wurde. Zum Anspruch auf Teilbeförderung § 416, zur Möglichkeit einer Teilkündigung sogleich Rn 10. 4

II. Absenderrechte bei Kündigung; jederzeitiges Kündigungsrecht des Absenders (Abs. 1)

Kündigt der Absender den Frachtvertrag, kann er den Frachtführer entsprechend § 407 Abs. 1 auf Herausgabe des Gutes in Anspruch nehmen. Bis zur Entladung bleibt die Obhutspflicht als nachvertragliche bestehen, weshalb der Frachtführer nach Übernahme ungeachtet der Kündigung für Güterschäden bis zu diesem Zeitpunkt nach § 425 haftet.[6] Dem Herausgabeanspruch des Absenders kann ein Pfand- oder Zurückbehaltungsrecht des Frachtführers entgegenstehen.[7] 5

Eine Kündigung des Absenders ist an keinerlei sachliche oder zeitliche Voraussetzungen geknüpft; dieser kann ohne Weiteres jederzeit die Kündigung erklären. Insoweit ist unerheblich, ob der Frachtführer das Gut bereits übernommen hat oder nicht, und ob 6

1 Vgl. BR-Drucks. 368/97, S. 43 f.

2 Vgl. Ebenroth/Boujong/Joost/Strohn[2]/*Reuschle* Rn 11, 13.

3 Siehe BGH TranspR 2002, 36 f; GemeinschaftskommentarHGB[7]/*Bracker*, Rn 11.

4 BR-Drucks. 368/97, S. 44.

5 Siehe dazu auch BT-Drucks. 13/10014, S. 47.

6 *Koller*[8] Rn 27; MünchKommHGB[2]/*Czerwenka* Rn 8.

7 *Koller*[8] Rn 14, 27.

dieses bereits verladen wurde (zu letzterem noch Abs. 3).[8] Die Kündigung beendet den Frachtvertrag mit Wirkung für die Zukunft (*ex nunc*). Als Rechtsgrund für die bis dato erbrachten Leistungen bleibt er bestehen; Vorauszahlungen, die über die Schuld nach Kündigung hinausgehen, können kondiziert werden.[9]

7 § 415 Abs. 1 findet Anwendung auch auf Mengenverträge.[10] Demgegenüber ist die – dispositive – Kündigungsregelung des § 415 abbedungen, wenn die Parteien den Frachtvertrag in Form eines Dauerschuldverhältnisses eingegangen sind, dem keine bestimmte Gesamtmenge zugrundeliegt. Ist in den betreffenden Fällen eine Laufzeit des Vertrages vereinbart, dürfte lediglich eine Kündigung aus wichtigem Grund nach § 314 BGB möglich sein.[11] Ist eine Vertragsdauer nicht bestimmt, ist die Kündigungsfrist gemäß § 157 BGB zu bestimmen und kann unter Umständen eine Orientierung an § 621 BGB erfolgen.[12]

8 Zur Kündigung berechtigt ist **nur der Absender**. Dessen Kündigungsrecht erlischt mit Verlust der Verfügungsbefugnis über das Gut,[13] da anderenfalls der Absender mit der Kündigung in das Weisungsrecht des Empfängers oder eines anderen Verfügungsberechtigten eingreifen könnte.[14] Mit Eintreffen des Gutes an der Ablieferungsstelle (§ 418 Abs. 2 Satz 1) kann der Absender daher nicht mehr kündigen. Im Falle der Ausstellung eines Ladescheins ist ihm dies bereits nicht mehr möglich, sobald er den Ladeschein an einen Dritten begeben hat. Eine Kündigung ist in diesem Fall nur noch unter Zusammenwirkung des Absenders und des Inhabers des Ladescheins möglich, da nicht etwa der Inhaber des Ladescheins die Kündigungsbefugnis erwirbt.[15] Als Gestaltungserklärung ist die Kündigung **bedingungsfeindlich**.[16] Einer besonderen Form bedarf sie nicht. Eine Ausnahme gilt nur, wenn ein Frachtbrief ausgestellt ist, der einen Sperrvermerk enthält,[17] sowie bei Ausstellung eines Ladescheins.[18] Gründe für die Kündigung müssen nicht angegeben werden, was sich bereits daraus erklärt, dass das Kündigungsrecht des Absenders von diesem rein willkürlich ausgeübt werden kann.

9 Möglich ist auch eine konkludente Kündigungserklärung. Eine solche liegt indes nur vor, wenn das Verhalten des Absenders aus objektiver Empfängersicht dahingehend zu verstehen ist, *durch Gestaltung* zu einer Beendung der frachtvertraglichen Beziehung gelangen zu wollen. Dafür genügt es beispielsweise nicht, dass der Absender dem Frachtführer die Existenz eines Beförderungshindernisses mitteilt.[19]

10 Bei einer Abgabe der Kündigungserklärung in Vertretung sind die §§ 174, 180 BGB zu beachten.[20] Die Kündigungserklärung muss zugehen. Obgleich sich die Kündigung

---

[8] Zur zeitlichen Abfolge von Übernahme und Verladen siehe etwa *Koller*[7] § 425 Rn 19 f.

[9] *Koller*[8] Rn 14; MünchKommHGB[2]/*Czerwenka* Rn 7.

[10] Fremuth/Thume/*Fremuth* Rn 6 (auch zum Begriff); *Koller*[8] Rn 33; zu Schadensersatzansprüchen bei Nicht-erreichen der (Mindest-) Beförderungsmenge OLG Karlsruhe TranspR 2004, 316 (319).

[11] Siehe auch MünchKommHGB[2]/*Czerwenka* Rn 2.

[12] Fremuth/Thume/*Fremuth* Rn 7; *Koller*[7] Rn 33; Heymann[2]/*Schlüter* Rn 14; StaudingerBGB[13]/*Peters* § 649 BGB Rn 38.

[13] *Andresen/Valder* Rn 7; MünchKommHGB[2]/*Czerwenka* Rn 3; *Koller*[8] Rn 26.

[14] Siehe auch *Andresen* in: Transport-Wirtschaft-Recht, 2001, S. 3 (5); Fremuth/Thume/*Fremuth* Rn 4.

[15] *Andresen/Valder* Rn 8.

[16] *Andresen/Valder* Rn 6; *Koller*[8] Rn 11.

[17] In diesem Fall ist die Vorlage der Absenderausfertigung des Frachtbriefs erforderlich, siehe § 418 Abs. 4.

[18] MünchKommHGB[2]/*Czerwenka* Rn 6.

[19] *Braun* Das frachtrechtliche Leistungsstörungsrecht nach dem Transportrechtsreformgesetz S. 74; *Koller*[8] Rn 10; Ebenroth/Boujong/Joost/Strohn[2]/*Reuschle* Rn 24.

[20] Siehe auch *Andresen/Valder* Rn 7.

nach § 415 Abs. 1 grundsätzlich auf „den Frachtvertrag“ bezieht, ist eine **Teilkündigung** möglich, sofern sich der Transport aus mehreren Teilstrecken zusammensetzt und eine eindeutige Abgrenzung der unterschiedlichen Streckenteile möglich ist.[21]

III. Ansprüche des Frachtführers im Falle der Absenderkündigung (Abs. 2)

Im Falle einer Kündigung durch den Absender kann der Frachtführer gegen diesen nach seiner Wahl entweder **11**
- einen konkret berechneten Zahlungsanspruch nach Satz 1 Nr. 1 geltend machen

oder
- pauschal ein Drittel der vereinbarten Fracht als sog. Fautfracht fordern.

Ausnahmsweise kann der Fautfrachtanspruch gemäß Satz 2 Hs. 1 entfallen, der konkret berechnete Anspruch nach Satz 2 Hs. 2.

1. Anspruch nach Satz 1 Nr. 1 (konkrete Abrechnung). Bei konkreter Berechnung kann der Frachtführer die vereinbarte Fracht, das etwaige Standgeld sowie zu ersetzende Aufwendungen fordern, muss sich allerdings dasjenige anrechnen lassen, was er infolge der Aufhebung des Vertrages an Aufwendungen erspart oder anderweitig erwirbt oder zu erwerben böswillig unterlässt. **12**

a) **Fracht, etwaiges Standgeld, zu ersetzende Aufwendungen.** Bei der vereinbarten Fracht handelt es sich um den nach § 407 Abs. 2 geschuldeten Betrag in voller Höhe. Erfolgt die Kündigung lediglich für eine Teilstrecke, ist die für diese Teilstrecke geschuldete Fracht zu ermitteln.[22] Fehlt es an einer Vereinbarung über die Vergütungshöhe, richtet sich diese nach § 632 Abs. 2 BGB. Da demnach bei Bestehen einer Taxe die taxmäßige Vergütung, in Ermangelung einer Taxe die übliche Vergütung „als vereinbart anzusehen“ ist, entstehen auch in diesem Fall keine Probleme daraus, dass § 415 Abs. 2 Satz 1 – sowohl bei konkreter wie auch bei pauschaler Berechnung – die **vereinbarte** Fracht zum Ausgangspunkt der Anspruchsberechnung bestimmt. **13**

Die Bestimmung gewährt weder einen Anspruch auf Standgeld noch auf Aufwendungsersatz; vielmehr erhält sie dem Frachtführer im Kündigungsfall solche Ansprüche, wenn diese ihm aufgrund anderer (vertraglicher oder gesetzlicher) Bestimmungen zustehen. Ob und in welcher Höhe der Absender Standgeld zu zahlen hat, richtet sich somit, sofern die Parteien keine besondere Vereinbarung getroffen haben, nach § 412 Abs. 3 (gegebenenfalls auch Abs. 4 i.V.m. der BinSchLV).[23] Das Gesagte ergibt sich klar bereits aus der Formulierung „etwaiges Standgeld“. Resultiert bei bereits verladenem Gut aus der Kündigung und einem vorzeitigen Entladen (Abs. 3) keine verlängerte Standzeit, kann der Frachtführer für die Entladezeit kein Standgeld verlangen, da der von § 412 Abs. 2 erfasste Zeitraum bereits mit der Fracht abgegolten ist.[24] **14**

Welche Aufwendungen der Absender dem Frachtführer zu ersetzen hat, richtet sich nach dem Frachtvertrag und der gesetzlichen Regelung (etwa §§ 418 Abs. 1 Satz 4, 420 Abs. 1 Satz 2). Auch insoweit gilt, dass eine Anspruchsgrundlage „außerhalb des § 415 Abs. 2 Satz 1 Nr. 1“[25] vorliegen muss. Deutlich wird dies durch die Worte „zu ersetzende“. **15**

---

21 Heymann²/*Schlüter* Rn 6; *Koller*⁸ Rn 2.
22 Dazu bereits oben Rn 10.
23 MünchKommHGB²/*Czerwenka* Rn 12.
24 *Koller*⁸ Rn 29.
25 Ebenroth/Boujong/Joost/Strohn²/*Reuschle* Rn 8.

16 b) **Anrechnung nach Hs. 2.** Die Anrechnungsvorschrift des 2. Halbsatzes korrespondiert inhaltlich mit § 649 Satz 2 Hs. 2 BGB. Anzurechnen ist dasjenige, was der Frachtführer infolge der Aufhebung des Vertrages an Aufwendungen erspart oder anderweitig erwirbt oder zu erwerben böswillig unterlässt. Der Anspruch gelangt von vornherein nur in entsprechend verminderter Höhe zur Entstehung. Die Ersparnis von Aufwendungen ist damit nicht etwa eine Einwendung, die dem Absender gegen den Anspruch zustünde; vielmehr ist die fehlende Ersparnis negative Anspruchsvoraussetzung. Dass eine negative Tatsache im Raume steht, bleibt auf die Beweislastverteilung ohne Auswirkungen,[26] weshalb **der Frachtführer zu beweisen** hat, dass keine bzw. keine weitergehenden Beträge anzurechnen sind.[27] Die Rechtsprechung des BGH zu § 649 BGB, derzufolge den Besteller die Darlegungs- und Beweislast trifft, soweit er ersparte Aufwendungen, anderweitige Verwendung der Arbeitskraft oder deren böswilliges Unterlassen seitens des Unternehmers behauptet,[28] kann jedenfalls nicht auf § 415 übertragen werden.[29] Seinen Grund findet dies darin, dass § 415 anders als § 649 BGB neben der konkreten Berechnungsmethode in Abs. 2 Satz 1 Nr. 2 alternativ eine Pauschale gewährt, welche bei gegenteiliger Sicht zu „einer Art Vertragsstrafe“[30] würde.

17 Der Frachtführer erspart sich solche Aufwendungen, die er bei Durchführung des Vertrags hätte machen müssen und die nunmehr infolge der Kündigung entfallen. Ersparnisse und gegebenenfalls auch anderweitiger Erwerb sind auf den konkreten Vertrag zu beziehen. Der Frachtführer muss sich daher nicht gefallen lassen, dass die Abrechnung ihm Vorteile aus dem geschlossenen Vertrag nimmt, darf andererseits aber keinen Vorteil daraus ziehen, dass ein ihm ungünstiger Vertrag gekündigt worden ist.[31] Bei den anzurechnenden Aufwendungen handelt es sich nur um solche, die bei Erbringung der Beförderungsleistung angefallen wären, nicht um Aufwendungen für das Gut im Sinne des § 420 Abs. 1 Satz 2.[32] In Abzug zu bringen sind beispielsweise die kilometerabhängigen Kosten, welche dem Frachtführer bei Ausführung des Transports entstanden wären.[33]

18 Ein anderweitiger Erwerb liegt etwa vor, wenn der Frachtführer vom Absender eine Ersatzladung erhält, die er sonst nicht hätte transportieren können. In diesem Fall muss er sich die für die Ersatzladung erhaltene Vergütung anrechnen lassen. Gleiches gilt, wenn er Aufträge Dritter erst aufgrund der freigewordenen Kapazitäten übernehmen kann und eine Übernahme ohne die Kündigung nicht erfolgt wäre.[34] Lädt der Frachtführer hingegen Gut auf das durch Kündigung freigewordene Transportmittel, welches er zuvor in anderer Weise befördert hätte, so sind die betreffenden Einkünfte nicht auf die Kündigung zurückzuführen, mithin nicht anzurechnen.[35]

19 Ein böswilliges Unterlassen anderweitigen Erwerbs liegt darin, dass der Frachtführer sich um zumutbare Ersatzaufträge, die er zu erhalten vermöchte, nicht kümmert oder solche Aufträge ausschlägt, wenn dies vorsätzlich und in der Absicht, die Untätigkeit dem kündigenden Absender zum Nachteil gereichen zu lassen, geschieht.[36]

---

26 Siehe BGH NJW 1985, 1774 (1775).
27 MünchKommHGB²/*Czerwenka* Rn 14; *Koller*⁸ Rn 16; zu § 649 BGB siehe Palandt BGB⁷¹/*Sprau* § 649 BGB Rn 7.
28 BGH NJW-RR 2001, 385 (386); ähnlich auch bereits BGH NJW-RR 1992, 1077 (1078); BGH NJW 1996, 1282, jeweils für *höhere* Ersparnisse.
29 Wie hier *Koller*⁸ Rn 16 mit Fn. 29; **aA** Fremuth/Thume/*Fremuth* Rn 39; offen Heymann/*Schlüter* Rn 10.
30 *Koller*⁸ Rn 16.
31 BGH NJW 1996, 1282 (zu § 649 BGB).
32 *Koller*⁸ Rn 16; MünchKommHGB²/*Czerwenka* Rn 15.
33 *Andresen/Valder* Rn 23.
34 Vgl. Heidelberger Kommentar⁷/*Ruß* Rn 5.
35 *Andresen/Valder* Rn 23.
36 Vgl. MünchKommHGB²/*Czerwenka* Rn 16.

2. Fautfracht (Satz 1 Nr. 2). Die Fautfracht – auch Fehlfracht oder Reuegeld[37] genannt – ist in Abs. 2 Satz 1 Nr. 2 legaldefiniert als ein Drittel der vereinbarten Fracht. Sie ist gesetzlich gewährte Kündigungsentschädigung, weder Leistungsentgelt noch Schadensersatz.[38] Der Anspruch auf Fautfracht ist nicht von einem Verschulden oder einem Schaden abhängig; es findet weder ein Vorteilsausgleich statt, noch ist § 254 BGB auf den Fautfrachtanspruch anwendbar.[39] **20**

Fällt die Wahl des Frachtführers auf die Fautfracht, ist mit der **Pauschale** der Anspruch auf Fracht, Standgeld und Aufwendungsersatz umfassend abgegolten. Der Frachtführer kann die Abrechnungsmethoden der Nummern 1 und 2 nicht etwa kombinieren und neben der Fautfrachtzahlung weiterhin Standgeld oder Aufwendungsersatz verlangen.[40] **21**

Die Fautfracht beträgt ein Drittel der vereinbarten Fracht und weicht damit in ihrer Höhe von der alten seefrachtrechtlichen Regelung ab, die als Fehlfracht die Hälfte der Fracht gewährte (§ 580 Abs. 1 a.F., demgegenüber jetzt § 489 Abs. 2 Nr. 2 ebenfalls ein Drittel). Im Bereich des § 415 steht es dem Frachtführer frei, sich für eine konkrete Abrechnung nach Abs. 2 Satz 1 Nr. 1 zu entscheiden.[41] „Vereinbarte Fracht“ ist der sich ohne Berücksichtigung der Umsatzsteuer ergebende Betrag, da der auf die nicht erbrachten Leistungen entfallende Teil der Vergütung nicht umsatzsteuerpflichtig ist.[42] Im Falle einer Teilkündigung ist zunächst das für die Teilstrecke, auf die die Kündigung sich bezieht, geschuldete Entgelt zu ermitteln.[43] **22**

Zu einem Fortfall des Anspruchs nach Satz 2 Hs. 1 noch sogleich unter IV. **23**

3. Wahl zwischen den Alternativen. Der Frachtführer hat die Wahl zwischen der konkreten Abrechnung nach Abs. 1 Satz 1 Nr. 1 und der Pauschale nach Abs. 2 Satz 1 Nr. 2. Die Frage, ob der Frachtführer an die getroffene Wahl gebunden ist, hat der BGH[44] offengelassen. In der Literatur wird überwiegend eine Bindung des Frachtführers an die einmal getroffene Wahl angenommen.[45] **24**

Das Wahlrecht des Frachtführers ist ein Fall elektiver Konkurrenz,[46] auf den die §§ 262 ff BGB, insbesondere § 263 BGB, weder unmittelbar noch analog anwendbar sind.[47] In solchen Fällen ist die Frage, ob eine Wahl bindend ist, oder ein *ius variandi* besteht, anhand einer Auslegung der die konkurrierenden Gläubigerrechte begründenden Norm zu beantworten.[48] **25**

Einerseits stellt das Gesetz den Frachtführer, indem es ihm überhaupt eine Wahl bietet, besser, als dieser stünde, wäre von Anfang an nur eine Berechnungsvariante vorgesehen. Eine solche Besserstellungsabsicht könnte als Argument dafür herangezogen werden, dem Frachtführer auch nachträglich noch die Korrektur einer ersten, ihm nachteiligen Wahl zuzulassen und vor allem auch eine hilfsweise Geltendmachung des alternativen **26**

---

37 Ebenroth/Boujong/Joost/Strohn²/*Reuschle* Rn 11.

38 BR-Drucks. 368/97, S. 44; zur umsatzsteuerrechtlichen Behandlung von Fautfrachtzahlungen siehe BFHE 231, 248.

39 *Andresen/Valder* Rn 25.

40 Ebenroth/Boujong/Joost/Strohn²/*Reuschle* Rn 13; MünchKommHGB²/*Czerwenka* Rn 17.

41 Siehe auch BT-Drucks. 368/97, S. 44.

42 BGH NJW 1987, 3123 f; *Andresen* in: Transport-Wirtschaft-Recht, 2001, S. 3, (10 f); *Andresen/Valder* Rn 29; Fremuth/Thume/*Fremuth* Rn 14.

43 Siehe dazu bereits oben Rn 10, 13.

44 BGH TranspR 2002, 36 (37).

45 MünchKommHGB²/*Czerwenka* Rn 10; *Koller*⁷ Rn 15; wohl auch *Andresen/Valder* Rn 19a (im Laufe eines Prozesses); **aA** Heidelberger Kommentar⁷/*Ruß* Rn 3; sowie jetzt auch *Koller*⁸ Rn 15.

46 *Koller*⁷ Rn 15.

47 PalandtBGB⁷¹/*Grüneberg* § 262 BGB Rn 6.

48 PalandtBGB⁷¹/*Grüneberg* § 262 BGB Rn 6.

Anspruchs im Prozess als möglich anzusehen. Andererseits will das Gesetz mit der Pauschale des Abs. 2 Satz 1 Nr. 2 nicht nur zu Planungs-, Kalkulations- und Rechtssicherheit zwischen den Parteien beitragen, sondern auch eine **prozessökonomische** Streitbeilegung fördern.[49] Dieser Zweck würde unterlaufen, wenn man es zuließe, dass der Frachtführer von der Einzelabrechnung zur Fautfracht wechselt, wenn ihm die Einzelabrechnung im Laufe einer Auseinandersetzung ungünstig wird. Auch umgekehrt kann der Frachtführer von der zunächst gewählten Fautfracht nicht zu einer Einzelabrechnung übergehen, wenn diese ihm auf einmal günstiger erscheint. Dass die dahinterstehenden prozessökonomischen Erwägungen maßgebliche Berücksichtigung verdienen, wird daran deutlich, dass das Gesetz auch lediglich eine einzige Methode der Anspruchsberechnung vorsehen könnte und die Wahlmöglichkeit des Frachtführers trotz einer Bindung an die einmal getroffene Wahl insofern immer noch eine Besserstellung des Frachtführers bedeutet.

IV. Fortfall des Anspruchs nach Abs. 2 Satz 2

27 Nach Abs. 2 Satz 2 Hs. 1 entfällt der Anspruch des Frachtführers auf Fautfracht, wenn die Kündigung des Absenders auf Gründen beruht, die dem Risikobereich des Frachtführers zuzurechnen sind. In diesem Fall entfällt auch der konkret berechnete Anspruch nach Abs. 2 Satz 1 Nr. 1, allerdings nur, soweit die Beförderung für den Absender nicht von Interesse ist (Abs. 2 Satz 2 Hs. 2).

28 Zum Risikobereich des Frachtführers siehe die Kommentierung zu § 412 (dort Rn 52 f). Nach überwiegender Auffassung genügt es, wenn die Kündigungsgründe zumindest *auch* dem Risikobereich des Frachtführers entstammen.[50] Die Abgrenzung der Risikobereiche kann nicht ohne Blick auf die Vertragsabsprache der Parteien erfolgen. Fällt ein Umstand in den „neutralen Risikobereich", bleibt der Anspruch des Frachtführers nach § 415 Abs. 2 Satz 1 bestehen.

29 Dem konkret berechneten Anspruch sieht sich der Absender bei einer Kündigung aus Gründen, die in den Risikobereich des Frachtführers fallen, nur ausgesetzt, soweit die Beförderung für ihn von Interesse ist. Rechtstechnisch ist der Anspruchsfortfall bei fehlendem Interesse eine Einwendung. Darlegungs- und beweisbelastet ist daher nicht etwa der Frachtführer für das Interesse an der Beförderung, sondern der Absender für sein fehlendes Interesse.[51]

30 Ein Interessenwegfall ist zu bejahen, wenn die erbrachte Beförderungsleistung sich für den Absender als wertlos darstellt, so etwa im Falle der Notwendigkeit, für die gesamte Beförderung einen neuen Auftrag zu erteilen.[52] Seinem Wortlaut nach ist § 415 Abs. 2 Satz 2 Hs. 2 nicht auf die Fälle beschränkt, in denen Teile der Beförderungsleistung bereits erbracht sind. Wendet man die Bestimmung auch bei noch nicht begonnener Beförderung an,[53] muss es für einen Interessenfortfall genügen, dass die Vertrauensbasis zum Frachtführer zerstört ist und der Absender das Gut nicht von seinem Vertragspartner befördert wissen will. Die entscheidende Differenzierung findet sich nicht in diesem Punkt, sondern – vorgelagert – in der Frage, ob der Kündigungsgrund der Risikosphäre des Frachtführers zuzuordnen ist. Zu beweisen ist dies vom Absender.[54]

---

[49] Ebenroth/Boujong/Joost/Strohn[2]/*Reuschle* Rn 12.

[50] *Andresen* in: Transport-Wirtschaft-Recht, S. 3 (11); MünchKommHGB[2]/*Czerwenka* Rn 20; *Koller*[8] Rn 16a.

[51] **AA** *Koller*[8] Rn 16a a.E.

[52] MünchKommHGB[2]/*Czerwenka* Rn 22.

[53] Dagegen ausdrücklich noch *Koller*[7] Rn 16.

[54] *Andresen* in: Transport-Wirtschaft-Recht, S. 3 (11); *Koller*[8] Rn 17.

V. Sonderfragen einer Kündigung nach dem Verladen (Abs. 3)

Ist im Zeitpunkt der Kündigung bereits Gut verladen, stellen sich Fragen mit Blick auf dessen weitere Behandlung, welche Abs. 3 regelt. Anders als im Gesetzgebungsverfahren ursprünglich[55] vorgesehen, statuiert die Norm keine generelle Entladepflicht des Absenders, sondern stellt es in das Ermessen des Frachtführers zu entscheiden, ob er selbst oder der Absender das Gut entlädt.[56] Der **Frachtführer hat** grundsätzlich die **Wahl**, ob er auf Kosten des Absenders Maßnahmen entsprechend § 419 Abs. 3 Satz 2–4 ergreift oder vom Absender verlangt, dass dieser (auf eigene Kosten) das Gut unverzüglich entlädt. Beruht die Kündigung allerdings auf Gründen, die dem Risikobereich des Frachtführers zuzurechnen sind, so ist ausnahmsweise dieser verpflichtet, das Gut unverzüglich auf eigene Kosten wieder zu entladen (Satz 3). **31**

Der Rechtsgedanke des Satzes 2 verlangt auch in der Frage Beachtung, bis zu welchem Zeitpunkt der Frachtführer seine Wahl ausüben muss. Grundsätzlich wird man eine nachwirkende Vertragspflicht annehmen können, die Wahl nicht schuldhaft hinauszuzögern, d.h. unverzüglich (§ 121 BGB) zu wählen.[57] Allerdings verwendet Absatz 3 den Begriff „unverzüglich“ mit anderem Bezugspunkt. In den Fällen, in denen die Wahlentscheidung des Frachtführers davon abhängt, welche Variante beispielsweise Nachteile für seinen Betrieb vermeidet, wird man ihn für berechtigt halten dürfen, die Wahl hinauszuzögern, bis er über eine ausreichende Einschätzungsgrundlage verfügt. Jedenfalls ist sein Zögern insoweit nicht schuldhaft. **32**

Haben die Parteien abweichend von § 412 Abs. 1 vereinbart, dass der Frachtführer zum Entladen des Guts verpflichtet ist, ist damit nicht zugleich auch – gleichsam automatisch – ausgeschlossen, dass der Absender im Falle einer Kündigung bei entsprechender Wahl des Frachtführers selbst entladen müsste. Freilich gibt es Fälle, in denen der Absender wegen technischer Besonderheiten selbst überhaupt nicht in der Lage ist, das Gut zu entladen.[58] In diesen Fällen ist der Absender mit den Mehrkosten zu belasten, die durch die vorzeitige Entladung verursacht werden. Gleiches gilt, wenn der Absender zwar entladen könnte, die Parteien aber nicht nur § 412 Abs. 1, sondern darüber hinaus auch die Entladepflicht des Absenders nach § 415 Abs. 3 Satz 1 abbedungen haben.[59] **33**

Für die – aufgrund der Kündigung vorgezogene – Entladezeit kann der Frachtführer kein Standgeld verlangen, da der von § 412 Abs. 2 erfasste Zeitraum durch die Frachtansprüche, die § 415 Abs. 2 Satz 1 im Kündigungsfall gewährt, abgedeckt ist. Lediglich in den Fällen, in denen die Entladung übermäßig Zeit in Anspruch nimmt, entsteht gemäß § 412 Abs. 3 ein Standgeldanspruch, der im Rahmen konkreter Berechnung nach § 415 Abs. 2 Satz 1 Nr. 1 zu berücksichtigen ist.[60] **34**

1. Maßnahmen entsprechend § 419 Abs. 3 Satz 2–4. Entsprechend § 419 Abs. 3 Satz 2–4 kann der Frachtführer das Gut entladen und verwahren, für Rechnung des Absenders einem Dritten zur Verwahrung anvertrauen oder zurückbefördern, es unter Umständen auch verkaufen oder vernichten. Dass der Absender mit den Kosten der betreffenden Maßnahmen belastet wird, folgt unmittelbar aus § 415 Abs. 3 Satz 1. Eine **35**

[55] Vgl. BR-Drucks. 368/97, S. 44.
[56] BT-Drucks. 13/10014, S. 47.
[57] Vgl. MünchKommHGB^2/*Czerwenka* Rn 24.
[58] Vgl. Ebenroth/Boujong/Joost/Strohn^2/*Reuschle* Rn 21.
[59] So auch MünchKommHGB^2/*Czerwenka* Rn 25, 28.
[60] *Koller*^{8} Rn 29.

Vergütung erhält der Frachtführer nicht, da eine entsprechende Geltung des § 419 Abs. 4 nicht angeordnet wird.[61]

36 Auch § 419 Abs. 3 Satz 1 nimmt das Gesetz nicht in Bezug. Gleichwohl hat der Frachtführer bei der Auswahl von Maßnahmen entsprechend § 419 Abs. 3 Satz 2–4 die Interessen des Absenders tunlichst zu berücksichtigen.[62] Dabei handelt es sich um eine nachvertragliche Nebenpflicht (§ 241 Abs. 2 BGB).

37 **2. Entladung durch Absender.** Statt Maßnahmen entsprechend § 419 Abs. 3 Satz 2–4 zu ergreifen, kann der Frachtführer vom Absender verlangen, dass dieser das Gut entlädt. Der entsprechend aufgeforderte Absender muss dies unverzüglich, d.h. ohne schuldhaftes Zögern tun. In dem betreffenden Fall muss der Frachtführer die Entladung durch den Absender dulden, allerdings nur, soweit dies ohne Nachteile für seinen Betrieb und ohne Schäden für die Absender oder Empfänger anderer Sendungen möglich ist (Satz 2). In ihrer Formulierung entspricht diese Einschränkung § 418 Abs. 1 Satz 3. Die Entgegensetzung von Schäden und Nachteilen mag dahingehend zu verstehen sein, dass es sich bei den Schäden für Absender oder Empfänger anderer Sendungen um drohende Güterschäden handeln muss.[63] Vermögensnachteile etwa wegen Transportverzögerung sind jedoch Nachteile für den Betrieb des Frachtführers, weshalb eine Abgrenzung im Einzelnen regelmäßig unerheblich sein dürfte. In der Frage, ob Schäden oder Nachteile im Sinne der Norm drohen, steht dem Frachtführer ein gewisser Beurteilungsspielraum zu.[64]

38 **3. Ausnahmsweise Entladepflicht des Frachtführers nach Satz 3.** Die Entlade- und Kostentragungspflicht trifft den Frachtführer, wenn die Gründe für die Kündigung in seinen Risikobereich fallen. Der Entladepflicht muss der Frachtführer – wie der Absender im Fall des Satzes 1 Var. 2 – unverzüglich (§ 121 BGB) nachkommen. Abs. 3 Satz 3 ist lex specialis zu den vorausgehenden Sätzen.

VI. Konkurrenzen

39 § 415 ist verdrängende Sonderregelung im Verhältnis zu § 649 BGB. Hinsichtlich jener Bestimmung wird angenommen, dass sich nach dem allgemeinen Leistungsstörungsrecht ergebende Vertragslösungsrechte des Bestellers durch das Recht zur jederzeitigen Kündigung nicht verdrängt werden.[65] Nach Vorstellung des historischen Gesetzgebers[66] sollte auch im Bereich des § 415 dem Absender ein Rückgriff auf die Rechtsbehelfe des Allgemeinen Schuldrechts, etwa den Rücktritt nach den §§ 323 ff BGB, möglich bleiben.

40 Anders als § 649 BGB nimmt § 415 allerdings eine Risikozuweisung nach Sphären vor und ist diese nicht ohne Weiteres mit den Vertragslösungsrechten nach §§ 323 ff BGB in Einklang zu bringen. Der dargestellten Sicht des historischen Gesetzgebers dürfte allenfalls untergeordnete Bedeutung zukommen, weil die Regelung in Abs. 2 Satz 2 Hs. 2, die den konkret berechneten Zahlungsanspruch des Frachtführers unter Risikogesichts-

---

61 *Koller*[8] Rn 29.

62 Im Ergebnis ebenso *Koller*[8] Rn 32; MünchKommHGB[2]/*Czerwenka* Rn 29.

63 So MünchKommHGB[2]/*Czerwenka* Rn 31.

64 Vgl. Ebenroth/Boujong/Joost/Strohn[2]/*Reuschle* Rn 19 (Ermessensspielraum).

65 Siehe PalandtBGB[71]/*Sprau* § 649 BGB Rn 10.

66 BR-Drucks. 368/97, S. 45.

punkten einschränkt, erst im späteren Verlauf der Beratungen in den Gesetzentwurf eingefügt worden ist.[67] Zum anderen hat der Gesetzgeber das Bestehen einer „neutralen Risikosphäre" verkannt.[68]

Betrachtet man beispielhaft den Fall, in dem der Frachtführer aufgrund eines zeitweiligen Leistungshindernisses, das in die neutrale Risikosphäre fällt, die Beförderung nicht beginnen kann, so ist zu konstatieren, dass im Falle einer Anwendbarkeit des § 323 BGB der Absender die vertragliche Beziehung beenden könnte, ohne dass ihn eine Zahlungsverpflichtung träfe. Für den Fall einer Vertragsbeendigung durch Kündigung statuiert § 415 eine solche indes gerade, da der leistungshindernde bzw. -verzögernde Umstand nicht in die Risikosphäre des Frachtführers fällt. Jedenfalls in dem Bereich, in dem Leistungshindernisse gegeben sind, drohen somit bei Anwendung der §§ 323 ff BGB die speziellen Risikozuweisungen des § 415 unterminiert zu werden. **41**

Angesichts dessen scheint es richtig, eine grundsätzliche[69] Subsidiarität der §§ 323 ff BGB anzunehmen.[70] Nichts gesagt ist damit zu einer Abgrenzung des § 415 einerseits und der §§ 419, 420 Abs. 2 andererseits; zu dieser Frage siehe Kommentierung zu § 407 Rn 86. **42**

VII. Abdingbarkeit; Beweislast

§ 415 ist dispositiv, weshalb die Parteien auch die Möglichkeit haben, aufgrund vertraglicher Absprache an sich subsidiäre Rechtsbehelfe zur Anwendung gelangen zu lassen. Angenommen wird dies für die Vereinbarung eines (relativen) Fixgeschäfts im Sinne des § 323 Abs. 2 Nr. 2 BGB[71]. Dem ist jedenfalls zu folgen, soweit der Sonderabrede, die die Parteien mit der Fixgeschäftsvereinbarung getroffen haben, nicht im Rahmen des § 415 ausreichend Rechnung getragen werden kann.[72] **43**

Auch eine Abbedingung des § 415 durch Allgemeine Geschäftsbedingungen ist grundsätzlich zulässig.[73] Unwirksam ist allerdings der AGB-vertragliche Ausschluss jedes Entschädigungsanspruchs des Frachtführers[74] wie auch eine AGB-Absprache, derzufolge unabhängig von den tatsächlich erbrachten Leistungen stets ein Anspruch auf volle Vergütung bestehen soll.[75] **44**

Der Frachtführer, der Vergütungsansprüche nach Abs. 2 geltend macht, hat die Kündigung durch den Absender und die Höhe der vereinbarten Fracht zu beweisen. Bei konkreter Abrechnung gilt für etwaige Standgeld- und Aufwendungsersatzansprüche die Beweislastverteilung, welche sich nach den Normen ergibt, die die betreffenden Ansprüche gewähren. Der Frachtführer muss auch darlegen und beweisen, dass keine oder keine weitergehende Anrechnung ersparter Aufwendungen etc. zu erfolgen hat (oben Rn 16). **45**

---

[67] Vgl. BT-Drucks. 13/10014, S. 47.

[68] Siehe Kommentierung zu § 407 Rn 82, § 412 Rn 55 ff.

[69] Zu Einschränkungen siehe Kommentierung zu § 407 Rn 87 f.

[70] Ebenso *Lammich/Pöttinger* § 407 Rn 233; **aA** *Ramming* TranspR 2003, 419 ff insbesondere 429; Ebenroth/Boujong/Joost/Strohn²/*Reuschle* Rn 23 ff; im Ergebnis auch Heymann/*Schlüter* Rn 3; MünchKommHGB²/*Czerwenka* Rn 34.

[71] Siehe Heymann²/*Schlüter* Rn 4; *Koller*⁸ Rn 9.

[72] Zurückhaltend auch *Andresen*, in: Gedächtnisschrift Helm, 2001, S. 3, 6.

[73] Ebenroth/Boujong/Joost/Strohn²/*Reuschle* Rn 28.

[74] BGH NJW 1985, 631 f (zu § 649 BGB).

[75] BGH NJW 1973, 1190 ff; siehe auch Fremuth/Thume/*Fremuth* Rn 41.

46 Abs. 2 Satz 2 ist Ausnahmetatbestand hinsichtlich dessen Voraussetzungen der Absender darlegungs- und beweisbelastet ist. Dies gilt auch in der Frage, ob und inwieweit die Beförderung für den Absender nicht von Interesse ist (oben Rn 29).

47 Macht der Frachtführer in den Fällen des Abs. 3 Ansprüche gegen den Absender wegen entsprechend § 419 Abs. 3 Satz 2–4 ergriffener Maßnahmen geltend, so muss er auch beweisen, dass die Voraussetzungen für die ergriffenen Maßnahmen vorgelegen haben, da ihm andernfalls ein Aufwendungsersatzanspruch nicht zusteht.[76] Abs. 3 Satz 3 ist Ausnahmetatbestand, so dass der Absender darzulegen und zu beweisen hat, dass die Kündigung auf Gründen beruht, die dem Risikobereich des Frachtführers zuzurechnen sind.

§ 416
Anspruch auf Teilbeförderung

Wird das Gut nur teilweise verladen, so kann der Absender jederzeit verlangen, dass der Frachtführer mit der Beförderung des bereits verladenen Teils des Gutes beginnt. In diesem Fall gebührt dem Frachtführer die volle Fracht, das etwaige Standgeld sowie Ersatz der Aufwendungen, die ihm durch das Fehlen eines Teils des Gutes entstehen; von der vollen Fracht kommt jedoch die Fracht für dasjenige Gut in Abzug, welches der Frachtführer mit demselben Beförderungsmittel anstelle des nicht verladenen Gutes befördert. Der Frachtführer ist außerdem berechtigt, soweit ihm durch das Fehlen eines Teils des Gutes die Sicherheit für die volle Fracht entgeht, die Bestellung einer anderweitigen Sicherheit zu fordern. Beruht die Unvollständigkeit der Verladung auf Gründen, die dem Risikobereich des Frachtführers zuzurechnen sind, so steht diesem der Anspruch nach den Sätzen 2 und 3 nur insoweit zu, als tatsächlich Gut befördert wird.

Schrifttum

Zimdars Fautfracht nach deutschem Recht, die reedereiinterne Umbuchung einer Ladung und der Reisebegriff in § 588 Abs. 2 HGB, TranspR 1997, 259–266.

Übersicht

[76] Ebenroth/Boujong/Joost/Strohn²/*Reuschle* Rn 17.

I. Allgemeines

§ 416 ist angelehnt an die mit der Seehandelsrechtsreform außer Kraft gesetzte seerechtliche Regelung der §§ 578, 587 Abs. 1 Nr. 1, 588 Abs. 2 Satz 2 sowie die §§ 35 Abs. 1 Satz 2, Abs. 2 BinSchG a.F. Im geltenden Seerecht findet sich eine mit § 416 Satz 2 und 3 korrespondierende Regelung in § 490 Abs. 3. § 490 Abs. 5 soll (weitgehend) § 416 Satz 4 und § 417 Abs. 4 entsprechen.[1] Eine § 416 Satz 1 entsprechende Vorschrift findet sich schließlich nur für den Reisefrachtvertrag in § 533, da die Regelung auf den Fall zugeschnitten ist, dass die Beförderung mit einem bestimmten Fahrzeug durchzuführen ist.[2] § 416 will dem **Absender** eine **flexible Reaktion** in den Fällen **ermöglichen**, in denen es ihm beispielsweise auf Grund einer unvorhergesehenen Entwicklung nicht möglich ist, die gesamte Ladung zeitnah zu beschaffen. In diesem Fall ist der Absender häufig darauf angewiesen, wenigstens einen Teil der Ladung liefern zu können, um etwa Produktionsausfälle beim Empfänger, für die er einzustehen hat, zu verhindern oder wenigstens zu verringern.[3] Dies könnte der Absender nicht, wenn er vor die Wahl gestellt wäre, den Vertrag (regelmäßig in seiner Gesamtheit) nach § 415 zu beenden, oder weiter zuzuwarten und so seinen Abnehmer nicht nur überhaupt nicht zu beliefern, sondern sich zusätzlich Standgeldansprüchen gem. § 412 Abs. 3 ausgesetzt zu sehen. In dieser Situation gewährt § 416 Satz 1 dem Absender als dritte Vorgehensmöglichkeit einen Anspruch auf Teilbeförderung, den dieser jederzeit geltend machen kann. 1

Welche Ansprüche dem Frachtführer bei Beförderung einer Teilladung auf Grund eines entsprechenden Verlangens des Absenders zustehen, regeln die Sätze 2–4. Weil der Frachtführer die Beförderungsleistung erbringt und lediglich die Ladekapazitäten des Transportfahrzeugs durch das Gut des Absenders nicht wie ursprünglich vorgesehen ausgelastet werden, erhält der Frachtführer gemäß Satz 2 Hs. 1 im Ausgangspunkt die vereinbarte **Fracht in voller Höhe**. Geschuldet ist weiterhin Standgeld nach Maßgabe des § 412 Abs. 3, Ersatz von Aufwendungen i.S.d. § 420 Abs. 1 Satz 2 sowie solcher Aufwendungen, die dem Frachtführer infolge der Unvollständigkeit der Ladung entstehen. Gemäß Halbsatz 2 in Abzug zu bringen ist die Fracht für Gut, welches der Absender mit demselben Beförderungsmittel anstelle des nicht verladenen Gutes befördert. Ein Abzug scheidet aus, wenn der Frachtführer von einer Zuladung absieht.[4] 2

Entgeht dem Frachtführer durch die Unvollständigkeit der Ladung die Sicherheit (vgl. § 440) für die volle Fracht, ist er insoweit berechtigt, eine **Ersatzsicherheit** zu fordern. Seine sich nach den Sätzen 2 und 3 ergebenden Rechte werden eingeschränkt für die Fälle, in denen die Unvollständigkeit der Verladung auf Gründen beruht, die seinem Risikobereich zuzurechnen sind (Satz 4). 3

Die im Zuge der Seerechtsreform vorgenommenen Umformulierungen bedeuten keine sachliche Änderung, sondern sind allein auf sprachliche Gründe zurückzuführen. Ziel des Gesetzgebers war es, den zuvor im Allgemeinen Frachtrecht lediglich in den bisherigen §§ 416, 417 verwendeten Begriff der Ladung dort gänzlich zu vermeiden und ihn durch den Begriff des Gutes zu ersetzen.[5] 4

---

1 BT-Drucks. 17/10309, S. 73.
2 BT-Drucks. 17/10309, S. 73.
3 Siehe Ebenroth/Boujong/Joost/Strohn[2]/*Reuschle* Rn 5.
4 Ebenroth/Boujong/Joost/Strohn[2]/*Reuschle* Rn 2; *Koller*[7] Rn 6; näher noch unten Rn 15 ff.
5 BT-Drucks. 17/10309, S. 53.

II. Teilbeförderungsverlangen des Absenders (Satz 1)

5 Gem. § 416 Satz 1 kann der Absender, wenn nur ein Teil der vereinbarten Ladung verladen ist, **jederzeit** verlangen, dass der Frachtführer mit der Beförderung der unvollständigen Ladung beginnt. Das Verstreichen der Ladezeit oder einer vereinbarten Überliegezeit muss er nicht abwarten.[6] Logisch zwingend ist es, dass eine Teilbeförderung voraussetzt, dass wenigstens ein Teil des Gutes verladen ist; allerdings ergibt sich daraus nicht zugleich ein Argument gegen die Annahme, der Absender könne das *Verlangen* nach Teilbeförderung auch bereits zu einem früheren Zeitpunkt äußern. Ist die gesamte Ladung verladen, ist ein „Teilbeförderungsverlangen" als Weisung i.S.d. § 418 zu behandeln.[7]

6 Der Begriff des Verladens umfasst entsprechend der Legaldefinition in § 412 Abs. 1 Satz 1 das Laden, Stauen und Befestigen des Gutes. Die Sorge für die Betriebssicherheit bleibt Aufgabe des Frachtführers.[8] Ein Anspruch auf Teilbeförderung besteht auch, wenn aufgrund Vereinbarung oder besonderer Umstände der Frachtführer zu verladen hat.[9]

7 Das Teilbeförderungsverlangen ist empfangsbedürftige Willenserklärung, die formfrei und auch durch schlüssiges Verhalten abgegeben werden kann.[10] An sachliche Voraussetzungen ist sie nicht gebunden.[11] Die Erklärung wirkt gestaltend auf die vertragliche Beziehung der Parteien, da, wie sich aus Satz 2 ergibt, der Absender seinen Anspruch auf die Nutzung des übrigen, ihm ursprünglich überlassenen Laderaums verliert.[12] Insofern ist das Verlangen nach § 416 Satz 1 mehr als eine besondere Form der Weisung.[13]

8 Fehlen Begleitpapiere i.S.d. § 413, die für eine Beförderung der Teilladung erforderlich sind, steht dem Frachtführer ein Zurückbehaltungsrecht (§ 273 BGB) zu; entsprechend § 417[14] kann er den Vertrag nach Nachfristsetzung auch kündigen und Ansprüche nach § 415 Abs. 2 geltend machen.

9 Allgemein kann der Frachtführer von seinen Rechten nach § 417 Gebrauch machen, solange nicht der Absender durch ein Teilbeförderungsverlangen den Vertragsinhalt geändert hat und so zu einer Verladung des gesamten, demnach noch zu befördernden Guts gelangt ist.[15] Liegt ein Beförderungshindernis vor, das eine Reise mit voller Ladung unmöglich macht, ist § 419 anwendbar, nicht § 416.[16]

III. Ansprüche des Frachtführers bei Teilbeförderung

10 **1. Zahlungsansprüche (Satz 2).** Im Falle eines Teilbeförderungsverlangens des Absenders kann der Frachtführer Zahlung der vollen Fracht, etwaigen Standgelds und Ersatz von Aufwendungen, die ihm infolge der Unvollständigkeit der Ladung entstehen, beanspruchen (Satz 2 Hs. 1). Ein eventueller Abzug bemisst sich nach Hs. 2 des Satzes 2.

---

6 MünchKommHGB²/*Czerwenka* Rn 4.
7 Vgl. *Koller*⁸ Rn 2 (ab Reisebeginn).
8 Siehe auch Ebenroth/Boujong/Joost/Strohn²/*Reuschle* Rn 5.
9 *Andresen/Valder* Rn 3.
10 Heymann²/*Schlüter* Rn 1; *Koller*⁷ Rn 2.
11 MünchKommHGB²/*Czerwenka* Rn 2.
12 MünchKommHGB²/*Czerwenka* Rn 3.
13 **AA** *Braun* Das frachtrechtliche Leistungsstörungsrecht, S. 269; ähnlich wie hier auch *Andresen/Valder* Rn 2 (einseitige Möglichkeit, den Vertrag abzuändern).
14 Siehe Kommentierung zu § 413 Rn 22.
15 Siehe auch MünchKommHGB²/*Czerwenka* Rn 6.
16 *Didier* Risikozurechnung, S. 206; *Braun* Das frachtrechtliche Leistungsstörungsrecht, S. 271; anders jetzt *Koller*⁸ Rn 4; MünchKommHGB²/*Czerwenka* Rn 14.

a) **Fracht, Standgeld, Aufwendungen.** In Ansatz zu bringen ist zunächst die vereinbarte Fracht in ihrer vollen Höhe. Dies erklärt sich daraus, dass der Frachtführer den Transport tatsächlich durchführt, und entspricht dem Grundsatz, der bei Kündigung des gesamten Vertrages nach § 415 Abs. 2 Satz 1 Nr. 1 gelten würde.[17] 11

Standgeld kann der Frachtführer, wie der Wendung, „etwaiges Standgeld" zu entnehmen ist, nur verlangen, soweit die Anspruchsvoraussetzungen nach § 412 Abs. 3 vorliegen. Jene Norm erfasst auch die Zeit, die der Frachtführer über die (nach § 412 Abs. 2 nicht gesondert zu vergütende) Ladezeit hinaus benötigt, um bereits verladenes Gut so umzustauen, dass bei der Teilbeförderung die Betriebssicherheit des Fahrzeugs nicht beeinträchtigt wird.[18] Entsprechend ist auch Standgeld geschuldet, wenn es auf Grund eines Verlangens nach Ersatzsicherheit (§ 416 Satz 3) bis zur Befriedigung des Anspruchs dauert und dadurch zu Überschreitungen der Ladezeit kommt.[19] 12

§ 416 Abs. 2 Hs. 1 nennt als zu ersetzende Aufwendungen ausdrücklich nur solche, die dem Frachtführer infolge der Unvollständigkeit der Ladung entstehen. Dies sind etwa zusätzliche Kosten für ein Absichern der Teilladung gegen Verrutschen sowie für weitere Sicherungsvorkehrungen. So kann es nötig sein, die Teilladung vom Anhänger auf den bis dato unbeladenen Motorwagen umzuladen oder andere ungünstige Gewichtsverteilungen, die die Betriebssicherheit gefährden, zu beseitigen.[20] Der Frachtführer hat alle ihm möglichen und zumutbaren Maßnahmen zu ergreifen, um eine Beförderung der Teilladung zu ermöglichen; auf Nachteile für seinen Betrieb, die eine Beförderung der Teilladung mit sich bringt, kann er sich nicht berufen.[21] 13

Auch Aufwendungen nach § 420 Abs. 1 Satz 2 kann der Frachtführer ersetzt verlangen. Diese erwähnt § 416 nicht. Aus diesem Schweigen darf indes nicht gefolgert werden, dass die betreffenden Aufwendungen – weil nicht genannt – nicht ersatzfähig sein sollten. Der Gesetzgeber hat die Ersatzfähigkeit von Aufwendungen, die nicht von der Fracht gedeckt sind, vielmehr als selbstverständlich vorausgesetzt und durch die „ausdrückliche Klarstellung" in § 416, die Aufwendungen infolge einer Ladungsunvollständigkeit betrifft, lediglich Abgrenzungsschwierigkeiten, ob und inwieweit etwaige Vermögenseinbußen üblicherweise noch vom Beförderungsentgelt erfasst sind, vermeiden wollen.[22] 14

Für seine Tätigkeit, die der Frachtführer entfaltet, um die Teilladung verkehrssicher befördern zu können, erhält dieser keine Vergütung. Anders als §§ 418 Abs. 1 Satz 4 Hs. 1, 419 Abs. 4 gewährt die Bestimmung einen solchen Anspruch nicht, beschränkt sich vielmehr auf den Ersatz von Aufwendungen.[23] 15

b) **Abzug nach Hs. 2.** Nach Satz 2 Hs. 2 verringert sich der Frachtzahlungsanspruch des Frachtführers um den Betrag der Fracht, die der Frachtführer für Gut erhält, das er mit demselben Beförderungsmittel anstelle des nicht verladenen Gutes befördert. Entscheidend ist die **tatsächliche Zuladung**. Es kommt darauf an, ob der Frachtführer eine solche vornimmt, nicht hingegen, ob ein Frachtzahlungsanspruch gegen den dritten Absender bereits zuvor begründet war und er das Gut auch mit einem anderen Beförderungsmittel hätte befördern können. Während etwa § 415 Abs. 2 Satz 1 Nr. 1 eine An- 16

---

17 Ebenroth/Boujong/Joost/Strohn²/*Reuschle* Rn 6; MünchKommHGB²/*Czerwenka* Rn 7.

18 MünchKommHGB²/*Czerwenka* Rn 8; *Rabe* § 578 Rn 9.

19 *Koller*⁸ Rn 12; ein wenig zurückhaltender wohl Fremuth/Thume/*Fremuth* Rn 9.

20 *Andresen/Valder* Rn 10; Ebenroth/Boujong/Joost/Strohn²/*Reuschle* Rn 6.

21 *Koller*⁸ Rn 2 f; MünchKommHGB²/*Czerwenka* Rn 5.

22 BR-Drucks. 368/97, S. 46.

23 *Koller*⁸ Rn 10.

rechnung von Aufwendungen vorsieht, die der Frachtführer „infolge" der Aufhebung des Vertrages erspart, verlangt § 416 Satz 2 Hs. 2 nicht, dass der Frachtführer *infolge* des teilweisen Freiwerdens des Beförderungsmittels anderweitig Fracht vereinnahmt.[24]

17 Der Frachtführer ist nicht gehalten, im frei gewordenen Laderaum andere Güter zu befördern. Die Bestimmung weicht insoweit bewusst von der Grundwertung der §§ 326 Abs. 2 Satz 2, 649 Satz 2 BGB, 415 Abs. 2 Satz 1 Nr. 1 Hs. 2 ab.[25] Damit geht eine Fehlsteuerung einher. Gleichviel ob der Frachtführer einen anderweitigen Frachtvertrag, den er mit den frei gewordenen Ladekapazitäten durchführen könnte, bereits im Vorfeld des Teilbeförderungsverlangens geschlossen hatte (dazu bereits unter der vorausgehenden Rn.) oder nachfolgend schließen kann, wird er sich entschließen, den Transport mit einem anderen Beförderungsmittel durchzuführen, da er so die volle Fracht nach § 416 und zusätzlich die Fracht für den Transport des anderen Gutes verdienen kann.[26] Positivrechtlich ist diese Fehlsteuerung indes hinzunehmen.

18 Zu bedenken bleibt, dass in Einzelfällen die unterlassene Zuladung nach §§ 226, 826 BGB zu beurteilen[27] und in seltenen Ausnahmefällen wohl auch eine vertragliche Nebenpflicht zur Zuladung gegeben sein kann. Weiterhin ist erwägenswert, Sondervorteile nicht anzurechnen.[28] Gemeint ist damit der Fall, dass dem Frachtführer bezogen auf den frei gewordenen Laderaum ein ihm besonders günstiger Vertragsschluss gelingt und er beispielsweise unter Bereitstellung der betreffenden Ladekapazitäten nicht nur Euro 5.000 (wie ursprünglich) verdient, sondern sogar Euro 6.000. Würde man in diesem Fall lediglich einen Betrag von Euro 5.000 in Abzug bringen, hätte der Frachtführer im Vorfeld immerhin noch einen gewissen Anreiz, sich um eine Zuladung zu bemühen, und würde seine Geschäftstüchtigkeit ihm, nicht dem Absender, zu Gute komme. Allerdings findet die dargestellte Sicht im Wortlaut der Bestimmung keine Stütze. Muss der Frachtführer sich nicht entgegenhalten lassen, frei gewordene Kapazitäten ungenutzt gelassen zu haben, sollte man ihm nicht auch noch zusätzlich gestatten, diese Kapazitäten *anrechnungsfrei* besonders gewinnbringend zu nutzen. In beiden Fällen kommt es nur auf den *tatsächlichen* Frachtbetrag für die Zuladung an.

19 **2. Anspruch auf Ersatzsicherheit (Satz 3).** Das Pfandrecht, welches dem Frachtführer nach § 440 Abs. 1 Satz 1 an dem Transportgut zusteht, sichert dessen Anspruch auf Frachtzahlung aus dem zugrunde liegenden Verkehrsvertrag. Soweit dieser Frachtzahlungsanspruch bei vollständiger Verladung des Gutes gesichert gewesen wäre und infolge der Unvollständigkeit der Ladung ungesichert bleibt, steht dem Frachtführer ein Anspruch auf **Ersatzbesicherung** zu. Die Ersatzsicherheit ist nur für die Differenz, nicht für die gesamte vereinbarte Fracht geschuldet.[29] Sie ist nach § 232 BGB zu leisten.

20 Umstritten ist, ob § 416 Satz 3 auch (analog) auf Standgeld und bereits begründete Aufwendungsersatzansprüche anzuwenden ist[30]. Das für eine Anwendung der Bestimmung angeführte Argument, das Pfandrecht aus § 440 sichere alle Forderungen aus dem Frachtvertrag,[31] übersieht, dass das Pfandrecht nach § 440 nicht lediglich konnexe (Abs. 1

---

24 Siehe auch *Zimdars* TranspR 1997, 259 (262); *Andresen/Valder* Rn 7.

25 Ebenroth/Boujong/Joost/Strohn²/*Reuschle* Rn 8; *Koller*⁸ Rn 6.

26 Siehe auch *Koller*⁸ Rn 6.

27 *Koller*⁸ Rn 6.

28 So ausdrücklich Ebenroth/Boujong/Joost/Strohn²/*Reuschle* Rn 7.

29 Ebenroth/Boujong/Joost/Strohn²/*Reuschle* Rn 9.

30 Bejahend *Andresen/Valder* Rn 11; *Koller*⁸ Rn 12; ablehnend MünchKommHGB²/*Czerwenka* Rn 11.

31 *Koller*⁸ Rn 12.

Satz 1), sondern in gewissem Umfang auch inkonnexe Forderungen (Abs. 1 Satz 2) sichert. Auf Letztere erstreckt sich der Nachbesicherungsanspruch keinesfalls, so dass nicht aus der Reichweite der pfandrechtlichen Sicherheit nach § 440 Abs. 1 auf die Reichweite der Anordnung des § 416 Satz 3 geschlossen werden kann. Für eine – wenigstens entsprechende – Anwendung des § 416 Satz 3 auf Standgeld und bereits begründete Aufwendungsersatzansprüche lässt sich indes anführen, dass solche – ebenso wie der Frachtzahlungsanspruch – konnex sind, d.h. aus dem zugrunde liegenden Verkehrsvertrag herrühren.

Verweigert der Absender die Stellung einer geschuldeten Ersatzsicherheit, ist der **21** Frachtführer berechtigt, die Teilbeförderung bis zur Erbringung der geschuldeten Leistung zu verweigern (§ 273 BGB). Nach allgemeiner Auffassung soll er zudem berechtigt sein, Rechte aus den §§ 323, 642, 643 BGB geltend zu machen.[32] Denkbar ist indes auch, darauf abzustellen, dass die Ersatzsicherheit, soweit es Satz 3 betrifft, an die Stelle des nicht verladenen Gutes tritt; wenigstens die Ersatzsicherheit muss der Frachtführer leisten, will er kein weiteres Gut verladen. Fehlt sie, ähnelt dies dem Fall, in dem Gut fehlt und kein Teilbeförderungsverlangen gestellt ist. § 417 wäre demnach analog anzuwenden.

3. Anspruchseinschränkung in den Fällen des Satzes 4. Eingeschränkt werden die **22** Ansprüche des Frachtführers, die die Sätze 2 und 3 ihm gewähren, in den Fällen, in denen die Unvollständigkeit der Verladung auf Gründen beruht, die seinem Risikobereich zuzuordnen sind. Liegen solche Gründe vor, stehen dem Frachtführer die Ansprüche nach den Sätzen 2 und 3 nur insoweit zu, als tatsächlich Ladung befördert wird, d.h. kann dieser nur Fracht für die Beförderung der ihm tatsächlich übergebenen Ladung verlangen.[33] Zu den Risikobereichen der Parteien und einer neutralen Risikosphäre siehe die Kommentierung zu § 412 Rn 52 ff.

Ein Anspruch auf Standgeld entfällt regelmäßig wegen der in § 412 Abs. 3 unter **23** Risikogesichtspunkten enthaltenen Einschränkung; denkbar ist allerdings ein ausnahmsweises Auseinfallen der Gründe für eine Unvollständigkeit der Verladung und derjenigen für ein Warten des Frachtführers über die Ladezeit hinaus. Ersatz von Aufwendungen i.S.d. § 420 Abs. 1 Satz 2 kann der Frachtführer in den Fällen des Satzes 4 verlangen, soweit er tatsächlich Ladung befördert hat, Ersatz von Aufwendungen, die ihm infolge der Unvollständigkeit der Ladung entstanden sind, hingegen nicht.[34] Da Satz 4 auch Satz 3 in Bezug nimmt, entfällt der Anspruch auf Bestellung einer Ersatzsicherheit nicht bereits grundsätzlich.[35] Allerdings kann der Frachtführer eine Nachbesicherung nur verlangen, soweit die Teilladung nicht einmal ausreicht, den gekürzten Teil der Fracht abzudecken.[36]

---

[32] Ebenroth/Boujong/Joost/Strohn²/*Reuschle* Rn 9; *Koller*⁸ Rn 12; Fremuth/Thume/*Fremuth* Rn 10; *Braun* Das frachtrechtliche Leistungsstörungsrecht, S. 275.

[33] Siehe auch MünchKommHGB²/*Czerwenka* Rn 12.

[34] MünchKommHGB²/*Czerwenka* Rn 12.

[35] Wie hier Ebenroth/Boujong/Joost/Strohn²/*Reuschle* Rn 10; anders MünchKommHGB²/*Czerwenka* Rn 12.

[36] Ebenroth/Boujong/Joost/Strohn²/*Reuschle* Rn 10.

IV. Abdingbarkeit; Beweislast

24 § 416 ist dispositiv und kann, wie sich im Umkehrschluss aus § 449 ergibt, auch durch Allgemeine Geschäftsbedingungen abbedungen werden. Ausnahmsweise vermag sich jedoch eine Unwirksamkeit des (völligen) Ausschlusses der Regelung nach § 307 BGB entsprechend den zu § 415 dargestellten Grundsätzen[37] zu ergeben.

25 Beweisbelastet hinsichtlich des Teilbeförderungsverlangens ist nach allgemeinen Grundsätzen der Absender, soweit er aus diesem Rechte oder Einwendungen herleitet. Macht der Frachtführer Ansprüche nach Satz 2 oder 3 geltend, ist es an ihm, die Anspruchsvoraussetzungen darzulegen und zu beweisen. Beweisbelastet ist der Frachtführer auch dafür, dass kein Abzug nach Satz 2 Hs. 2 vorzunehmen ist.[38] Der Frachtführer wird diesen Beweis regelmäßig recht einfach führen können, da es allein darauf ankommt, dass keine bzw. keine weitergehende Zuladung erfolgt ist.

26 Satz 4 ist Ausnahmebestimmung, die der Absender gegen seine Inanspruchnahme einwenden kann.[39] Trägt er vor, die Unvollständigkeit der Verladung beruhe auf Gründen, die dem Risikobereich des Frachtführers zuzurechnen seien, ist er, der Absender, insoweit beweisbelastet.

§ 417
Rechte des Frachtführers bei Nichteinhaltung der Ladezeit

(1) Verlädt der Absender das Gut nicht innerhalb der Ladezeit oder stellt er, wenn ihm das Verladen nicht obliegt, das Gut nicht innerhalb der Ladezeit zur Verfügung, so kann ihm der Frachtführer eine angemessene Frist setzen, innerhalb derer das Gut verladen oder zur Verfügung gestellt werden soll.

(2) Wird bis zum Ablauf der nach Absatz 1 gesetzten Frist kein Gut verladen oder zur Verfügung gestellt oder ist offensichtlich, dass innerhalb dieser Frist kein Gut verladen oder zur Verfügung gestellt wird, so kann der Frachtführer den Vertrag kündigen und die Ansprüche nach § 415 Abs. 2 geltend machen.

(3) Wird das Gut bis zum Ablauf der nach Absatz 1 gesetzten Frist nur teilweise verladen oder zur Verfügung gestellt, so kann der Frachtführer mit der Beförderung des bereits verladenen Teils des Gutes beginnen und die Ansprüche nach § 416 Satz 2 und 3 geltend machen.

(4) Der Frachtführer kann die Rechte nach Absatz 2 oder 3 auch ohne Fristsetzung ausüben, wenn der Absender sich ernsthaft und endgültig weigert, das Gut zu verladen oder zur Verfügung zu stellen. Er kann ferner den Vertrag nach Absatz 2 auch ohne Fristsetzung kündigen, wenn besondere Umstände vorliegen, die ihm unter Abwägung der beiderseitigen Interessen die Fortsetzung des Vertragsverhältnisses unzumutbar machen.

(5) Dem Frachtführer stehen die Rechte nicht zu, wenn die Nichteinhaltung der Ladezeit auf Gründen beruht, die seinem Risikobereich zuzurechnen sind.

---

[37] Oben Kommentierung zu § 415 Rn 44; siehe auch Fremuth/Thume/*Fremuth* Rn 14.

[38] Wie hier MünchKommHGB²/*Czerwenka* Rn 12; aA *Koller*⁸ Rn 6, wenngleich dieser noch im Ansatz davon ausgeht, dass es sich nicht um eine Einwendung handelt.

[39] Siehe *Didier* Risikozurechnung, S. 207; *Koller*⁸ Rn 7.

Schrifttum

Braun Das frachtrechtliche Leistungsstörungsrecht nach dem Transportrechtsreformgesetz, eine Untersuchung der frachtrechtlichen Leistungsstörungstatbestände der §§ 407 ff HGB unter besonderer Berücksichtigung der Bezüge zum bürgerlichen Recht, Diss. Regensburg 2002; *Didier* Risikozurechnung bei Leistungsstörungen im Gütertransportrecht, Diss. Mannheim 2001.

Übersicht

I. Einführung

Anders als der Absender (§§ 415, 416) kann der Frachtführer den Frachtvertrag nicht jederzeit willkürlich, d.h. von sachlichen Voraussetzungen unabhängig, kündigen oder sich für eine Teilbeförderung entscheiden. Er wäre indes nur unzureichend geschützt, müsste er in den Fällen, in denen der Absender das Gut nicht innerhalb der Ladezeiten verlädt oder – bei fehlender Verladeverpflichtung – zur Verfügung stellt, unbegrenzt zuwarten und könnte lediglich Standgeldansprüche (§ 412 Abs. 3) geltend machen. § 417 ermöglicht es dem Frachtführer daher, sein Warten zu beenden, indem er in den Fällen des Abs. 2 den Frachtvertrag kündigt, in den Fällen des Abs. 3 die Beförderung beginnt. So kann er zeitnah wieder frei über das Beförderungsmittel verfügen und etwa andere, bereits übernommene Aufträge fristgerecht ausführen oder neue Aufträge übernehmen. Voraussetzung eines solchen Frachtführervorgehens ist stets die Setzung einer Nachfrist (Abs. 1). **1**

Die Regelung ist angelehnt an § 326 Abs. 1 BGB i.d.F. vor der Schuldrechtsreform, § 643 BGB sowie die schifffahrtsrechtlichen Regelungen der §§ 33–35 BinSchG a.F. und §§ 570, 571, 585 in der bis zur Reform des Seehandelsrechts geltenden Fassung.[1] Im geltenden Seehandelsrechts findet sich eine weitgehend entsprechende Bestimmung in § 490. Mit Wirkung für ab dem 1.1.2002 entstandene Schuldverhältnisse (Art. 229 § 5 EGBGB) ist § 417 Abs. 1 an § 323 BGB n.F. angepasst worden. Entsprechend der Herabsetzung der Anforderungen des § 326 BGB a.F.[2] muss die Nachfristsetzung nicht länger eine Ablehnungsandrohung enthalten. **2**

Die Rechtsfolgenanordnung des § 417 für den Fall eines erfolglosen Nachfristverstreichens orientiert sich an § 323 BGB, nicht hingegen an §§ 643 Satz 2 BGB, 585 a.F. Dies hat zur Folge, dass dem Frachtführer die Möglichkeit bleibt, nach Verstreichen der gesetzten Nachfrist weiter zu warten und Standgeld (§ 412 Abs. 3) zu vereinnahmen. **3**

Ausgeschlossen sind die Rechte, welche § 417 dem Frachtführer bei Nichteinhaltung der Ladezeit gewährt, wenn die Gründe für die Ladezeitüberschreitung dem Risikobereich des Frachtführers zuzurechnen sind (Abs. 5). **4**

---

[1] BR-Drucks. 368/97 S. 46.

[2] Baumbach/HoptHGB[35]/*Merkt* Rn 1.

II. Anwendungsbereich

5 Der Anwendungsbereich des § 417 Abs. 1 ist eröffnet, wenn der Absender nicht das (gesamte)[3] Gut innerhalb der Ladezeit verladen oder, wenn das Verladen nicht seine Aufgabe, sondern Aufgabe des Frachtführers war, zur Verfügung gestellt hat. Allerdings gibt das Gesetz weder in Abs. 1 noch in den Folgeabsätzen klar zu erkennen, ob es mit dem Begriff des Verladens/Zur-Verfügung-Stellens jede entsprechende Tätigkeit, sei sie auch völlig unzureichend, meint, oder nur ein **ordnungsgemäßes Verladen/Zur-Verfügung-Stellen.**

6 Die wohl überwiegende Auffassung geht davon aus, dass § 417 nicht eingreift, wenn der Absender zwar Gut verlädt oder zur Verfügung stellt, dies aber nicht ordnungsgemäß tut, indem er die Ware etwa unter Verstoß gegen § 411 ungenügend verpackt oder seine Pflicht zur beförderungssicheren Verladung nach § 412 verletzt.[4] Aus dieser Sicht ist § 417 auf die Verletzung „anderer Mitwirkungspflichten des Absenders" nicht – auch nicht analog – anwendbar.[5]

7 Der Wortlaut des § 417 lässt jedoch durchaus Raum, unter einem Verladen/Zur-Verfügung-Stellen des Gutes ein *ordnungsgemäßes* Verladen/Zur-Verfügung-Stellen zu verstehen. Zwar könnte die in § 417 Abs. 2 enthaltene Verweisung lediglich auf § 415 Abs. 2, nicht jedoch auch auf § 415 Abs. 3, und die in § 417 Abs. 3 enthaltene Sonderregelung für Teilverladung dafür sprechen, dass der Gesetzgeber in Abs. 2 nur den Fall regeln wollte, dass noch überhaupt kein Gut verladen wurde.[6] Die angesprochene Regelung will indes lediglich ausschließen, dass der Frachtführer, wenn zu Nachfristende wenigstens ein Teil der Sendung verladen ist, selbst diesen nicht befördert. Ausgeschlossen ist damit eine Kündigung des Frachtvertrages bei Teilverladung[7] und ein Entladeverlangen bezüglich der Teilsendung seitens des Frachtführers. Dagegen, als Verladen/Zur-Verfügung-Stellen des Gutes nur eine ordnungsgemäße Tätigkeit der betreffenden Art genügen zu lassen, spricht das Gesagte nicht. Unter teleologischen Gesichtspunkten scheint es angezeigt, *nicht* danach zu differenzieren, ob der Absender, dem bereits eine Nachfrist gesetzt ist, beispielsweise telefonisch mitteilt, er werde bis Ablauf der Nachfrist kein Gut anliefern, weil es ihm nicht rechtzeitig gelinge, dieses zu verpacken, oder er in letzter Minute mit völlig unzureichend verpacktem Gut beim Frachtführer aufwartet. Die Interessenlage ist beiden Fällen dieselbe, weshalb die Fallgestaltungen unterschiedslos nach § 417 zu beurteilen sind.[8]

8 Ausgehend von dem unter der vorausgehenden Randnummer Gesagten ist der Fall, dass der Absender zu Nachfristende zwar Gut auf das Beförderungsmittel gepackt hat, dieses aber nicht einmal in Teilen ordnungsgemäß verladen ist, nach §§ 417 Abs. 1, 2, 415 Abs. 2 zu beurteilen. Der Frachtführer kann den Vertrag kündigen und Entladung entsprechend § 415 Abs. 3 verlangen.[9] Ist ein Teil ordnungsgemäß verladen, kann er sich dessen Beförderung nicht entziehen; insoweit ist ein Rückgriff auf die §§ 417 Abs. 1, Abs. 3, 416 Satz 2, 3 möglich.

---

[3] Erst auf der Folgeebene (Abs. 2, 3) ist danach zu differenzieren, ob der Absender bis zum Ende der Nachfrist wenigstens einen Teil des Gutes verladen resp. zur Verfügung gestellt hat oder nicht.

[4] Siehe *Koller*[7] § 411 Rn 10, § 412 Rn 21; *Braun* Das frachtrechtliche Leistungsstörungsrecht, S. 284.

[5] Heymann[2]/*Schlüter* Rn 1.

[6] MünchKommHGB[2]/*Czerwenka* Rn 5.

[7] Heymann[2]/*Schlüter* Rn 10; Koller[8] Rn 15, 15a.

[8] Siehe auch bereits oben Kommentierung zu § 411 Rn 23; wie hier auch MünchKommHGB[2]/*Czerwenka* Rn 5.

[9] Ebenso MünchKommHGB[2]/*Czerwenka* Rn 12.

§ 417 Abs. 2 ist analog auf den Fall anwendbar, dass der Absender pflichtwidrig ordnungsgemäße Begleitpapiere nicht rechtzeitig zur Verfügung stellt.[10] 9

III. Nachfristsetzung (Abs. 1)

§ 417 Abs. 1 unterscheidet auf Tatbestandsseite danach, ob der Absender das Gut nicht innerhalb der Ladezeit verlädt oder innerhalb dieses Zeitraums nicht zur Verfügung stellt. Die Differenzierung erklärt sich daraus, dass nach dem gesetzlichen Leitbild (§ 412 Abs. 1) zwar der Absender das Gut beförderungssicher zu verladen hat, dies aber aufgrund Vereinbarung, der Umstände oder Verkehrssitte auch Aufgabe des Frachtführers sein kann. In beiden Fällen geht es darum, dass der Absender die ihm zugewiesene **Mitwirkungshandlung nicht rechtzeitig vorgenommen** hat.[11] 10

Seiner Mitwirkungspflicht oder -obliegenheit hat der Absender innerhalb der Ladezeit nachzukommen, deren Dauer sich nach § 412 Abs. 2 bestimmt. Haben die Parteien eine Überliegezeit (§ 412 Abs. 3 Var. 1) vereinbart, ist ein Rückgriff auf § 417 für den Zeitraum gesperrt, für den der Frachtführer ein Warten über die Ladezeit hinaus zugesagt hat.[12] In wessen Sphäre die Gründe für eine Nichteinhaltung der Ladezeit fallen, ist nur mit Blick auf einen eventuellen Fortfall der Rechte des Frachtführers nach Abs. 5 von Belang. Für einen Anspruchserhalt ist es nicht erforderlich, dass die betreffenden Gründe aus der Sphäre des Absenders stammen,[13] vielmehr ausreichend, dass sie nicht der Sphäre des Frachtführers entstammen. 11

Ist mit Verstreichen der Lade- oder vereinbarten Überliegezeit nicht sämtliches[14] Gut verladen oder, wenn der Absender zur Verladung nicht verpflichtet ist, zur Verfügung gestellt, ist der Frachtführer berechtigt, dem Absender zur Vornahme der betreffenden Mitwirkungshandlung eine angemessene Frist zu setzen. Ist während des Laufs dieser Frist die Verladung/Zur-Verfügung-Stellung des Gutes zeitweilig aus Gründen gestört, die dem Risikobereich des Frachtführers zuzurechnen sind, verlängert sich die Frist entsprechend.[15] Der Absender ist gehalten, innerhalb der angemessenen Frist zu einer vollständigen Verladung/Zur-Verfügung-Stellung des Gutes zu gelangen, will er dem Frachtführer kein Vorgehen nach Abs. 2 oder 3 ermöglichen. 12

Die Nachfristsetzung ist empfangsbedürftige Willenserklärung, die keiner besonderen Form bedarf.[16] Sie muss die bestimmte und eindeutige Aufforderung an den Absender enthalten, das Gut zu verladen oder zur Verfügung zu stellen; der Frachtführer muss mithin auf Vertragserfüllung „drängen".[17] 13

Nach dem Wortlaut des § 417 Abs. 1 kann eine Nachfrist grundsätzlich erst dann gesetzt werden, wenn der Absender das Gut innerhalb der Ladezeit nicht verladen oder zur Verfügung gestellt hat. Wenn aber bereits zuvor feststeht, dass der Absender die Ladezeit überschreiten wird, ist ausnahmsweise eine Fristsetzung auch bereits zu einem 14

---

10 Siehe bereits oben Kommentierung zu § 413 Rn 22; ferner MünchKommHGB²/*Czerwenka* § 413 Rn 20; aA *Koller*⁸ § 413 Rn 7, 12.

11 Siehe auch *Andresen/Valder* Rn 5.

12 MünchKommHGB²/*Czerwenka* Rn 3; siehe auch bereits Kommentierung zu § 412 Rn 41, 50.

13 Anders Ebenroth/Boujong/Joost/Strohn²/*Reuschle* Rn 2; MünchKommHGB²/*Czerwenka* Rn 4.

14 Siehe bereits oben Rn 5.

15 *Koller*⁷ Rn 6.

16 MünchKommHGB²/*Czerwenka* Rn 8; Ebenroth/Boujong/Joost/Strohn²/*Reuschle* Rn 3.

17 Ebenroth/Boujong/Joost/Strohn²/*Reuschle* Rn 3.

früheren Zeitpunkt möglich.[18] Nach dem Rechtsgedanken des § 323 Abs. 2 Nr. 1 BGB bedarf es keiner Fristsetzung, wenn der Absender die geforderte Mitwirkungshandlung ernsthaft und endgültig verweigert.[19] Die mit der Seehandelsrechtsreform vorgenommene Neufassung stellt das Gesagte jetzt ausdrücklich heraus.

15 Die gesetzte Frist muss **angemessen** sein, d.h. die Nachfrist so bemessen werden, dass dem Absender eine **letzte Gelegenheit** bleibt, seine Mitwirkungshandlung zu erbringen.[20] Vorzunehmen ist nach Vorstellung des Gesetzgebers eine umfassende Abwägung der beteiligten Interessen. Auf eine genauere Festlegung wurde verzichtet, um die „im Rahmen einer transportmittelübergreifenden Regelung erforderliche Flexibilität" zu wahren.[21] Eine äußerst knappe Frist von beispielsweise nur zwei Stunden muss nicht generell unangemessen sein. In keinem Fall braucht dem Absender Zeit gegeben werden, das Gut überhaupt erst zu beschaffen. Eine Aufforderung, nunmehr unverzüglich (§ 121 Abs. 1 Satz 1) die erforderliche Mitwirkungshandlung vorzunehmen, dürfte regelmäßig ausreichend sein.[22] An die Stelle einer unangemessen kurzen Frist tritt nach allgemeinen Grundsätzen ohne Weiteres eine angemessene Frist.[23]

16 Erbringt der Absender innerhalb der Nachfrist die geforderte Mitwirkungshandlung vollständig, hat der Frachtführer die Beförderung auszuführen. Standgeld kann er nach Maßgabe des § 412 Abs. 3 beanspruchen.[24] Ist zu Ende der Nachfrist das Gut noch immer nicht vollständig verladen, steht dem Frachtführer ein Rückgriff auf Abs. 2 (bei gänzlich fehlender Verladung/Zur-Verfügung-Stellung) oder Abs. 3 (bei bloß unvollständigem Verladen/Zur-Verfügung-Stellen des Gutes) offen.

IV. Kündigungsrecht des Frachtführers (Abs. 2)

17 Wird bis zum Ablauf der Nachfrist nicht einmal ein Teil der Ladung (ordnungsgemäß)[25] verladen oder zur Verfügung gestellt oder ist schon zuvor offensichtlich, dass dies bis Fristablauf nicht geschehen wird, ist der Frachtführer berechtigt, den Vertrag zu kündigen. Im Falle der Kündigung stehen ihm die Ansprüche nach § 415 Abs. 2 zu. Insoweit kann er zwischen der konkreten Berechnung nach § 415 Abs. 2 Satz 1 Nr. 1 und der pauschalen Fautfrachtregelung des § 415 Abs. 2 Satz 1 Nr. 2 wählen.

18 Der Frachtführer hat auch bereits vorgelagert ein Wahlrecht. Dieses geht dahin, sich zu entscheiden, ob er kündigt, oder weiter zuwartet und Standgeld nach § 412 Abs. 3 vereinnahmt. Entschließt sich der Frachtführer zunächst für ein Warten und erst zu einem späteren Zeitpunkt zu einer Kündigung, kann er Standgeld bis in den Zeitpunkt des Kündigungszugangs verlangen.[26] Die gegenteilige Auffassung übersieht, dass erst die Kündigung die vertragliche Beziehung der Parteien, in welcher der Standgeldanspruch

---

18 *Koller*[7] Rn 6.

19 Vgl. Heymann[2]/*Schlüter* Rn 6; *Koller*[7] Rn 3; MünchKommHGB[2]/*Czerwenka* Rn 7.

20 Vgl. Ebenroth/Boujong/Joost/Strohn[2]/*Reuschle* Rn 4.

21 BR-Drucks. 368/97, S. 47.

22 Ebenroth/Boujong/Joost/Strohn[2]/*Reuschle* Rn 4.

23 Siehe bereits RGZ 56, 231 ff; ferner BGH NJW 1985, 2640.

24 Siehe Ebenroth/Boujong/Joost/Strohn[2]/*Reuschle* Rn 6.

25 Siehe dazu bereits oben Rn 7 f.

26 Wie hier Heymann[2]/*Schlüter* Rn 8; *Koller*[8] Rn 10; MünchKommHGB[2]/*Czerwenka* Rn 11; *Andresen/Valder* Rn 13; *Braun* Das frachtrechtliche Leistungsstörungsrecht S. 250 f; **aA** Ebenroth/Boujong/Joost/Strohn[2]/*Reuschle* Rn 13; Heidelberger Kommentar[7]/*Ruß* Rn 6; Fremuth/Thume/*Fremuth* Rn 13; *Lammich/Pöttinger* Rn 9; Baumbach/HoptHGB[35]/*Merkt* Rn 1.

wurzelt, beendet; bewusst geschieht dies nicht – wie in §§ 643 Satz 2 BGB, 585 a.F. – mit Verstreichen der Nachfrist gleichsam automatisch, sondern erst auf Grund einer Gestaltung seitens des Frachtführers.

Unberührt von einer Kündigung bleiben bereits entstandene Schadensersatzansprüche des Frachtführers gegen den Absender.[27] 19

Ausnahmsweise kann das Kündigungsrecht nach § 242 BGB verwirkt sein. Eine solche Verwirkung erfordert indes nicht nur, dass der Frachtführer nach Ablauf der Nachfrist zunächst eine längere Zeit zuwartet, ohne von seiner Kündigungsmöglichkeit Gebrauch zu machen (Zeitmoment), sondern darüber hinaus das Hinzutreten besonderer Umstände, aufgrund deren der – als Ideal-Absender gedachte – Vertragspartner des Frachtführers davon ausgehen darf, dass auch künftig keine Kündigung mehr erfolgen wird (Umstandsmoment).[28] 20

V. Teilbeförderungsrecht (Abs. 3)

Ist bei Ablauf der Nachfrist ein Teil des Gutes (ordnungsgemäß)[29] verladen oder zur Verfügung gestellt, kann sich der Frachtführer dessen Beförderung nicht durch Kündigung der Vertragsbeziehung entziehen.[30] Der Frachtführer ist vor die Wahl gestellt, weiter zuzuwarten und Standgeld nach § 412 Abs. 3 zu vereinnahmen, oder mit der Beförderung der unvollständigen Ladung zu beginnen und Ansprüche nach § 416 Satz 2, 3[31] geltend zu machen. Zu letzterem verpflichtet ist er nicht.[32] Will der Absender eine Teilbeförderung verhindern, kann er seinerseits den Frachtvertrag nach § 415 kündigen.[33] Will er sie durchgeführt wissen, steht ihm die Entscheidung dafür jederzeit (§ 416) frei. 21

§ 417 Abs. 3 verlangt vom Frachtführer nicht, dass er dem Absender gegenüber ausdrücklich erklärt, er werde nunmehr mit der Beförderung der auf dem Transportmittel befindlichen Teilladung beginnen. Eine Wahlentscheidung des Frachtführers ist grundsätzlich auch konkludent in der Weise möglich, dass er mit der Beförderung beginnt.[34] Die ausdrückliche Wahlerklärung des Frachtführers ist vor allem für den Fall bedeutsam, dass er den tatsächlichen Beginn der Beförderung von der Bestellung einer Ersatzsicherheit (§§ 417 Abs. 3, 416 Satz 3) abhängig machen will. 22

Zu Standgeldansprüchen für den Zeitraum zwischen dem frühestmöglichen Vorgehen nach Abs. 3 und dem tatsächlichen Beginn der Teilbeförderung sowie zu einer ausnahmsweisen Verwirkung der Vorgehensmöglichkeit gilt das oben Rn 18 ff Gesagte entsprechend. 23

VI. Dispens vom Fristsetzungserfordernis (Abs. 4)

Dass der Frachtführer seine Rechte nach Abs. 2 oder 3 auch ohne Fristsetzung ausüben kann, wenn der Absender sich ernsthaft und endgültig weigert, das Gut zu verladen oder zur Verfügung zu stellen, ist im Grunde eine Selbstverständlichkeit, wird jetzt 24

---

27 *Koller*[8] Rn 10; MünchKommHGB[2]/*Czerwenka* Rn 11.
28 Heymann[2]/*Schlüter* Rn 8.
29 Siehe bereits oben Rn 7 ff.
30 Heymann[2]/*Schlüter* Rn 10; *Koller*[8] Rn 15a.
31 Zu diesen im Einzelnen Kommentierung zu § 416 Rn 9 ff.
32 AA *Koller*[8] Rn 15a (gegen den klaren Wortlaut der Bestimmung); wie hier auch MünchKommHGB[2]/*Czerwenka* Rn 13.
33 *Koller*[8] Rn 15a.
34 MünchKommHGB[2]/*Czerwenka* Rn 14.

jedoch durch die im Zuge der Seehandelsrechtsreform hinzugekommene Neuregelung in § 417 Abs. 4 Satz 1 ausdrücklich gesagt. Die Vorschrift ist § 323 Abs. 2 Nr. 1 BGB nachempfunden. Weiter findet sich in § 417 Abs. 4 Satz 2 eine nach dem Vorbild des § 323 Abs. 2 Nr. 3 BGB gestaltete Bestimmung, die den Fall einer Kündigung aus wichtigem Grund erfassen will. Verzichtet hat der Gesetzgeber demgegenüber auf eine § 323 Abs. 2 Nr. 2 BGB nachgebildete Regelung für das einfache Fixgeschäft, womit aber nicht ausgeschlossen sein soll, die Entbehrlichkeit einer Fristsetzung – wie für die Erfassung als Fixgeschäft ohnehin notwendig – der Parteiabsprache zu entnehmen. [35]

25 Die Gestaltungsmöglichkeit des Frachtführers nach Abs. 4 beschränkt sich auf die Kündigung des Vertrages. Dem Gesetzgeber erschien es widersprüchlich, dem Frachtführer bei Vorliegen von Umständen, die die Fortsetzung des Vertragsverhältnisses unzumutbar machen, ausdrücklich zu gestatten, das Vertragsverhältnis fortzusetzen und mit der Beförderung des bereits verladenen Teils des Gutes zu beginnen.[36]. Allerdings steht es dem Frachtführer, der zu einer Kündigung nach § 417 Abs. 4 berechtigt wäre, selbstverständlich frei, von einer solchen abzusehen und auf dem Weg des Abs. 3 zu einer Teilbeförderung zu gelangen.

VII. Ausschluss der Rechte des Frachtführers (Abs. 5)

26 Dem Frachtführer stehen die Rechte nach den Abs. 1–3 nicht zu, wenn die Einhaltung der Ladezeit auf Gründen beruht, die seinem Risikobereich zuzurechnen sind. In den Risikobereich des Frachtführers fällt es, wenn er kein vertragsgerechtes Beförderungsmittel bereitstellt oder den Zugang zu Beförderungsmitteln in der notwenigen Form nicht ermöglicht.[37] Zur Abgrenzung der verschiedenen Risikosphären im Übrigen bereits Kommentierung zu § 412 Rn 52 ff.

VIII. Konkurrenzen

27 § 417 ist verdrängende Sonderregelung im Verhältnis zu § 643 BGB.[38] Da die Verweisung auf § 415 Abs. 2 für eine einheitliche Ausgestaltung der Rechtsfolgen im Kündigungsfall sorgt, gleichgültig, welche Seite den Vertrag kündigt,[39] sollte mit dem zu § 415 Gesagten[40] davon ausgegangen werden, dass die §§ 323 ff BGB von § 417 grundsätzlich[41] zurückgedrängt werden.[42] Im Falle der Teilbeförderung ist § 419 auf den übernommenen Teil des Gutes anwendbar; im Übrigen beziehen sich die Vorschriften auf unterschiedliche Zeiträume.[43] Soweit die Beförderung unmöglich ist, gelangt § 420 Abs. 2 Satz 1 zur Anwendung.

---

[35] BT-Drucks. 17/10309, S. 54.
[36] BT-Drucks. 17/10309, S. 54.
[37] Heymann[2]/*Schlüter* Rn 3.
[38] *Braun* Das frachtrechtliche Leistungsstörungsrecht, S. 268; MünchKommHGB[2]/*Czerwenka* Rn 17.
[39] *Andresen/Valder* Rn 15 zu Abs. 2; ähnlich auch für den Verweis auf § 416 Satz 2, 3 in Abs. 3 unter Rn 17.
[40] Oben Kommentierung zu § 415 Rn 39 ff.
[41] Zu Einschränkungen siehe Kommentierung zu § 407 Rn 85 ff, insbes. 87.
[42] AA MünchKommHGB[2]/*Czerwenka* Rn 17.
[43] Siehe auch Kommentierung zu § 419 Rn 64.

IX. Abdingbarkeit; Beweislast

§ 417 kann, wie sich im Umkehrschluss aus § 449 ergibt, abbedungen werden. Dies kann auch in Allgemeinen Geschäftsbedingungen geschehen. Eine Formularklausel, die den Frachtführer bereits *innerhalb* der Ladezeit zur Kündigung oder Teilbeförderung berechtigt, dürfte allerdings wegen ihrer wesentlichen Abweichung vom gesetzlichen Leitbild (§ 307 Abs. 2 Nr.1 BGB) unwirksam sein.[44] Auch ein AGB-vertraglicher Dispens vom Erfordernis, zunächst eine Nachfrist (§ 417 Abs. 1) zu setzen, dürfte unwirksam sein, wenn er sich nicht lediglich auf die Fälle des § 417 Abs. 4 bezieht. AGB-vertraglich geregelt finden sich die Rechte des Frachtführers bei Nichteinhaltung der Ladezeit etwa in § 6 VBGL.[45] **28**

Der Frachtführer hat eine Setzung der Frist, deren Angemessenheit sowie ihr erfolgloses Verstreichen darzulegen und zu beweisen.[46] Im Übrigen gelangt für Ansprüche nach § 415 Abs. 2 oder § 416 Satz 2, 3 die diesen Normen zu entnehmende Beweislastverteilung zur Anwendung.[47] Wendet der Absender ein, dass die Nichteinhaltung der Ladezeit auf Gründen beruht, die dem Risikobereich des Frachtführers zuzurechnen sind, ist er insoweit darlegungs- und beweisbelastet. **29**

§ 418
Nachträgliche Weisungen

(1) Der Absender ist berechtigt, über das Gut zu verfügen. Er kann insbesondere verlangen, daß der Frachtführer das Gut nicht weiterbefördert oder es an einem anderen Bestimmungsort, an einer anderen Ablieferungsstelle oder an einen anderen Empfänger abliefert. Der Frachtführer ist nur insoweit zur Befolgung solcher Weisungen verpflichtet, als deren Ausführung weder Nachteile für den Betrieb seines Unternehmens noch Schäden für die Absender oder Empfänger anderer Sendungen mit sich zu bringen droht. Er kann vom Absender Ersatz seiner durch die Ausführung der Weisung entstehenden Aufwendungen sowie eine angemessene Vergütung verlangen; der Frachtführer kann die Befolgung der Weisung von einem Vorschuß abhängig machen.

(2) Das Verfügungsrecht des Absenders erlischt nach Ankunft des Gutes an der Ablieferungsstelle. Von diesem Zeitpunkt an steht das Verfügungsrecht nach Absatz 1 dem Empfänger zu. Macht der Empfänger von diesem Recht Gebrauch, so hat er dem Frachtführer die entstehenden Mehraufwendungen zu ersetzen sowie eine angemessene Vergütung zu zahlen; der Frachtführer kann die Befolgung der Weisung von einem Vorschuß abhängig machen.

(3) Hat der Empfänger in Ausübung seines Verfügungsrechts die Ablieferung des Gutes an einen Dritten angeordnet, so ist dieser nicht berechtigt, seinerseits einen anderen Empfänger zu bestimmen.

---

[44] Fremuth/Thume/*Fremuth* Rn 22.

[45] Siehe dazu *Andresen/Valder* Rn 10, 18, 22.

[46] Siehe auch Ebenroth/Boujong/Joost/Strohn²/*Reuschle* Rn 17; Fremuth/Thume/*Fremuth* Rn 19.

[47] Zu dieser Kommentierung zu § 415 Rn 45 f, § 416 Rn 24.

(4) Ist ein Frachtbrief ausgestellt und von beiden Parteien unterzeichnet worden, so kann der Absender sein Verfügungsrecht nur gegen Vorlage der Absenderausfertigung des Frachtbriefs ausüben, sofern dies im Frachtbrief vorgeschrieben ist.

(5) Beabsichtigt der Frachtführer, eine ihm erteilte Weisung nicht zu befolgen, so hat er denjenigen, der die Weisung gegeben hat, unverzüglich zu benachrichtigen.

(6) Ist die Ausübung des Verfügungsrechts von der Vorlage des Frachtbriefs abhängig gemacht worden und führt der Frachtführer eine Weisung aus, ohne sich die Absenderausfertigung des Frachtbriefs vorlegen zu lassen, so haftet er dem Berechtigten für den daraus entstehenden Schaden. Die Haftung ist auf den Betrag begrenzt, der bei Verlust des Gutes zu zahlen wäre.

Schrifttum

Basedow Der Transportvertrag, Studien zur Privatrechtsangleichung auf regulierten Märkten 1987; *Clarke* International carriage of goods by road, CMR, 3. Aufl. 1991; *Helm* Probleme der CMR: Geltungsbereich – ergänzendes Recht – Frachtbrief – Weisungsbefugnis – aufeinanderfolgende Frachtführer, VersR 1988, 548–556; *Jesser* Frachtführerhaftung nach der CMR – Internationaler und nationaler Straßengütertransport, 1992; *Koller* Rechtsnatur und Rechtswirkungen frachtrechtlicher Sperrpapiere, TranspR 1994, 181–189; *Lenz* Straßengütertransportrecht, 1988; *Loewe* Erläuterungen zum Übereinkommen vom 19. Mai 1956 über den Beförderungsvertrag im internationalen Straßengüterverkehr (CMR), ETL 1976, 503–597; *Meyer-Rehfuß* Das frachtvertragliche Weisungsrecht, 1995.

Übersicht

I. Einleitung

1 Die Bestimmung orientiert sich wesentlich an Art. 12 CMR, weiterhin an §§ 433 HGB a.F., 27 KVO, 72 EVO.[1] Die **Befugnis zu nachträglichen Weisungen** ist dem **BGB-Auftragsrecht entlehnt.** Auch die Weisung im Sinne des § 665 Satz 1 BGB ist einseitige

[1] BR-Drucks. 368/97, S. 47.

empfangsbedürftige Willenserklärung, durch die die Pflichten des angewiesenen Vertragspartners konkretisiert werden, und kann nach Vertragsschluss erteilt werden.[2] Allerdings steht im Rahmen des § 418 das Recht zur **einseitigen Vertragsänderung** nicht nur dem Absender als Vertragspartner des Frachtführers zu, sondern nach Maßgabe der Abs. 2, 3 auch dritten Personen, insbesondere dem Empfänger.

Mit der Einräumung eines solchen Weisungsrechts ungeachtet der Tatsache, dass der Frachtvertrag in seinem Schwerpunkt nicht in die Kategorie der Geschäftsbesorgungsverträge fällt, trägt das Gesetz dem Umstand Rechnung, dass Transporte eine gewisse Zeit in Anspruch nehmen und sich innerhalb dieser Spanne die Rahmenbedingungen ändern können. In einer solchen Situation muss es möglich sein, in das Transportgeschehen einzugreifen und Änderungen vorzunehmen.[3] **2**

Abs. 1 regelt das Verfügungsrecht des Absenders und nennt beispielhaft Inhalte möglicher Weisungen. Satz 3 setzt der Befolgungspflicht des Weisungsempfängers Grenzen, Satz 4 gewährt ihm Ansprüche mit Blick auf eine Weisungsbefolgung. **3**

Der Übergang des Verfügungsrechts vom Absender auf den Empfänger bestimmt sich nach Abs. 2. Abs. 3 begrenzt das Weisungsrecht eines durch Weisung des Empfängers bestimmten Dritten dahingehend, dass dieser nicht seinerseits wiederum einen anderen Empfänger bestimmen kann, und setzt so der Belastung des Frachtführers durch Weisungserteilung eine (weitere) Grenze. **4**

Abs. 5 statuierte eine Benachrichtigungspflicht des Frachtführers, will dieser eine ihm erteilte Weisung nicht befolgen. Eine Sonderregelung für den als Sperrpapier ausgestellten Frachtbrief findet sich in Abs. 4, 6. **5**

II. Weisungsbefugnis

1. Begriff. Das Gesetz spricht in Abs. 1 Satz 1 von der Berechtigung des Absenders, über das Gut „zu verfügen". Damit ist keine Verfügung im Sinne der allgemeinen Terminologie gemeint, die unter einer solchen ein Rechtsgeschäft versteht, das unmittelbar darauf gerichtet ist, auf ein bestehendes Recht einzuwirken, es zu verändern, zu übertragen oder aufzuheben.[4] § 418 verwendet die Begriffe der Verfügung und der Weisung vielmehr synonym, weshalb der **Verfügungsbegriff** in diesem Kontext **spezifisch frachtrechtlich zu verstehen** ist. Die Verfügungsbefugnis in dem dargestellten Sinne wurzelt allein in der Vertragsbeziehung der Parteien[5] und ist somit rein schuldrechtlicher Natur. **6**

Bereits die amtliche Überschrift der Bestimmung lässt deutlich werden, dass eine Weisung nur vorliegt, wenn **nachträglich ändernd** auf den Frachtvertrag eingewirkt wird. Es handelt sich daher nicht um eine Weisung, wenn die Vertragsparteien bei Vertragsschluss bestimmte Einzelheiten, beispielsweise die Entladestelle, noch offengelassen und eine exakte Festlegung durch den Absender erst während des Transports vereinbart haben.[6] Auf Erklärungen, die die geschuldete Leistung erst festlegen (statt sie zu ändern), ist § 418 daher nicht – auch nicht analog[7] – anzuwenden. Abzugrenzen von Weisungen im **7**

---

[2] Siehe PalandtBGB[71]/*Sprau* § 665 BGB Rn 2.

[3] Siehe auch MünchKommHGB[2]/*Czerwenka* Rn 1.

[4] Siehe BGHZ 1, 294 (304); BGHZ 75, 221 (226); BGHZ 101, 24.

[5] Der verfügungsberechtigte Empfänger (Abs. 2) ist Drittbegünstigter, vgl. Ebenroth/Boujong/Joost/Strohn[2]/*Reuschle* Rn 21.

[6] Siehe OLG Hamburg TranspR 1994, 444 f; *Andresen/Valder* Rn 9.

[7] *Koller*[8] Rn 4.

Sinne der Norm sind auch solche im Sinne der Abs. 3–5 des § 427, die keine rechtsgeschäftliche Gestaltung bewirken, sondern eine Handlungsanweisung bei Vertragsschluss darstellen.[8]

8 Das Verfügungsrecht ist als solches nicht abtretbar, da es sich bei ihm nicht um einen Anspruch, sondern um den Ausfluss eines solchen (des frachtvertraglichen „Hauptanspruchs" auf Beförderung) handelt.[9] Entsprechend ist es auch nicht pfändbar.[10] Bei Abtretung des Ablieferungsanspruchs geht es mit auf den Zessionar über.[11]

9 2. **Weisungsberechtigter.** Weisungsberechtigt ist der Absender nach Maßgabe des Abs. 1, der Empfänger nach Maßgabe des Abs. 2 und ein Dritter, an den aufgrund Weisung des Empfängers die Ablieferung erfolgen soll, soweit nicht Abs. 3 dessen Verfügungsrecht beschränkt. **Stellvertretung** ist nach den allgemeinen Regeln **möglich**. Auch kann, da die Abs. 1–5 des § 418 in § 449 keine Erwähnung finden, von der gesetzlichen Regelung abgewichen und beispielsweise vereinbart werden, dass dem Empfänger das Weisungsrecht bereits zu einem früheren Zeitpunkt zustehen soll.[12] Ist ein Ladeschein ausgestellt, steht das Verfügungsrecht nach §§ 418, 419 abweichend vom Regelfall ausschließlich dem legitimierten Besitzer des Ladescheins zu (§ 446 Abs. 1).

10 a) **Absender (Abs. 1).** Bis Ankunft des Gutes an der Ablieferungsstelle ist der Absender verfügungsbefugt, nach diesem Zeitpunkt nicht mehr (arg. e Abs. 2 Satz 1). Zunächst ist also er derjenige, der dem Frachtführer Weisungen erteilen kann. Hat sich der Frachtführer auch gegenüber einem Dritten zur Beachtung von dessen Weisungen verpflichtet,[13] berührt dies die Pflichten im Verhältnis zum Absender nicht. Der Frachtführer trägt das Risiko, die vertraglichen Absprachen so zu gestalten, dass sie miteinander vereinbar sind; will er Weisungen des Absenders, welche er nach § 418 zu beachten hätte, unbeachtet lassen können, muss er dies *mit dem Absender* entsprechend vereinbaren.

11 Die Verfügungsbefugnis des Absenders erlischt nicht bereits mit Eintreffen des Gutes an seinem Bestimmungsort, sondern erst bei Ankunft an der Ablieferungsstelle.[14] Es genügt also nicht, dass der Transport die Grenze der politischen Gemeinde des Zielorts passiert; vielmehr muss er das genaue Beförderungsziel – konkretisiert etwa durch Straße und Hausnummer – erreicht haben. Nicht erforderlich ist hingegen, dass das Fahrzeug an der Ablieferungsstelle bereits entladebereit ist.[15]

12 Die Annahme, dass, treffe zunächst nur ein Teil der Sendung an der Ablieferungsstelle ein, mit deren Eintreffen gleichwohl das Weisungsrecht des Absenders hinsichtlich der Gesamtsendung erlösche,[16] findet im Wortlaut keine Stütze. Eher könnte Abs. 2 Satz 1 dahingehend verstanden werden, dass mit „Ankunft des Gutes" die Ankunft des gesamten Gutes gemeint ist und daher das Verfügungsrecht des Absenders insgesamt bis zum Eintreffen der restlichen Sendung erhalten bleibt.[17] Denkbar erscheint auch, hinsichtlich

---

[8] MünchKommHGB[2]/*Czerwenka* Rn 3.

[9] Für eine Abtretbarkeit hingegen Fremuth/Thume/*Fremuth* Rn 6, 13; wohl auch *Andresen/Valder* Rn 7; wie hier *Koller*[8] Rn 3; MünchKommHGB[2]/*Czerwenka* Rn 3.

[10] Heymann[2]/*Schlüter* Rn 1; *Koller*[8] Rn 3.

[11] *Koller* in: Festschrift für Richardi 2007, S. 1121 (1126 ff).

[12] Zur Dispositivität der Regelung noch unten Rn 58 f.

[13] Was ihm aufgrund der Vertragsfreiheit möglich ist, BGH NJW 1960, 39 (40); Ebenroth/Boujong/Joost/Strohn[2]/*Reuschle* Rn 26.

[14] Zu der begrifflichen Unterscheidung *Koller*[8] § 407 Rn 10a.

[15] MünchKommHGB[2]/*Czerwenka* Rn 7.

[16] Schlegelberger[5]/*Geßler* § 433 a.F. Rn 13.

[17] So zum alten Recht StaubHGB[4]/*Helm* § 433 a.F. Rn 24.

des bereits eingetroffenen Sendungsteils den Absender, hinsichtlich der noch unterwegs befindlichen Restsendung den Absender für weisungsberechtigt zu halten.[18] Insbesondere bei einer unwillentlichen Aufspaltung des Transportvorgangs[19] kann die Aufsplittung des Weisungsrechts jedoch für eine Wiederzusammenführung der gesamten Sendung hinderlich sein.

b) **Empfänger (Abs. 2).** Das Verfügungsrecht des Empfängers entsteht in dem Augenblick, in dem dasjenige des Absenders erlischt (Abs. 2 Satz 2). Absender und Empfänger sind daher nie zugleich weisungsberechtigt.[20] Der Umfang der Weisungsbefugnis des Empfängers entspricht derjenigen des Absenders.[21] **13**

Als Übergangszeitpunkt bestimmt Abs. 2 keinen früheren als den der Ankunft des Gutes an der Ablieferungsstelle, da in Ermangelung eines Frachtbriefzwanges nicht – wie etwa in Art. 12 Abs. 2 CMR – an die Frachtbriefübergabe angeknüpft werden konnte.[22] Der Zeitpunkt für die Entstehung der Rechte nach § 418 Abs. 2 und aus § 421 Abs. 1 stimmt so überein. **14**

Ausnahmsweise wechselt die Verfügungsberechtigung des Empfängers wieder auf den Absender zurück, wenn der Empfänger die Annahme des Gutes verweigert (§ 419 Abs. 1 Satz 2 Hs. 1). Ist die Ausübung des Verfügungsrechts von der Vorlage eines Frachtbriefs abhängig gemacht worden, so bedarf es dessen Vorlage in diesem Fall nicht (§ 419 Abs. 1 Satz 2 Hs. 2). Anders als nach Art. 15 Abs. 2 CMR[23] lebt die Weisungsbefugnis des Absenders bereits mit Entstehen des Ablieferungshindernisses und nicht erst in dem Zeitpunkt wieder auf, in dem dem Frachtführer wegen des Ablieferungshindernisses tatsächlich Weisungen des Absenders zugehen.[24] **15**

c) **Dritter (Abs. 3).** Auch einem Dritten, an den aufgrund Weisung des Empfängers das Gut abgeliefert werden soll, steht ein Weisungsrecht zu. Entsprechend Abs. 2 entsteht dieses nach Ankunft des Gutes an der Ablieferungsstelle. Allerdings ist der Dritte nicht befugt, seinerseits wiederum einen anderen Empfänger zu bestimmen. So soll einer zu weitgehenden Belastung des Frachtführers entgegengewirkt werden.[25] Der Dritte als neuer Empfänger kann allerdings andere Weisungen erteilen, z.B. eine andere Ablieferungsstelle bestimmen.[26] **16**

3. **Weisungsempfänger.** Die Weisung, bei der es sich um eine empfangsbedürftige Willenserklärung handelt, ist an den Frachtführer zu richten. Das Zugangsrisiko trägt der Verfügungsberechtigte. Setzt der (vertragliche) Frachtführer Unterfrachtführer ein, ändert dies nichts daran, dass der Weisungsberechtigte seine Weisung gegenüber dem vertraglichen Frachtführer als Vertragspartner des Absenders zu erteilen hat. Dieser ist gehalten, die Weisung an die von ihm eingeschalteten Personen weiterzuleiten, und trägt das Risiko einer unterlassenen oder fehlerhaften Übermittlung an den Unterfrachtführer.[27] **17**

---

18 So Fremuth/Thume/*Fremuth* Rn 23; MünchKommHGB[2]/*Czerwenka* Rn 9.

19 Z.B. beim pannenbedingt verzögerten Eintreffens eines von mehreren LKW.

20 Siehe auch Ebenroth/Boujong/Joost/Strohn[2]/*Reuschle* Rn 1.

21 Zu beachten allerdings Abs. 3; zu gewissen Einschränkungen, die sich aus der Natur der Sache ergeben, MünchKommHGB[2]/*Czerwenka* Rn 25.

22 Vgl. *Andresen/Valder* Rn 17; Ebenroth/Boujong/Joost/Strohn[2]/*Reuschle* Rn 2.

23 Dazu BGH NJW 1999, 1110 (1111).

24 So auch *Koller*[8] Rn 15; **aA** *Andresen/Valder* Rn 19.

25 Vgl. BR-Drucks. 368/97, S. 49.

26 *Andresen/Valder* Rn 21.

27 Ebenso MünchKommHGB[2]/*Czerwenka* Rn 12 f.

18 Die Weisungserteilung gegenüber einem Vertreter des Frachtführers ist nach Maßgabe des § 164 Abs. 3 BGB möglich. Unter Umständen kann der Unterfrachtführer empfangsbevollmächtigt sein. Der Fahrer des Transports ist es regelmäßig nicht, da die Entscheidung darüber, ob die Weisung ausgeführt wird oder nicht, nicht bei ihm liegt.[28] Eine Ausnahme kann allerdings angenommen werden, soweit die Befolgung der Weisung, wie zum Beispiel ein sofortiges Anhalten des Transports, keinen Aufschub duldet.[29]

19 **4. Form, Zeitpunkt der Erklärung.** Die Weisung bedarf grundsätzlich keiner bestimmten Form. Eine Ausnahme gilt in den Fällen des Abs. 4 sowie bei Ausstellung eines Ladescheins.[30]

20 Ob dem Frachtführer eine Weisung auch bereits erteilt werden kann, bevor er das Gut in seine Obhut genommen hat, ist umstritten.[31] Richtigerweise wird man unterscheiden müssen zwischen dem Zeitpunkt, *in* dem die Weisung erteilt werden kann, und dem Zeitpunkt, *für* den sie erteilt werden kann. Letzteres ist keine Frage des Zeitpunkts der Erklärung, sondern ihres möglichen Gegenstands. In der Frage hingegen, zu welchem Zeitpunkt eine Weisung dem Frachtführer gegenüber (frühestens) ausgesprochen werden kann, ist kein Grund ersichtlich, eine Verfügung vor Übernahme des Gutes auszuschließen. Nach dem Normzweck des § 418 soll der Absender umfassend disponieren[32] und etwa auf eine Zahlungsunfähigkeit der ursprünglich als Empfänger vorgesehenen Person in der Weise reagieren können, dass er einen dritten Empfänger bestimmt.[33] Das Schutzbedürfnis des Absenders ist davon unabhängig, ob die Zahlungsunfähigkeit erst nach Beginn der Beförderung eintritt, oder bereits im Zeitraum zwischen Abschluss des Frachtvertrages und Transportbeginn. Auch werden keine Interessen des Frachtführers beeinträchtigt, wenn man in letztgenannter Situation die Weisungserteilung an den Frachtführer bereits zulässt, bevor dieser das – aufgrund Weisung sodann zu einem Dritten zu befördernde – Gut übernommen hat.

21 **5. Möglicher Weisungsgegenstand.** Aus dem unter der vorausgehenden Randnummer Gesagten folgt nicht zugleich auch, dass Gegenstand der Weisung auch der Beförderungsbeginn sein könnte. Dies ist nicht der Fall.[34] So kann der Absender den Frachtführer nicht anweisen, das Gut an einer anderen Übernahmestelle oder zu einem anderen Zeitpunkt zu übernehmen oder länger an der Beladestelle zu warten.[35] Die Annahme einer Weisungszulässigkeit in letztgenanntem Fall würde den Frachtführer der Möglichkeit eines Vorgehens nach § 417 berauben und den Fortbestand des Frachtvertrags bei verzögerter Verladung allein in die Hände des Absenders legen. Bereits die in § 418 Abs. 1 Satz 2 beispielhaft aufgezählten Inhalte möglicher Verfügungen (Unterlassen einer Weiterbeförderung, Ablieferung an einem anderen Bestimmungsort, einer anderen Ablieferungsstelle oder an einen anderen Empfänger) lassen deutlich werden, dass sich das Weisungsrecht seinem **Gegenstand** nach **nur** auf **die Durchführung der Beförderung** bezieht.

---

28 *Andresen/Valder* Rn 11.
29 *Koller*[8] Rn 20.
30 Zu letzterem MünchKommHGB[2]/*Czerwenka* Rn 17.
31 Bejahend *Koller*[8] Rn 6; verneinend *Fischer* in: Transport- und Haftungsrecht in der Binnenschifffahrt, 2000 S. 39 (54); MünchKommHGB[2]/*Czerwenka* Rn 14 (24).
32 Ebenroth/Boujong/Joost/Strohn[2]/*Reuschle* Rn 3.
33 Beispiel nach MünchKommHGB[2]/*Czerwenka* Rn 1.
34 So explizit auch Heymann[2]/*Schlüter* Rn 4.
35 MünchKommHGB[2]/*Czerwenka* Rn 24; **aA** *Koller*[8] Rn 6.

Die Aufzählung in Abs. 1 Satz 2 ist nicht abschließend. Dies folgt klar aus der Verwendung des Wortes „insbesondere“. Auch ist keine (besondere) Begrenzung der Weisungsinhalte im Interesse des Frachtführers erforderlich, da dessen Schutzbedürfnis gegenüber willkürlichen Vertragsänderungen mit den im Folgesatz zu findenden Einschränkungen der Befolgungspflicht Rechnung getragen wird.[36] Grundsätzlich kann daher hinsichtlich jedes Umstands, der sich auf die Beförderungsdurchführung bezieht, eine Weisung getroffen werden. Der Absender kann nicht nur verlangen, dass der Frachtführer das Gut nicht weiterbefördert, sondern ebenso, dass er die Beförderung gänzlich abbricht und das Gut auslädt.[37] Auch ein Rücktransport kann angewiesen werden. Mit ihm ändert sich nur die Person des Empfängers und die Zielörtlichkeit der Beförderung. 22

Nicht möglich ist es, den Frachtführer durch Weisung zu Aufgaben zu verpflichten, die dem Transportgewerbe fremd sind.[38] Langfristige Einlagerung,[39] Verkauf oder Vernichtung von Gut sind Maßnahmen des Frachtführers, die dieser speziell bei Beförderungshindernissen (§ 419) ergreifen kann, damit im Regelfall aber gerade nicht zu treffen hat. Dementsprechend sind diesbezüglich keine Weisungen möglich.[40] 23

Versicherung, Verpackung, Kennzeichnung und Zollbehandlung sind hingegen beförderungsbezogene Leistungen (arg. e § 454 Abs. 2).[41] Möglich ist weiterhin etwa eine Nachnahmeweisung. Eine ausdrückliche vertragliche Pflichtenzuweisung kann allerdings nicht durch Weisung unterlaufen werden. Der Gegenstand zulässiger Verfügungen kann durch vertragliche Absprache eingeschränkt werden, da § 418 mit Ausnahme des Abs. 6 dispositiv ist. Dies geschieht konkludent, soweit die Parteien im Frachtvertrag ausdrückliche Absprachen getroffen haben, die durch eine Weisung ausgehebelt würden. So ist etwa der Absender, der explizit zugesagt hat, das Gut selbst zu verpacken oder zu verladen, gehindert, nachfolgend den Frachtführer durch Weisung insoweit in die Pflicht zu nehmen. Allerdings kann eine solche „Weisung“ unter Umständen als Angebot zur Vertragsänderung zu verstehen sein.[42] Bei der Beurteilung, ob ein Änderungsvertrag zustande gekommen ist, ist ein strenger Maßstab anzulegen.[43] Der Wille des Frachtführers zur Angebotsannahme darf nicht bloß fingiert werden. 24

Ein Weisungswiderruf ist seinerseits neuerliche Weisung[44] und entsprechend zu beurteilen. 25

6. Mangelnde Befolgungspflicht. Zur Befolgung einer ihm erteilten Weisung ist der Frachtführer verpflichtet, soweit der Gegenstand der Weisung ein zulässiger (dazu bereits soeben), die Weisung auch im Übrigen wirksam und nicht nach Abs. 1 Satz 3 unverbindlich ist. Solange ein nach Abs. 1 Satz 4 Hs. 2 eingeforderter Vorschuss nicht gezahlt ist, steht dem Frachtführer ein Zurückbehaltungsrecht[45] zu. 26

a) **Unwirksame Weisungen.** Zu Formanforderungen siehe oben Rn. 19. 27

---

36 BR-Drucks. 368/97, S. 48.

37 Siehe *Andresen/Valder* Rn 6; MünchKommHGB²/*Czerwenka* Rn 20.

38 Heymann²/*Schlüter* Rn 4.

39 Dazu OLG Köln TranspR 2003, 116 (117).

40 Ebenso Ebenroth/Boujong/Joost/Strohn²/*Reuschle* Rn 10; MünchKommHGB²/*Czerwenka* Rn 18; **aA** *Koller*⁸ Rn 6.

41 MünchKommHGB²/*Czerwenka* Rn 23; zur Erstreckung des betreffenden Rechtsgedankens auf das Frachtrecht *Schmidt* TranspR 2010, 88 (92).

42 Siehe *Helm* VersR 1988, 548 (554); Ebenroth/Boujong/Joost/Strohn²/*Reuschle* Rn 14.

43 BGH NJW-RR 2002, 1608 (1609); großzügiger Ebenroth/Boujong/Joost/Strohn²/*Reuschle* Rn 14; *Koller*⁸ Rn 14.

44 Heymann²/*Schlüter* Rn 10.

45 Nach § 369 resp. § 273 BGB, siehe Ebenroth/Boujong/Joost/Strohn²/*Reuschle* Rn 16.

28 Die Weisung darf nicht nach § 134 BGB oder § 138 BGB nichtig sein. Anders als Art. 12 Abs. 5 lit. b CMR bestimmt § 418 nicht ausdrücklich, dass dem Frachtführer die Ausführung der Weisung möglich sein muss. Dies ergibt sich allerdings aus § 275 BGB.[46] Demnach ist der Frachtführer zu einer Weisungsbefolgung nicht verpflichtet, soweit das Verfügte objektiv unmöglich ist. Im Falle subjektiver Unmöglichkeit ist zu fragen, ob der Frachtführer verpflichtet ist, sich leistungsfähiger Dritter, etwa eines Subunternehmers, zu bedienen.[47]

29 **b) Weisungen im Sinne des Abs. 1 Satz 3.** Soweit die Ausführung von Weisungen Nachteile für den Betrieb des Unternehmens des Frachtführers oder Schäden für die Absender oder Empfänger anderer Sendungen mit sich zu bringen droht, ist der Frachtführer nach Abs. 1 Satz 3 nicht zur Weisungsbefolgung verpflichtet. Im Verhältnis zum Weisungsgeber *berechtigt,* die Weisung trotz drohender Nachteile oder Schäden zu befolgen, ist er indes. Auch in diesem Fall kann er daher Ansprüche nach Abs. 1 Satz 4 bzw. Abs. 2 Satz 3 geltend machen.[48]

30 **aa) Nachteile für den Betrieb des Unternehmens.** Nach dem Wortlaut der Bestimmung genügt es, wenn eine Weisungsbefolgung Nachteile für den Betrieb des Unternehmens des Frachtführers „mit sich zu bringen droht“. Maßgeblich ist damit die ex ante-Sicht eines verständigen Frachtführers. Ausweislich der Gesetzesmaterialien[49] soll die Regelung den Interessen des Frachtführers weitergehend als das Vorbild in Art. 12 Abs. 5 lit. b CMR entgegenkommen. Während unter Geltung der CMR erforderlich ist, dass die Weisungsbefolgung die normale Tätigkeit des Unternehmens „hemmt“, d.h. ernstlich behindert, soll es im Rahmen des § 418 ausreichen, dass die Ausführung der Weisung einen „Nachteil“ für den Frachtführerbetrieb mit sich zu bringen droht. Demzufolge sind an die Störungsintensität geringere Anforderungen zu stellen als nach der CMR.[50] Bloß „kleinere Unverträglichkeiten“ dürften aber auch nach § 418 unbeachtlich sein.[51] Eine weisungsbedingte Sendungsteilung bedeutet als solche nicht zwingend einen Nachteil; vielmehr ist im Einzelfall zu prüfen, ob und inwieweit es durch sie zu einer Beeinträchtigung des Frachtführerbetriebs zu kommen droht.[52]

31 Nicht als Nachteile in Betracht kommen Unkosten, die dem Frachtführer durch eine Ausführung der Weisung entstehen. Insoweit ist Abs. 1 Satz 4, Abs. 2 Satz 3 vorrangig, wonach bereits eine Kompensation erfolgt.[53] Stets bedeutet es einen Nachteil für den Frachtführer, wenn bei Weisungsbefolgung seine Geschäftskapazitäten so gebunden wären, dass er einen anderen Vertrag brechen müsste, oder zu befürchten hätte, dass andere Kunden (auch solche, mit denen noch kein konkreter Vertrag geschlossen ist) abwandern.[54]

32 Auch das Eingehen eines atypischen Transportrisikos stellt einen Nachteil für den Betrieb des Unternehmens dar. Daher braucht der Frachtführer etwa die Weisung, das

---

[46] Vgl. BR-Drucks. 368/97, S. 48.

[47] Vgl. *Koller*[8] Rn 8, der allerdings nicht auf die Verpflichtung des Frachtführers, Subunternehmer einzuschalten, abstellt, sondern bereits eine entsprechende Berechtigung genügen lässt.

[48] So auch Ebenroth/Boujong/Joost/Strohn[2]/*Reuschle* Rn 19.

[49] BR-Drucks. 368/97, S. 48.

[50] *Andresen/Valder* Rn 10.

[51] So auch *Lammich/Pöttinger* Rn 9; weitergehend Fremuth/Thume/*Fremuth* („gewisses Gewicht“ der Beeinträchtigung vonnöten).

[52] Ausführlich Ebenroth/Boujong/Joost/Strohn[2]/*Reuschle* Rn 13.

[53] MünchKommHGB[2]/*Czerwenka* Rn 29; *Andresen/Valder* Rn 9.

[54] *Koller*[8] Rn 11.

Gut – anders als ursprünglich vorgesehen – in ein Krisengebiet zu befördern, nicht zu befolgen.[55] Eine Empfängerweisung, die praktisch einen Anschlusstransport bedeutet, braucht der Frachtführer nicht zu befolgen; den Frachtführer durch einen solchen Gebrauch des Verfügungsrechts in eine Bindung zu zwingen, bedeutete für diesen einen Nachteil.[56]

bb) Schäden für Absender oder Empfänger anderer Sendungen. Auch hinsichtlich der Schädigung dritter Absender oder Empfänger genügt es, dass eine solche bei Weisungsausführung droht. „Absender oder Empfänger anderer Sendungen" sind nicht nur diejenigen Personen, deren Ware sich bereits auf dem Transportmittel befindet.[57] Auch Absendern oder Empfängern von Ware, hinsichtlich derer bereits ein Frachtvertrag geschlossen ist, die aber noch nicht transportiert wird, können geschädigt werden.[58] Eine drohende Schädigung ist anzunehmen, wenn (ex ante) damit zu rechnen ist, dass aufgrund der weisungsbedingt nicht verfügbaren Transportkapazitäten andere Sendungen erst verspätet abgeliefert werden können oder verderben. Denkbar ist auch, dass ein Absender anderen Guts bei dessen verspäteter Ablieferung einen Vermögensschaden erleidet.[59] **33**

c) **Teilbefolgung.** Die Wendung „insoweit" in Abs. 1 Satz 3 macht deutlich, dass der Frachtführer auch bloß partiell zu einer Weisungsbefolgung verpflichtet sein kann. Voraussetzung ist neben deren Unverbindlichkeit im Übrigen, dass die Weisung inhaltlich teilbar ist und der Verfügende ein Interesse an isolierter Befolgung des verbindlichen Teils hat.[60] Ob dies der Fall ist, ist durch Auslegung zu ermitteln.[61] Im Zweifel kann auf den Rechtsgedanken des § 139 BGB zurückgegriffen werden.[62] **34**

7. Benachrichtigungspflicht bei beabsichtigter Nichtbefolgung der Weisung (Abs. 5). **35**
Soweit der Frachtführer nach Abs. 1 Satz 3 nicht verpflichtet (gleichwohl aber berechtigt)[63] ist, eine ihm erteilte Weisung auszuführen und eine Nichtbefolgung beabsichtigt, hat er den Verfügenden nach Abs. 5 unverzüglich (§ 121 Abs. 1 Satz 1 BGB) zu benachrichtigen. Die Benachrichtigungspflicht greift nicht erst, wenn der Frachtführer sein Unvermögen bei Ausführung der Weisung feststellt, sondern bereits dann, wenn er beschließt, die Weisung nicht zu befolgen.[64] Dies entspricht dem Leitbild fremdnütziger Geschäftsbesorgung und soll sichern, dass der Weisungsberechtigte sich frühzeitig auf die Nichtbefolgung der zunächst erteilten Weisung einstellen und gegebenenfalls andere Weisungen erteilen kann.[65] Die Benachrichtigungspflicht nach Abs. 5 greift nicht, soweit eine Weisung bereits keine Wirkungen zeitigt, weil sie sich auf einen unzulässigen Gegenstand bezieht oder ihre Ausführung unmöglich (§ 275 Abs. 1 BGB) ist.[66] Sofern neben § 418 Abs. 1 Satz 3 Fälle wirtschaftlicher Unmöglichkeit denkbar bleiben,[67] bedarf es der Gestaltungserklärung des Schuldners nach § 275 Abs. 2 Satz 1 BGB, nicht hingegen einer Benachrichtigung nach § 418 Abs. 5. Ausnahmsweise kann in Fällen, in denen etwa der

---

55 *Koller*[8] Rn 11.
56 MünchKommHGB[2]/*Czerwenka* Rn 30.
57 *Andresen/Valder* Rn 9.
58 *Koller*[8] Rn 12.
59 MünchKommHGB[2]/*Czerwenka* Rn 31; *Koller*[8] Rn 12.
60 Ebenroth/Boujong/Joost/Strohn[2]/*Reuschle* Rn 9.
61 MünchKommHGB[2]/*Czerwenka* Rn 27.
62 So auch *Koller*[8] Rn 21.
63 Siehe dazu oben Rn 29.
64 Ebenroth/Boujong/Joost/Strohn[2]/*Reuschle* Rn 35.
65 Vgl. BR-Drucks. 368/97 S. 49.
66 MünchKommHGB[2]/*Czerwenka* Rn 28.
67 Skeptisch MünchKommHGB[2]/*Jesser-Huß* Art. 12 CMR Rn 19 f; *Koller*[8] Rn 8.

Weisungsgegenstand ein unzulässiger ist, die Benachrichtigung des Vertragspartners vertragliche Nebenpflicht oder Ausfluss der Schadensminderungspflicht des Gläubigers sein.

36 Zu benachrichtigen ist stets derjenige, der die Weisung gegeben hat.[68] Die Benachrichtigung muss keinerlei Gründe enthalten.[69] Auf Nachfrage ist der Frachtführer indes gehalten, dem Verfügenden seine Gründe zu offenbaren. Im Verhältnis zum Absender ist dies vertragliche Nebenpflicht. Der weisungserteilende Empfänger ist insoweit (Dritt-)Begünstigter.

III. Ansprüche des Frachtführers (Abs. 1 Satz 4, Abs. 2 Satz 3)

37 Der Frachtführer kann Ersatz seiner durch die Ausführung der Weisung entstehenden Aufwendungen sowie eine angemessene Vergütung verlangen. Die Weisungsbefolgung kann er von einem Vorschuss abhängig machen. Die Ansprüche richten sich bei Absenderweisung nur gegen den Absender, im Falle einer Empfängerweisung nur gegen diesen. Weder geht die betreffende Zahlungspflicht des Absenders nach § 421 auf den Empfänger über, noch führt § 421 Abs. 4 zu einer Zahlungspflicht des Absenders bei Verfügungen des Empfängers.[70]

38 Befolgt der Frachtführer eine Weisung, obwohl er dazu nach Abs. 1 Satz 3 nicht verpflichtet ist, kann die Unverbindlichkeit der Verfügung den Ansprüchen des Frachtführers nicht entgegengehalten werden. Soweit der Verfügende sich weigert, einen Vorschuss zu leisten, kann darin unter Umständen ein konkludenter Widerruf der erteilten und unverbindlich gebliebenen Weisung zu sehen sein. Wird die (unwiderrufene) Weisung ausgeführt, ist ihre Unverbindlichkeit für den Aufwendungsersatz- und Vergütungsanspruch des Frachtführers bedeutungslos. Der Frachtführer wäre lediglich zur Befolgung der Weisung nicht verpflichtet gewesen; berechtigt, sie zu befolgen, war er indes gleichwohl.[71]

39 **1. Aufwendungsersatz.** Der Aufwendungsbegriff des § 418 entspricht grundsätzlich demjenigen des § 670 BGB. Entsprechend sind solche Aufwendungen zu ersetzen, die der Frachtführer nach den Umständen für erforderlich halten durfte, und können in gewissem Umfang[72] auch Schäden zu ersetzen sein. Allerdings muss beachtet werden, dass der Frachtführer die Weisungsbefolgung – zusätzlich – vergütet erhält und vorhersehbare Schadensrisiken in die Vergütung eingepreist sind oder aus wirtschaftlicher Sicht wenigstens eingepreist sein müssten.[73] Positionen, die bei Bemessung der Vergütung anzusetzen sind, sind kein weiteres Mal im Rahmen des Aufwendungsersatzes zu berücksichtigen. Entgangene Gewinne wegen aufgrund der Weisungsbefolgung eingebüßter Geschäftschancen sind Aufwendungen.[74]

40 **2. Vergütungsanspruch.** Der Verfügende hat dem Frachtführer die Weisungsbefolgung weiterhin angemessen zu vergüten. Was angemessen ist, richtet sich in erster Linie

---

[68] *Andresen/Valder* Rn 27.

[69] **AA** Heymann[2]/*Schlüter* Rn 12; wie hier MünchKommHGB[2]/*Czerwenka* Rn 32.

[70] *Andresen/Valder* Rn 20; Ebenroth/Boujong/Joost/Strohn[2]/*Reuschle* Rn 24; MünchKommHGB[2]/*Czerwenka* Rn 39.

[71] So im Ergebnis auch Ebenroth/Boujong/Joost/Strohn[2]/*Reuschle* Rn 19.

[72] Dazu PalandtBGB[71]/*Sprau* § 670 BGB Rn 11 ff.

[73] Siehe auch *Braun* Das frachtrechtliche Leistungsstörungsrecht S. 140; *Koller*[8] Rn 25.

[74] *Koller*[8] Rn 11.

nach der Parteivereinbarung. Verlängert sich beispielsweise weisungsbedingt die Beförderungsstrecke um die Hälfte, ist entsprechend ein um die Hälfte erhöhtes Beförderungsentgelt zu entrichten. Dieses bleibt selbstverständlich nicht auf Ersatz der Selbstkosten des Frachtführers beschränkt, sondern deckt auch dessen Gewinn ab.[75] Im Falle der Verfügung zu einem Rücktransport[76] gelten keine Besonderheiten. Es ist zu fragen, ob sich die gesamte Transportstrecke weisungsbedingt verlängert.

Verkürzt sich die Transportstrecke weisungsbedingt, sind ersparte Aufwendungen nach überwiegender Auffassung anzurechnen.[77] Dies folgt nicht aus der behandelten Norm, sondern aus einer Analogie zu § 415 Abs. 2 Satz 1 Nr. 1, nachdem § 418 zur Frage einer solchen Anrechnung schweigt. Die geschuldete Vergütung ist demgegenüber in voller Höhe zu zahlen.[78] **41**

Fehlt es an einer Vergütungsabsprache, so ist entsprechend § 632 Abs. 2 BGB die übliche Vergütung als vereinbart anzusehen. Wie im Rahmen jener Bestimmung[79] kommt eine Bestimmung der Vergütungshöhe durch den Unternehmer regelmäßig nicht in Betracht.[80] Lässt sich die übliche Vergütung nur innerhalb einer Spanne feststellen, ist grundsätzlich vom Mittelwert auszugehen und besonderen Umständen des Einzelfalls durch Abweichungen nach unten oder oben Rechnung zu tragen.[81] **42**

3. Vorschusszahlung. Die Regelung zu einem Anspruch des Frachtführers auf Vorschuss im jeweils 2. Hs. des Abs. 1 Satz 4, Abs. 2 Satz 3 findet ihre Entsprechung im allgemeinen Auftragsrecht in § 669 BGB. Wie sich aus der systematischen Abfolge ergibt, bezieht sich der Vorschussanspruch sowohl auf die in Hs. 1 genannten Aufwendungen als auch auf die dem Frachtführer dort zugestandene Vergütung.[82] Damit reicht der Vorschussanspruch weiter als ein solcher nach allgemeinem Auftragsrecht.[83] **43**

Ein Vorschuss nach § 418 Abs. 1 Satz 4 Hs. 2, Abs. 2 Satz 3 Hs. 2 ist nur wegen der Ansprüche des Frachtführers aufgrund nachträglicher Weisungen zu leisten. Die Vorschusspflicht erstreckt sich hingegen nicht auf sonstige Ansprüche des Frachtführers außerhalb des § 418. Bis zur Erfüllung der Vorschusspflicht steht dem Frachtführer bei Kaufleuten nach § 369, bei Nicht-Kaufleuten gemäß § 273 BGB ein Zurückbehaltungsrecht zu.[84] Nachdem § 418 Abs. 1 Satz 4 Hs. 2, Abs. 2 Satz 3 Hs. 2 ausdrücklich einen Vorschussanspruch hinsichtlich sämtlicher Ansprüche des jeweils vorausgehenden Halbsatzes gewährt, ist es für die Vorschusspflicht grundsätzlich unbeachtlich, wenn Mehrkosten und -vergütung ohne Weiteres durch den Wert des Guts gedeckt sind und der Frachtführer damit umfassend pfandrechtlich (§ 440) gesichert ist.[85] Lediglich im Einzelfall mag ein Vorschussverlangen des Frachtführers sich nach allgemeinen Grundsätzen als treuwidrig darstellen.[86] **44**

---

75 Ebenroth/Boujong/Joost/Strohn²/*Reuschle* Rn 18.
76 Dazu OLG Köln NJW-RR 1995, 671 f; Fremuth/Thume/*Fremuth* Rn 19.
77 Fremuth/Thume/*Fremuth* Rn 20; Ebenroth/Boujong/Joost/Strohn²/*Reuschle* Rn 18; MünchKommHGB²/*Czerwenka* Rn 37.
78 Siehe auch *Koller*⁸ Rn 28.
79 Dazu PalandtBGB⁷¹/*Sprau* § 632 BGB Rn 16.
80 So auch *Koller*⁸ Rn 26; Heymann²/*Schlüter* Rn 14; **aA** *Andresen/Valder* Rn 14.
81 Siehe BGH NJW 1985 (1895 ff).
82 So auch MünchKommHGB²/*Czerwenka* Rn 38.
83 Siehe auch *Koller*⁸ Rn 27.
84 Ebenroth/Boujong/Joost/Strohn²/*Reuschle* Rn 16.
85 Weniger streng wohl MünchKommHGB²/*Czerwenka* Rn 38.
86 Dazu *Koller*⁸ Rn 27.

IV. Frachtbrief als qualifiziertes Sperrpapier

45 Abweichend von den dargestellten Grundsätzen bestimmt Abs. 4, dass, wenn ein Frachtbrief ausgestellt und von beiden Parteien unterzeichnet worden ist, der Absender sein Verfügungsrecht nur gegen Vorlage der Absenderausfertigung des Frachtbriefs ausüben kann, sofern dies im Frachtbrief vorgeschrieben ist. Ergänzt wird diese Regelung durch die besondere Haftungsbestimmung in Abs. 6.

46 **1. Voraussetzungen (Abs. 4).** Ist im Frachtbrief in der von Abs. 4 vorgeschriebenen Weise ein Sperrvermerk angebracht, kann der Absender keine nachträglichen Weisungen erteilen, sofern er nicht die Absenderausfertigung des Frachtbriefs vorlegt. Auf diese Weise kann insbesondere dem Sicherungsinteresse von Kreditgebern Rechnung getragen werden.[87] Da der Gesetzgeber bei Binnentransporten regelmäßig kein Bedürfnis für eine Ausgestaltung des Frachtbriefs als Sperrpapier gesehen hat,[88] bedarf es im Rahmen des § 418 einer dahingehenden Einzelabrede der Parteien, soll der Frachtbrief Sperrpapier sein. Diese ist – anders als unter Geltung der CMR – im Frachtbrief niederzulegen, was auch mit Blick auf die Haftungsfolgen nach Abs. 6 von Bedeutung ist.[89]

47 Eine Qualifikation des Frachtbriefs als Sperrpapier im Sinne des Abs. 4 erfordert weiterhin, dass der Frachtbrief von beiden Parteien unterzeichnet ist. Demnach sind insgesamt drei Voraussetzungen zu beachten: Es muss erstens überhaupt ein Frachtbrief ausgestellt sein; in diesem muss zweitens vorgeschrieben sein, dass der Absender sein Verfügungsrecht nur gegen Vorlage der Absenderausfertigung des Frachtbriefs soll ausüben können, und drittens muss der Frachtbrief von beiden Parteien unterzeichnet worden sein. Ist dies der Fall, kann der Absender nur in der vereinbarten Weise verfahren und muss er zu einer Ausübung seines Verfügungsrechts die Absenderausfertigung des Frachtbriefs vorlegen. Eine Ausnahme gilt nach § 419 Abs. 1 Satz 2 Hs. 2. Für das Weisungsrecht des Empfängers ist der Sperrvermerk bedeutungslos.[90]

48 Will der Absender von seinem Verfügungsrecht Gebrauch machen, muss er die Absenderausfertigung des Frachtbriefs vorlegen. Vorlegen bedeutet, dass der Absender den Frachtbrief vorzeigt und dem Frachtführer Einsichtnahme in das Urkundenoriginal gewährt. Die Vorlage einer Kopie ist – allein schon unter Schutzzwecksgesichtspunkten – unzureichend; eine Übermittlung per Fax ist unzulässig.[91] Derjenige, der die Absenderausfertigung in Händen hält, soll sich darauf verlassen können, dass vor Ankunft des Gutes an der Ablieferungsstelle ohne seine Mitwirkung keine Verfügung getroffen werden kann.[92] Diese Sicherungswirkung würde unterlaufen, könnte der Absender vor Aushändigung des Urkundenoriginals eine Kopie fertigen und unter deren Vorlage Verfügungen treffen. Bei einer Übermittlung per Telefax ist nicht zu erkennen, ob die Absenderausfertigung im Original oder bloß eine Kopie übermittelt wird.

49 **2. Haftung nach Abs. 6.** Ist der Frachtbrief als qualifiziertes Sperrpapier ausgestellt worden und führt der Frachtführer gleichwohl eine Weisung aus, ohne sich die Absenderausfertigung des Frachtbriefs vorlegen zu lassen, haftet er dem Berechtigten nach Abs. 6 Satz 1 für den entstehenden Schaden. Nach Satz 2 der Bestimmung ist in diesem Fall die Haftung allerdings auf den Betrag begrenzt, der bei Verlust des Gutes zu zahlen wäre.

---

87 Heymann²/*Schlüter* Rn 16.
88 BR-Drucks. 368/97, S. 49.
89 Vgl. BR-Drucks. 368/97, S. 49.
90 *Andresen/Valder* Rn 26.
91 MünchKommHGB²/*Czerwenka* Rn 16; *Koller*⁸ Rn 39.
92 Siehe auch *Andresen/Valder* Rn 25 f (29).

Ersatzberechtigt ist derjenige, dessen Mitwirkung der Absender bei pflichtgemäßem Verhalten des Frachtführers zu einer Ausübung seines Verfügungsrechts bedurft hätte, d.h. der Inhaber der Absenderausfertigung.[93] Versteht man unter dem Berechtigten den Verfügungsberechtigten und damit bis zur Ablieferung des Gutes an der Ablieferungsstelle den Absender,[94] schützt die Haftungsbestimmung nicht etwa den Kreditgeber oder Empfänger, der durch das Sperrpapier gesichert werden soll, sondern denjenigen, vor dessen Handlungen die genannten Personen geschützt werden sollen. Dieses Ergebnis wäre widersinnig und ist ohne Weiteres zu vermeiden. **50**

Der Frachtführer haftet verschuldensunabhängig, allerdings gemäß Abs. 6 Satz 2 der Höhe nach begrenzt. Dies gilt sowohl für eine Haftung für Güter- und Verspätungsschäden wegen einer Missachtung der Sperrfunktion als auch für sonstige Vermögensschäden.[95] Zwar soll Fehlverhalten im Zusammenhang mit Sperrpapieren streng sanktioniert werden, worauf vor allem zur Rechtfertigung der bis zur Seerechtsreform greifenden unbeschränkten Haftung in den Fällen des Abs. 6 abgestellt wurde.[96] Andererseits ist es kaum sachgerecht, den Frachtführer in den Fällen, in denen er eine Weisung ohne Vorlage eines Frachtbriefs mit Sperrvermerk befolgt hat, weitergehend haften zu lassen, als er bei Verlust des Gutes haften würde. Erreicht wird so auch ein Parallellauf mit den Fällen, in denen ein Frachtführer oder Verfrachter eine Weisung ausgeführt hat, ohne sich den Ladeschein oder – bei Seebeförderungen – den Seefrachtbrief oder das Konnossement vorlegen zu lassen.[97] **51**

3. Skripturhaftung analog Abs. 6 bei fehlender Übernahme des Gutes. In einer zum Luftfrachtrecht ergangenen Entscheidung bejaht der BGH[98] eine Skripturhaftung des Frachtführers auch für den Fall, dass dieser das Beförderungsgut überhaupt nicht erhalten hat, aber gleichwohl das von ihm unterzeichnete dritte Stück des Frachtbriefs dem Absender ausgehändigt und damit wahrheitswidrig den Empfang des Gutes bestätigt hat. Greift § 418 Abs. 6, wenn der Frachtführer das von ihm übernommene Gut an den Absender ohne Vorlage der Absenderausfertigung des Frachtbriefs zurückgibt, muss die Norm *erst recht* in dem Fall zur Anwendung gelangen, dass der Frachtführer die Ware erst gar nicht übernimmt, ihren Erhalt im Frachtbrief aber wahrheitswidrig bestätigt.[99] Für eine solche Sicht spricht auch der Rechtsgedanke des § 405 BGB. Die Analogie zu § 418 Abs. 6 hat allerdings auf die Fälle beschränkt zu bleiben, in denen Sperrpapiere ausgestellt werden, ohne dass überhaupt Ladung übernommen wird. Keine Analogiebasis besteht für die Fälle überhöhter Stückzahlen oder unrichtigen Gewichtsangaben im Sperrpapier.[100] **52**

V. Haftung außerhalb des § 418

Der Haftungstatbestand des Abs. 6 betrifft – anders als Art. 12 Abs. 7 CMR – ausschließlich ein Fehlverhalten des Frachtführers im Falle der Ausstellung eines qualifizierten Sperrpapiers. Während Art. 12 Abs. 7 Var. 1 CMR eine besondere Haftungsbestim- **53**

---

[93] So auch MünchKommHGB²/*Czerwenka* Rn 42.

[94] So *Helm* VersR 1988, 548, 552 f; Ebenroth/Boujong/Joost/Strohn²/*Reuschle* Rn 29.

[95] BR-Drucks. 368/97, S. 50; Ebenroth/Boujong/*Reuschle* Rn 31; MünchKommHGB²/*Czerwenka* Rn 42.

[96] Siehe auch BR-Drucks. 368/97, S. 50.

[97] BT-Drucks. 17/10309, S. 54.

[98] BGH NJW 1976, 1583 ff mit Anmerkung *Kropholler* 1585 f.

[99] Ebenroth/Boujong/Joost/Strohn²/*Reuschle* Rn 34.

[100] *Koller* TranspR 1994, 181 (187), der sich letztlich allerdings gegen jede Analogie ausspricht.

mung auch für den Fall der Nichtausführung einer Weisung enthält, fehlt es in § 418 an einer entsprechenden Regelung. Die Haftung des Frachtführers in den Fällen, in denen dieser eine verbindliche Weisung nicht, nicht vollständig oder unrichtig ausführt, ist in § 418 ebensowenig geregelt wie das Einstehenmüssen für sonstige im Zusammenhang mit Weisungsrechten denkbare Pflichtverletzungen, etwa das Unterlassen oder die Verzögerung einer nach Abs. 5 geschuldeten Benachrichtigung.[101]

54 In den genannten Fällen haftet der Frachtführer, sofern er sich nicht exkulpieren kann (§ 280 Abs. 1 Satz 2 BGB), aufgrund positiver Forderungsverletzung. Die Haftungsbeschränkung des § 433 ist zu beachten.[102] Soweit die unterlassene oder fehlerhafte Ausführung einer Weisung zu einem Güterschaden im Sinne der §§ 425 ff führt, sind diese Bestimmungen vorrangig.[103]

VI. Beweislast

55 Nimmt der Verfügungsberechtigte den Frachtführer auf Weisungsbefolgung oder Schadensersatz wegen unterlassener oder unrichtiger Ausführung in Anspruch, hat er, der Verfügungsberechtigte, seine Weisung darzulegen und auch den Zugang der Weisungserklärung zu beweisen. Weiter ist es an ihm, den Beweis der Zumutbarkeit einer Weisungsausführung im Sinne des Abs. 1 Satz 3 zu führen.[104] Die Gegenauffassung[105] übersieht, dass die Bestimmung nach ihrem klaren Wortlaut nicht als Einwendung formuliert ist und nicht etwa lautet „Der Frachtführer ist insoweit zur Befolgung solcher Weisungen nicht verpflichtet, als …". Den Frachtführer trifft allerdings eine prozessuale Darlegungsobliegenheit.[106] Ein unterlassener Hinweis nach Abs. 5 kann die Zumutbarkeit einer Weisungsausführung indizieren.[107] Hinsichtlich einer Erfüllung der Benachrichtigungspflicht ist der Frachtführer beweisbelastet.[108]

56 Macht der Frachtführer Ansprüche nach Abs. 1 Satz 4, Abs. 2 Satz 3 geltend, ist die Erteilung einer wirksamen Weisung von ihm zu beweisende Anspruchsvoraussetzung. Der Frachtführer hat auch den Beweis zur Anspruchshöhe zu führen.

57 Die Voraussetzungen der Abs. 4, 6 sind von demjenigen zu beweisen, der sich auf sie beruft. Will der Frachtführer einer Weisung nicht nachkommen, weil er die Vorlage der Absenderausfertigung für erforderlich hält, hat er eine entsprechende Notwendigkeit darzutun und zu beweisen. Macht der Berechtigte im Sinne des Abs. 6 Ansprüche geltend, muss er beweisen, dass die Ausübung des Verfügungsrechts von der Vorlage des Frachtbriefs abhängig gemacht worden ist und der Frachtführer die Weisung ausgeführt hat, ohne sich das Sperrpapier vorlegen zu lassen. Ferner ist der Kausalitäts- und Schadensbeweis vom Anspruchssteller zu führen.

---

[101] Siehe auch BR-Drucks. 368/97 S. 49; Ebenroth/Boujong/Joost/Strohn²/*Reuschle* Rn 32.

[102] Siehe auch Heymann²/*Schlüter* Rn 15; Ebenroth/Boujong/Joost/Strohn²/*Reuschle* Rn 32.

[103] Fremuth/Thume/*Fremuth* Rn 33.

[104] BGH NJW 1964, 2348 (2350); Ebenroth/Boujong/Joost/Strohn²/*Reuschle* Rn 11.

[105] *Koller*⁸ Rn 13a; MünchKommHGB²/*Czerwenka* Rn 44.

[106] Zutreffend *Koller*⁸ Rn 13a.

[107] Herber/*Piper* Art. 12 CMR Rn 39.

[108] Ebenroth/Boujong/Joost/Strohn²/*Reuschle* Rn 37.

VII. Abdingbarkeit

Die Abs. 1–5 sind, wie § 449 im Umkehrschluss zu entnehmen ist, dispositiv. Eine Regelung in Allgemeinen Geschäftsbedingungen, mit der dem Absender jegliches Weisungsrecht genommen wird, dürfte allerdings wegen Verstoßes gegen § 307 Abs. 2 Nr. 2 BGB unwirksam sein.[109] 58

Von der Regelung des Abs. 6 kann, wenn der Absender ein Verbraucher ist und der Frachtvertrag nicht die Beförderung von Briefen oder briefähnlichen Sendungen zum Gegenstand hat, nicht zum Nachteil des Absenders abgewichen werden (§ 449 Abs. 1 Satz 1, Abs. 3). Im Falle gewerblicher Absender ist eine Abweichung von § 418 Abs. 6 nach Maßgabe des § 449 Abs. 1 Satz 1 möglich.[110] Nicht länger Gesetz ist die früher in § 449 Abs. 2 Satz 1 zu findende Regelung, derzufolge § 418 Abs. 6 nicht zulasten gutgläubiger Dritter abbedungen werden konnte. Die Streichung trägt dem Umstand Rechnung, dass es sich bei dem Frachtbrief nicht um ein Wertpapier handelt. Kann der Frachtführer entsprechend nicht aus dem Frachtbrief in Anspruch genommen werden, besteht kein Grund, eine zwischen ihm und dem Absender getroffene Individualvereinbarung nicht auch Dritten, die ihre Rechte aus eben diesem Frachtvertrag herleiten, gegenüber wirken zu lassen. Andernfalls erhielte der Dritte als der aus dem Frachtvertrag Begünstigte weitergehende Rechte als der Absender.[111] 59

§ 419
Beförderungs- und Ablieferungshindernisse

(1) Wird nach Übernahme des Gutes erkennbar, dass die Beförderung oder Ablieferung nicht vertragsgemäß durchgeführt werden kann, so hat der Frachtführer Weisungen des nach § 418 oder § 446 Verfügungsberechtigten einzuholen. Ist der Empfänger verfügungsberechtigt und ist er nicht zu ermitteln oder verweigert er die Annahme des Gutes, so ist, wenn ein Ladeschein nicht ausgestellt ist, Verfügungsberechtigter nach Satz 1 der Absender; ist die Ausübung des Verfügungsrechts von der Vorlage eines Frachtbriefs abhängig gemacht worden, so bedarf es in diesem Fall der Vorlage des Frachtbriefs nicht. Der Frachtführer ist, wenn ihm Weisungen erteilt worden sind und das Hindernis nicht seinem Risikobereich zuzurechnen ist, berechtigt, Ansprüche nach § 418 Abs. 1 Satz 4 geltend zu machen.

(2) Tritt das Beförderungs- oder Ablieferungshindernis ein, nachdem der Empfänger auf Grund seiner Verfügungsbefugnis nach § 418 die Weisung erteilt hat, das Gut an einen Dritten abzuliefern, so nimmt bei der Anwendung des Absatzes 1 der Empfänger die Stelle des Absenders und der Dritte die des Empfängers ein.

(3) Kann der Frachtführer Weisungen, die er nach § 418 Abs. 1 Satz 3 befolgen müßte, innerhalb angemessener Zeit nicht erlangen, so hat er die Maßnahmen zu ergreifen, die im Interesse des Verfügungsberechtigten die besten zu sein scheinen. Er kann etwa das Gut entladen und verwahren, für Rechnung des nach § 418 oder § 466 Verfügungsberechtigten einem Dritten zur Verwahrung anvertrauen oder zurückbefördern; vertraut

109 MünchKommHGB²/*Czerwenka* Rn 4.

110 Siehe auch Fremuth/Thume/*Fremuth* Rn 36 f; *Andresen/Valder* Rn 31.

111 BT-Drucks. 17/10309, S. 59.

der Frachtführer das Gut einem Dritten an, so haftet er nur für die sorgfältige Auswahl des Dritten. Der Frachtführer kann das Gut auch gemäß § 373 Abs. 2 bis 4 verkaufen lassen, wenn es sich um verderbliche Ware handelt oder der Zustand des Gutes eine solche Maßnahme rechtfertigt oder wenn die andernfalls entstehenden Kosten in keinem angemessenen Verhältnis zum Wert des Gutes stehen. Unverwertbares Gut darf der Frachtführer vernichten. Nach dem Entladen des Gutes gilt die Beförderung als beendet.

(4) Der Frachtführer hat wegen der nach Absatz 3 ergriffenen Maßnahmen Anspruch auf Ersatz der erforderlichen Aufwendungen und auf angemessene Vergütung, es sei denn, daß das Hindernis seinem Risikobereich zuzurechnen ist.

Schrifttum

Basedow Der Transportvertrag. Studien zur Privatrechtsangleichung auf regulierten Märkten, 1987; *Jesser* Frachtführerhaftung nach der CMR – Internationaler und nationaler Straßengütertransport, 1992; *Koller* Die Haftung beim Transport mit vertragswidrigen Beförderungsmitteln, VersR 1988, 432–439; *Konow* Aufwendungsersatz bei Fürsorgemaßnahmen für das Gut während des Transports, TranspR 1988, 229–232 ; *Lehmann* Just-in-Time: Handels- und AGB-rechtliche Probleme, BB 1990, 1849–1855; *Lenz* Straßengütertransportrecht, 1988; *Nagel* Schuldrechtliche Probleme bei Just-in-Time-Lieferbeziehungen, DB 1991, 319–327; *Ramming* Die Entlastung des Frachtführers von seiner Haftung nach § 425 Abs. 1 HGB, TranspR 2001, 53–69.

Übersicht

I. Allgemeines

1 Die Bestimmung orientiert sich wesentlich an Art. 14–16 CMR. Vorläuferregelungen im nationalen Recht finden sich in §§ 428 Abs. 1, 437 HGB a.F., § 28 KVO sowie §§ 68 f BinSchG a.F. für Beförderungs- und § 52 BinSchG a.F. für Ablieferungshindernisse. Wie in der vormaligen binnenschifffahrtsrechtlichen Regelung erfasst auch die CMR Beförderungs- und Ablieferungshindernisse in unterschiedlichen Vorschriften (Art. 14 resp.

Art. 15). Diese regelungstechnische Trennung ist für § 419 jedoch nicht übernommen worden, nachdem bereits in Art. 16 CMR die Rechtsfolgen von Beförderungs- und Ablieferungshindernissen weitgehend deckungsgleich geregelt sind.[1] Im Zuge der Reform des Seehandelsrechts ist die Unterscheidung zwischen Beförderungshindernissen einerseits und Ablieferungshindernissen andererseits weitergehend aufgegeben worden;[2] Differenzierungsbedarf ergibt sich allerdings nach wie vor mit Blick auf die Person des nach § 418 Verfügungsberechtigten, wenn sich die Verfügungsbefugnis nicht bereits aus § 446 ergibt.

Bei Beförderungs- oder Ablieferungshindernissen soll der Frachtvertrag umgestaltet **2** und so erhalten werden können.[3] Soweit sie zur Anwendung gelangt, verdrängt die Regelung die Vorschriften zur Unmöglichkeit (§ 420 Abs. 2 Satz 1, § 275 BGB).[4] Im Regelfall geschieht die einseitige Vertragsänderung durch Weisung des Verfügungsberechtigten im Sinne des § 418. Im Falle eines Beförderungs- oder Ablieferungshindernisses ist der Frachtführer verpflichtet, Weisungen einzuholen (§ 419 Abs. 1 Satz 1 Hs. 2) und diese – in den Grenzen des § 418 Abs. 1 Satz 3 – zu befolgen. Kann er solche für ihn verbindlichen Weisungen nicht innerhalb angemessener Zeit nicht erlangen, hat er nach Abs. 3 Satz 1 die Maßnahmen zu ergreifen, die im Interesse des Verfügungsberechtigten die besten zu sein scheinen.

Geregelt ist ferner, welche Ansprüche dem Frachtführer zustehen, wenn ihm wegen **3** eines Beförderungs- oder Ablieferungshindernisses Weisungen erteilt worden sind oder er aufgrund der Nichterlangbarkeit von Weisungen Maßnahmen nach Abs. 3 ergriffen hat. In ersterem Fall kann er Ansprüche nach § 418 Abs. 1 Satz 4 geltend machen (§ 419 Abs. 1 Satz 3), in letzterem Ersatz der erforderlichen Aufwendungen und eine angemessene Vergütung verlangen (Abs. 4). Ein anderes gilt allerdings dann, wenn das Hindernis seinem Risikobereich zuzurechnen ist.

II. Beförderungs- oder Ablieferungshindernis

1. Begriff; Maßstab. Nicht jede Erschwernis der Beförderung stellt ein Beförderungs- **4** oder Ablieferungshindernis dar. **Entscheidend** ist der **Inhalt der (fracht-)vertraglichen Absprache** der Parteien. Ist beispielsweise ein Transport auf der vom Frachtführer ins Auge gefassten Route unmöglich, ist danach zu fragen, ob der Frachtführer die Beförderung auch auf einem anderen Weg vornehmen muss. Kann er den Transportweg frei wählen und verbleibt ein freier Korridor, liegt kein Beförderungshindernis vor und kann der Frachtführer „Umwegkosten" nicht auf den Auftraggeber abwälzen.[5] Beachtung verlangen neben Absprachen über den Transportweg etwa solche über das einzusetzende Beförderungsmittel, ein Umladeverbot, die Schadensfreiheit des Gutes oder die Lieferfrist.[6] Ebenfalls anhand der Vertragsabsprache zu beurteilen ist die Frage, ob der Frachtführer Dritte, insbesondere Subunternehmer, in den Transportvorgang einzuschalten hat oder sein Unvermögen beachtlich ist.[7] Ist ein Frachtbrief von beiden Parteien unterzeichnet, wird gemäß § 409 Abs. 1 widerleglich vermutet, dass die dort niedergelegten Einzelheiten von der Vertragsabsprache der Parteien gedeckt sind.[8]

---

1 Vgl. BR-Drucks. 368/97, S. 50.
2 Siehe auch BT-Drucks. 17/10309, S. 54.
3 Siehe auch MünchKommHGB²/*Czerwenka* Rn 1.
4 Näher dazu noch unten Rn 62.
5 Vgl. OLG München TranspR 1984, 186 (187).
6 Siehe *Koller*⁸ Rn 2.
7 Ebenroth/Boujong/Joost/Strohn²/*Reuschle* Rn 8; *Koller*⁸ Rn 4, der allerdings – insoweit unrichtig – von einem Einschalten-dürfen *ohne Weiteres* auf ein Einschalten-müssen schließt.
8 Siehe auch Heymann²/*Schlüter* Rn 2.

5 Hat der Frachtführer den Transport der Ware – nur – auf einem bestimmten Weg versprochen, würde die dauerhafte Unmöglichkeit einer solchen Beförderung ihn nach dem Unmöglichkeitsrecht des BGB befreien, da sein verpflichtungsgemäßes Verhalten den Leistungserfolg nicht herbeizuführen vermöchte. Auf eine andere Strecke ausweichen bräuchte er nicht. Im Falle bloß „zeitweiliger Unmöglichkeit" läge es in den Händen der Parteien, ihrer Vertragsbeziehung ein Ende zu setzen.[9] Die spezielle Regelung des Frachtrechts erlaubt es dem Verfügungsberechtigten demgegenüber, die Leistungspflicht des Frachtführers – in den Grenzen des § 418 Abs. 1 Satz 3 – durch Weisung auszuweiten, und sieht für den Fall der Nichterlangbarkeit verbindlicher Weisungen innerhalb angemessener Zeit in § 419 Abs. 3 spezielle Reaktionsmechanismen vor. Wenn man allerdings auch die Fälle, in denen ein zeitweiliges Hindernis zu einer Überschreitung der vertragsgemäßen Lieferzeit führt, § 419 unterstellt,[10] droht dadurch der Absender in weitergehendem Umfang zahlungspflichtig zu werden als dies bei einer Erfassung des zeitweiligen Hindernisses als Verzögerung im Sinne des § 420 Abs. 4 der Fall wäre. Während die Regelung des § 420 Abs. 4 eine Sondervergütung bei Verzögerungen nämlich nur gewährt, wenn die Verzögerung auf Gründen beruht, die dem Risikobereich des Absenders zuzurechnen sind, stellt § 419 Abs. 1 Satz 4 wie auch Abs. 4 wesentlich darauf ab, dass das Hindernis nicht zum Risikobereich des Frachtführers rechnet. Daraus resultieren unterschiedliche Ergebnisse bei einem Risiko, das in die „neutrale Sphäre" fällt.

6 **2. Erfassung von Hindernissen vor Übernahme des Gutes zur Beförderung.** Ein Hindernis im Sinne des § 419 lag nach dessen Abs. 1 Satz 1 in der bis zur Änderung der Vorschrift im Zuge der Reform des Seehandelsrechts geltenden Fassung vor, wenn entweder vor Ankunft des Gutes an der für die Ablieferung vorgesehenen Stelle erkennbar wurde, dass die Beförderung nicht vertragsgemäß durchgeführt werden konnte, oder nach Ankunft des Gutes an der Ablieferungsstelle Ablieferungshindernisse bestanden. Der frühestmögliche Zeitpunkt für ein Eingreifen des § 419 war damit ausdrücklich nur in der Weise festgelegt, dass er jedenfalls „vor Ankunft des Gutes" lag. Offen blieb damit die Frage, ob § 419 erst ab Übernahme des Gutes zur Beförderung anwendbar war, oder auch schon zuvor (ab Vertragsschluss). Der Wortlaut der Altregelung schloss ein Verständnis im Sinne letztgenannter Möglichkeit jedenfalls nicht aus. Die unterlassene ausdrückliche Festlegung eines frühestmöglichen Anwendungszeitpunkts sprach eher wohl sogar dafür, die Norm ab Begründung der frachtvertraglichen Beziehung zur Anwendung gelangen zu lassen, nicht erst ab Übernahme des Gutes zur Beförderung. Entsprechend dem zu § 418 Gesagten[11] war dabei selbstverständlich streng zu unterscheiden zwischen dem frühestmöglichen *Zeitpunkt* einer Weisung und dem möglichen Weisungs*gegenstand*.

7 Gleichwohl ging die herrschende Meinung auch bereits vor der letzten Neufassung der Vorschrift davon aus, dass § 419 nur anwendbar sei, wenn das Hindernis nach Übernahme des Gutes zur Beförderung erkennbar werde.[12] Dass, solange das Gut nicht übernommen ist, kein Bedürfnis für eine Regelung, wie der Frachtführer mit dem Gut zu verfahren hat (etwa § 419 Abs. 3) besteht,[13] zwingt jedoch nicht dazu, dem Absender – weitergehend – vor Übernahme des Gutes nichtmals ein Weisungsrecht zuzugestehen. Es

---

[9] Ausführlich *Schmidt* Die Unmöglichkeit der Erfüllung in Ansehung der Zeit.

[10] So Ebenroth/Boujong/Joost/Strohn[2]/*Reuschle* Rn 7.

[11] Siehe dortige Kommentierung Rn 20.

[12] MünchKommHGB[2]/*Czerwenka* Rn 9; Baumbach/HoptHGB[35]/*Merkt* Rn 1; *Fischer* in: Transport- und Haftungsrecht in der Binnenschifffahrt, 2000, 39 (54 ff.); *Otte/Thyes*, TranspR 2001, 221 (226).

[13] *Koller*[7] Rn 7.

ist vielmehr anzuerkennen, dass ein Bedürfnis, den Frachtvertrag durch Weisung umgestalten zu können, nicht nur dann besteht, wenn beispielsweise eine Sperrung der vereinbarten Transportroute erkennbar wird, nachdem der Frachtführer das Gut in seine Obhut genommen hat, sondern gleichermaßen auch, wenn ein solches Hindernis zwischen Vertragsschluss und Übernahme des Gutes hervortritt.[14] Die Gegenauffassung macht das Weisungsrecht weniger vom Bestehen eines Hindernisses als von der Zufälligkeit abhängig, wann dieses erkennbar wird.[15] Die Erkennbarkeit des Hindernisses ist bedeutsam für die Pflicht des Frachtführers, Weisungen einzuholen; auch ein unerkennbares Hindernis ist aber zunächst einmal ein solches, das heißt bereits entstanden.[16]

Mit der Neufassung der Vorschrift im Rahmen der Reform des Seehandelsrechts hat der Gesetzgeber indes eine ausdrückliche Entscheidung *gegen* die vorstehend befürwortete Sicht getroffen, die es anzuerkennen gilt. Die Regelung des § 419 Abs. 1 Satz 1 bestimmt nunmehr ausdrücklich als Anwendungsvoraussetzung der Vorschrift, dass das Beförderungs- oder Ablieferungshindernis nach Übernahme des Gutes erkennbar werden muss. Der Zeitraum zwischen Vertragsschluss und Übernahme des Gutes zur Beförderung wird von der Regelung daher nicht, jedenfalls nicht mehr erfasst. **8**

3. Einzelheiten. Die Abgrenzung zwischen Beförderungs- und Ablieferungshindernissen ist danach vorzunehmen, ob bereits vor Ankunft des Gutes an der Ablieferungsstelle erkennbar wird, dass die Beförderung nicht vertragsgemäß durchgeführt werden kann (Beförderungshindernis), oder die Störung zu einem späteren Zeitpunkt auftritt (Ablieferungshindernis). Die Zäsur im Zeitpunkt der Ankunft des Gutes an der Ablieferungsstelle entspricht der Abgrenzung der Rechtspositionen von Absender und Empfänger in §§ 418 Abs. 2, 421 Abs. 1. Auch wenn das Gesetz auf die Unterscheidung zwischen Beförderungs- und Ablieferungshindernissen nunmehr verzichten will, kommt der Abgrenzung Bedeutung zu, weil der Frachtführer bei Beförderungshindernissen in erster Linie Weisungen des Absenders, bei Ablieferungshindernissen Weisungen des Empfängers einzuholen hat (arg. e § 419 Abs. 1 Satz 1 i.V.m. § 418 Abs. 1, 2).[17] Die ernsthafte und endgültige Weigerung des Empfängers, das Gut entgegenzunehmen, die dieser ausspricht, bevor dieses bei ihm eintrifft, ist entweder als Ablieferungshindernis zu erfassen oder nötigt jedenfalls zu einer analogen Anwendung des § 419 Abs. 1 Satz 2 Hs. 2.[18] Die in § 419 zu findende Verweisung auf § 446 stellt schließlich klar, dass bei Ausstellung eines Ladescheins Verfügungsberechtigter im Sinne des § 419 stets der durch den Ladeschein legitimierte Besitzer ist.[19] **9**

Woraus das Hindernis resultiert und in wessen Verantwortungs- oder Risikosphäre es fällt, spielt keine Rolle für die Frage, ob überhaupt ein Hindernis gegeben ist;[20] die Zuordnung des Hindernisses zu einer Risikosphäre erlangt Relevanz erst im Zusammenhang mit Ansprüchen des Frachtführers nach Abs. 1 Satz 3 oder Abs. 4.[21] **10**

---

14 Wie hier auch *Braun* Das frachtrechtliche Leistungsstörungsrecht, S. 229 ff; *Koller*[7] Rn 7.

15 Siehe MünchKommHGB[2]/*Czerwenka* Rn 9 („anderes gilt für ein Abreisehindernis …").

16 AA *Braun* Das frachtrechtliche Leistungsstörungsrecht, S. 227 ff; *Koller*[7] Rn 8.

17 Siehe auch Ebenroth/Boujong/Joost/Strohn[2]/*Reuschle* Rn 4, 6.

18 *Koller*[8] Rn 11; siehe auch Heymann[2]/*Schlüter* Rn 3; Ebenroth/Boujong/Joost/Strohn[2]/*Reuschle* Rn 14.

19 Siehe auch BT-Drucks. 17/10309, S. 54.

20 Siehe OLG Frankfurt VersR 1992, 1157.

21 Ebenroth/Boujong/Joost/Strohn[2]/*Reuschle* Rn 9.

11 a) **Beförderungshindernis.** Ein Beförderungshindernis liegt beispielsweise vor, wenn der Frachtführer die vereinbarte Transportstrecke nicht befahren kann, das Transportmittel liegen bleibt und dem Frachtführer eine Umladung untersagt ist,[22] oder ein Streik den Frachtführer daran hindert, den Transport innerhalb der Lieferfrist auszuführen.[23] Ein Beförderungshindernis kann sich auch daraus ergeben, dass der Absender dem Frachtführer notwendige Begleitdokumente, derer es beispielsweise für eine Zollabfertigung bedarf, nicht ausgehändigt hat.[24]

12 Nicht als Beförderungshindernis im Sinne des § 419 zu behandeln ist der Fall der Beschädigung des Gutes oder des Güterverlusts, da § 425 insoweit *lex specialis* ist.[25]

13 b) **Ablieferungshindernis.** Als mögliche Ablieferungshindernisse sind zunächst die in Abs. 1 Satz 2 besonders geregelten Fällezu nennen, in denen der Empfänger nicht zu ermitteln ist oder die Annahme des Gutes verweigert. Der Empfänger ist allerdings nicht bereits dann „nicht zu ermitteln", wenn dem Frachtführer seine genaue Anschrift nicht mitgeteilt worden ist. Vielmehr ist der Frachtführer in den Grenzen des Zumutbaren gehalten zu versuchen, den falsch oder unvollständig angegebenen Empfänger ausfindig zu machen; unzumutbar sind lediglich umfangreiche und zeitraubende Nachforschungen.[26] Eine Annahmeverweigerung liegt vor, wenn der Empfänger – unter Umständen auch durch schlüssiges Verhalten – erklärt, nicht willens zu sein, sich das Gut übergeben zu lassen. Eine Weigerung ist auch dann gegeben, wenn der Empfänger nicht bereit ist, das Gut unter Bedingungen zu übernehmen, die der Frachtführer für eine Übergabe rechtmäßig stellt. Zu denken ist nicht nur an den Fall der Weigerung, eine geschuldete Nachnahme zu bezahlen,[27] sondern auch daran, dass der Empfänger die Verpflichtungen aus dem Frachtvertrag (§ 421 Abs. 1 Satz 1) nicht erfüllen will.[28]

14 Die Gründe, deretwegen sich der Empfänger weigert, das Gut anzunehmen, sind grundsätzlich unbeachtlich. Wird das Gut allerdings außerhalb der Geschäftszeiten und damit unter Verstoß gegen den Rechtsgedanken des § 358 angeliefert, stellt es keine Annahmeverweigerung dar, wenn der Empfänger dem Frachtführer erklärt, er werde das Gut erst wieder bei Beginn der gewöhnlichen Geschäftszeiten entgegennehmen.[29] Bei Anlieferung innerhalb der gewöhnlichen Geschäftszeiten kann die sofortige Weisung des Empfängers, zu einem späteren Zeitpunkt einen erneuten Ablieferungsversuch vorzunehmen, eine nach § 418 zu beurteilende Weisung (und entsprechend keine Annahmeverweigerung) darstellen.[30] Im Übrigen spielt die voraussichtliche Dauer einer bloß vorübergehend gemeinten Weigerung, das Gut anzunehmen, für eine Anwendung des § 419 keine Rolle.[31]

---

22 Ebenroth/Boujong/Joost/Strohn²/*Reuschle* Rn 10.

23 MünchKommHGB²/*Czerwenka* Rn 11.

24 Ebenroth/Boujong/Joost/Strohn²/*Reuschle* Rn 10.

25 *Koller*⁸ Rn 11; MünchKommHGB²/*Czerwenka* Rn 6; **aA** Lammich/Pöttinger Rn 26; *Braun* Das frachtrechtliche Leistungsstörungsrecht, S. 216.

26 OLG Hamburg VersR 1988, 909.

27 Dazu OLG Hamburg TranspR 1984, 190 (191).

28 Ebenroth/Boujong/Joost/Strohn²/*Reuschle* Rn 12; *Koller*⁸ Rn 11, 15; MünchKommHGB²/*Czerwenka* Rn 13; anders für Art. 15 CMR (Fall der nicht sofortigen Bezahlung der Fracht dort „nicht geregelt"), indes unzutreffend OLG Hamburg TranspR 1984, 190 (191).

29 Vgl. OLG Düsseldorf TranspR 1986, 56 (58); **aA** MünchKommHGB²/*Czerwenka* Rn 13.

30 *Koller*⁸ Rn 15.

31 MünchKommHGB²/*Czerwenka* Rn 13.

Ein Ablieferungshindernis kann weiter beispielsweise dadurch entstehen, dass ein für das Entladen notwendiges Hilfsmittel (wie etwa ein Gabelstapler) nicht vorhanden ist.[32] Weigert sich der Empfänger nach Ankunft an der Ablieferungsstelle, das Gut vereinbarungsgemäß zu entladen, ist § 419 anwendbar, nicht §§ 293 ff BGB.[33] Ein Ablieferungshindernis kann auch in einer Beschlagnahme durch die Zollbehörden liegen;[34] vielfach dürfte es sich allerdings schon um ein Beförderungshindernis handeln. 15

Kein Ablieferungshindernis liegt in einer Überschreitung der Entladezeit.[35] Das Argument, es sei zu berücksichtigen, dass dort, wo der Frachtführer zuwartet, auch der Absender Schuldner des anfallenden Standgelds werde (§§ 412 Abs. 3, 421 Abs. 4) und daher ein Interesse daran habe, Weisungen zu geben, z.B. die Zeit des Wartens zu begrenzen,[36] lässt außer Acht, dass mit Ankunft des Gutes an der Ablieferungsstelle das Verfügungsrecht auf den Empfänger übergeht. Die Überschreitung der Entladezeit kann auch nicht mit der Folge des § 419 Abs. 1 Satz 2 als Weigerung des Empfängers, das Gut anzunehmen, qualifiziert werden. § 412 Abs. 3 genießt insoweit Vorrang. Was die Kostenbelastung des Absenders betrifft, ist auch zu berücksichtigen, dass das Entladen nach § 412 Abs. 1 Satz 1 grundsätzlich *dessen* Aufgabe, nicht die des Empfängers[37] ist. 16

III. Weisungseinholung; Weisungsberechtigung

1. Pflicht des Frachtführers zum Ersuchen um Weisung. Wird ein Beförderungs- oder Ablieferungshindernis dem Frachtführer **erkennbar**, hat dieser Weisungen des Verfügungsberechtigten einzuholen. Die Erkennbarkeit ist gegeben, sobald der Frachtführer das Hindernis im Sinne des § 122 Abs. 2 BGB kennen muss, und damit auch dann, wenn es ihm infolge von Fahrlässigkeit unbekannt bleibt. Erkennbarkeit für Wissensvertreter genügt. Dass der Frachtführer bereits mit Erkennbarkeit des Hindernisses um Weisungen nachsuchen muss und nicht erst, wenn eine Hinderung tatsächlich eingetreten ist, soll es dem Verfügungsberechtigten ermöglichen, möglichst frühzeitig auf Störungen reagieren und geeignete Abhilfemaßnahmen anweisen zu können.[38] 17

Der Frachtführer, der den Verfügungsberechtigten um Weisungen ersucht, muss diesem – im Rahmen des ihm Möglichen – Art und Auswirkungen des Hindernisses so detailliert beschreiben, dass sachgerechte Weisungen erteilt werden können. Die **Informationspflicht** umfasst Angaben über die voraussichtliche Dauer des Hindernisses und alle anderen für die Entscheidung des Weisungsberechtigten wesentlichen Umstände.[39] 18

Ein Weisungsersuchen dürfte entbehrlich sein, wenn dem Verfügungsberechtigten (etwa aufgrund behördlicher Auflagen) *jede* Möglichkeit fehlt, eine beachtliche Weisung zu erteilen. Häufig aber dürften zumindest einzelne Maßnahmen noch möglich sein.[40] Selbst wenn der Verfügungsberechtigte keinerlei beachtliche Weisungen erteilen kann, ist er über das Hindernis – schlicht – zu informieren. In den betreffenden Fällen wird an das Unterbleiben einer solchen Information allerdings regelmäßig kein kausaler Schaden knüpfen. 19

---

32 Vgl. OLG Köln BB 1973, 405; Ebenroth/Boujong/Joost/Strohn²/*Reuschle* Rn 11.

33 MünchKommHGB²/*Czerwenka* Rn 14.

34 Vgl. OLG Hamburg TranspR 1986, 229 (230).

35 So auch MünchKommHGB²/*Czerwenka* Rn 15.

36 *Koller*⁸ Rn 12.

37 Siehe auch Kommentierung zu § 412 Rn 22.

38 Vgl. Ebenroth/Boujong/Joost/Strohn²/*Reuschle* Rn 15; MünchKommHGB²/*Czerwenka* Rn 17.

39 Heymann²/*Schlüter* Rn 8.

40 Vgl. OLG Hamburg TranspR 2000, 253 (254).

20 Die Pflicht zur Weisungseinholung besteht nur, solange das Hindernis nicht wieder entfallen ist. Hat der Frachtführer den Weisungsberechtigten im Zeitpunkt des Hindernisfortfalls bereits um Weisungen ersucht, ist er gehalten, diesen über die neue Situation zu informieren, da der Weisungsberechtigte zwischenzeitlich anders disponiert haben mag.[41]

21 **2. Weisungsberechtigung.** Weisungsberechtigt ist grundsätzlich der nach § 418 – ggf. i.V.m. § 446 – Verfügungsberechtigte. Für Sondersituationen finden sich ergänzende Regelungen in § 419 Abs. 1 Satz 2 und Abs. 2.

22 **a) Verfügungsberechtiger nach § 418 oder § 446.** Zur Verfügungsberechtigung nach § 418 siehe die dortige Kommentierung.

23 **b) Rückverlagerung des Weisungsrechts auf den Absender nach Abs. 1 Satz 2.** Ist der Empfänger verfügungsberechtigt, verweigert er aber die Annahme des Gutes oder ist er nicht zu ermitteln, besteht ein Bedürfnis, dass Weisungen erteilt werden können. Für die betreffenden Fälle bestimmt § 419 Abs. 1 Satz 2 Hs. 1 daher den Absender als Verfügungsberechtigten, sofern nicht ein Ladeschein ausgestellt ist. In letztgenanntem Fall lebt das Verfügungsrecht des Absenders selbst dann nicht wieder auf, wenn von dem an sich verfügungsberechtigten Empfänger keine Weisungen erlangt werden. Wie beim Konnossement bleibt die Verfügungsbefugnis, wenn ein Ladeschein ausgestellt ist, stets beim legitimierten Besitzer des Ladescheins.[42]

24 Zu einer Ausstellung des Frachtbriefs als qualifiziertes Sperrpapier und den haftungsrechtlichen Folgen einer Missachtung des Sperrvermerks (§ 418 Abs. 4, 6) siehe zunächst die Kommentierung zu § 418 Rn 45 ff.

Der Frachtbrief, der als qualifiziertes Sperrpapier ausgestaltet ist, befindet sich regelmäßig nicht beim Absender, da das Sperrpapier andernfalls seine Sicherungswirkung nicht entfalten könnte. Ist der (an sich verfügungsberechtigte) Empfänger nicht zu ermitteln oder verweigert er die Annahme des Gutes, genügt es, um dem Absender die Erteilung von Weisungen zu ermöglichen, daher nicht, das Verfügungsrecht auf diesen zurückzuverlagern. Erforderlich ist weitergehend, die Vorlage des Sperrpapiers für entbehrlich zu erklären. Entsprechend ordnet Hs. 2 an, dass es dessen Vorlage in den in Rede stehenden Fällen nicht bedarf.

25 Mit der Rückverlagerung des Weisungsrechts auf den Absender erlischt die Verfügungsbefugnis des Empfängers. Die Rückverlagerung knüpft bereits an die Nichtermittelbarkeit des Empfängers bzw. die Annahmeverweigerung als solche. Anders als nach Art. 15 Abs. 2 CMR kann der Empfänger daher, nachdem er die Annahme des Gutes verweigert hat, dessen Ablieferung in keinem Fall mehr verlangen. Dies gilt auch dann, wenn der (wieder weisungsberechtigte) Absender seinerseits keine Weisungen erteilt. Die Rechtslage gewinnt so an Übersichtlichkeit für den Frachtführer, der nur noch von Absenderseite Weisungen zu erwarten und gegebenenfalls zu beachten hat.[43]

26 **c) Beförderungs- oder Ablieferungshindernis nach Empfängerweisung zu Ablieferung des Guts bei Drittem (Abs. 2).** Hat der Empfänger in Ausübung des ihm zustehenden Verfügungsrechts einen Drittempfänger bestimmt (siehe auch § 418 Abs. 3) und tritt nach einer solchen Weisung ein Beförderungs- oder Ablieferungshindernis ein, so ist bei

---

41 Wie hier *Koller*[8] Rn 20; MünchKomm-HGB[2]/*Czerwenka* Rn 18; **aA** Fremuth/Thume/*Fremuth* Rn 15.

42 BT-Drucks. 17/10309, S. 54.

43 Vgl. BR-Drucks. 368/97, S. 51; ferner Ebenroth/Boujong/Joost/Strohn[2]/*Reuschle* Rn 20.

Anwendung des Abs. 1 der verfügende Empfänger Absender, der Drittempfänger Empfänger. Grundsätzlich hat der Frachtführer daher bei Beförderungshindernissen Weisungen des Empfängers, bei Ablieferungshindernissen Weisungen des Drittempfängers einzuholen. Ist der Drittempfänger nicht zu ermitteln oder verweigert er die Annahme des Gutes, tritt eine Rückverlagerung des Weisungsrechts auf den (Erst-)Empfänger ein (§ 419 Abs. 1 Satz 2 i.V.m. Abs. 2). Die Regelung lehnt sich an Art. 15 Abs. 3 CMR an.

3. **Weisungserteilung und Befolgungspflicht.** Die Weisung, die der Verfügungsberech- 27
tigte im Falle von Beförderungs- oder Ablieferungshindernissen erteilt, ist Weisung im Sinne des § 418, so dass in der Frage, welche Voraussetzungen an eine wirksame Weisung zu stellen sind, auf die Kommentierung zu § 418 verwiesen werden kann. Eine Pflicht des Frachtführers, die ihm vom Verfügungsberechtigten erteilte Weisung zu befolgen, besteht – wie auch § 419 Abs. 3 Satz 1 zeigt – nach Maßgabe des § 418 Abs. 1 Satz 3.[44]

IV. Maßnahmen bei Nichterlangbarkeit von Weisungen

Kann der Frachtführer verbindliche Weisungen innerhalb angemessener Zeit nicht 28
erlangen, so hat er **eigenverantwortlich** die Maßnahmen zu treffen, die – prognostisch – **die Interessen des Verfügungsberechtigten bestmöglich wahren.** Die Sätze 2–4 des Abs. 3 nennen beispielhaft, indes nicht abschließend, mögliche Maßnahmen, die von einem Entladen und Verwahren des Gutes bis zu dessen Verkauf oder gar Vernichtung in Ausnahmefällen reichen. Die Regelung orientiert sich insbesondere an Art. 14 Abs. 2, Art. 16 Abs. 2, 3 CMR. Eine Rangordnung[45] zwischen den einzelnen Maßnahmen ergibt sich aufgrund der Interessenwahrungspflicht des Frachtführers. So wahrt beispielsweise ein Verkauf der Ware die Interessen des Verfügungsberechtigten nicht bestmöglich, wenn als weniger einschneidende Maßnahme ohne Weiteres auch eine Einlagerung des Gutes möglich ist. Der Frachtführer muss möglichst wenig einschneidende Maßnahmen ergreifen.

1. Nichterlangenkönnen verbindlicher Weisungen innerhalb angemessener Zeit

a) **Angemessene Zeit.** Voraussetzung für eigenverantwortliche Maßnahmen des Fracht- 29
führers ist, dass dieser Weisungen des Verfügungsberechtigten nicht innerhalb angemessener Zeit erlangen kann. Der Frachtführer muss den Verfügungsberechtigten somit nicht nur um Weisung ersuchen, sondern hat anschließend zunächst auch einen gewissen Zeitraum zuzuwarten. Die Länge dieses Zeitraums bestimmt das Gesetz unter Bezugnahme auf den Begriff der „Angemessenheit". Die Bestimmung dessen, was im Einzelfall angemessen ist, erfordert eine **umfassende Interessenabwägung.** In Rechnung zu stellen ist, dass im Grundsatz der Verfügungsberechtigte Weisungen geben soll und dieses Recht ihm nicht durch zu kurze Bemessung des Weisungszeitraums mittelbar genommen werden darf. Andererseits muss der Frachtführer recht bald Klarheit über das weiteres Transportgeschehen erhalten und ist ihm ein überlanges Zuwarten unzumutbar. Befinden sich noch weitere Güter anderer Absender auf dem Fahrzeug, wird man auch zu berücksichtigen haben, dass der Frachtführer sich möglicherweise ersatzpflichtig macht, wenn ein längeres Warten zu einem verspäteten Eintreffen der anderen Ware bei deren Empfängern führt.[46] Auch das Gewicht der beabsichtigten Maßnahme verlangt Beachtung; je ein-

---

[44] Siehe auch *Andresen/Valder* Rn 15.
[45] MünchKommHGB²/*Czerwenka* Rn 22.
[46] Siehe *Andresen/Valder* Rn 21.

schneidender diese ist, desto länger hat der Frachtführer im Regelfall auf den Erhalt von Weisungen zu warten.[47]

30 Für Einzelfälle ist es denkbar, dass die „angemessene" Zeitspanne derart kurz ist, dass der Frachtführer erst gar nicht versuchen muss, Weisungen des Verfügungsberechtigten einzuholen und unmittelbar eigenverantwortliche Maßnahmen ergreifen darf. Insoweit in Betracht kommen allerdings bloß Extremsituationen, in denen nur ein sofortiges Handeln im mutmaßlichen Interesse des Verfügungsberechtigten liegen kann.[48]

31 In anderen Fällen kann eine Wartezeit von nur wenigen Minuten angemessen sein, so beispielsweise, wenn ein Beförderungshindernis durch Wahl einer anderen, ebenso geeigneten und schnellen Route behoben werden kann.[49] Ist die Autobahn, auf der der Transport nach der vertraglichen Absprache der Parteien (ausschließlich) erfolgen soll, zwischen zwei Ausfahrten für nicht nur kurze Zeit gesperrt, wird man die Anfrage des Frachtführers beim Verfügungsberechtigten, ob er den Stau auf einer parallelen Landstraße umfahren soll, mitunter sogar als entbehrliche Formalität betrachten können. Vorzugswürdig erscheint es allerdings, bei der Vertragsabsprache der Parteien anzusetzen und zu fragen, ob diese ein solches (kurzes und bloß ausnahmsweises) Ausweichen überhaupt hindert. Ist dies nicht der Fall, liegt kein Beförderungshindernis vor und muss der Frachtführer bereits deshalb nicht um Weisung nachsuchen.

32 Verursacht die beabsichtigte Maßnahme große finanzielle Einbußen oder birgt sie erhebliche Risiken, hat der Frachtführer entsprechend lange zuwarten. Ist der Absender ein Spediteur, ist zu berücksichtigen, dass dieser oftmals seinerseits erst Rücksprache mit dem Versender der Ware halten muss.[50]

33 b) **Verbindlichkeit der Weisung.** Eigenverantwortliche Maßnahmen sind dem Frachtführer nicht nur möglich, wenn ihm innerhalb angemessener Zeit überhaupt keine Weisung des Verfügungsberechtigten zugeht, sondern auch, wenn die erteilte Weisung nach Maßgabe des § 418 Abs. 1 Satz 3 unverbindlich ist. Weisungen, die die Schranken der §§ 134, 138 BGB missachten und daher nichtig sind, entfalten ebensowenig Wirkungen wie Weisungen, deren Ausführung unmöglich (§ 275 BGB) ist. Ist eine Weisung lediglich nach Maßgabe des § 418 Abs. 1 Satz 3 nicht verbindlich, berührt dies ihre Wirksamkeit nicht. Der Frachtführer *kann* sie befolgen, er *muss* es lediglich nicht. Entscheidet er sich für eine Nichtbefolgung der unverbindlichen Weisung, hat er den Verfügungsberechtigten nach § 418 Abs. 5 zu benachrichtigen; hat er angemessene Zeit zugewartet, kann er eigenverantwortliche Maßnahmen nach § 419 Abs. 3 ergreifen. Entschließt er sich zu einer Befolgung der unverbindlichen Weisung, stellt sich die Frage eigenverantwortlicher Maßnahmen nicht.

34 **2. Mögliche Maßnahmen.** Welche Maßnahmen nach Abs. 3 im Interesse des Verfügungsberechtigten die besten zu sein scheinen, hat der Frachtführer, wie die Wendung „zu sein scheinen" verdeutlicht, *ex ante* mit der Sorgfalt eines ordentlichen Frachtführers zu beurteilen. Je konkreter dem Frachtführer die Interessenlage des Verfügungsberechtigten erkennbar ist, desto stärker muss er ihr Rechnung tragen und seine Entscheidung an den individuellen Interessen des Verfügungsberechtigten ausrichten. Seine eigenen Inte-

---

[47] Ebenroth/Boujong/Joost/Strohn²/*Reuschle* Rn 26.

[48] *Koller*⁸ Rn 40.

[49] Ebenroth/Boujong/Joost/Strohn²/*Reuschle* Rn 26.

[50] Ebenroth/Boujong/Joost/Strohn²/*Reuschle* Rn 27 f.

ressen muss der Frachtführer demgegenüber zurückstellen. Dies folgt klar aus dem Wortlaut („im Interesse des Verfügungsberechtigten die besten“) und ist auch nicht unangemessen, da dem Frachtführer mit den Ansprüchen nach Abs. 4 ein Ausgleich gewährt wird.[51]

Die Aufzählung von eigenverantwortlichen Maßnahmen in den Sätzen 2–4 ist nicht abschließend („etwa“). In Betracht kommt z.B. auch eine Umladung oder eine Umleitung der Sendung auf eine andere Strecke.[52] **35**

a) **Entladen und Verwahren.** Entschließt sich der Frachtführer, das Gut zu entladen und zu verwahren, so ist das Entladen – abweichend vom Regelfall des § 412 Abs. 1 Satz 1 – seine Aufgabe. Erst nach dem Entladen gilt die Beförderung als beendet (§ 419 Abs. 3 Satz 5). Ein beim Entladen verursachter Güterschaden fällt daher noch in den Obhutszeitraum.[53] Selbstverständlich darf der Frachtführer das Gut nur entladen, wenn das Hindernis in diesem Zeitpunkt nicht bereits wieder fortgefallen ist. Aufgrund der Beendigung des Frachtvertrags mit Abschluss des Entladens (Abs. 3 Satz 5) muss der Frachtführer bei einem späteren Hinderniswegfall das Gut nicht erneut verladen und die Beförderung fortsetzen.[54] **36**

Ein Verwahren des Gutes umfasst es, einem drohenden Verderb der Ware vorzubeugen.[55] Das Verwahren des Gutes durch den Frachtführer kann ein Geschäft im Sinne der §§ 467 ff sein; im Übrigen gelangen die §§ 688 ff BGB zur Anwendung.[56] **37**

b) **Drittem zur Verwahrung anvertrauen.** Anstatt das Gut selbst zu verwahren, kann der Frachtführer es einem Dritten zur Verwahrung anvertrauen. Dies geschieht für Rechnung des nach § 418 oder § 446 Verfügungsberechtigten. Der Frachtführer hat keine Vollmacht, einen Verwahrungs- oder Lagervertrag im Namen des Verfügungsberechtigten abzuschließen. Aus der Vertragsbeziehung wird er selbst verpflichtet. Gegen den Verfügungsberechtigten steht ihm ein Freistellungs- und Erstattungsanspruch zu.[57] Im Gegenzug ist der Frachtführer verpflichtet, seinen Auslieferungsanspruch gegen den Verwahrer oder Lagerhalter an den Verfügungsberechtigten abzutreten. Der Vertrag über die Aufbewahrung des Gutes entfaltet Schutzwirkungen zugunsten des Absender oder Empfängers.[58] **38**

Nach Abs. 3 Satz 2 Hs. 2 haftet der Frachtführer, der das Gut einem Dritten anvertraut, nur für dessen sorgfältige Auswahl. Weitergehend haftet der Frachtführer nicht.[59] **39**

c) **Rückbefördern.** Anders als Art. 16 CMR nennt § 419 Abs. 3 Satz 2 ausdrücklich auch die Möglichkeit einer Rückbeförderung des Gutes. Mit dem Recht auf Rückbeförderung korrespondiert eine Pflicht des Absenders, das Gut bei Eintreffen auch wieder **40**

---

51 Siehe auch Heymann²/*Schlüter* Rn 11; *Koller*⁸ Rn 41; *Koller* in: Festschrift Piper, S. 899 ff.

52 Ebenroth/Boujong/Joost/Strohn²/*Reuschle* Rn 30.

53 Vgl. *Andresen/Valder* Rn 23; Ebenroth/Boujong/Joost/Strohn²/*Reuschle* Rn 33.

54 MünchKommHGB²/*Czerwenka* Rn 23 f; Ebenroth/Boujong/Joost/Strohn²/*Reuschle* Rn 33.

55 Siehe OLG Düsseldorf TranspR 1986, 56 (58).

56 Siehe Ebenroth/Boujong/Joost/Strohn²/*Reuschle* Rn 38; MünchKommHGB²/*Czerwenka* Rn 29; *Andresen/Valder* Rn 23.

57 *Lammich/Pöttinger* Rn 55; *Koller*⁸ Rn 45.

58 Siehe MünchKommHGB²/*Czerwenka* Rn 31.

59 Siehe auch schon RGZ 100, 162 (163).

anzunehmen.[60] Bei Ausstellung eines Ladescheins steht § 446 einer Rückgabe der Ware an den Absender entgegen, wenn dieser den Ladeschein nicht aushändigen kann.[61]

41 d) **Ausnahmsweise: Verkaufen lassen.** Nach Abs. 3 Satz 3 kann der Frachtführer das Gut auch verkaufen lassen. Ein Verkauf richtet sich nach § 373 Abs. 2–4 und ist nur zulässig, wenn

- es sich um verderbliche Ware handelt

oder

- der Zustand des Gutes eine solche Maßnahme rechtfertigt

oder

- die andernfalls entstehenden Kosten in keinem angemessenen Verhältnis zum Wert des Gutes stehen.

Aufgrund der Ausweitung des Maßnahmenkatalogs um die Möglichkeit einer Rückbeförderung sind im letztgenannten Fall nicht nur die Kosten einer Verwahrung, sondern auch die einer Rückbeförderung ins Verhältnis zum Güterwert zu setzen.[62]

42 In sämtlichen Fällen ist der Verkauf nach § 373 Abs. 2–4 durchzuführen. Dass das Gesetz von „verkaufen lassen" spricht, macht deutlich, dass der Verkauf nicht durch den Frachtführer selbst, sondern durch eine zuständige Person[63] stattfindet. Die Möglichkeit des Selbsthilfeverkaufs umfasst nicht nur eine freihändige Veräußerung, sondern auch eine Versteigerung.[64] Ob es einer vorherigen Androhung des Verkaufs bedarf,[65] richtet sich nach § 373 Abs. 2 Satz 2. Soll die Ware beispielsweise verkauft werden, weil die Kosten einer Einlagerung oder Rückbeförderung zu hoch wären, besteht regelmäßig kein Grund, das Vorgehen nicht vorher anzudrohen und dem Verfügungsberechtigten so noch eine letzte Weisungschance zukommen zu lassen.

43 Genügend für die Möglichkeit eines Selbsthilfeverkaufs ist es, dass es sich um verderbliche Ware handelt. Die Ware muss nicht bereits teilweise verdorben sein oder ihr Verderb konkret drohen. So handelt es sich auch etwa bei Tiefkühlgut um verderbliche Ware, auch wenn ohne Weiteres eine verderbfreie Kühlhauseinlagerung möglich wäre.[66] Allerdings mag es im Einzelfall im Interesse des Verfügungsberechtigten das beste zu sein scheinen, die Ware in ein Tiefkühlhaus zu geben. In diesem Fall darf der Frachtführer das Tiefkühlgut, wenngleich es verderblich ist, nicht verkaufen. Dies folgt aus Abs. 3 Satz 1.

44 Der Zustand des Gutes rechtfertigt einen Verkauf etwa bei Saisonartikeln. Ein Verkauf nach Abs. 3 Satz 3 Var. 3 ist möglich, wenn die mit anderen Maßnahmen verbundenen Kosten in keinem angemessenen Verhältnis zum Wert des Gutes stehen. Hinsichtlich der in den Vergleich einzustellenden Positionen ist eine Prognose erforderlich, die der Frachtführer sorgfaltsgemäß vorzunehmen hat; im Übrigen trägt das Risiko der Prognoserichtigkeit der Verfügungsberechtigte.[67]

45 Jedenfalls bei nicht gewerblichen Absendern sind bei der Entscheidung über einen Verkauf oder – erst recht – eine Vernichtung[68] auch erkennbare immaterielle Interessen zu berücksichtigen. Geht man davon aus, dass dies bereits aus Abs. 3 Satz 1 folgt, der die Interessen des Verfügungsberechtigten zum Entscheidungsmaßstab bestimmt, ist die Ver-

---

60 Fremuth/Thume/*Fremuth* Rn 19.

61 *Koller*[8] Rn 17; MünchKommHGB[2]/*Czerwenka* Rn 33.

62 BR-Drucks. 368/97, S. 51.

63 Siehe dazu die Kommentierung zu § 373.

64 Siehe auch MünchKommHGB[2]/*Czerwenka* Rn 36.

65 Verneinend MünchKommHGB[2]/*Czerwenka* Rn 35; differenzierend *Koller*[8] Rn 47.

66 Ebenroth/Boujong/Joost/Strohn[2]/*Reuschle* Rn 42.

67 Ebenroth/Boujong/Joost/Strohn[2]/*Reuschle* Rn 43.

68 Dazu noch nachfolgend Rn 47.

kaufs- und Vernichtungsmöglichkeit auch für die in Rede stehenden Fälle verfassungsgemäß.[69] Die Sätze 2–4 nennen nur beispielhaft Maßnahmen, welche der Frachtführer im Regelfall ergreifen kann. Mit Blick auf die konkrete Interessenlage des Verfügungsberechtigten können einzelne Maßnahmen aber selbstverständlich „gesperrt“ sein.

Entsprechend § 373 Abs. 3 erfolgt ein Selbsthilfeverkauf für Rechnung des Verfügungsberechtigten. An diesen ist der Erlös abzüglich der auf dem Gut lastenden Kosten auszukehren.[70] Im Falle einer Ungewissheit über die Person des Gläubigers dürfte der Erlös nach Maßgabe der §§ 372 ff BGB hinterlegt werden können.[71] **46**

e) **Ultima ratio: Vernichten.** Unverwertbares Gut darf der Frachtführer nach Abs. 3 Satz 4 vernichten. Dabei handelt es sich um eine *ultima ratio* für die Fälle, in denen ein Verkauf an der Unverwertbarkeit des Guts scheitert. Hat ein (insbesondere nichtgewerblicher) Absender oder Empfänger erkennbare immaterielle Interessen an der Ware, ist zu fragen, ob Maßnahmen nach Satz 3, 4 seine Interessen überhaupt – noch dazu bestmöglich – wahren.[72] **47**

3. **Beförderungsende als Folge eines Entladens.** Gemäß Abs. 3 Satz 5 gilt die Beförderung nach dem Entladen des Guts als beendet. Mit dem Frachtvertrag endet auch die Obhutshaftung des Frachtführers.[73] Angesichts der Beendigung der Vertragsbeziehung ist der Frachtführer nicht gehalten, das Gut zu einem späteren Zeitpunkt nochmals aufzuladen und weiterzubefördern.[74] Kein Entladen im Sinne der Regelung stellt allerdings das Umladen auf ein anderes Transportmittel zum Zwecke der Weiterbeförderung dar. Kommt es bei einem solchen Umladevorgang zur Beschädigung des Gutes, fällt diese in den Obhutszeitraum des Frachtführers.[75] **48**

V. Ansprüche des Frachtführers

1. **Bei Weisungserteilung.** Werden dem Frachtführer wegen eines Beförderungs- oder Ablieferungshindernisses Weisungen erteilt, ist dieser gemäß § 419 Abs. 1 Satz 3 seinerseits berechtigt, Ansprüche nach § 418 Abs. 1 Satz 4 geltend zu machen. Eine Ausnahme gilt, wenn das Beförderungs- oder Ablieferungshindernis seinem Risikobereich zuzurechnen ist; in diesem Fall bestehen keine Ansprüche nach §§ 418 Abs. 1 Satz 4, 419 Abs. 1 Satz 3. **49**

Nach § 418 Abs. 1 Satz 4 kann der Frachtführer Ersatz seiner weisungsbedingten Aufwendungen sowie eine angemessene Vergütung verlangen. Die Vorschusspflicht gemäß Hs. 2 der Bestimmung bezieht sich nicht nur auf den Aufwendungsersatz-, sondern auch auf den Vergütungsanspruch.[76] Keine weisungsbedingten Aufwendungen sind solche, die der Frachtführer hat machen müssen, um vom Verfügungsberechtigten eine Wei- **50**

---

69 Siehe aber *Koller*[8] Rn 48 für eine Vernichtung.

70 Ebenroth/Boujong/Joost/Strohn[2]/*Reuschle* Rn 45; *Andresen/Valder* Rn 29.

71 Anders MünchKommHGB[2]/*Czerwenka* Rn 37, die sich für die Vermeidung eines Prätendenten-Streits durch Auskehr an den Absender ausspricht.

72 Siehe dazu bereits soeben Rn 45.

73 Siehe BGH TranspR 1987, 180 (181 f).

74 Siehe auch MünchKommHGB[2]/*Czerwenka* Rn 24; Ebenroth/Boujong/Joost/Strohn[2]/*Reuschle* Rn 33.

75 Schifffahrtsobergericht Karlsruhe TranspR 2011, 238 ff; zu Schäden beim Entladen bereits oben Rn 36 mit Fn 53.

76 Siehe im Einzelnen Kommentierung zu § 418 Rn 43 f.

sung zu erlangen.[77] Da § 419 Abs. 1 Satz 3 Ansprüche im Umfang des § 418 Abs. 1 Satz 4 gewährt, kann der Frachtführer, wie sich aus letztgenannter Bestimmung klar ergibt, nur Ersatz seiner Aufwendungen verlangen, die *durch die Ausführung* der Weisung (erst) entstehen.

51 Die Bestimmung gewährt keinen Anspruch auf Distanzfracht; ein solcher ergibt sich aus § 420 Abs. 2 Satz 2.[78] Der Vergütungsanspruch nach §§ 418 Abs. 1 Satz 4, 419 Abs. 1 Satz 3 bezieht sich nur auf die weisungsbedingte Tätigkeit. Wird aufgrund eines Beförderungshindernisses eine Ablieferung an anderer Stelle verfügt, berührt dies den Frachtzahlungsanspruch grundsätzlich nicht.[79] Zusätzliche Vergütung kann der Frachtführer bei Verlängerung der Beförderungsstrecke verlangen. Im Falle einer Verkürzung der Beförderungsstrecke muss der Frachtführer sich ersparte Aufwendungen entsprechend § 415 Abs. 2 Satz 1 Nr. 1 anrechnen lassen.

52 **Schuldner** der Zahlungspflicht ist sicher der Absender, der von seinem Verfügungsrecht Gebrauch macht. Problematisch ist demgegenüber die Konstellation, in der das Verfügungsrecht beim Empfänger liegt. Es ist nicht von der Hand zu weisen, dass – auch für die Fälle einer Empfängerverfügung – § 419 Abs. 1 Satz 3 ausschließlich auf § 418 Abs. 1 Satz 4 verweist, der den Absender als Schuldner nennt. In § 418 findet sich die Zahlungspflicht des Empfängers in Abs. 2 Satz 3 gesondert geregelt; nicht etwa verweist Abs. 2 *insgesamt* auf Abs. 1 für die Zeit, in der das Verfügungsrecht dem Empfänger zusteht. Auf Abs. 2 Satz 3 aber verweist § 419 Abs. 1 Satz 3 nicht. Dies spricht dafür, dass Schuldner der Zahlungspflicht stets der Absender als Vertragspartner des Frachtführers ist, selbst wenn er nicht der Verfügungsberechtigte und Weisungsgeber war.[80] Diskutabel erscheint allerdings, ob man nicht in § 418 Abs. 1 Verfügungsrecht (Satz 1) und Zahlungspflicht (Satz 4) als derart untrennbar miteinander verbunden ansieht, dass bei einer Anwendung der Norm aufgrund Verweises (§ 419 Abs. 1 Satz 3) die Bestimmung so zu lesen ist, dass mit der Zahlungspflicht stets der Weisungsberechtigte belastet wird. Nimmt man dies an, wäre in den in Rede stehenden Fällen Schuldner der Zahlungsverpflichtung der Empfänger.[81] Nach der Rechtsprechung des BGH[82] kann der Empfänger dann – aber auch nur dann – in Anspruch genommen werden, wenn er entweder eine Weisung erteilt (§ 418 Abs. 2 Satz 3) oder vom Frachtführer verlangt hat, ihm das Gut gegen Erfüllung der Verpflichtungen aus dem Frachtvertrag abzuliefern (§ 421 Abs. 1 Satz 1).

53 Ist das Hindernis dem **Risikobereich des Frachtführers** zuzurechnen, **entfällt** dessen **Zahlungsanspruch,** nicht aber die Pflicht zu einer Weisungseinholung oder gegebenenfalls auch zu Maßnahmen nach Abs. 3. Dass eine Abgrenzung der Risikosphären maßgeblich mit Blick auf die Parteivereinbarung zu erfolgen hat,[83] wird deutlich auch anhand einer Entscheidung des OLG Karlsruhe, in der dieses dazu gelangt ist, dass die Beklagte *aufgrund entsprechender Parteivereinbarung* auch Beförderungshindernisse wie die Sperrung des Wasserweges in ihren Risikobereich einbezogen habe.[84] Besteht keine solche Parteiabsprache und ergibt sich aus den Umständen des Einzelfalls keine Besonderheit, darf ein (Ideal-)Absender die vertragliche Erklärung des Frachtführers hingegen

---

[77] Siehe auch *Koller*[8] Rn 22a; MünchKomm-HGB[2]/*Czerwenka* Rn 40; **aA** *Lammich/Pöttinger* Rn 38.

[78] Siehe Heymann[2]/*Schlüter* Rn 9; *Andresen/Valder* Rn 18.

[79] Siehe *Koller*[8] Rn 32; MünchKommHGB[2]/*Czerwenka* Rn 41.

[80] So ausdrücklich *Andresen/Valder* Rn 16.

[81] So im Ergebnis *Koller*[8] Rn 26; MünchKommHGB[2]/*Czerwenka* Rn 43.

[82] BGH TranspR 2010, 429 ff.

[83] Dazu ausführlich oben Kommentierung zu § 412 Rn 52 ff.

[84] OLG Karlsruhe TranspR 2002, 348 (350).

nicht so verstehen, dass dieser seinem Risikobereich auch solche Hindernisse zugeordnet wissen wollte, auf die er keinerlei Einfluss hat, wie etwa eine die einzige Wasserstraße blockierende Schifffahrtssperre.[85]

2. Bei Nichterlangen von Weisungen. Wegen nach Abs. 3 ergriffener Maßnahmen hat der Frachtführer gemäß Abs. 4 einen Anspruch auf Ersatz der erforderlicher Aufwendungen sowie auf eine angemessene Vergütung. Ausgeschlossen ist der Zahlungsanspruch wiederum dann, wenn das Beförderungs- oder Ablieferungshindernis dem Risikobereich des Frachtführers zuzurechnen ist. **54**

Aufwendungen sind sämtliche Kosten, die dem Frachtführer wegen eigenverantwortlicher Maßnahmen im Sinne des Abs. 3 entstehen. Ersatzfähig sind sie nur im Rahmen ihrer Erforderlichkeit. Insoweit ist ein objektiver Maßstab anzulegen.[86] Ergreift der Frachtführer Maßnahmen, bei denen er (ex ante) nicht davon ausgehen darf, dass diese im Interesse des Verfügungsberechtigten die besten sind, steht ihm kein Anspruch zu. Für solche Maßnahmen getätigte Aufwendungen sind jedenfalls nicht erforderlich.[87] Vorgelagert lässt sich bereits die Wendung „wegen der nach Abs. 3 ergriffenen Maßnahmen" in Abs. 4 so verstehen, dass es sich nur um nach jener Bestimmung *zulässig* ergriffene Maßnahmen handelt. Stellt der Frachtführer eine falsche und in diesem Sinne unzulässige Maßnahme an, wäre Abs. 4 demnach bereits tatbestandlich nicht einschlägig und so auch zu erklären, warum ein Vergütungsanspruch entfällt.[88] **55**

Schuldner der Zahlungsverpflichtung nach Abs. 4 ist grundsätzlich der Absender. Den Empfänger für zahlungspflichtig zu halten in den Fällen, in denen dieser im Zeitpunkt der Frachtführermaßnahme bereits verfügungsbefugt war, steht die Wertung des § 418 Abs. 2 Satz 3 entgegen. Demnach kann der Empfänger nur in Anspruch genommen werden, wenn und soweit er eine Weisung erteilt hat.[89] In den Fällen des § 419 Abs. 2 sollte davon ausgegangen werden, dass der Empfänger auch, soweit es die Anspruchsgegnerschaft im Rahmen des Abs. 4 betrifft, an die Stelle des Absenders tritt. **56**

VI. Beweisbelastung und Haftung des Frachtführers

Der Anspruchsgegner, der in den Fällen des Abs. 4 einwendet, das Hindernis sei dem Risikobereich des Frachtführers zuzurechnen, ist insoweit beweisbelastet. Dies folgt unzweifelhaft aus der Einleitung des 2. Halbsatzes der Bestimmung mit der Negativwendung „es sei denn". Über diese kann nicht durch Erwägungen zur Sachnähe hinweggegangen werden.[90] Gegebenenfalls trifft den Frachtführer eine sekundäre Darlegungslast. **57**

Schwieriger zu beurteilen ist die Frage der Beweisbelastung, sofern es darum geht, dass in den Fällen des Abs. 1 Satz 3 ein Hindernis dem Risikobereich des Frachtführers **58**

---

85 Siehe dazu bereits oben Kommentierung zu § 412 Rn 53, 58; aA MünchKommHGB²/*Czerwenka* Rn 42.

86 *Koller*⁸ Rn 50.

87 So Ebenroth/Boujong/Joost/Strohn²/*Reuschle* Rn 49.

88 Anderenfalls müsste insoweit wohl auf entgegenhaltbare Schadensersatzansprüche abgestellt werden.

89 *Koller*⁸ Rn 49; MünchKomm²/*Czerwenka* Rn 47.

90 So aber *Koller*⁸ Rn 28; wie Koller im Ergebnis auch Fremuth/Thume/*Fremuth* Rn 26; *Didier* Risikozurechnung, S. 230; wie hier *Andresen/Valder* Rn 34; MünchKommHGB²/*Czerwenka* Rn 43.

zuzurechnen sein soll. Die dortige Formulierung spricht eher dafür, dass es sich bei dem Nichthineinfallen des Hindernisses in den Risikobereich des Frachtführers um eine Anspruchsvoraussetzung handelt und entsprechend der Frachtführer insoweit beweisbelastet ist. Dass die Tatsache eine negative ist, wirkt sich auf die Beweislastverteilung grundsätzlich nicht aus.[91] Damit allerdings würde die Beweislastverteilung in Abhängigkeit davon differieren, ob der Frachtführer einen Anspruch nach Abs. 1 Satz 3 oder nach Abs. 4 geltend macht.[92] Sachgründe für eine unterschiedliche Beweislastverteilung sind nicht ersichtlich. Nachdem die Formulierung des Abs. 4 eindeutig ist, sollte der – immerhin nicht völlig eindeutige – Wortlaut des § 419 Abs. 1 Satz 3 daher dahingehend interpretiert werden, dass auch dort das Hineinfallen des Hindernisses in den Risikobereich des Frachtführers eine – vom Anspruchsgegner zu beweisende – Einwendung darstellt.

59 Hinsichtlich der Beweisbelastung im Übrigen gelten keine Besonderheiten. Der Frachtführer, der Ansprüche nach Abs. 1 Satz 3 geltend macht, hat das Vorliegen eines Beförderungs- oder Ablieferungshindernisses, die Weisungserteilung und deren Befolgung zu beweisen. In den Fällen des Abs. 3 hat er neben der Hindernisexistenz sein Ersuchen um Weisungen und die Nichterlangbarkeit verbindlicher Weisungen innerhalb angemessener Zeit zu beweisen. Ferner ist es an ihm, den Nachweis zu führen, dass die ergriffenen Maßnahmen im Interesse des Verfügungsberechtigten die besten zu sein schienen.[93]

60 Da der Frachtführer bei fehlerhafter Ausführung einer Weisung nach §§ 425 ff haftet, wenn sein Handeln einen in den Obhutszeitraum fallenden Güterschaden zur Folge hat, im Übrigen wegen positiver Forderungsverletzung nach § 280 Abs. 1 BGB,[94] richtet sich die Beweislastverteilung insoweit maßgeblich nach den einschlägigen Haftungsnormen. Der Anspruchsteller hat Inhalt und Zugang seiner Weisungserklärung zu beweisen.[95] Der Frachtführer, der sich auf das Ende seiner Obhutspflicht gemäß Abs. 3 Satz 5 beruft, hat die entsprechenden Umstände darzutun und zu beweisen.[96]

61 Bei einer Inanspruchnahme des Frachtführers aus § 280 BGB ist § 433 zu beachten. Der Frachtführer haftet auch für einfache Fahrlässigkeit. § 680 BGB ist nicht zu seinen Gunsten entsprechend anwendbar,[97] da der Frachtführer für seine Tätigkeit eine Vergütung erhält und jene Bestimmung bei „professionellen Nothelfern", die eine berufsentsprechende Vergütung erhalten, nicht anwendbar ist.[98]

VII. Verhältnis zu anderen Vorschriften

62 Soweit § 419 zur Anwendung gelangt, kann nicht auf die allgemeinen Unmöglichkeitsvorschriften des BGB zurückgegriffen werden. Aufgrund seiner Weisungsbefugnis hat der Verfügungsberechtigte die Möglichkeit, die Leistungspflicht des Frachtführers auszuweiten, sodass für diesen zusätzlich entstehender Aufwand nicht zu einer Unmöglichkeit oder Befreiungsmöglichkeit nach § 275 Abs. 2 Satz 1 BGB führt. Auch für die Fälle, in denen keine oder keine verbindliche (§ 418 Abs. 1 Satz 3) Weisung erteilt wird, enthält § 419 mit seinem Abs. 3 eine spezielle Regelung.

---

[91] Siehe BGH NJW 1985, 1774 (1775).

[92] Siehe auch *Koller*[8] Rn 52.

[93] Fremuth/Thume/*Fremuth* Rn 26; Ebenroth/Boujong/Joost/Strohn[2]/*Reuschle* Rn 31.

[94] Siehe MünchKommHGB[2]/*Czerwenka* Rn 48.

[95] Fremuth/Thume/*Fremuth* Rn 27.

[96] OLG Hamburg TranspR 1988, 277 (278).

[97] AA MünchKommHGB[2]/*Czerwenka* Rn 48.

[98] PalandtBGB[71]/*Sprau* § 680 BGB Rn 1; Erman[13]/*Ehmann* BGB § 680 BGB Rn 2.

Von § 419 verdrängt werden auch die Regelungen der §§ 293 ff BGB im Falle einer Annahmeverweigerung durch den Empfänger.[99] Eine Haftungsmilderung kommt dem Frachtführer auch nicht analog § 300 Abs. 1 BGB zugute.[100] **63**

Unberührt bleibt das Kündigungsrecht nach § 415[101]. Mit dem Kündigungsrecht nach § 417, das an das unterbleibende Verladen bzw. Zur-Verfügung-Stellen des Gutes knüpft, vermögen sich keine Kollisionen zu ergeben, nachdem § 419 nunmehr sicher nur noch nach Übernahme des Gutes anwendbar ist.[102] Im Falle der Teilbeförderung (§ 417 Abs. 3) ist § 419 bezogen auf den übernommenen Teil des Gutes selbstverständlich anwendbar. Schadensersatzansprüche, etwa nach § 414 oder gemäß §§ 280 ff BGB, werden durch die Norm nicht angetastet. **64**

VIII. Abdingbarkeit

Die Regelung ist, wie aus ihrer Nichterwähnung in § 449 folgt, dispositiv und kann auch in Allgemeinen Geschäftsbedingungen abbedungen werden.[103] **65**

§ 420
Zahlung. Frachtberechnung

(1) Die Fracht ist bei Ablieferung des Gutes zu zahlen. Der Frachtführer hat über die Fracht hinaus einen Anspruch auf Ersatz von Aufwendungen, soweit diese für das Gut gemacht wurden und er sie den Umständen nach für erforderlich halten durfte.

(2) Der Anspruch auf die Fracht entfällt, soweit die Beförderung unmöglich ist. Wird die Beförderung infolge eines Beförderungs- oder Ablieferungshindernisses vorzeitig beendet, so gebührt dem Frachtführer die anteilige Fracht für den zurückgelegten Teil der Beförderung, wenn diese für den Absender von Interesse ist.

(3) Abweichend von Absatz 2 behält der Frachtführer den Anspruch auf die Fracht, wenn die Beförderung aus Gründen unmöglich ist, die dem Risikobereich des Absenders zuzurechnen sind oder die zu einer Zeit eintreten, zu welcher der Absender im Verzug der Annahme ist. Der Frachtführer muss sich jedoch das, was er an Aufwendungen erspart oder anderweitig erwirbt oder zu erwerben böswillig unterlässt, anrechnen lassen.

(4) Tritt nach Beginn der Beförderung und vor Ankunft an der Ablieferungsstelle eine Verzögerung ein und beruht die Verzögerung auf Gründen, die dem Risikobereich des Absenders zuzurechnen sind, so gebührt dem Frachtführer neben der Fracht eine angemessene Vergütung.

(5) Ist die Fracht nach Zahl, Gewicht oder anders angegebener Menge des Gutes vereinbart, so wird für die Berechnung der Fracht vermutet, daß Angaben hierzu im Fracht-

---

[99] *Koller*[8] Rn 1; Ebenroth/Boujong/Joost/Strohn[2]/*Reuschle* Rn 1, 49; MünchKommHGB[2]/*Czerwenka* Rn 50; aA *Ramming* TranspR 2001, 53 (55).

[100] Fremuth/Thume/*Fremuth* Rn 10; *Koller*[8] Rn 57.

[101] MünchKommHGB[2]/*Czerwenka* Rn 51.

[102] Siehe oben Rn 8.

[103] Siehe auch Fremuth/Thume/*Fremuth* Rn 30.

brief oder Ladeschein zutreffen; dies gilt auch dann, wenn zu diesen Angaben ein Vorbehalt eingetragen ist, der damit begründet ist, daß keine angemessenen Mittel zur Verfügung standen, die Richtigkeit der Angaben zu überprüfen.

Schrifttum

Basedow Der Transportvertrag – Studien zur Privatrechtsangleichung auf regulierten Märkten, 1987; *Benkelberg-Beier* Empfängerhaftung nach Maßgabe des Frachtbriefs – Versender als „Vormann" im Sinne des §§ 442 HGB?, TranspR 1989, 351–355; *Braun* Das frachtrechtliche Leistungsstörungsrecht nach dem Transportrechtsreformgesetz, Eine Untersuchung der frachtrechtlichen Leistungsstörungstatbestände der §§ 407 ff HGB unter besonderer Berücksichtigung der Bezüge zum bürgerlichen Recht, 2002; *Didier* Risikozurechnung bei Leistungsstörungen im Gütertransportrecht, 2001; *Koller* Die Risikozurechnung bei Leistungsstörungen in Austauschverträgen: eine Untersuchung zur Rechtsfortbildung auf dem Gebiet der materiellen Leistungserschwerung, Zweckstörung sowie Schadenersatzhaftung bei Sach- und Dienstleistungen, 1979; *Runge* Die unvollständige Beladung nach KVO, TranspR 1979, 6–20.

Übersicht

I. Einleitung

1 Die Vorschrift betrifft die Fälligkeit von Frachtansprüchen und die Frachtberechnung. Sie regelt insbesondere auch den Anspruch des Frachtführers auf anteilige Fracht (Distanzfracht) bei vorzeitiger Beendigung der Beförderung infolge eines Beförderungs- oder Ablieferungshindernisses. Überdies gewährt sie – jeweils neben der Fracht – in Abs. 1 Satz 2 einen Anspruch auf Ersatz bestimmter Aufwendungen und in Abs. 3 eine Vergütung im Falle einer Verzögerung zwischen Beförderungsbeginn und Ankunft an der Ablieferungsstelle, die auf Gründen beruht, die dem Risikobereich des Absenders zuzurechnen sind.

2 Partielles Vorbild für einzelne der in § 420 enthaltenen Regelungen waren die §§ 20, 21 KVO, § 69 EVO, Art. 15 CIM und §§ 63–65 BinSchG a.F.[1] In der CMR findet sich

[1] BR-Drucks. 368/97, S. 52; siehe auch *Koller*[8] Rn 1.

keine entsprechende Vergütungsregelung. Da es, soweit die CMR bestimmte Fragen nicht regelt, ergänzend der Anwendung materieller nationaler Rechtsnormen bedarf, d.h. lückenfüllend nationales Recht heranzuziehen ist,[2] gelangen die §§ 420 f ergänzend auch im Bereich der CMR zur Anwendung.[3]

Über § 25 EVO gelangt die Bestimmung auch bei der Beförderung von aufgegebenem Reisegepäck – einschließlich Pkw – mit der Bahn zur Anwendung. Als *lex specialis* verdrängt sie die Bestimmungen des Allgemeinen Schuldrechts und des Werkvertragsrechts, darunter § 641 BGB.[4] **3**

II. Fälligkeit der Fracht (Abs. 1 Satz 1)

Die Anordnung des Abs. 1 Satz 1, derzufolge die Fracht bei Ablieferung des Gutes zu zahlen ist, ist **Fälligkeitsbestimmung**. Vereinbaren die Parteien nichts anderes,[5] ist die Zeit für die vom Absender nach § 407 Abs. 2 – und gegebenenfalls vom Empfänger nach § 421 – geschuldete Leistung durch § 420 Abs. 1 Satz 1 gesetzlich bestimmt. Gemäß § 271 Abs. 2 BGB ist der Gläubiger somit im Zweifel nicht berechtigt, die Leistung vor dieser Zeit zu verlangen, der Schuldner jedoch, sie bereits früher zu bewirken. **4**

1. Frachtzahlungsanspruch. § 420 Abs. 1 Satz 1 gewährt keinen Anspruch auf Frachtzahlung, sondern setzt einen solchen voraus. Die Norm enthält auch keine Aussage zur Höhe des Vergütungsanspruchs. Nach § 407 Abs. 2 ist der Absender verpflichtet, die vereinbarte Fracht zu zahlen. Fehlt es an einer Vereinbarung zur Frachthöhe, schuldet der Absender entsprechend § 632 Abs. 2 BGB die übliche Vergütung. Bewegt sich diese innerhalb einer Spanne, darf der Tatrichter regelmäßig einen Mittelwert zugrundelegen.[6] **5**

Hinsichtlich der geschuldeten Frachthöhe zu berücksichtigen ist Abs. 5, wenn ein Frachtbrief oder Ladeschein ausgestellt und die Fracht nach Zahl, Gewicht oder anders angegebener Menge des Gutes vereinbart ist. Zur Frachtzahlungspflicht des Empfängers § 421. **6**

2. Fälligkeitsregelung. Die Fälligkeitsbestimmung des § 420 Abs. 1 Satz 1 will mit der Formulierung „bei Ablieferung" die Zug-um-Zug-Verknüpfung der synallagmatischen Vertragspflichten – Ortsveränderung des Gutes gegen Zahlung der Fracht – zum Ausdruck bringen.[7] Da der Frachtführer das Transportgut demnach nur Zug um Zug gegen Zahlung abzuliefern hat, liegt der Fälligkeitszeitpunkt dogmatisch exakt eine logische Sekunde vor dem Zeitpunkt der vollständigen Ablieferung,[8] d.h. vor dem Moment, in dem der Frachtführer seinen Gewahrsam beendet und das Gut dem Empfänger zur Verfügung stellt.[9] **7**

Auf eine Aufnahme von Auslegungsregeln für sogenannte Freivermerke (auch Frankaturvermerke) nach dem Vorbild des § 21 Abs. 4 KVO hat der Gesetzgeber verzichtet.[10] **8**

---

2 Siehe BGH TranspR 2005, 311 (314); BGH TranspR 2006, 114 (116); *Schmidt* TranspR 2009, 1.

3 Siehe auch *Fischer* TranspR 1999, 261 (270); *Andresen/Valder* Rn 1.

4 Siehe auch Ebenroth/Boujong/Joost/Strohn[2]/*Reuschle* Rn 1; *Koller*[8] Rn 1.

5 Zur Abdingbarkeit der Bestimmung noch unten Rn 39 f.

6 BGHZ 94, 98 (104).

7 Siehe BR-Drucks. 368/97, S. 52.

8 *Koller*[8] Rn 3; Heymann[2]/*Schlüter* Rn 2.

9 *Andresen/Valder* Rn 6; MünchKommHGB[2]/*Czerwenka* Rn 3.

10 BR-Drucks. 368/97, 52; siehe auch Ebenroth/Boujong/Joost/Strohn[2]/*Reuschle* Rn 9.

Selbst im Falle einer Franko-Abrede kann der Frachtführer sich weigern, das Gut vor Bezahlung der Fracht auszuliefern; es handelt sich lediglich um eine konkludente Derogation des § 421 Abs. 2, 3 mit Wirkung zugunsten des Empfängers.[11]

9 Die Fälligkeit der Vergütungsforderung gegen den Absender ist, wenngleich sie eine Ablieferung des Gutes zur Voraussetzung hat, nicht davon abhängig, dass dem Schuldner ein vom Empfänger quittierter Frachtbrief vorgelegt wird.[12] Verweigert der Empfänger die Annahme des Gutes, kann der Absender beispielsweise verfügen, das Gut an einen anderen Empfänger abzuliefern (§§ 419 Abs. 1, 418 Abs. 1). Dieses Beispiel erweist, dass nicht etwa angenommen werden kann, die Frachtforderung werde bereits im Zeitpunkt der Annahmeverweigerung durch die ursprünglich als Empfänger vorgesehene Person unter dem Gesichtspunkt des Annahmeverzugs fällig.[13]

10 **3. Erfüllungsort.** Die Leistungsorte der im Gegenseitigkeitsverhältnis stehenden Pflichten sind nicht von Gesetzes wegen einheitlich.[14] Freilich kann sich ein einheitlicher Erfüllungsort etwa aufgrund Absprache oder entsprechender Übung ergeben. Regelmäßig sind bei werkvertragsartigen Schuldverhältnissen aber getrennte Erfüllungsorte gegeben.[15] Legt man zugrunde, dass es sich bei Geldschulden um „qualifizierte Schickschulden" handele,[16] ist Leistungsort im Zweifel der Ort der Niederlassung des Absenders. Nur wenn der Frachtführer seine Forderung bei der Ablieferung gegenüber dem Empfänger geltend macht, wird man den Bestimmungsort als Erfüllungsort ansehen können. Wird dem Empfänger das Gut allerdings ohne Bezahlung der Fracht ausgehändigt, gilt diese Ausnahme nicht und gelangen die zuvor dargestellten Grundsätze zur Anwendung, da § 421 nur einen Schuldbeitritt des Empfängers anordnet.[17]

III. Aufwendungsersatz nach Abs. 1 Satz 2

11 Über die Fracht hinaus Ersatz von Aufwendungen kann der Frachtführer nur ausnahmsweise verlangen. Voraussetzung ist, dass er Aufwendungen für das Gut gemacht hat und sie den Umständen nach für erforderlich halten durfte. In Rechnung zu stellen ist dabei, dass mit der Fracht grundsätzlich nicht nur alle Kosten, welche bei einem normalen Transportverlauf auftreten, bereits abgegolten sind,[18] sondern auch solche Zusatzaufwendungen infolge eines unplanmäßigen Reiseverlaufs, für die ein sorgfältig kalkulierender Frachtführer bei Angebotserstellung einen Risikozuschlag in die Fracht eingerechnet hätte.[19] Die Bestimmung soll, wenngleich sie transportmittelübergreifend gilt, insbesondere den Bedürfnissen der Parteien bei einer Eisenbahn- und der Binnenschiffsbeförderung Rechnung tragen. Sie orientiert sich an § 66 BinSchG a.F.[20]

---

[11] Baumbach/HoptHGB[35]/*Merkt* § 421 Rn 4; *Schmidt* TranspR 2011, 56, 60.
[12] OLG Düsseldorf VersR 1983, 632.
[13] So auch MünchKommHGB[2]/*Czerwenka* Rn 4.
[14] So aber Heidelberger Kommentar[7]/*Ruß* Rn 2, demzufolge Erfüllungsort der Zahlungspflicht der Ort der Ablieferungsstelle sein soll.
[15] Siehe OLG Schleswig NJW-RR 1993, 314; PalandtBGB[71]/*Grüneberg* § 269 BGB Rn 15.
[16] Zu Recht kritisch *Schön* AcP 198 (1998) 104, (144 f); *Jakobs* JZ 2000, 641 (645 f).
[17] *Koller*[8] Rn 8; Ebenroth/Boujong/Joost/Strohn[2]/*Reuschle* Rn 15.
[18] So Ebenroth/Boujong/Joost/Strohn[2]/*Reuschle* Rn 10.
[19] Ähnlich *Koller*[8] Rn 11 f.
[20] BR-Drucks. 368/97, S. 52.

1. Gesondert ersatzpflichtige Aufwendungen

a) **Aufwendungen für das Gut.** Nach Abs. 1 Satz 2 zu ersetzen können nur Aufwendungen sein, die der Frachtführer für das Gut macht; beförderungsbezogene Aufwendungen sind nicht ersatzfähig. Zu den beförderungsbezogenen Aufwendungen rechnen etwa Schifffahrtskosten wie Hafen-, Schleusen-, Kanal- und Brückengelder sowie Lotsengebühren.[21] Im Straßengüterverkehr als beförderungsbezogen zu qualifizieren sind etwa Straßenmautzahlungen.[22] 12

Güterbezogene Aufwendungen, die nach Maßgabe des Abs. 1 Satz 2 ersatzfähig sind, sind demgegenüber etwa Ufer-, Kran- und Wiegegelder.[23] Zu ersetzen sein können ferner Auslagen zur Zollbehandlung[24] und Kosten infolge einer Beschlagnahme.[25] Für das Gut getätigt werden auch Aufwendungen zu dessen Erhaltung, so etwa, wenn ein Umpacken der Ware nötig wird, weil deren Verpackung schadhaft geworden ist.[26] 13

Die Erstattungsfähigkeit von Aufwendungen, die der Frachtführer infolge eines Beförderungs- oder Ablieferungshindernisses macht, richtet sich nach §§ 418 Abs. 1 Satz 4, 419 Abs. 1 Satz 3 resp. 419 Abs. 4; ohnehin dürften die betreffenden Maßnahmen bereits nicht als güterbezogen zu qualifizieren sein.[27] Nicht möglich ist es, im Falle einer Aufwendungungsersparnis § 420 Abs. 1 Satz 2 gleichsam umzukehren und so zu einer Kürzung der vereinbarten Fracht zu gelangen.[28] 14

b) **Erforderlichkeit.** Aufwendungen sind nur zu ersetzen, soweit der Frachtführer sie den Umständen nach für erforderlich halten durfte. Dies entspricht der auftragsrechtlichen Regelung in § 670 BGB. Entscheidend ist, ob ein sorgfältiger Frachtführer in der konkreten Entscheidungssituation zu der Annahme gelangen durfte, er tätige die Aufwendungen im Interesse des Verfügungsberechtigten.[29] 15

c) **Ausweitung der Ersatzpflicht.** Entsprechend dem zu § 670 BGB Anerkannten[30] können unter Umständen auch Vermögensopfer, die der Frachtführer nicht unmittelbar freiwillig erbringt, ersatzfähig sein.[31] 16

2. Fälligkeit; Erfüllungsort. Aus der systematischen Stellung der Regelung im Anschluss an die Fälligkeitsbestimmung des Abs. 1 Satz 1 wie auch aus der Formulierung „über die Fracht hinaus" folgt, dass ein Aufwendungsersatzanspruch nach Abs. 1 Satz 2 zusammen mit der Fracht fällig wird. Hinsichtlich des Erfüllungsorts für die Zahlungsverpflichtung gilt das oben Rn 10 Gesagte. 17

---

21 MünchKommHGB²/*Czerwenka* Rn 6; kritisch dazu *Koller*⁸ Rn 9 mit Fn. 15.
22 Siehe Heidelberger Kommentar⁷/*Ruß* Rn 4; *Andresen/Valder* Rn 9.
23 Vgl. BR-Drucks. 368/97, S. 52.
24 OLG Frankfurt MDR 1981, 147 f.
25 Siehe BGHZ 8, 55 (57).
26 Siehe LG Düsseldorf TranspR 1987, 340; *Konow* TranspR 1988, 229 ff.
27 MünchKommHGB²/*Czerwenka* Rn 7.
28 Vgl. OGH Wien VersR 1992, 476.
29 Ähnlich *Koller*⁸ Rn 14; MünchKommHGB²/*Czerwenka* Rn 8.
30 Siehe PalandtBGB⁷¹/*Sprau* § 670 BGB Rn 9 ff.
31 Ebenso *Koller*⁸ Rn 15.

IV. Unmöglichkeit der Beförderung

18 Im Zuge der Reform des Seehandelsrechts neu aufgenommen worden ist in § 420 Abs. 2 Satz 1 eine Regelung zur Beförderungsunmöglichkeit. Nach dieser entfällt der Anspruch auf die Fracht, soweit die Beförderung unmöglich ist. Eine Ausnahme davon gilt nach Abs. 3, wenn die Beförderung aus Gründen unmöglich ist, die dem Risikobereich des Absenders zuzurechnen sind oder die zu einer Zeit eintreten, zu welcher der Absender im Verzug der Annahme ist. In diesem Fall behält der Frachtführer den Anspruch auf die Fracht, muss sich jedoch dasjenige anrechnen lassen, was er an Aufwendungen erspart oder anderweitig erwirbt oder zu erwerben böswillig unterlässt.

19 **1. Fortfall des Frachtanspruchs (Abs. 2 Satz 1).** Die Regelung zum Fortfall des Frachtanspruchs in den Fällen einer Beförderungsunmöglichkeit orientiert sich an §§ 617 Abs. 1, 633 in der bis zur Seehandelsrechtsreform geltenden Fassung sowie an § 326 Abs. 1 BGB.[32] Zu beachten ist dabei, dass der Eintritt der Unmöglichkeit nach den frachtrechtlichen Regelungen gegenüber dem Unmöglichkeitszeitpunkt bei Anwendbarkeit der allgemeinen Bestimmungen hinausgeschoben ist: Dem Verfügungsberechtigten soll im Fall von Hindernissen vorrangig die Möglichkeit bleiben, die Leistungspflicht des Frachtführers durch Weisungen auszuweiten und die Vertragsbeziehung so durch Umgestaltung „ungestört" zu erhalten.[33] Für den Fall des vorzeitigen Beförderungsendes infolge eines Beförderungs- oder Ablieferungshindernisses findet sich in Abs. 2 Satz 2 eine Sonderregelung. Dass der Absender, wenn die (Weiter-)Beförderung sich nach einem zurückgelegten Teil der Strecke nicht nur Hindernissen ausgesetzt sieht, sondern sogar unmöglich im Sinne des § 420 Abs. 2 Satz 1 wird, grundsätzlich keine Fracht für den verbleibenden Streckenteil schuldet, folgt indes bereits daraus, dass § 420 Abs. 2 Satz 1 mit der Verwendung des Wortes „soweit" eine Regelung auch der teilweisen Unmöglichkeit enthält.[34]

20 **2. Ausnahmen nach Abs. 3.** In Anlehnung an die Regelung in § 326 Abs. 2 BGB behält der Frachtführer ausnahmsweise weitergehende Frachtansprüche, wenn die Beförderung ganz oder teilweise aus Gründen unmöglich ist, die dem Risikobereich des Absenders zuzurechnen sind oder die zu einer Zeit eintreten, zu welcher der Absender sich in Annahmeverzug befindet. Während § 326 Abs. 2 Satz 1 BGB entsprechendes allerdings für den Fall bestimmt, dass der Gläubiger für die Leistungsstörung allein oder weit überwiegend verantwortlich ist, nimmt die frachtrechtliche Regelung eine Abgrenzung nach Risikosphären vor. Gemäß § 420 Abs. 3 Satz 1 Var. 1 erhält der Frachtführer seinen Anspruch auf die volle Fracht, wenn die Unmöglichkeitsgründe dem Risikobereich des Absenders zuzurechnen sind. Anrechnen lassen muss sich der Frachtführer nach Abs. 3 Satz 2 ersparte Aufwendungen, einen anderweitigen Erwerb oder auch das böswillige unterlassen anderweitigen Erwerbs. Dies entspricht der Regelung in § 326 Abs. 2 Satz 2 BGB.

V. Distanzfrachtanspruch nach Abs. 2 Satz 2

21 Nach Abs. 2 Satz 2 kann der Frachtführer anteilige Fracht für den zurückgelegten Teil der Beförderung verlangen, wenn diese infolge eines Beförderungs- oder Ablieferungshindernisses (§ 419) vorzeitig beendet wird. Der Anspruch auf diese – vom Gesetz nicht so ge-

---

32 BT-Drucks. 17/10309, S. 55, 75.
33 Siehe auch Kommentierung zu § 419 Rn 2, 5.
34 Siehe auch BT-Drucks. 17/10309, S. 55, 75.

nannte – Distanzfracht ist unabhängig davon, in wessen Risikosphäre die Gründe für das vorzeitige Beförderungsende fallen.[35] Voraussetzung des Distanzfrachtanspruchs ist allerdings, dass die Teilstreckenbeförderung für den Absender von Interesse ist; dieser schuldet Distanzfracht, soweit[36] ein solches Interesse zu bejahen ist. Muss für die gesamte Beförderung ein neuer Auftrag erteilt werden, stellt sich die erbrachte Beförderungsleistung für den Absender als wertlos dar. Übernimmt ein anderer Transportunternehmer das Gut an der Stelle, an der die erste Beförderung vorzeitig endet, und transportiert es nur auf der Reststrecke, kommt es darauf an, was der Absender dadurch erspart, dass das Gut bereits auf einer Teilstrecke befördert worden ist.[37] Im Einzelfall kann die Teilbeförderung auch im Fall von Umladung und Weitertransport für den Absender gänzlich wertlos sein.[38]

Die Bestimmung unterscheidet sich von der werkvertragsrechtlichen Teilvergütungs- **22**
regelung des § 645 BGB, im Verhältnis zu der sie speziell ist. So gewährt jene Bestimmung einen Teilvergütungsanspruch nur dann, wenn die Verschlechterung oder der Untergang des Werkes nicht vom Unternehmer zu vertreten ist. Demgegenüber ist die Ursache für das vorzeitige Beförderungsende in Hinblick auf die Entstehung eines Vergütungsanspruchs nach § 420 Abs. 2 Satz 2 gleichgültig.[39] Erst was den Umfang des Vergütungsanspruchs betrifft, erlangt die Ursache für das vorzeitige Beförderungsende Bedeutung. Nach der Gesetzesbegründung[40] soll sich bereits im Rückschluss aus Abs. 3 ergeben, dass Abs. 2 nur greift, wenn das Hindernis dem Risikobereich des Frachtführers zuzurechnen ist. Diese Sicht geht allerdings von der – unzutreffenden[41] – Prämisse aus, dass es lediglich eine Risikosphäre des Frachtführers und eine solche des Absenders, nicht auch eine „neutrale“ Sphäre gibt. Richtigerweise dürfte Abs. 2 demnach auch greifen, wenn das Hindernis in die neutrale Sphäre fällt, da Abs. 3 Satz 1 Var. 1 einen weitergehenden Anspruch des Frachtführers nur für den Fall gewährt, dass der Grund der Beförderungsunmöglichkeit dem Risikobereich des Absenders zuzurechnen ist.

Da die anteilige Fracht schlicht Fracht („echte Fracht“[42]) ist, richtet sich ihre Fällig- **23**
keit nach Abs. 1 Satz 1. Der Zeitpunkt, in dem infolge des Beförderungs- oder Ablieferungshindernisses die Beförderung als (vorzeitig) beendet gilt, bestimmt sich nach § 419 Abs. 3 Satz 5. An einem vorzeitigen Beförderungsende fehlt es, wenn dem Frachtführer bei Vorliegen eines Beförderungs- oder Ablieferungshindernisses die Weisung erteilt wird, das Gut an einer anderen Ablieferungsstelle abzuliefern. Eine Reduzierung des Frachtanspruchs vermag sich in diesem Fall nur in Analogie zu der Anrechnungsbestimmung in § 415 Abs. 1 Satz 1 Nr. 1 zu ergeben.[43] Unanwendbar ist § 420 Abs. 2 Satz 2 im Falle einer Vertragskündigung durch den Absender (§ 415) oder einer Weisung zu vorzeitiger Entladung nach § 418 Abs. 1 Satz 1, da der Absender andernfalls die ihn nach diesen Bestimmungen treffenden Rechtsfolgen (partiell) vermeiden könnte. Die Anordnung des § 420 Abs. 2 Satz 2 ist klar beschränkt auf den Fall einer vorzeitigen Beförderungsbeendigung *infolge eines Beförderungs- oder Ablieferungshindernisses*.[44] Als Beförderungshindernis erfasst werden kann auch ein Abreisehindernis, das nicht die Intensität einer Unmöglichkeit nach § 420 Abs. 2 Satz 1 erreicht.[45]

---

35 BT-Drucks. 17/10309, S. 55, 75.
36 BT-Drucks. 17/10309, S. 55, 75.
37 *Koller*[7] Rn 23.
38 Siehe *Korioth* TranspR 1998, 92 (94).
39 Vgl. BR-Drucks. 368/97, S. 52, BT-Drucks. 17/10309, S. 75
40 BT-Drucks. 17/10309, S. 55, 76.
41 Siehe Kommentierung zu § 412 Rn 55 ff.
42 Ebenroth/Boujong/Joost/Strohn[2]/*Reuschle* Rn 19; MünchKommHGB[2]/*Czerwenka* Rn 11.
43 MünchKommHGB[2]/*Czerwenka* Rn 12.
44 Im Ergebnis ebenso MünchKommHGB[2]/*Czerwenka* Rn 13; **a.A.** *Koller*[7] Rn 19.
45 Siehe auch Kommentierung zu § 407 Rn 86.

24 Für viele Fälle wird nichts dagegen sprechen, die geschuldete Distanzfracht **streckenanteilig** zu ermitteln, d.h. die zurückgelegte Entfernung ins Verhältnis zur vertraglich vorgesehenen Gesamtentfernung zu setzen.[46] Im Grundsatz zu berücksichtigen ist allerdings, dass eine Teilstrecke mit besonderen Kosten verbunden sein kann oder besondere Mühen verursachen mag. Ist etwa der zurückgelegte Streckenteil besonders aufwendig, muss dies einen entsprechend erhöhten Distanzfrachtanspruch des Frachtführers zur Folge haben.[47] Da § 287 Abs. 2 ZPO anwendbar sein dürfte,[48] sind die Parteien gegebenenfalls gehalten, zu besonderen Kosten und Mühen, die mit einer bestimmten Teilstrecke verbunden sind, vorzutragen.

25 Sind in die Fracht auch Kosten einkalkuliert, die sich bei einer Verkürzung der Strecke nicht reduzieren, so sind diese bei Berechnung des Distanzfrachtanspruchs grundsätzlich in voller Höhe anzusetzen.[49] Dies gilt etwa für die Kosten des vom Frachtführer vertraglich übernommenen Verladens des Gutes. Allerdings ist auch das geschuldete Verladen für den Absender jedenfalls dann nicht von Interesse, wenn dies die durchgeführte Teilbeförderung *in Gänze* nicht ist.

VI. Sondervergütung bei Verzögerungen (Abs. 4)

26 Für Verzögerungen zwischen Beförderungsbeginn und Ankunft an der Ablieferungsstelle kann der Frachtführer eine besondere Vergütung nur verlangen, soweit die Verzögerung auf Gründen beruht, die dem Risikobereich des Absenders zuzurechnen sind.

27 **1. Anwendungsbereich der Bestimmung.** Die Anordnung des Abs. 4 ist auf die Fälle beschränkt, in denen eine Verzögerung nach Beginn der Beförderung, aber vor Ankunft des Gutes an der Ablieferungsstelle eintritt. Die Vergütungspflichtigkeit von Verzögerungen beim Ver- oder Entladen beurteilt sich nach § 412 Abs. 3. Dies gilt auch für den Fall, dass das Transportmittel nach der Entladung die Ablieferungsstelle nicht verlassen kann.[50]

28 Für den Fall, dass Verzögerungen während des tatsächlichen Beförderungszeitraums auftreten, weil der Frachtführer nicht über die notwendigen Begleitpapiere oder Auskünfte verfügt, wird teilweise vertreten, vorrangig zu einem Rückgriff auf § 420 Abs. 4 sei zu prüfen, ob der Absender nach § 414 Abs. 1 verschuldensunabhängig zum Ersatz von Schäden und Aufwendungen verpflichtet sei.[51] Unstreitig ist, dass § 420 Abs. 4 Schadensersatzansprüche nach § 414 (oder auch aus §§ 280 ff, 823 BGB) nicht ausschließt. Die weitergehende Annahme eines Vorrangs der schadensersatzrechtlichen Bestimmungen ist jedoch zweifelhaft. Wendet man beide Normkomplexe parallel an, fehlt es für die schadensersatzrechtlichen Normen an einem Schaden, soweit dem Frachtführer ein Vergütungsanspruch nach § 420 Abs. 4 zusteht. Mit einer solchen Konstruktion geht auch nicht etwa eine abweichende Risikozuweisung einher, da Verzögerungs-

[46] So *Lammich/Pöttinger* Rn 41; ähnlich wohl auch Ebenroth/Boujong/Joost/Strohn²/*Reuschle* Rn 21.

[47] So im Ergebnis auch *Koller*⁷ Rn 20; MünchKommHGB²/*Czerwenka* Rn 18.

[48] Vgl. – im Zusammenhang mit einem Parallelproblem im Rahmen des § 441 – *Schmidt* TranspR 2011, 56 (65 f).

[49] *Andresen/Valder* Rn 14; MünchKommHGB²/*Czerwenka* Rn 18.

[50] Baumbach/HoptHGB³⁵/*Merkt* Rn 3; Ebenroth/Boujong/Joost/Strohn²/*Reuschle* Rn 25; MünchKommHGB²/*Czerwenka* Rn 21; **a.A.** *Koller*⁸ Rn 33.

[51] So explizit Ebenroth/Boujong/Joost/Strohn²/*Reuschle* Rn 26.

ursachen, welche eine Anwendung des § 414 tragen, zugleich in den Risikobereich des Absenders fallen.[52]

2. **Verzögerung.** Eine Verzögerung im Sinne des Abs. 4 ist gegeben, wenn im Zeitraum zwischen Beförderungsbeginn und Ankunft des Gutes an der Ablieferungsstelle ein Umstand eintritt, der der Beförderung zwar nicht dauerhaft entgegensteht, wohl aber zu einem Überschreiten der Lieferfrist (§ 423) führt. Auf das (zusätzliche) Erfordernis einer „gewissen Erheblichkeit" der Verzögerung, wie im Gesetzgebungsverfahren postuliert,[53] sollte verzichtet werden, nachdem das Gesetz nur von Verzögerung spricht und das Merkmal der gewissen Erheblichkeit der Rechtssicherheit unzuträglich ist. Unbilligkeiten im Einzelfall lassen sich bereits im Rahmen der Lieferfristbestimmung nach § 423 Var. 2 oder jedenfalls unter Rückgriff auf § 242 BGB vermeiden. 29

3. **Risikosphäre des Absenders.** § 420 Abs. 4 gewährt einen Anspruch auf zusätzliche Vergütung nur dann, wenn die Verzögerung auf Gründen beruht, die dem Risikobereich des Absenders zuzurechnen sind. Nicht nur, wenn der Verzögerungsgrund seiner eigenen Risikosphäre zuzurechnen ist, sondern auch dann, wenn dieser in die „neutrale Sphäre" fällt, erhält der Frachtführer somit keine Vergütung nach § 420 Abs. 4.[54] Damit hat *effektiv* der Frachtführer die der neutralen Sphäre entstammenden Verzögerungsrisiken während des tatsächlichen Beförderungszeitraums (§ 420 Abs. 4) zu tragen, während der Absender sie nach § 412 Abs. 3 bis Beförderungsbeginn und nach Ankunft des Gutes an der Ablieferungsstelle trägt.[55] Entsprechend steht dem Frachtführer gegen den Absender neben der vereinbarten Fracht grundsätzlich kein Anspruch auf zusätzliche Vergütung nach § 420 Abs. 4 zu, wenn die Reise eines Schiffes durch eine vorübergehende Sperrung eines Schifffahrtsweges verzögert wird. Von außen wirkende Verzögerungsursachen, die bei Abschluss des Frachtvertrags für den Absender weder vorhersehbar noch beherrschbar sind und bei denen auch sonst kein Anlass für eine Zurechnung zu seinem Risikobereich besteht, fallen nicht allein deshalb in die Risikosphäre des Absenders, weil sie nicht dem Risikobereich des Frachtführers zugerechnet werden können.[56] 30

In Ermangelung einer Parteiabsprache fällt das Kleinwasserrisiko bei Binnenschifftransporten in den neutralen Risikobereich. Von Gesetzes wegen ist für diesen Fall keine besondere Zusatzvergütung vorgesehen, da Kleinwasserzuschläge Gegenstand der Vertragsverhandlungen bleiben sollten.[57] 31

VII. Beweisrechtliche Fragen

1. **Widerlegliche Vermutung des Abs. 5 zur Frachtberechnung.** Der Frachtführer, der Frachtzahlung verlangt, hat nach allgemeinen Grundsätzen auch den Beweis zur Höhe seines Anspruchs zu führen. Ist die Fracht nach Menge (angegeben vor allem durch Zahl oder Gewicht) vereinbart, müsste der Frachtführer dem angeführten Grundsatz zufolge 32

52 Siehe auch *Koller*[7] Rn 26.
53 BR-Drucks. 368/97, S. 53.
54 Siehe OLG Köln ZfB 2008, 74 ff.
55 Siehe auch bereits Kommentierung zu § 412 Rn 56 ff; im dortigen Zusammenhang auch ausführlich zur Abgrenzung der verschiedenen Risikosphären.
56 BGH TranspR 2011, 362 ff.
57 BR-Drucks. 368/97 S. 53; siehe auch Ebenroth/Boujong/Joost/Strohn[2]/*Reuschle* Rn 34; Baumbach/HoptHGB[35]/*Merkt* Rn 3.

auch dartun und beweisen, in welcher Menge er Gut befördert hat. Davon entlastet ihn § 420 Abs. 5, wenn ein Frachtbrief oder Ladeschein ausgestellt ist, bis zur in diesem angegebenen Menge, indem vermutet wird, dass die Mengenangaben im Frachtbrief oder Ladeschein zutreffen. Die Vermutung ist widerleglich, der Beweis des Gegenteils somit zulässig (§ 292 ZPO). Um den Beweis des Gegenteils zu führen, muss der Schuldner das Gericht von der Unrichtigkeit der in Rede stehenden Frachtbrief- oder Ladescheinangaben voll überzeugen; die bloße Erschütterung der Vermutungsbasis, d.h. die Erweckung von Zweifeln beim Richter genügt nicht.[58]

33 Da der Frachtführer nach allgemeinen Grundsätzen den Beweis zur Höhe seines Anspruchs zu führen hat, belastet es ihn nicht, dass die Vermutung auch für den Fall zur Anwendung gelangt, dass er Fracht auch für den Transport einer über die Angaben im Frachtbrief hinausgehenden Menge an Gut verlangt.[59]

34 Voraussetzung für ein Eingreifen der Vermutung ist nur, dass überhaupt ein gültiger Frachtbrief oder Ladeschein vorliegt. Eine beidseitige Unterzeichnung des Frachtbriefs ist – anders als um in den Genuss der erhöhten Beweiswirkung nach § 409 Abs. 1 zu gelangen – nicht erforderlich. Nach § 408 Abs. 2 notwendig ist allerdings die Unterzeichnung des Frachtbriefs wenigstens durch den Absender.[60] Vom Frachtführer *kann* der Absender lediglich verlangen, dass auch er den Frachtbrief unterzeichnet.[61]

35 Nach Abs. 5 Hs. 2 gelangt die Vermutung auch dann zur Anwendung, wenn zu den Mengenangaben im Frachtbrief oder Ladeschein ein Vorbehalt eingetragen ist, der damit begründet ist, dass keine angemessenen Mittel zur Verfügung standen, die Richtigkeit der Angaben zu überprüfen. Ein solcher Vorbehalt kann nach § 409 Abs. 2 Satz 2 Hs. 2 zulässig erklärt werden. Im dortigen Zusammenhang sperrt er einen Rückgriff auf die Vermutung des § 409 Abs. 2 Satz 1. Ein Rückgriff auf die in § 420 Abs. 5 zu findende Vermutung scheidet indes nur in den Fällen aus, in denen ein begründeter Vorbehalt in den Frachtbrief eingetragen ist, der in anderer Weise als unter Hinweis auf die fehlenden Prüfmöglichkeiten begründet ist.

36 **2. Weiteres.** Der Frachtführer, der über die Fracht hinaus Aufwendungsersatz nach § 420 Abs. 1 Satz 2 verlangt, hat insbesondere auch die Umstände darzutun und zu beweisen, aus denen folgt, dass es sich um zusätzliche güterbezogene Aufwendungen handelt, die er im Rahmen einer sorgfaltsgemäß durchgeführten Frachtkalkulation nicht schon anfänglich hätte berücksichtigen müssen.[62]

37 Die Darlegungs- und Beweisbelastung in den Fällen des § 420 Abs. 2 Satz 1, Abs. 3 folgt den für das allgemeine Unmöglichkeitsrecht geltenden Regelungen. Zur Frage der Darlegungs- und Beweisbelastung für Aufwendungsersparnisse im Sinne des Abs. 3 Satz 2 siehe Kommentierung zu § 415 Rn 16. In den Fällen des Abs. 2 Satz 2 ist der Frachtführer für das Vorliegen eines Hindernisses im Sinne des § 419, die Beendigung der Beförderung und die Berechnung der anteiligen Fracht beweisbelastet; ebenso ist es an ihm darzutun und gegebenenfalls zu beweisen, inwieweit die Teilbeförderung für den Absender von Interesse war.[63]

---

58 Siehe MusielakZPO[10]/*Huber* § 292 Rn 5.

59 Dies übersieht *Koller*[8] Rn 38.

60 Anders Ebenroth/Boujong/Joost/Strohn[2]/*Reuschle* Rn 33 (auch ein überhaupt nicht unterzeichneter Frachtbrief genüge); abweichend auch *Koller*[8] Rn 38, der die Unterschrift des Frachtführers verlangt.

61 § 408 Abs. 2 Satz 2.

62 Ähnlich Ebenroth/Boujong/Joost/Strohn[2]/*Reuschle* Rn 13.

63 Ebenso MünchkommHGB[2]/*Czerwenka* Rn 19.

Beweisbelastet dafür, dass die Verzögerung in den Fällen des Abs. 4 auf Gründen beruht, die dem Risikobereich des Absenders zuzurechnen sind, ist der Frachtführer.[64] **38**

VIII. Abdingbarkeit

Die Parteien können Vereinbarungen zur Fälligkeit der Fracht frei treffen. Dies kann grundsätzlich auch in AGB geschehen. Überlange Zahlungsfristen können, sofern formularmäßig festgelegt, im Einzelfall allerdings nach § 307 BGB unwirksam sein.[65] In diesem Fall gilt gemäß § 306 Abs. 1, 2 BGB die Fälligkeitsbestimmung des § 420 Abs. 1 Satz 1. **39**

Auch die Frage einer besonderen Vergütung von Aufwendungen für das Gut sowie für Verzögerungen im Transportverlauf ist einer Parteiabsprache zugänglich. Die Parteien können ferner bestimmen, wie die Fracht ermittelt werden soll. Dies setzt Abs. 5 in der Formulierung „ist … vereinbart" bereits voraus. Da es sich bei der Distanzfracht um „echte" Fracht handelt,[66] können auch insoweit Parteiabsprachen getroffen werden. **40**

§ 421
Rechte des Empfängers. Zahlungspflicht

(1) Nach Ankunft des Gutes an der Ablieferungsstelle ist der Empfänger berechtigt, vom Frachtführer zu verlangen, ihm das Gut gegen Erfüllung der Verpflichtungen aus dem Frachtvertrag abzuliefern. Ist das Gut beschädigt oder verspätet abgeliefert worden oder verloren gegangen, so kann der Empfänger die Ansprüche aus dem Frachtvertrag im eigenen Namen gegen den Frachtführer geltend machen; der Absender bleibt zur Geltendmachung dieser Ansprüche befugt. Dabei macht es keinen Unterschied, ob Empfänger oder Absender im eigenen oder fremden Interesse handeln.

(2) Der Empfänger, der sein Recht nach Absatz 1 Satz 1 geltend macht, hat die noch geschuldete Fracht bis zu dem Betrag zu zahlen, der aus dem Frachtbrief hervorgeht. Ist ein Frachtbrief nicht ausgestellt oder dem Empfänger nicht vorgelegt worden oder ergibt sich aus dem Frachtbrief nicht die Höhe der zu zahlenden Fracht, so hat der Empfänger die mit dem Absender vereinbarte Fracht zu zahlen, soweit diese nicht unangemessen ist.

(3) Der Empfänger, der sein Recht nach Absatz 1 Satz 1 geltend macht, hat ferner ein Standgeld oder eine Vergütung nach § 420 Abs. 4 zu zahlen, ein Standgeld wegen Überschreitung der Ladezeit und eine Vergütung nach § 420 Abs. 4 jedoch nur, wenn ihm der geschuldete Betrag bei Ablieferung des Gutes mitgeteilt worden ist.

(4) Der Absender bleibt zur Zahlung der nach dem Vertrag geschuldeten Beträge verpflichtet.

Schrifttum

Basedow Der Transportvertrag. Studien zur Privatrechtsangleichung auf regulierten Märkten, 1987; *Becker* Die Geltendmachung von Ersatzansprüchen gegen den Frachtführer gemäß § 421 Abs. 1 S. 2 HGB, AcP 202 (2002) 722–744; *Benkelberg-Beier* Empfängerhaftung nach Maßgabe des

[64] MünchKommHGB²/*Czerwenka* Rn 24; siehe in diesem Zusammenhang auch Kommentierung zu § 412 Rn 57 f.

[65] Siehe Fremuth/Thume/*Fremuth* Rn 32.

[66] Oben Rn 23.

Frachtbriefs – Versender als „Vormann" im Sinne des § 442 HGB?, TranspR 1989, 351–355; *Bodis/Remiorz* Der Frachtzahlungsanspruch gegen den Empfänger nach § 421 Abs. 2 HGB, TranspR 2005, 438–443 ; *Bräuer* Das Pfandrecht des Frachtführers in der Krise des Absenders – Erwerb einer insolvenzfesten Rechtsposition?, TranspR 2006, 197–202; *Büdenbender* Drittschadensliquidation bei obligatorischer Gefahrentlastung – eine notwendige oder überflüssige Rechtsfigur?, NJW 2000, 986–992; *Helm* Der Ersatzberechtigte im CMR-Haftpflichtfall, TranspR 1983, 29–35; *Koller* Die Inanspruchnahme des Empfängers für Beförderungskosten durch Frachtführer oder Spediteur, TranspR 1993, 41–48; *Lenz* Straßengütertransportrecht, 1988; *Meier* Die Gesamtgläubigerschaft – ein unbekanntes, weil überflüssiges Wesen?, AcP 205 (2005) 858–904; *Oetker* Versendungskauf, Frachtrecht und Drittschadensliquidation, JuS 2001, 833–841; *Piper* Einige ausgewählte Probleme des Schadensersatzrechts der CMR, VersR 1988, 201–209; *Rabe* Anmerkung zum Urteil des OLG Hamburg Urt. v. 15.12.1983, Az. 6 U 200/83, TranspR 1984, 289–290; *Tunn* Beweislast und Beweisführung für Güterschäden bei der Ablieferung von Sendungen nach § 438 HGB, VersR 2005, 1646–1651; *Valder* Ablieferung von Gütern, Stellungnahme zu Widmann (TranspR 2001, 72 ff) TranspR 2001, 363–364; *ders.* Rechtsprobleme bei Unfrei-Sendungen, Spediteur 1994, 27–32; *Walz* Zivilrechtlicher Ausgleich bei geschäftsmäßiger Steuerzahlung für Dritte – insbes. durch Banken und Spediteure, ZIP 1991, 1405–1413; *Widmann* Ablieferung von Gütern nach der Verfassung des HGB, TranspR 2001, 72–74; *ders.* Zur Frachtzahlung, TranspR 2002, 103–105.

Übersicht

I. Allgemeines

1 Der Empfänger ist nicht Partei des Frachtvertrags, der Frachtvertrag jedoch Vertrag zu seinen Gunsten. Gemäß § 421 Abs. 1 kann er nicht nur mit Eintreffen des Gutes an der Ablieferungsstelle vom Frachtführer Ablieferung des Gutes gegen Erfüllung der Verpflichtungen aus dem Frachtvertrag verlangen, sondern auch etwaige Vertragsansprüche wegen Güterschäden oder Verzögerungen geltend machen.

2 Die **Rechtsstellung des Empfängers** ist nach dem Vorbild des Art. 13 CMR geregelt. Weitere Entsprechungen finden sich in §§ 435, 436 HGB a.F., § 25 Abs. 1, 2 KVO, § 75 Abs. 2, 3 EVO, Art. 28 § 1 CIM sowie für das Seefrachtrecht in § 614 a.F., jetzt § 494.[1]

[1] Vgl. BR-Drucks. 368/97, S. 54.

Von den Vorbildregelungen sind in Einzelheiten Abweichungen zu verzeichnen. So findet sich in Art. 13 CMR weder ausdrücklich eine § 421 Abs. 1 Satz 2 Hs. 2 entsprechende Regelung, noch eine Anordnung, wie sie in § 421 Abs. 3 getroffen ist. Nach § 435 a.F. wurde dem Empfänger bei Totalverlust kein Anspruch zugebilligt, da das Gut nicht am Empfangsort angekommen war.[2]

Wenngleich der Empfänger, der Ablieferung verlangt, im Gegenzug die Verpflichtungen aus dem Frachtvertrag erfüllen muss, ist dieser Vertrag kein solcher zu seinen Lasten. **3**
Dem Empfänger bleibt die Möglichkeit, von einem Ablieferungsverlangen abzusehen und so eine Zahlungsverpflichtung zu vermeiden.[3] Verlangt er Ablieferung, wird er *kraft Gesetzes* Gesamtschuldner neben dem Absender, soweit die Forderungen sich decken (gesetzlicher Schuldbeitritt).[4] Ein Eintritt in den Frachtvertrag ist damit nicht verbunden.[5]

II. Empfängerrechte

1. Ablieferungsanspruch. Gemäß § 421 Abs. 1 Satz 1 kann der Empfänger vom **4**
Frachtführer nach Ankunft des Gutes an der Ablieferungsstelle verlangen, dass ihm das Gut gegen Erfüllung der Verpflichtungen aus dem Frachtvertrag abgeliefert wird. Folge des Ablieferungsverlangens ist somit nicht nur, dass der Empfänger Gläubiger des Ablieferungsanspruchs (neben dem Absender) wird, sondern auch, dass er sich Zahlungsansprüchen nach näherer Maßgabe der Abs. 2, 3 ausgesetzt sieht.

a) **Ablieferungsverlangen.** Das Ablieferungsverlangen ist empfangsbedürftige Willens- **5**
erklärung, deren Wirksamkeit und Auslegung sich nach den allgemeinen Bestimmungen richtet. Ein Ablieferungs„verlangen" durch schlüssiges Verhalten ist möglich. In der (bloßen) Annahme des Frachtguts oder einer Mitwirkung des Empfängers bei der Ablieferung kann aber nicht ohne Weiteres eine konkludente Willenserklärung gesehen werden[6]. Ein (idealer) Erklärungsgegner muss das Verhalten des Empfängers vielmehr so verstehen können, dass dieser Ablieferung verlange und im Gegenzug bereit sei, die Ansprüche aus dem Frachtvertrag zu erfüllen.[7] Der Empfänger kann seine Erklärung nicht mit der Begründung anfechten, er sei sich des Umstands nicht bewusst gewesen, dass er mit dem Ablieferungsverlangen seinerseits auch Ansprüchen ausgesetzt werde.[8]

Um eine Entscheidungsgrundlage zu haben, ob er ein Ablieferungsverlangen stellen **6**
will, muss es dem Empfänger im Vorfeld möglich sein, das Gut zu besichtigen und Einblick in den Frachtbrief zu nehmen, sofern ein solcher ausgestellt ist. Entsprechende Prüfungshandlungen stellen noch kein Ablieferungsverlangen dar.[9]

Mit Stellung des Ablieferungsverlangens steht *auch* dem Empfänger ein Ablieferungs- **7**
anspruch zu. Dass Abs. 1 Satz 2 Hs. 2 die fortdauernde Anspruchsberechtigung des Absenders nur für die Geltendmachung des Gütersurrogats (Schadensersatzanspruch) aus-

---

[2] Siehe dazu auch *Andresen/Valder* Rn 11.

[3] Siehe auch Heymann[2]/*Schlüter* Rn 1.

[4] Baumbach/HoptHGB[35]/*Merkt* Rn 3; *Koller*[8] Rn 35.

[5] So schon RGZ 95, 122 (123).

[6] BGH TranspR 2007, 311 (312); OLG Düsseldorf TranspR 2005, 209 (210).

[7] Ebenso *Herber* TranspR 2007, 312 f; MünchKommHGB[2]/*Czerwenka* Rn 4; **aA** *Fremuth* TranspR 2005, 211 f; *Bodis/Remiorz* TranspR 2005, 438 ff.

[8] Heymann[2]/*Schlüter* Rn 9; allgemein auch PalandtBGB[71]/*Ellenberger* § 119 BGB Rn 15 f.

[9] Siehe auch OLG Düsseldorf TranspR 1989, 59 (60).

drücklich ausspricht, steht dieser Sicht nicht entgegen[10], da die Aktivlegitimation des Absenders bereits aus dessen Stellung als Vertragspartner des Frachtführers folgt. Absender und Empfänger werden Gesamtgläubiger hinsichtlich des Ablieferungsanspruchs.

8 Zu dessen Erfüllung muss der Frachtführer mit ausdrücklicher oder stillschweigender Einwilligung des Verfügungsberechtigten die Obhut über das Gut wieder aufgeben und diesen in die Lage versetzen, unmittelbare Sachherrschaft an dem Gut zu begründen.[11]

9 b) **Ankunft des Gutes an der Ablieferungsstelle.** Die Möglichkeit, Ablieferung zu verlangen, erhält der Empfänger mit Eintreffen des Gutes an der Ablieferungsstelle. Das Gut muss somit nicht nur seinen Bestimmungsort, sondern sein genaues Beförderungsziel – konkretisiert etwa durch Straße und Hausnummer – erreicht haben. Wie im Rahmen des § 418, mit dem insoweit Gleichklang besteht, nicht erforderlich ist, dass weitergehend das Fahrzeug an der Ablieferungsstelle auch bereits entladebereit ist[12].

10 Von einem Eintreffen an der Ablieferungsstelle ist auch dann auszugehen, wenn lediglich ein Teil der Sendung ankommt, etwa weil der andere Teil in Verlust geraten ist, oder die eintreffende Sendung Schäden aufweist. In der höchstrichterlichen Rechtsprechung[13] finden sich Ausführungen, die dahingehend verstanden werden könnten, das Gut müsse vollständig und unbeschädigt an der Ablieferungsstelle eintreffen, damit der Empfänger eine Ablieferung zu fordern vermag. Für den Fall des Teilverlusts gesteht der BGH dem Empfänger indes ausdrücklich die „gesamten Rechte" nach § 435 a.F. zu.[14] Diese Sicht ist richtig und auf den Fall beschädigten Eintreffens des Gutes zu erstrecken, da andernfalls der Empfänger in den in Rede stehenden Fällen keinen Anspruch auf Ablieferung des angekommenen Teils der Sendung oder der beschädigten Ware hätte.[15] Der Fall, dass zunächst nur ein Teil der Sendung an der Ablieferungsstelle eintrifft (und der übrige sich noch auf der Transportstrecke befindet, d.h. *nicht* verloren ist), sollte entsprechend dem in der Kommentierung zu § 418 Rn 12 Gesagten behandelt werden.

11 c) **Person des Empfängers.** Berechtigt, eine Ablieferung nach § 421 zu verlangen, ist der Empfänger. Empfänger ist derjenige, an den nach dem Frachtvertrag das Gut abgeliefert werden soll. Weil es auf den Zeitpunkt ankommt, in dem das Gut an der Ablieferungsstelle ankommt, sind Absenderverfügungen, durch die die Person des Empfängers geändert wird, zu berücksichtigen.

12 Nicht Empfänger im Sinne der Norm sind der sogenannte Zufallsempfänger, d.h. derjenige, an den etwa aufgrund einer Personenverwechselung ausgeliefert wird, sowie die sogenannte Meldeadresse. Bei Übereinstimmen von Meldeadresse und Ablieferungsstelle wird man allerdings häufig davon ausgehen können, dass der an der Meldeadresse anzusprechenden Person Vollmacht erteilt ist, für den Empfänger die Auslieferung des Gutes zu fordern.[16] Eine Stellvertretung bei Stellung des Ablieferungsverlangens ist nach allgemeinen Regeln zulässig.

13 d) **Anspruchsgegnerschaft des Frachtführers; Zug-um-Zug-Verpflichtung zur Erfüllung der Verpflichtungen aus dem Frachtvertrag.** Erklärungsgegner ist der Frachtführer

---

[10] So ausdrücklich auch Baumbach/Hopt-HGB[34]/*Merkt* Rn 1.

[11] MünchKommHGB[2]/*Czerwenka* Rn 11; Ebenroth/Boujong/Joost/Strohn[2]/*Reuschle* Rn 13.

[12] Siehe Kommentierung zu § 418, Rn 11.

[13] BGHZ 75, 92, (95).

[14] BGH VersR 1983, 339 (340).

[15] Siehe auch Ebenroth/Boujong/Joost/Strohn[2]/*Reuschle* Rn 12.

[16] *Koller*[8] Rn 3.

oder dessen Stellvertreter. Streitig ist, ob in diesem Zusammenhang unter den Begriffen des Frachtführers und des Frachtvertrags nur der Hauptfrachtführer und der Hauptfrachtvertrag zu verstehen sind, oder auch Unterfrachtführer und Unterfrachtverträge. Nach teilweise vertretener Auffassung soll der Empfänger einen Ablieferungsanspruch nur gegen den Hauptfrachtführer „erwerben" können.[17] Dies entspricht der früheren Auffassung des BGH,[18] von der dieser in seinem Urteil vom 14.06.2007[19] deutlich abgerückt ist, und die er schließlich in seinem Urteil vom 30.10.2008[20] ausdrücklich aufgegeben hat.

Die geänderte Position des BGH verdient Zustimmung.[21] Sie erkennt schlicht wie zutreffend an, dass auch der Unterfrachtvertrag echter Frachtvertrag ist.[22] Dem Bedenken, dass die Frachtforderung aus dem Unterfrachtvertrag regelmäßig geringer ist als diejenige aus dem Hauptfrachtvertrag und letztere gegebenenfalls bestehen bleiben könnte,[23] trägt das Gesetz hinreichend dadurch Rechnung, dass der Empfänger sein Ablieferungsverlangen zwar auf den Unterfrachtvertrag beziehen kann, der (letzte) Unterfrachtführer bei der Ablieferung aber die Forderungen der vorausgehenden Frachtführer einzuziehen und zu ihrer Durchsetzung das Frachtführerpfandrecht auszuüben hat (§ 441).[24] **14**

2. Schadensersatzverlangen. Nach § 421 Abs. 1 Satz 2 Hs. 1 kann der Empfänger bei Beschädigung, verspäteter Ablieferung oder Verlust des Gutes die Ansprüche aus dem Frachtvertrag im eigenen Namen gegen den Frachtführer geltend machen. Nach Satz 3 des § 421 Abs. 1 spielt es dabei keine Rolle, ob er dabei dies in eigenem oder fremdem Interesse tut, wer also materiell geschädigt ist. Die Regelung stellt ausdrücklich klar, dass der Empfänger im Wege der Drittschadensliquidation auch einen Schaden des Absenders ersetzt verlangen kann. Dies gilt unabhängig davon, welches Sachrecht auf den Hauptvertrag Anwendung findet.[25] **15**

a) **Beschädigung des Gutes, verspätete Ablieferung, Verlust.** Der Empfänger kann nicht sämtliche Ansprüche aus dem Frachtvertrag gegen den Frachtführer geltend machen. Seine Möglichkeit zur Anspruchsgeltendmachung ist auf Ansprüche wegen Beschädigung, verspäteter Ablieferung oder Verlust des Gutes beschränkt, umfasst allerdings auch Begleitschäden.[26] Bei sonstigen Schäden – so etwa hinsichtlich Ersatzansprüchen aus § 413 Abs. 2 – ist der Empfänger nicht aktivlegitimiert, eine Analogie nicht möglich.[27] Ebenfalls nicht ersatzberechtigt ist der Empfänger, sofern eine Haftung des Frachtführers dem Absender gegenüber gerade darin gründet, dass der Frachtführer eine unzulässige Empfängerweisung befolgt hat.[28] **16**

---

17 So etwa MünchKommHGB²/*Czerwenka* Rn 7 wie auch – in jeweils leicht verändertem Zusammenhang – 14 f, 27, 41 ff; MünchKommHGB²/*Herber* § 425 Rn 76 ff.

18 BGHZ 116, 15 (18 f).

19 BGHZ 172, 330 ff.

20 BGH NJW 2009, 1205 ff.

21 So im Ergebnis auch *Thume* TranspR 2007, 427 f; *Ramming* NJW 2008, 291 (292); Heymann²/*Schlüter* Rn 3; Koller⁸ Rn 4 wie auch Art. 13 CMR Rn 5.

22 *Thume* TranspR 2007, 427.

23 MünchKommHGB²/*Czerwenka* Rn 42; MünchKommHGB²/*Herber* § 425 Rn 80.

24 Zur Reichweite der Bestimmung RGZ 122, 221 (225 f); im Einzelnen Kommentierung zu § 442.

25 BGH TranspR 2010, 34 ff.

26 Siehe RGZ 73, 148 (150).

27 *Koller*⁷ Rn 17; *Andresen/Valder* Rn 12.

28 MünchKommHGB²/*Czerwenka* Rn 16.

17 b) **Zeitpunkt des Entstehens einer Gesamtgläubigerschaft.** Soweit der Empfänger nach § 421 Abs. 1 Satz 2 Hs. 1 Ansprüche aus dem Frachtvertrag gegen den Frachtführer geltend machen kann, ist er Gesamtgläubiger neben dem Absender.[29] Voraussetzung für eine Anspruchsgeltendmachung durch den Absender ist in den Fällen 1 und 2 des § 421 Abs. 1 Satz 2 Hs. 1 grundsätzlich, dass Gut dem Empfänger abgeliefert worden ist. In den Fällen des (Total-)Verlusts scheidet eine Ablieferung demgegenüber denknotwenig aus; entsprechend kann es auf sie nicht entscheidend ankommen, was die Möglichkeit einer Anspruchsgeltendmachung durch den Empfänger betrifft.

18 Im Falle des **Verlusts** ist der Empfänger daher befugt, Ersatzansprüche geltend zu machen, sobald der Verlust festgestellt oder die Frist des § 424 überschritten ist. Im Falle eines Teilverlusts wird man dem Empfänger eine Anspruchsgeltendmachung mit Blick auf den verlorenen Sendungsteil auch bereits vor Eintreffen der Restsendung gestatten können, wenn der Teilverlust zweifelsfrei feststeht.[30] Hat der Absender die Ablieferung des Gutes von einer Bedingung – wie etwa der Zahlung eines Nachnahmebetrags – abhängig gemacht, beansprucht diese Bedingung Geltung auch für den Zugriff des Empfängers auf das Gütersurrogat in Form der Schadensersatzleistung; der Empfänger kann den Ersatzanspruch in diesem Fall nicht unabhängig von einer Bedingungserfüllung geltend machen.[31]

19 Für die Geltendmachung von Ersatzansprüchen wegen Verlustes braucht der Empfänger nicht bereits selbst verfügungsberechtigt zu sein.[32] Jedenfalls für das nationale Recht dürfte dies auch gelten, wenn ein Verlust auf die Vermutung des § 424 gestützt wird, da der in dieser Norm verwendete Begriff des Anspruchsberechtigten von demjenigen des Verfügungsberechtigten im Sinne des § 418 zu unterscheiden ist.[33]

20 Bei **Beschädigung oder verspäteter Ablieferung** des Gutes ist es demgegenüber grundsätzlich erforderlich, dass der Empfänger die frachtvertragliche Verfügungsbefugnis erlangt hat.[34] Ist dies der Fall, kann er die Rechte aus dem Beförderungsvertrag wegen Beschädigung des Gutes grundsätzlich auch dann im eigenen Namen gegen den Frachtführer geltend machen, wenn er die Annahme der Ware verweigert.[35]

21 Nach Auffassung des OLG Köln[36] soll der Empfänger im Falle der Beschädigung des Gutes bereits vor Erwerb der Verfügungsbefugnis anspruchsberechtigt sein, wenn er Eigentümer der Ware ist und die Versendung auf seine Gefahr erfolgt. In keinem Fall ist über den Erwerb der Verfügungsbefugnis hinaus erforderlich, dass der Empfänger die Ablieferung des Gutes verlangt hat.[37]

22 Der Empfänger kann den Ersatzanspruch abtreten, auch wenn er ihn noch nicht geltend gemacht hat.[38] Dass Ansprüche des Ladungsempfängers aus dem Verlust oder der Beschädigung der Ladung nur mit dem Einverständnis des Frachtführers auf den Transportversicherer übertragen werden können, kann dieser in AGB nicht rechtswirksam bestimmen.[39]

---

[29] BGHZ 75, 92 (96); BGH TranspR 1982, 41 (42); BGH TranspR 1988, 338 (339).
[30] Siehe auch BGH VersR 1983, 339 (340); *Koller*[7] Rn 17.
[31] Zutreffend *Koller*[7] Rn 17.
[32] BGH TranspR 1988, 338 (339).
[33] Siehe MünchKommHGB[2]/*Czerwenka* § 424 Rn 10; anders für Art. 20 Abs. 1 CMR (der allerdings auch den Begriff des Verfügungsberechtigten verwendet) BGH NJW 1999, 1110 (1111).
[34] BGHZ 75, 92 (94); BGH NJW 1999, 1110, (1111).
[35] BGH NJW 1999, 1110 (1111).
[36] OLG Köln TranspR 2004, 120 (121).
[37] MünchKommHGB[2]/*Czerwenka* Rn 18.
[38] BGH TranspR 1988, 338.
[39] BGH VersR 1982, 287 (289); Ebenroth/Boujong/Joost/Strohn[2]/*Reuschle* Rn 19.

c) **Anspruchsgegner.** Die Schadensersatzansprüche aus dem Frachtvertrag richten sich gegen den Frachtführer. Mit dem oben Rn 13 f Gesagten ist davon auszugehen, dass auch der Unterfrachtführer Frachtführer im Sinne der Norm ist. Entsprechend können dem Empfänger des Transportgutes bei dessen Verlust oder Beschädigung gegen den (ausführenden) Frachtführer aus dem mit dem Hauptfrachtführer geschlossenen Unterfrachtvertrag eigene Schadensersatzansprüche zustehen.[40] Einem solchen vertraglichen Anspruch des Empfängers gegen den Unterfrachtführer steht nicht etwa eine Spezialität des § 437 entgegen, da die konkurrierenden Haftungen in unterschiedlichen Rechtsbeziehungen wurzeln.[41] 23

d) **Doppellegitimation; Handeln in eigenem oder fremdem Interesse.** Nach Maßgabe der vorstehenden Ausführungen kann der Empfänger die Ansprüche aus dem Frachtvertrag in eigenem Namen gegen den Frachtführer geltend machen. § 421 Abs. 1 Satz 2 Hs. 2 bestimmt ausdrücklich, dass – neben ihm – der Absender zur Geltendmachung dieser Ansprüche befugt bleibt. Absender und Empfänger sind Gesamtgläubiger und als solche doppellegitimiert. Demjenigen von ihnen, der Ansprüche erhebt, kann nicht entgegengehalten werden, er sei selbst materiell nicht geschädigt. Dieser Einwand ist nach Abs. 1 Satz 3 ausgeschlossen; der Klagende kann auch in fremdem Interesse vorgehen. Seine formelle Legitimation ist genügend, für den leistenden Schuldner damit ein den §§ 407 Abs. 1, 808 Abs. 1 BGB vergleichbarer Schutz verbunden.[42] 24

Mit der Doppellegitimation soll die Durchsetzung der Ersatzansprüche gesichert und insbesondere vermieden werden, dass ein Anspruchsverlust dadurch eintritt, dass die „falsche" Partei reklamiert oder klagt.[43] Dass der Frachtführer bei Inanspruchnahme sowohl durch den Absender als auch durch den Empfänger nicht doppelt zahlen muss, ist durch die Bestimmungen über die Gesamtgläubigerschaft gesichert. So kann der Frachtführer, der seine Verpflichtung zum Schadensersatz aus dem Beförderungsvertrag einem der (formell) Berechtigten gegenüber erfüllt hat, dem anderen bei nochmaliger Inanspruchnahme entgegenhalten, frei geworden zu sein.[44] 25

Problematisch ist der Schutz des Frachtführers, der von einem der Berechtigten verklagt wird und eine klageabweisende Entscheidung zu erringen vermag, vor einer weiteren Inanspruchnahme durch den anderen Berechtigten. Grundsätzlich zeitigt ein Urteil für oder gegen einen Gläubiger lediglich Einzelwirkung.[45] Einer Streitverkündung[46] im Erstprozess steht für die behandelte Konstellation wohl entgegen, dass der Frachtführer den Anspruch eines Dritten nicht für den Fall eines ihm ungünstigen Verfahrensausgangs, sondern für den Fall eines Obsiegens „besorgt".[47] Der Frachtführer kann sich entsprechend (nur) durch Erhebung einer leugnenden Drittwiderklage schützen.[48] 26

Die Unerheblichkeit der Frage, ob Empfänger oder Absender in eigenem oder fremdem Interesse handeln (Abs. 1 Satz 3), hat zur Folge, dass im Frachthaftungsprozess 27

---

40 So explizit BGH NJW 2009, 1205 ff, unter Aufgabe von BGHZ 116, 15 ff.

41 BGH NJW 2009, 1205 (1207).

42 *Becker* AcP 202 (2002), 722 (739); Ebenroth/Boujong/Joost/Strohn²/*Reuschle* Rn 21.

43 BR-Drucks. 368/97, S. 54.

44 BGH NJW 1999, 1110 (1112); siehe auch schon BGHZ 75, 92 (96).

45 Siehe BGH NJW 1986, 1046 (1047); PalandtBGB⁷¹/*Grüneberg* § 429 BGB Rn 1.

46 Dazu Ebenroth/Boujong/Joost/Strohn²/*Reuschle*, Rn 29.

47 Die Entscheidung BGHZ 116, 95 ff liegt im Tatsächlichen anders.

48 *Vollkommer/Vollkommer* in: Transport-Wirtschaft-Recht, S. 365 (378); Heymann²/*Schlüter* Rn 7.

nicht zu klären ist, welchem der formell Berechtigten die beanspruchte Entschädigung letztlich zusteht.[49] Die Möglichkeit einer Drittschadensliquidation ist auch nicht dadurch ausgeschlossen, dass der materiell Geschädigte selbst in der Lage wäre, seinen Schaden zu liquidieren.[50] Wem ein vom Frachtführer geleisteter Ersatzbetrag letztlich zusteht, ist ohne Beteilung des Frachtführers gegebenenfalls zwischen den übrigen Beteiligten zu klären.[51]

III. Pflichten des Empfängers bei Ablieferungsverlangen

28 Nach § 421 Abs. 1 Satz 1 kann der Empfänger die Ablieferung des Gutes nur „gegen Erfüllung der Verpflichtungen aus dem Frachtvertrag" verlangen. Näheres zu den Zahlungsverpflichtungen des Empfängers im Falle eines Ablieferungsverlangens regeln die Absätze 2 und 3. Die Zahlungspflicht trifft den Empfänger, sobald dieser vom Frachtführer die Ablieferung des Gutes verlangt; mit Blick auf die Zahlungsschuld des Absenders erfolgt ein gesetzlicher Schuldbeitritt. Für diesen genügt nicht die bloße Ankunft des Gutes an der Ablieferungsstelle oder seine – rein tatsächliche – Ablieferung oder Entgegennahme.[52]

29 Nur was die nach nach Abs. 2, 3 zu leistenden Zahlungen betrifft, erlangt der Frachtführer einen unmittelbaren Anspruch gegen den Empfänger. Dies folgt aus der Formulierung „hat ... zu zahlen" in den betreffenden Absätzen, wohingegen die Wendung „gegen Erfüllung der Verpflichtungen aus dem Frachtvertrag" in Abs. 1 Satz 1 ein Leistungsverweigerungsrecht des Frachtführers begründet.[53] Der Frachtführer darf die Ablieferung außerdem unter Berufung auf sein Pfandrecht nach §§ 440 ff verweigern.[54]

30 **1. Fracht.** Stellt der Empfänger ein Ablieferungsverlangen nach Abs. 1 Satz 1, trifft ihn die Verpflichtung zur Frachtzahlung nach Maßgabe des Abs. 2. Wird ihm ein Frachtbrief vorgelegt, aus dem sich die Höhe der zu zahlenden Fracht ergibt, hat er diese, soweit die Forderung noch nicht beglichen ist, bis zu dem Betrag zu bezahlen, der sich aus dem Frachtbrief ergibt (Abs. 2 Satz 1). Kann an den Frachtbrief nicht angeknüpft werden, weil ein solcher nicht ausgestellt oder dem Empfänger nicht vorgelegt worden ist oder sich aus dem Frachtbrief nicht die Höhe der zu zahlenden Fracht ergibt, hat der Empfänger die im Verhältnis des Absenders zum Frachtführer vereinbarte Fracht zu zahlen, soweit diese nicht unangemessen ist (Abs. 2 Satz 2).

31 **a) Vorlage eines Frachtbriefs mit Angaben zur Höhe der Frachtschuld.** Es muss ein gültiger Frachtbrief existieren, was eine Frachtbriefunterzeichnung durch den Absender erfordert (§ 408 Abs. 2 Satz 1).[55] Dieser muss dem Empfänger vorgelegt worden sein, d.h. der Empfänger muss vor Ablieferung des Gutes die Gelegenheit gehabt haben, Einsicht in das Dokument zu nehmen. So weiß der Empfänger, in welcher Höhe er im Falle eines Ablieferungsverlangens Frachtzahlung schuldet. Dieser ratio entsprechend genügt es, wenn sich der Umfang der Frachtschuld in berechenbarer Weise aus dem Frachtbrief

---

[49] BGH NJW 1989, 3099 (3100); OLG Zweibrücken TranspR 1997, 369 (370); *Piper* VersR 1988, 201 (203).

[50] Siehe Heymann²/*Schlüter* Rn 8.

[51] Siehe OLG Zweibrücken TranspR 1997, 369 (370).

[52] Siehe BGH TranspR 2007, 311 (312); Ebenroth/Boujong/Joost/Strohn²/*Reuschle* Rn 30; ausführlich zu den Anforderungen an ein Ablieferungsverlangen oben Rn 5 ff.

[53] *Andresen/Valder* Rn 7.

[54] Hier auch BGH TranspR 2005, 309 (310); *Koller*⁸ Rn 6.

[55] Siehe auch *Koller*⁸ Rn 28.

ergibt.[56] Nicht genügend ist demgegenüber, dass sich die Höhe der Frachtschuld aus einer dem Frachtbrief beigefügten Rechnung ergibt.[57] Der Empfänger muss die Gewissheit haben, dass sich der Absender über den ausgewiesenen Betrag mit dem Frachtführer geeinigt hat und die Fracht deshalb geschuldet ist.[58] Dies ist bei einer vom Frachtführer ausgestellten Rechnung nicht der Fall.

Im Falle einer Franko-Abrede sind die Abs. 2, 3 des § 421 konkludent mit Wirkung zugunsten des Empfängers abbedungen.[59] Dem Frachtführer ist es in diesem Fall verwehrt, den Empfänger in Anspruch zu nehmen. Gleichwohl kann er sich weigern, das Gut vor Befriedigung seiner frachtvertraglichen Ansprüche auszuliefern.[60] Ausgeschlossen ist ein Leistungsverweigerungsrecht des Frachtführers bei Ablieferung des Gutes, wenn eine geschuldete Vorauszahlung der Fracht durch den Absender (freight prepaid) vermerkt ist.[61] Im Falle eines Unfrei-Vermerks entsteht ein unechtes Gesamtschuldverhältnis[62] und muss der Frachtführer zunächst versuchen, sich an den Empfänger zu halten, bevor er seine Forderung gegen den Absender geltend machen kann.[63] **32**

b) **Fehlende Möglichkeit einer Anknüpfung an Frachtbriefangaben.** Da kein Frachtbriefzwang besteht, kann nicht stets an die in einem solchen enthaltenen Angaben angeknüpft werden. Denkbar ist zudem, dass ein Frachtbrief zwar ausgestellt, dieser dem Empfänger aber nicht oder nicht rechtzeitig vorgelegt worden ist. Schließlich ist auch an die Fälle zu denken, in denen sich aus dem Frachtbrief nicht die Höhe der zu zahlenden Fracht ergibt. Die vorgenannten Konstellationen regelt § 421 Abs. 2 Satz 2 in der Weise, dass der Empfänger die zwischen Absender und Frachtführer vereinbarte Fracht zu zahlen hat, soweit diese nicht unangemessen ist. **33**

Diese Regelung findet kein Vorbild in der CMR. „Umgekehrt" kennt das HGB keine besondere Pflicht zur Sicherungsleistung, wie sie sich in Art. 13 Abs. 2 Satz 2 CMR bei Streitigkeiten über die Höhe des zu zahlenden Betrags angeordnet findet. Es ist befürchtet worden, dass eine solche Regelung als Einschränkung der Möglichkeit des Frachtführers, von seinen ohnehin bestehenden Zurückbehaltungs- oder Pfandrechten Gebrauch zu machen, missverstanden werden könnte.[64] **34**

Beweisbelastet hinsichtlich der Unangemessenheit der mit dem Absender vereinbarten Fracht ist der Empfänger.[65] Die Angemessenheit bestimmt sich nach objektiven Kriterien, d.h. dem Frachtführer steht kein einseitiges Bestimmungsrecht zu.[66] Anknüpfungspunkte sind die marktübliche Entgelthöhe wie auch die besonderen Umstände des Einzelfalls.[67] **35**

2. **Standgeld; Vergütung nach § 420 Abs. 3.** Gemäß § 421 Abs. 3 hat der Ablieferung verlangende Empfänger ferner – teils unter einschränkenden Voraussetzungen – Standgeld und eine Vergütung nach § 420 Abs. 4 zu zahlen, wenn solche Beträge wegen Verzö- **36**

---

56 BGH NJW 1970, 604; BGHZ 114, 248 ff.
57 OLG Hamm TranspR 1989, 55 (56); Ebenroth/Boujong/Joost/Strohn²/*Reuschle* Rn 31.
58 *Koller*⁸ Rn 28.
59 Siehe Baumbach/HoptHGB³⁵/*Merkt* Rn 4.
60 Siehe auch *Schmidt* Tagungsband Binnenschiffahrt, S. 21 (28 f).
61 Baumbach/HoptHGB³⁵/*Merkt* Rn 5; *Koller*⁸ Rn 12; **aA** OLG Düsseldorf TranspR 1986, 341 (342).
62 *Valder* TranspR 2001, 363.
63 MünchKommHGB²/*Czerwenka* Rn 44; ausführlich zu einer Abdingbarkeit der Regelungen des § 421 noch unter V.
64 BR-Drucks. 368/97, S. 54; siehe auch Ebenroth/Boujong/Joost/Strohn²/*Reuschle* Rn 34, 36.
65 Baumbach/HoptHGB³⁵/*Merkt* Rn 3; GemeinschaftskommentarHGB⁷/*Bracker* Rn 6.
66 Siehe BGHZ 94, 98 (104); *Koller*⁸ Rn 29.
67 MünchKommHGB²/*Czerwenka* Rn 37.

gerungen beim Ver- oder Entladen oder Verzögerungen im Transportverlauf geschuldet sind. Während die Verpflichtung des Empfängers, ein Standgeld wegen Überschreitung der Entladezeit zu zahlen, nicht an weitere Voraussetzungen geknüpft ist, schuldet der Empfänger ein Standgeld wegen Überschreitung der Ladezeit und eine Vergütung nach § 420 Abs. 4 nur, wenn ihm der geschuldete Betrag bei Ablieferung des Gutes mitgeteilt worden ist.

37 a) **Standgeld wegen Überschreitens der Entladezeit.** Eine Mitteilungsnotwendigkeit sieht § 421 Abs. 3 hinsichtlich Überschreitens der *Ent*ladezeit nicht vor. Der Gesetzgeber ist davon ausgegangen, dass der Empfänger durch eigenes Mitwirken beim Entladen zur Entstehung der genannten Ansprüche beitragen kann und daher insofern nicht in gleichem Umfang schutzbedürftig ist wie in Fällen, in denen er an dem Entstehen von Kosten nicht beteiligt war.[68] Zwar ist – auch im Falle eines Ablieferungsverlangens des Empfängers – nur der Absender entladepflichtig.[69] Jedoch geschieht das Entladen im Einflussbereich des Empfängers, sodass dieser etwa einschätzen kann, ob mit Verzögerungen zu rechnen ist. Die Differenzierung ist insofern sachgerecht. Auch die Höhe des wegen Überschreitens der Entladezeit geschuldeten Standgelds braucht dem Empfänger nicht (konkret) bekannt zu sein.[70] Ein Frei-Vermerk steht der Verpflichtung zur Standgeldzahlung bei verzögerter Entladung nicht entgegen.[71]

38 b) **Standgeld wegen Überschreitens der Ladezeit; Vergütung nach § 420 Abs. 4.** Standgeld wegen Überschreitens der Ladezeit sowie eine Vergütung wegen Verzögerungen im Transportverlauf nach § 420 Abs. 4 schuldet der Empfänger nur dann, wenn ihm der betreffende Betrag bei Ablieferung des Gutes mitgeteilt worden ist. Damit trägt das Gesetz dem Umstand Rechnung, dass der Empfänger in die betreffenden Vorgänge regelmäßig keinerlei Einblick hat und daher ohne besondere Mitteilung die Zahlungsverpflichtung, welche er mit seinem Ablieferungsverlangen eingeht, nicht zu überblicken vermag. Mitteilung bei Ablieferung bedeutet, dass der Empfänger so rechtzeitig über die geschuldeten Beträge unterrichtet wird, dass er gegebenenfalls von einem Ablieferungsverlangen noch absehen kann.[72] Die Mitteilung ist geschäftsähnliche Handlung, auf die die allgemeinen Vorschriften über Willenserklärungen entsprechend anzuwenden sind.[73]

39 Neben dem Gesagten ist auch im Rahmen des § 421 Abs. 3 Voraussetzung stets, dass die allgemeinen Voraussetzungen für ein Standgeld bzw. eine besondere Vergütung nach § 420 Abs. 4 gegeben sind. So muss etwa in den Fällen des § 420 Abs. 4 die Verzögerung auf Gründen beruhen, die dem Risikobereich des Absenders zuzurechnen sind. Zu Einzelheiten insoweit siehe die Kommentierung zu § 420 sowie – hinsichtlich des Anspruchs auf Standgeld – zu § 412.

40 3. **Aktivlegitimation auch des Unterfrachtführers.** Nachdem der BGH nunmehr anerkennt, dass dem Empfänger des Transportguts bei Verlust oder Beschädigung des Gutes gegen den Unterfrachtführer aus dem mit dem Hauptfrachtführer geschlossenen Unterfrachtvertrag eigene Schadensersatzansprüche zustehen können,[74] kann dem Unterfracht-

---

[68] BR-Drucks. 368/97, S. 55.

[69] Kommentierung zu § 412 Rn 22; *Koller*[8] Rn 34; **aA** *Andresen/Valder* Rn 7.

[70] MünchKommHGB[2]/*Czerwenka* Rn 38; Ebenroth/Boujong/Joost/Strohn[2]/*Reuschle* Rn 40.

[71] *Koller*[8] Rn 30.

[72] Ebenroth/Boujong/Joost/Strohn[2]/*Reuschle* Rn 39.

[73] Vgl. BGH NJW 1967, 1800 (1802); BGH NJW 1989, 1792.

[74] BGH NJW 2009, 1205 ff; siehe dazu auch schon oben Rn 13 f.

führer ein eigener Zahlungsanspruch nicht länger mit der Begründung versagt werden, der Empfänger sei nur Drittbegünstigter des Hauptfrachtvertrages und der gesetzliche Schuldbeitritt beziehe sich nur auf die Verpflichtungen des (Ur-)Absenders gegenüber dem Hauptfrachtführer.[75] Auch dem Unterfrachtführer können daher Zahlungsansprüche nach § 421 gegen den Empfänger zustehen.[76] Dass, würde der Empfänger die Forderung aus dem Unterfrachtvertrag zahlen, die Forderung aus dem Hauptfrachtvertrag bestehen bleiben würde,[77] führt nicht zu Schwierigkeiten, da der (letzte) Unterfrachtführer bei Ablieferung die Forderungen seiner Vormänner nach Maßgabe des § 441, insbesondere unter Berufung auf das Pfandrecht, einzuziehen hat.

IV. Verbleibende Zahlungspflicht des Absenders

§ 421 Abs. 4 stellt ausdrücklich klar, dass der Absender zur Zahlung der nach dem Vertrag geschuldeten Beträge verpflichtet bleibt. Überlegungen, die Zahlungsverpflichtung des Absenders von einer vorherigen erfolglosen Inanspruchnahme des Empfängers abhängig zu machen, sie zeitlich zu befristen oder an die unverzügliche Mitteilung des Frachtführers über die Zahlungsunwilligkeit oder -unfähigkeit des Empfängers zu knüpfen, hat der Gesetzgeber verworfen.[78] Im Grundsatz haften Absender und Empfänger damit als echte Gesamtschuldner und kann der Frachtführer sich nach Belieben aussuchen, welchen der Schuldner er in Anspruch nimmt. Abweichungen ergeben sich etwa im Falle einer Unfreiabrede, die ein unechtes Gesamtschuldverhältnis entstehen lässt.[79] **41**

V. Abdingbarkeit

§ 421 ist ohne besondere Schranken abdingbar.[80] Auch Abreden des Absenders mit dem Frachtführer, denen zufolge der Empfänger nicht Ablieferung und/oder Schadensersatz aus eigenem Recht verlangen darf, muss der Empfänger sich entgegenhalten lassen.[81] Der Empfänger als vertraglich begünstigter Dritter kann – wie allgemein bei einem Vertrag zugunsten Dritter – keine weitergehenden Ansprüche erwerben, als sie der Rechtsposition entsprechen, die der Absender für ihn vereinbart hat.[82] § 449, der § 421 nicht nennt, zwingt den Absender nicht, dem Empfänger einen gewissen „Mindeststandard" an Rechten zu sichern. **42**

---

75 So zutreffend MünchKommHGB²/*Czerwenka* Rn 41, die allerdings der Prämisse des BGH widerspricht; siehe auch *Thume* TranspR 2007, 427 (428).

76 Anders allerdings noch BGH TranspR 2006, 29 (30).

77 MünchKommHGB²/*Czerwenka* Rn 42.

78 BR-Drucks. 368/97, S. 55.

79 Dazu bereits oben Rn 32.

80 LG Memmingen NJW-RR 2004, 1175 (1176); *Koller*⁸ Rn 1.

81 *Koller*⁷ Rn 17; MünchKommHGB²/*Czerwenka* Rn 20.

82 LG Memmingen NJW-RR 2004, 1175 (1176).

§ 422
Nachnahme

(1) Haben die Parteien vereinbart, daß das Gut nur gegen Einziehung einer Nachnahme an den Empfänger abgeliefert werden darf, so ist anzunehmen, daß der Betrag in bar oder in Form eines gleichwertigen Zahlungsmittels einzuziehen ist.

(2) Das auf Grund der Einziehung Erlangte gilt im Verhältnis zu den Gläubigern des Frachtführers als auf den Absender übertragen.

(3) Wird das Gut dem Empfänger ohne Einziehung der Nachnahme abgeliefert, so haftet der Frachtführer, auch wenn ihn kein Verschulden trifft, dem Absender für den daraus entstehenden Schaden, jedoch nur bis zur Höhe des Betrages der Nachnahme.

Schrifttum

Basedow Der Transportvertrag. Studien zur Privatrechtsangleichung auf regulierten Märkten, 1987; *Dubischar* Grundriß des gesamten Gütertransportrechts, 1987; *Helm* Das Übereinkommen über den Beförderungsvertrag im internationalen Straßengüterverkehr (CMR) und seine Anwendung auf den grenzüberschreitenden Speditionsvertrag, IPRax 1982, 225–226; *Heuer* Die Haftung des Frachtführers nach dem Übereinkommen über den Beförderungsvertrag im internationalen Straßengüterverkehr (CMR), 1975; *Lieser* Ergänzung der CMR durch unvereinheitlichtes deutsches Recht, 1991; *Magdelenat* Air Cargo, 1983; *Thume* Die Haftung des CMR-Frachtführers wegen positiver Vertragsverletzung, TranspR 1995, 1–7; *Pfeiffer* (Hrsg.) Handbuch der Handelsgeschäfte, 1999; *Ruhwedel* Der Luftbeförderungsvertrag, 1998.

Übersicht

I. Einleitung

1 § 422 setzt die Möglichkeit einer Nachnahmevereinbarung der Frachtvertragsparteien voraus, ohne den Begriff der Nachnahme als solchen zu definieren. Für den Fall einer vereinbarten Nachnahme enthält Abs. 1 eine Auslegungsregelung dahingehend, dass der Nachnahmebetrag im Zweifel in bar oder in Form eines gleichwertigen Zahlungsmittels einzuziehen ist. Ausgehend von dieser kann rückgeschlossen werden, dass der Begriff der Nachnahme eine Einzugstätigkeit des Frachtführers im Interesse des Absenders meint. Der Frachtführer macht die Auslieferung der Ware von einer Leistung des Empfängers abhängig; regelmäßig, wenngleich nicht immer,[1] besteht diese Leistung in einer Barzahlung.[2]

[1] Ausführlich zu den tauglichen Leistungsgegenständen noch unten Rn 5 ff.

[2] Vgl. BR-Drucks. 368/97, S. 55.

2 Angelehnt an die kommissionsrechtliche Bestimmung des § 392 Abs. 2 regelt Abs. 2, dass das aufgrund der Einziehung Erlangte im Verhältnis zu den Gläubigern des Frachtführers als auf den Absender übertragen gilt. Der Absender kann sich so (unter Gebrauchmachung von den üblichen vollstreckungsrechtlichen Rechtsbehelfen) davor schützen, dass Gläubiger des Frachtführers auf die Nachnahme zugreifen. Im Falle der Insolvenz des Frachtführers steht ihm ein Aussonderungsrecht an dem Nachnahmebetrag zu.

3 Abs. 3 statuiert eine verschuldensunabhängige Haftung des Frachtführers. Diese ist auf den Fall beschränkt, dass der Frachtführer dem Empfänger das Gut ohne Einziehung der Nachnahme abliefert und in ihrer Höhe auf den Nachnahmebetrag begrenzt. In der Sache entspricht die Regelung Art. 21 CMR sowie der früheren Bestimmung des § 31 Abs. 1 lit. d KVO. Gesetzgeberisch intendiert ist einerseits, durch die besondere Haftungsbestimmung dem Absender die Verlässlichkeit der Nachnahmevereinbarung zu sichern und ihn von dem schwierigen und aufwendigem Verschuldensnachweis zu entbinden, andererseits eine unbillige Belastung des Frachtführers zu vermeiden, da sich angesichts der Vielschichtigkeit der modernen Transportpraxis die Risiken für diesen, infolge von Informations- und Übermittlungsdefiziten unverschuldete Nachnahmefehler zu begehen, wohl erhöht haben.[3]

II. Nachnahmeverpflichtung

4 § 422 gelangt zur Anwendung, wenn die Parteien vereinbart haben, dass das Gut nur gegen Einziehung einer Nachnahme an den Empfänger abgeliefert werden darf (Abs. 1 Hs. 1). Da der Frachtvertrag mit dem Weisungsrecht des Absenders eine einseitige Vertragsänderungsmöglichkeit beinhaltet, kann eine Nachnahmeverpflichtung des Frachtführers auch nach Maßgabe des § 418 begründet werden.[4]

5 **1. Begriff der Nachnahme.** Nachnahmen sind zum einen denkbar als sogenannte **Wertnachnahmen** (auch Warennachnahmen genannt), zum anderen als sogenannte **Kostennachnahmen** (synonym Frachtnachnahmen). Erstere zielen darauf ab, den Kaufpreis für das Transportgut zu erhalten und ermöglichen insbesondere bei Distanzgeschäften eine Aufrechterhaltung des Zug-um-Zug-Prinzips.[5] Bei letztgenannten geht es darum, dem Absender den Betrag zu sichern, den dieser dem Frachtführer aufgrund des Frachtvertrags schuldet, der im Verhältnis des Absenders zum Empfänger (etwa aufgrund entsprechender kaufvertraglicher Abrede) indes vom letztgenanntem zu tragen ist. Wert- und Kostennachnahme können ohne Weiteres zusammentreffen. Eine Nachnahme kann sich auch auf sonstige Zahlungsverbindlichkeiten des Empfängers beziehen.[6]

6 Aus der Auslegungsregelung des Abs. 1 Hs. 2, derzufolge der Nachnahmebetrag im Zweifel in bar oder in Form eines gleichwertigen Zahlungsmittels einzuziehen ist, folgt, dass eine Zahlung des Nachnahmebetrags in bar oder mittels gleichgestelltem Zahlungsmittel zwar den (gesetzlichen) Regelfall darstellt, jedoch auch andere Nachnahmemodalitäten denkbar sind. Nimmt man zum Ausgangspunkt, dass der Zweck der Nachnahme darin liegt, dem Absender den tatsächlichen Erhalt eines Betrages zu sichern, den der

---

[3] So jedenfalls BR-Drucks. 368/97, S. 56.

[4] So auch *Koller*[8] Rn 11.

[5] Siehe *Basedow* Der Transportvertrag, S. 349 ff; Ebenroth/Boujong/Joost/Strohn[2]/*Reuschle* Rn 5.

[6] Siehe Ebenroth/Boujong/Joost/Strohn[2]/*Reuschle* Rn 7; ferner OLG Hamburg TranspR 1991, 297 f.

Empfänger ihm schuldet, kommt im Einzelfall auch die Begebung von Zahlungspapieren, wie etwa eines Schecks, in Betracht.[7] Im Verhältnis des Absenders zum Empfänger ist die Erfüllungstauglichkeit einer solchen Leistung anhand der §§ 362 ff BGB zu beurteilen, im Verhältnis des Absenders zum Frachtführer kommt es auf die vereinbarten Nachnahmemodalitäten (etwa Scheckzahlung genügend) an.

7 Haben die Parteien zwar eine Nachnahmevereinbarung getroffen, die Nachnahmemodalitäten aber nicht besonders festgelegt, gelangt die Auslegungsregelung des Abs. 1 Hs. 2 zur Anwendung. Demnach ist, sofern nicht bar gezahlt wird, entscheidend, ob der Betrag „in Form eines gleichwertigen Zahlungsmittels“ geleistet wird. Dies ist für Scheckzahlungen zu verneinen,[8] ebenso für Zahlungen per Wechsel.[9] Die Frage, ob es sich um ein gleichgestelltes Zahlungsmittel handelt, ist danach zu beantworten, ob die betreffende Zahlungsweise der Sicherheit der Bargeldannahme mit ihrer Erfüllungswirkung entspricht.[10] Demnach genügend ist eine Zahlung per electronic cash[11] sowie die Bezahlung mittels EC-Karte oder Kreditkarte.[12]

8 Vereinbaren die Parteien, dass der Frachtführer die Ablieferung des Gutes etwa von dem Einzug eines Schecks abhängig machen soll, ist zu fragen, ob diese Abrede eine Nachnahmevereinbarung im Sinne des § 422 darstellt (was jedenfalls grundsätzlich möglich ist; dazu bereits oben Rn 6) oder bloß eine nachnahmeähnliche Vereinbarung.[13] Die Parteien sind nicht gezwungen, durch Vereinbarung eine Anwendbarkeit des § 422 zu begründen; mit der Möglichkeit, (bloß) eine nachnahmeähnliche Vereinbarung zu treffen, steht es ihnen offen, es bei der Anwendbarkeit der allgemeinen Regeln zu belassen.[14] Verwendet der Absender im Zusammenhang mit dem Auftrag zum Scheckeinzug den Begriff der Nachnahme, wird ein verständiger Frachtführer allerdings regelmäßig davon ausgehen müssen, dass es seinem Vertragspartner gerade auch darauf ankommt, in den Genuss des vollstreckungsrechtlichen Privilegs nach § 422 Abs. 2 zu kommen. Auch die verschuldensunabhängige Haftung nach Abs. 3 ist sodann zwingend.[15] Klauseln wie „Auslieferung gegen Zahlungsnachweis“[16] oder „Auslieferung gegen Bankakzept und Bankaval“[17] begründen nur dann eine Nachnahmevereinbarung im Sinne des § 422, wenn sich ein entsprechender Wille der Parteien mit Blick auf die Umstände des Einzelfalls klar ergibt. Regelmäßig entfernen sich diese Abreden so weit von dem Grundmodell einer Auslieferung gegen Barzahlung und bergen solche Haftungsrisiken, dass nur von einer nachnahmeähnlichen Vereinbarung ausgegangen werden kann.[18] Gleiches gilt für die vereinbarte „Auslieferung gegen Eröffnung eines Akkreditivs“[19] und die Anweisung „Auslieferung nur gegen Original Forwarders Certificate of Receipt (FCR)“.[20]

---

7 Vgl. BR-Drucks. 368/97, S. 55.

8 Vgl. BGHZ 83, 96 (101); BGH TranspR 1996, 118 ff, jeweils für die Zeit vor der Transportrechtsreform; für das neue Transportrecht ausdrücklich BT-Drucks. 13/10014, S. 48.

9 Ebenroth/Boujong/Joost/Strohn²/*Reuschle* Rn 10.

10 MünchKommHGB²/*Czerwenka* Rn 12.

11 So explizit auch BT-Drucks. 13/10014, S. 48.

12 Ebenroth/Boujong/Joost/Strohn²/*Reuschle* Rn 9.

13 Ausführlich dazu *Koller*⁸ Rn 3, 9, 24, 26.

14 *Koller*⁸ Rn 3.

15 **AA** *Koller*⁸ Rn 3 a.E.; *Andresen/Valder* Rn 23, die unberücksichtigt lassen, dass die Parteien sich gerade dafür entschieden haben, ihre Vereinbarung der Bestimmung des § 422 zu unterstellen.

16 Siehe LG Nürnberg-Fürth TranspR 1991, 300 f.

17 Vgl. OLG Düsseldorf VersR 1988, 77.

18 Wie hier *Koller*⁸ Rn 9; eher (noch) strenger MünchKommHGB²/*Czerwenka* Rn 5; wohl großzügiger Ebenroth/Boujong/Joost/Strohn²/*Reuschle* Rn 11; siehe auch noch *Lammich/Pöttinger* Rn 24, 26.

19 Siehe BGHZ 68, 18 ff.

20 Siehe OLG Düsseldorf TranspR 1994, 391 f.

2. Begründung der Nachnahmeverpflichtung durch Vereinbarung. Die Nachnahmeerhebung bedarf der Vereinbarung zwischen den Parteien des Beförderungsvertrags. Eine entsprechende Abrede muss nicht bereits bei Vertragsschluss getroffen werden; möglich ist auch eine nachträgliche Vertragsänderung.[21] Zur Begründung einer Nachnahmeverpflichtung durch Weisung bereits oben Rn 4 und Kommentierung zu § 418 Rn 24. 9

Eine Klausel in Allgemeinen Geschäftsbedingungen, die den Frachtführer berechtigen soll, sich über eine getroffene Nachnahmeabrede hinwegzusetzen, ist unwirksam. Dies gilt beispielsweise für eine Regelung, derzufolge der Frachtführer – trotz vereinbarter Barnachnahme – berechtigt sein soll, mit Blick auf die Höhe des Betrags eine Scheckzahlung zu akzeptieren.[22] Nach der (Auslegungs-)Regelung der Nr. 10 ADSp ist die Mitteilung des Auftraggebers, der Auftrag sei unfrei abzufertigen, nicht als Nachnahmeweisung zu verstehen; § 422 gelangt dementsprechend nicht zur Anwendung.[23] 10

Ob eine Nachnahmevereinbarung getroffen wurde, ist durch Auslegung der Vertragserklärungen der Parteien nach allgemeinen Grundsätzen zu ermitteln. Aus der bloßen Kennzeichnung einer Sendung als Nachnahmesendung kann nicht ohne Weiteres auf eine Nachnahmeabrede geschlossen werden; dem Schweigen des kaufmännischen Frachtführers kommt bei Bestehen einer Geschäftsverbindung zum Absender nach Maßgabe des § 362 Abs. 1 Erklärungswert zu.[24] Eine durch Schweigen begründete Nachnahmevereinbarung kann nicht angenommen werden, wenn der zu unverzüglicher Antwort Verpflichtete durch sein Verhalten schlüssig zu erkennen gibt, dass er sich seinem Vertragspartner gegenüber gerade nicht zur Nachnahmeerhebung verpflichtet sieht.[25] 11

Gebräuchliche Nachnahmeklauseln sind Formulierungen wie „Lieferung gegen Nachnahme", „Zusendung per Nachnahme", „cash on delivery" (C.O.D.)[26] oder „pay on delivery" (P.O.D.).[27] Zu beachten ist allerdings, dass die betreffende Regelung Eingang in die *frachtvertragliche* Beziehung gefunden haben muss und es nicht genügt, wenn die Parteien des Liefergeschäfts (Absender/*Empfänger*) eine entsprechende Zahlungsregelung getroffen haben, von der der Frachtführer Kenntnis erlangt hat.[28] Die Klausel „Kasse gegen Dokumente" beinhaltet keinen Nachnahmeauftrag,[29] ebensowenig die Regelung „Lieferung ab Werk – sämtliche hierüber hinausgehende Kosten gehen zu Lasten des Empfängers".[30] 12

Die Nachnahmevereinbarung bedarf grundsätzlich keiner bestimmten Form. Auch wenn ein Frachtbrief ausgestellt wird, muss sie in diesen nicht zwingend eingetragen werden, was allerdings wegen der Regelung des § 408 Abs. 1 Satz 1 Nr. 10 die Übung ist. Wird ein Frachtbrief von beiden Parteien unterzeichnet, gelangt die Vollständigkeitsvermutung des § 409 Abs. 1 auch hinsichtlich des angegebenen Nachnahmebetrags zur Anwendung. 13

Eine Ausnahme vom Grundsatz der Formfreiheit der Nachnahmevereinbarung gilt nach § 35 Abs. 1 VBGL. Nach jener Regelung ist die Vereinbarung einer Nachnahme eine gesonderte Dienstleistung,[31] die bei Auftragserteilung oder bei Abruf des Fahrzeuges 14

---

21 BGH NJW 1992, 621 (622).
22 OLG Düsseldorf TranspR 2007, 25 (26); siehe auch bereits OLG Düsseldorf VersR 1991, 1394.
23 *Andresen/Valder* Rn 4.
24 Siehe auch MünchKommHGB²/*Czerwenka* Rn 9.
25 BGH NJW-RR 1988, 925 (926).
26 Siehe BGH NJW 1985, 550; OLG Düsseldorf TranspR 1991, 91 (92).
27 Siehe auch Ebenroth/Boujong/Joost/Strohn²/*Reuschle* Rn 12.
28 MünchKommHGB²/*Czerwenka* Rn 10.
29 LG Frankfurt TranspR 1990, 68 ff.
30 OLG Hamburg VersR 1984, 235; Ebenroth/Boujong/Joost/Strohn²/*Reuschle* Rn 13.
31 Siehe in diesem Zusammenhang auch MünchKommHGB²/*Czerwenka* Rn 6.

schriftlich zu treffen oder im Frachtbrief oder in einem anderen Begleitpapier zu vermerken ist. Ein solches Schriftformerfordernis ist wirksam, da § 449 nur einer AGB-vertraglichen Abweichung von der Haftungsregelung des § 422 Abs. 3 entgegensteht.[32]

15 **3. Nachnahmeweisung.** Der Frachtführer kann auch durch nachträgliche Weisung (§ 418) verpflichtet werden, das Gut nur gegen Nachnahme abzuliefern.[33] Da § 418, abgesehen von der Regelung des Abs. 6, dispositiv ist und nur eine Regelung, mit der dem Absender jegliches Weisungsrecht genommen wird, wegen Verstoßes gegen § 307 Abs. 2 Nr. 2 BGB unwirksam sein dürfte,[34] dürfte AGB-vertraglich die Möglichkeit einer Nachnahmeweisung allerdings auch wirksam ausgeschlossen werden können.[35] Zu beachten bleibt stets der Vorrang der Individualvereinbarung.[36]

16 Will der Frachtführer eine ihm erteilte Nachnahmeweisung nicht befolgen, hat er den weisungserteilenden Absender gemäß § 418 Abs. 5 unverzüglich zu benachrichtigen. Im Falle einer unwirksamen oder undurchführbaren Nachnahmeweisung folgt eine Benachrichtigungspflicht zwar nicht aus § 418 Abs. 5; die Benachrichtigung kann allerdings vertragliche Nebenpflicht oder Ausfluss der Schadensminderungspflicht des Frachtführers sein.[37] Im Einzelfall kann die Weisung ergänzend dahingehend auszulegen sein, dass bei Unausführbarkeit der verfügten Nachnahmeform die Ablieferung – entsprechend der gesetzlichen Auslegungsregel – gegen Einziehung der Nachnahme in bar oder in Form vergleichbarer Zahlungsmittel erfolgen soll.[38]

17 **4. Pflichten des Frachtführers.** Den Frachtführer trifft zum einen die Pflicht, die vereinbarte Nachnahme einzuziehen; zum anderen ist er verpflichtet, das im Wege der Einziehung Erlangte an den Absender herauszugeben.

18 **a) Einziehung der Nachnahme.** Die Verpflichtung zur Einziehung der Nachnahme wird von der Auslegungsregelung des Abs. 1 wie auch von der Haftungsbestimmung des Abs. 3 vorausgesetzt. Mangels besonderer Absprache ist anzunehmen, dass der Betrag in bar oder in Form eines gleichwertigen Zahlungsmittels einzuziehen ist (Abs. 1 Hs. 2); dazu bereits oben Rn 6 ff.

19 Im Verhältnis zum Absender ist der Frachtführer verpflichtet, dem Empfänger das Gut nicht ohne Einziehung der Nachnahme auszuhändigen. Gegenüber dem Empfänger steht ihm wegen der Zahlung des Nachnahmebetrags ein Leistungsverweigerungsrecht zu. Die Bereitschaft zur Aufgabe des Gewahrsams über das Gut ist nur Zug-um-Zug gegen Leistung der geschuldeten Nachnahme zu erklären.[39] Leistet der Empfänger nicht, liegt ein Ablieferungshindernis im Sinne des § 419 vor und hat der Frachtführer den verfügungsberechtigten Absender um Weisung zu ersuchen.[40]

20 **b) Herausgabe des Erlangten.** Mit Blick auf den Geschäftsbesorgungscharakter des Nachnahmeeinzugs bestimmt sich die Verpflichtung des Frachtführers gegenüber dem

[32] Siehe *Andresen/Valder* Rn 7.
[33] Siehe BGH NJW-RR 2005, 1058; *Koller*[8] Rn 13.
[34] Siehe Kommentierung zu § 418 Rn 58.
[35] Anders wohl Ebenroth/Boujong/Joost/Strohn[2]/*Reuschle* Rn 7.
[36] Siehe OLG Düsseldorf TranspR 2007, 25 (26); OLG Düsseldorf TranspR 1991, 91 (92).
[37] Siehe Kommentierung zu § 418 Rn 35.
[38] Ebenroth/Boujong/Joost/Strohn[2]/*Reuschle* Rn 19; kritisch *Koller*[8] Rn 14.
[39] Siehe auch *Koller*[8] Rn 17; MünchKommHGB[2]/*Czerwenka* Rn 14.
[40] MünchKommHGB[2]/*Czerwenka* Rn 15; siehe auch *Lammich/Pöttinger* Rn 46 ff.

Absender zur Herausgabe des durch den Einzug Erlangten nach §§ 667, 675 Abs. 1 BGB. Bei Vermischung des Nachnahmebetrags mit Geld des Frachtführers erlangt der Absender nach §§ 947 Abs. 1, 948 Miteigentum am (Gesamt-) Geldbestand und richtet sich die weitere Abwicklung nach §§ 741 ff BGB, wobei jedem Miteigentümer ein einseitiges Teilungsrecht zusteht.[41] Die Gefahr, dass der Nachnahmegegenstand, auch wenn er in Geld besteht, beim Frachtführer ohne dessen Verschulden untergeht, trifft den Auftraggeber. Die Zweifelsregelung des § 270 Abs. 1 BGB findet keine Anwendung, da bei einer Weiterleitung von Geld, das dem Auftraggeber ohnehin wirtschaftlich zusteht, die innere Rechtfertigung fehlt, den Frachtführer mit der Gefahr des Verlustes auf dem Weg zum Absender zu belasten.[42] Im Verschuldensfall haftet der Frachtführer nach allgemeinen Bestimmungen. § 433 ist zu beachten, die besondere Haftungsbestimmung des § 422 Abs. 3 nicht anwendbar, da der geltend gemachte Anspruch nicht aus einer Ablieferung des Gutes ohne Einziehung der Nachnahme hergeleitet ist.[43]

Aufgrund seiner treuhänderischen Stellung kann der Frachtführer gegen den Anspruch des Absenders auf Herausgabe des Erlangten nicht beliebig aufrechnen. Eine Aufrechnung ist allerdings möglich, soweit die Gegenforderung aus dem Transportauftrag herrührt, innerhalb dessen der Frachtführer den Nachnahmebetrag eingezogen hat.[44] **21**

III. Schutz des Absenders vor Vollstreckungszugriff der Gläubiger des Frachtführers (Abs. 2)

Angelehnt an die kommissionsrechtliche Vorschrift des § 392 Abs. 2 räumt § 422 Abs. 2 dem Absender hinsichtlich des eingezogenen Nachnahmebetrags bereits frühzeitig die vollstreckungsrechtliche Stellung eines Rechteinhabers ein. Die Regelung geht dabei sogar über eine Wiedergabe des § 392 Abs. 2 hinaus, indem sie sich nicht wie ihre Vorbildbestimmung auf die Fiktion einer vorzeitigen Zuordnung von Forderungen beschränkt, sondern sich auf sämtliches durch Einziehung Erlangte bezieht, solange es noch identifizierbar im Vermögen des Frachtführers vorhanden ist.[45] Greifen Gläubiger des Frachtführers im Wege der Einzelzwangsvollstreckung auf den Nachnahmegegenstand zu, kann der Absender Drittwiderspruchsklage (§ 771 ZPO) erheben und so verhindern, dass die Gläubiger sich aus der Nachnahme befriedigen. In der Insolvenz des Frachtführers steht dem Absender hinsichtlich des Nachnahmebetrags ein Aussonderungsrecht gemäß § 47 InsO zu. Eine Interventionsklage kann auch im Hinblick auf einen nach §§ 947 Abs. 1, 948 BGB entstandenen Miteigentumsanteil erhoben werden, das insolvenzrechtliche Aussonderungsrecht sich auf diesen beziehen.[46] Da die eingezogenen Nachnahmebeträge innerhalb einer Transportkette regelmäßig „durchzureichen" sind, erhält der Absender eine § 422 Abs. 2 entsprechende Stellung auch bezüglich der von Unterfrachtführern eingezogenen Nachnahmebeträge.[47] **22**

---

41 *Bestritten*; zum Diskussionsstand siehe MünchKommBGB[5]/*Füller* § 948 BGB Rn 7.

42 BGHZ 28, 123 (127); *Andresen/Valder* Rn 13; *Koller*[8] Rn 18; aA Fremuth/Thume/*Fremuth* Rn 25.

43 Siehe auch *Andresen/Valder* Rn 13.

44 BGH VersR 1999, 1522 (1523); siehe auch *Koller*[8] Rn 32.

45 Vgl. BR-Drucks. 368/97, S. 55.

46 Siehe auch *Koller*[8] Rn 28 f.

47 Ebenroth/Boujong/Joost/Strohn/*Reuschle*[2] Rn 23, 25.

IV. Haftung des Frachtführers (Abs. 3)

23 Nach § 422 Abs. 3 hat der Frachtführer verschuldensunabhängig für den Schaden einzustehen, der daraus entsteht, dass das Gut dem Empfänger ohne Einziehung der Nachnahme abgeliefert wird. Seine Ersatzpflicht ist jedoch in ihrer Höhe beschränkt auf den Nachnahmebetrag. Die Regelung entspricht in der Sache Art. 21 CMR. Mit ihr soll die Verlässlichkeit der Nachnahmevereinbarung gesichert und der Anspruchsteller insbesondere von dem häufig schwierigen und aufwendigen Verschuldensnachweis entbunden werden. Eine unbillige Belastung des Frachtführers sucht das Gesetz einerseits durch die Begrenzung der Haftungshöhe zu erreichen, andererseits dadurch, dass die Regelung in ihrem Haftungstatbestand allein auf die Ablieferung des Gutes ohne Einziehung einer Nachnahme abstellt und nicht etwa sonstige Nachnahmefehler einbezieht.[48]

24 **1. Auslieferung ohne Einziehen der Nachnahme.** Nach teilweise vertretener Auffassung soll von der Wendung „ohne Einziehung der Nachnahme" nur der Fall erfasst werden, dass der Frachtführer es *vollständig* unterlässt, den Nachnahmeauftrag auszuführen.[49] Begründet wird dies unter Hinweis darauf, dass ausweislich der Gesetzesmaterialien „sonstige Nachnahmefehler" nicht erfasst sein sollten. Damit aber wird bereits vorausgesetzt, dass es sich bei dem Nachnahmefehler um einen „sonstigen" handelt. Dies scheint jedenfalls für den Fall, dass der Frachtführer einen zu geringen Nachnahmebetrag einzieht, unzutreffend. Auch in diesem Fall nämlich liefert er – insoweit – „ohne Einziehung der Nachnahme" aus. Es ist nicht sachgerecht, die Anwendbarkeit des § 422 Abs. 3 davon abhängig zu machen, ob bei einem Nachnahmebetrag von beispielsweise 1.000 € eine Nachnahmeerhebung gänzlich unterbleibt oder versehensbedingt lediglich 100 € als Nachnahme erhoben werden und so eine Einziehung in Höhe des Restbetrags von 900 € unterbleibt. Auch bei lediglich partieller Außerachtlassung einer vereinbarten Nachnahme liefert der Frachtführer daher „ohne Einziehung der Nachnahme" aus.

25 Diskutabel ist demgegenüber, von einem „sonstigen", von § 422 Abs. 3 nicht erfassten Nachnahmefehler auszugehen, wenn der Frachtführer sich etwa bei der Ablieferung Geld hat geben lassen, das als Falschgeld von einem ordentlichen Frachtführer auch bei Anwendung äußerster Sorgfalt nicht zu identifizieren war. Gleiches gilt für den (vereinbarten) Einzug eines unerkennbar gefälschten Schecks. Zwar haftet der Frachtführer so nur in engen Grenzen verschuldensunabhängig. Sofern eine solche „restriktive Auslegung" der Vorschrift[50] jedoch gesetzgeberisch intendiert ist, begegnet dies keinen Bedenken. Mit der alternativ vorgeschlagenen analogen Anwendung des § 426[51] werden im Wesentlichen gleiche Ergebnisse erzielt. Ausgangspunkt hat jedoch die Frage nach der Reichweite der Haftungsbestimmung des § 422 Abs. 3 zu sein. Dogmatische Gründe, in einem ersten Schritt den Haftungstatbestand des § 422 Abs. 3 weit zu verstehen, sodann aber in einem zweiten Schritt unter Rückgriff auf die Wertung des § 426 einzuschränken, bestehen nicht.[52]

26 Der ersatzfähige Schaden bestimmt sich nach §§ 249 ff BGB. Ein Schaden besteht nicht ohne Weiteres und stets in Höhe des Nachnahmebetrags. Zu ersetzen ist der kon-

---

48 BR-Drucks. 368/97, S. 56.

49 So deutlich MünchKommHGB²/*Czerwenka* Rn 22 f.

50 MünchKommHGB²/*Czerwenka* Rn 23.

51 Baumbach/HoptHGB³⁵/*Merkt* Rn 3; *Andresen/Valder* Rn 20; *Koller*⁸ Rn 19.

52 Ähnlich auch MünchKommHGB²/*Czerwenka* Rn 23; *Braun* Das frachtrechtliche Leistungsstörungsrecht, S. 193 f.

kret nachgewiesene Schaden.[53] Maßgeblich ist, wie der Absender gestanden hätte, wenn der Frachtführer das Gut dem Empfänger nur gegen Einziehung der Nachnahme abgeliefert hätte. Etwaige Mängelansprüche des Empfängers gegenüber dem Absender sind daher grundsätzlich in Rechnung zu stellen; der Absender kann sich allerdings etwa darauf berufen, dass der Empfänger den Mangel nicht gerügt (§ 377) hätte (wobei der diesbezügliche Beweis ihm obliegt).[54] Wären bei pflichtgemäßem Verhalten des Frachtführers Rücktransportkosten angefallen, sind auch diese in Ansatz zu bringen.[55] Der Frachtführer haftet – abgesehen von den Fällen, in denen ihm ein qualifiziertes Verschulden im Sinne des § 435 anzulasten ist – nie über den Betrag der Nachnahme hinaus (§ 422 Abs. 3 a.E.)

Ein Mitverschulden des Absenders ist zu berücksichtigen.[56] Der Absender ist jedoch nicht gehalten, sich vorrangig an den Empfänger zu halten (arg. e § 255 BGB).[57] **27**

2. Sonstige Pflichtverletzungen im Zusammenhang mit Nachnahme. Im Falle nicht von § 422 Abs. 3 erfasster Pflichtverletzungen im Zusammenhang mit einer vereinbarten Nachnahme haftet der Frachtführer nach §§ 280 ff BGB. Dies gilt etwa für die von ihm zu vertretende Unmöglichkeit einer Herausgabe des Nachnahmebetrags. Seine Haftung ist nach § 433 begrenzt.[58] **28**

V. Abdingbarkeit; Beweislast

Die Haftungsregelung des § 422 Abs. 3 ist nur in den Grenzen des § 449 dispositiv.[59] **29**
Da es sich bei Abs. 1 nur um eine Auslegungsregelung handelt und eine Nachnahme auch dann vereinbart sein kann, wenn kein Betrag in bar oder in Form eines gleichwertigen Zahlungsmittels einzuziehen ist, gelangt § 449 auch dann zur Anwendung, wenn die Parteien etwa eine Schecknachnahme vereinbaren. Die gegenteilige Auffassung, dort, wo § 422 „nur kraft Vereinbarung zum Tragen" komme, greife § 449 nicht ein,[60] übersieht, dass es *stets* einer Nachnahmevereinbarung bedarf und die Zahlung in bar oder in Form eines gleichwertigen Zahlungsmittels kein Wesensmerkmal der Nachnahme ist. Zwar sind die Parteien nicht gehindert, statt einer Nachnahme lediglich eine nachnahmeähnliche Vereinbarung zu treffen. Sie sind jedoch gehindert, § 449 zu umgehen, indem sie eine nachnahmeähnliche Vereinbarung schließen, die sich von einer Nachnahme im Sinne des § 422 lediglich dadurch unterscheidet, dass die besondere Haftungsbestimmung des Abs. 3 nicht gelten soll.[61]

Die Abs. 1 und 2 der Bestimmung sind grundsätzlich dispositiv. Der Geltungsbereich des § 422 Abs. 2 kann allerdings mit Blick auf den numerus clausus dinglicher Rechtspositionen vertraglich nicht erweitert werden. Aus den unter der vorausgehenden Randnummer dargestellten Gründen erfasst § 422 Abs. 2[62] nicht nur den Einzug von Geld oder gleichwertigen Zahlungsmitteln. **30**

---

53 Siehe BGHZ 115, 299 ff.
54 *Koller*[8] Rn 20.
55 BGHZ 115, 299 ff.
56 Siehe BGH TranspR 2005, 208 f; Heymann[2]/*Schlüter* Rn 7.
57 *Koller*[8] Rn 20; aA Ebenroth/Boujong/Joost/Strohn[2]/*Reuschle* Rn 27.
58 Siehe auch *Koller*[8] Rn 18.
59 Siehe dazu auch Fremuth/Thume/*Fremuth* Rn 55.
60 *Koller*[8] Rn 3 a.E.; *Andresen/Valder* Rn 23.
61 Ähnlich wohl auch MünchKommHGB[2]/*Czerwenka* Rn 21.
62 Entgegen *Koller*[8] Rn 27.

31 Die Beweislast für Zustandekommen und Inhalt der Nachnahmevereinbarung trifft denjenigen, der Rechte aus ihr herleiten will. Beruft sich der Frachtführer darauf, der Nachnahmeauftrag sei nachgehend vom Absender widerrufen worden, ist er, der Frachtführer, insoweit darlegungs- und beweisbelastet. Die Darlegungs- und Beweislast hinsichtlich des Schadens, den der Frachtführer nach § 422 Abs. 3 bis zur Höhe des Nachnahmebetrags zu ersetzen hat, trifft grundsätzlich den Ersatzberechtigten.[63]

§ 423
Lieferfrist

Der Frachtführer ist verpflichtet, das Gut innerhalb der vereinbarten Frist oder mangels Vereinbarung innerhalb der Frist abzuliefern, die einem sorgfältigen Frachtführer unter Berücksichtigung der Umstände vernünftigerweise zuzubilligen ist (Lieferfrist).

Schrifttum

De la Motte CMR: Schaden – Entschädigung – Versicherung, VersR 1988, 317–324; *Helm* Haftung für Schäden an Frachtgütern, Studien zur Schadensersatzpflicht aus Frachtgeschäften und zur Konkurrenz vertraglicher und außervertraglicher Ersatzansprüche, 1966; *ders.* Verzögerte Ausführung von Straßengütertransporten nach der Tarifaufhebung, TranspR 1994, 277–279; *Heuer* Die Haftung des Frachtführers nach dem Übereinkommen über den Beförderungsvertrag im internationalen Straßengüterverkehr, 1975; *Hill-Messent* CMR: Contracts for the international carriage of goods by road, 2. Aufl. 1995; *Jesser* Frachtführerhaftung nach der CMR, 1992; *Koller* CMR und Speditionsrecht, VersR 1988, 556–563; *ders.* Das Standgeld bei CMR-Transporten, TranspR 1988, 129–138; *Lieser* Ergänzung der CMR durch unvereinheitlichtes deutsches Recht, 1991; *Roesch* Abschluß des Beförderungsvertrages, Lieferfristbeginn und Lieferfristhaftung im Landfrachtrecht, VersR 1982, 828–835; *Starosta* Falschauslieferung an den Endempfänger, VersR 1992, 804–805; *Thume* Zur Lieferfristüberschreitung nach Art. 19 CMR, TranspR 1992, 403–405; *ders.* Die Haftung des CMR-Frachtführers für Verspätungsschäden, RIW 1992, 966–970; *Voigt* Der Beginn der Lieferfrist beim CMR-Vertrag, VersR 1973, 501–504; *ders.* Zur Lieferfristregelung der CMR, VP 1965, 184–186.

Übersicht

I. Einleitung

1 In § 423 findet sich eine Legaldefinition der Lieferfrist. Bei dieser handelt es sich um die zwischen den Parteien vereinbarte Frist (§ 423 Var. 1) oder mangels Vereinbarung die Frist, die einem sorgfältigen Frachtführer unter Berücksichtigung der Umstände vernünf-

[63] BGH NJW 1992, 621 ff; siehe auch Fremuth/Thume/*Fremuth*, Rn 51 ff; *Andresen/Valder* Rn 8.

tigerweise zuzubilligen ist (§ 423 Var. 2), um das Gut abzuliefern. Die Norm bestimmt weiter, dass der Frachtführer zu einer Ablieferung innerhalb der Lieferfrist verpflichtet ist. Bei Verletzung dieser Pflicht haftet der Frachtführer nach Maßgabe der §§ 425 ff. Der Lieferfrist kommt dabei auch bei Anwendung der Verlustvermutung des § 424 sowie im Rahmen der Fristläufe nach §§ 438 Abs. 3, 439 Abs. 2 Bedeutung zu.

Auf eine Definition der „Überschreitung" der Lieferfrist, wie sie sich in Art. 19 CMR findet, hat der Gesetzgeber verzichtet, da sich diese bereits aus der Umschreibung des Begriffes der Lieferfrist ohne Weiteres ergibt.[1] Die Vorgaben, die § 423 Var. 2 zur Ermittlung der Lieferfrist bei Fehlen einer diesbezüglichen Parteiabsprache macht, bleiben wenig konkret. Mit Blick auf die transportmittelübergreifende Geltung des HGB-Frachtrechts und die Vielgestaltigkeit transportrechtlicher Vorgänge scheint dies allerdings unvermeidlich.[2] **2**

II. Begriff der Lieferfrist

Bei der Lieferfrist handelt es sich um denjenigen Zeitraum, innerhalb dessen der Frachtführer das Gut zu übernehmen, zu befördern und abzuliefern, ggf. auch zu entladen hat.[3] Da die Haftungsbestimmung des § 425 Abs. 1 (ggf. i.V.m. § 424) an die Überschreitung der Lieferfrist anknüpft, ist praktisch entscheidend, in welchem Zeitpunkt der Frachtführer das Gut spätestens abzuliefern hat; dem Anfang der Lieferfrist kommt vor allem dann Bedeutung zu, wenn unter Rückgriff auf ihn das Lieferzeitende zu berechnen ist (etwa „Lieferung innerhalb von 2 Tagen ab Übernahme").[4] **3**

Verzögerungen bis zur und bei Übernahme des Gutes sind nach §§ 412, 415, 417 zu behandeln.[5] Auch kann die verspätete Abholung der Ware einen Verzugsschadensersatzanspruch des Absenders gegen den Frachtführer gem. § 286 BGB nach sich ziehen.[6] Die Verzögerung im Laufe des Transports vorzunehmender Handlungen ist im Rahmen des § 423 nur insoweit relevant, als sie zu einer Überschreitung der Lieferfrist führt. Gleiches gilt, sofern der Frachtführer die Entladung schuldet, für Verzögerungen beim Entladen.[7] **4**

III. Vertraglich vereinbarte Lieferfrist

Die vertragliche Vereinbarung einer Lieferfrist ist nicht formbedürftig, sie kann nicht nur ausdrücklich, sondern auch konkludent erfolgen. Eine Eintragung der Lieferfristvereinbarung im Frachtbrief ist möglich (§ 408 Abs. 1 Satz 2). Die Vereinbarung muss nicht bereits bei Abschluss des Frachtvertrages getroffen werden. Die Lieferfrist kann auch nachfolgend noch durch Vereinbarung festgelegt werden; ebenso können die Parteien ihre ursprüngliche Lieferfristabsprache einvernehmlich ändern. Ob die von den Parteien festgelegte Frist kürzer oder länger ist als diejenige, welche sich nach § 423 Var. 2 ergeben würde, ist unerheblich.[8] **5**

---

[1] Siehe BR-Drucks. 368/97, 56.

[2] Siehe auch Ebenroth/Boujong/Joost/Strohn²/*Reuschle* Rn 1.

[3] Heymann²/*Schlüter* Rn 2; ähnlich etwa auch MünchKommHGB²/*Czerwenka* Rn 3; *Andresen/Valder* Rn 3.

[4] Siehe auch *Koller*⁸ Rn 2, 7; Heymann²/*Schlüter* Rn 2.

[5] MünchKommHGB/*Czerwenka*² Rn 4; *Andresen/Valder* Rn 3.

[6] OLG Frankfurt TranspR 1991, 249 (250); *Ramming* TranspR 2003, 419 (421).

[7] *Koller*⁸ Rn 3.

[8] Siehe auch *Andresen/Valder* Rn 8.

6 Verfügt der Absender beispielsweise die Ablieferung an einen anderen Empfänger oder ein Ruhen der Beförderung, so wirkt sich seine Weisung mittelbar auch auf die Lieferfrist aus.[9] Sofern keine ausdrückliche Absprache der Parteien entgegensteht, dürfte auch eine Weisung des Absenders, die unmittelbar darauf zielt, dass der Frachtführer das Gut bis zu einem bestimmten Termin abliefert, zulässig sein. Eine solche Weisung bezieht sich auf die Durchführung der Beförderung,[10] und der Frachtführer ist durch § 418 Abs. 1 Satz 3 hinreichend geschützt.[11]

7 Ob eine Lieferfristvereinbarung getroffen ist, ist durch Auslegung (§§ 133, 157 BGB) zu ermitteln. Erklärt der Frachtführer, er werde „alles Erdenkliche und Mögliche" tun, könne aber einen „100 %igen Auslieferungstermin natürlich nicht garantieren", will er sich mit Blick auf den spätesten Liefertermin rechtlich gerade nicht binden.[12] Auch Klauseln wie „baldestmöglich", „so schnell wie möglich", „umgehend" oder „prompt" begründen regelmäßig keine Lieferfristabrede.[13] Da eine Lieferfristvereinbarung jedoch auch konkludent getroffen werden kann, kann im Einzelfall mit Klauseln, die im Ausdruck derart unbestimmt wie „prompt" oder „wie üblich" sind, eine ständige, hinreichend konkrete Praxis zwischen den Parteien in Bezug genommen sein.[14]

8 Die Parteien können sowohl eine Lieferfrist als auch einen Liefertermin vereinbaren. In erstgenanntem Fall ist die Frist anhand der §§ 187 ff BGB zu bestimmen. Haben die Parteien nicht festgelegt, wann die Frist zu laufen beginnt, ist diese Frage durch (ergänzende) Auslegung der konkreten Parteiabsprache zu beantworten. Eine Aussage, die Frist beginne regelmäßig oder zumindest im Zweifel im Zeitpunkt des Vertragsschlusses (oder, als andere denkbare Variante, im Zeitpunkt der Übernahme des Gutes) kann nicht getroffen werden.[15] Im Zweifel hat die Übernahme des Gutes wie auch seine Ablieferung zu üblichen Geschäftszeiten zu erfolgen (§ 358).

9 Beförderungs- und Ablieferungshindernisse i.S.d. § 419 wirken sich ebenso wie sonstige Hemmnisse auf die Lieferfrist nicht aus. Schutz vor einer Inanspruchnahme wegen Überschreitung der Lieferfrist erfährt der Frachtführer in den betreffenden Fällen durch die Bestimmung des § 426.[16]

10 Die Vereinbarung einer äußerst knappen Lieferfrist ist nur unter den überaus strengen Voraussetzungen des § 138 BGB als sittenwidrig zu beurteilen. Übernimmt der Frachtführer die Verpflichtung zur Ablieferung des Gutes bis zu einem bestimmten Zeitpunkt, obwohl dies in der gesetzten Frist (subjektiv oder objektiv) gar nicht möglich ist, führt dies nicht zu einer Anwendung der Regeln über die Unmöglichkeit der Leistung.[17] Da der Frachtführer unter dem Gesichtspunkt des Übernahmeverschuldens für die Erfüllung der übernommenen Vertragspflicht einzustehen hat, tritt nicht etwa eine nach § 423 Var. 2

---

9 Dazu *Koller*[8] Rn 13.

10 Zu möglichen Weisungsgegenständen und den Grenzen des Weisungsrechts siehe Kommentierung zu § 418 Rn 21 ff.

11 Wie hier im Ergebnis wohl auch *Andresen/Valder* Rn 15.

12 Siehe LG Kleve VersR 1975, 465; Ebenroth/Boujong/Joost/Strohn[2]/*Reuschle* Rn 6.

13 Siehe LG Stuttgart TranspR 1992, 22 ff; *Andresen/Valder* Rn 13.

14 Siehe *Koller*[8] Rn 5 mit zumindest anderer Akzentuierung.

15 **AA** *Koller*[8] Rn 8, der im Zweifel auf den Zeitpunkt des Vertragsangebots abstellen will, wenn dieses in Form der §§ 151, 362 BGB angenommen wird, ansonsten auf den Moment des Vertragsschlusses; abweichend ebenfalls Ebenroth/Boujong/Joost/Strohn[2]/*Reuschle* Rn 8, nachdem es im Zweifel auf den Zeitpunkt der Übernahme des Gutes ankommen soll, m.w.N. in Fn. 9.

16 *Koller*[8] Rn 8; Ebenroth/Boujong/Joost/Strohn[2]/*Reuschle* Rn 7.

17 Siehe allgemein *Schmidt* Die Unmöglichkeit der Erfüllung, S. 77; StaudingerBGB[16]/*Löwisch* § 286 BGB Rn 136.

zu bestimmende Zeitspanne an die Stelle der unmöglichen Lieferfrist.[18] Die Folgen einer Nichteinhaltung der vereinbarten Lieferfrist in dem genannten Fall beurteilen sich nach §§ 419, 425 ff.[19]

Die Lieferfristvereinbarung ist von demjenigen darzulegen und zu beweisen, der sich auf sie beruft. Wendet der Gegner eine nachträgliche Änderung der Absprache ein, ist er insoweit darlegungs- und beweisbelastet.[20] 11

IV. Fehlende Lieferfristvereinbarung

Haben die Parteien keine Lieferfrist vereinbart, hat der Frachtführer das Gut innerhalb der Frist abzuliefern, die einem sorgfältigen Frachtführer unter Berücksichtigung der Umstände vernünftigerweise zuzubilligen ist. Die Bestimmung dieser Frist verlangt eine **Einzelfallbetrachtung**. Maßgeblich ist die **ex ante**-Sicht eines Idealfrachtführers (§ 347).[21] 12

Ein solcher würde alle vorhersehbaren Risiken in seine Lieferfristberechnung angemessen einbeziehen und insbesondere Verladezeiten, auch wenn sie Güter Dritter betreffen, Wartezeiten bei Behörden, den Zustand der Transportwege und mögliche Verzögerungen auf stauträchtigen Wegstrecken in Rechnung stellen.[22] Äußerst unwahrscheinliche Risiken würde er demgegenüber nicht einkalkulieren; [23] will der Frachtführer sie berücksichtigt wissen, bleibt ihm die Möglichkeit, eine Vereinbarung über die Lieferfrist zu schließen. Auch würde ein ordentlicher Frachtführer Verzögerungen wegen eigenverschuldeter Pannen (etwa auf Grund eines schlecht gewarteten Fahrzeugs) nicht einplanen, da es bei einem sorgfältigen Frachtführer zu solchen Verzögerungen nicht kommt.[24] Letztlich entspricht die Lieferfrist nach § 423 Var. 2 dem, was redliche Parteien im Falle einer Absprache vereinbart hätten.[25] Daher sind auch die Interessen des Absenders in Ansatz zu bringen und ist zu fragen, ob dieser sich auf die kalkulierte Lieferfrist eingelassen hätte.[26] Allein schon, da es auf die Sicht ex ante ankommt, bleiben Umstände, die sich während der Beförderung ereignet haben (etwa eine Vollsperrung des Verkehrswegs), außer Betracht.[27] 13

V. Rechtsfolgen einer Lieferfristüberschreitung

Im Falle einer Überschreitung der Lieferfrist haftet der Frachtführer nach Maßgabe der §§ 425 ff. Die Lieferfristüberschreitung braucht nicht erheblich in dem Sinne zu sein, dass eine bloß kurze Verzögerung unbeachtlich wäre.[28] Gemäß § 431 Abs. 3 ist die Haftung des Frachtführers wegen Überschreitung der Lieferfrist auf den dreifachen Betrag der Fracht begrenzt. Die Verdreifachung des Haftungshöchstbetrags im Vergleich zu der Regelung des Art. 23 Abs. 5 CMR erklärt sich daraus, dass der grenzüberschreitende 14

---

18 **AA** für den Fall objektiver Unmöglichkeit Ebenroth/Boujong/Joost/Strohn²/*Reuschle* Rn 10.
19 Siehe auch *Koller*⁸ Rn 5.
20 *Andresen/Valder* Rn 8, 15.
21 MünchKommHGB²/*Czerwenka* Rn 9; *Koller*⁸ Rn 10.
22 Heymann²/*Schlüter* Rn 6.
23 Siehe *Koller*⁸ Rn 12.
24 Heymann²/*Schlüter* Rn 6.
25 *Koller*⁸ Rn 10; *Andresen/Valder* Rn 14.
26 Heymann²/*Schlüter* Rn 6.
27 MünchKommHGB²/*Czerwenka* Rn 9.
28 *Andresen/Valder* Rn 5; Heymann²/*Schlüter* Rn 7.

Verkehr als risikoreicher und anfälliger für Lieferfristüberschreitungen angesehen und für diesen ein gesteigertes Bedürfnis, den Frachtführer zu schützen, angenommen wurde.[29] Die Regelung des § 449 Abs. 2 Satz 1 zur Abänderung des Haftungshöchstbetrags durch Allgemeine Geschäftsbedingungen gilt nicht für die Haftung des Frachtführers wegen Überschreitens der Lieferfrist, sondern nur für die Fälle des § 431 Abs. 1 und 2.

§ 424
Verlustvermutung

(1) Der Anspruchsberechtigte kann das Gut als verloren betrachten, wenn es weder innerhalb der Lieferfrist noch innerhalb eines weiteren Zeitraums abgeliefert wird, der der Lieferfrist entspricht, mindestens aber zwanzig Tage, bei einer grenzüberschreitenden Beförderung dreißig Tage beträgt.

(2) Erhält der Anspruchsberechtigte eine Entschädigung für den Verlust des Gutes, so kann er bei deren Empfang verlangen, daß er unverzüglich benachrichtigt wird, wenn das Gut wiederaufgefunden wird.

(3) Der Anspruchsberechtigte kann innerhalb eines Monats nach Empfang der Benachrichtigung von dem Wiederauffinden des Gutes verlangen, daß ihm das Gut Zug um Zug gegen Erstattung der Entschädigung, gegebenenfalls abzüglich der in der Entschädigung enthaltenen Kosten, abgeliefert wird. Eine etwaige Pflicht zur Zahlung der Fracht sowie Ansprüche auf Schadenersatz bleiben unberührt.

(4) Wird das Gut nach Zahlung einer Entschädigung wiederaufgefunden und hat der Anspruchsberechtigte eine Benachrichtigung nicht verlangt oder macht er nach Benachrichtigung seinen Anspruch auf Ablieferung nicht geltend, so kann der Frachtführer über das Gut frei verfügen.

Schrifttum

De la Motte CMR: Schaden – Entschädigung – Versicherung, VersR 1988, 317–324; *Jesser* Frachtführerhaftung nach der CMR, 1992; *Loewe* Erläuterungen zum Übereinkommen vom 19. Mai 1956 über den Beförderungsvertrag im internationalen Straßengüterverkehr (CMR), ETR 1976, 503–597; *Nickel-Lanz* La convention relative au contrat de transport international de marchandises par route, Diss. Lausanne 1976; *Regnarsen* Lov om fragtaftaler ved international vejtransport, 1985; *Thume* Zum Verlustbegriff, insbesondere bei weisungswidriger Ablieferung einer Sendung, TranspR 2001, 433–436.

Übersicht

[29] Siehe *Andresen/Valder* Rn 17.

I. Einleitung

§ 424 orientiert sich an Art. 20 CMR, von dem er in Einzelheiten allerdings abweicht. Weitere Regelungsvorbilder waren Art. 39 CIM 1980[1] und § 37 Abs. 4 KVO. **1**

Die Bestimmung über die Verlustvermutung eröffnet dem Anspruchsberechtigten die Möglichkeit, das Gut unter bestimmten Voraussetzungen als verloren zu betrachten, d.h. vorzugehen, als ob das Gut verloren sei, wenngleich es tatsächlich nicht verloren sein mag. Voraussetzung ist, dass das Gut nicht innerhalb der Lieferfrist zuzüglich eines weiteren Zeitraums von mindestens 20 Tagen bei nationalen Beförderungen und 30 Tagen bei internationalen Beförderungen oder, wenn die Lieferfrist länger ist als 20 bzw. 30 Tage, innerhalb der doppelten Lieferfrist abgeliefert wird. Es ist dem Anspruchsberechtigten überlassen, ob er sich in diesem Fall auf die Verlustvermutung berufen oder trotz der Verzögerungen auf eine Ablieferung des Gutes bestehen will. **2**

Entscheidet sich der Anspruchsberechtigte, das Gut als verloren zu betrachten und wird er für den Verlust entschädigt, so kann er (spätestens) bei Empfang der Entschädigung verlangen, unverzüglich benachrichtigt zu werden, wenn das Gut wiederaufgefunden wird (Abs. 2). Stellt der Anspruchsberechtigte kein solches Verlangen, gelangt Abs. 4 zur Anwendung, wenn das Gut wiederaufgefunden wird. Verlangt der Anspruchsberechtigte eine Benachrichtigung und wird das Gut wiederaufgefunden, ist er darüber in Kenntnis zu setzen. Sodann bleibt ihm ein Monat, sich zu entscheiden, ob er das Gut – Zug um Zug gegen Erstattung der Entschädigung – (doch noch) geliefert bekommen will oder es mit der bereits erfolgten Entschädigungszahlung sein Bewenden haben soll. Entscheidet er sich für ersteres, hat er ein entsprechendes Verlangen an den Frachtführer zu richten. In letztgenanntem Fall kann der Anspruchsberechtigte untätig bleiben. Macht der Anspruchsberechtigte nach Benachrichtigung seinen Anspruch auf Ablieferung nicht geltend, richten sich die weiteren Folgen wiederum nach Abs. 4. **3**

II. Verlustvermutung (Abs. 1)

§ 424 ist nur anwendbar, wenn der Frachtführer das Gut überhaupt übernommen hat.[2] Beweisbelastet, dass das Gut in die Obhut des Frachtführers gelangt ist, ist der Anspruchsberechtigte.[3] Dieser kann sich nicht mehr dafür entscheiden, das Gut als verloren zu betrachten, wenn es noch vor Abgabe seiner entsprechenden Erklärung wiederaufgefunden und an ihn ausgeliefert wird. Allerdings ist der Anspruchsberechtigte, wenn **4**

[1] Zum heutigen Rechtsstand siehe Art. 29 CIM 1999.

[2] *Koller*[8] Rn 3; *Andresen/Valder* Rn 2; Fremuth/Thume/*Fremuth* Rn 4.

[3] MünchKommHGB[2]/*Czerwenka* Rn 2.

er sich auf die Verlustvermutung berufen kann, berechtigt, die Annahme des Gutes zu verweigern, und ist in einer solchen Annahmeverweigerung regelmäßig eine schlüssige Wahlerklärung i.S.d. § 424 Abs. 1 zu sehen.[4]

5 **1. Nichtablieferung des Gutes innerhalb Lieferfrist zuzüglich weiteren Zeitraums.** Eine Berufung des Anspruchsberechtigten auf die Verlustvermutung setzt voraus, dass das Gut weder innerhalb der – nach § 423 zu bestimmenden – Lieferfrist noch innerhalb eines weiteren Zeitraums abgeliefert wird, der der Lieferfrist entspricht, mindestens aber 20 Tage, bei einer grenzüberschreitenden Beförderung 30 Tage beträgt. Im unmittelbaren Anschluss an das Verstreichen der Lieferfrist muss somit ein zusätzlicher Zeitraum von 20 Tagen bei nationalen Beförderungen resp. 30 Tagen bei internationalen Beförderungen verstrichen sein. Ist der Zeitraum der Lieferfrist länger als jene zusätzlichen 20 bzw. 30 Tage, muss die doppelte Lieferfrist vergangen sein.[5]

6 Indem die Regelung nicht durchweg auf ein Verstreichen der doppelten Lieferfrist abstellt, sondern nach Verstreichen der Lieferfrist mindestens 20 weitere Tage gewährt, verhindert sie, dass bei äußerst kurzen Lieferfristen (etwa 24-Stunden-Service) das Gut bereits nach äußerst kurzer Zeit als verloren gilt. Ist zwar die Lieferfrist, nicht aber die sich nach § 424 Abs. 1 ergebende Frist verstrichen, wenn das Gut wiederaufgefunden und abgeliefert wird, kann der Anspruchsberechtigte nur Ersatz des Verspätungsschadens verlangen.

7 Im Unterschied zu Art. 20 Abs. 1 CMR knüpft § 424 Abs. 1 auch dann an die Lieferfrist an, wenn diese nicht vereinbart, sondern nach Var. 2 des § 423 zu bestimmen ist. Die CMR sieht für diesen Fall eine starre Frist von 60 Tagen nach der Übernahme des Gutes durch den Frachtführer vor. Die HGB-Regelung will so gewährleisten, dass die konkreten Umstände der durchzuführenden Beförderung ausreichend Berücksichtigung finden.[6]

8 Um eine nationale Beförderung handelt es sich auch beim sog. Schlenkerverkehr. Eine Änderung des Vertragsinhalts durch Weisung (§ 418) ist zu berücksichtigen. So liegt ein innerstaatlicher Transport auch dann vor, wenn der verfügungsberechtigte Absender den Frachtführer nachträglich anweist, das Gut nicht über die Grenze zu transportieren. Ist ursprünglich ein Ablieferungsort im Inland vorgesehen und wird nachträglich eine Ablieferung an einen Empfänger im Ausland verfügt, wird die Beförderung dadurch zu einer internationalen. Im Falle transnationaler Transporte ist zu prüfen, ob nicht einheitsrechtliche Bestimmungen die Vorschriften des HGB verdrängen.[7]

9 Die Fristberechnung richtet sich nach §§ 187 ff BGB. Liegt ein Beförderungs- oder Ablieferungshindernis (§ 419) vor und erteilt der Absender deshalb eine Weisung, die zu einer Transportverzögerung führt, ist dies bei Bestimmung der Lieferfrist zu berücksichtigen. Die Lieferfrist verlängert sich allerdings nicht, wenn das Beförderungs- oder Ablieferungshindernis im Verantwortungsbereich des Frachtführers wurzelt.[8] Weitergehend kommt es für eine Anwendung des § 424 Abs. 1 auf Verschuldensgesichtspunkte nicht an. Insbesondere verlängert sich die zu wahrende Frist nicht, wenn zwar ein vom Frachtführer nicht zu vertretendes Beförderungs- oder Ablieferungshindernis vorliegt, der verfügungsberechtigte Absender aber keine Weisung erteilt, die zu einer Verlängerung der

---

[4] Siehe auch MünchKommHGB[2]/*Czerwenka* Rn 11, 14.

[5] Siehe auch Ebenroth/Boujong/Joost/Strohn[2]/*Reuschle* Rn 2.

[6] *Andresen/Valder* Rn 4.

[7] *Koller*[8] Rn 7; MünchKommHGB[2]/*Czerwenka* Rn 4.

[8] Heymann[2]/*Schlüter* Rn 3.

Lieferfrist führt. Einer Inanspruchnahme des Frachtführers auf Ersatz setzen in diesem Fall vielmehr die §§ 426, 427 wie u.U. auch § 425 Abs. 2 Grenzen.[9] In den Fällen des § 419 Abs. 3 bleibt dem Frachtführer die Möglichkeit, durch Entladen des Gutes zu einer Beförderungsbeendigung zu gelangen (§ 419 Abs. 3 Satz 5).[10]

2. Wahlmöglichkeit des Anspruchsberechtigten, das Gut als verloren zu betrachten. 10
Mit Verstreichen der Frist nach Abs. 1 ist der Anspruchsberechtigte berechtigt, das Gut als verloren zu betrachten. Will er von dieser Möglichkeit Gebrauch machen, muss er sich entsprechend erklären.[11] Ein „Automatismus" besteht insoweit nicht. Der Anspruchsberechtigte kann ebenso weiterhin auf Ablieferung warten und Schadensersatzansprüche wegen Lieferfristüberschreitung geltend machen; ihm bleibt die **Wahl.**[12]

a) Person des Anspruchsberechtigten. Während Art. 20 CMR – missverständlich – 11
den Begriff des „Verfügungsberechtigten" verwendet, spricht § 424 vom „Anspruchsberechtigten". Damit ist klargestellt, dass es für die Aktivlegitimation hinsichtlich der sich infolge der Verlustvermutung ergebenden Ansprüche nicht darauf ankommen kann, wer die Weisungsbefugnis nach § 418 innehat. Die Aktivlegitimation ist vielmehr bei vermutetem Verlust demjenigen zuzuweisen, der auch bei tatsächlichem Verlust Ansprüche geltend machen könnte.[13] Die Anspruchsberechtigung bestimmt sich damit nach § 421 Abs. 1 (zur Doppellegitimation von Absender und Empfänger siehe die Kommentierung zu § 421 Rn 24 ff).

Nicht auf die Verlustvermutung berufen kann sich der Empfänger, wenn der Fracht- 12
führer das Gut aufgrund einer wirksamen Weisung zum Absender zurückbefördert hat.[14] Problematisch ist die Fallgestaltung, in der ein Anspruchsberechtigter die Sache als verloren betrachten will, der andere hingegen auf ihre Ablieferung besteht. Naheliegend ist es, trotz des dargestellten Unterschieds zwischen Verfügungs- und Anspruchsberechtigung mit dem Argument, der Verfügungsberechtigte sei primär befugt, den Ablauf des Transports zu steuern, eine Parallele zur Verfügungsberechtigung zu ziehen und so zu einem regelmäßigen Vorrang des Absenderverlangens zu gelangen.[15] Erwägenswert ist allerdings auch, unter konsequenter Zugrundelegung, dass im Falle ihrer Doppellegitimation sowohl Absender als auch Empfänger anspruchsberechtigt sind, die Erklärung eines von ihnen, er berufe sich auf die Verlustvermutung, ausreichen zu lassen und so im Ergebnis nur auf die Erklärung desjenigen abzustellen, der im konkreten Fall den Schadensersatzanspruch wegen Verlustes geltend macht.[16]

b) Wahlerklärung. Die Erklärung des Anspruchsberechtigten, das Gut als verloren zu 13
betrachten, ist geschäftsähnliche Handlung, auf die die allgemeinen Vorschriften über Willenserklärungen entsprechende Anwendung finden.[17] Stellvertretung ist nach Maß-

---

[9] *Koller*[8] Rn 7 f; MünchKommHGB[2]/*Czerwenka* Rn 6.

[10] Anders *Koller*[8] Rn 9, der den Entschluss des Frachtführers, das Gut gem. § 419 Abs. 3 Satz 2 zurückzubefördern, wie eine gültige Weisung behandeln will; wie hier MünchKommHGB[2]/*Czerwenka* Rn 6.

[11] *Koller*[8] Rn 10; MünchKommHGB[2]/*Czerwenka* Rn 11; **aA** OLG Frankfurt NJW-RR 1986, 577 f.

[12] Siehe auch *Andresen/Valder* Rn 2.

[13] BR-Drucks. 368/97, S. 56 f.

[14] OLG Düsseldorf TranspR 1993, 17; Ebenroth/Boujong/Joost/Strohn[2]/*Reuschle* Rn 10.

[15] So Heymann[2]/*Schlüter* Rn 5; *Koller*[8] Rn 16.

[16] So MünchKommHGB[2]/*Czerwenka* Rn 12.

[17] Vgl. BGH NJW 1967, 1800 (1802); BGH NJW 1989, 1792.

gabe der §§ 164 ff BGB zulässig; die Vorschriften über Willensmängel sind ebenso anwendbar[18] wie die Auslegungsbestimmungen der §§ 133, 157 BGB. Da die Wahlerklärung auch mit rechtlichen Nachteilen verbunden ist, ist zu ihrer Abgabe Geschäftsfähigkeit erforderlich.[19] Die Erklärung bedarf keiner bestimmten Form und kann auch durch schlüssiges Verhalten abgegeben werden; sie muss dem Frachtführer zugehen. Nimmt der Anspruchsberechtigte den Frachtführer wegen Güterverlusts auf Ersatz in Anspruch, liegt darin, wenn Zweifel am tatsächlichen Verlust des Gutes bestehen, zugleich die Erklärung, dass er sich auf die Verlustvermutung des § 424 Abs. 1 berufe.[20]

14 Die Wahlerklärung kann auch bloß auf einen Teil der Sendung bezogen werden. Nahezu selbstverständlich ist dies für den Fall, dass ein Teil der Sendung vor Ablauf der Frist nach § 424 Abs. 1 beim Empfänger abgeliefert wird, ein anderer hingegen nicht. In dieser Konstellation ist § 424 hinsichtlich des verschollenen Gutes (in seiner Gesamtheit) anwendbar. Zweifelhaft ist demgegenüber, ob der Anspruchsberechtigte nach Fristverstreichen auch erklären kann, er betrachte (lediglich) *einen Teil* einer verschollenen Sendung als verloren, bestimmte andere Güter der Sendung wolle er unverändert abgeliefert wissen. Im Ergebnis wird diese Frage von der ganz herrschenden Meinung zu Recht bejaht, da bei gemischtem Sendungsinhalt etwa ein Deckungskauf nicht hinsichtlich sämtlicher Frachtstücke gleich sinnvoll sein muss.[21]

15 Der Anspruchsberechtigte, der sich entschieden hat, das Gut als verloren zu betrachten und Ansprüche wegen Verlusts geltend zu machen, kann seine Wahl nochmals ändern, sein Entschädigungsverlangen wegen Verlustes wieder aufgeben und stattdessen Ablieferung – ggf. i.V.m. Schadensersatz wegen Überschreitung der Lieferfrist und/oder Beschädigung – fordern. In der Annahme des wiederaufgefundenen Gutes als solcher ist jedoch keine Änderung der Wahlerklärung, mithin kein Abgehen von der zuvor erklärten Wahl des Schadensersatzes wegen Verlustes zu sehen.[22] Die bloße Entgegennahme des wiederaufgefundenen Gutes kann im Wege der Vorteilsausgleichung bei der Bemessung des Schadensersatzes wegen Verlustes zu berücksichtigen sein.[23] Eine Vorteilsausgleichung darf allerdings nicht dazu führen, dass mit ihr das ausgeübte Wahlrecht unterlaufen würde, was der Fall wäre, könnte der Frachtführer dem Absender die wiederaufgefundene Ware faktisch aufdrängen, müsste sie ihm also nur zuleiten, um seiner (umfänglichen) Schadensersatzpflicht wegen Güterverlustes zu entgehen.[24]

16 c) **Unwiderlegliche Verlustannahme als Folge einer Berufung des Anspruchsberechtigten auf Verlustvermutung.** Beruft der Anspruchsberechtigte sich zulässigerweise auf die Verlustvermutung, ist das Gut **unwiderleglich** als verloren anzusehen. Mit der Behauptung, das Gut sei überhaupt nicht verloren oder jedenfalls wiederaufgefunden, wird der Frachtführer nicht gehört. Selbst wenn zweifelsfrei feststeht, dass die betreffenden Ausführungen des Frachtführers zutreffen, handelt der Absender nicht rechtsmissbräuchlich, wenn er an der ihm durch § 424 eingeräumten Entscheidung für einen Schadensersatz wegen Verlustes festhält.[25]

---

18 Vgl. BGH NJW 1989, 1792.

19 So auch *Koller*[8] Rn 10.

20 Siehe auch MünchKommHGB[2]/*Czerwenka* Rn 11.

21 Siehe *Koller*[8] Rn 14; Fremuth/Thume/*Fremuth* Rn 9; *Andresen/Valder* Rn 8.

22 OLG Düsseldorf TranspR 2008, 36 (37).

23 BGH NJW 1979, 2473; OLG Düsseldorf TranspR 2008, 36 (37).

24 BGH NJW-RR 2002, 905 (906).

25 BGH NJW-RR 2002, 905 (906).

Selbstverständlich knüpft die unwiderlegliche Verlustvermutung nicht allein an ein Verstreichen der Frist nach § 424 Abs. 1, sondern zusätzlich an die – gestaltende – Erklärung des Anspruchsberechtigten, sich auf die Verlustvermutung zu berufen. Berücksichtigt man dies, ist die dogmatische Einordnung als unwiderlegliche Vermutung unproblematisch.[26] 17

III. Entschädigung des Anspruchsberechtigten für Verlust des Gutes

Ist das Gut als verloren zu betrachten, kann der Anspruchsberechtigte wegen des Verlustes Schadensersatz nach Maßgabe der §§ 425 ff verlangen. Der Frachtführer kann einwenden, nach § 426 oder § 427 von der Haftung befreit zu sein oder gem. § 425 Abs. 2 zumindest nicht vollumfänglichen Schadensersatz zu schulden.[27] Im Falle qualifizierten Verschuldens haftet der Frachtführer unbegrenzt (§ 435). 18

IV. Recht des Anspruchsberechtigten, bei Empfang der Entschädigung Benachrichtigungsverlangen zu stellen (Abs. 2)

Auch bei Erhalt einer Verlustentschädigung kann sich der Anspruchsberechtigte die Chance sichern, das Gut, wenn es wiederaufgefunden wird, doch noch ausgeliefert zu bekommen. Voraussetzung ist, dass er (spätestens[28]) bei Empfang der Entschädigung für den Güterverlust ein **Verlangen** dahingehend stellt, unverzüglich benachrichtigt zu werden, wenn das Gut wiederaufgefunden wird, und diese Erklärung dem Frachtführer zugeht. Stellt der Anspruchsberechtigte kein solches Verlangen, kann der Frachtführer über wiederaufgefundenes Gut frei verfügen (Abs. 4).[29] 19

Der späteste Zeitpunkt zur Stellung des Benachrichtigungsverlangens ist der Entschädigungsempfang, d.h. der Zeitpunkt, in dem dem Anspruchsberechtigten der geschuldete Barbetrag übergeben, ein ihm überreichter Scheck eingelöst oder der geschuldete Betrag seinem Konto gutgeschrieben wird.[30] Bloße Teilleistungen, zu denen der Schuldner gem. § 266 BGB grundsätzlich ohnehin nicht berechtigt ist, bleiben ohne Bedeutung.[31] 20

Abweichend von Art. 20 Abs. 2 CMR enthält die Bestimmung des § 424 Abs. 2 keine zeitliche Befristung dahingehend, dass eine Benachrichtigung bei Wiederauffinden des Guts nur binnen Jahresfrist verlangt werden kann. Die damit einhergehende Einschränkung der Rechtsposition des Anspruchsberechtigten erschien dem Gesetzgeber zu weitgehend, eine zeitliche Begrenzung durch die allgemeinen Verjährungsvorschriften ausreichend.[32] Auch fehlt es in § 424 Abs. 2 an einem Schriftformerfordernis. Das Benachrichtigungsverlangen kann daher auch mündlich und sogar konkludent gestellt werden. Bei einer Entgegennahme der Verlustentschädigung, die mit der Erklärung „unbeschadet 21

---

26 Zu Bedenken siehe Heymann[2]/*Schlüter* Rn 6 wie auch *Koller*[8] Rn 10 mit im Ergebnis ähnlicher Sicht.

27 Siehe auch Fremuth/Thume/*Fremuth* Rn 12.

28 Koller[8] Rn 18; MünchKommHGB[2]/*Czerwenka* Rn 19.

29 Siehe auch Baumbach/HoptHGB[35]/*Merkt* Rn 2.

30 MünchKommHGB[2]/*Czerwenka* Rn 17; Ebenroth/Boujong/Joost/Strohn[2]/*Reuschle* Rn 13.

31 MünchKommHGB[2]/*Czerwenka* Rn 17.

32 Siehe BR-Drucks. 368/97, S. 57.

der Rechte auf das Gut“ verbunden wird, ist davon auszugehen, dass der Anspruchsberechtigte verlangt, benachrichtigt zu werden, sollte das Gut wiederaufgefunden werden.[33]

22 Das Benachrichtigungsverlangen kann entsprechend dem oben Rn 14 Gesagten auf einen Teil der Sendung beschränkt werden. Auch wenn der Aufenthaltsort des Gutes bekannt ist, das Gut jedoch nicht innerhalb der Frist nach § 424 Abs. 1 abgeliefert werden konnte, ist die Bestimmung anwendbar und kann der Anspruchsberechtigte vom Frachtführer verlangen, benachrichtigt zu werden, sollte der Frachtführer das Gut wieder herausgeben können.[34]

23 Auch wenn es sich bei dem Anspruchsberechtigten um einen Verbraucher handelt, besteht keine Aufklärungspflicht des Frachtführers darüber, dass ein Benachrichtigungsverlangen zu stellen ist, will der Anspruchsberechtigte sich seine Rechte auf das Gut erhalten.[35] So das Gesetz eine besondere Unterrichtung des Verbrauchers wollte, würde es diese anordnen (siehe etwa § 451b Abs. 3 Satz 1). Auch andere Gründe für eine Restriktion des § 424 Abs. 2, 4 zu Gunsten von Verbrauchern sind nicht ersichtlich. Geht man entgegen der hier vertretenen Auffassung vom Bestehen einer Aufklärungspflicht aus, führt dies im Folgenden gleichwohl nicht zu einer Anwendbarkeit der Vermutung aufklärungsrichtigen Verhaltens.[36] Mit Blick auf die Systematik des § 424 kann nicht davon ausgegangen werden, dass ein „Vorbehalt“ (Benachrichtigungsverlangen) die aufklärungsrichtige Verhaltensweise gewesen wäre. Es bestehen mitunter gute Gründe, sich mit der Entschädigungszahlung zufriedenzugeben. Für den aufgeklärten Verbraucher hätte daher ein Entscheidungskonflikt bestanden, der eine beweisrechtliche Privilegierung hindert.

V. Gestelltes Benachrichtigungsverlangen und Benachrichtigung vom Wiederauffinden des Gutes (Abs. 3)

24 Ist ein Benachrichtigungsverlangen gestellt, hat der Frachtführer den Anspruchsberechtigten zu benachrichtigen, wenn das Gut wiederaufgefunden wird. Die Benachrichtigung hat unverzüglich (§ 121 Abs. 1 Satz 1 BGB) zu erfolgen. Im Falle einer Verletzung der Benachrichtigungspflicht haftet der Frachtführer nach § 280 BGB für den Schaden, der ursächlich auf die unterbliebene oder verspätete Benachrichtigung zurückzuführen ist.[37]

25 **1. Wahlmöglichkeit des Anspruchsberechtigten.** Mit Erhalt der Benachrichtigung über das Wiederauffinden des Gutes ist der Anspruchsberechtigte vor die Wahl gestellt, ob er – Zug um Zug gegen Erstattung der Entschädigung – Ablieferung des Gutes verlangen will oder es bei der geleisteten Entschädigungszahlung sein Bewenden haben soll.[38] Will er Ablieferung verlangen, muss er dies binnen Monatsfrist tun. Die Wahl einer Ablieferung bedarf keiner bestimmten Form. Die Erklärung muss dem Frachtführer zugehen. Macht der Anspruchsberechtigte nach Benachrichtigung seinen Anspruch auf Abliefe-

---

33 MünchKommHGB²/*Czerwenka* Rn 16.

34 *Koller*⁸ Rn 21.

35 Wie hier *Andresen/Valder* Rn 11; **aA** Heymann²/*Schlüter* Rn 10; *Koller*⁸ Rn 22.

36 **AA** *Koller*⁸ Rn 22.

37 Siehe MünchKommHGB²/*Czerwenka* Rn 20.

38 Siehe auch BGH NJW-RR 2002, 905 (906).

rung nicht oder nicht fristgerecht geltend, kann der Frachtführer über das Gut nach Abs. 4 frei verfügen.

2. **Folgen der Wahl einer Ablieferung.** Mit Erklärung des Ablieferungsverlangens lebt die frachtvertragliche Ablieferungspflicht wieder auf. Grundsätzlich gilt dies nur, wenn der Anspruchsberechtigte zuvor vom Frachtführer gemäß Abs. 2 verlangt hat, bei Wiederauffinden des Gutes unverzüglich benachrichtigt zu werden.[39] Benachrichtigt der Frachtführer den Anspruchsberechtigten allerdings über das Wiederauffinden des Gutes, ohne dass dieser eine Benachrichtigung verlangt hat, und entscheidet sich der Anspruchsberechtigte angesichts der Benachrichtigung dafür, das Gut doch noch entgegenzunehmen, kann es dem Frachtführer im Einzelfall nach § 242 BGB verwehrt sein, sich darauf zu berufen, dass es an einem Benachrichtigungsverlangen fehle. **26**

Hat der Anspruchsberechtigte Ablieferung gewählt, kann er anschließend nicht wieder auf die Verlustvermutung zurückgehen.[40] Die Ablieferung hat wie im Frachtvertrag vorgesehen zu erfolgen; eine Umgestaltung des Frachtvertrags durch Weisung (§ 418) ist möglich.[41] Zur Ablieferung des Gutes ist der Frachtführer nur Zug um Zug gegen Erstattung der Entschädigung und Erfüllung etwaiger Frachtzahlungsansprüche verpflichtet. Die gewählte Formulierung, die von derjenigen des Art. 20 Abs. 3 CMR abweicht, soll verdeutlichen, dass die Rückzahlung eines erhaltenen Betrages nicht in jedem Fall erforderlich ist, und auch derjenige das Gut soll erlangen können, der keine Entschädigung erhalten hat.[42] **27**

Abs. 3 Satz 2 stellt klar, dass Frachtzahlungsansprüche sowie sonstige noch offene Ansprüche (z.B. Standgeldforderungen)[43] unberührt bleiben. Ebenso unberührt bleiben Ansprüche auf Schadensersatz. Der Anspruchsberechtigte kann somit neben einer Ablieferung Schadensersatz wegen Überschreitung der Lieferfrist und/oder Beschädigung verlangen.[44] Eine Aufrechnung ist nach Maßgabe der §§ 387 ff BGB möglich.[45] **28**

Dem Ablieferungsverlangen kann der Frachtführer ebenso die Einrede der Verjährung nach § 214 Abs. 1 BGB i.V.m. § 439 entgegenhalten wie Ersatzansprüchen nach Maßgabe der §§ 425 ff. Damit ist der Geltendmachung von Ansprüchen nach § 424 Abs. 3 faktisch eine zeitliche Grenze gesetzt. Der Frachtführer braucht dem Ablieferungsverlangen des Anspruchsberechtigten nicht mehr nachzukommen, wenn seit Ablauf der Lieferfrist mehr als ein Jahr (im Falle qualifizierten Verschuldens 3 Jahre) verstrichen sind.[46] **29**

VI. Verfügungsrecht des Frachtführers (Abs. 4)

In den beiden Varianten, dass der Anspruchsberechtigte entweder eine Benachrichtigung nach Abs. 2 nicht verlangt hat oder er zwar zu benachrichtigen war, nach Benachrichtigung seinen Anspruch auf Ablieferung aber nicht innerhalb der Frist nach Abs. 3 **30**

39 MünchKommHGB²/*Czerwenka* Rn 22.

40 *De la Motte* VersR 1988, 314 (320); Ebenroth/Boujong/Joost/Strohn²/*Reuschle* Rn 16.

41 MünchKommHGB²/*Czerwenka* Rn 24.

42 BR-Drucks. 368/97, S. 57.

43 Ebenroth/Boujong/Joost/Strohn²/*Reuschle* Rn 18.

44 Siehe auch OLG Düsseldorf TranspR 2008, 36 (37).

45 MünchKommHGB²/*Czerwenka* Rn 25.

46 Siehe BR-Drucks. 368/97, S. 57; Heymann²/*Schlüter* Rn 10; *Koller*⁸ Rn 24; *Andresen*/*Valder* Rn 17; Ebenroth/Boujong/Joost/Strohn²/*Reuschle* Rn 15.

Satz 1 geltend gemacht hat, kann der Frachtführer über das Gut frei verfügen, wenn es nach Zahlung einer Entschädigung wiederaufgefunden wird (Abs. 4). Aufgrund dieser Zuweisung der Verfügungsbefugnis können Dritte vom Frachtführer als Berechtigtem Eigentum nach §§ 929 ff BGB erwerben. An Voraussetzungen, wie sie etwa in den §§ 373 Abs. 2–4 oder §§ 1233–1240 BGB vorgesehen sind, ist der Frachtführer in seinem Verfügungsrecht nicht gebunden.[47] Dem Frachtführer wird allerdings nicht gesetzlich das Eigentum an dem Gut zugewiesen. Die Eigentumsfrage soll „– wie auch bisher – nach allgemeinem bürgerlichen Recht beurteilt werden."[48]

31 Demzufolge greift der Frachtführer mit der Veräußerung, obwohl und sogar weil er wirksam verfügen kann, in das Eigentum ein, welches unverändert dem Ursprungseigentümer zugewiesen ist. Dieser Eingriff hat einen Bereicherungsanspruch nach § 812 Abs. 1 Satz 2 Var. 2 zur Folge.[49] Die gegenteilige Auffassung berücksichtigt nicht hinreichend, dass mit Übertragung der Verfügungsbefugnis auf den Frachtführer nach Abs. 4 nicht weitergehend auch eine veränderte Eigentumszuweisung verbunden ist.[50] Der Kondiktionsanspruch ist indes nur Zug um Zug gegen Rückerstattung der Entschädigung zu befriedigen (§ 273 BGB). Dem Rechtsgedanken des § 434 Abs. 2 zufolge gilt dies auch, wenn der Eigentümer mit dem Absender nicht identisch ist, der Beförderung aber zugestimmt hat oder der Frachtführer von einer solchen Zustimmung ausgehen durfte.[51]

VII. Abdingbarkeit; Beweislast

32 § 424 ist in den allgemeinen Grenzen der §§ 138, 305 ff BGB dispositiv.[52] Grundsätzlich können die Fristen auch gegenüber Verbrauchern unter Verwendung Allgemeiner Geschäftsbedingungen verkürzt oder verlängert werden.[53] Gelangt die Verlustvermutung zur Anwendung, gelten für die Haftung wegen Güterverlusts nach § 425 die Abdingbarkeitsschranken des § 449.[54]

33 Die Beweislast im Rahmen des § 424 folgt allgemeinen Grundsätzen. Der Anspruchsberechtigte, der sich auf die Verlustvermutung berufen will, muss deren Voraussetzungen darlegen und beweisen. Auch hinsichtlich eines (dem Frachtführer zugegangenen) Benachrichtigungsverlangens nach Abs. 2 ist er darlegungs- und beweispflichtig.[55] Die fristgerechte Benachrichtigung des Anspruchsberechtigten über das Wiederauffinden des Gutes ist vom Frachtführer darzulegen und zu beweisen, die wirksame, insbesondere fristgerechte Stellung des Ablieferungsverlangens nach Abs. 3 vom Anspruchsberechtigten.[56]

Die Kommentierung der §§ 425 bis 435 erfolgt in Band 12/1.

---

[47] BR-Drucks. 368/97, S. 57.

[48] So explizit BR-Drucks. 368/97, S. 58.

[49] So auch Heymann²/*Schlüter* Rn 12; *Koller*⁸ Rn 29; MünchKommHGB²/*Czerwenka* Rn 28; **aA** OLG Düsseldorf TranspR 1998, 32 (34); Ebenroth/Boujong/Joost/Strohn²/*Reuschle* Rn 22.

[50] Dies übersieht insb. OLG Düsseldorf TranspR 1998, 32 (34).

[51] Heymann²/*Schlüter* Rn 12; *Koller*⁸ Rn 29.

[52] *Koller* in: Transport-Wirtschaft-Recht, S. 167 (169); Fremuth/Thume/*Fremuth* Rn 31.

[53] Siehe *Andresen/Valder* Rn 20; zu Grenzen unter dem Gesichtspunkt des § 307 BGB MünchKommHGB²/*Czerwenka* Rn 7.

[54] Fremuth/Thume/*Fremuth* Rn 32.

[55] Siehe auch *Andresen/Valder* Rn 11.

[56] Siehe auch MünchKommHGB²/*Czerwenka* Rn 23.

§ 436
Haftung der Leute

Werden Ansprüche aus außervertraglicher Haftung wegen Verlust oder Beschädigung des Gutes oder wegen Überschreitung der Lieferfrist gegen einen der Leute des Frachtführers erhoben, so kann sich auch jener auf die in diesem Unterabschnitt und im Frachtvertrag vorgesehenen Haftungsbefreiungen und -begrenzungen berufen. Dies gilt nicht, wenn er vorsätzlich oder leichtfertig und in dem Bewusstsein, dass ein Schaden mit Wahrscheinlichkeit eintreten werde, gehandelt hat.

Schrifttum

Hübsch Das Haftungsrisiko von Berufskraftfahrern bei Verkehrsunfällen, in: Thume (Hrsg.) Transport- und Vertriebsrecht 2000: Festgabe für Rolf Herber, 1999, S. 224–232; *Katzenstein* Haftungsbeschränkungen zugunsten und zulasten Dritter, Diss. Tübingen 2002; *Räcke* Haftungsbeschränkungen zugunsten und zu Lasten Dritter, Diss. Berlin 1994; *Risch* Personenschäden und Schäden an nicht zum Transportgut gehörenden Sachen bei Be- und Entladetätigkeiten im Rahmen eines Frachtvertrages, VersR 2001, 948–951.

Übersicht

I. Allgemeines

1. Normzweck. Während bis zur Transportrechtsreform 1998 eine deliktische Inanspruchnahme der Leute des Frachtführers in unbeschränkter Höhe möglich war,[1] eröffnet § 436 diesen in Anlehnung an Art. 28 Abs. 2 CMR, Art. 51 Abs. 2 CIM, Art. 25 WA und § 607a Abs. 2 a.F. die Möglichkeit, sich auf die in den §§ 407–450 und im Frachtvertrag vorgesehenen Haftungsbefreiungen und -begrenzungen zu berufen, wenn gegen sie außervertragliche Ansprüche wegen eines Verlusts oder der Beschädigung des Gutes oder wegen Überschreitung der Lieferfrist erhoben werden. Eine umfassende Haftung besteht lediglich im Fall qualifiziert schuldhaften Verhaltens (§ 436 Satz 2). 1

Zweck dieser Regelung ist weniger ein Schutz der Leute des Frachtführers vor einer umfänglichen Inanspruchnahme als vielmehr ein solcher des Frachtführers selbst vor einer Aushöhlung (mittelbaren „Entwertung“[2]) von dessen Haftungsprivilegien. So würde, 2

[1] Fremuth/Thume/*Fremuth* Rn 1.
[2] Ebenroth/Boujong/Joost/Strohn[2]/*Schaffert* Rn 2.

könnten außervertragliche Ansprüche gegen Leute des Frachtführers in unbeschränkter Höhe geltend gemacht werden, die Gefahr bestehen, dass das gesetzliche Haftungssystem mit seinen regelmäßigen Haftungshöchstbeträgen materiell keine Wirksamkeit entfaltet. Den Frachtführer könnte insbesondere dadurch mittelbar eine der Höhe nach unbegrenzte Ersatzpflicht treffen, dass er etwaigen arbeitsrechtlichen Freistellungsansprüchen gegenüber seinen Leuten nachkommen muss.[3] In den Fällen, in denen der Arbeitnehmer von dem geschädigten Dritten in Anspruch genommen wird und ihm nach den arbeitsrechtlichen Grundsätzen zum innerbetrieblichen Schadensausgleich ein Freistellungsanspruch gegen seinen Arbeitgeber zusteht,[4] kann der Geschädigte den Freistellungsanspruch pfänden und sich zur Einziehung überweisen lassen. Da der Freistellungsanspruch sich in diesem Fall in einen Zahlungsanspruch umwandelt, ist auf diesem Umweg die Möglichkeit eines unmittelbaren Vorgehens gegen den Arbeitgeber, d.h. den Frachtführer, gegeben.[5] Wegen der Bestimmung des § 436 bringt ein solches Vorgehen dem Geschädigten indes regelmäßig[6] keinen Vorteil. Die Norm wirkt allerdings nicht ausschließlich zugunsten des Frachtführers, sondern begünstigt auch dessen Leute. Während ein Freistellungsanspruch gegen den Arbeitgeber insolvenzrisikobehaftet wäre, meidet die von § 436 statuierte Begrenzung der Arbeitnehmerhaftung *nach außen* ein solches Risiko. Mag man dies auch als systemwidrig kritisieren,[7] so ist die gesetzliche Entscheidung *de lege lata* doch hinzunehmen.[8]

3 **2. Strukturelle Einbettung der Norm.** Systematisch ist § 436 als Ergänzung und Erweiterung des § 434 zu sehen. Letzterer Norm liegt der Rechtsgedanke zugrunde, das vertragliche Haftungssystem gegen eine Umgehung durch außervertragliche Inanspruchnahme abzusichern.[9] Daneben verbleibt ein Regelungsbedarf für den Fall deliktischer Schädigungen durch Leute des Frachtführers und andere Personen i.S.d. § 428 Satz 2. Für Erstgenannte gilt § 436, für Letztgenannte nicht:[10] Wie sich aus dem Wortlaut des § 436 klar ergibt, greift die Norm nur zugunsten der Leute des Frachtführers, nicht zugunsten anderer Personen[11]. Für selbständige Unternehmen, die in dem Beförderungsvorgang einbezogen werden, besteht mit § 437 eine weitere Sonderregelung, die dem Schutzbedürfnis dieses Personenkreises Rechnung tragen soll.[12] Eine Erstreckung des § 436 auf selbständige Erfüllungsgehilfen scheitert auch daran, dass die Betriebsrisikolehre für sie nicht gilt, insoweit also kein Regelungsbedarf besteht.[13]

4 Setzt der ausführende Frachtführer seinerseits Leute ein, gilt § 436 für sie entsprechend (§ 437 Abs. 4).

---

[3] BR-Drucks. 368/97, S. 72.

[4] PalandtBGB[71]/*Weidenkaff* § 611 BGB Rn 157 ff.

[5] *Andresen/Valder* Rn 4; *Schaub* Arbeitsrechtshandbuch, § 52 VII 2.

[6] Dogmatisch zumindest denkbar bleibt, dass in Ausnahmefällen § 436 wegen Leichtfertigkeit nicht greift, gleichwohl aber ein – in seinem Umfang beschränkter – Freistellungsanspruch des Arbeitnehmers gegen seinen Arbeitgeber besteht. Zu denken ist dabei etwa an die Fälle einer Gefährdung des Arbeitnehmers in seiner wirtschaftlichen Existenz (dazu *Weidenkaff* aaO Rn 157a) bei erheblicher Schadenshöhe.

[7] So insbesondere *Koller*[8] Rn 8 mit Fn. 26.

[8] *Koller*[8] aaO; Heymann[2]/*Joachim* Rn 6.

[9] *Andresen/Valder* Rn 1.

[10] Ebenroth/Boujong/Joost/Strohn[2]/*Schaffert* Rn 2.

[11] Wie hier *Koller*[8] Rn 9; **aA** *Schönwerth* Festschrift Ruhwedel, S. 247 (258 f).

[12] *Andresen/Valder* Rn 2 mit Verweis auf BR-Drucks. 368/97, S. 72.

[13] Siehe auch Ebenroth/Boujong/Joost/Strohn[2]/*Schaffert* Rn 2.

II. Voraussetzungen

1. Ansprüche aus außervertraglicher Haftung. Als Ansprüche aus außervertraglicher Haftung kommen neben solchen nach § 823 ff BGB vor allem Ansprüche aus Geschäftsführung ohne Auftrag (§ 677 ff BGB), ungerechtfertigter Bereicherung (§ 812 ff BGB) und Verschulden bei Vertragsschluss (§§ 280 Abs. 1, 241 Abs. 2, 311 Abs. 2 BGB; culpa in contrahendo) in Betracht. Weitere mögliche Anspruchsgrundlagen sind § 904 Satz 2 BGB, § 7 StVG sowie § 1 HaftPflG.[14] 5

Ansprüche aus sog. positiver Forderungsverletzung (§ 280 Abs. 1 BGB) dürften jedenfalls auszuscheiden sein, soweit die Sonderverbindung nicht ihrerseits eine außervertragliche Grundlage hat.[15] Im Falle von c.i.c.-Ansprüchen ist § 436 nicht anwendbar, soweit der Anspruch sich gegen Leute des Frachtführers richtet, die wirtschaftlich als Herren des Geschäfts oder als eigentliche wirtschaftliche Interessenträger anzusehen sind; die betreffenden Fälle sind einer Lösung über § 434 zuzuführen, womit die Haftung des wirtschaftlichen Herrn des Geschäfts nicht weitergehen kann, als wenn er selbst die Frachtführerposition auch formal eingenommen hätte.[16] Stützt der Geschädigte seinen Anspruch gegen einen der Leute des Frachtführers auf einen Vertrag mit Schutzwirkung zu seinen Gunsten, was zumindest theoretisch denkbar ist, so ist § 436 weder direkt noch analog anwendbar. Eine entsprechende Anwendung scheitert an der freiwilligen Ausweitung der übernommenen Pflichten durch den Schädiger.[17] 6

2. Beschränkung auf Ansprüche wegen Verlust oder Beschädigung des Gutes oder Überschreitung der Lieferfrist

a) **Grundsatz.** § 436 erfasst zunächst unmittelbar die Fälle, in denen Ansprüche entweder wegen Verlust oder Beschädigung des Gutes oder wegen Überschreitung der Lieferfrist geltend gemacht werden. Abgedeckt ist damit der Bereich der Schadensereignisse, die auch § 425 Abs. 1 erfasst.[18] 7

b) **Analoge Anwendung.** Die Bestimmung ist unter teleologischen Gesichtspunkten jedoch auf Inanspruchnahmen im Falle des Verlusts oder der Beschädigung von Begleitpapieren (§ 823 Abs. 1 Var. 5 BGB i.V.m. § 413 Abs. 2), eine Auslieferung des Guts ohne Beachtung der Nachnahmeweisungen (§ 422) und eine Auslieferung an einen anderen als den berechtigten Besitzer des Ladescheins (§ 446) zu erstrecken.[19] So stellt sich die Auslieferung des Guts an einen anderen als den berechtigten Besitzer des Ladescheins als speziell geregelter Fall einer Art Verlust des Gutes dar; ebenso ist der Verlust oder die Beschädigung von Begleitpapieren dem Güterverlust rechtsähnlich.[20] 8

Keine Rechtsähnlichkeit besteht hingegen für die Fälle einer Schädigung des Absenders oder Empfängers an Leben, Gesundheit oder anderen als den transportierten Gütern durch Leute des Frachtführers. Eine andere Sicht würde die Beschränkung des Rege- 9

---

14 Siehe *Koller*[8] Rn 6; MünchKommHGB[2]/*Herber* Rn 3; Heymann[2]/*Joachim* Rn 4.

15 Weitergehend Ebenroth/Boujong/Joost[1]/*Gass* Rn 4.

16 *Koller*[8] Rn 6 a.E.; Heymann[2]/*Joachim* Rn 4.

17 *Koller*[8] Rn 6.

18 MünchKommHGB[2]/Herber Rn 3.

19 MünchKommHGB[2]/*Herber* Rn 3; *Andresen/Valder* Rn 6; *Koller*[8] Rn 3; **aA** Ebenroth/Boujong/Joost[1]/*Gass* Rn 6.

20 Siehe auch *Koller*[8] § 434 Rn 3.

lungsbereichs des § 436 auf Ansprüche wegen einer kleinen Zahl bestimmter Schadensereignisse hinfällig werden lassen.[21] Nicht greifen soll § 436 auch bei einer Schädigung des Frachtguts selbst, wenn Leute des Frachtführers als Gehilfen des Absenders oder Empfängers tätig geworden sind.[22] Ob in einem solchen Fall die arbeitsrechtlichen Haftungsregeln zur Anwendung gelangen und unter welchen Voraussetzungen § 105 Abs. 1 Satz 1 SGB VII greift, ist umstritten.[23]

10 **3. Anspruchsgegner: Leute des Frachtführers.** Anders als von Art. 28 Abs. 2 CMR, Art. 51 Abs. 2 CIM, jedoch in Übereinstimmung mit § 607a a.F. werden von § 436 nicht sämtliche Hilfspersonen des Frachtführers erfasst, sondern nur dessen Leute i.S.d. § 428 Satz 1 (in Abgrenzung zu Satz 2 jener Bestimmung). „Leute" sind zunächst die im Betrieb des Frachtführers abhängig Beschäftigten, beispielsweise der angestellte Fahrer des Frachtführers,[24] weiterhin aber auch im Betrieb des Frachtführers mithelfende Familienangehörige und sog. mittelbare Arbeitnehmer, d.h. Personen, die von einem der Leute des Frachtführers auf eigene Rechnung im eigenen Namen als Gehilfen beschäftigt werden.[25]

11 Keine „Leute" sind der Frachtführer selbst und seine gesetzlichen Vertreter, etwa der Geschäftsführer einer GmbH. Letzterer kann nach § 434 zu schützen sein.[26] Demgegenüber steht dem Vertretenen, beispielsweise einem im Betrieb mitarbeitenden und gesetzlich vertretenen Kind, der Schutz entsprechend § 436 offen.[27]

12 In jedem Fall erforderlich ist, dass die Leute des Frachtführers in Ausübung der ihnen übertragenen Verrichtung gehandelt haben, also ein innerer sachlicher Zusammenhang zwischen der übertragenen Hilfstätigkeit und der schädigenden Handlung besteht. Im Falle einer Schädigung, welche nur „bei Gelegenheit" der Verrichtung begangen wurde, greift § 436 nicht.[28]

13 **4. Rechtsfolge.** § 436 Satz 1 sieht keine Enthaftung kraft Gesetzes vor, sondern gewährt den Leuten des Frachtführers die Möglichkeit, sich auf die für den Frachtführer greifenden Haftungsbefreiungen und -begrenzungen zu berufen. Es handelt sich dabei zum einen um die Haftungsbeschränkungen, die das Gesetz „in diesem Unterabschnitt", also in den §§ 407–450 statuiert, zum anderen um solche Haftungsbegrenzungen, die der Frachtführer zulässigerweise im Frachtvertrag vereinbart hat; auch sie kommen seinen Leuten zugute.

14 Dass die Leute des Frachtführers sich „auf die in diesem Unterabschnitt [...] vorgesehenen Haftungsbefreiungen und -begrenzungen berufen" können, bedeutet zugleich, dass die Begrenzungen, welche die gesetzlichen Normen einem solchen Einwand setzen, im Rahmen des § 436 zu berücksichtigen sind. Die in § 434 HGB angelegte Differenzierung ist daher in die Norm „hineinzuprojizieren".[29] Der Eigentümer von Transportgut, der nicht zugleich auch Absender oder Empfänger ist, braucht sich die Beschränkung des § 436 daher nicht entgegenhalten zu lassen, wenn der Frachtführer selbst nach § 434 Abs. 2 Satz 2 außervertraglich unbegrenzt haftet.[30]

---

[21] So auch Ebenroth/Boujong/Joost/Strohn[2]/*Schaffert* Rn 5.
[22] *Koller*[8] Rn 3.
[23] Dazu *Risch* VersR 2001, 948 (949 f).
[24] Siehe OLG Düsseldorf TranspR 2002, 397 ff.
[25] Heymann[2]/*Joachim* Rn 2.
[26] *Andresen/Valder* Rn 5; *Koller*[8] Rn 10.
[27] *Koller*[8] aaO.
[28] *Koller*[8] Rn 4; Ebenroth/Boujong/Joost/Strohn[2]/*Schaffert* Rn 3.
[29] *Koller*[8] Rn 5.
[30] Heymann[2]/*Joachim* Rn 3; Fremuth/Thume/*Fremuth* Rn 8.

Von der Regelung des § 436 kann durch Individualvereinbarung (§ 449) zwar grundsätzlich abgewichen werden. Soweit der Frachtführer vertraglich eine erweiterte Haftung übernimmt, wirkt sich dies jedoch nicht zu Lasten seiner Leute aus. Die Haftung der Leute des Frachtführers ist also nicht gleichsam akzessorisch zu dessen eigener Haftung.[31] Zugunsten der Leute besteht vielmehr eine Art Wahlrecht: Ergeben sich aus Gesetz wie Frachtvertrag Haftungsbegrenzungen, können sie sich auf die günstigere Regelung berufen; ergibt sich aus dem Frachtvertrag keine Haftungsbegrenzung oder erweitert dieser die gesetzliche Haftung sogar, bleibt es den Leuten des Frachtführers unverändert möglich, sich auf die gesetzlichen Haftungsbefreiungen und -begrenzungen zu berufen.[32] **15**

5. **Ausschlusstatbestand.** Die Möglichkeit der Leute des Frachtführers, sich auf die für diesen greifenden Haftungsbefreiungen und -begrenzungen zu berufen, entfällt für den Fall, dass der in Anspruch Genommene den Schadenseintritt vorsätzlich oder leichtfertig und in dem Bewusstsein, dass ein Schaden mit Wahrscheinlichkeit eintreten werde, herbeigeführt hat (§ 436 Satz 2). Maßgeblich insoweit ist allein das Handeln der in Anspruch genommenen Person, nicht das Handeln des Frachtführers oder sonstiger Dritter.[33] Dies folgt klar bereits aus dem Wortlaut der Bestimmung, indem es nämlich dort in Satz 1 heißt, „auch jener" – also derjenige der Leute des Frachtführers, gegen den der Anspruch gerichtet wird – könne sich auf die Haftungsbefreiungen und -begrenzungen berufen, und Satz 2 einen Ausschluss für den Fall formuliert, dass „er" qualifiziert schuldhaft gehandelt hat. **16**

Die Gegenauffassung, nach der der Frachtführer, wenn er aufgrund qualifizierten Verschuldens gem. § 435 ohnehin unbeschränkt haftet, keines Schutzes vor Regressansprüchen bedarf, lässt unberücksichtigt, dass § 436 weitergehend zugunsten der Leute des Frachtführers wirkt, indem sie diese nicht auf einen Freistellungsanspruch gegen ihren Arbeitgeber verweist, sie mithin nicht dessen Insolvenzrisiko tragen lässt (oben Rn 2). Insofern auch nicht völlig überzeugend ist die Kritik von Koller[34] daran, dass die Leute des Frachtführers sich selbst dann auf die gesetzlichen Haftungsbegünstigungen berufen können, wenn der Frachtführer diese für sich selbst nicht ins Feld führen kann, weil er verbindlich eine höhere oder schärfere Haftung akzeptiert hat. **17**

6. **Beweislast.** Nach allgemeinen beweisrechtlichen Grundsätzen muss der Anspruchsteller bei außervertraglicher Inanspruchnahme eines der Leute des Frachtführers die Voraussetzungen der Haftungsnorm darlegen und beweisen. Dass es sich bei ihm um einen Mitarbeiter des Frachtführers handelt und die weiteren Voraussetzungen vorliegen, um das eingetretene Schadensereignis unter § 436 Satz 1 zu fassen, muss der dadurch begünstigte in Anspruch Genommene beweisen. Die Beweislast hinsichtlich der einzelnen in Betracht kommenden Haftungsbefreiungs- und begrenzungstatbestände verteilt sich **18**

---

31 Ebenroth/Boujong/Joost/Strohn[2]/*Schaffert* Rn 6.

32 Siehe auch *Andresen/Valder* Rn 11; GemeinschaftskommentarHGB[7]/*Bracker* Rn 3; MünchKommHGB[2]/*Herber* Rn 10.

33 Überwiegende Auffassung: *Andresen/Valder* Rn 9; *Koller*[8] Rn 7; Heidelberger Kommentar[7]/*Ruß* Rn 1; Heymann/*Joachim* Rn 5; Ebenroth/Boujong/Joost/Strohn[2]/*Schaffert* Rn 6; aA noch Ebenroth/Boujong/Joost[1]/*Gass* Rn 8.

34 *Koller*[8] Rn 8.

entsprechend jenen Bestimmungen.[35] Hinsichtlich des Ausschlusstatbestands des § 436 Satz 2 ist der Anspruchsteller darlegungs- und beweisbelastet, wobei den Schädiger eine Einlassungsobliegenheit treffen kann.

§ 437
[Ausführender Frachtführer]

(1) Wird die Beförderung ganz oder teilweise durch einen Dritten ausgeführt (ausführender Frachtführer), so haftet dieser für den Schaden, der durch Verlust oder Beschädigung des Gutes oder durch Überschreitung der Lieferfrist während der durch ihn ausgeführten Beförderung entsteht, so, als wäre er der Frachtführer. Vertragliche Vereinbarungen mit dem Absender oder Empfänger, durch die der Frachtführer seine Haftung erweitert, wirken gegen den ausführenden Frachtführer nur, soweit er ihnen schriftlich zugestimmt hat.

(2) Der ausführende Frachtführer kann alle Einwendungen und Einreden geltend machen, die dem Frachtführer aus dem Frachtvertrag zustehen.

(3) Frachtführer und ausführender Frachtführer haften als Gesamtschuldner.

(4) Werden die Leute des ausführenden Frachtführers in Anspruch genommen, so gilt für diese § 436 entsprechend.

Schrifttum

Czerwenka Die Anwendung des § 437 HGB bei grenzüberschreitenden Transporten, TranspR 2012, 408–413; *Demuth* Ausführender Frachtführer auch im CMR-Bereich? TranspR 1999, 100–102; *ders.* Abgetretener höherer Ersatzanspruch des vertraglichen Frachtführers gegen den ausführenden Frachtführer in der Hand des Absenders TranspR 2004, Sonderbeilage. S. XII; *Hinz* Frachtvertrag und Frachtführerhaftung, 2005; *Knöfel* Der ausführende Frachtführer – eine Rechtsfigur im Schnittpunkt von Transportrecht und allgemeinem Schuldrecht in: Thume (Hersg.) Transport- und Vertriebsrecht 2000: Festgabe für Rolf Herber S. 96; *Kehl* Die Haftung des Unterfrachtführers im Straßengüterverkehr, 2004; *Knorre* Zur Haftung des ausführenden Frachtführers nach § 437 HGB, TranspR 1999, 99–100: *Koller* Die Anwendbarkeit des § 437 HGB bei internationalen Lufttransporten TranspR 2000, 355–358; *Neumann* Leistungs- und Feststellungsklage im Frachtführerregress, TranspR 2002, 97–102; *Ramming* Die Haftung des ausführenden Frachtführers nach § 437 HGB, TranspR 2000, 277–297: *ders.* Erste Rechtsfragen zur CMNI – Bedienstete, Beauftragte, ausführender Frachtführer – demnächst, 2007; *ders.* Neues vom ausführenden Frachtführer, VersR 2007, 1190–1199; *Schindler* Die vertragliche Haftung des ausführenden Frachtführers im Frachtrecht des HGB in: Schachtschneider (Hrsg.) Transport-Wirtschaft-Recht: Gedächtnisschrift Helm, S. 331; *Schuster* Haftung der Teil-, Zwischen-, Samt- und Unterfrachtführer im deutschen Gütertransportrecht 2002; *Seyffert* Die Haftung des ausführenden Frachtführers im neuen deutschen Frachtrecht 2000; *Steingröver* Die Mithaftung des ausführenden Verfrachters im Seerecht – de lege lata und de lege ferenda 2006; *Temme* Ökonomie des Transportrechts – oder ökonomisches Transportrecht?, TranspR 2004 Sonderbeil. S. XXXVII; Thume, Die Haftung des ausführenden Frachtführers nach § 437 HGB VersR 2000, 1071–1078; *Wagner* Die Haftung des ausführenden Frachtführers nach dem Transportrechtsreformgesetz ZHR 163 (1999), 679; *Zapp* Ausführender Frachtführer i.S.d. § 437 HGB TranspR 2000, 106–110; *ders.* Ansprüche gegen den ausführenden Frachtführer bei internationalen Transporten, TranspR 2000, 239–243.

---

[35] *Andresen/Valder* Rn 10; Fremuth/Thume/*Fremuth* Rn 13.

Übersicht

I. Einführung

1. Vorbemerkung. Der Bestimmung des § 437 liegt ein strukturell einfaches Haftungsmodell zugrunde, das in der Literaturdiskussion teilweise unnötig verkompliziert wird. Die Norm gewährt einen **Direktanspruch** gegen den ausführenden Frachtführer, der nach den Parteivereinbarungen regelmäßig nicht gegeben wäre und insofern ein gesetzlicher ist. Auch wird der ausführende Frachtführer nicht Vertragspartner des Absenders.[1] In ihrer inhaltlichen Ausgestaltung ist die Haftung des ausführenden Frachtführers nach § 437 einer vertraglichen Haftung jedoch angenähert, indem sie den Regeln folgt, die für den – dem Absender vertraglich verbundenen – Hauptfrachtführer greifen; unter den weiteren Voraussetzungen der Norm haftet der ausführende Frachtführer „in gleicher Weise" wie dieser. 1

Die Haftung des ausführenden Frachtführers kann somit als **quasi-vertraglich** qualifiziert werden, ähnlich beispielsweise der Haftung desjenigen, der vertraglich nicht gebunden ist, aber vertragsähnlich aus culpa in contrahendo oder culpa post contractum finitum haftet. Freilich darf dieser Vergleich nicht in der Weise missverstanden werden, dass es sich bei der Haftung des ausführenden Frachtführers um eine solche in der Vertrags- 2

---

[1] Fremuth/Thume/*Fremuth* Rn 7.

anbahnungsphase oder nach Vertragsabwicklung handelte. Er betrifft allein das Fehlen einer vertraglichen Bindung, mit der gleichwohl eine im Wesentlichen vertragsrechtlichen Regeln folgende Haftung einhergeht.

3 Auseinanderzuhalten sind die „Weise der Haftung“ und die konkrete Haftungsausgestaltung. Dass der ausführende Frachtführer wie der vertragliche haftet, meint keine akzessorische Haftung; der ausführende Frachtführer muss sich nicht etwa das Verhalten seines Vertragspartners, des Hauptfrachtführers, zurechnen lassen.[2] Vielmehr besagt die Norm lediglich, dass der ausführende Frachtführer auf den von ihm zu verantwortenden Streckenabschnitt bezogen neben dem Hauptfrachtführer nach den für diesen geltenden gesetzlichen Regeln haftet.[3] Die mit der Reform des Seehandelsrechts vorgenommene Ersetzung der Worte „in gleicher Weise wie“ durch die Wendung „so, als wäre er“ soll im Wesentlichen dies klarstellen, im Übrigen keine inhaltliche Änderung bedeuten.[4]

4 Dementsprechend wirken vertragliche Absprachen zwischen Absender und vertraglichem Frachtführer, die dessen Haftung ausgestalten, zugunsten des ausführenden Frachtführers (Abs. 2), zu seinen Lasten indes nur bei schriftlicher Zustimmung (Abs. 1 Satz 2). Abs. 2 betrifft Einwendungen und Einreden „aus dem Frachtvertrag“, die auch vom ausführenden Frachtführer geltend gemacht werden können. Das Gesetz erlaubt damit ohne Weiteres ein Verständnis, dass Gründe, die einer Haftung des Frachtführers von Gesetzes wegen entgegenstehen, vom ausführenden Frachtführer uneingeschränkt vorgebracht werden können. In diesem Sinne ist der ausführende Frachtführer schlicht auch Frachtführer, der für den von ihm ausgeführten Teil der Gesamtbeförderung neben (Abs. 3) dem vertraglichen Frachtführer einzustehen hat, lediglich ohne dem Absender vertraglich verbunden zu sein.

5 **2. Abweichung von § 432 a.F. und anderen Regelungsmodellen.** § 437 weicht damit maßgeblich von der Bestimmung des § 432 a.F. und anderweitig zu findenden Regelungsmodellen ab.

6 **a) Keine Einstandspflicht für Verhalten des vertraglichen Frachtführers.** Anders als dies Art. 3 Abs. 2 des Zusatzabkommens von Guadalajara (ZAG), Art. 41 Abs. 2 MÜ und § 49a Abs. 3 Satz 2 LuftVG vorsehen, hat der ausführende Frachtführer des § 437 nicht für das Verhalten des vertraglichen Frachtführers selbst einzustehen.[5] Nach § 437 erfolgt weder eine wechselseitige Verhaltenszurechnung zwischen Haupt- und ausführendem Frachtführer, noch führt der Umstand, dass den vertraglichen Frachtführer kein qualifiziertes Verschulden trifft (einseitig) zu einer beschränkten Haftung des ausführenden Frachtführers.[6] Die Regelung lehnt sich insoweit an Art. 10 Abs. 1 Satz 2 der Hamburg Regeln, Art. 4 Abs. 2 des Athener Übereinkommens und Art. 3 Abs. 2 der Anlage zu § 664 a.F. an.

7 **b) Abweichung vom Samtfrachtführermodell.** Die Regelung unterscheidet sich weiter deutlich vom Konzept der Haftung aufeinander folgender Frachtführer nach § 432 Abs. 2 a.F., Art. 34 CMR und Art. 35 CIM. Nach § 432 Abs. 2 a.F. trat der nachfolgende Frachtführer durch Übernahme des Gutes mit dem ursprünglichen Frachtbrief diesem gemäß in den Frachtvertrag ein, woraus die selbstständige Verpflichtung, die Beförde-

---

2 Näher noch unten Rn 6, 34 ff.

3 MünchKommHGB²/*Herber* Rn 13.; *Koller*⁸ Rn 26.

4 BT-Drucks. 17/10309, S. 55, 86.

5 *Koller*⁷ Rn 6; *Wagner* ZHR 163 (1999), 679 (700); *Canaris* Handelsrecht, § 33 Rn 45.

6 BT-Drucks. 17/10309, S. 55, 86; siehe auch MünchKommHGB²/*Herber* Rn 23.

rung nach dem Inhalt des Frachtbriefs auszuführen, resultierte. Die so entstehende Mithaftung bezog sich auf Schadensereignisse während des gesamten Transports (sog. Samtfrachtführermodell),[7] ist jedoch ohne große praktische Bedeutung geblieben, weil der weitere Frachtführer den Frachtbrief „annehmen" musste, was nur durch Ausstellung und vereinbarungsgemäße Übergabe eines formgerechten Frachtbriefs erfolgen konnte. An einer solchen Übernahme der im Frachtbrief enthaltenen vertraglichen Abreden hat der vertragliche Frachtführer gewöhnlich kein Interesse, was unter anderem darauf zurückzuführen ist, dass er regelmäßig den mit seinem Auftraggeber vereinbarten Frachtpreis gegenüber dem ausführenden Frachtführer nicht offenlegen will.[8]

c) **Regelungszweck.** § 437 beschränkt sich demgegenüber nun auf die Anordnung **8**
einer **Teilbereichsverantwortlichkeit** des ausführenden Frachtführers. Die Begründung dieser Verantwortlichkeit ist unabhängig von der Übergabe eines Frachtbriefs.[9] Weiter überwindet § 437 die Schwierigkeiten, die daraus entstanden, dass ohne Übernahme der „selbstständigen Verpflichtung" nach § 432 Abs. 2 a.F. weder der anspruchsberechtigte Absender noch der Empfänger einen Direktanspruch gegen den schadensverursachenden, abliefernden Unterfrachtführer haben sollten.[10] Der Geschädigte konnte Vertragsansprüche nur gegen den Hauptfrachtführer richten, der nach den Grundsätzen der Erfüllungsgehilfenhaftung (§ 428 i.V.m. § 278 BGB) für das Verhalten eingeschalteter Unterfrachtführer einzustehen hatte. Eine Erhöhung von Prozessrisiken und -kosten ergab sich dabei daraus, dass der in Anspruch genommene Hauptfrachtführer im Rechtsstreit zur Wahrung eigener Regressansprüche seinem Subunternehmer den Streit verkünden musste.[11]

Mit der Einräumung eines Direktanspruchs gegen den ausführenden Frachtführer **9**
begegnet das Gesetz den dargestellten Schwierigkeiten und mindert das **Ausfallrisiko** des Ersatzberechtigten. In dem Falle einer Insolvenz seines Vertragspartners kann der Gläubiger sich im Rahmen des § 437 immer noch an den ausführenden Frachtführer halten.

Die **praktische Bedeutung** bleibt wesentlich auf vorgenannten Fall einer Zahlungsun- **10**
fähigkeit des Hauptfrachtführers beschränkt. Nachdem der Anspruchsberechtigte nicht vom vertraglichen Frachtführer darauf verwiesen werden kann, den real schädigenden Frachtführer zu verklagen, hält sich der Geschädigte gewöhnlich weiterhin an seinen Vertragspartner, den vertraglichen Frachtführer, solange dieser solvent ist. Dies wird darauf zurückgeführt, dass das Prozessrisiko des Geschädigten geringer ist, wenn er sofort gegen seinen Vertragspartner vorgeht.[12] Unverändert wird deshalb der vertragliche Frachtführer regelmäßig dem ausführenden Frachtführer den Streit verkünden müssen, wenn er der Gefahr einer „gespaltenen Rechtskraft" begegnen will.[13] Nachdem § 437 zunächst in der Literatur große Aufmerksamkeit erzielt hat,[14] sind jüngst auch verstärkt Gerichtsentscheidungen zu der Bestimmung zu verzeichnen.[15]

---

7 MünchKommHGB Ergänzungsband 7a/*Dubischar* Rn 3.

8 Ebenroth/Boujong/Joost[1]/*Gass* Rn 4.

9 Heidelberger Kommentar[7]/*Ruß* Rn 1.

10 BGH TranspR 1988, 108; BGH TranspR 1988, 338; BGH TranspR 1990, 418; BGH TranspR 1999, 155 (158); BGH TranspR 1990, 328; *Ramming* TranspR 2000, 277 (278); Fremuth/Thume/*Fremuth* Rn 2.

11 *Andresen/Valder* Rn 2; Ebenroth/Boujong/Joost/Strohn[2]/*Schaffert* Rn 2. Beachte in diesem Zusammenhang auch § 439 Abs. 2 Satz 3; dazu noch nachstehend Rn 54.

12 *Temme* TranspR 2004, Beilage S. 37 (39).

13 Vgl. *Andresen/Valder* Rn 11.

14 Siehe *Ramming* VersR 2007, 1190.

15 BGH TranspR 2010, 376 ff; BGH TranspR 2010, 34 ff; BGH TranspR 2009, 130 ff; BGH TranspR 2006, 30; OLG Köln VersR 2007, 1149; OLG Düsseldorf VersR 2007, 1147.

11 **3. Eingrenzung des Regelungsbereichs.** § 437 regelt nicht die Aktivlegitimation des Anspruchsstellers, die sich für Absender und Empfänger unverändert aus § 421 ergibt.[16] Auch ist die Haftung des ausführenden Frachtführers im Verhältnis zu seinem Vertragspartner, dem vertraglichen Frachtführer, nicht Regelungsgegenstand des § 437; diesem haftet der ausführende Frachtführer aus dem abgeschlossenen Frachtvertrag schlicht nach §§ 425 ff sofern der Unterfrachtvertrag deutschem Recht unterliegt, im Übrigen etwa auch nach Maßgabe des zur Anwendung berufenen Auslandsrechts.[17]

12 Der Haftungslage des ausführenden Frachtführers entspricht keine Befugnis zur aktiven Geltendmachung eigener Ansprüche gegen Absender oder Empfänger, da er keinen Vertrag mit einer dieser Personen hat.[18]

II. Ausführung der Beförderung durch einen Dritten

13 **1. Dritter.** Nach der Legaldefinition in Abs. 1 Satz 1 des § 437 ist ausführender Frachtführer derjenige, der als Dritter die Beförderung ganz oder teilweise ausführt. Es muss sich daher um einen weiteren Frachtführer handeln, der vertraglich weder mit dem Absender noch dem Empfänger verbunden ist.[19] Auszuscheiden sind weiter Hilfspersonen des vertraglichen Frachtführers; insoweit ist Selbstständigkeit des Dritten zu fordern.[20]

14 **2. Begriff der Beförderung – Beschränkung des Anwendungsbereichs.** Die Beförderung, von der § 437 zu Beginn spricht und die von dem ausführenden Frachtführer als Drittem ausgeführt wird, ist die im Verhältnis des vertraglichen Frachtführers zum Absender geschuldete. Die Ersatzpflicht des ausführenden Frachtführers nach der Bestimmung orientiert sich stets am Verhältnis zwischen dem Absender und dem vertraglichen (Haupt-)Frachtführer und nicht an den vertraglichen Beziehungen des letzteren zum ausführenden Frachtführer.[21] Mit der Wendung, derzufolge der ausführende Frachtführer so haftet, als wäre er der (vertragliche) Frachtführer, wird nicht allgemein auf die Frachtführerhaftung Bezug genommen; maßgebend ist vielmehr die Rechtstellung des den Frachtvertrag mit dem Absender schließenden Frachtführers. Daraus folgt, dass die Vorschrift des § 437 nur dann eingreift, wenn auf den Hauptfrachtvertrag deutsches Recht zur Anwendung kommt,[22] m.a.W. die §§ 425 ff im Rahmen des Hauptfrachtvertrags gelten.[23] Nicht unbeachtlich sind die Bedenken, die Czerwenka[24] gegen die herrschende Sicht vorgebracht hat. Jedoch wird man auch sehen müssen, dass der Gesetzgeber, hätte er die vom Bundesgerichtshof vertretene „restriktive Auslegung des § 437"[25] korrigieren wollen, dazu im Zuge der Seehandelsrechtsreform ohne weiteres die Möglichkeit gehabt hätte. Im Rahmen der Reform sind wesentlich unbedeutendere Klarstellungen erfolgt, die hier als möglich angesprochene jedoch nicht.

---

16 *Kock/Seyffert* Die Haftung des ausführenden Frachtführers, S. 248; *Koller*[8] Rn 32.

17 Siehe näher auch noch unten Rn 23.

18 BGH TranspR 2006, 30; Heidelberger Kommentar[7]/*Ruß* Rn 1.

19 Fremuth/Thume/*Fremuth* Rn 11.

20 *Koller*[8] Rn 7; Ebenroth/Boujong/Joost/Strohn[2]/*Schaffert* Rn 6.

21 Vgl. BT-Drucks. 13/8445, S. 75.

22 BGH TranspR 2009, 130 ff; BGH TranspR 2010, 34 ff.

23 Siehe auch OLG Köln VersR 2007, 1149; OLG Düsseldorf VersR 2007, 1147; *Ramming* VersR 2007, 1190 (1194); *Andresen/Valder* Rn 10.

24 *Czerwenka* TranspR 2012, 408 (411 f).

25 Terminologie nach *Czerwenka* TranspR 2012, 408 (413).

Während nach dem Gesagten ein wirksamer Hauptfrachtvertrag erforderlich ist, um annehmen zu können, dass „die Beförderung“ durch den ausführenden Frachtführer ausgeführt wird, kommt es auf den Abschluss und die Wirksamkeit eines Frachtvertrags zwischen dem ausführenden Frachtführer und seinem Auftraggeber grundsätzlich nicht an. Das Vertragsverhältnis zwischen dem ausführenden Frachtführer und dem vertraglichen (Haupt-)Frachtführer ist für die Haftung nach § 437 Abs. 1 Satz 1 grundsätzlich ohne Bedeutung. Es ist nicht erforderlich, dass zwischen beiden überhaupt eine (wirksame) vertragliche Beziehung besteht; es können auch beliebig viele Unterfrachtführer zwischengeschaltet sein.[26] **15**

In den Fällen, in denen der mit dem vertraglichen Frachtführer geschlossene Frachtvertrag – etwa durch Kündigung des ursprünglichen Absenders nach § 415 – beendet wird, nachdem der ausführende Frachtführer das Gut zur Beförderung übernommen hat, die Beförderung aber doch noch zu Ende geführt wird, haftet der ausführende Frachtführer nach § 437 nur für Schäden, die bis zum Zeitpunkt der Beendigung des Frachtvertrags eingetreten sind. Da für den sich anschließenden Zeitraum der vertragliche Frachtführer nicht mehr nach §§ 425 ff einzustehen hat, scheidet auch eine Haftung des ausführenden Frachtführers nach §§ 437 Abs. 1 Satz 1, 425 ff insoweit aus. § 437 gilt von vornherein nicht, wenn der ausführende Frachtführer erst nach einer Ablieferung des Frachtguts beim Empfänger in das Abwicklungsverhältnis eingeschaltet wird, es sei denn, der vertragliche Frachtführer bleibt trotz Beendigung des Frachtvertrags dem endgültigen Empfänger weiterhin aufgrund der Ausstellung eines Ladescheins verantwortlich. **16**

a) **Internationale Transporte.** Nicht anwendbar ist § 437, wenn auf das Rechtsverhältnis zwischen Anspruchsteller und vertraglichem Frachtführer nach den international privatrechtlichen Regeln deutsches Recht keine Anwendung findet.[27] Allerdings dürfte es für eine Anwendung der Bestimmung genügen, wenn – etwa im Fall einer zulässigen Teilrechtswahl – für den Hauptfrachtvertrag die Regelungen des deutschen HGB über die Haftung des Frachtführers für Verlust oder Beschädigung des Gutes oder Überschreitung der Lieferfrist zu Anwendung gelangen, auch wenn das Rechtsverhältnis zum vertraglichen Frachtführer im Übrigen einem anderen Recht unterliegt. Weiter kann, wenn nach dem Vertrag der Ort der Übernahme und der Ort der Ablieferung des Gutes im Inland liegt, die Sonderanknüpfung an deutsches Recht, welche sich in § 449 Abs. 4 findet, von Bedeutung sein.[28] **17**

Für Beförderungen, bei denen das Rechtsverhältnis zwischen Absender und vertraglichem Frachtführer einheitsrechtlichen Regelungen unterliegt (CMR, CMNI, CIM, WA, MÜ oder ZAG), gelangt § 437 nicht zur Anwendung.[29] Bei den einheitsrechtlichen Übereinkommen handelt es sich um *leges speciales*, die in erster Linie aus sich selbst heraus zu interpretieren sind und bei denen nationales Recht nicht stets schon dann ergänzend zum Tragen kommen kann, wenn bestimmte Arten von Rechtsfolgen ihnen nicht zu entnehmen sind.[30] Ist diesen Abkommen nach ihrer Grundkonzeption die quasi-vertrag- **18**

---

26 BGH TranspR 2009, 130 ff; BGH TranspR 2010, 34 ff; *Koller*[8] Rn 6; *Ramming*, TranspR 2000, 277, 279.

27 Siehe bereits oben Rn 14.

28 Siehe auch *Ramming*, TranspR 1999, 325 (337); *ders.* TranspR 2000, 277, 280.

29 *Demuth* TranspR 1999, 100; *Wagner* ZHR 163 (1999), 679; *Zapp* TranspR 2000, 239; *Fischer* TranspR 1999, 261 (274); *Ramming* TranspR 2000, 278 (280); *Müglich* Rn 5.

30 Ausführlich *Koller* TranspR 2000, 355 (356) (für internationale Lufttransporte).

liche Haftung des ausführenden Frachtführers fremd (Art. 34 CMR, Art. 30 WA, Art. 35 §§ 1, 2 CIM), scheidet insoweit eine ergänzende Heranziehung unvereinheitlichten Rechts aus.

19 b) **Beförderung durch Spediteur.** Hauptfrachtführer kann auch ein Spediteur sein, der die Beförderung organisieren soll und im Wege des Selbsteintritts (§ 458 Satz 1, 2) oder zu festen Kosten (§ 459 Satz 1) als Frachtführer tätig wird. Gleiches gilt für einen Sammelladungstransport (§ 460 Abs. 1, Abs. 2 Satz 1). Wird das Rechtsverhältnis zwischen Anspruchsteller und Frachtführer durch einen Spediteur begründet, welcher im Namen des Auftraggebers handelt (§ 454 Abs. 3), besteht ein Bedürfnis für eine Anwendung des § 437 nur in den Fällen, in denen nicht bereits ein Handeln als Vertreter eine vertragliche Bindung zwischen Absender und Frachtführer entstehen lässt.[31] Ein Anspruch aus § 437 scheidet aus, wenn der Auftragnehmer „reiner Spediteur" ist.

20 Aus letztgenannter Differenzierung folgt eine weitere Einschränkung des Anwendungsbereichs des § 437. Wenn ein Spediteur, von dem der Frachtführer seinen Auftrag erhält, nachträglich den Selbsteintritt erklärt oder, ohne dies offen zu legen, zu festen Kosten abgeschlossen hat, konnte der ausführende Frachtführer angesichts der §§ 458–460 nicht voraussehen, ob er nur nach Maßgabe des mit dem Spediteur geschlossenen Vertrags oder zusätzlich gemäß § 437 BGB haftet. Entsprechend ist zu verlangen, dass der ausführende Frachtführer **erkennen konnte**, dass er als Hilfsperson (§ 428 Satz 2) eines Spediteurs im Sinne der §§ 458 ff tätig wird, ihm also eine Haftung nach § 437 droht.[32] Gilt dies für die Fälle, in denen der ausführende Frachtführer seinen Auftrag von einem Spediteur erhält, kann nichts anderes auch in dem Fall gelten, dass sein Auftraggeber (einfacher) Frachtführer ist; auch in diesem Fall muss der eingeschaltete Subunternehmer erkennen können, dass er als Hilfsperson eines Frachtführers tätig wird.

21 3. **Ausführung.** Ausführender Frachtführer ist der Dritte, der die Beförderung **tatsächlich** ausführt, d.h. die Person, welche die Ortsveränderung – auf der ganzen oder einer Teilstrecke – bewirkt.[33] Freilich genügt für eine solch tatsächliche Beförderungsdurchführung die Tragung des diesbezüglichen unternehmerischen Risikos, während in die Ortsveränderung Hilfspersonen (§ 428; siehe auch § 437 Abs. 4) eingeschaltet sein mögen. Weil es an der Ausführung eines Beförderungsvorgangs fehlt, wenn der Transporteur die Ware gar nicht erst übernimmt und es dadurch zum Schaden kommt, haftet er in diesem Fall nicht aus § 437.[34] Keine Haftung droht auch dem zwischengeschalteten Fixkostenspediteur, der seinerseits wieder nur einen Frachtführer beauftragt, welcher sodann den Transport tatsächlich durchführt.[35]

22 a) **Rechtsverhältnis zwischen ausführendem und vertraglichem Frachtführer.** Nachdem das Merkmal der Beförderungsausführung ein rein tatsächliches ist, ist es grundsätzlich unerheblich, wenn zwischen vertraglichem und ausführendem Frachtführer kein

---

[31] Leicht großzügiger wohl MünchKomm-HGB[2]/*Herber* Rn 8.

[32] *Koller*[8] Rn 9; *Mast* Der multimodale Frachtvertrag im deutschen Recht, S. 293; **aA** *Ramming* TranspR 2000, 277 (279); *Seyffert* Die Haftung des ausführenden Frachtführers, S. 70 ff.

[33] Siehe Heymann[2]/*Joachim* Rn 7.

[34] *Knöfel* in: Festschrift für Herber, S. 96 (99); *Ramming* TranspR 2000, 277 (280 f); Heymann[2]/*Joachim* Rn 7.

[35] Siehe auch *Andresen/Valder* Rn 9.

wirksamer Frachtvertrag besteht,[36] der vertragliche Frachtführer die Beförderung durch den ausführenden nicht „billigt“,[37] oder der Hauptfrachtführer nicht berechtigt war, die Beförderung durch Dritte ausführen zu lassen.[38]

Einzuschränken ist der **Grundsatz, dass das Rechtsverhältnis zwischen ausführendem Frachtführer und dessen Auftraggeber keine Rolle spielt**, allerdings mit Blick auf die Regelungen des internationalen Einheitsrechts, deren Spezialität es zu beachten gilt.[39] Findet hingegen ausländisches Recht auf den Frachtvertrag zwischen ausführendem Frachtführer und seinem Auftraggeber Anwendung, so ist dies ohne Bedeutung.[40] Unbeachtlich ist auch, wenn es sich bei der vom ausführenden Frachtführer übernommenen Teilstrecke um eine solche zur See handelt.[41] 23

b) **Vollständige oder teilweise Beförderungsausführung.** Ob der ausführende Frachtführer als Unterfrachtführer die gesamte Beförderung tatsächlich durchführt, oder ob es sich bei ihm um einen Teilfrachtführer handelt, der nur einen Teil der Beförderung übernimmt, ist für die grundsätzliche Anwendbarkeit des § 437 ohne Bedeutung.[42] Bedeutung erlangt diese Frage erst mit Blick darauf, dass § 437 den ausführenden Frachtführer nicht für Schäden haften lässt, die nicht während der von ihm ausgeführten Beförderung entstanden sind. 24

Befördert der ausführende Frachtführer das Gut nicht auf der vereinbarten oder kürzesten Strecke, steht dies einer Anwendung des § 437 nicht entgegen. Die Norm greift auch, wenn der ausführende Frachtführer das Gut zunächst zu einem falschen Ort befördert und es sodann von dort zurücktransportiert, um zum richtigen Ablieferungsort zu gelangen.[43] 25

III. Rechtsfolge des Abs. 1 Satz 1

Der ausführende Frachtführer haftet nach § 437 Abs. 1 Satz 1 Hs. 2 in gleicher Weise wie der Frachtführer für den Schaden, der durch Verlust oder Beschädigung des Gutes oder durch Überschreitung der Lieferfrist während der durch ihn ausgeführten Beförderung entsteht. 26

1. Haftung in gleicher Weise. Zur Haftung des ausführenden Frachtführers in gleicher Weise wie der Frachtführer siehe zunächst oben Rn 1 ff sowie nachstehend unter IV. 2. (Rn 34 ff). 27

---

36 BGH TranspR 2009, 130 ff; BGH TranspR 2010, 34 ff.

37 Vgl. BT-Drucks. 13/8445, S. 74; **aA** *Seyffert* Die Haftung des ausführenden Frachtführers, S. 64 ff.

38 Ebenroth/Boujong/Joost/Strohn²/*Schaffert* Rn 6; MünchKommHGB²/*Herber* Rn 9 f.

39 *Koller*⁸ Rn 7; **a. A.** MünchKommHGB²/*Herber* Rn 10.

40 **AA** Ebenroth /Boujong/Joost/Strohn²/*Schaffert* Rn 6.

41 Insoweit wie hier MünchKommHGB²/*Herber* Rn 10; *ders.* Seehandelsrecht, S 358 (363); *Zapp* TranspR 2000, 239 ff; **aA** *Koller*⁸ Rn 7.

42 *Andresen/Valder* Rn 8.

43 *Ramming* TranspR 2000, 277 (280 f).

2. Haftung für Verlust, Beschädigung und Überschreitung der Lieferfrist

28 a) **Grundsatz.** § 437 Abs. 1 beschränkt die Schäden, wegen derer der Geschädigte einen Direktanspruch gegen den ausführenden Frachtführer geltend machen kann, auf solche im Sinne des § 425 Abs. 1, d.h. auf durch Verlust des Gutes oder Überschreitung der Lieferfrist entstandene Schäden. Nicht erfasst werden demnach etwa Schadensersatzansprüche aus culpa in contrahendo, positiver Forderungsverletzung und Nichterfüllung nach §§ 325, 326 BGB.[44]

29 b) **Analoge Anwendung.** Nach teilweiser Auffassung soll die Bestimmung auch nicht entsprechend auf Schadensersatzansprüche nach § 413 Abs. 2, § 422 und § 447 anwendbar sein.[45] Jedoch ist der Verlust oder die Beschädigung von Begleitpapieren (§ 413 Abs. 2) eng mit dem Verlust des Gutes verwandt und führen auch Nachnahmefehler (§ 422) sowie die Auslieferung des Gutes an einen anderen als den berechtigten Besitzer des Ladescheins (§ 446) ebenso zu einer Art Verlust des Gutes, der lediglich spezialgesetzlich geregelt ist.[46] Die genannten Fälle sind daher den in § 437 Abs. 1 ausdrücklich erwähnten Schadensformen rechtsähnlich. Insoweit ist die Bestimmung daher analog anwendbar.[47] Eine analoge Anwendung auf andere Schadensformen scheidet hingegen aus, da mit einer weitergehenden Ausdehnung die Beschränkung als solche ihre Bedeutung einbüßte.

30 3. **Beschränkung auf Obhutszeitraum.** Der ausführende Frachtführer haftet nach § 437 Abs. 1 Satz 1 nur für solche Schäden, die während des Zeitraums entstehen, in dem er das Gut in seiner Obhut hatte (Abweichung vom sogenannten Samtfrachtführermodell, siehe auch schon oben Rn 7). Der Obhutszeitraum umfasst die Spanne von der Übernahme des Guts zur Beförderung bis zu dessen Ablieferung und ist damit in grundsätzlich gleicher Weise zu verstehen wie im Rahmen der Haftung des vertraglichen Frachtführers nach § 425 Abs. 1,[48] wobei es hier selbstverständlich auf die Übernahme durch den ausführenden Frachtführer und die Ablieferung durch eben diesen an den für ihn maßgeblichen Empfänger ankommt. Dass der ausführende Frachtführer nach § 437 nicht für einen Verlust oder eine Beschädigung des Guts in der Zeit vor Übernahme oder nach Ablieferung verantwortlich ist – und zwar selbst dann nicht, wenn der Schaden auf ein Verschulden des ausführenden Frachtführers oder derjenigen, für deren Verhalten er einzustehen hat, zurückzuführen ist – ist grundsätzlich richtig. Jedoch stellt § 437 Abs. 1 Satz 1 ausdrücklich auf die Schadensentstehung ab und entsteht der Schaden auch dann „während" der Beförderung, wenn er sich erst später zeigt, die Schadensursache aber gesetzt wird, während sich das Gut in der Obhut des ausführenden Frachtführers befindet.[49] Wird etwa während der vom ausführenden Frachtführer zu verantwortenden Transportzeit die Kühltemperatur für verderbliche Ware nicht eingehalten, bedarf es keines Rückgriffs auf allgemeine deliktische Haftungstatbestände, um zu einer Einstandspflicht des ausführenden Frachtführers zu gelangen, auch wenn der Verderb der Ware erst später eintritt.

---

44 Fremuth/Thume/*Fremuth* Rn 7; Ebenroth/Boujong/Joost/Strohn²/*Schaffert* Rn 11.

45 *Fremuth* aaO.

46 *Koller*⁸ Rn 3.

47 Wie hier *Koller*⁸ Rn 5; Ebenroth/Boujong/Joost/Strohn²/*Schaffert* Rn 11.

48 Ebenroth/Boujong/Joost/Strohn²/*Schaffert* Rn 8.

49 Ebenso Fremuth/Thume/*Fremuth* Rn 17; *Andresen/Valder* Rn 13; **aA** Ebenroth/Boujong/Joost¹/*Gass* Rn 34.

Für den ausführenden Frachtführer bestimmt sich die Person des Empfängers nicht nach dem Hauptfrachtvertrag, sondern nach dem (ggf. faktischen) Auftrag, welcher ihm erteilt wurde. Der für ihn maßgebliche Obhutszeitraum endet daher auch, wenn er das Gut einem anderen Teilfrachtführer oder einem vom Hauptfrachtführer eingeschalteten Spediteur übergibt.[50] 31

IV. Verteidigungsmöglichkeiten des ausführenden Frachtführers

1. Geltendmachung von Einwendungen und Einreden des vertraglichen Frachtführers aus dem Hauptfrachtvertrag, § 437 Abs. 2. Nach § 437 Abs. 2 kann der ausführende Frachtführer alle Einwendungen geltend machen, die dem vertraglichen Frachtführer aus dem zwischen diesem und dem Auftraggeber abgeschlossenen Frachtvertrag zustehen. Beschränkt also etwa der Hauptfrachtführer durch zulässige Vertragsabrede seine Haftung auf einen geringeren als den sich nach § 431 ergebenden Betrag, so wirkt diese Vereinbarung ohne Weiteres auch zugunsten des ausführenden Frachtführers. Dieser haftet nicht strenger als der vertragliche Frachtführer.[51] 32

Aufgrund des Schutzzwecks kann der ausführende Frachtführer auch Einreden des vertraglichen Frachtführers aus dem Frachtvertrag geltend machen.[52] Dies stellt die im Zuge der Seehandelsrechtsreform vorgenommene Ergänzung der Worte „und Einreden" in Abs. 2 nunmehr ausdrücklich klar. Zu beachten ist allerdings, dass Abs. 2 des § 437 sich nur auf die Begründung des Schadensersatzanspruchs als solchen bezieht und nur diesbezügliche Einwendungen einschließlich Einreden erfasst, während für solche Einwendungen, die die Abwicklung der Ersatzpflicht betreffen, über Abs. 3 der Norm die §§ 422 ff BGB gelten.[53] 33

2. Gesetzliche Haftungsgrenzen. § 437 begründet keine zu der Haftung des vertraglichen Frachtführers akzessorische **Haftung** und statuiert – anders als § 49a Abs. 3 Satz 2 LuftvG, Art. 3 Abs. 2 ZAG – auch nicht, dass sich der ausführende Frachtführer das Verhalten des Hauptfrachtführers zurechnen lassen müsste.[54] Die maßgebliche Frage, ob der ausführende Frachtführer sich entlastend auf das Verhalten des vertraglichen Frachtführers berufen kann, stellt sich etwa, wenn dem ausführenden Frachtführer in der Kette bestimmte Informationen oder Weisungen nicht mitgeteilt wurden, z.B. mit dem vertraglichen Frachtführer eine Temperatur von 4° C vereinbart, diese Weisung dem ausführenden Frachtführer aber nicht mitgeteilt wurde.[55] 34

Der Wortlaut des § 437 erlaubt nicht nur eine Interpretation, derzufolge der ausführende Frachtführer ebenso wie der Hauptfrachtführer haftet, selbst wenn er den Schaden überhaupt nicht oder nicht so intensiv wie dieser zu verantworten hat,[56] sondern ohne Weiteres auch ein gegenteiliges Verständnis. Während der ausführende Frachtführer Einwendungen aus dem (Haupt-)Frachtvertrag – logisch zwingend – aus der Rechtsbeziehung des vertraglichen Frachtführers zum Absender herleiten muss (§ 437 Abs. 2), sagt das Gesetz nicht, der ausführende Frachtführer könne gesetzliche Haftungsgrenzen 35

[50] *Koller*[8] Rn 12; Heymann[2]/*Joachim* Rn 9.

[51] Heymann[2]/*Joachim* Rn 15; MünchKommHGB[2]/*Herber* Rn 29.

[52] Heymann[2]/*Joachim* Rn 15; *Koller*[8] Rn 16.

[53] *Koller*[8] Rn 16, 39; aA *Ramming* TranspR 2000, 277 (288); näher noch unten Rn 51.

[54] Siehe bereits oben unter Rn 6.

[55] Beispiel nach *Andresen*/*Valder* Rn 21.

[56] So *Koller*[7] Rn 4.

nur „über“ den Hauptfrachtführer herleiten, sich auf diese mithin nur berufen, wenn dies auch der vertragliche Frachtführer könne. Die Haftung des ausführenden Frachtführers „in gleicher Weise wie der Frachtführer“ meint daher nur, dass der ausführende Frachtführer nach den auch für den Hauptfrachtführer geltenden gesetzlichen Regeln haftet,[57] verknüpft die Haftung von vertraglichem und ausführendem Frachtführer aber nicht weitergehend miteinander.

36 a) **Separate Ermittlung der Haftungsgrenzen.** Im angeführten Beispielsfall der nicht weitergegebenen Weisung haftet der ausführende Frachtführer daher nicht neben dem Vertragspartner des Absenders.[58] Weiter muss im Falle einer Haftung auch des ausführenden Frachtführers der gegen diesen gerichtete Anspruch nicht gleich hoch wie derjenige gegen den Hauptfrachtführer sein. So ist die Haftungsbegrenzung auf das Dreifache der Fracht bei Lieferfristüberschreitung (§ 431 Abs. 3, 432 Satz 1) nach der Höhe der Fracht zu berechnen, die der ausführende Frachtführer mit dem vertragschießenden Frachtführer vereinbart hat.[59] Ebenso kommt es beim Haftungshöchstbetrag des § 431 auf das dem ausführenden Frachtführer konkret übergebene Gut an, nicht auf die Gütermenge, auf die sich der Hauptvertrag bezieht, falls diese größer sein sollte.[60] Schließlich bemisst sich auch die Haftung des ausführenden Frachtführers gemäß § 432 Satz 1 für öffentliche Abgaben und sonstige Kosten aus Anlass der Beförderung ausgehend von der durch ihn ausgeführten oder auszuführenden Beförderung, weshalb die betreffenden Positionen nur zu ersetzen sind, soweit sie im Hinblick auf die vom ausführenden Frachtführer durchzuführende Beförderung entstanden sind.[61]

37 Ein Wegfall der Haftungsbefreiungen und -begrenzungen trifft den ausführenden Frachtführer über §§ 437 Abs. 1 Satz 1, 435 nur dann, wenn ihm oder seinen Hilfspersonen qualifiziertes Verschulden zur Last zu legen ist, nicht hingegen, wenn ein solcher Vorwurf dem vertraglichen Frachtführer, einem anderen Unterfrachtführer oder deren Hilfspersonen zu machen ist.[62] Dass der ausführende Frachtführer – ebenso wie der vertragliche Frachtführer – auch für *seine* Leute und sonstige Personen, deren er sich bei Ausführung der Beförderung bedient, einzustehen hat, unterliegt keinem Zweifel und musste deshalb nicht noch einmal gesondert kodifiziert werden.[63]

38 b) **Anwendbarkeit des § 434.** Haftet der ausführende Frachtführer wie der vertragliche, ist zu seinen Gunsten auch § 434 anwendbar. Die Anwendbarkeit der Bestimmung kann nicht mit dem Argument verneint werden, die Vorschrift richte sich nur an den Frachtführer und nicht an den in § 437 Abs. 1 Satz 1 legaldefinierten ausführenden Frachtführer.[64] Über die in § 437 Abs. 1 Satz 1 Hs. 2 enthaltene Rechtsfolgenanordnung gelangt für den ausführenden Frachtführer kein anderes Haftungsregime zur Anwendung als dasjenige, welches für den vertraglichen Frachtführer greift. § 434 gilt daher auch für den ausführenden Frachtführer.[65]

---

57 *Koller*[8] Rn 26; Ebenroth/Boujong/Joost/Strohn[2]/*Schaffert* Rn 3.

58 Ebenso *Ramming* TranspR 2000, 277 (284); *Andresen/Valder* Rn 21.

59 *Ramming* TranspR 2000, 277 (285); *Koller*[8] Rn 26.

60 *Andresen/Valder* Rn 12.

61 Ebenroth/Boujong/Joost/Strohn[2]/*Schaffert* Rn 10.

62 *Thume* VersR 2000, 1071 (1077); *Wagner* ZHR 163 (1999), 679 (700); *Ramming* TranspR 2000, 277 (285); *Zapp* TranspR 2000, 106 (109); *Seyffert* Die Haftung des ausführenden Frachtführers, S. 217; *Koller*[8] Rn 27; Ebenroth/Boujong/Joost/Strohn[2]/*Schaffert* Rn 23.

63 BT-Drucks. 17/10309, S. 55, 86.

64 So aber *Ramming* VersR 2007, 1190 (1195).

65 Wie hier Fremuth/Thume/*Fremuth* Rn 28.

c) **Verschärfung des gesetzlichen Pflichtenprofils durch Vereinbarung zwischen Hauptfrachtführer und Absender/Empfänger (§ 437 Abs. 1 Satz 2).** Erweitert der vertragliche Frachtführer durch Vereinbarung mit dem Absender oder Empfänger seine Haftung, so wirkt dies gegen den ausführenden Frachtführer nach § 437 Abs. 1 Satz 2 nur, soweit er der Vereinbarung schriftlich zugestimmt hat. Eine Regelung, die Vertragsabsprachen zwischen Hauptfrachtführer und Auftraggeber auch dann zu Lasten des ausführenden Frachtführers wirken lassen würde, wenn dieser nicht zugestimmt hat, wirkte als Vertrag zulasten Dritter und widerspräche damit allgemeinen zivilrechtlichen Grundsätzen.[66] **39**

Für die Zustimmung des ausführenden Frachtführers gelten grundsätzlich die §§ 182 ff BGB, sodass eine Zustimmung sowohl in Form der Einwilligung als auch der Genehmigung erfolgen kann. Nach § 182 Abs. 1 Satz 1 kann Erklärungsgegner der Zustimmung sowohl der vertragliche Frachtführer als auch der Absender oder Empfänger sein. **40**

Lediglich gegenüber der Bestimmung des § 182 Abs. 2 BGB stellt § 437 Abs. 1 Satz 2 strengere Anforderungen, indem er die Wirksamkeit der Zustimmung von der Wahrung der Schriftform (§ 126 BGB) abhängig macht. Nicht erst das Schriftformerfordernis, sondern schon die Notwendigkeit einer Zustimmung des ausführenden Frachtführers als solche schützt diesen vor einem Vertragsschluss zwischen Hauptfrachtführer und Absender/Empfänger, der zu seinen Lasten geht.[67] Das Schriftformerfordernis verbessert die Situation des ausführenden Frachtführers jedoch zusätzlich aufgrund der mit ihm verbundenen Warn- und Hinweisfunktion und seiner Auswirkungen im Punkt der Beweisführung zu einer Zustimmung des ausführenden Frachtführers. **41**

Als Haftungsvereinbarungen i.S.d. § 437 Abs. 1 Satz 2 sind nicht nur Abreden über den Inhalt der Sekundäransprüche zu qualifizieren, sondern auch Absprachen über die Modalitäten des Transports.[68] Das demgegenüber vorgebrachte Wortlautargument, die Formulierung „Haftung erweitern" beziehe sich nur auf Sekundäransprüche,[69] ist im wenigsten nicht zwingend und lässt, nimmt man es zum Ausgangspunkt, die Frage offen, ob bei Modifikation bereits der primären Pflichtenlage nicht ein Erst-recht-Schluss angezeigt wäre. Vor allem aber gilt es zu beachten, dass der ausführende Frachtführer sich im Ausgangspunkt auf die gesetzlichen Grenzen der Frachtführerhaftung uneingeschränkt berufen kann, sich hingegen das Verhalten des vertraglichen Frachtführers nicht zurechnen lassen muss. Entsprechend ist es besonders begründungsbedürftig, wenn der ausführende Frachtführer über § 437 in schärferer Weise haften soll als ein Frachtführer, der einen Transportauftrag mit dem sich aus dem Gesetz ergebenden (Primär-)Pflichtenumfang unternimmt. Eine andere Betrachtung setzt jedenfalls voraus, dass der ausführende Frachtführer die Erweiterung der Primärpflichten im Verhältnis Hauptfrachtführer/Absender kennt oder wenigstens kennen muss. **42**

Im Falle haftungsverschärfender Abreden zwischen Hauptfrachtführer und Absender/Empfänger kann der Anspruchsteller seinen Anspruch auch gegen den ausführenden Frachtführer richten, wenn sich ohne Berücksichtigung der Haftungsverschärfung die Haftung schon unter Anwendung der gesetzlichen Haftungsbestimmungen ergibt oder er **43**

---

66 Siehe PalandtBGB[71]/*Grüneberg* Einführung vor § 328 Rn 10.

67 Zumindest ungenau BT-Drucks. 13/8445, S. 74; *Andresen/Valder* Rn 15.

68 Anders *Koller*[8] Rn 14, 29; MünchKomm-HGB[2]/*Herber* Rn 31; zumindest für Teilbereiche wie hier Ebenroth/Boujong/Joost[1]/*Gass* Rn 35; *Thume* VersR 2000, 1071 (1075); *Seyffert* Die Haftung des ausführenden Frachtführers, 175 ff; *Ramming* TranspR 2000, 277 (282).

69 Siehe *Koller*[7] Rn 20.

nachweist, dass die Pflicht, aus deren Verletzung eine Haftung hergeleitet wird, besonders an den ausführenden Frachtführer „weitergereicht" worden ist. Dies hat grundsätzlich im Wege der schriftlichen Zustimmung (§ 437 Abs. 1 Satz 2) zu geschehen, kann sich im Einzelfall aber auch daraus ergeben, dass der vertragliche Frachtführer den ausführenden in dem mit diesem geschlossenen Vertrag (zumindest) in entsprechendem Umfang in die Pflicht genommen hat (§ 242 BGB).[70] Grundsätzlich ist in letztgenanntem Punkt allerdings Zurückhaltung geboten, da mit der Eröffnung des Direktanspruchs Insolvenzrisiken verlagert werden.

44 Bei **Lieferfristüberschreitungen** kann der ausführende Frachtführer, der nur einen Streckenabschnitt der vom vertraglichen Frachtführer geschuldeten Beförderung übernommen hat, nur einen entsprechenden Teil der Lieferfrist für sich beanspruchen. Nach dem Gesagten wirken Absprachen über die Lieferfrist, welche der vertragliche Frachtführer mit seinem Auftraggeber getroffen hat oder Weisungen, die der Auftraggeber dem vertraglichen Frachtführer erteilt hat, außer nach § 437 Abs. 1 Satz 2 grundsätzlich nicht zu Lasten des ausführenden Frachtführers. Hat der ausführende Frachtführer der Vereinbarungen einer kürzeren Lieferfrist zwischen vertraglichem Frachtführer und dessen Auftraggeber, als sie sich unter Anwendung des § 423 Var. 2 ergeben würde, nicht schriftlich zugestimmt, so beurteilt sich seine Haftung nach den Lieferfristen, die im Hinblick auf den von ihm zu verantwortenden Streckenabschnitt einem sorgfältigen Frachtführer nach § 423 Var. 2 unter Berücksichtigung der Umstände des Einzelfalls vernünftigerweise zuzubilligen sind.[71] Ein anderes kommt in den Fällen in Betracht, in denen der vertragliche Frachtführer im Frachtvertrag mit dem ausführenden die Lieferfrist entsprechend der für ihn geltenden Frist verkürzt hat (§ 242 BGB) oder der ausführende Frachtführer die vereinbarte Verkürzung der Lieferfrist im Hauptfrachtvertrag zumindest kennen musste.

45 Übernimmt der ausführende Frachtführer das Gut verspätet und ist zu diesem Zeitpunkt eine Wahrung der für den Hauptfrachtführer geltenden Lieferfrist schon nicht mehr möglich, wenn der ausführende Frachtführer seinerseits die für ihn maßgebliche Lieferfrist einhält, so haftet er im Falle deren Überschreitung nur für den Schaden, der durch die von ihm verursachte und zu verantwortende Verzögerung zusätzlich entsteht.[72]

46 **d) Modifikationen der gesetzlichen Pflichtenlage nur im Verhältnis des Hauptfrachtführers zum ausführenden Frachtführer.** Vereinbaren vertraglicher und ausführender Frachtführer im Innenverhältnis zulässigerweise eine geringere als die Regelhaftung, so hat dies auf das Außenverhältnis des ausführenden Frachtführers zum Absender im Rahmen des § 437 keine Auswirkungen,[73] es sei denn, dass eine entsprechend geringere Haftung auch zwischen vertraglichem Frachtführer und dessen Auftraggeber vereinbart ist (§ 437 Abs. 2). Auch der BGH[74] geht davon aus, dass der Unterfrachtführer gegenüber dem Empfänger, der ihn nach §§ 437, 421 Abs. 1 Satz 2 in Anspruch nimmt, *nur* die Einwendungen aus dem Hauptfrachtvertrag geltend machen kann, nicht aber solche, die sich aus dem von ihm mit dem Hauptfrachtführer geschlossenen Beförderungsvertrag

---

70 *Koller*[8] Rn 29; **aA** *Ramming* TranspR 2000, 277 (280).

71 Ebenroth/Boujong/Joost/Strohn[2]/*Schaffert* Rn 9.

72 *Koller*[8] Rn 15; Heymann[2]/*Joachim* Rn 12.

73 BGH TranspR 2010, 376 ff; *Knorre* TranspR 1999, 99; Fremuth/Thume/*Fremuth* Rn 33; *Thume* VersR 2000, 1071 (1076); *Koller*[8] Rn 31.

74 BGH TranspR 2009, 130, 132.

ergeben. Die Gegenauffassung[75] legt, indem sie formuliert, die Möglichkeit, den im Innenverhältnis zum vertraglichen Frachtführer nicht zu tragenden Schaden ersetzt zu bekommen, könne in Insolvenzfällen nicht helfen, den Schwachpunkt ihrer Argumentation selbst offen. Indem § 437 einen Direktanspruch gewährt und damit den Geschädigten, was die Insolvenzrisikotragung betrifft, begünstigt, belastet die Norm den ausführenden Frachtführer „umgekehrt" entsprechend und verweist ihn auf den Innenausgleich. Dieser Mechanismus kann nicht durch Vertragsabsprache zwischen Haupt- und ausführendem Frachtführer außer Kraft gesetzt werden.

Im Rahmen der Haftung nach § 437 nicht zugute kommt dem Anspruchsteller die **Übernahme einer höheren**, über den Umfang des § 437 hinausgehenden **Haftung** durch den ausführenden Frachtführer gegenüber dessen Vertragspartner.[76] Allerdings kann der Vertragspartner des ausführenden Frachtführers in den betreffenden Fällen seinen Anspruch an den Geschädigten abtreten und ist dazu unter Umständen sogar verpflichtet (§ 667 BGB; Ziff. 22.5 ADSp).[77] Die eigenen und durch Abtretung erworbenen Ansprüche stehen in diesem Fall in Anspruchskonkurrenz.[78] 47

Der abgetretene Anspruch ermöglicht eine Inanspruchnahme des ausführenden Frachtführers, für die die Grenzen der §§ 437 Abs. 1 Satz 1, 425 ff nicht gelten.[79] Dass der Geschädigte bereits mit Schadensersatzleistungen in Höhe der Haftung des vertraglichen Frachtführers seinen vereinbarten oder gesetzlichen Schadensersatz erhielte,[80] ist nicht richtig für die Fälle, in denen aus der Vertragsbeziehung zusätzlich eine Abtretungsverpflichtung besteht. Die Abtretung schafft auch keine Haftungserweiterung,[81] sondern lässt lediglich den Zessionar an die Stelle des bisherigen Gläubigers treten (§ 398 Satz 2 BGB). Völlig zurecht weist Koller[82] darauf hin, dass der abgetretene Anspruch dem Vertragsverhältnis des ausführenden Frachtführers zu seinem Auftraggeber entspricht und, wenn der ausführende Frachtführer eine höhere Haftsumme vereinbart hat, dies von seinem Willen gedeckt, nicht aber eine ihm gesetzlich auferlegte Haftungserweiterung ist. Will der ausführende Frachtführer eine Inanspruchnahme durch den Geschädigen aus abgetretenem Recht vermeiden, darf er sich seinem Vertragspartner gegenüber schlicht nicht auf eine höhere Haftung einlassen. Es steht ihm grundsätzlich frei, den Inhalt des für ihn maßgeblichen Rechtsverhältnisses so zu gestalten, dass er bei Verlust oder Beschädigung des Transportgutes nur für die Schäden seines Auftraggebers oder seines Empfängers einzustehen hat, nicht aber für Schäden Dritter, die sein Auftraggeber oder der Empfänger im Wege der Drittschadensliquidation geltend machen kann.[83] 48

Der ausführende Frachtführer kann sich somit gegenüber den Ansprüchen seines unmittelbaren Auftraggebers nicht auf seine (nur geringere) Haftung aus § 437 berufen. Auch kann aus § 437 Abs. 2 nicht hergeleitet werden, dass die auf Basis der – zulässigen[84] – Drittschadensliquidation abtretbaren Ansprüche des unmittelbaren Auftraggebers nicht an den Geschädigten abgetreten werden dürften, oder dass der ausführende Frachtführer nur wegen eines Schadens von seinem unmittelbaren Auftraggeber in Anspruch 49

75 *Andresen/Valder* Rn 20 f.
76 BT-Drucks. 13/8445, S. 75; *Thume* VersR 2000, 1071 (1076); *Koller*[8] Rn 30; Ebenroth/Boujong/Joost/Strohn[2]/*Schaffert* Rn 27.
77 BGH TranspR 2010, 376 ff; *Knorre* TranspR 1999, 99; Heidelberger Kommentar[7]/*Ruß* Rn 12.
78 *Koller*[8] Rn 37.
79 Heidelberger Kommentar[7]/*Ruß* Rn 12.
80 So *Andresen/Valder* Rn 17.
81 So aber *Zapp* TranspR 2000, 106 (109).
82 *Koller* Rn 37.
83 BGH TranspR 2010, 376 ff; *Knorre* TranspR 1999, 99, 100; *Ramming* TranspR 2000, 277, 292 f; Fremuth/Thume/*Fremuth* Rn 34.
84 Eingehend *Koller*[7] Rn 42.

genommen werden dürfte, der den Betrag des Schadens übersteigt, der mittels des § 437 liquidiert werden könnte.[85] Vielmehr trennt der BGH mit Recht scharf zwischen der Inanspruchnahme des ausführenden Frachtführers nach § 437 und dessen Haftung gegenüber dem Empfänger aus dem Unterfrachtvertrag. Trifft den Unterfrachtführer dem Hauptfrachtführer gegenüber die volle Frachtführerhaftung, gibt es keinen sachgerechten Grund, seine Haftung gegenüber dem Empfänger als Drittbegünstigtem des Unterfrachtvertrags auszuschließen.[86] Kann der Geschädigte nicht ohnehin seinen gesamten tatsächlich entstandenen Schaden vom ausführenden Frachtführer ersetzt verlangen und steht dem Hauptfrachtführer hinsichtlich dieses verbleibenden „Restschadens" ein Anspruch gegen den vom ihm beauftragten Unterfrachtführer zu, ist er im Wege der Drittschadensliquidation nicht nur berechtigt, sondern nach dem von ihm mit dem Absender geschlossenen Vertrag gem. § 667 BGB sogar verpflichtet, den überschießenden Differenzbetrag vom ausführenden Frachtführer zu verlangen.[87]

V. Gesamtschuldnerische Haftung (Abs. 3) und Regress

50 Haftet der ausführende Frachtführer nach § 437 Abs. 1 Satz 1, tritt er als Haftungsschuldner neben den vertraglichen Frachtführer; beide haften als Gesamtschuldner im Sinne des § 421 BGB (§ 437 Abs. 3). Eine gesamtschuldnerische Haftung des ausführenden Frachtführers neben dem vertraglichen besteht jedoch nur, soweit die Haftung des ausführenden Frachtführers reicht. Die Haftung der Gesamtschuldner muss nicht notwendig gleich hoch sein. Sie ist es etwa nicht, wenn nur den ausführenden oder nur den vertraglichen Frachtführer der Vorwurf qualifizierten Verschuldens trifft, der ausführende Frachtführer nur eine Teilmenge des zu Schaden gekommenen Guts befördert hat, oder der Hauptfrachtführer im Verhältnis zu Absender oder Empfänger ohne Zustimmung des ausführenden Frachtführers eine Haftungserweiterung vereinbart hat. In den betreffenden Fällen sind vertraglicher und ausführender Frachtführer insoweit Gesamtschuldner, wie sich ihre Haftungsbeiträge decken.[88]

51 Für Einwendungen, die die Abwicklung der Ersatzpflicht betreffen, gelten aufgrund des § 437 Abs. 3 die §§ 422 ff BGB; § 437 Abs. 2 greift nicht.[89] Letztgenannte Bestimmung betrifft nur Einwendungen „aus dem Frachtvertrag" und damit solche Einwendungen, die bereits dem Gegebensein des Schadensersatzanspruches als solchem entgegenstehen. Steht fest, dass Ersatzansprüche gegen den ausführenden Frachtführer nach §§ 437 Abs. 1 Satz 1, 425 ff und gegen den vertraglichen nach §§ 425 ff bestehen, so richtet sich das Weitere nach den Vorschriften über die Gesamtschuldnerschaft, weshalb etwa im Falle einer Klage nur gegen den ausführenden Frachtführer der gegen den vertraglichen Frachtführer gerichtete Ersatzanspruch verjähren kann, ohne dass dies einer Titulierung des Anspruchs gegen den Beklagten entgegengehalten werden könnte (§ 425 Abs. 2, Abs. 1 BGB)[90].

---

[85] *Koller*[7] aaO; Fremuth/Thume/*Fremuth* Rn 34; *Knorre* TranspR 1999, 99 (100); *Thume* VersR 2000, 1071 (1078); *Kehl* Die Haftung des Unterfrachtführers im Straßengüterverkehr, S. 58; **aA** *Schindler* in: Gedächtnisschrift für Helm, S. 331 (336 ff).

[86] BGH TranspR 2009, 130 ff; BGH TranspR 2010, 34 ff.

[87] So jetzt ausdrücklich BGH TranspR 2010, 376 ff, unter Bezugnahme auf *Thume* VersR 2000, 1071, 1078.

[88] Fremuth/Thume/*Fremuth* Rn 20 (22).

[89] *Koller*[8] Rn 16, 34; **aA** *Ramming* TranspR 2000, 277 (288).

[90] Siehe noch unten Rn 60.

Der **Ausgleich im Innenverhältnis von ausführendem Frachtführer und Hauptfrachtführer** richtet sich nach § 426 BGB, weshalb es primär darauf ankommt, was ein zwischen dem vertraglichen und dem ausführenden Frachtführer geschlossener Vertrag bestimmt (§ 426 Abs. 1 Satz 1 Hs. 2 BGB).[91] Regelmäßig wird der ausführende Frachtführer hinsichtlich des auch von ihm zu tragenden Schadens diesen im Innenverhältnis allein übernehmen müssen. Wenn und weil im Verhältnis von ausführendem und vertraglichem Frachtführer aber schlicht Frachtrecht gilt, kann etwa auch § 425 Abs. 2 zur Anwendung gelangen, sodass es auf den Grad der Mitverursachung ankommen kann.[92] Solange der Auftraggeber des ausführenden Frachtführers nicht seinerseits Schadensersatz in Geld geleistet hat, kann er Regress nur in Höhe der eigenen Haftung in Form einer Freistellung vom Schadensersatzanspruch nehmen.[93] 52

Aus der Maßgeblichkeit des Vertragsverhältnisses von Haupt- und ausführendem Frachtführer folgt, dass letzterer sich auf Sonderabreden mit dem Hauptfrachtführer, die im Rahmen des § 449 wirksam getroffen worden sind, unbeschränkt berufen kann. Ein Unterfrachtführer, der selbst nicht als ausführender Frachtführer tätig geworden ist, sich jedoch Regressansprüchen seines Auftraggebers gemäß §§ 425, 428 ausgesetzt sieht, kann seinerseits beim ausführenden Frachtführer nach Maßgabe des mit diesem bestehenden Vertragsverhältnisses Rückgriff nehmen.[94] Der Hauptfrachtführer muss sich schließlich im Rahmen seines Regresses Tatbeiträge seiner Hilfspersonen gemäß §§ 426 Abs. 1 Satz 1, 254 BGB[95] zurechnen lassen. Hat er nicht selbst den Vertrag mit dem ausführenden Frachtführer geschlossen, sondern eine andere Person zwischengeschaltet, muss er sich insbesondere auch daran festhalten lassen, wenn diese mit dem ausführenden Frachtführer eine besondere Haftungsbeschränkung vereinbart hat. Der ausführende Frachtführer hat seinerseits – gleichsam umgekehrt – die Übernahme einer erweiterten Haftung gegenüber seinem Auftraggeber als gegenüber dem Hauptfrachtführer regressverstärkend hinzunehmen.[96] 53

Die regelmäßige Notwendigkeit einer Streitverkündung im Prozess, um die Verjährung Regressansprüchen zu verhindern,[97] ist durch die Neuregelung des § 439 Abs. 2 Satz 3 entfallen, derzufolge die Verjährung von Regressansprüchen erst mit dem Tag des Eintritts der Urteilsrechtskraft gegen den Rückgriffsgläubiger zu laufen beginnt oder, wenn kein rechtskräftiger Titel vorliegt, mit dem Tag, an dem der Rückgriffsgläubiger den Anspruch befriedigt hat. Wegen der Einzelheiten wird auf die Kommentierung zu § 439 verwiesen. 54

VI. Haftung der Leute des ausführenden Frachtführers

§ 437 Abs. 4 erstreckt die **grundsätzliche Gleichstellung von vertraglicher (§§ 407, 425 ff) und quasi-vertraglicher (§ 437 Abs. 1 Satz 1) Haftung** auch auf die persönliche Haftung der Leute des ausführenden Frachtführers. Werden diese im Schadensfall persönlich – regelmäßig aus Delikt – in Anspruch genommen, können sie sich nach Maß- 55

---

91 Siehe auch MünchKommHGB²/*Herber* Rn 42.
92 *Andresen/Valder* Rn 25.
93 *Koller*⁷ Rn 37; *Seyffert* Die Haftung des ausführenden Frachtführers, S. 249.
94 *Koller*⁸ Rn 39.
95 *Thume* VersR 2000, 1071 (1077); *Koller*⁸ Rn 39; aA *Ramming* TranspR 2000, 277 (294).
96 *Koller*⁸ Rn 39; dort Rn 40 f auch zu den Fällen, in denen der ausführende Frachtführer bereits Schadensersatz geleistet hat.
97 Dazu umfassend Ebenroth/Boujong/Joost¹/*Gass* Rn 57 ff.

gabe des § 436 auf die Haftungsbeschränkungen der §§ 407–450 sowie des Frachtvertrags berufen.

56 Die Regelung trägt dem Umstand Rechnung, dass § 436 selbstständige Unternehmer und deren Leute (§ 428 S. 1) nicht erfasst, der ausführende Frachtführer aber gerade keine abhängige Hilfsperson seines Auftraggebers im Sinne des § 428 Satz 1 ist.[98]

57 Vereinbart der Hauptfrachtführer mit seinem Auftraggeber Haftungserleichterungen, gereichen diese auch den Leuten des ausführenden Frachtführers zum Vorteil. Abmachungen über Haftungsausdehnungen des Hauptfrachtführers mit seinem Auftraggeber sollen sich für die Leute des ausführenden Frachtführers nicht grundsätzlich nachteilig auswirken, wohl aber dann, wenn der ausführende Frachtführer den Belastungen nach § 437 Abs. 1 S. 2 schriftlich zugestimmt hat.[99] Diese Sicht widerspricht jedoch dem Grundsatz, dass die Leute des Frachtführers sich selbst dann auf die gesetzlichen Haftungsbegrenzungen stützen können, wenn der Frachtführer diese für sich selbst nicht ins Feld führen kann, weil er verbindlich eine höhere oder schärfere Haftung akzeptiert hat.[100]

VII. Reklamation; Verjährung (§§ 438, 439); Gerichtsstand (§ 30 Abs. 1 ZPO)

58 **1. Allgemeines.** Nach § 438 Abs. 3 erlöschen Ansprüche wegen Lieferfristüberschreitung, wenn der Empfänger dem Frachtführer die Überschreitung der Lieferfrist nicht innerhalb von 21 Tagen nach Ablieferung anzeigt. Im Rahmen des § 437 ist insoweit von Bedeutung, ob die **Reklamation** ausschließlich gegenüber dem Hauptfrachtführer bei Lieferfristüberschreitungen verhindert, dass Schadensersatzansprüche gegenüber dem ausführenden Frachtführer verloren gehen. Gass[101] nimmt dies mit der Begründung an, im Hinblick auf die Schadensanzeige sei ausschließlich § 437 Abs. 2 einschlägig.[102] Jedoch haftet der ausführende Frachtführer selbstständig und begründet § 437 Abs. 2 nur bezogen auf das Entstehen der Forderung eine akzessorische Verbindlichkeit, gelangt sodann jedoch nicht mehr zur Anwendung.[103] Um ein Erlöschen des gegen den ausführenden Frachtführer gerichteten Ersatzanspruchs zu verhindern, ist daher eine rechtzeitige Anzeige auch diesem gegenüber erforderlich. Erfolgt eine Anzeige nur gegenüber dem ausführenden Frachtführer, erlischt umgekehrt der gegen den vertraglichen Frachtführer gerichtete Anspruch, wenn nicht auch diesem gegenüber rechtzeitig reklamiert wird. Lediglich § 438 Abs. 5 führt zu einer gewissen Vereinfachung, da im Falle einer Reklamation bei Ablieferung davon auszugehen ist, dass sich die Schadensanzeige gegen beide, den ausführenden wie den vertraglichen Frachtführer, richtet.[104]

59 Auch die **Verjährung** des gegen den ausführenden Frachtführer gerichteten Anspruchs ist grundsätzlich unabhängig von der Verjährung des gegen den Hauptfrachtführer gerichteten Anspruchs. Die Verjährung betrifft nicht die Forderungsentstehung, sondern das Schicksal des entstandenen Anspruchs, so dass § 425 Abs. 2, Abs. 1 BGB i.V.m. §§ 437 Abs. 3, 439 zur Anwendung gelangt.[105]

---

[98] Siehe auch Heymann[2]/*Joachim* Rn 17.
[99] So Heymann[2]/*Joachim* Rn 17; *Koller*[8] Rn 42.
[100] Siehe auch Kommentierung zu § 436 Rn 14.
[101] In: Ebenroth/Boujong/Joost[1] Rn 49.
[102] Im Ergebnis ebenso *Rabe* in: Gedächtnisschrift für Helm, S. 301 (308); *Seyffert* Die Haftung des ausführenden Frachtführers, S. 255.
[103] Siehe auch bereits oben Rn 33, 50 ff.
[104] *Koller*[8] Rn 25.
[105] *Koller*[8] Rn 33.

In der Frage, ob die Verjährung zugunsten des ausführenden Frachtführers bereits in dem Zeitpunkt zu laufen beginnt, in dem dieser das Gut an seinen Empfänger abliefert oder hätte abliefern müssen,[106] scheint eine analoge Anwendung des § 452b Abs. 2 Satz 1 im Ansatz diskutabel. Allerdings kann der ausführende Frachtführer das für ihn maßgebliche Ende der Verjährungsfrist regelmäßig nur berechnen, wenn man auf die Ablieferung an den für ihn maßgeblichen Empfänger abstellt. Entsprechend kann er nur so die ihn treffenden Risiken zuverlässig kalkulieren. Dies dürfte dagegen sprechen, die Sonderregelung des § 452b Abs. 2 Satz 1 im Analogiewege zu verallgemeinern[107]. **60**

Erleichtert wird dem Geschädigten eine Durchsetzung seiner Ansprüche weiter durch die **Gerichtsstandsregel** des früheren § 440, jetzt § 30 Abs. 1 ZPO. Da die Geltendmachung des Anspruchs aus § 437 gegen den ausführenden Frachtführer sich als Rechtsstreitigkeit „aus einer Beförderung, die den Vorschriften dieses Unterabschnitts unterliegt", darstellt, kann der ausführende Frachtführer nicht nur (wahlweise zu den sonst noch gegebenen Gerichtsständen) vor den Gerichten des Orts der Übernahme des Guts durch den Hauptfrachtführer oder des für die Ablieferung durch diesen vorgesehenen Orts verklagt werden, sondern auch an den Orten, an denen er – der ausführende Frachtführer – das Gut übernommen oder abgeliefert hat.[108] § 30 Abs. 1 Satz 2, 3 ZPO macht schließlich eine ansonsten mitunter notwendige Zuständigkeitsbestimmung nach § 36 Nr. 3 ZPO entbehrlich, indem der ausführende Frachtführer ohne Weiteres im Gerichtsstand des Frachtführers, der Frachtführer ohne Weiteres im Gerichtsstand des ausführenden Frachtführers verklagt werden kann. **61**

2. Details zu § 30 Abs. 1 ZPO. § 30 Abs. 1 ZPO regelt die **örtliche Zuständigkeit.** **62**
Mittelbare Bedeutung für die internationale Zuständigkeit kommt der Bestimmung nur zu, soweit sich diese nicht aus transportrechtlichen Übereinkommen (wie etwa der CMR) oder Regelungen wie der EuGVVO[109] oder dem Luganer Übereinkommen ergibt. Fehlt es an einer solchen Regelung, ist auch die Frage der internationalen Zuständigkeit durch „stillschweigende Verweisung" auf die Vorschriften über den Gerichtsstand geregelt.[110] Soweit hingegen beispielsweise die EuGVVO auch die örtliche Zuständigkeit regelt, wird § 30 Abs. 1 ZPO zurückgedrängt.[111] Unberührt bleiben Sonderregelungen in Spezialgesetzen wie § 3 Abs. 1 Satz 2 des Gesetzes über das gerichtliche Verfahren in Binnenschifffahrtssachen.[112] Die Regelung des § 30 Abs. 1 ZPO lehnt sich an an Art. 1a des Deutschen Ratifizierungsgesetzes zur CMR,[113] mit dem die bis dato für den Bereich der CMR gegebene Problematik mangelnder örtlicher Zuständigkeitsbestimmung trotz internationaler Zuständigkeit[114] gelöst wurde. Für nationalem Recht unterliegende Transporte bestand aufgrund der Anwendbarkeit der §§ 12 ff ZPO keine solche Schwierigkeit. Entsprechend ist die Regelung des § 440 a.F. im Zuge der Transportrechtsreform auch erst aufgrund einer Initiative des Rechtsausschusses in das HGB aufgenommen worden. Im

---

106 So *Koller*[8] Rn 33; *Seyffert* Die Haftung des ausführenden Frachtführers, S. 264.

107 So auch Ebenroth/Boujong/Joost/Strohn[2]/*Schaffert* Rn 26.

108 MünchKommHGB[2]/*Herber* Rn 53 f; **aA** *Seyffert* Die Haftung des ausführenden Frachtführers, S. 270.

109 VO (EG) Nr. 44/2001 des Rates über die gerichtliche Zuständigkeit und die Anerkennung und Vollstreckung von Entscheidungen in Zivil- und Handelssachen, auch „Brüssel I-Verordnung".

110 BGHZ 44, 46 (47).

111 *Koller*[7] § 440 Rn 1; *Ramming* VersR 2005, 607, 614 f.

112 BT-Drucks. 17/10309, S. 42.

113 BGBl. 1989 Teil II S. 586.

114 Vgl. WieczorekZPO/*Schütze* vor § 12 Rn 68.

Zuge der Reform des Seehandelsrechts ist sie nunmehr – unter Erstreckung auf den Seetransport – in die ZPO verlagert worden.[115] Durch die Einführung zusätzlicher Gerichtsstände neben den sich nach den sonstigen Regelungen der ZPO ergebenden wird zum einen ein ansonsten deutlicher Unterschied zur CMR-Regelung vermieden. Dem Geschädigten wird durch größere Wahlmöglichkeiten (§ 35 ZPO) eine Rechtsverfolgung erleichtert, insbesondere bei der Inanspruchnahme von Haupt- und ausführendem Frachtführer in einem Prozess.[116] § 30 Abs. 1 Satz 1 eröffnet zusätzliche (besondere) Gerichtsstände am Übernahme- und vorgesehenen Ablieferungsort; „auch" die dortigen Gerichte sind zuständig. § 30 Abs. 1 Satz 2, 3 ZPO ermöglicht es dem Geschädigten, seine Klage gegen den ausführenden Frachtführer auch im Gerichtsstand des vertraglichen Frachtführers anhängig zu machen, seine Klage gegen den vertraglichen auch im Gerichtsstand des ausführenden. Die Bestimmung gilt für sämtliche Rechtsstreitigkeiten, die „aus einer Beförderung" resultieren. Diese Formulierung verwendet ebenso § 439 Abs. 1, mit dem ein unmittelbarer Regelungszusammenhang besteht.[117] Was den erforderlichen Zusammenhang betrifft, kann daher auf die dortige Kommentierung[118] verwiesen werden. Unerheblich ist insbesondere, ob der geltend gemachte Anspruch ein solcher nach §§ 407 ff ist oder etwa aus §§ 823 ff BGB resultiert, solange nur die Beförderung als solche den §§ 407 ff unterliegt.[119] § 30 Abs. 1 ZPO gilt allgemein für Klagen, also unabhängig von der konkreten Klageart. Die Norm gilt nach § 451 auch für die Beförderung von Umzugsgut, nach Maßgabe des § 452 ferner im Multimodalverkehr. Auf Spediteure findet sie nur Anwendung, soweit diese hinsichtlich der Beförderung die Rechte und Pflichten eines Frachtführers haben (§§ 458–460).

63 Für Rechtsstreitigkeiten aus einer Beförderung im Sinne der §§ 407 ff bestimmt § 30 Abs. 1 Satz 1 ZPO eine Zuständigkeit auch der Gerichte am Ort der Übernahme des Gutes oder des für die Ablieferung des Gutes vorgesehenen Ortes. Erfasst werden auch Ansprüche Dritter aus einer Beförderung, z.B. die Klage des geschädigten Eigentümers gegen den Frachtführer.[120] Streitig ist, ob es sich auch um einen Rechtsstreit aus der Beförderung handelt, wenn der Geschädigte **Gehilfen des Frachtführers in Anspruch nimmt.** Der BGH nimmt dies für nach der CMR zu beurteilende Fälle an.[121] Eine Überdehnung des allgemeinen Sprachverständnisses ist es sicherlich nicht, in diesem Fall von einer Streitigkeit zu reden, die in der Beförderung wurzelt. Anderseits zeigen etwa die Folgesätze, dass der Gesetzgeber vor allem wohl die Rechtsbeziehung zwischen dem geschädigten Anspruchsteller auf der einen Seite und dem vertraglichen oder ausführenden Frachtführer auf der anderen im Blick gehabt hat. Einer – womöglich analogen – Anwendung des § 30 Abs. 1 Satz 1 ZPO auf Hilfspersonen des Frachtführers dürfte indes jedenfalls in den Fällen nichts entgegenstehen, in denen so eine Zuständigkeitsbestimmung nach § 36 Abs. 1 Nr. 3 ZPO vermieden werden kann.

64 Für die Bestimmung des Übernahmeorts kommt es darauf an, an welchem Ort das Gut **tatsächlich übernommen** worden ist. Nach der Rechtssprechung des BGH[122] ist bei Einschaltung mehrerer Frachtführer nicht der Ort der Übernahme des Gutes durch den

---

115 Vgl. BT-Drucks. 13/10014, S. 60.

116 Siehe auch MünchKommHGB²/*C. Schmidt* § 440 Rn 1; Ebenroth/Boujong/Joost/Strohn²/*Schaffert* § 440 Rn 1.

117 Siehe auch *Vollkommer/Vollkommer* Gedächtnisschrift für Helm, 2001, S. 365 (370); *Ramming* TranspR 2001, 159 (160).

118 § 439 Rn 11 ff, 15 ff.

119 *Koller*⁷ § 440 Rn 20; MünchKommHGB²/*C. Schmidt* § 440 Rn 3; großzügiger *Vollkommer/Vollkommer* aaO, S. 368; *Ramming* VersR 2005, 607 (612).

120 *Andresen/Valder* § 440 Rn 3.

121 BGH NJW-RR 2002, 31 f; kritisch *Koller* TranspR 2002, 133 (135 f); *ders.* Rn 2.

122 BGH NJW-RR 2002, 31 f.

Unterfrachtführer, sondern der Abgangsort der gesamten Beförderung Ort der Übernahme *im Sinne des Art. 31 Abs. 1 lit. b CMR*. Dies führt zur Existenz lediglich eines einzigen Übernahmeortes auch in Frachtführerketten. An der Übertragbarkeit der Rechtsprechung des BGH zu Art. 31 CMR auf § 30 Abs. 1 ZPO bestehen indes erhebliche Zweifel. Während Art. 31 Abs. 1 lit. b Satz 2 CMR eine Anrufung anderer Gerichte gerade ausschließt, bietet § 30 Abs. 1 ZPO dem Kläger zusätzlich weitere Gerichtsstände zur Wahl. Die CMR-Regelung führt damit zu einer stärkeren Konzentration auf bestimmte Gerichtsorte als diejenige des HGB. Weil auch der ausführende Frachtführer schlicht Frachtführer ist, ist auch der Ort, an dem er das Gut übernimmt, „Übernahmeort“.[123] Hinsichtlich des Ablieferungsortes kommt es auf den **vorgesehenen** Ort der **Ablieferung** des Gutes an, nicht den tatsächlichen. Für eine Beförderung auf einer Teilstrecke, die nicht die letzte ist, gilt das vorstehend Gesagte entsprechend. Wenn und weil es allein auf den vereinbarten Ablieferungsort ankommt, ist ein solcher auch im Falle des Güterverlusts auszumachen.[124] Ebenso bleibt der für die Ablieferung vorgesehene Ort als Gerichtsstand erhalten, wenn das Gut im Hinblick auf seine Beschädigung nicht abgeliefert, sondern zurückbefördert wird.[125] Eine konkludente Änderung der Vereinbarung über den Ablieferungsort ist möglich.[126] In den Fällen der §§ 418, 419 Abs. 1 ist der Ablieferungsort den erteilten Weisungen zu entnehmen, weshalb der Absender nicht an dem von ihm ursprünglich vorgesehenen Ablieferungsort klagen kann, wenn der Empfänger das Gut nach § 418 Abs. 3 zu einem Dritten umleitet.[127] Nicht um einen Ablieferungsort handelt es sich bei dem Ort der Beendigung des Transports nach § 419 Abs. 3 Satz 5.[128] Ist im Rahmen eines Frachtvertrages an mehreren Orten Gut übernommen oder abgeliefert worden, kommt es bei der Beschädigung von Frachtstücken primär auf den Übernahme- bzw. vorgesehenen Ablieferungsort der konkret geschädigten Ware an. Bei Ansprüchen, die keinen spezifischen Bezug zu einem konkreten Frachtstück aufweisen, mag auf den Schwerpunkt des Vertrages unter dem Aspekt der Übernahme und Ablieferung geblickt werden.[129] Nachdem der Kläger „auch“ die in § 30 Abs. 1 ZPO bestimmten Gerichte anrufen kann, hat er zwischen diesen und den sich nach den sonstigen Regeln ergebenden Gerichtsorten die Wahl (§ 35 ZPO).

Die Regelung des Abs. 1 Satz 2, 3, nach der eine Klage gegen den ausführenden **65**
Frachtführer auch im Gerichtsstand des Frachtführers, eine Klage gegen den Frachtführer auch im Gerichtsstand des ausführenden Frachtführers erhoben werden kann, betrifft nur die Passivprozesse („gegen“). Zwischen mehreren Gerichtsständen hat der Kläger auch insoweit die Wahl (§ 35 ZPO). Nimmt man entgegen der hier vertretenen Auffassung[130] bei späterer Übernahme des Guts durch einen ausführenden Frachtführer einen einheitlichen Übernahmeort am Abgangsort der Gesamtbeförderung an, ergibt sich bereits aus § 30 Abs. 1 Satz 1 ZPO ein gemeinschaftlicher besonderer Gerichtsstand von vertraglichem und ausführenden Frachtführer, sodass es einer Zuständigkeitsbestimmung nach § 36 Abs. 1 Nr. 3 ZPO bei einer gegen beide als Streitgenossen erhobenen Klage auch dann nicht bedürfte, wenn die Streitgenossen ihren allgemeinen Gerichtsstand bei verschiedenen Gerichten haben und der Unterfrachtführer auf einer Teilstrecke befördert,

---

123 *Koller* TranspR 2000, 152 (153 f); *ders.* § 440 Rn 3; *Andresen/Valder* § 440 Rn 7; **aA** Heymann²/*Schlüter* § 440 Rn 3; *Müglich* § 440 Rn 3.

124 *Andresen/Valder* § 440 Rn 5.

125 BGH NJW-RR 2004, 762 f.

126 *Andresen/Valder* § 440 Rn 5.

127 Heidelberger Kommentar⁷/*Ruß* § 440 Rn 2.

128 *Koller*⁷ § 440 Rn 3.

129 So *Koller*⁷ § 440 Rn 3; siehe auch *Andresen/Valder* § 440 Rn 5; MünchKommHGB²/*C. Schmidt* § 440 Rn 5.

130 Oben Rn 8.

die nicht die letzte ist.[131] Unter Zugrundelegung dessen reduziert sich die Bedeutung etwa des § 30 Abs. 1 Satz 3 ZPO darauf, eine Klage gegen den Hauptfrachtführer auch im sich *nach den Regeln der ZPO* ergebenden Gerichtsstand des ausführenden Frachtführers zu ermöglichen.[132] Vom gegenteiligen Standpunkt aus betrachtet liegt die Bedeutung des § 30 Abs. 1 Satz 2, 3 ZPO demgegenüber auch und gerade darin, bei für Haupt- und ausführenden Frachtführer unterschiedlichen Übernahme- und Ablieferungsorten vor den dortigen Gerichten klagen zu können. § 30 Abs. 1 Satz 2 ZPO setzt voraus, dass der ausführende Frachtführer gerade in seiner Eigenschaft als solcher in Anspruch genommen wird.[133] Der Gerichtsstand des ausführenden Frachtführers für Klagen gegen den vertraglichen (§ 30 Abs. 1 Satz 3 ZPO) steht nur zur Verfügung, wenn eine Haftung des ausführenden Frachtführers nach § 437 (einschließlich eventuell konkurrierender außervertraglicher Ansprüche) in Betracht kommt.[134] Dies ist nicht der Fall, soweit der Verlust oder die Beschädigung des Gutes oder die Überschreitung der Lieferfrist eingetreten ist, als sich das Gut nicht im Gewahrsam des ausführenden Frachtführers befunden hat.[135] Eine gleichzeitige Inanspruchnahme von vertraglichem und ausführendem Frachtführer ist nicht notwendig.[136] Dem allein verklagten Gesamtschuldner bleibt die Möglichkeit einer Streitverkündung nach §§ 72 ff ZPO.[137]

66 Prorogationsvereinbarungen sind an den §§ 38 ff ZPO zu messen. Danach sind – ausdrückliche oder stillschweigende – Gerichtsstandsvereinbarungen im Wesentlichen dann zulässig, wenn die Vertragsparteien Kaufleute, juristische Personen des öffentlichen Rechts oder öffentlich-rechtliche Sondervermögen sind (§ 38 Abs. 1 ZPO). Nach Maßgabe des § 38 Abs. 2, 3 kann ausnahmsweise auch mit einem Verbraucher eine Gerichtsstandsvereinbarung wirksam getroffen werden. Eine Zuständigkeitsbegründung ist ferner nach § 39 ZPO in Folge rügeloser Verhandlung möglich. Unter Kaufleuten ist es üblich, dass eine Gerichtsstandsvereinbarung in Allgemeine Geschäftsbedingungen aufgenommen ist. In der Frage der Wirksamkeit gelten in diesem Fall die allgemeinen Regeln.[138] Eine AGB-Regelung des Gerichtsstands findet sich etwa in Ziff. 30.2 ADSp. In der Frage, ob eine zwischen Absender und Frachtführer getroffene Gerichtsstandsvereinbarung auch zu Lasten des ersatzberechtigten Empfängers wirkt, ist danach zu differenzieren, ob der Empfänger seinen Anspruch aus dem vom Absender begründeten Vertragsverhältnis herleitet oder sich durch eigenes Verhalten verpflichtet hat. In ersterem Fall kann er nicht besser stehen als der Absender, in letzterem ist er an die Gerichtsstandsvereinbarung nicht gebunden.[139] Einander widersprechende Gerichtsstandsregeln führen zu einer Kollisionslücke, in deren Fall die gesetzliche Regelung zur Anwendung gelangt.[140]

---

131 Siehe dazu auch oben Rn 9.

132 Konsequent vor dem Hintergrund der Darlegungen Rn 3 a.E. Heymann[2]/*Schlüter* § 440 Rn 4 a.E.

133 *Ramming* TranspR 2001, 159 (160).

134 *Ramming* TranspR 2001, 159 (161 f); *ders.* VersR 2005, 607; *Koller*[7] § 440 Rn 5.

135 *Ramming* TranspR 2001, 159 (162).

136 *Ramming* aaO.

137 Siehe auch Ebenroth/Boujong/Joost[1]/*Gass* § 440 Rn 5.

138 Zu den Regelungsgrenzen, MusielakZPO[10]/*Heinrich* § 38 ZPO Rn 12.

139 *Koller*[7] § 440 Rn 7; siehe auch LG Köln VersR 1979, 1018; Fremuth/Thume/*Fremuth* § 440 Rn 7.

140 Vgl. AG Hamburg TranspR 2000, 185 ff.

VIII. Abweichende Vereinbarungen; Beweislast

Nach allgemeinen Grundsätzen der **Beweislast** muss der Anspruchsberechtigte im Sinne des § 421 Abs. 1 darlegen und beweisen, dass es durch den Verlust oder die Beschädigung des Guts in der Zeit von der Übernahme zur Beförderung bis zur Ablieferung oder durch Überschreitung der Lieferfrist zu einem Schaden gekommen und dieser Schaden während des Obhutszeitraums beim ausführenden Frachtführer eingetreten, d.h. die Schadensursache von diesem gesetzt worden ist. Will der ausführende Frachtführer sich nach §§ 425 Abs. 2, 426, 427, 429 entlasten, ist er insoweit grundsätzlich darlegungs- und beweispflichtig; es gelten die allgemeinen Beweislastgrundsätze der betreffenden Bestimmungen.[141] **67**

§ 437 ist nur **in den Grenzen des § 449 dispositiv.** Gegenüber gewerblichen Absendern kann, sofern es sich nicht um briefartige Sendungen handelt, die eine Regelung in Allgemeinen Geschäftsbedingungen zulassen, nur durch Individualvereinbarung vom Haftungsprinzip der Norm abgewichen werden.[142] Zu einer Herabsetzung des Haftungshöchstbetrags siehe § 449 Abs. 2 Satz 1 Nr. 1. **68**

§ 438
[Schadensanzeige]

(1) Ist ein Verlust oder eine Beschädigung des Gutes äußerlich erkennbar und zeigt der Empfänger oder der Absender dem Frachtführer Verlust oder Beschädigung nicht spätestens bei Ablieferung des Gutes an, so wird vermutet, dass das Gut vollständig und unbeschädigt abgeliefert worden ist. Die Anzeige muss den Verlust oder die Beschädigung hinreichend deutlich kennzeichnen.

(2) Die Vermutung nach Absatz 1 gilt auch, wenn der Verlust oder die Beschädigung äußerlich nicht erkennbar war und nicht innerhalb von sieben Tagen nach Ablieferung angezeigt worden ist.

(3) Ansprüche wegen Überschreitung der Lieferfrist erlöschen, wenn der Empfänger dem Frachtführer die Überschreitung der Lieferfrist nicht innerhalb von einundzwanzig Tagen nach Ablieferung anzeigt.

(4) Eine Schadensanzeige nach Ablieferung ist in Textform zu erstatten. Zur Wahrung der Frist genügt die rechtzeitige Absendung.

(5) Werden Verlust, Beschädigung oder Überschreitung der Lieferfrist bei Ablieferung angezeigt, so genügt die Anzeige gegenüber demjenigen, der das Gut abliefert.

Schrifttum

De la Motte Schadensvorbehalt des Empfängers – § 438 HGB, § 39 KVO, Art. 30 CMR, VersR 1982, 1037–1038; *Demuth* Die Schadensanzeige des § 438 HGB im Vergleich zu den Vorbehalten des Art. 30 CMR, in: Gedächtnisschrift Helm, 2001, S. 49–57; *Fremuth* Die Vorschläge des Kommissionsentwurfs für den Frachtvertrag, TranspR 1997, 48–58; *Herber* Die Neuregelung des deutschen Transportrechts, NJW 1998, 3297–3308; *Loewe* Die Bestimmungen der CMR über Reklamationen und Klagen, TranspR 1988, 309–320; *Müglich* Probleme des Einsatzes neuer Infor-

[141] Fremuth/Thume/*Fremuth* Rn 35.

[142] Siehe auch Fremuth/Thume/*Fremuth* Rn 36.

mationstechniken im Transportrecht, TranspR 2000, 145–151; *Piper* Einige ausgewählte Probleme des Schadensersatzrechts der CMR, VersR 1988, 201–209; *Tunn* Beweislast und Beweisführung für Güterschäden bei der Ablieferung von Sendungen nach § 438 HGB, VersR 2005, 1646–1651.

Übersicht

I. Überblick

1 **1. Normzweck und -reichweite.** Die Regelung des § 438 über die Schadensanzeige dient einem Schutz des Frachtführers vor einer Verschlechterung der Beweissituation für Schadensfälle im Laufe der Zeit. Schadensfälle sollen dem Frachtführer rasch angezeigt werden, damit dieser eine eventuell notwendige Überprüfung und Dokumentation vornehmen sowie sich auf eine drohende Ersatzpflicht einstellen kann. Gefördert wird so auch eine zeitnahe Schadensabwicklung insgesamt.

2 Die Bestimmung zeitigt allerdings nur **eingeschränkte Wirkungen.** Da sie für Güterschäden die Beweislage zwar mitunter zum Nachteil des Geschädigten verschlechtert, sie aber in keinem Fall verbessert,[1] bleibt es auch im Falle ordnungsgemäßer Reklamation dabei, dass der Geschädigte die Beweislast dafür trägt, dass der Schaden im Obhutszeitraum des Frachtführers entstanden ist. Schon die Begründung des Regierungsentwurfs zum Transportrechtsreformgesetz[2] bescheinigt der Norm weitgehend nur „Appellfunktion“.[3]

3 Die Norm betrifft Schädigungen im Sinne des § 425 Abs. 1, greift nicht also bei Personen- oder sonstigen Sachschäden, wie sie § 433 erfasst, sowie in den Fällen, in denen eine Verspätung einen Ersatzanspruch nach allgemeinem Leistungsstörungsrecht begründet.[4]

4 Die Absätze 3 bis 5 gelten auch für Reklamationen im Umzugsverkehr; von den Absätzen 1 und 2 findet sich hingegen in § 451f für jene Fälle eine Abweichung be-

[1] *Koller*[8] Rn 26.
[2] BR-Drucks. 368/97, 76.
[3] Siehe auch *Koller*[8] Rn 1; OetkerHGB[3]/*Paschke* Rn 1; *Andresen/Valder* Rn 3.
[4] Heymann[2]/*Joachim* Rn 1, 16.

stimmt. Während sich einerseits die zu wahrende Frist bei äußerlich erkennbaren Schäden auf das Ende des Tages nach der Ablieferung, bei äußerlich nicht erkennbaren Schäden auf 14 Tage nach der Ablieferung verlängert, führt die Sonderbestimmung andererseits zu einem Anspruchserlöschen, hält also eine schneidendere Rechtsfolge bereit, als sie sich nach § 438 Abs. 1, 2 ergibt.

Auf Schäden an Reisegepäck, das der Bahn zur Beförderung aufgegeben wird, ist **5**
§ 438 über § 25 EVO anwendbar.

2. Normative Vorbilder. Die Norm lehnt sich an Art. 30 CMR an, statuiert jedoch **6**
keine besonderen Folgen für den Fall einer gemeinsamen Überprüfung des Zustands des Gutes durch Empfänger und Frachtführer, insbesondere keine Unzulässigkeit des Gegenbeweises gegen das Ergebnis einer Überprüfung bei äußerlich erkennbaren Schäden wie Art. 30 Abs. 2 CMR. Rechtsfolge einer verspäteten oder nicht ordnungsgemäßen Schadensanzeige in den Fällen des § 438 Abs. 1 und 2 ist – konzeptionell übereinstimmend mit Art. 30 Abs. 1 CMR und § 611 Abs. 3 a.F. – eine Beweislastumkehr. Insoweit sieht die Norm von der Anordnung eines „schneidigen Rechtsverlusts"[5] ab, wie er sich etwa in § 39 KVO fand. Auch § 438 a.F. sah als Rechtsfolge einer unterbliebenen Reklamation einen Anspruchsausschluss vor, welcher nur dann nicht eingriff, wenn der Schaden auf qualifiziertem Verschulden des Frachtführers beruhte. Eine solch schwerwiegende Rechtsfolgenanordnung findet sich heute nur noch hinsichtlich der die Überschreitung der Lieferfrist betreffenden Anzeige in Abs. 3 des § 438.

Obwohl der Begriff der Schadensanzeige eine terminologische Anlehnung an § 377 **7**
bedeutet, fingiert[6] § 438 Abs. 1, 2 mit Verstreichen der Anzeigefrist nicht etwa eine Vollständigkeit und Schadensfreiheit des abgelieferten Gutes. Es wird lediglich vermutet, dass das Gut in vertragsgemäßem Zustand abgeliefert worden ist. Die **Vermutung** ist **widerleglich.**

3. Binnenstruktur. Zu unterscheiden ist zwischen den äußerlich erkennbaren Güter- **8**
schäden des Abs. 1 S. 1 und solchen, die verdeckt sind (Abs. 2). Auch durch Lieferfristüberschreitung verursachte Substanzschäden fallen unter Abs. 1 oder Abs. 2; Abs. 3 erfasst demgegenüber nur durch Lieferfristüberschreitungen entstehende Vermögensschäden i.S.d. § 425 Abs. 1 Var. 3.[7] Für die Schadensanzeige nach Ablieferung findet sich in Abs. 4 ein Formerfordernis und eine die Fristwahrung erleichternde Regelung. Die Schadensanzeige bei Ablieferung wird nach Abs. 5 dadurch erleichtert, dass sie gegenüber demjenigen erfolgen kann, der das Gut abliefert. Bei Güterschäden ist Abs. 5 in den Fällen des Abs. 1 relevant, Abs. 4 in den Fällen des Abs. 2. Da eine Lieferfristüberschreitung sowohl bei als auch innerhalb von 21 Tagen nach Ablieferung angezeigt werden kann, können insoweit sowohl Abs. 4 als auch Abs. 5 von Bedeutung sein.

II. Schadensanzeige betreffend Güterschäden

Die nach Abs. 1, 2 anzuzeigenden Güterschäden umfassen Beschädigung und (Teil-) **9**
Verlust, nicht indes einen Totalverlust. Dies folgt bereits aus dem Wortlaut des § 438 Abs. 1 S. 1, der für ein Entstehen der Anzeigeobliegenheit voraussetzt, dass es überhaupt

[5] MünchKommHGB Ergänzungband 7a/*Dubischar* Rn 1.
[6] Baumbach/HoptHGB[35]/*Hopt* § 377 Rn 45.
[7] Ebenroth/Boujong/Joost/Strohn[2]/*Schaffert* Rn 15; *Koller*[8] Rn 27.

zu einer Ablieferung des Gutes kommt. Zwar könnte man in den Fällen des Totalverlustes daran denken, auf den Rechtsgedanken des § 439 Abs. 2 S. 2 zurückzugreifen und so einen Reklamationszeitpunkt zu bestimmen. Dagegen spricht jedoch die systematische Stellung der genannten Norm, teleologisch ferner, dass die Tatsache eines Totalverlusts dem Frachtführer ohnehin spätestens beim Versuch der Ablieferung bekannt wird.[8]

10 Unabhängig davon, ob man im Rahmen des § 425 die vollständige wirtschaftliche Entwertung der Gesamtsendung einem Totalverlust gleichstellt,[9] bleibt in den betreffenden Fällen eine Schadensanzeige notwendig[10]. Da wirtschaftlich entwertetes Gut abgeliefert werden kann, ist § 438 Abs. 1, 2 einschlägig. Für eine teleologische Reduktion besteht kein Bedürfnis, nachdem es dem Frachtführer gerade in den Fällen massiver Schädigungen etwa eine Befundaufnahme zu ermöglichen gilt. Dass eine solche demgegenüber beim Untergang des Sachsubstrats nicht möglich ist, versteht sich.

11 Die Rügeobliegenheit beschränkt sich auf Güterschäden im Sinne des § 425 Abs. 1 und damit in zeitlicher Hinsicht auf solche, die in der Zeit von der Übernahme zur Beförderung bis zur Ablieferung (Obhutszeitraum) eingetreten sind. Weder ein Güterschaden, der vor Übernahme des Gutes zur Beförderung durch den Frachtführer entsteht, noch ein solcher nach Ablieferung des Gutes unterliegt dem Anzeigeerfordernis des § 438.

12 Ihrer Rechtsnatur nach ist die Schadensanzeige als Verlautbarung von Tatsachen Wissens-, nicht Willenserklärung. Die für Willenserklärungen geltenden Regeln sind jedoch entsprechend anwendbar.[11] Wirksam erfolgen kann die Reklamation grundsätzlich nur in der Sprache, in der die Vertragsverhandlungen geführt worden sind, in der Sprache des Vertragsstatuts (Art. 3 ff Rom I-VO) oder in einer Sprache, die der Frachtführer oder die Hilfsperson, die das Gut abliefert, versteht.[12]

13 **1. Schadensanzeige nach Abs. 1.** Ein äußerlich erkennbarer Güterschaden muss dem (vertraglichen) Frachtführer oder demjenigen, der das Gut abliefert (Abs. 5), durch den Empfänger oder den Absender spätestens bei Ablieferung in einer Weise angezeigt werden, die den Schaden hinreichend deutlich kennzeichnet.

14 a) **Erkennbarkeit bei Ablieferung.** Die Frage der äußerlichen Erkennbarkeit bedarf einer **Beurteilung im Einzelfall**, wobei ausschlaggebendes Kriterium die **Einhaltung** bzw. Nichteinhaltung **der verkehrserforderlichen Sorgfalt** (§ 276 Abs. 2 BGB) ist.[13] Vom (kaufmännischen) Empfänger sind die üblichen Warenkenntnisse seiner Branche zu erwarten (§ 346).[14]

15 Verpacktes Gut muss regelmäßig von allen Seiten inspiziert werden,[15] ein **Öffnen der Verpackung** ist jedoch **nicht erforderlich.**[16] Etwas anderes gilt dann, wenn eine erkennbar unsachgemäße Verpackung einen Schaden vermuten lässt,[17] oder Beschädigungen der Ver-

---

8 *Andresen/Valder* Rn 10.

9 Dafür etwa Ebenroth/Boujoung/Joost/Strohn²/*Schaffert* § 425 Rn 6; *Lammich/Pöttering*, Gütertransportrecht § 425 Rn 115 f; dagegen *Thume* in: Gedächtnisschrift Helm, 2001, S. 341 (353); *Koller*⁸ § 425 Rn 5.

10 So auch MünchKommHGB²/*Herber* Rn 9.

11 Thume/*Demuth* Art. 30 CMR, Rn 9, 15; Fremuth/Thume/*Fremuth* Rn 6; *Andresen/Valder* Rn 13.

12 BGH NJW 1995, 190 f; OetkerHGB³/*Paschke* Rn 9.

13 So deutlich auch Heidelberger Kommentar⁷/*Ruß* Rn 2.

14 *Koller*⁸ Rn 4; Heymann²/*Joachim* Rn 4.

15 Vgl. OLG Düsseldorf TranspR 1993, 287 f.

16 BGH VersR 1988, 952 (953).

17 OLG Köln TranspR 2001, 93 (94); siehe auch OLG Düsseldorf TranspR 1987, 430 f.

packung auf einen Schaden am Gut schließen lassen.[18] Zu beachten ist dabei allerdings, dass nicht jeder Schaden an der Verpackung auf einen Schaden auch am Gut schließen lässt.[19] Verallgemeinerungen verbieten sich insoweit. Mag es einerseits Fälle geben, in denen bei langen Transportwegen mit häufigem Umladen eine stabile Verpackung gerade dazu dient, den Verpackungsinhalt zu schützen[20], mag eine beschädigte Verpackung in anderen Fällen ein deutliches Indiz für eine Beschädigung auch des Inhalts sein.[21]

Erkennbar ist, was durch Besichtigen, Riechen, Betasten oder Hören wahrgenommen werden kann, beispielsweise also aus einem Paket dringender Fäulnisgeruch oder das Klirren zerbrechlichen Gutes. Maßgeblich sind die konkreten Umstände am Empfangsort,[22] weshalb die bestehenden Beleuchtungsverhältnisse, Andrang an der Entladerampe, die Verfügbarkeit von Hebewerkzeugen und ähnliches berücksichtigt werden müssen.[23] Steht an Ort und Stelle eine zum Nachwiegen der Ware bestimmte Waage zur Verfügung und lassen sich Gewichtsunterschiede so unschwer feststellen, sind Teilverluste regelmäßig äußerlich erkennbar.[24] Die Probenentnahme bei Tankladungen ist abhängig von der Verkehrsüblichkeit, die sich je nach Transportgut unterscheidet.[25] **16**

Erkennbarkeit muss für den Empfänger oder einen von diesem zum Empfang bestellten Vertreter gegeben sein. Erkennbarkeit in der Person eines Besitzdieners ist grundsätzlich nicht genügend. Bei der Rückbeförderung des Gutes zum Absender („return to sender") tritt dieser an die Stelle des Empfängers.[26] **17**

Eine äußerliche Erkennbarkeit des Schadens muss **bei Ablieferung** gegeben sein. Sicherlich richtig ist es, da der Empfänger das Gut häufig erst unmittelbar nach der Ablieferung in Augenschein nehmen und auf Schadensfreiheit untersuchen kann, nicht entscheidend auf den Ablieferungsakt als solchen abzustellen. Dieser ist oft schon mit dem Öffnen des Fahrzeugs abgeschlossen und damit zu einem Zeitpunkt, in der noch keinerlei Prüfgelegenheit bestanden hat. Genügend ist es daher auch, wenn der Empfänger erst nach Beendigung der Ablieferung (im rechtstechnischen Sinne), jedoch noch in unmittelbarem zeitlichem Zusammenhang mit dieser die Möglichkeit erhält, das Gut auf seine äußerliche Schadensfreiheit zu untersuchen, und bei dieser Gelegenheit rügt.[27] Zu weit sollte man den betreffenden Zeitraum allerdings nicht ausdehnen, ergibt sich aus dem vorstehend Gesagten doch eine Verschärfung der Rügeobliegenheit. Besteht erst nach der Ablieferung die Gelegenheit zu einer Untersuchung, wird es entsprechend an der äußerlichen Erkennbarkeit bei Ablieferung fehlen. **18**

Zu **Teilrügen** bei sukzessiver Entladung besteht keine Verpflichtung; vielmehr sind die Ablieferungsteilakte auf einen Akt der Ablieferung der gesamten Sendung zu „komprimieren".[28] Teilverluste werden ohnehin regelmäßig erst mit Ablieferung der gesamten Sendung erkennbar sein, und bei der Beschädigung einzelner Stücke bereits eine Rüge während des Ablieferungsvorgangs zu fordern, besteht kein Bedürfnis.[29] **19**

---

[18] OLG Hamburg VersR 1987, 1087, 1088; LG Memmingen NJW-RR 2002, 458 f; LG Duisburg TranspR 1989, 173.
[19] OLG Hamburg aaO; LG Aachen VersR 1987, 1112.
[20] LG Aachen aaO.
[21] Vgl. Ebenroth/Boujong/Joost/Strohn[2]/*Schaffert* Rn 8.
[22] *De la Motte* VersR 1982, 1037; *Koller*[8] Rn 3.
[23] Heymann[2]/*Joachim* Rn 4.
[24] *Koller*[8] Rn 4; Ebenroth/Boujong/Joost/Strohn[2]/*Schaffert* Rn 8.
[25] *Koller*[8] Rn 4.
[26] Heymann[2]/*Joachim* Rn 4.
[27] *Koller*[8] Rn 3; Heymann[2]/*Joachim* Rn 3.
[28] Heymann[2]/*Joachim* Rn 3; *Koller*[7] Rn 3; OetkerHGB[3]/*Paschke* Rn 10.
[29] Siehe auch OetkerHGB[3]/*Paschke* Rn 10; ähnlich auch MünchKommHGB[2]/*Herber*/*Eckhardt* Rn 10; strenger wohl *Koller*[8] Art. 30 CMR Rn 4.

20 b) **Absender, Adressat der Anzeige.** Für die Schadensanzeige bei Ablieferung besteht die **Erleichterung des Abs. 5**. Das die Anzeige nach Ablieferung betreffende Formerfordernis des Abs. 4 besteht nicht.

21 Anders als in den Fällen des Abs. 3 kann den Güterschaden **sowohl der Empfänger als auch der Absender anzeigen**. Wenngleich diese Differenzierung in ihrer sachlichen Berechtigung zweifelhaft ist, da Güterschäden ebenso wie Verzögerungen bei Ablieferung nur vom Empfänger festgestellt werden können, ist die Entscheidung des Gesetzes hinzunehmen.[30] Eine Anzeige durch ersatzberechtigte Dritte ist – anders als bei der Reklamation im Sinne des § 439 Abs. 3[31] – nicht möglich.

22 Zu erstatten ist die Schadensanzeige **gegenüber dem (Haupt)-Frachtführer**, der als Schuldner des Ersatzanspruchs in Betracht kommt. Um ein Erlöschen des gegen den ausführenden Frachtführer gerichteten Ersatzanspruchs zu verhindern, ist eine rechtzeitige Anzeige auch diesem gegenüber erforderlich. Wird die Anzeige, wie es nach Abs. 5 möglich ist, gegenüber demjenigen abgegeben, der das Gut abliefert, ist davon auszugehen, dass sich die Schadensanzeige gegen beide, den ausführenden wie den vertraglichen Frachtführer, richtet, siehe Kommentierung zu § 437 Rn 58.

23 Mit der Regelung des Abs. 5 hatte der Gesetzgeber den **Unterfrachtführer** im Blick[32]. Die **offene Formulierung**, die den Kreis weiter zieht und auf die Person desjenigen abstellt, der das Gut (tatsächlich) abliefert, ermöglicht indes die Einbeziehung auch unselbstständiger **Gehilfen** (§ 428 Satz 1) des Frachtführers oder Unterfrachtführers. Auch diese Personen sind **gesetzlich ermächtigt**, die Anzeige entgegenzunehmen.[33]

24 Sind bei der Ablieferung mehrere Gehilfen des (Unter)-Frachtführers anwesend, so sind sämtliche von ihnen empfangslegitimiert; die Anzeige kann auch gegenüber einem beschränkt Geschäftsfähigen erstattet werden (§ 165 BGB analog).[34] Die Anzeige gegenüber Personen, die nicht am Ende der Beförderungskette eingesetzt werden, genügt demgegenüber regelmäßig nicht. Ihr kommt nur dann Wirkung gegenüber dem vertraglichen Frachtführer zu, wenn dieser der betreffenden Person rechtsgeschäftlich die Stellung eines Empfangsboten eingeräumt oder sie zur Entgegennahme von Schadensanzeigen bevollmächtigt hat.[35]

25 c) **Form; Frist.** Wie sich im Umkehrschluss aus Abs. 4 Satz 1 ergibt, besteht für die Anzeige bei Ablieferung kein Formerfordernis. Nur die Schadensanzeige nach Ablieferung ist in Textform zu erstatten.[36] Freilich empfiehlt es sich, mit Blick auf die Beweislage auch einen Schaden im Sinne des Abs. 1 schriftlich anzuzeigen. Ein äußerlich nicht erkennbarer Schaden, der bereits bei Ablieferung angezeigt wird, unterliegt ebenfalls nicht dem Formerfordernis des Abs. 4 S. 1.[37] Aus der Formulierung „spätestens bei Ablieferung" folgt, dass eine Reklamation auch bereits vor Ablieferung möglich, wenngleich nicht erforderlich ist. Kann – wie im Fall des § 419 Abs. 3 – weder der Empfänger noch ein berechtigter Vertreter bei der Ablieferung anwesend sein, ist der Schaden anzuzeigen, sobald er vom Absender oder Empfänger bemerkt werden kann,[38] spätestens jedoch innerhalb der Frist des Abs. 2.

---

30 Ebenso *Koller*[8] Rn 28.

31 Dazu BGHZ 15 ff; siehe auch Fremuth/Thume/*Fremuth* Rn 20.

32 BR-Drucks. 168, S. 76.

33 *Koller*[8] Rn 8; ferner Heymann[2]/*Joachim* Rn 6; Ebenroth/Boujong/Joost[1]/*Gass* Rn 15.

34 *Koller*[8] Rn 8.

35 Ebenroth/Boujong/Joost/Strohn[2]/*Schaffert* Rn 5.

36 Siehe auch OLG Celle TranspR 2005, 214 (216).

37 Heymann[2]/*Joachim* Rn 7.

38 OetkerHGB[3]/*Paschke* Rn 12; *Koller*[8] Rn 11.

Ob die bei Ablieferung erstattete Anzeige auch noch bei Ablieferung zugehen muss, kann für die Praxis weitgehend offenbleiben, da der rechtzeitige Zugang bei mündlichen Anzeigen, Eintragungen im Frachtbrief oder in der Empfangsquittung keine Schwierigkeiten bereitet. Bei im Einzelfall entstehenden Schwierigkeiten ist zu erwägen, statt des von Koller[39] aus Abs. 4 S. 2 gezogenen Umkehrschlusses die genannte Bestimmung entsprechend anzuwenden. **26**

d) **Schadensanzeige: hinreichend deutliche Schadenskennzeichnung.** Nach § 438 Abs. 1 Satz 2 muss die Anzeige den Schaden „hinreichend deutlich" kennzeichnen. Mit der im Zuge der Seehandelsrechtsreform vorgenommenen Neufassung, die das zuvor verwendete Wort „Schaden" in Abs. 1 Satz 2 durch die Worte „Verlust oder die Beschädigung" ersetzt hat, sollte – wie es auch schon zuvor herrschender Meinung entsprach – noch einmal besonders herausgestellt werden, dass nur der Umstand des Verlusts oder der Beschädigung hinreichend deutlich anzuzeigen ist, nicht aber bereits der konkret hieraus resultierende Schaden.[40] Während damit einerseits keine detaillierte Beschreibung des Schadens in allen seinen Einzelheiten verlangt wird,[41] genügen andererseits allgemeine Angaben ohne jede Umschreibung des Schadensbildes nicht. Entscheidend ist, dass die Anzeige es dem Frachtführer ermöglicht zu erkennen, aus welchem Grund er haften soll, um sich – ohne größeren Aufwand als nötig – von der Richtigkeit der Reklamation überzeugen und Beweise sichern zu können.[42] **27**

Die zu fordernde Genauigkeit, mit der Art und Umfang des Schadens angegeben werden müssen, **hängt von** der konkreten **Entladesituation ab.**[43] Jedenfalls nicht genügend sind die Vermerke „Beschädigung" oder „Verlust", ebensowenig der Vermerk „angenommen vorbehaltlich nachträglicher Prüfung der Stückzahl, des Gewichts und der Beschaffenheit".[44] Die bei einer Annahme „unter Vorbehalt" erklärte Einschränkung ist rechtlich ohne Bedeutung.[45] Der Hinweis auf eine schlecht gewickelte Palette[46] genügt ebensowenig wie der Pauschalhinweis „Sendungen beschädigt (offen)".[47] **28**

Auf bloßen Verdacht hin, d.h. ins Blaue hinein erhobene Rügen sind unzulässig. Ob die Anzeige der Wahrscheinlichkeit eines hinreichend bestimmten Schadens genügt, ist differenziert zu beantworten. Sie genügt keinesfalls, wenn der Rügende genauso gut ermitteln und mitteilen könnte, ob ein Schaden tatsächlich vorliegt. Auch in den Fällen, in denen er eine entsprechende Erklärung zwar nicht präsent abgeben, jedoch innerhalb der Frist des Abs. 2 nachholen kann, ist er hinreichend geschützt, wenn man konsequent auf den tatsächlichen Schaden abstellt und dessen Erkennbarkeit bei Ablieferung entsprechend verneint. Lediglich, wenn dies nicht hinreicht, ist eine **Wahrscheinlichkeitsanzeige** möglich[48]. **29**

Eine Anzeige kann ausnahmsweise dann nach § 242 BGB entbehrlich sein, wenn sie sich als unnötiger Formalismus darstellt. Dies ist etwa der Fall, wenn der Frachtführer den Schaden „anerkannt" oder von sich aus ein Schadensprotokoll angefertigt hat.[49] **30**

---

[39] Rn 11.

[40] BT-Drucks. 17/10309, S. 56.

[41] BR-Drucks. 368/97, S. 76.

[42] OetkerHGB[3]/*Paschke* Rn 7; *Koller*[8] Rn 12; Ebenroth/Boujong/Joost/Strohn[2]/*Schaffert* Rn 7.

[43] *Koller*[8] Rn 12.

[44] OLG Oldenburg VersR 1973, 415; Fremuth/Thume/*Fremuth* Rn 16.

[45] MünchKommHGB[2]/*Herber*/*Eckhardt* Rn 11.

[46] OLG Köln TranspR 2001, 93 ff.

[47] LG Memmingen NJW-RR 2002, 458 f.

[48] Ähnlich auch MünchKommHGB[2]/*Herber*/*Eckhardt* Rn 10; strenger wohl *Koller*[8] Art. 30 CMR Rn 4.

[49] *Tunn* VersR 2005, 1646 (1649).

Demgegenüber genügt es nicht, dass der Frachtführer den Schaden schlicht bereits ohne Anzeige kennt.[50] Dies gilt grundsätzlich auch dann, wenn zu der Kenntniserlangung hinzukommt, dass der Frachtführer in die Lage versetzt war, weitere Schadensfeststellungen zu treffen.[51] Entscheidend für einen Fortfall der Anzeigeobliegenheit muss sein, ob der Frachtführer sich in einer Weise verhalten hat, die ihn nicht länger darauf vertrauen lassen konnte, dass hinsichtlich eines Schadens unverändert Anzeige erstattet werden würde. Ob hierfür die Inaugscheinnahme eines Schadens durch Mitarbeiter des Frachtführers vor Ort genügt,[52] ist eine Frage der Würdigung des Einzelfalls.

31 Zu unterscheiden ist die Schadensanzeige von der Zuweisung der Verantwortung für den eingetretenen Schaden an den Frachtführer (**Haftbarmachung**).[53] Erst die Reklamation nach § 439 Abs. 3 bewirkt eine Verjährungshemmung; nur sie ist Willenserklärung. Die Schadensanzeige im Sinne des § 438 stellt gegenüber der Anzeige nach § 439 Abs. 3 insofern ein Weniger dar, als dass in ihr „nicht ohne Weiteres" auch eine Haftbarmachung gesehen werden kann.[54] Schadensanzeige und Haftbarmachung fallen zusammen, wenn aus der Erklärung – über die Mitteilung der bloßen Tatsache einer Schädigung hinaus – zugleich unmissverständlich hervorgeht, dass der Frachtführer für die Schäden am Transportgut auch einstehen soll, er also der Erklärung seine Inanspruchnahme durch den Anspruchsteller entnehmen kann.[55]

32 Die (isolierte) Anzeige nach § 438 erfordert noch keine Angaben zur Schadenshöhe. Dass der Frachtführer zeitnah über den Umfang etwaiger Ersatzverpflichtungen abschließend informiert werden soll,[56] meint nur das reale, nicht das finanzielle Ausmaß des Schadens.[57]

33 **2. Schadensanzeige nach Abs. 2.** § 438 Abs. 2 erstreckt die Vermutung nach Abs. 1 auf die Fälle, in denen der Verlust oder die Beschädigung bei Ablieferung äußerlich nicht erkennbar war und nicht innerhalb von 7 Tagen nach Ablieferung angezeigt wird. Die nachträgliche Anzeige unterliegt dem **Formerfordernis des Abs. 4 S. 1.** Unerheblich ist es, ob der Schaden innerhalb der 7-Tages-Frist erkennbar wird.[58] Entsprechend tritt die Beweislastumkehr auch dann ein, wenn der Schaden innerhalb von 7 Tagen nach Ablieferung nicht erkannt werden konnte und eine Anzeige deshalb unterblieben ist. Auf ein Verschulden kommt es nicht an.

34 a) **Verdeckter Schaden.** Verdeckt sind die Schäden, die nicht bereits bei Ablieferung äußerlich erkannt werden können, darunter innere Beschädigungen des Gutes wie etwa Funktionsstörungen elektronischer Bauteile, Verunreinigungen von Chemikalien und innere Verletzungen von Tieren.[59]

35 b) **Anzeige in Textform.** Die Anzeige in den Fällen des Abs. 2 muss es dem Frachtführer ebenso wie diejenige bei Ablieferung ermöglichen, sich ohne größeren Aufwand als nötig von der Richtigkeit der Rüge überzeugen zu können.[60] Abs. 2 fordert grund-

---

50 *Tunn* aaO; Baumbach/HoptHGB[35]/*Merkt* Rn 3; **aA** *Koller*[8] Rn 14; OetkerHGB[3]/*Paschke* Rn 3.

51 Zu großzügig wohl OLG München TranspR 2011, 199 ff.

52 Verneinend OLG Celle NJW-RR 2004, 1411 f.

53 *Piper* VersR 1988, 201 (206).

54 BGH VersR 1984, 578 (579); BGH TranspR 1986, 53 (55).

55 BGH VersR 1984, 578 (579).

56 BR-Drucks. 368/97, S. 74.

57 *Koller*[8] Rn 12; siehe auch bereits oben Rn 27.

58 *Koller*[8] Rn 19; Heymann[2]/*Joachim* Rn 9.

59 Ebenroth/Boujong/Joost[1]/*Gass* Rn 21.

60 OetkerHGB[3]/*Paschke* Rn 8.

sätzlich keine größere Genauigkeit der Anzeige als Abs. 1.[61] Andererseits ist auch keine Absenkung der Genauigkeitsanforderungen in den Fällen angezeigt, in denen ein Schaden erst kurz vor Fristende erkannt wird.[62] Besteht die Anzeigeobliegenheit unabhängig davon, ob der Schaden innerhalb der 7-Tages-Frist überhaupt erkennbar wird, kann *a maiore ad minus* aus dem Zeitpunkt eines Erkennbarwerdens nichts zugunsten des Anzeigeführers hergeleitet werden.

Die Anzeige bedarf der **Textform (Abs. 4 Satz 1)**. Eine mündliche Anzeige nach Ablieferung ist auch dann nicht genügend, wenn der Frachtführer sie widerspruchslos entgegennimmt.[63] Grenzen werden einer Berufung auf den Formmangel nur in seltenen Fällen durch das Verbot rechtsmissbräuchlichen Verhaltens gesetzt.[64] **36**

Nach § 126b BGB muss eine Erklärung in Textform in einer Urkunde oder auf andere zur dauerhaften Wiedergabe in Schriftzeichen geeigneten Weise abgegeben, die Person des Erklärenden genannt und der Abschluss der Erklärung durch Nachbildung der Namensunterschrift oder anders erkennbar gemacht werden. Eine Nachricht per E-Mail genügt, auch wenn der Empfänger diese nicht ausdruckt.[65] Die Wahrung des Erfordernisses des § 130 BGB wird durch § 438 Abs. 4 S. 2 erleichtert. **37**

c) **Absender; Adressat.** Für die Anzeige nach Ablieferung gilt Abs. 5 nicht. Nach der Ablieferung ist die Schadensanzeige damit ausschließlich an den vertraglichen Frachtführer zu senden. Allerdings können sowohl auf Seiten des anzeigenden Absenders oder Empfängers wie auf Seiten des Adressaten Vollmachten (§ 164 BGB) erteilt werden; insbesondere kann unter Umständen der Unterfrachtführer nach der Verkehrssitte (§ 157 BGB) zur Entgegennahme von Anzeigen bevollmächtigt sein.[66] Zur Anzeigeobliegenheit gegenüber dem ausführenden Frachtführer für ein Vorgehen gegen diesen oben Rn 22. **38**

d) **Frist.** Für die Anzeige nach Abs. 2 gilt eine 7-Tages-Frist, die mit dem Tag der Ablieferung beginnt. Zu berechnen ist die Frist nach §§ 187 ff BGB, weshalb der Tag der Ablieferung nicht mitgerechnet wird (§ 187 Abs. 1 BGB). Das Fristende bestimmt sich nach § 188 Abs. 1 BGB. Anders als in den Fällen des Art. 30 CMR werden Sonn- und Feiertage mitgerechnet. Fällt das Fristende auf einen Samstag, Sonntag oder Feiertag, greift § 193 BGB. **39**

Die Erklärung muss nicht bereits innerhalb der Frist zugehen; vielmehr **genügt** ihre **rechtzeitige Absendung (Abs. 4 Satz 2)**. Das Zugangsrisiko trägt unverändert der Absender,[67] der lediglich die üblichen Postlaufzeiten unberücksichtigt lassen kann und von der Verzögerungsgefahr entlastet wird. **40**

In Fällen, in denen der Frachtführer auf einen schnellen Zugang der Anzeige erkennbar dringend angewiesen ist (z.B. bei Ware, die weiter verdirbt), wird man den Anzeigenden zudem gehalten sehen können, auf eine Zugangsbeschleunigung hinzuwirken und etwa einen schnellen Kommunikationsweg (Fax oder E-Mail statt Brief) zu bevorzugen.[68] **41**

---

61 *Koller*[8] Rn 21.
62 OetkerHGB[3]/*Paschke* Rn 8; **aA** Ebenroth/Boujong/Joost/Strohn[2]/*Schaffert* Rn 7
63 *Andresen/Valder* Rn 20.
64 Allgemein grundlegend RGZ 117, 121 ff.
65 PalandtBGB[70]/*Heinrichs* § 126 b BGB Rn 3.
66 *Koller*[8] Rn 22.
67 *Andresen/Valder* Rn 18; *Müglich* Rn 10; Ebenroth/Boujong/Joost/Strohn[2]/*Schaffert* Rn 12; *Koller*[8] Rn 23.
68 Siehe, wenngleich in anderem Zusammenhang, BGH NJW 1959, 1176.

42 3. **Rechtsfolgen und Beweislast.** Wird der Schaden in den Fällen des Abs. 1, 2 nicht rechtzeitig ordnungsgemäß angezeigt, wird vermutet, dass das Gut in vertragsgemäßem Zustand angeliefert worden ist. Dadurch, dass sich seit der Seehandelsrechtsreform die Vermutung in den Fällen des § 438 Abs. 1 Satz 1 nicht länger auf eine Ablieferung „in vertragsgemäßem Zustand", sondern auf eine „vollständige und unbeschädigte" Ablieferung bezieht, ergeben sich sachlich keine Änderungen.[69] Die **Vermutung** ist **widerleglich**.[70]

43 a) **Verspätete oder nicht ordnungsgemäße Schadensanzeige.** Greift die Vermutungswirkung, ist es am Anspruchsteller, den Vollbeweis dafür zu erbringen, dass das Beförderungsgut unvollständig oder beschädigt abgeliefert wurde (§§ 292, 286 ZPO).[71] Dies gilt auch in den Fällen qualifizierten Verschuldens (§ 435), da § 438 Abs. 1, 2 nicht erst die Haftung im Falle einer gegebenen Beschädigung begrenzt, sondern bereits die Schadensfreiheit des Gutes vermutet.[72]

44 b) **Rechtzeitige und ordnungsgemäße Schadensanzeige (keine besonderen Beweiserleichterungen).** Bei rechtzeitiger wie ordnungsgemäßer Schadensanzeige greift die Vermutungswirkung nicht. Damit bleibt es bei dem, was ohne Existenz des § 438 gelten würde. Es ergeben sich **keine Erleichterungen** zu Gunsten des Geschädigten.[73] Die Frage, ob während des Obhutszeitraums ein Güterschaden eingetreten ist, ist beweisrechtlich schlicht „wieder offen".[74]

45 Auch bei Nichteingreifen der Vermutung des § 438 Abs. 1, 2 ist also der **Anspruchsteller beweisbelastet**, dass **im Obhutszeitraum** ein **Güterschaden eingetreten** ist.[75] Dies folgt daraus, dass der Geschädigte als Anspruchsteller nach allgemeinen Beweislastgrundsätzen ohnehin die Beweislast für die Beschädigung als Anspruchsvoraussetzung trägt[76] (§ 363 BGB; werkvertragliche Beweislastregeln nach Abnahme). In den Fällen, in denen der Empfänger das Gut zwar entgegennimmt, aber gravierende Teilverluste oder Beschädigungen rügt, ist allerdings nicht anzunehmen, dass er es als im Wesentlichen vertragsgemäße Erfüllung gelten lassen will.[77] In diesem Fall obliegt es dem Empfänger, nachdem das Gut in seine Sphäre übergegangen ist, den Frachtführer bei einer Beweissicherung zu unterstützen (vgl. Art. 30 Abs. 5 CMR).[78] Leistet er diese Unterstützung nicht, ergibt sich hieraus eine Beweislastumkehr zu seinen Lasten.[79]

46 c) **Weiteres zur Beweislast.** Der Frachtführer muss beweisen, dass er das Gut wenigstens in Teilen abgeliefert hat und wann dies geschehen ist. Die Beweislast dafür, dass der Absender oder Empfänger den Schaden fristgerecht und auch sonst ordnungsgemäß angezeigt hat, liegt beim Ersatzberechtigten. Was die Frage der Beweisbelastung für die äußerliche Erkennbarkeit respektive Nichterkennbarkeit des Schadens bei Ablieferung betrifft, ist zu sehen, dass eine Erkennbarkeit dem Frachtführer günstige Wirkungen zeitigt, was dafür spricht, ihn insoweit beweisbelastet zu sehen. Andererseits spricht die systematische Abfolge der Abs. 1 und 2 des § 438 eher dafür, dass das Gesetz die äußerliche Erkennbarkeit bei Ablieferung als Regelfall ansieht, und ist es schließlich am Emp-

---

[69] BT-Drucks. 17/10309, S. 55.

[70] MünchKommHGB[2]/*Herber/Eckhardt* Rn 17; OetkerHGB[3]/*Paschke* Rn 13.

[71] OetkerHGB[3]/*Paschke* Rn 13.

[72] Offengelassen von *Koller*[8] Rn 16.

[73] Siehe auch *Koller*[8] Rn 26.

[74] Fremuth/Thume/*Fremuth* Rn 8; Thume/*Demuth* Art. 30 CMR Rn 25.

[75] BGH VersR 1988, 952 f; Fremuth/Thume/*Fremuth* Rn 8; **aA** OLG Köln TranspR 2001, 93 (94).

[76] BR-Drucks. 368/97, S. 75.

[77] *Koller*[8] Rn 17.

[78] *Koller*[8] aaO; OetkerHGB[3]/*Paschke* Rn 14.

[79] *Koller*[8] Rn 17; Ebenroth/Boujong/Joost/Strohn[2]/*Schaffert* Rn 14.

fänger, das Gut auf Schadensfreiheit hin zu betrachten. Dies führt dazu, ihn dafür beweisbelastet zu sehen, dass der Schaden äußerlich nicht erkennbar war.[80] Im Falle einer Anzeige nach Abs. 2, 4 muss der Anspruchsteller nicht nur deren rechtzeitige Absendung beweisen, sondern auch einen Zugang; von der Tragung des Zugangsrisikos entlastet ihn Abs. 4 Satz 2 nicht (oben Rn 40).

III. Anzeige von Lieferfristüberschreitungen

Nach Abs. 3 erlöschen Ansprüche wegen Überschreitung der Lieferfrist, wenn die Verspätung dem Frachtführer vom Empfänger nicht innerhalb von 21 Tagen nach Ablieferung angezeigt wird. Die Rechtsfolge ist hier – anders als in den Fällen der Abs. 1, 2 – nicht lediglich eine Beweislastumkehr, sondern ein **Anspruchsuntergang.** Eine Anzeige ist auch dann erforderlich, wenn der Frachtführer, wie dies regelmäßig der Fall ist, die Lieferfristüberschreitung kennt. Dies gilt schon deshalb, weil die Verzögerung *als solche* keinen Schaden bedeutet,[81] und nicht jede Lieferfristüberschreitung einen Folgeschaden verursacht.[82] Durch Lieferfristüberschreitung verursachte Substanzschäden am Gut fallen ohnehin unter Abs. 1, 2. **47**

1. Absender, Adressat der Anzeige. Wie sich aus dem Wortlaut des Abs. 3 klar ergibt, ist eine Anzeige in den Fällen der Lieferfristüberschreitung nur durch den Empfänger möglich. Bei einer Bevollmächtigung des Absenders durch den Empfänger, welche grundsätzlich möglich ist, sind die Erfordernisse der §§ 174, 180 BGB zu beachten. Bei Ablieferung des Guts an einen Dritten in den Fällen des § 418 hat dieser als Empfänger zu reklamieren.[83] **48**

Adressat der nach Ablieferung erhobenen Rüge kann nur der vertragliche Frachtführer sein. Bei Ablieferung kann die Überschreitung der Lieferfrist auch gegenüber demjenigen angezeigt werden, der das Gut abliefert (Abs. 5). Insoweit entspricht die Differenzierung derjenigen, die hinsichtlich Güterschäden in Abs. 1, 2 vorgenommen ist. Auf die dortige Kommentierung wird verwiesen. **49**

Hat der Verkäufer einen Spediteur beauftragt, ist danach zu unterscheiden, ob dieser auf fremde Rechnung einen Frachtvertrag geschlossen hat (§ 454), selbst eingetreten ist (§ 458) oder zu festen Kosten kontrahiert hat (§ 459). Da die Anzeige in beiden letztgenannten Fällen an den Spediteur selbst, in erstgenanntem an den vom Spediteur beauftragten Frachtführer zu senden ist, kann sich der Empfänger in Zweifelsfällen nur schützen, indem er vorsorglich gegenüber allen in Betracht kommenden Personen eine Anzeige abgibt.[84] **50**

2. Form und Inhalt. Die bei Ablieferung erstattete Anzeige unterliegt keinem Formerfordernis. Schriftlichkeit empfiehlt sich hier allein unter Beweisbarkeitsgesichtspunkten. Die erst nach einer Ablieferung erstattete Anzeige ist hingegen der Textform bedürftig, Abs. 4 Satz 1. **51**

---

80 Wie hier MünchKommHGB²/*Herber/Eckhardt* Rn 32; Thume/*Demuth* Art. 30 CMR Rn 57; **aA** zu § 438 a.F. *de la Motte* VersR 1982, 1037.

81 Allgemein *Schmidt* Die Unmöglichkeit der Erfüllung, S. 72 ff.

82 *Andresen/Valder* Rn 23.

83 *Koller*⁸ Rn 35.

84 *Koller*⁸ Rn 31.

52 Dass die Anzeige den durch die Lieferfristüberschreitung verursachten Schaden hinreichend deutlich kennzeichnen müsste, sieht § 438 Abs. 3 – abweichend von der Güterschädigungen betreffenden Regelung des Abs. 1 Satz 2 – nicht vor. Der Empfänger braucht den Frachtführer lediglich darüber in Kenntnis zu setzen, dass die Lieferfrist nicht eingehalten ist.[85] Soweit die Lieferfrist indes nur als angemessene Frist zu ermitteln ist (§ 423 Var. 2), wird man den Empfänger entsprechend § 438 Abs. 1 Satz 2 gehalten sehen können, hinreichende Anhaltspunkte für eine Fristüberschreitung zu benennen, d.h. Ausführungen zur Fristberechnung zu machen.[86]

53 **3. Frist.** Die Frist von 21 Tagen beginnt mit Ablieferung des Gutes unabhängig davon zu laufen, ob dem Empfänger die Person des Frachtführers bekannt ist.[87] Abs. 3 ist, wenngleich er von einer Anzeige „nach Ablieferung" spricht, nicht so zu verstehen, dass eine Anzeige nicht auch schon zuvor möglich wäre. Dass sie jedenfalls bei Ablieferung möglich ist, folgt aus Abs. 5. Weiter kann eine Rüge auch schon vor Ablieferung erfolgen, da *telos* der Norm ist, einen Zeitpunkt zu bestimmen, zu dem der Frachtführer *spätestens* Klarheit über Ansprüche hat, die ihm wegen einer Überschreitung der Lieferfrist drohen.[88]

54 Nimmt der Empfänger das Gut nicht entgegen, beginnt die Frist nicht zu laufen.[89] Bei sukzessiver Ablieferung mehrerer Stücke einer Sendung ist auf den Abschluss der Ablieferung der gesamten Sendung abzustellen, bei Teilverlust auf den des letzten verbliebenen Stücks.[90] Auch in den Fällen des § 424 Abs. 3, in denen der Anspruchsberechtigte nach Wiederauffinden des Gutes dessen Auslieferung verlangt, ist eine Anzeige nach § 438 Abs. 3 zum Erhalt von Schadensersatzansprüchen wegen Lieferfristüberschreitung erforderlich. § 424 Abs. 3 Satz 2 lässt solche Ansprüche unberührt, dispensiert aber nicht von der Anzeigenotwendigkeit.[91] Auch hier beginnt die Frist nicht vor Ablieferung.

55 Zu berechnen ist die 21-Tages-Frist nach den §§ 187 ff BGB. Das oben Rn 39 ff zur Berechnung der 7-Tages-Frist in den Fällen des Abs. 2 Gesagte gilt entsprechend. Auch für die Anzeige einer Überschreitung der Lieferfrist genügt die Absendung vor Fristablauf, Abs. 4 Satz 2; das Zugangsrisiko trägt der Anzeigende.

56 **4. Rechtsfolge nicht rechtzeitiger oder nicht ordnungsgemäßer Anzeige; Beweislast.** Während im Falle fristgerechter und auch ansonsten ordnungsgemäßer Anzeige ein Ersatzanspruch wegen Lieferfristüberschreitung unbeeinträchtigt, d.h. bestehen bleibt,[92] erlischt er bei nicht rechtzeitiger oder sonstwie nicht ordnungsgemäßer Anzeige. Während die Beweislastumkehr der Abs. 1, 2 auch bei qualifiziertem Verschulden eintritt,[93] greift Abs. 3 in den Fällen des § 435 nicht.[94] Anders als Art. 30 Abs. 3 CMR enthält § 438 Abs. 3 kein „zusätzliches rechtliches Erfordernis",[95] sondern statuiert einen Anspruchsausschluss, d.h. eine Haftungsbegrenzung. Das systematische Argument aus § 439 Abs. 1 S. 2[96] ist demgegenüber zumindest schwach, da sich die Frage der Länge der Verjährungsfrist nur stellt, wenn ein Anspruch überhaupt (noch) gegeben ist.

57 Dass die Nichteinhaltung der Rügefrist in § 438 Abs. 3 als Erlöschenstatbestand, nicht wie in Art. 30 Abs. 3 CMR ihre Einhaltung als Anspruchsvoraussetzung formuliert

---

85 *Koller*[8] Rn 34; Heymann[2]/*Joachim* Rn 17.
86 Im Ansatz wohl ähnlich Heidelberger Kommentar[7]/*Ruß* Rn 4.
87 Ebenroth/Boujong/Joost[1]/*Gass* Rn 23.
88 Siehe auch *Koller*[8] Rn 35.
89 OetkerHGB[3]/*Paschke* Rn 18.
90 OetkerHGB[3]/*Paschke* aaO; *Koller*[8] Rn 31.
91 Ebenroth/Boujong/Joost[1]/*Gass* Rn 24.
92 *Koller*[8] Rn 39.
93 Oben Rn 42.
94 Heymann[2]/*Joachim* Rn 20; *Koller*[8] Rn 38.
95 Siehe BGHZ 116, 95 ff.
96 Siehe *Koller*[7] Rn 38; Heymann[2]/*Joachim* Rn 20.

ist, führt zu Unterschieden auch noch in einem weiteren Punkt. Der dem Anspruchsgegner günstige Umstand des Anspruchsuntergangs, mithin die Nichteinhaltung der Rügefrist ist von diesem darzulegen und zu beweisen.[97] Freilich handelt es sich im Sinne des materiellen Rechts um eine Einwendung, nicht um eine Einrede; der in Anspruch genommene Frachtführer braucht sich über Darlegung und Beweis hinaus folglich nicht noch besonders auf ein Erlöschen zu berufen.

Vom Frachtführer zu beweisen ist der Zeitpunkt der Ablieferung, vom Ersatzberechtigten der Zugang einer ordnungsgemäßen Anzeige, die rechtzeitig abgesandt worden ist.[98] Die ordnungsgemäße Rüge einer Lieferfristüberschreitung ersetzt nicht den Beweis, dass tatsächlich eine Verzögerung vorliegt; dies ist vom Ersatzberechtigten zu beweisen.[99] **58**

IV. Abdingbarkeit

§ 438 ist lediglich im Rahmen des § 449 dispositiv. Zum Nachteil eines Verbrauchers darf von § 438 lediglich bei der Beförderung von Briefen oder briefähnlichen Sendungen abgewichen werden. Die Klausel in den Allgemeinen Geschäftsbedingungen eines Paketdienstes, wonach die Vermutung besteht, dass das transportierte Gut in vertragsgemäßem Zustand abgeliefert worden ist, sofern der Absender oder Empfänger einen (Teil-)Verlust oder eine Beschädigung nicht innerhalb einer Frist von 7 Tagen nach Ablieferung *schriftlich* anzeigt, ist gegenüber Verbrauchern unter anderem deshalb unwirksam, weil § 438 Abs. 4 für die Schadensanzeige ausdrücklich die Textform nach § 126b BGB ausreichen lässt, sodass eine Schadensanzeige auch in Form eines Telefax-Schreibens oder einer E-Mail erfolgen kann.[100] Mit gewerblichen Absendern kann individuell eine Abweichung von § 438 vereinbart werden. Bei Briefen oder briefähnlichen Sendungen ist dies ihnen gegenüber auch durch Allgemeine Geschäftsbedingungen möglich.[101] **59**

§ 439
Verjährung

(1) Ansprüche aus einer Beförderung, die den Vorschriften dieses Unterabschnitts unterliegt, verjähren in einem Jahr. Bei Vorsatz oder bei einem dem Vorsatz nach § 435 gleichstehenden Verschulden beträgt die Verjährungsfrist drei Jahre.

(2) Die Verjährung beginnt mit Ablauf des Tages, an dem das Gut abgeliefert wurde. Ist das Gut nicht abgeliefert worden, beginnt die Verjährung mit dem Ablauf des Tages, an dem das Gut hätte abgeliefert werden müssen. Abweichend von den Sätzen 1 und 2 beginnt die Verjährung von Rückgriffsansprüchen mit dem Tag des Eintritts der Rechtskraft des Urteils gegen den Rückgriffsgläubiger oder, wenn kein rechtskräftiges Urteil vorliegt, mit dem Tag, an dem der Rückgriffsgläubiger den Anspruch befriedigt hat, es sei denn, der Rückgriffsschuldner wurde nicht innerhalb von drei Monaten, nachdem der Rückgriffsgläubiger Kenntnis von dem Schaden und der Person des Rückgriffsschuldners erlangt hat, über diesen Schaden unterrichtet.

---

[97] LG Hamburg Urt. v. 11.01.2005 – 309 S 225/03; Baumbach/HoptHGB[35]/*Merkt* Rn 2; **aA** etwa *Koller*[8] Rn 38.

[98] *Koller*[8] Rn 36.

[99] Siehe BGHZ 116, 95 ff.

[100] OLG Köln MMR 2010, 619 f.

[101] Siehe auch *Andresen/Valder* Rn 28.

(3) Die Verjährung eines Anspruchs gegen den Frachtführer wird auch durch eine Erklärung des Absenders oder Empfängers, mit der dieser Ersatzansprüche erhebt, bis zu dem Zeitpunkt gehemmt, in dem der Frachtführer die Erfüllung des Anspruchs ablehnt. Die Erhebung der Ansprüche sowie die Ablehnung bedürfen der Textform. Eine weitere Erklärung, die denselben Ersatzanspruch zum Gegenstand hat, hemmt die Verjährung nicht erneut.

(4) Die Verjährung von Schadensersatzansprüchen wegen Verlust oder Beschädigung des Gutes oder wegen Überschreitung der Lieferfrist kann nur durch Vereinbarung, die im Einzelnen ausgehandelt ist, auch wenn sie für eine Mehrzahl von gleichartigen Verträgen zwischen denselben Vertragsparteien getroffen ist, erleichtert oder erschwert werden.

Schrifttum

Demuth Verjährungsvorschriften in CMR und Transportrechtsreformgesetz – Vergleich und Zusammenhang, in: Festgabe für Rolf Herber, Neuwied 1999, S. 326–336; *Drews* Zur Frage der Hemmung der Verjährung im Transportrecht, TranspR 2004, 340–343; *Grimme* Anmerkung zum Urteil des OLG Hamburg vom 12.02.2009 – 4090 O 90/08, TranspR 2009, 226–227; *Harms* Schuldrechtsreform und Transportrecht – Der Einfluss der neuen Regeln zur Verjährung auf das Transportrecht, TranspR 2001, 294–297; *Herber* Verjährung von Vergütungsansprüchen des Frachtführers und Spediteurs aus Altverträgen, TranspR 2000, 20–23; *Herber* Dreijährige Verjährung von Primäransprüchen nach § 439 Abs. 1 Satz 2 HGB?, TranspR 2010, 357–361; *Heuer* Anmerkung zum Urteil des OLG Dresden vom 16.12.2004 – 13 U 1237/04, TranspR 2005, 73–74; *Koller* Die Auswirkungen der Reform des deutschen Schuldrechts auf das Transportrecht, TranspR 2001, 425–432; *ders.* Die Verjährung der Haftung für Ladungsschäden in Binnenschifftransporten, TranspR 2004, 24–26; *ders.* Die Verjährung bei vorsätzlicher oder leichtfertiger Missachtung von Leistungs- und Schutzpflichten im deutschen Frachtrecht, VersR 2006, 1581–1585; *Köper* Zur Anwendbarkeit des § 439 Abs. 1 Satz 2 auf Frachtansprüche, TranspR 2006, 191–196; *Kraft* Die Einrede der Verjährung als Obliegenheit i.S.d. § 254 Abs. 2 BGB, VersR 2001, 1475–1480; *Thume* Neue Rechtsprechung zur Verjährung im Transportrecht, TranspR 2009, 233–239; *v. Waldstein/Holland* Die Verjährung im Binnenschifffahrtsrecht, TranspR 2003, 396.

Übersicht

I. Einleitung

1. Normzweck und Regelungsvorbild. § 439 enthält eine eigenständige Verjährungsregelung für Ansprüche aus einer Beförderung, die den Vorschriften des Unterabschnitts unterliegt, in dem die Norm sich findet. Gegenüber den §§ 195, 199 BGB ist die Bestimmung *lex specialis*. Sie ist allerdings nicht in dem Sinne abschließend, dass etwa neben dem speziellen Hemmungstatbestand des dritten Absatzes nicht länger auf die allgemeinen Hemmungsbestimmungen des BGB zurückgegriffen werden könnte. 1

Die Norm dient einer Vereinheitlichung der bis zur Transportrechtsreform 1998 sektoral verschiedenen Verjährungsregeln.[1] Ein weitgehender Verzicht auf Differenzierungen hinsichtlich verschiedener Anspruchsarten soll die Verjährungsregelung klarer machen.[2] Dabei wird im Grundsatz die schon vor der Transportrechtsreform vorherrschende Verjährungsfrist von einem Jahr zugrundegelegt,[3] wobei die Verjährungsfrist – anders als nach § 199 Abs. 1 Nr. 2 BGB – unabhängig von einem subjektiven Element zu laufen beginnt. Mit der regelmäßigen Anknüpfung des Verjährungsbeginns an die Ablieferung des Gutes (§ 439 Abs. 2 Satz 1) haben die Parteien so zu einem recht frühen Zeitpunkt Gewissheit, einen bestimmten Transportauftrag als abgeschlossen betrachten zu können, bzw. wissen, welche Ansprüche ihnen noch drohen. Die Norm schafft früh kalkulatorische Sicherheit. 2

In den Fällen qualifizierten Verschuldens verlängert sich die Verjährungsfrist von einem auf drei Jahre, da der Schuldner weniger schutzwürdig erscheint und sein Interesse an einer zügigen Schadensabwicklung gegenüber dem Gläubigerinteresse an einer Rechtsdurchsetzung geringer zu gewichten ist.[4] Auch ergäbe sich ansonsten eine bedeutsame Verkürzung der Verjährungsfrist für Deliktsansprüche aus einer Beförderung. Unterschiede zur Regelverjährung des BGB verbleiben allerdings trotz Fristverlängerung mit Blick auf den Verjährungsbeginn.[5] 3

Die Regelung des § 439 orientiert sich an Art. 32 CMR bei Abweichungen in Einzelheiten. Abs. 1 entspricht Art. 32 Abs. 1 Satz 1, 2 CMR. Die Regelung des Verjährungsbeginns in Abs. 2 Satz 1, 2 weicht demgegenüber von Art. 32 Abs. 1 Satz 3 lit. a–c CMR ab. 4

§ 439 Abs. 2 Satz 3 lehnt sich an an Art. 39 Abs. 4 CMR, der allerdings keine Unterrichtungsnotwendigkeit vorsieht. Auch betrifft die Regelung nur Rückgriffsansprüche aufeinanderfolgender Frachtführer i.S.d. Art. 34 ff CMR.[6] 5

§ 439 Abs. 3 entspricht Art. 32 Abs. 2 CMR, verzichtet allerdings auf das Erfordernis der Belegrücksendung bei Zurückweisung der Reklamation. Die bedeutsamste Abweichung findet sich darin, dass § 439 keine dem Art. 32 Abs. 4 CMR entsprechende Regelung enthält. 6

2. Normstruktur. Abs. 1 des § 439 bestimmt den Anwendungsbereich der speziellen Verjährungsregelung und regelt die Verjährungsdauer. Während Satz 1 diese für den Regelfall auf ein Jahr festsetzt, bestimmt Satz 2 eine ausnahmsweise Verlängerung auf drei Jahre in den Fällen qualifizierten Verschuldens. 7

Der Verjährungsbeginn wird von Abs. 2 geregelt. Eine Sonderbestimmung zur Hemmung durch Reklamation findet sich in Abs. 3. Nicht erst in § 449, sondern bereits in 8

---

[1] MünchKommHGB[2]/*Herber*/*Eckhardt* Rn 1.
[2] Vgl. Ebenroth/Boujong/ Joost[1]/*Gass* Rn 1.
[3] MünchKommHGB[2]/*Herber*/*Eckhardt* Rn 1.
[4] *Andresen*/*Valder* Rn 17.
[5] Siehe *Koller*[8] Rn 27 und ausführlich noch unten Rn 29 ff.
[6] Fremuth/Thume/*Fremuth* Rn 26.

Abs. 4 ist schließlich die Abdingbarkeit der gesetzlichen Bestimmungen zur Verjährung geregelt, um einen unbedingten Gleichlauf zwischen frachtrechtlicher Verjährung und speditionsrechtlicher, deren Regelung in § 463 auf § 439 verweist, zu erreichen.[7]

9 3. **Anwendungsbereich.** Die Norm betrifft unmittelbar Ansprüche aus einer Beförderung, die den §§ 407–449 unterfällt. Aufgrund des § 463 gilt sie auch für das Speditionsgeschäft, ferner nach Maßgabe des § 475a im Lagergeschäft. Da § 451 für den Umzugsvertrag auf die §§ 407 ff verweist, gilt § 439 auch im Umzugsverkehr. Bei multimodalen Transporten ist er nach Maßgabe des § 452 anwendbar.[8] Auf die Beförderung bei der Bahn aufgegebenen Reisegepäcks ist die Norm über § 25 EVO entsprechend anzuwenden.[9]

10 Was die **zeitliche Anwendbarkeit** betrifft, hat der BGH[10] ausgesprochen, für einen im Zeitpunkt des Inkrafttretens des Transportrechtsreformgesetzes noch nicht verjährten transportrechtlichen Anspruch gelte, sofern er nach dem neuen Recht einer längeren Verjährung unterliegt als nach dem früheren Recht, die neue längere Verjährungsfrist. Bei Einführung einer kürzeren als der bislang geltenden Verjährungsfrist ist die Verjährung entsprechend Art. 169 Abs. 2 EGBGB vom Zeitpunkt des Inkrafttretens des neuen Rechts an zu berechnen.[11] Die Frage, ob die Frist in einem solchen Fall zu dem Zeitpunkt abläuft, zu dem sie nach dem früheren Recht vollendet gewesen wäre, hat der BGH allerdings ausdrücklich offengelassen.[12] Von den Instanzgerichten ist eine solche rückwirkende Geltung der gesetzlichen Neuregelung zur Verjährung angenommen worden.[13]

II. Ansprüche aus einer Beförderung

11 Für ein unmittelbares Eingreifen der Regelung des § 439 muss der Anspruch, hinsichtlich dessen sich die Verjährungsfrage stellt, aus einer Beförderung, die den Vorschriften des Unterabschnitts der §§ 407 ff unterliegt, resultieren. Da § 450 zu einer Anwendung des Seefrachtrechts führt, muss es sich um eine **Beförderung** handeln, **die den §§ 407–449 unterliegt**. Ein Rahmenvertrag mit einem Frachtführer über die regelmäßige (tägliche) Durchführung von Fahrzeugtransporten, in dem bereits alle wesentlichen Vertragbedingungen, insbesondere der Einsatz konkreter Transportfahrzeuge bei den einzelnen Fahrten und die vom Auftraggeber zu zahlende Vergütung festgelegt sind, unterfällt § 407. Daraus resultierende Schadensersatzansprüche aus § 280 BGB wegen nicht erteilter Einzelaufträge verjähren entsprechend nach § 439 Abs. 1.[14] Zur Geltung des § 439 infolge Verweisung bereits oben Rn 9.

12 Ansprüche „aus einer Beförderung" sind nicht nur Ansprüche aus dem Beförderungsvertrag, sondern sämtliche Ansprüche, die an das tatsächliche Geschehen der Ortsveränderung anknüpfen.[15] Insofern ist die Formulierung wirtschaftlich zu verstehen. Gleichwohl ist allerdings grundsätzlich das Zustandekommen eines Vertragsverhältnisses erforderlich. Andernfalls mag zwar eine Beförderung gegeben sein, doch unterliegt diese nicht den Vorschriften der §§ 407 ff. Zu einer möglichen Aufweichung des dargestellten

---

7 BR-Drucks. 368/97 S. 76.
8 Siehe auch *Andresen/Valder* Rn 6 f.
9 *Koller*[8] Rn 1.
10 BGH TranspR 2006, 70 ff.
11 BGH aaO, S. 71.
12 Siehe BGH TranspR 2006, 74 (76).
13 AG Hamburg-Harburg TranspR 2000, 258 f; AG Bremen TranspR 2000, 309 f; kritisch *Herber* TranspR 2000, 20 ff; *Dißars* TranspR 2000, 259.
14 BGH TranspR 2009, 132 (133 f).
15 *Koller*[8] Rn 4.

Grundsatzes auch unten Rn 20 ff im Zusammenhang mit der Frage, ob und unter welchen Voraussetzungen auch c.i.c.-Ansprüche von § 439 erfasst werden. Schadensersatzansprüche wegen Beschädigung des Transportguts im unmittelbaren räumlichen und zeitlichen Zusammenhang mit der Ablieferung des Guts verjähren auch dann nach § 439 Abs. 1, wenn der Ablieferungsvorgang im Zeitpunkt der Schadenshandlung bereits abgeschlossen war.[16]

Die Anwendung des § 439 setzt schließlich stets voraus, dass ein „unmittelbarer Zusammenhang" zwischen der Beförderung und dem in Rede stehenden Anspruch besteht.[17] An einem solchen Zusammenhang fehlt es beispielsweise, wenn der Anspruch aus einem selbstständig neben dem Beförderungsvertrag stehenden Vertrag resultiert.[18] Zu Einzelheiten noch unten Rn 15 ff. 13

1. **Regelungsbetroffene Anspruchsinhaber.** Weil es sich um Ansprüche aus der Beförderung handeln muss, sind von der Regelung des § 439 vorrangig Absender und Frachtführer betroffen. Allerdings ist die Bestimmung bewusst weit gefasst[19] und allein entscheidend, dass es sich um Ansprüche aus einer Beförderung im Sinne der §§ 407 ff handelt. Dementsprechend werden auch Ansprüche des Empfängers und Dritter sowie gegen diese Personen gerichtete Ansprüche erfasst, soweit sie aus der Beförderung resultieren.[20] Von § 439 erfasst werden etwa auch Deliktsansprüche nicht am Beförderungsvertrag beteiligter Dritter, insbesondere des Eigentümers, es sei denn, der Dritte hat keinen Anlass zur Beförderung gegeben (§ 434 Abs. 2 Satz 2 Nr. 2) oder das Gut ist ihm abhanden gekommen (§ 434 Abs. 2 Satz 2 Nr. 3). 14

2. **Erfasste Ansprüche.** Im **Grundsatz** ist es für eine Anwendung des § 439 **unerheblich, auf welche Grundlage** ein **Anspruch** gestützt wird, wenn er nur einen hinreichenden Beförderungszusammenhang aufweist. 15

a) **Unmittelbarer Zusammenhang mit der Beförderung.** Insoweit fordert der BGH einen **unmittelbaren Zusammenhang.**[21] Erfasst sind damit alle vertraglichen Ansprüche, auch solche aus der Verletzung vertraglicher Nebenpflichten, soweit diese unmittelbar zu der „Beförderung" gehören und sich nicht etwa aus einer selbstständigen vertraglichen Abrede ergeben. Darüber hinaus unterfallen der Verjährungsregelung auch außervertragliche Ansprüche.[22] Das bloße „Umfeld der Beförderung" ist demgegenüber auszuscheiden.[23] 16

aa) **Ansprüche aus der Vertragsbeziehung.** In unmittelbarem Zusammenhang mit der Beförderung stehen nicht nur Primäransprüche, z.B. der Anspruch des Frachtführers auf Zahlung der vereinbarten Fracht, sondern auch Ersatzansprüche, etwa aus positiver Forderungsverletzung,[24] und Auskunftsansprüche.[25] Tätigkeiten bei Beginn oder Ende der 17

---

16 BGH TranspR 2008, 84 ff.
17 BR-Drucks. 368/97, S. 76; BGH TranspR 2006, 74 (75).
18 BGH aaO, S. 76; *Koller*[8] Rn 7.
19 Vgl. Ebenroth/Boujong/ Joost/Strohn[2]/ *Schaffert* Rn 2.
20 Siehe auch Heymann[2]/*Schlüter* Rn 2; etwas zurückhaltender wohl *Thume* TranspR 2009, 233, 234 f.
21 BGH TranspR 2006, 74 (75).
22 BGH TranspR 2006, 451 ff, unter Hinweis auf BT-Drucks. 13/8445 S. 77; BGH TranspR 2008, 84 ff; BGH TranspR 2008, 84 ff.
23 BGH aaO; zur Abgrenzung von beförderungsbezogenen Nebenpflichten und selbstständigen Vertragsbeziehungen auch BGHZ 173, 344 ff.
24 BGH VersR 1979, 276 ff; OLG Hamburg TranspR 1985, 185 (186).
25 OLG München TranspR 1991, 138 (139).

Beförderung sind beförderungsbezogen. So verjähren Schadensersatzansprüche wegen Beschädigung des Transportguts im unmittelbaren räumlichen und zeitlichen Zusammenhang mit der Ablieferung des Gutes auch dann nach § 439 Abs. 1, wenn der Ablieferungsvorgang im Zeitpunkt der Schadenshandlung bereits abgeschlossen war.[26] Beförderungsbezogen sind auch verkehrsbedingte oder vereinbarte Zwischenlagerungen; auch sie unterfallen damit § 439.[27] Entsprechendes gilt für Nebenleistungen wie die Nachnahme und die Herausgabe des eingezogenen Betrags.[28] Für Ansprüche aufeinanderfolgender Frachtführer gegeneinander gelten keine Besonderheiten.[29]

18 bb) **Außervertragliche Ansprüche.** In konsequenter Umsetzung des bereits aus §§ 434, 436, 437 Abs. 4 zu entnehmenden Rechtsgedankens unterfallen auch außervertragliche Ansprüche der Regelung des § 439, etwa solche aus ungerechtfertigter Bereicherung[30] oder Delikt.[31] Betroffen sind auch der Vindikationsanspruch nach § 985 BGB und die Ansprüche aus §§ 987 ff BGB.[32]

19 Ansprüche Dritter sind in den von § 434 Abs. 2 gezogenen Grenzen dem transportrechtlichen Haftungsregime und damit auch der Verjährungsregelung des § 439 unterstellt. Im Übrigen gilt die Norm für sie nicht.[33] Ansprüche Dritter, die weder am Frachtvertrag noch am Beförderungsvorgang beteiligt sind und denen gegenüber auch die Ausdehnung der Haftungsbegrenzungen nach § 434 Abs. 2 keine Geltung beansprucht, verjähren nach allgemeinen Regeln. Entsprechend gelangt § 439 nicht zur Anwendung, wenn ein Verkehrshaftungsversicherer eines Unternehmens den Warentransportversicherer eines anderen Unternehmens unter dem Gesichtspunkt der ungerechtfertigten Bereicherung in Anspruch nimmt, weil er Entschädigungsleistungen wegen der Beschädigung im Straßengüterverkehr transportierten Teefilterpapiers erbracht hat.[34]

20 b) **Erfassung von c.i.c.-Ansprüchen.** Ist auch die Überlegung, dass § 439 grundsätzlich einen wirksamen Vertragsschluss erfordert, da es ansonsten an einer Beförderung, die den Vorschriften der §§ 407 ff unterliegt, fehlt, richtig, muss doch eine Einschränkung des Grundsatzes mit Blick auf die Erfassung von c.i.c.-Ansprüchen erwogen werden.

21 Sicherlich richtig ist es zunächst, auch Ansprüche aus §§ 280 Abs. 1, 241 Abs. 2, 311 Abs. 2 BGB wegen vorvertraglicher Pflichtverletzungen dem Verjährungsregime des § 439 zu unterstellen, wenn es nachfolgend zum wirksamen Abschluss eines Beförderungsvertrags kommt.[35] Problematisch ist es demgegenüber, ein Eingreifen der transportrechtlichen Verjährungsregelung in den Fällen pauschal zu verneinen, in denen der Vertragsschluss scheitert. Hier ist zu erwägen, § 439 jedenfalls in den Fällen anzuwenden, in denen die Partei das Fehlen der vertraglichen Bindung verkennen (unerkannte Unwirksamkeit) und eine Beförderung tatsächlich stattfindet, soweit nicht übergeordnete Gesichtspunkte (z.B. der Schutz Geschäftsunfähiger) entgegenstehen.[36]

---

[26] BGH TranspR 2008, 84 ff.
[27] *Andresen/Valder* Rn 10.
[28] *Koller*[8] Rn 6.
[29] BGH NJW 1972, 1003.
[30] Z.B. wegen überzahlter Fracht, vgl. OLG Düsseldorf TranspR 1997, 274 f.
[31] OLG Düsseldorf TranspR 1984, 276 f.
[32] *Koller*[8] Rn 3.
[33] *Koller* TranspR 2002, 133, (135); *Andresen/Valder* Rn 13.
[34] OLG Frankfurt TranspR 2010, 433 ff.
[35] Wie hier *Koller*[8] Rn 3 unter Verweis auf *Schmidt/Kehl* TranspR 1996, 89 (92); **aA** Ebenroth/Boujong/ Joost/Strohn[2]/*Schaffert* Rn 3.
[36] Ähnlich *Andresen/Valder* Rn 8; strenger *Koller*[8] Rn 3.

Weitergehend sogar in den Fällen, in denen es nichtmals zu einer Beförderung kommt, § 439 anzuwenden,[37] besteht kein Bedürfnis, da das Unterbleiben der Beförderung erkennbar ist und damit der Umstand, dass es sich nicht um einen Anspruch „aus einer Beförderung" handelt, offen zu Tage liegt. 22

c) **Notwendige Reduktionen.** Überfährt beispielsweise der Frachtführer beim Transport seinen Auftraggeber, unterfällt auch dieser **Personenschaden** formal betrachtet der Verjährung des § 439. Damit ginge eine erhebliche Verkürzung der ansonsten greifenden Verjährungsfristen (§§ 199 Abs. 2 BGB, 14 StVG, 11 HaftpflG) einher.[38] Vorgelagert zu der Frage, ob damit eine verfassungswidrige Ungleichbehandlung einhergeht,[39] ist zu konstatieren, dass eine solche Beeinträchtigung der Durchsetzbarkeit von Personenschadensersatzansprüchen nicht im Gesetzesplan liegt. Dies zeigt sich etwa darin, dass § 433 bewusst Ansprüche wegen Personenschäden nicht der Höhe nach begrenzt hat.[40] Mit *Koller*[41] ist daher davon auszugehen, dass Ansprüche aus den §§ 823 BGB, 7 StVG, 1 HaftpflG im Falle von Personenschäden nach §§ 199 Abs. 2 BGB, 14 StVG, 11 HaftpflG verjähren.[42] 23

Der Vorschlag, **Ansprüche aus §§ 823, 826 BGB bei Vorsatz** der allgemeinen Verjährungsregelung der §§ 195, 199 Abs. 1, Abs. 4 BGB zu unterstellen,[43] dehnt eine Reduktion indes wohl zu sehr aus. So ist zu sehen, dass auch in den Fällen des § 439 Abs. 1 Satz 2 die Verjährung kenntnisunabhängig zu laufen beginnt.[44] Anwendung fände das dort Geregelte aber im Wesentlichen nur noch bei reinen Vermögensschäden, die nicht unter § 826 BGB fallen, sowie bei einem qualifizierten Verschulden, welches nicht vorsätzlich ist. 24

III. Verjährungsfrist und Fristbeginn nach Abs. 2 Satz 1, 2

§ 439 Abs. 1 statuiert eine Verjährungsfrist von grundsätzlich einem Jahr, die sich im Falle qualifizierten Verschuldens auf drei Jahre verlängert. Abs. 1 Satz 2 greift somit immer dann, wenn der Ersatzanspruch auf einer Handlung beruht, die vorsätzlich oder leichtfertig und in dem Bewusstsein, dass ein Schaden mit Wahrscheinlichkeit eintreten werde, begangen worden ist (§ 435). 25

Auch Fälle, in denen nicht der Anspruchsgegner selbst qualifiziert schuldhaft gehandelt hat, sondern sich ein entsprechendes Verhalten einer seiner Hilfspersonen zurechnen lassen muss, fallen unter § 439 Abs. 1 Satz 2.[45] 26

Nicht richtig ist, dass der Schuldner, der trotz Mahnung oder einer kalendermäßig bestimmten Fälligkeit vorsätzlich nicht leistet, deshalb im Hinblick auf den Hauptsacheanspruch i.S.d. § 439 Abs. 1 Satz 2 vorsätzlich rechtswidrig handeln würde.[46] Für den 27

37 So wohl Fremuth/Thume/*Fremuth* Rn 8.
38 Ausführlich zum Ganzen *Koller*[8] Rn 23.
39 Dies der Korrekturansatz von *Koller*[8] aaO.
40 *Koller*[8] aaO.
41 AaO.
42 Zustimmend auch *Andresen/Valder* Rn 14.
43 So *Koller*[8] Rn 27 a.E.
44 Siehe *Andresen/Valder* Rn 20.
45 Ebenroth/Boujong/Joost/Strohn[2]/*Schaffert* Rn 18; MünchKommHGB[2]/*Herber/Eckhardt* Rn 11.
46 *Koller*[8] Rn 28, wobei der einschränkende Hinweis auf einen möglichen Rechtsirrtum dem Schuldner insofern kaum hilft, als dass ein solcher Irrtum nur ganz ausnahmsweise beachtlich sein kann, siehe schon RGZ 130, 23 (28); RGZ 141, 266 (275); ähnlich wie Koller auch *Rabe* in: Gedächtnisschrift Helm, S. 301, (303); *Andresen/Valder* Rn 19.

primären Erfüllungsanspruch würde damit – jedenfalls bei Mahnung – regelmäßig Satz 2 des § 439 Abs. 1 greifen, was zu einer Umkehrung des im Gesetz bestimmten Regel-/Ausnahmeverhältnisses der ein-/dreijährigen Frist führen würde. Mit dem OLG Frankfurt[47] ist daher davon auszugehen, dass die dreijährige, bei vorsätzlichem Verhalten geltende Verjährungsfrist nicht auf primäre Erfüllungs- und vertragliche Aufwendungsersatzansprüche anzuwenden ist.[48] Der BGH, der die Entscheidung der behandelten Frage zunächst noch offen gelassen hatte,[49] ist 2010 allerdings zu der gegenteiligen Auffassung gelangt und hat die dreijährige Verjährungsfrist des § 439 Abs. 1 Satz 2 auch auf Primärleistungsansprüche und vertragliche Aufwendungsersatzansprüche aus Frachtverträgen angewendet.[50]

28 Auch die von *Koller*[51] angestellte Hilfserwägung, jedenfalls sei die Verjährung des Hauptsacheanspruchs gemäß § 439 Abs. 1 Satz 1 ein Schaden im Sinne des § 280 Abs. 1 Satz 1 BGB, für den § 439 Abs. 1 Satz 2 gelte, übergeht das gesetzliche Regel-/Ausnahmeverhältnis und führt letztlich zu einer Art Sekundärverjährung.

29 Anders als die Regelverjährung des BGB beginnt die Frist nach § 439 Abs. 1, Abs. 2 **kenntnisunabhängig** zu laufen und ist **taggenau** zu berechnen. Dies gilt auch für die dreijährige Verjährungsfrist.[52] Nach § 439 Abs. 2 Satz 1, 2 i.V.m. § 187 Abs. 1 BGB wird der Tag der geschuldeten Ablieferung nicht mitgerechnet. Die Frist endet nach § 188 Abs. 2.

30 Bei wortgenauer Anwendung des § 439 Abs. 1, 2 ist es mitunter möglich, dass ein Anspruch bereits vor Fälligkeit oder gar vor seiner Entstehung verjährt. Dies widerspricht dem Grundsatz des deutschen Privatrechts, dass der Anspruch zu Beginn der Verjährungsfrist fällig oder zumindest entstanden sein muss.[53] Um hieraus entstehende Unbilligkeiten zu vermeiden, dürfte es konstruktiv möglich sein, den Lauf der Verjährung jedenfalls nicht vor Anspruchsentstehung einsetzen zu lassen[54] und in Fällen mangelnder Fälligkeit etwa § 205 BGB entsprechend anzuwenden.[55]

31 **1. Fristbeginn bei Ablieferung.** Abs. 2 Satz 1, 2 regelt den Beginn der Verjährung anders als die Vorbildbestimmung des Art. 32 CMR in ihrem Abs. 1 Satz 3. Durch den Verzicht auf weitergehende Differenzierungen werden Abgrenzungsschwierigkeiten vermieden.[56] Eine Unterscheidung ist allein danach erforderlich, ob das Gut abgeliefert worden ist (Abs. 2 Satz 1) oder es an einer Ablieferung fehlt (Abs. 2 Satz 2).

32 Ablieferung meint, dass das Gut einem Empfangsberechtigten vom Frachtführer zur Verfügung gestellt wird, d.h. der Frachtführer im Einvernehmen mit dem Empfänger den Gewahrsam am beförderten Gut aufgibt und es diesem ermöglicht, die tatsächliche Gewalt über das Gut auszuüben.[57] Bei sukzessiver Ablieferung ist allein auf die letzte Teillieferung abzustellen.[58] Eine erhebliche oder gar völlige Beschädigung steht einer Ablieferung nicht entgegen; vielmehr beginnt auch in den betreffenden Fällen die Frist

---

47 OLG Frankfurt TranspR 2005, 405 (406).
48 So auch *Thume* TranspR 2009, 233.
49 BGH TranspR 2009, 132 (134).
50 BGH TranspR 2010, 225 ff; siehe dazu auch *Herber* TranspR 2010, 357 ff; *Koller* VersR 2011, 192 ff.
51 AaO.
52 *Andresen/Valder* Rn 20.
53 *Koller*[8] Rn 19.
54 Abweichend OLG Schleswig TranspR 2009, 30, 33.
55 Vgl. *Koller*[8] Rn 19 ff.
56 *Andresen/Valder* Rn 22; MünchKommHGB[2]/*Herber/Eckhardt* Rn.13.
57 *Koller*[8] Rn 14; Ebenroth/Boujong/Joost/Strohn[2]/*Schaffert* Rn 8; MünchKommHGB[2]/*Herber/Eckhardt* Rn 13.
58 Heymann[2]/*Schlüter* Rn 3.

nach § 439 Abs. 2 Satz 1 zu laufen.[59] In den Fällen eines Teilverlusts kommt es für die Bestimmung des Ablieferungszeitpunkts darauf an, dass der Frachtführer deutlich macht, dass die Restleistung von ihm nicht mehr zu erwarten ist.[60]

In den Fällen, in denen der Absender die Weisung erteilt, das Gut nicht aus-, sondern an ihn zurückzuliefern, ist dieser selbst Empfänger und das Gut bei Übergabe an ihn abgeliefert.[61] An einer Ablieferung fehlt es bei den Fällen, in denen § 419 Abs. 3 Satz 5 zu einer Beendigung der Beförderung führt. So darf die Ablieferung nicht ein bloßes Internum des Frachtführers bleiben und greift in den betreffenden Fällen ersatzweise § 439 Abs. 2 Satz 2 i.V.m. § 423.[62] 33

2. Fristbeginn in Fällen fehlender Ablieferung. Nach Abs. 2 Satz 2 beginnt die Verjährung mit dem Ablauf des Tages, an dem das Gut hätte abgeliefert werden müssen, wenn es an einer Ablieferung fehlt. Abgeliefert werden müssen hätte das Gut bei Vereinbarung einer Lieferfrist an dem bestimmten Tag, mangels Vereinbarung innerhalb der Frist, die einem sorgfältigen Frachtführer unter Berücksichtigung der Umstände vernünftigerweise zuzubilligen ist (§ 423 Var. 2). 34

Eine fehlende Ablieferung kann sich auch daraus ergeben, dass der Ersatzberechtigte das Gut gemäß § 424 als verloren ansehen darf.[63] Wird das Gut zu einem Zeitpunkt, zu dem der unbefriedigte Entschädigungsanspruch gemäß § 424 bereits verjährt ist, wieder aufgefunden und an den Empfänger ausgeliefert, beginnt mit der Ablieferung die Verjährungsfrist nicht erneut zu laufen. Anders verhält es sich bei einem noch unverjährten Entschädigungsanspruch. Wird nach Zahlung der Entschädigung wegen Verlustes abgeliefert, beginnt die Verjährungsfrist mit der Ablieferung des Gutes erneut zu laufen.[64] 35

IV. Verjährung von Regressansprüchen (Abs. 2 S. 3)

Für die Verjährung von Rückgriffsansprüchen findet sich in Abs. 2 Satz 3 eine Abweichung von den Sätzen 1 und 2 bestimmt. Nur wenn der Rückgriffsschuldner nicht innerhalb von 3 Monaten, nachdem der Rückgriffsgläubiger Kenntnis von dem Schaden und der Person des Rückgriffsschuldners erlangt hat, über den Schaden unterrichtet worden ist, bleibt es bei dem sich aus Satz 1, 2 ergebenden Verjährungslauf. Andernfalls beginnt die Verjährung erst mit dem Tag des Eintritts der Rechtskraft des Urteils gegen den Rückgriffsgläubiger oder, wenn kein rechtskräftiges Urteil vorliegt, mit dem Tag, an dem der Rückgriffsgläubiger den Anspruch befriedigt hat. 36

Der Sachgrund der Sonderregelung ist darin zu sehen, dass andernfalls in Frachtführerketten ein Regressanspruch wegen Verjährung häufig nicht durchgesetzt werden könnte. So ist beispielsweise der Fall zu bedenken, dass der Geschädigte den Hauptfrachtführer erst in den letzten Tagen vor Ablauf der Verjährungsfrist verklagt und diesem die Klage erst nach Ablauf der Verjährungsfrist zugestellt wird (zur Rückwirkung der Zustellung in diesem Fall § 167 ZPO.) Hat der Hauptfrachtführer seinerseits einen Anspruch auf Schadloshaltung gegen einen Unterfrachtführer, bleibt ihm nicht einmal mehr das Mittel der Streitverkündung, um eine Verjährung dieses Anspruchs zu verhin- 37

---

[59] *Koller*[8] Rn 14.
[60] Wie hier *Koller*[8] Rn 14; anders *Andresen/Valder* Rn 23, der auf die Ablieferung der Hauptsache abstellen will.
[61] *Andresen/Valder* Rn 23.
[62] *Koller*[8] Rn 16.
[63] *Andresen/Valder* Rn 24.
[64] Zu Vorstehendem ausführlich *Koller*[8] Rn 17; Ebenroth/Boujong/ Joost/Strohn[2]/*Schaffert* Rn 9.

dern. Verjährung wäre vielmehr zwischenzeitlich eingetreten. Im Übrigen hilft die Regelung schlicht auch, Streitverkündungen zu vermeiden.

38 **1. Voraussetzungen eines Verjährungsaufschubs nach Satz 3 Hs. 1.** Die Sonderregelung des § 439 Abs. 2 Satz 3 betrifft nur Ansprüche von Frachtführern gegen andere Frachtführer, und auch diese nur in der Höhe, in der der Anspruchsteller selbst schadensersatzpflichtig geworden ist, d.h. Regressansprüche. Sie gilt nicht für Ansprüche von Frachtführern gegen sonstige Personen *et vice versa*.[65]

39 Die Vorschrift ist auf Schäden bezogen, eine analoge Anwendung im Falle freiwilliger Vermögensopfer (Aufwendungen) jedoch möglich.[66]

40 Greift die Norm, beginnt die Verjährung mit dem Tag der Rechtskraft des Urteils gegen den Rückgriffsgläubiger oder, wenn kein rechtskräftiges Urteil vorliegt, mit dem Tag, an dem der Rückgriffsgläubiger den Anspruch befriedigt hat. Die Wendung „wenn kein rechtskräftiges Urteil vorliegt" ist dabei dahingehend zu verstehen, dass ein solches im Leistungszeitpunkt nicht vorliegen darf. Eine erst nach Anspruchsbefriedigung eintretende Urteilsrechtskraft bleibt unbeachtet; maßgeblich ist in diesem Fall der Erfüllungszeitpunkt.[67]

41 Durch den Rückgriffsgläubiger befriedigt ist der Anspruch des Geschädigten mit Erfüllung im Sinne der §§ 362 ff BGB, die nicht schon mit der Erfüllungshandlung einhergeht, wenngleich der Leistende ab diesem Zeitpunkt etwa für Verzögerungsfolgen nicht mehr einzustehen haben mag.[68]

42 Im Falle der Zahlung auf einen verjährten Anspruch erwirbt der Leistende keine Regressforderung.[69] Es ist nicht einzusehen, warum der Zahlende einen Mittelabfluss, den er ohne Weiteres hätte vermeiden können, ausgeglichen bekommen sollte.

43 Nach Auffassung des OLG Hamburg[70] setzt ein Hinausschieben des Verjährungsbeginns für Rückgriffsansprüche gem. § 439 Abs. 2 Satz 3 nicht voraus, dass sich auch der gegen den Rückgriffsgläubiger geltend gemachte primäre Haftungsanspruch nach den §§ 425 ff richtet. Diese Sicht ist nicht unbedenklich, da § 439 insgesamt nur die Verjährung von Ansprüchen aus einer Beförderung zum Gegenstand hat, die „den Vorschriften dieses Unterabschnitts unterliegt". Nur auf diese Ansprüche bezieht sich dem Wortlaut nach auch die Regelung zum Verjährungsbeginn in Abs. 2 und insbesondere die Ausnahmeregelung für Rückgriffsansprüche in Abs. 2 Satz 3. Findet im Verhältnis zwischen Regressgläubiger und Regressschuldner die CMR Anwendung, darf dem Regressschuldner gegenüber außervertraglichen Ansprüchen jedenfalls die Berufung auf Art. 32 CMR nicht abgeschnitten werden (Art. 28 Abs. 2 CMR).[71]

44 **2. Unterrichtungsobliegenheit (Satz 3 Hs. 2).** § 439 Abs. 2 S. 3 schützt den Rückgriffsgläubiger nur dann vor einer frühzeitigen Verjährung seines Regressanspruchs, wenn er seiner Unterrichtungsobliegenheit nach Hs. 2 nachkommt. Demnach ist es an ihm, den Rückgriffsschuldner innerhalb von 3 Monaten, nachdem er Kenntnis von dem Schaden und der Person des Rückgriffschuldners erlangt hat, über den Schaden zu unter-

---

65 AG Bonn TranspR 2000, 466 f.
66 *Koller*[8] Rn 25.
67 Siehe auch *Koller*[8] Rn 25.
68 **AA** *Koller*[8] Rn 25; siehe allgemein auch *Schmidt* Die Unmöglichkeit der Erfüllung, S. 19 f.
69 BGH VersR 1984, 580 (581 f); siehe auch *Kraft/Giermann* VersR 2001, 1475 (1477 ff); kritisch *Koller*[8] Rn 24.
70 OLG Hamburg TranspR 2011, 366 ff.
71 *Koller*[8] Rn 24.

richten. Die 3-Monats-Frist beginnt nicht erst zu laufen, wenn der Regressgläubiger sich seinerseits einem Anspruch ausgesetzt sieht, sondern – unter Umständen bereits früher – wenn er die notwendigen Kenntnisse erlangt hat.[72]

Zweck der Unterrichtungsobliegenheit ist es zu vermeiden, dass der Regressschuldner womöglich jahrelang in Unkenntnis darüber bleibt, ob Regressansprüche gegen ihn geltend gemacht werden.[73] Für die Unterrichtung des Regressschuldners ist keine besondere Form vorgeschrieben.[74] Sie kann entsprechend auch etwa mündlich erfolgen. Freilich empfiehlt sich Schriftlichkeit unter Nachweisbarkeitsgesichtspunkten. **45**

Wohl einhellige Auffassung ist es, dass der Rückgriffsgläubiger auch hinsichtlich der rechtzeitigen Unterrichtung die **Beweislast** trägt.[75] Dies ist indes nicht unzweifelhaft. Die Einleitung des 2. Hs. mit der Formulierung „es sei denn“ deutet auf eine Beweislastumkehr zum Nachteil des Rückgriffsschuldners hin, mag den Gläubiger sodann auch eine sekundäre Darlegungslast treffen. Sprachlich mag es möglich sein, den zweiten Halbsatz als Einschränkung des vorausgehenden Grundsatzes (Hs. 1) zu verstehen, ohne dass insoweit die Beweislast umgekehrt wäre. Nicht zu erklären ist aus dieser Sicht allerdings, warum Hs. 2 den verzögerten Verjährungsbeginn nicht schlicht vorsieht, „wenn der Rückgriffsschuldner innerhalb von 3 Monaten, nachdem der Rückgriffsgläubiger Kenntnis von dem Schaden und der Person des Rückgriffsschuldners erlangt hat, über den Schaden unterrichtet wurde“. **46**

V. Verjährungswirkungen

Tritt Verjährung ein, ist der Schuldner berechtigt, die Leistung zu verweigern (§ 214 Abs. 1 BGB). Trotz Verjährungseintritts kann nach Maßgabe des § 215 BGB aufgerechnet werden. In diesem Punkt zeigt sich die Bedeutung des Fehlens einer Art. 32 Abs. 4 CMR entsprechenden Regelung in § 439. Eine Aufrechnung kann allerdings durch Vereinbarung eingeschränkt sein. Insoweit ist vor allem auf Ziff. 19 ADSp hinzuweisen.[76] **47**

Eine Anspruchsverjährung schließt auch nicht aus, dass der Frachtführer von seinem Pfandrecht nach § 440 Gebrauch macht und sich aus dem Pfandgut befriedigt (§ 216 Abs. 1 BGB). **48**

Eine Überwindung der Verjährungseinrede unter Berufung auf Treu und Glauben kann im Einzelfall ausnahmsweise möglich sein. Insoweit gelten die allgemeinen Grundsätze. Durch § 203 BGB[77] reduziert sich indes die Notwendigkeit und Möglichkeit eines Rückgriffs auf § 242 BGB wesentlich.[78] **49**

72 Siehe auch *Andresen/Valder* Rn 27.

73 MünchKommHGB²/*Herber/Eckhardt* Rn 18.

74 Siehe auch OLG Frankfurt TranspR 2010, 36 f.

75 *Koller*⁸ Rn 50; Ebenroth/Boujong/Joost/Strohn²/*Schaffert* Rn 32; MünchKommHGB²/*Herber/Eckhardt* Rn 36; Fremuth/Thume/*Fremuth* Rn 44; *Andresen/Valder* Rn 44.

76 Zu den Grenzen des Aufrechnungsverbots in Ziff. 19 ADSp und seiner AGB-rechtlichen Wirksamkeit *Koller*⁸ Rn 3 ff.

77 Zu dessen Anwendbarkeit neben dem speziellen Hemmungstatbestand des § 439 Abs. 3 noch unten Rn 52 f.

78 Siehe auch PalandtBGB⁷¹/*Ellenberger* Überblick Vor § 194 BGB Rn 16.

VI. Hemmung durch Reklamation (Abs. 3)

50 Mit Zugang (§ 130 BGB) einer dem Formerfordernis des § 439 Abs. 3 Satz 2 genügenden Erklärung des Absenders oder Empfängers, in der dieser Ersatzansprüche gegen den Frachtführer erhebt, wird die Verjährung bis zu dem Zeitpunkt gehemmt, in dem der Frachtführer die Erfüllung des Anspruchs – ebenfalls in Textform – ablehnt (Abs. 3 Satz 1). Die Bestimmung gilt nur für „Ersatzansprüche", nicht hingegen für primäre Erfüllungsansprüche.[79] Sofern es sich um einen Ersatzanspruch handelt, ist keine weitere Differenzierung erforderlich. So werden etwa auch Ansprüche aus den §§ 280 ff BGB und Rückgriffsansprüche erfasst.[80]

51 Der Sonderhemmungstatbestand findet nur Anwendung im Falle von Ansprüchen, die sich gegen den Frachtführer richten. Angesichts des klaren Wortlauts der Bestimmung besteht nicht die Möglichkeit einer analogen Anwendung betreffend (Aktiv-)Forderungen des Frachtführers.[81] Versteht man „Absender oder Empfänger" im Sinne eines Verweises auf den Ersatzberechtigten,[82] ist demgegenüber eine teleologische Erstreckung der Reklamationsbefugnis auf den Eigentümer oder den Inhaber eines sonstigen nach § 823 BGB geschützten Rechtsguts möglich.[83] Dass schließlich auch der Zessionar reklamieren kann,[84] dürfte keinem Zweifel unterliegen.

52 **1. Keine Verdrängung der Hemmungstatbestände des BGB durch die Sonderregelung.** § 439 Abs. 3 schafft einen **zusätzlichen Hemmungstatbestand.**[85] Zwar ist § 439 grundsätzlich speziell gegenüber dem Verjährungsregime des BGB. Was eine Hemmung betrifft, ergänzt § 439 Abs. 3 indes nur die allgemeinen Hemmungstatbestände, andernfalls würde etwa die Bestimmung zur Hemmung der Verjährung durch Rechtsverfolgung (§ 204 BGB) nicht zur Anwendung gelangen, was ersichtlich nicht im Gesetzesplan liegt. So enthält die Norm nur eine Sonderregelung „für die Hemmung"[86] und regelt nicht „die Verjährungshemmung schlechthin".[87]

53 Ein Rückgriff auf die Hemmungstatbestände des BGB ist auch nicht etwa (lediglich) partiell ausgeschlossen. Insbesondere ist § 203 BGB einschränkungslos anwendbar.[88] Eine § 203 BGB verdrängende Spezialität des § 439 Abs. 3 wäre nur dann anzunehmen, wenn die geregelten Tatbestände übereinstimmten. Dies aber ist nicht der Fall, weil § 203 BGB Verhandlungen „zwischen dem Schuldner und dem Gläubiger" erfordert, wohingegen § 439 Abs. 3 die einseitige Erklärung des Anspruchstellers ausreichen lässt. Damit ergeben sich keine Überschneidungen und bleibt es bei dem Grundsatz eines Nebeneinanders der Hemmung nach §§ 203 ff BGB und derjenigen nach § 439 Abs. 3. Die mit der Reform des Seehandelsrechts vorgenommene Ergänzung des Wortes „auch" in § 439 Abs. 3 Satz 1 stellt das Gesagte noch einmal ausdrücklich klar.

---

79 *Koller*⁸ Rn 32.
80 *Ramming* TranspR 2002, 45 (52 f).
81 So im Ergebnis auch *Koller*⁸ Rn 32.
82 Vgl. *Andresen/Valder* Rn 29.
83 So auch *Koller*⁸ Rn 35.
84 Siehe *Koller*⁸ Rn 38.
85 Siehe auch Ebenroth/Boujong/Joost/Strohn²/*Schaffert* Rn 19; Heidelberger Kommentar⁷/*Ruß* Rn 1; *Koller* TranspR 2001, 425 (429).
86 BR-Drucks. 168/97, S. 78.
87 *Koller*⁸ Rn 31.
88 BGH TranspR 2008, 467 (468); *Koller* TranspR 2001, 425 (429); *ders.* Rn 31; *Eidenmüller* SchiedsVZ 2003, 163 ff; *Andresen/Valder* Rn 34; **aA** *Harms* TranspR 2001, 294, 297; *Drews* TranspR 2004, 340, 341 f; Palandt/*Heinrichs* BGB § 203 Rn 1.

2. Erklärungsinhalt. Die Reklamation im Sinne des § 439 Abs. 3 bedeutet eine **Haftbarmachung** des Frachtführers. Während die Schadensanzeige nach § 438 lediglich die Tatsache einer Schädigung mitteilen muss, hat aus der Reklamation im Sinne des § 439 Abs. 3 hervorzugehen, dass der Frachtführer für den entstandenen Schaden einstehen soll.[89] 54

Eine Darlegung des Ersatzanspruchs in allen Einzelheiten, insbesondere auch eine konkrete Bezifferung, ist nicht erforderlich.[90] Auf der anderen Seite genügt es nicht, mit einer Inanspruchnahme bloß zu drohen.[91] Unterlagen zum Schadensfall müssen nicht beigefügt werden.[92] 55

3. Zeitpunkt der Erklärung; Form. Eine Reklamation ist bereits möglich, bevor die Verjährung zu laufen begonnen hat, nicht aber vor Entstehen des Ersatzanspruchs zumindest dem Grunde nach.[93] Nach § 130 BGB muss die Erklärung vor Ablauf der Verjährungsfrist zugehen. 56

Bis zum Inkrafttreten der mit der Reform des Seehandelsrechts kodifizierten Änderungen musste die Reklamation schriftlich erfolgen. Eine Reklamation konnte damit weder per E-Mail[94] noch per Telefax[95] erfolgen. Dies war unpraktikabel, jedoch hinzunehmen, da das Gesetz gerade zwischen Textform (vgl. § 438 Abs. 4 Satz 1) und Schriftform in § 439 Abs. 3 Satz 1 a.F. unterschied. Eine Analogie zu § 438 Abs. 4 schied damit aus.[96] *De lege ferenda* war eine Lockerung des Formerfordernisses freilich zu befürworten.[97] 57

Die zu fordernde Lockerung des Formerfordernisses hat der Gesetzgeber im Zuge der Reform des Seehandelsrechts vorgenommen. Nunmehr bestimmt § 439 Abs. 3 Satz 2 ausdrücklich, dass die Erhebung der Ansprüche sowie deren Ablehnung (nur noch) der Textform bedürfen. Gemäß § 126b BGB muss, wenn durch Gesetz Textform vorgeschrieben ist, die Erklärung in einer Urkunde oder auf andere zur dauerhaften Wiedergabe in Schriftzeichen geeignete Weise abgegeben, die Person des Erklärenden genannt und der Abschluss der Erklärung durch Nachbildung der Namensunterschrift oder anders erkennbar gemacht werden. Wirksam sind damit nun insbesondere auch Reklamationen per E-Mail oder Telefax.[98] 58

4. Absender und Adressat der Erklärung. Die Reklamation ist vom Absender oder Empfänger an den Frachtführer zu richten.[99] Der Reklamierende muss aktivlegitimiert sein.[100] So kann der Empfänger etwa keine Reklamation aussprechen, die einen Ersatzanspruch nach § 422 Abs. 3 zum Gegenstand hat.[101] 59

---

89 BGH VersR 1984, 578 ff; BGH TranspR 1986, 53 ff; OLG Düsseldorf VersR 1976, 1161; *Fischer* TranspR 1991, 321 (327 ff); Ebenroth/Boujong/Joost/Strohn²/*Schaffert* Rn 22; MünchKommHGB²/*Herber/Eckhardt* Rn 24.

90 BGH VersR 1986, 287, 289; *Koller*⁸ Rn 33.

91 Thume/*Demuth* Art. 32 CMR Rn 61.

92 *Koller*⁸ Rn 33; Ebenroth/Boujong/Joost/Strohn²/*Schaffert* Rn 22; für den Bereich der CMR anders: OGH Wien TranspR 1995, 110 ff.

93 *Koller*⁸ Rn 42.

94 OLG München TranspR 2008, 321 ff.

95 LG Hamburg TranspR 2009, 224 ff; **aA** LG Bremen TranspR 2010, 233, 235.

96 *Grimme* TranspR 2009, 226 (227); Fremuth/Thume/*Fremuth* Rn 29; **aA** *Koller*⁷ Rn 22; für ein Genügen der Textform auch *Steinborn* TranspR 2011, 16 ff.

97 Siehe auch *Grimme* TranspR 2009, 226 (227).

98 Zu Einzelheiten des Textformerfordernisses allgemein Palandt BGB⁷¹/*Ellenberger* § 126b Rn 3 ff.

99 Zu einer Ausdehnung der Reklamationsbefugnis auf den Eigentümer und Inhaber sonstiger nach § 823 BGB geschützter Rechtsgüter bereits oben Rn 14.

100 Fremuth/Thume/*Fremuth* Rn 29; *Koller*⁸ Rn 34.

101 *Koller*⁸ aaO.

60 Abgegeben werden kann die Erklärung auch von einem Vertreter. Transportversicherer sind als konkludent bevollmächtigt anzusehen.[102] Ein Recht, die Erklärung eines Vertreters zurückzuweisen, besteht nach Maßgabe des § 174 BGB. Möglich ist auch eine Erklärungsabgabe aufgrund Ermächtigung.[103]

61 Nach Auffassung des BGH[104] entfaltet eine vor Erwerb der Forderung durch den (späteren) Zessionar ausgesprochene Reklamation keine Rechtswirkung. Die Forderungsberechtigung muss **im Zeitpunkt der Reklamation** gegeben sein; der nachfolgende Forderungserwerb wirkt nicht – etwa im Sinne von § 185 Abs. 2 Satz 1 BGB – auf den Zeitpunkt der Reklamation zurück und macht den Zessionar nicht nachträglich und mit rückwirkender Kraft zum Reklamationsberechtigten. Entsprechend kann bei Versendung des Guts durch einen Spediteur der Versender nicht bereits vor Abtretung der Ansprüche aus dem Speditionsvertrag gegenüber dem Frachtführer reklamieren, um die Verjährung zu hemmen.[105]

62 Erklärungsempfänger ist der Frachtführer, dessen Fahrer Stellvertreter oder Bote sein kann.[106] Eine Reklamation gegenüber dem Speditionsversicherer des Frachtführers ist nur genügend, wenn dieser zur abschließenden Entscheidung über den Schadensfall befugt und ihm entsprechende Vertretungsmacht eingeräumt ist.[107] In seiner Rolle als Absender hat der Spediteur Ersatzforderungen, die ihn von Seiten des Versenders erreichen, gegenüber dem von ihm eingeschalteten Frachtführer zu erheben. Selbst Adressat der Reklamation ist er nur in den Fällen der §§ 458–460 sowie bei Ansprüchen aus dem Speditionsvertrag (§§ 463, 439).[108]

63 Da Absender und Empfänger Gesamtgläubiger sind, kommt die Reklamation nur dem jeweils Reklamierenden selbst zugute (§§ 425 Abs. 2, 429 Abs. 3, 428 BGB).[109] Bei mehreren Frachtführern, gegen die sich Ersatzansprüche richten, ist eine gesonderte Anzeige gegenüber jeder dieser Personen erforderlich. Eine Analogie zu § 438 Abs. 5 scheidet bereits angesichts der systematischen Stellung der Norm aus.[110] Kann – und muss – jeder Ersatzberechtigte selbst reklamieren, folgt daraus, dass der Frachtführer auch jede Reklamation gesondert zurückweisen muss.[111]

64 **5. Dauer der Hemmung.** Die Hemmung mit Wirkungen nach § 209 BGB dauert an, bis der Frachtführer die Erfüllung des Anspruchs in Textform ablehnt. Die Verjährungsfrist verlängert sich um die Hemmungszeit, die taggenau zu berechnen ist, wobei der Tag, in dessen Verlauf der Hemmungsgrund entsteht oder wegfällt, mit zur Hemmungszeit gehört. Die Verjährungsfrist läuft mit dem Beginn des Tages, der auf den Zugang der schriftlichen Ablehnung folgt, weiter.[112] Zum Textformerfordernis gilt das bereits oben (Rn 57 f) Gesagte entsprechend.

---

102 *Koller*[8] Rn 37; MünchKommHGB[2]/*Herber/Eckhardt* Rn 26.

103 *Koller*[8] Rn 39.

104 BGH TranspR 1992, 177 (179).

105 Ebenso *Koller*[8] Rn 38; **aA** Fremuth/Thume/*Fremuth* Rn 30; *Andresen/Valder* Rn 29.

106 *Koller*[8] Rn 41.

107 Ebenroth/Boujong/Joost/Strohn[2]/*Schaffert* Rn 24; siehe auch *Loewe* TranspR 1988, 309 (316).

108 *Koller*[8] Rn 41.

109 *Andresen/Valder* Rn 29; Fremuth/Thume/*Fremuth* Rn 33; anders OLG Düsseldorf VersR 1973, 78, das annimmt, die Reklamation durch den Empfänger bewirke auch die Hemmung der Verjährung für die Ansprüche des Absenders.

110 Im Ergebnis ebenso *Koller*[8] Rn 41.

111 BGH TranspR 1992, 177 ff.

112 Siehe PalandtBGB[71]/*Ellenberger* § 209 BGB Rn 1; Ebenroth/Boujong/Joost/Strohn[2]/*Schaffert* Rn 24.

6. Klarstellung des Abs. 3 Satz 3. Abs. 3 Satz 3 stellt klar, dass eine weitere Erklärung, die denselben Ersatzanspruch zum Gegenstand hat, die Verjährung nicht erneut hemmt. Seinen Grund findet dies in der Einseitigkeit der zur Hemmung führenden Reklamation. Könnte der Gläubiger wiederholt mit den Wirkungen des § 439 Abs. 3 Satz 1 reklamieren, wäre es ihm möglich, dauerhaft, allenfalls begrenzt durch § 242 BGB, den Verjährungseintritt zu verhindern, ohne dass die Sache einer (gerichtlichen) Klärung zugeführt würde. Eines Zutuns des Anspruchsgegners bedürfte es hierzu – anders als nach § 203 BGB – nicht. **65**

Ob eine erneute Reklamation „denselben Ersatzanspruch" zum Gegenstand hat, ist grundsätzlich in Parallele zur Bestimmung des Streitgegenstands und der Rechtskraft im Zivilprozess zu ermitteln.[113] In den Fällen, in denen der Ersatzberechtigte bei einem Gesamtschaden von beispielsweise 100.000 € zunächst nur einen Ersatzanspruch in Höhe von 50.000 € erhebt, kann er vor Verjährungsablauf auch hinsichtlich des Restbetrags noch reklamieren, selbst wenn seine erste Reklamation bereits zurückgewiesen ist. Im Falle einer – zulässig[114] – unbezifferten Reklamation wird man allein auf den Lebenssachverhalt abzustellen haben, aus dem der Anspruch hergeleitet wird. Eine Zurückweisung bezieht sich in diesem Fall auf den gesamten Anspruch und hält nicht etwa die Möglichkeit einer bezifferten Reklamation offen. **66**

VII. Verjährungserleichternde oder -erschwerende Vereinbarungen (Abs. 4)

§ 439 Abs. 4, der verjährungserleichternde oder -erschwerende Vereinbarungen (auch in einem Rahmenvertrag) erlaubt, wenn die Vereinbarung im Einzelnen ausgehandelt ist, betrifft, wenngleich aus dem Wortlaut nicht ersichtlich, nur Abreden, die vor Eintritt des Schadensfalls getroffen werden.[115] Vereinbarungen nach Eintritt des Schadenfalls beurteilen sich nach allgemeinem Zivilrecht. Auch die mit der Reform des Seehandelsrechts vorgenommene Einfügung der Worte „von Schadensersatzansprüchen wegen Verlust oder Beschädigung des Gutes oder wegen Überschreitung der Lieferfrist" in § 439 Abs. 4 beschränkt den Anwendungsbereich der Regelung. In Übereinstimmung mit dem in § 449 zum Ausdruck gekommenen Rechtsgedanken soll die Regelung die Vertragsfreiheit nur einschränken, soweit es um die Verjährung der genannten Schadensersatzansprüche geht. Eine weitergehende Einschränkung der Vertragsfreiheit, wie sie sich zuvor aus Abs. 4 ergab, erschien dem Gesetzgeber zu weitgehend, da auch § 449 der Regelungsbefugnis der Parteien nur Grenzen setzt, soweit es um deren Schadensersatzansprüche geht.[116] **67**

Für Vereinbarungen vor Schadenseintritt lässt § 439 Abs. 4 Abweichungen von der gesetzlichen Verjährungsregelung durch Individualvereinbarung zu. Ausdrücklich ermöglicht wird die Aufnahme einer entsprechenden Abrede in eine Rahmenvereinbarung.[117] In jedem Fall aber muss die Vereinbarung im Einzelnen ausgehandelt worden sein, wodurch eine Regelung in AGB ausscheidet. Entscheidend ist, dass der den Regelungsentwurf Vor- **68**

---

113 *Koller*[7] Rn 45.
114 Dazu oben Rn 55.
115 Allgemeine Meinung, siehe Fremuth/Thume/*Fremuth* Rn 47; Ebenroth/Boujong/Joost/Strohn[2]/*Gass* Rn 29; MünchKommHGB[2]/*Herber/Eckhardt* Rn 34; Heymann[2]/*Schlüter* Rn 11; *Koller*[8] Rn 52 f; *Andresen/Valder* Rn 42.
116 BT Drucks. 17/10309, S. 56.
117 Siehe auch MünchKommHGB[2]/*Herber/Eckhardt* Rn 34.

legende den Inhalt der Vereinbarung ernsthaft zur Disposition stellt.[118] Eine besondere Form der Vereinbarung über die Verjährung ist nicht angeordnet.[119]

69 Wie jetzt auch § 202 BGB, demgegenüber sie speziell ist, erlaubt die Bestimmung des § 439 Abs. 4 nicht nur Erleichterungen der Verjährung, sondern auch Erschwerungen.[120] Unter die Begriffe der Erleichterung resp. Erschwerung sind sämtliche Abweichungen vom gesetzlichen Verjährungsregime zu fassen,[121] also etwa eine Verlängerung oder Verkürzung der Verjährungsfrist, eine Verschiebung des Verjährungsbeginns oder eine Erweiterung oder Einschränkung von Hemmungsgründen.

70 Ein gänzlicher Ausschluss der Verjährung wäre nicht lediglich eine „Erschwerung" und daher unzulässig.[122] So hat § 225 Satz 1 BGB a.F. Ausschluss und Erschwerung einander noch ausdrücklich gegenübergesetzt. Auch eine Erschwerung der Verjährung über eine Verjährungsfrist von 30 Jahren ab dem gesetzlichen Verjährungsbeginn hinaus und eine Erleichterung für die Fälle des Vorsatzes dürfte nicht möglich sein.[123] § 439 Abs. 4 ist zwar eine Spezialregelung, jedoch keine abschließende,[124] so dass die von § 202 gezogenen Grenzen unverändert zu beachten sind.

71 Starke Verkürzungen der Verjährungsfrist sind an § 242 BGB zu messen, was eine Einzelfallbetrachtung erfordert. Dabei mag als Anhaltspunkt dienen, dass eine Verkürzung der Frist auf 3 Monate wohl regelmäßig treuwidrig,[125] eine sechsmonatige demgegenüber nicht zu beanstanden ist.[126] Eine Verfallklausel, die die Rechtstellung des Gläubigers stärker beschneidet als eine Verjährungsregelung, kann, wenn man sie nicht schon an § 439 Abs. 4 misst und sich eine Unwirksamkeit aus dieser Bestimmung ergibt, nach § 307 BGB unwirksam sein.[127]

VIII. Beweislast

72 Nach allgemeinen Grundsätzen, die auch für § 439 gelten, ist vom Schuldner, der die Verjährungseinrede erhebt, der Beginn und Ablauf der Verjährungsfrist nachzuweisen. Führt der Gläubiger Gründe ins Feld, die den Verjährungseintritt hinausschieben, etwa eine Hemmung, ist es an ihm, deren Voraussetzungen darzulegen und zu beweisen. Gleiches gilt für eine Verlängerung der Verjährungsfrist infolge qualifizierten Verschuldens im Sinne der §§ 439 Abs. 1 Satz 2, 435.[128] Eine abweichende Vereinbarung nach § 439 Abs. 4 einschließlich ihrer Wirksamkeitsvoraussetzungen, insbesondere eines Aushandelns im Einzelnen, muss derjenige beweisen, der sich auf sie beruft.[129]

73 Zu einer möglichen Beweisbelastung des in Anspruch genommenen Rückgriffsschuldners hinsichtlich seiner nicht rechtzeitigen Unterrichtung (§ 439 Abs. 2 Satz 3 Hs. 2) bereits oben Rn 46.

---

118 Ausführlich Ebenroth/Boujong/Joost/Strohn[2]/*Schaffert* Rn 28 und § 419 Rn 25 ff.

119 MünchKommHGB[2]/*Herber/Eckhardt* Rn 34.

120 Anders noch der bei Inkrafttreten des Transportrechtsreformgesetzes geltende § 225 BGB a.F.

121 Sehr ausführlich Fremuth/Thume/*Fremuth* Rn 48 ff.

122 Heidelberger Kommentar/*Ruß* Rn 8.

123 *Koller*[8] Rn 51 mit Verweis auf BT-Drucks. 368/97, S. 78.

124 *Andresen/Valder* Rn 40.

125 BGH VersR 1980, 40 f.

126 BGH VersR 1981, 229 ff; siehe auch Heidelberger Kommentar[7]/*Ruß* Rn 9; Fremuth/Thume/*Fremuth* Rn 55 ff.

127 Siehe LG Mannheim, Urt. v. 19.02.2010 – 1 S 146/09, juris.

128 Ausführlich zur Darlegungs- und Beweislast bei der verlängerten Verjährungsfrist nach § 439 Abs. 1 Satz 2 auch *Ungewitter* VersR 2010, 454 ff.

129 *Andresen/Valder* Rn 44; Fremuth/Thume/*Fremuth* Rn 44.

§ 440 a.F. (Gerichtsstand)

(aufgehoben)

Eine Regelung, wie sie früher in § 440 zu finden war, befindet sich seit der Seehandelsrechtsreform in § 30 Abs. 1 ZPO; sie schließt jetzt auch Seebeförderungen mit ein. Einzelne Erläuterungen zu der Vorschrift finden sich in der Kommentierung zu § 437 Rn 61 ff.

§ 440
Pfandrecht

(1) Der Frachtführer hat für alle Forderungen aus dem Frachtvertrag ein Pfandrecht an dem ihm zur Beförderung übergebenen Gut des Absenders oder eines Dritten, der der Beförderung des Gutes zugestimmt hat. An dem Gut des Absenders hat der Frachtführer auch ein Pfandrecht für alle unbestrittenen Forderungen aus anderen mit dem Absender abgeschlossenen Fracht-, Seefracht-, Speditions- und Lagerverträgen. Das Pfandrecht nach den Sätzen 1 und 2 erstreckt sich auf die Begleitpapiere.

(2) Das Pfandrecht besteht, solange der Frachtführer das Gut in seinem Besitz hat, insbesondere solange er mittels Konnossements, Ladescheins oder Lagerscheins darüber verfügen kann.

(3) Das Pfandrecht besteht auch nach der Ablieferung fort, wenn der Frachtführer es innerhalb von drei Tagen nach der Ablieferung gerichtlich geltend macht und das Gut noch im Besitz des Empfängers ist.

(4) Die in § 1234 Abs. 1 des Bürgerlichen Gesetzbuchs bezeichnete Androhung des Pfandverkaufs sowie die in den §§ 1237 und 1241 des Bürgerlichen Gesetzbuchs vorgesehenen Benachrichtigungen sind an den nach § 418 oder § 446 verfügungsberechtigten Empfänger zu richten. Ist dieser nicht zu ermitteln oder verweigert er die Annahme des Gutes, so haben die Androhung und die Benachrichtigung gegenüber dem Absender zu erfolgen.

Schrifttum

Altmeppen Zur Rechtsnatur der handelsrechtlichen Pfandrechte, ZHR 157 (1993), 541–558; *Andresen* Das inkonnexe Pfandrecht im Transportrecht, TranspR 2004, Sonderbeilage S. 5–7; *Bartels* WuB VI A. § 129 InsO 4.05; *Bechtloff* Der Schuldnerschutz bei Verwertung unpfändbarer Sachen aufgrund vertraglicher oder gesetzlicher Sicherungsrechte, ZIP 1996, 994–1005; *ders.* Gesetzliche Verwertungsrechte, 2003; *Benkelberg/Beier* Empfängerhaftung nach Maßgabe des Frachtbriefes, TranspR 1989, 351–355; *Bräuer* Das Pfandrecht des Frachtführers in der Krise des Absenders – Erwerb einer insolvenzfesten Rechtsposition?, TranspR 2006, 197–202; *Brüning-Wildhagen* Pfandrechte und Zurückbehaltungsrechte im Transportrecht, 2000; *Büchner/Ketterl* Das Pfandrecht des Spediteurs nach dem Handelsgesetzbuch (HGB) und den allgemeinen deutschen Spediteurbedingungen (ADSp), TranspR 1991, 125–128; *Czerwenka* Das neue Transportrecht nach dem Regierungsentwurf eines Gesetzes zur Fischer, Ergänzung der CMR durch unvereinheitlichtes deutsches Recht nach der Transportrechtsreform, TranspR 1999, 261–291; *Didier* Pfand-, Sicherungs- und Zurückbehaltungsrechte des Frachtführers bei drohender Zahlungsunfähigkeit und Insolvenz des Absenders, NZI 2003, 513–521; *ders.* Unsicherheitseinrede und Pfandrecht zur Sicherung von Frachtforderungen, NJW 2004, 813–815; Eckardt Anmerkung zum Urteil des BGH vom 18.4.2002 –

IX ZR 219/01, BGH-Rep 2002, 753; *Gerhardt* Anmerkung zu BGH, Urteil vom 21.04.2005 – IX ZR 24/04 EWiR 2005, 545–546; *Herber* Die Neuregelung des deutschen Transportrechts, NJW 1989, 3297; *Heuer* Die Grenzen der Versicherungspflicht nach § 7a GüKG und des Schutzes des Dritten gemäß § 158c VVG, TranspR 2004, 454–458; *Knauth* Die Fixkostenspedition in der Insolvenz des Versenders, TranspR 2002, 282–286; *Oepen* Das Pfandrecht des Frachtführers in der Insolvenz des Absenders, TranspR 2011, 89–104; *Ramming* Die Haftung des ausführenden Frachtführers nach § 437 HGB, TranspR 2000, 277–279; *Risch* Die Begründung gesetzlicher Pfandrechte an Dritteigentum im Speditions- und Frachtrecht, TranspR 2005, 108–111; *Ruhwedel* Das „neue" gesetzliche Pfandrecht des Frachtführers in: Schachtschneider (Hrsg.) Transport-Wirtschaft-Recht: Gedächtnisschrift für Helm, 2001, S. 323; *Scheel* Die Entwicklung des Umzugsrechtes seit Inkrafttreten der Transportrechtsreform am 1.7.1998, TranspR 2005, 239–245; *P. Schmidt* Das Frachtführerpfandrecht in der Binnenschifffahrt, in: Kuhlen/Lorenz/Riedel/Schmidt/Wiese, Probleme des Binnenschifffahrtsrechts, Band XII, S. 21–45; *ders.* Das Pfandrecht der §§ 441, 464 HGB im internationalen Kontext, TranspR 2011, 56–67; *Smid* Anmerkung zum Urteil des BGH vom 18.4.2002 – IX ZR 219/01, WuB VI C § 131 InsO 1.03; *Wehdeking* Anm. zu BGH, Urteil vom 21.04.2005 – IX ZR 24/04, jurisPR-InsR 10/2005 Anm. 3.

Übersicht

I. Einleitung

1 Während bis zur Transportrechtsreform 1998 das Pfandrecht nach § 440 a.F. nur die durch den Frachtvertrag begründeten Forderungen sicherte, gewährt § 441 in der Fassung bis zur Seehandelsrechtsreform wie auch der jetzige § 440 dem Frachtführer ein Pfandrecht auch zur Sicherung sogenannter inkonnexer Forderungen, soweit diese aus anderen mit dem Absender geschlossenen Fracht-, Speditions- oder Lagerverträgen herrühren und unbestritten sind. Die Unsicherheiten, die an diese Ausdehnung anknüpfen und die Reichweite der pfandrechtlichen Sicherheit betreffen, sind wesentlich durch die Entscheidung BGH, Urteil vom 10.06.2010 – I ZR 106/08, TranspR 2010, 303 ff, geklärt. Im Zuge der Reform des Seehandelsrechts hat der Gesetzgeber eine nachvollziehende Neuregelung getroffen und die bis dahin in § 441 Abs. 1 Satz 1 zu findende Regelung in zwei Sätze (§ 440 Abs. 1 Satz 1, 2 n.F.) aufgespalten, von denen der erste das Pfandrecht wegen konnexer Forderungen, der zweite dasjenige wegen inkonnexer Forderungen betrifft.

Mit der Ausweitung des Kreises der pfandrechtlich gesicherten Forderungen geht eine leicht gesteigerte Bedeutung der Bestimmung für die Praxis einher. Da das Pfandrecht – anders als ein eventuelles Zurückbehaltungsrecht (§§ 273, 320 f, 1000 BGB, 369 ff, 421 Abs. 1 Satz 1), welches neben ihm bestehen kann[1] – ein absolutes, d.h. gegenüber jedermann (auch gegenüber dem Eigentümer) wirkendes Recht gewährt und die Verwertung des Gutes nach den Regeln des Pfandverkaufs (§§ 1233 ff BGB) erlaubt, kann es gerade bei Just-in-time-Beförderungen als Druckmittel dienen. Auf der anderen Seite stehen die Schnelligkeit im heutigen Transportwesen, erleichterte Zahlungsmethoden und auch verbesserte Informationsverbindungen einer maßgeblichen Bedeutung des Pfandrechts entgegen.[2] Es lässt sich daher nicht allgemein sagen, zugunsten welcher Seite die häufig bestehende betriebswirtschaftliche Unmöglichkeit, das Beförderungsgut längerfristig zurückzuhalten, wirkt. Unverändert gilt, dass die meisten der zum Pfandrecht entschiedenen Fälle aus der Binnenschifffahrt stammen; offenbar hat das Pfandrecht dort seine praktisch größte Bedeutung. **2**

Der **Anwendungsbereich** des § 440 umfasst alle unter § 407 Abs. 3 Satz 1 Nr. 1 fallenden Güterbeförderungen, auch die Beförderung von Umzugsgut (§ 451) oder mit verschiedenartigen Beförderungsmitteln (§ 452 Satz 1).[3] Soweit einheitsrechtliche Regelungen, die das Frachtführerpfandrecht selbst nicht regeln, eine ergänzende Anwendung nationaler Bestimmungen zulassen und die Regelungen des Internationalen Privatrechts zu einer Anwendung deutschen Sachrechts führen, gelangt § 440 auch im grenzüberschreitenden Verkehr zur Anwendung.[4] Parallelvorschriften finden sich in §§ 464, 475b. **3**

II. Voraussetzungen der Pfandrechtsentstehung

§ 440 setzt einen wirksamen Frachtvertrag voraus. Fehlt es an einem solchen, entsteht das Pfandrecht nicht.[5] Nicht ausreichend ist ein Mietvertrag, auch nicht in Kombination mit einem Dienstverschaffungsvertrag.[6] Bei gemischten Verträgen kommt es darauf an, ob der vertragliche Leistungsschwerpunkt frachtvertraglicher Natur ist. **4**

Die Pfandrechtsentstehung erfordert Inbesitznahme des Transportguts, weshalb die Sicherheit erst mit dessen Übernahme und nicht etwa schon bei Abschluss des Frachtvertrags entsteht.[7] Wie Abs. 2 zu erkennen gibt, genügt jedoch auch mittelbarer Besitz und ist es insbesondere ausreichend, wenn der Frachtführer mittels Konnossements (§§ 513 ff), Ladescheins (§ 443) oder Lagerscheins (§ 475c ff) über das Gut verfügen kann. Zur Fortdauer des einmal entstandenen Pfandrechts über die Besitzdauer hinaus siehe §§ 440 Abs. 3, 441 und unten Rn 23 ff. **5**

---

1 Siehe Ebenroth/Boujoung/Joost/Strohn[2]/*Schaffert* § 441 Rn 1.

2 Siehe auch *Benkelberg/Beier* TranspR 1989, 351 ff.

3 Fremuth/Thume/*Fremuth* § 441 Rn 4.

4 OLG Hamburg VersR 1984, 235 f; OLG Düsseldorf VersR 1977, 1047 f (beide zur CMR); *P. Schmidt* Das Frachtführerpfandrecht in der Binnenschifffahrt, S. 21 (zur CMNI); zur CIM Fremuth/Thume/*Fremuth* § 441 Rn 4 einerseits, MünchKommHGB[2]/*C. Schmidt* § 441 Rn 3 andererseits.

5 BGH VersR 1986, 31 ff; *Koller*[8] Rn 2.

6 BGH VersR 1986, 31 ff; OLG Köln TranspR 2009, 37 ff.

7 *Müglich* § 441 Rn 3.

III. Gegenstand des Pfandrechts

6 **1. Bedeutung der Eigentumslage.** Das Pfandrecht besteht an dem Gut des Absenders (§ 440 Abs. 1 Satz 1 Var. 1, Satz 2) sowie in den Fällen des § 440 Abs. 1 Satz 1 Var. 2 auch an dem eines Dritten, der der Beförderung des Gutes zugestimmt hat. Diese Differenzierung führt dazu, dass auch Drittgut wegen einer konnexen Forderung pfandrechtlich verhaftet sein kann, wegen einer inkonnexen Forderung hingegen nicht. Entsprechendes war schon zu der mit der Seehandelsrechtsreform aufgehobenen Altregelung des § 441 Abs. 1 in der Literatur vertreten und höchstrichterlich bestätigt worden.[8] Nötig war dazu jedoch eine teleologische Reduktion des § 441 Absatz 1 a.F. Nunmehr findet sich die teleologisch geforderte Einschränkung unmittelbar im Wortlaut der Regelung.

7 a) **Rechtszustand bis zur Seehandelsrechtsreform.** Anders als etwa die Bestimmung des § 647 BGB über das Werkunternehmerpfandrecht oder die des § 369 über das kaufmännische Zurückbehaltungsrecht sprach die Bestimmung des § 441 Absatz 1 a.F. nicht ausdrücklich von einem Recht an den „Sachen des Bestellers" (so § 647 BGB) bzw. „Schuldners" (§ 369). Gleichwohl stand außer Frage, dass das Pfandrecht nicht völlig ungeachtet der Eigentumslage auch an absenderfremden Sachen entstehen konnte.[9] Eine Interpretation der Vorschrift, die auf deren Genese gestützt zu einem anderen Ergebnis gelangt wäre, hätte sich jedenfalls entgegenhalten lassen müssen, dass sich mit der Gewährung eines Pfandrechts (partiell) auch wegen inkonnexer Forderungen die Ausgangslage gegenüber dem Zustand unter Geltung des § 440 in der Fassung bis zur Transportrechtsreform 1998 geändert hatte.[10] § 441 Abs. 1 Satz 1 in der bis zur Seehandelsrechtsreform geltenden Fassung war daher in der Weise zu lesen, dass die Bestimmung ein Pfandrecht an dem im Eigentum des Absenders stehenden Gut gewährte.[11]

8 Ob darüber hinaus § 185 Abs. 1 Satz 1 BGB entsprechend greifen konnte mit der Folge, dass im Falle der Erteilung einer sogenannten **Versendungsbefugnis** durch den Eigentümer das Pfandrecht auch absenderfremdes Gut umfasste, war umstritten. Überwiegend wurde angenommen, sei der Eigentümer mit der Versendung einverstanden, verleihe dies dem Absender entsprechend § 185 Abs. 1 BGB die Befugnis, über das Gut zu verfügen, weshalb die Folgen einer solchen Versendung den Eigentümer träfen und in diesen Fällen ebenfalls ein Pfandrecht nach § 441 a.F. entstehe.[12] Der BGH hat diese Sicht nachfolgend zumindest im Ergebnis bestätigt. Schon unter Geltung der Altregelung genügt es demnach, wenn das zur Beförderung übergebene Gut nicht im Eigentum des Absenders steht, für die Entstehung des Frachtführerpfandrechts, dass der Eigentümer mit dem Transport uneingeschränkt einverstanden ist, was sich auch aus einem konkludent erklärten generellen Einverständnis des Eigentümers ergeben kann.[13] Von einem solch generellen Einverständnis ist etwa auszugehen, wenn der Eigentümer eine Beförderung nicht nur durch seinen unmittelbaren Vertragspartner, sondern durch einen Dritten für möglich halten musste und gleichwohl das Gut aus der Hand gegeben hat.[14]

---

[8] Siehe BGH TranspR 2010, 303 ff.

[9] Zu Einzelheiten *Risch* TranspR 2005, 108 f.

[10] Siehe auch bereits oben Rn 1.

[11] Hierzu und zum Folgenden ausführlich *P. Schmidt* Das Frachtführerpfandrecht in der Binnenschifffahrt, S. 21 (22 ff).

[12] Siehe nur OLG Karlsruhe TranspR 2005, 467 f.

[13] BGH TranspR 2010, 303 ff (Rn 26).

[14] BGH TranspR 2010, 303 ff; Ebenroth/Boujong/Joost/Strohn²/*Schaffert* § 441 Rn 3; Fremuth/Thume/*Fremuth* § 441 Rn 11; *Andresen* Sonderbeilage TranspR 3-2004, V.

Gegen die Annahme einer (analogen) Anwendbarkeit des § 185 BGB mag man anführen, dass der BGH[15] bezogen auf das Werkunternehmerpfandrecht des § 647 ausgesprochen hat, es widerspreche der Eigenart gesetzlicher Pfandrechte, ihre Entstehung, die nicht auf einem Verfügungsakt beruht, in unmittelbarer oder entsprechender Anwendung des § 185 BGB von der Zustimmung eines Verfügungsberechtigten abhängig zu machen. Unter Bezugnahme hierauf wird teilweise argumentiert, da das gesetzliche Pfandrecht willensunabhängig entstehe, fehle es an der analogienotwendigen Rechtsähnlichkeit der Fallgestaltungen; die Schaffung der tatsächlichen Voraussetzungen für die Entstehung des Pfandrechts sei keine der rechtsgeschäftlichen Verfügung vergleichbare und konsentierbare Handlung.[16] 9

Für die diskutierte Analogie zumindest im Rahmen der §§ 441 ff a.F. spricht zunächst, dass § 442 a.F. eine „Pfandrechtskette" als möglich voraussetzt und diese Bestimmung, wenn das Frachtführerpfandrecht lediglich unmittelbar vom Eigentümer-Absender oder gutgläubig erworben werden könnte, kaum materielle Wirkung entfaltete. Auch entsteht im Falle analoger Anwendung des § 185 BGB das Pfandrecht unverändert allein aufgrund des Vorliegens der (objektiven) Tatbestandsvoraussetzungen der Pfandrechtsentstehung. Diese wird nicht von einem entsprechenden Willen des Eigentümers abhängig gemacht, da der Eigentümer nicht in die Pfandrechtsentstehung als solche einwilligt, sondern die Schaffung der tatsächlichen Voraussetzungen der Pfandrechtsentstehung durch einen Dritten konsentiert. Gerade weil die Voraussetzungen für die Entstehung eines gesetzlichen Pfandrechts objektiver Natur sind, hat der Eigentümer, der sein Gut bewusst in eine Situation bringt, in der das Pfandrecht entsteht, auch die gesetzlichen Folgen eben dieser Pfandrechtsentstehung zu tragen. Auf seinen Willen kommt es insoweit nicht an. Der Dritteigentümer kann nicht bestimmen, ob ein gesetzliches Pfandrecht entsteht, sondern nur entscheiden, ob er ein Dritthandeln mit dieser Konsequenz zulässt.[17] „Gut des Absenders" war unter Geltung des § 441 Abs. 1 a.F. dementsprechend das im Eigentum des Absenders stehende Gut sowie dasjenige, welches ein dritter Eigentümer dem Absender willentlich überlassen hat, wobei sein Wille sich auf die mögliche Herbeiführung einer Situation durch den Absender erstreckte, in der ein Pfandrecht kraft Gesetzes entsteht.[18] 10

b) **Klarstellung im geltenden Recht.** Mit der Neufassung der Vorschrift im Zuge der Seehandelsrechtsreform ist die vorstehend hergeleitete Sicht ausdrücklich bestätigt und unmissverständlich kodifiziert worden. Das Pfandrecht des Frachtführers bezieht sich nunmehr explizit auf Gut des Absenders wie auch eines Dritten, der der Beförderung des Gutes zugestimmt hat. In letzterem Fall greift allerdings eine Einschränkung dahingehend, dass das Pfandrecht an Drittgut nur wegen konnexer Forderungen gewährt wird (näher dazu noch sogleich insbesondere Rn 22 f). 11

c) **Pfandrechtserwerb an Dritteigentum kraft guten Glaubens.** In der Frage eines gutgläubigen Pfandrechtserwerbs differenziert § 366 Abs. 3 HGB ausdrücklich danach, ob ein Pfandrecht an Gut infrage steht, das „Gegenstand des Vertrages ist, aus dem die zu sichernde Forderung herrührt" (konnexe Forderung; Gutgläubigkeit hinsichtlich der Verfügungsbefugnis ausreichend, § 366 Abs. 1, 3 Satz 1) oder nicht (inkonnexe Forderung; 12

---

15 BGHZ 34, 122 (125).
16 Siehe nur MünchKommBGB⁵/*Schramm* § 185 Rn 11.
17 BGH TranspR 2010, 303 ff (Rn 32); *P. Schmidt* Das Frachtführerpfandrecht in der Binnenschifffahrt, S. 21 (25).
18 *P. Schmidt* Das Frachtführerpfandrecht in der Binnenschifffahrt, S. 21 (25).

Gutgläubigkeit bezogen auf das Eigentum erforderlich, § 366 Abs. 3 Satz 2). Die mit der Seehandelsrechtsreform vorgenommene Aufteilung des vorherigen § 366 Abs. 3 in zwei Sätze dient dem leichteren Verständnis der Vorschrift, bedeutet, soweit es hier von Interesse ist, sachlich keine Änderung.[19] Ein Pfandrecht, das inkonnexe Forderungen absichert, wird auch nicht gutgläubig erworben, wenn der Frachtführer hinsichtlich einer Ermächtigung des Absenders durch den Eigentümer, einen Beförderungsauftrag zu erteilen, gutgläubig ist.[20] Wird der ausführende Frachtführer von einem Spediteur oder einem anderem Frachtführer beauftragt, darf er diesen regelmäßig auch nicht für den Eigentümer des zu befördernden Gutes halten.[21]

13 d) **Anwartschaftsrecht.** Ist der Absender anwartschaftsberechtigt, entsteht zugunsten des Frachtführers ein Pfandrecht am Anwartschaftsrecht, das sich im Falle eines Erstarkens des Anwartschaftsrechts zum Vollrecht am Eigentum fortsetzt. Im Übrigen ist das Entstehen eines Pfandrechts am Eigentum nach den vorstehend dargestellten Grundsätzen zu beurteilen, wobei es zu beachten gilt, dass der bloß Anwartschaftsberechtigte hinsichtlich des Eigentums als Nichtberechtigter handelt.[22]

14 e) **Surrogate.** Gütersurrogate werden außer in den Fällen der §§ 1219 Abs. 2 und 1247 Satz 2 BGB nicht vom Pfandrecht erfasst.[23] Das Frachtführerpfandrecht erstreckt sich daher nicht auf Ansprüche, die dem Absender gegen seinen Versicherer zustehen.[24]

15 2. **Begleitpapiere.** Gemäß § 440 Abs. 1 Satz 3 erstreckt sich das Pfandrecht auf die Begleitpapiere, sofern diese in den Besitz des Frachtführers gelangt sind.[25] Begleitpapiere sind alle für die Beförderung und sonstige Behandlung des Gutes erforderlichen Dokumente, so etwa Zollbelege, Einfuhr- und Unbedenklichkeitsbescheinigungen, ferner Ursprungsnachweise.[26] Wertpapiere sind keine Begleitpapiere, sondern allenfalls Gut.[27] An analog § 959 Abs. 2 BGB sonderrechtsunfähigen Fahrzeugpapieren besteht ein Pfandrecht, wenn ein solches hinsichtlich des Fahrzeugs gegeben ist. Insoweit handelt es sich um ein Pfandrecht an Gut im Sinne des § 440 Abs. 1 Satz 1, 2.[28]

IV. Gesicherte Forderungen

16 Nicht länger werden durch das Frachtführerpfandrecht nur konnexe Forderungen, d.h. solche, die gerade mit dem Frachtgut und seiner Beförderung zusammenhängen, gesichert. Vielmehr gewährt die Norm eine Absicherung durch das Pfandrecht partiell auch wegen inkonnexer Forderungen.

---

19 Siehe auch BT-Drucks. 17/10309, S. 51.
20 BGH TranspR 2010, 303 ff (Rn 50); OLG Karlsruhe TranspR 2004, 467 (468); Ebenroth/Boujong/Joost/Strohn²/*Schaffert* § 441 Rn 5.
21 BGH TranspR 2010, 303 ff; MünchKommHGB²/*C. Schmidt* § 441 Rn 17; *Risch* TranspR 2004, 108 (111).
22 Siehe *Koller*⁸ Rn 9; Ebenroth/Boujong/Joost/Strohn²/*Schaffert* § 441 Rn 6.
23 Siehe MünchKommHGB²/*C. Schmidt* § 441 Rn 19.
24 Ebenroth/Boujong/Joost/Strohn²/*Schaffert* § 441 Rn 16; **aA** *Andresen/Valder* § 441 Rn 23.
25 MünchKommHGB²/*C. Schmidt* § 441 Rn 19; Baumbach/HoptHGB³⁵/*Merkt* § 441 Rn 6.
26 MünchKommHGB²/*C. Schmidt* § 441 Rn 19.
27 *Koller*⁸ Rn 5; Ebenroth/Boujong/Joost/Strohn²/*Schaffert* § 441 Rn 13.
28 Wie hier *Koller*⁷ Rn 5; Ebenroth/Boujong/Joost/Strohn²/*Schaffert* § 441 Rn 13; **aA** Fremuth/Thume/*Fremuth* § 441 Rn 22.

1. Konnexe Forderungen. Pfandrechtlich gesichert sind nach § 440 Abs. 1 Satz 1 zunächst alle durch den Frachtvertrag begründeten Forderungen. Neben der Fracht erfasst sind insbesondere vertragliche Schadens- und Aufwendungsersatzansprüche.[29] Unerheblich ist, ob die Ansprüche gegen den Absender oder den Empfänger gerichtet sind, ob sie aus dem Frachtbrief hervorgehen oder nicht. So kann der Frachtführer beispielsweise gegenüber dem Empfänger das Pfandrecht auf frachtvertragliche Ansprüche stützen, die er gegen den Absender hat und die sich nicht aus dem Frachtbrief ergeben.[30] Auch wenn Ablieferung „frei gegen Lieferschein" („frei von Kosten") vereinbart ist und eine Inanspruchnahme des Empfängers ausscheidet, kann das Pfandrecht die Ansprüche des Frachtführers (etwa auf Liegegeld) gegen den Absender sichern.[31] Die Klausel verhindert nur Ansprüche gegen den Empfänger, steht jedoch einer pfandrechtlichen Sicherheit für gegen den Absender gerichtete Ansprüche nicht entgegen.[32] **17**

Kostennachnahmen (Vorfracht, Speditionskosten etc.) kann der Frachtführer als Aufwendungsersatz aufgrund des Frachtvertrags geltend machen; die betreffenden Forderungen sind daher konnex.[33] Bei Wertnachnahmen hängt die pfandrechtliche Sicherheit davon ab, ob der Frachtführer dem Absender oder Vormann Vorschüsse gegeben hat (insoweit greift § 440) oder nicht.[34] Auch nicht fällige, künftige oder bedingte Forderungen sowie die Kosten der Pfandverwertung selbst, etwa Lagergeld und Verkaufsprovisionen, sind pfandrechtlich gesichert.[35] Da nur vertragliche Forderungen gesichert sind, bleiben Forderungen etwa aus Verschulden bei Vertragsschluss, Delikt, Geschäftsführung ohne Auftrag oder ungerechtfertigter Bereicherung ungesichert.[36] **18**

2. Inkonnexe Forderungen

a) **Grundsatz.** § 440 Abs. 1 Satz 2 gewährt das Pfandrecht auch wegen Forderungen aus anderen mit dem Absender abgeschlossenen Fracht-, Seefracht-, Speditions- oder Lagerverträgen, soweit die Forderungen unbestritten sind. **Unbestritten** im Sinne der Bestimmung ist ein Anspruch nicht nur, wenn er explizit anerkannt oder rechtskräftig festgestellt ist, sondern bereits dann, wenn die Forderung lediglich pauschal in Abrede gestellt wird.[37] Der Frachtführer erhält so eine Sicherheit auch für Forderungen aus bereits abgeschlossenen Beförderungen, etwa solchen, bei denen wegen der hohen Umlaufgeschwindigkeit der Güter eine Rechnungstellung seitens des Frachtführers erst erfolgt, nachdem dieser den Besitz an dem Gut bereits wieder verloren hat.[38] **19**

Entgegen vielfach vertretener Ansicht obliegt es dem Absender, der eine Haftung seines Guts mit Blick auf eine inkonnexe Forderung des Frachtführers verhindern will, nur, diese Forderung substantiiert zu bestreiten, nicht darüber hinaus auch, dies in oder **20**

---

[29] Siehe *Brüning-Wildhagen* Pfandrechte und Zurückbehaltungsrechte im Transportrecht, S. 19; MünchKommHGB²/*C. Schmidt* § 441 Rn 7.

[30] BGH VersR 1991, 1037 (1039 f); OLG Hamm TranspR 1985, 100 (101).

[31] RGZ 122, 221 (226).

[32] So wohl auch MünchKommHGB²/*C. Schmidt* § 441 Rn 8; teilweise anders *Brüning-Wildhagen* Pfandrechte und Zurückbehaltungsrechte im Transportrecht, S. 18 f.

[33] OLG Braunschweig NJW 1951, 804 f.

[34] Fremuth/Thume/*Fremuth* § 441 Rn 26.

[35] BGH TranspR 2010, 303 ff (Rn 26); *Koller*⁸ Rn 11; Ebenroth/Boujong/Joost/Strohn²/*Schaffert* § 441 Rn 14; MünchKommHGB²/*C. Schmidt* § 441 Rn 7.

[36] MünchKommHGB²/*C. Schmidt* § 441 Rn 7; Ebenroth/Boujong/Joost/Strohn²/*Schaffert* § 441 Rn 8.

[37] Siehe BT-Drucks. 13/10014, S. 49; OLG Karlsruhe NJW-RR 2005, 402 f.

[38] Siehe OLG Karlsruhe NJW-RR 2005, 402 (403).

bis zu einem bestimmten Zeitpunkt zu tun. Eine zeitliche Begrenzung der Bestreitensbefugnis ist dem Gesetz nicht zu entnehmen. Ein zureichender Schutz des Frachtführers ergibt sich weitgehend bereits mit Blick auf die Unbeachtlichkeit unsubstantiierten Bestreitens. Im Übrigen dürfte es richtig sein, einem (späten) Bestreiten keine Rückwirkung beizumessen, d.h. bis zu diesem Zeitpunkt vorgenommene Verwertungshandlungen als rechtmäßig zu qualifizieren.[39]

21 b) **Ausnahmen von der Sicherung auch inkonnexer Forderungen.** Bei Ausstellung eines Ladescheins (§ 443) oder des Frachtbriefs als Sperrpapier nach § 418 Abs. 4 erfahren ausschließlich konnexe Forderungen eine Absicherung, da der Inhaber des Papiers nicht abschätzen kann, welche Lasten auf dem Gut ruhen und die Gewährung eines Pfandrechts auch wegen inkonnexer Forderungen die Funktionen des Papiers gefährden würde.[40] Auch in den Fällen, in denen der Frachtführer das Gut nur gegen Nachnahme abzuliefern hat, muss es ihm verwehrt sein, sich innerhalb der Frist des § 440 Abs. 3 wegen inkonnexer Forderungen auf sein Pfandrecht zu berufen, weil sonst der Empfänger ein unkalkulierbares Risiko liefe.[41]

22 Ein **Pfandrecht an Drittgut** kann **nur wegen konnexer Forderungen** des Frachtführers entstehen. Andernfalls würde dem Vertragspartner des versendenden Eigentümers die Möglichkeit eröffnet, dem ausführenden Unterfrachtführer eine Befriedigungsmöglichkeit an Fremdgut zu verschaffen, indem er es unterlässt, eine gegen ihn gerichtete Forderung ausreichend zu bestreiten, obwohl er dazu in der Lage wäre. Dadurch würde eine erhebliche Verschiebung des Ausfallrisikos zulasten des versendenden Eigentümers geschaffen, wenn sein Vertragspartner Einwendungen gegen den Anspruch, der gegen ihn erhoben wird, zurückhält oder unterdrückt und nicht zahlt. In einem solchen Fall könnte sich der ausführende Unterfrachtführer aus dem ihm wegen seiner (unbestrittenen) Forderung verhafteten Gut des versendenden Eigentümers Befriedigung verschaffen, obwohl die inkonnexe Forderung keinerlei Bezug zum Eigentum des Dritten aufweist. Eine solche Risikoverlagerung zu Lasten des versendenden Eigentümers ist vom *telos* des Gesetzes nicht gedeckt,[42] weshalb bereits § 441 Absatz 1 a.F. entsprechend zu reduzieren war.[43] Mit der Neufassung der Vorschrift und der Aufspaltung des vormaligen Satzes 1 in zwei Sätze erübrigt sich diese teleologische Reduktion, da das Gesetz die erforderliche Differenzierung nunmehr ausdrücklich übernimmt.[44]

23 3. **Grenzziehung zwischen konnexen und inkonnexen Forderungen.** Vor dem Hintergrund des Gesagten kann es im Einzelfall darauf ankommen, konnexe und inkonnexe Forderungen scharf voneinander zu trennen.[45] Während es einerseits bei einem einheitlichen Beförderungsvertrag, der in Teilsendungen auszuführen und abschnittsweise zu vergüten ist, unerheblich ist, ob der Anspruch auf Fracht gerade mit dem Teil des Gutes zusammenhängt, an dem das Pfandrecht ausgeübt wird,[46] bezieht sich andererseits bei Rahmen- oder Dauerfrachtverträgen das konnexe Pfandrecht nur auf die einzelnen Be-

---

39 So MünchKommHGB²/*C. Schmidt* § 441 Rn 14.
40 Ebenroth/Boujong/Joost/Strohn²/*Schaffert* § 441 Rn 11.
41 *Didier* NZI 2003, 513 (519).
42 BGH TranspR 2010, 303 ff (Rn 49); *P. Schmidt* Das Frachtführerpfandrecht in der Binnenschifffahrt, S. 21 (25) ff.
43 BGH TranspR 2010, 303 ff (Rn 49); *P. Schmidt* Das Frachtführerpfandrecht in der Binnenschifffahrt, S. 21 (25) ff.
44 Siehe auch BT-Drucks. 17/10309, S. 56 f.
45 Siehe auch bereits BGHZ 17, 1 ff.
46 OLG Düsseldorf VersR 1977, 1047.

förderungsvorgänge.[47] Insgesamt erscheint eine **materielle Betrachtung** angezeigt, die dem Zweck der gesetzlichen Unterscheidung von konnexen und inkonnexen Forderungen Rechnung trägt. Ganz selbstverständlich qualifiziert auch der BGH[48] beim Rundlauf eines Binnenschiffes die Forderung für die Teilstrecke, auf der das vom Frachtführer aufgrund eines angenommenen Pfandrechts verwertete Gut nicht transportiert worden war, als inkonnex, da „sie in keiner Weise mit der Beförderung des Gutes der Klägerin im Zusammenhang stand". Die rechtstechnische Zusammenfassung von Hin- und Rückreise zu einem einzigen Vertrag lässt der BGH somit für sich genommen nicht genügen, um Konnexität zu begründen. Auf ähnliche Weise dürfte auch die Problematik von Sammeltransporten und ähnlichem[49] einer sachgerechten Lösung zuzuführen sein.

V. Bestandsdauer des Pfandrechts

Besteht das Pfandrecht grundsätzlich nur für die Besitzdauer des Frachtführers, existieren von diesem Grundsatz jedoch Ausnahmen: Nach § 441 Abs. 1 Satz 2 erlischt das Pfandrecht nicht durch Übergabe des Gutes an einen nachfolgenden Frachtführer (ausführlich dazu noch die Kommentierung der Folgevorschrift). Unter den besonderen Voraussetzungen seines Abs. 3 gewährt § 440 ein besitzloses Pfandrecht. **24**

1. Voraussetzungen einer Fortdauer nach Abs. 3. Nach § 440 Abs. 3 besteht das Pfandrecht auch nach der Ablieferung fort, wenn **25**
- der Frachtführer es innerhalb von drei Tagen nach der Ablieferung gerichtlich geltend macht

und
- das Gut noch im Besitz des Empfängers ist.

a) **Gerichtliche Geltendmachung binnen drei Tagen.** Die Berechnung der Frist zur gerichtlichen Geltendmachung richtet sich nach allgemeinen Bestimmungen, der Fristbeginn mithin nach § 187 Abs. 1 BGB, ihr Ende nach §§ 188 Abs. 1, 193 BGB. Maßgeblich für den Fristbeginn ist der Zeitpunkt der Ablieferung. **26**

Gerichtliche Geltendmachung ist jede bei Gericht beantragte Maßnahme zur Durchsetzung des Pfandrechts oder zur Einleitung der Pfandverwertung, z.B. Klage auf Herausgabe zur Pfandverwertung, Duldungsklage, Feststellungsklage hinsichtlich des Pfandrechts oder auch dinglicher Arrest.[50] Erforderlich, aber auch genügend, ist ein Eingang der Klage oder des Antrags bei Gericht innerhalb der Frist von drei Tagen. Zu verlangen, dass die Klage während dieser Zeit bereits dem Gegner zugestellt wird, würde § 440 Abs. 3 in der Sache entwerten und den Kläger/Antragsteller insoweit regelmäßig rechtsschutzlos stellen. Jedenfalls dem Rechtsgedanken nach folgt das Gesagte auch aus § 167 ZPO. **27**

Entbehrlich ist die gerichtliche Geltendmachung, wenn der Empfänger das Frachtgut innerhalb der Frist wieder an den Frachtführer herausgibt oder ihm zumindest mittelbaren Besitz an dem Gut verschafft. Nach Fristablauf führt eine Rückgabe des Gutes **28**

---

47 *Büchner/Ketterl* TranspR 1991, 125 (127); MünchKommHGB²/*C. Schmidt* § 441 Rn 10.

48 BGH TranspR 2010, 303 ff. (Rn 45); siehe dazu auch *P. Schmidt* Das Frachtführerpfandrecht in der Binnenschifffahrt, S. 21 (39 f).

49 Dazu auch *Koller*⁸ Rn 10.

50 Nicht genügend hingegen ist die Klage auf Frachtzahlung, *Müglich* Rn 10; Fremuth/Thume/*Fremuth* § 441 Rn 38 (allgemeine Auffassung).

nicht zum Wiederaufleben des Pfandrechts;[51] sie kann dem Frachtführer aber die Ausübung eines Zurückbehaltungsrechts ermöglichen.[52]

29 **b) Besitz des Empfängers.** § 440 Abs. 3 verlangt weiter, dass das Gut im Augenblick der gerichtlichen Geltendmachung des Pfandrechts noch im Besitz des Empfängers ist. Genügend ist mittelbarer Besitz und dabei auch das Verfügungsrecht über das Gut durch Konnossement, Lade- oder Lagerschein. Ohne Bedeutung ist ein Besitzverlust des Empfängers nach fristgerechter gerichtlicher Geltendmachung des Pfandrechts durch den Frachtführer. Allerdings kann das Pfandrecht erlöschen, wenn ein gutgläubiger Dritter das Gut nach § 936 BGB, gegebenenfalls i.V.m. § 366 Abs. 2, lastenfrei zu Eigentum erwirbt.[53]

30 **2. Erlöschen des Pfandrechts.** Nach §§ 1257, 1252 BGB erlischt das gesetzliche Pfandrecht des Frachtführers, wenn alle durch es gesicherten Forderungen des Frachtführers erlöschen. Weitere Erlöschenstatbestände knüpfen an die Erklärung des Frachtführers gegenüber dem Absender oder dem Eigentümer, das Pfandrecht aufzugeben (§§ 1257, 1255 BGB), das Zusammentreffen von Pfandrecht und Eigentum (Konsolidation; §§ 1257, 1256 BGB) und den gutgläubigen lastenfreien Erwerb (§ 936 BGB). Da eine Rückgabe im Sinne der §§ 1257, 1253 BGB nur dann vorliegt, wenn der Pfandgläubiger seinen bisherigen Besitz freiwillig zugunsten des Eigentümers oder des Verpfänders aufgibt,[54] ist mit der mittlerweile wohl herrschenden Meinung[55] davon auszugehen, dass ein unfreiwilliger Besitzverlust für sich genommen nicht zum Erlöschen des Pfandrechts führt. Bei der Anwendung des § 1253 BGB auf das gesetzliche Pfandrecht des Frachtführers[56] ist der Vorrang der Regelungen in §§ 440 Abs. 3, 441 zu beachten.

VI. Schutz des Pfandrechts

31 Das Pfandrecht nach § 440 gewährt dem Frachtführer ein Recht zum Besitz im Sinne des § 986 Abs. 1 Satz 1 BGB. Solange diese Besitzberechtigung besteht, ist die Herausgabeklage des Eigentümers entsprechend als (zurzeit) unbegründet abzuweisen.[57] Seinerseits ist der Pfandgläubiger entsprechend §§ 985 ff BGB geschützt (§§ 1257, 1227 BGB). Neben diesem dinglichen Schutz des Pfandrechts besteht besitzrechtlicher Schutz (nach Maßgabe der §§ 859, 861 f, 869 BGB) sowie deliktischer (§ 823 Abs. 1 Var. 6 BGB).

32 In der Zwangsvollstreckung kann der Frachtführer auf sein Pfandrecht gestützt zumindest Klage auf vorzugsweise Befriedigung (§ 805 ZPO) erheben, wenn ein dritter Gläubiger in den ihm verhafteten Gegenstand vollstreckt. Ein Interventionsrecht im Sinne des § 771 ZPO kann allenfalls aus einem Recht des Pfandgläubigers zum Besitz hergeleitet werden.[58]

---

51 Siehe RGZ 44, 116 (120).

52 MünchKommHGB²/*C. Schmidt* § 441 Rn 29.

53 Siehe auch MünchKommHGB²/*C. Schmidt* § 441 Rn 30; Baumbach/HoptHGB³⁵/*Merkt* § 441 Rn 8.

54 Statt vieler StaudingerBGB¹⁵/*Wiegand* § 1253 Rn 2.

55 Siehe *Altmeppen* ZHR 157 (1993), 541 (548 ff, 557 f); Ebenroth/Boujong/Joost/Strohn²/*Schaffert* § 441 Rn 15; MünchKommHGB²/*C. Schmidt* § 441 Rn 25; ferner auch bereits RGZ 1, 255 (258) zum Spediteurspfandrecht; anders wohl OLG Hamburg VersR 1991, 363.

56 Zur Anwendung der Norm auf gesetzliche Pfandrechte allgemein BGHZ 87, 274 ff.

57 BGH NJW 1999, 3716 (3717).

58 Siehe allgemein MünchKommZPO⁴/*K. Schmidt* § 771 ZPO Rn 38; Musielak-ZPO¹⁰/*Lackmann* § 771 ZPO Rn 24.

In der Insolvenz seines Vertragspartners gewährt das Pfandrecht dem Frachtführer ein Absonderungsrecht nach § 50 Abs. 1 Var. 3 InsO. Nach höchstrichterlicher Rechtsprechung[59] gilt der Erwerb des Frachtführerpfandrechts auch für offene unbestrittene Forderungen aus früheren Transportgeschäften (Altforderungen) als kongruent, wenn der Schuldner innerhalb des Zeitraums des § 131 Abs. 1 Nr. 1 InsO einem Frachtführer unter Überlassung des Transportgutes einen neuen Frachtauftrag erteilt. Eine Inkongruenz vermag sich in diesem Fall auch nicht unter dem Gesichtspunkt zu ergeben, dass der Frachtführer den neuen Transportauftrag (auch) wegen der ihm bewussten Gefahr übernommen hat, der Absender könne zahlungsunfähig werden, und er für diesen Fall ein zusätzliches Sicherungsmittel hinsichtlich seiner Altforderungen hat erwerben wollen.[60] **33**

VII. Pfandverwertung

Die Pfandverwertung richtet sich nach §§ 1228 ff BGB, soweit sich im HGB nicht eine speziellere Regelung findet. Eine solche enthalten nicht nur die §§ 440 ff mit § 440 Abs. 4, sondern auch § 368. **34**

Voraussetzung eines – nach Maßgabe der §§ 1235 ff BGB regelmäßig im Wege öffentlicher Versteigerung zu bewirkenden – Pfandverkaufs ist die sogenannte Pfandreife, d.h. eine wenigstens teilweise Fälligkeit der gesicherten Forderung (§ 1228 Abs. 2 Satz 1 BGB). Die Verjährung des pfandrechtlich gesicherten Anspruchs hindert den Frachtführer nicht, sich wegen seiner Hauptforderung aus dem verpfändeten Gut zu befriedigen (§ 216 Abs. 1, 3 BGB). Die Verkaufsandrohung (§ 1234 Abs. 1 BGB) wie auch die Benachrichtigungen nach §§ 1237 und 1241 BGB sind nach der Sonderbestimmung des § 440 Abs. 4 Satz 1 an den nach § 418 verfügungsberechtigten Empfänger oder nach § 446 bei Ausstellung eines Ladescheins an dessen legitimierten Besitzer zu richten.[61] Ist dieser nicht zu ermitteln oder verweigert er die Annahme des Gutes, haben die Androhung und die Benachrichtigung gegenüber dem Absender zu erfolgen (§ 440 Abs. 4 Satz 2). § 440 Abs. 4 setzt die Benachrichtigung der genannten Person an die Stelle der Benachrichtigung des Eigentümers. Dass so die Benachrichtigung des Eigentümers unterbleibt, wenn das Pfandgut im Eigentum eines Dritten steht, ist nicht unbedenklich, *de lege lata* indes grundsätzlich hinzunehmen.[62] **35**

Nach Maßgabe des § 368 verkürzt sich die vor Verkauf einzuhaltende Wartefrist (§ 1234 Abs. 2 BGB) auf eine Woche. **36**

Dem Frachtführer ist ein Rückgriff auf sein Pfandrecht nicht allein deshalb verwehrt, weil seine Forderung niedrig und der Schuldner zweifellos solvent ist.[63] Ein anderes gilt nur dann, wenn der Frachtführer sich ausnahmsweise (konkludent) verpflichtet hat, wegen einer bestimmten Forderung kein Pfandrecht geltend zu machen,[64] oder sein Verhalten sich als schikanös (§§ 226, 242 BGB) darstellt. **37**

---

59 BGHZ 150, 326 ff.

60 BGH NJW-RR 2005, 916 ff; Anmerkungen *Bartels* WuB VI A. § 129 InsO 4.05; *Gerhardt* EWiR 2005, 545 f; *Wehdeking* jurisPR-InsR 10/2005 Anm. 3.

61 Siehe auch BT-Drucks. 17/10309, S. 57.

62 AA *Andresen/Valder* § 441 Rn 28: Der dem Frachtführer bekannte Eigentümer sei „auch zu benachrichtigen“.

63 So auch *Koller*[8] Rn 20; aA OLG Hamm TranspR 1997, 297 ff; Fremuth/Thume/*Fremuth* § 441 Rn 34; *Didier* NZI 2003, 513 (518).

64 Siehe BGH NJW 1995, 2917 f.

38 Auf Sachmengen ist § 1230 Satz 2 BGB entsprechend anwendbar,[65] sodass der Pfandgläubiger, jedenfalls wenn die Gesamtpartie ohne Weiteres aufteilbar ist und sich bei Gesamtveräußerung kein wesentlich höherer Preis pro Einheit erzielen lässt, nur solche Anteile der Gesamtmenge zum Verkauf bringen darf, „als zu seiner Befriedigung erforderlich sind".[66] In diesem Zusammenhang ist allerdings zu beachten, dass nach der gesetzlichen Regelung das Risiko des bei der Verwertung erzielbaren Preises den Eigentümer treffen soll, weshalb der Pfandgläubiger mit Blick auf die Unsicherheit hinsichtlich der Höhe des Erlöses und der Kosten zu einem gewissen Überverkauf berechtigt ist, d.h. einen „Sicherheitszuschlag" einkalkulieren darf.[67]

39 Soweit der Frachtführer ein (angenommenes) Pfand unberechtigt verwertet, macht er sich ersatzpflichtig.[68] Die rechtswidrige Pfandverwertung kann vertragliche oder quasivertragliche (§ 425, gegebenenfalls i.V.m. § 437) wie auch deliktische Ansprüche (§ 823 Abs. 1 Var. 5 BGB)[69] nach sich ziehen.[70] Bei nicht rechts-, sondern lediglich ordnungswidriger Veräußerung[71] gelangt § 1243 Abs. 2 BGB zur Anwendung.[72] Wer in diesem Fall die Ersatzpflicht aus § 425 herleitet, müsste wohl auch in jenem Rahmen berücksichtigen, dass der infolge ordnungswidriger Verwertung zu ersetzende Schaden nicht in dem Rechtsverlust infolge Pfandverwertung besteht, sondern in der Vermögenseinbuße, die der Schuldner gegenüber einer formal ordnungsgemäßen Verwertung erleidet.[73]

VIII. Beweislast, Abdingbarkeit

40 Der Frachtführer, der sich auf sein Pfandrecht beruft, trägt die Darlegungs- und Beweislast hinsichtlich der in § 440 Abs. 1–3 genannten Voraussetzungen für das Ent- und Fortbestehen seiner pfandrechtlichen Sicherheit.[74] Er trägt auch die Beweislast dafür, dass eine inkonnexe Forderung „unbestritten" war, also vom Schuldner nicht in Frage gestellt wurde.[75] Den Schuldner trifft insoweit eine sekundäre Darlegungslast. Sind Absender und Eigentümer verschieden und soll das Pfandrecht dadurch entstanden sein, dass der Eigentümer mit dem Transport einverstanden war (siehe dazu oben Rn 8 ff), ist das Fehlen der Einwilligung von demjenigen darzulegen und zu beweisen, der sich darauf beruft.[76] Steht ein gutgläubiger Pfandrechtserwerb in Streit, ist der Beweis der Bösgläubigkeit vom Gegner des Frachtführers zu führen. Im Falle einer Inanspruchnahme auf Schadensersatz wegen unberechtigter Pfandverwertung folgt die Verteilung der Darlegungs- und Beweislast den für die jeweilige Anspruchsnorm geltenden Regeln.[77]

---

65 ErmanBGB[12]/*Michalski* §1230 BGB Rn 2.

66 Siehe auch OLG Köln TranspR 2009, 37 ff.

67 Siehe auch *P. Schmidt* Das Frachtführerpfandrecht in der Binnenschifffahrt, S. 21 (38 f).

68 Zur Ablehnung der Pfandverwertung durch den Gerichtsvollzieher wegen ungeklärter Eigentumsverhältnisse siehe OLG Düsseldorf MDR 2008, 1365 f.

69 Siehe jüngst BGH TranspR 2010, 303 ff.

70 Siehe auch bereits BGH TranspR 1998, 106 (109 unter 4.), dort Abs. 3; ähnlich wie hier auch Ebenroth/Boujong/Joost/Strohn[2]/*Schaffert* § 441 Rn 18.

71 Siehe dazu etwa StaudingerBGB[15]/*Wiegand* § 1243 BGB Rn 6.

72 BGH TranspR 1998, 106 (109).

73 Siehe BGH TranspR 1998, 106 (109); OLG Frankfurt WM 1986, 75 (76).

74 *Koller*[8] Rn 23; Ebenroth/Boujong/Joost/Strohn[2]/*Schaffert* § 441 Rn 19.

75 Vgl. BT-Drucks. 13/10014, S. 49.

76 Ebenso wohl auch BGH TranspR 2010, 303 ff (Rn 32 a.E.: „Dem Vortrag der Klägerin ist nicht zu entnehmen, dass sie damit nicht einverstanden war"); ferner Ebenroth/Boujong/Joost/Strohn[2]/*Schaffert* § 441 Rn 19.

77 Siehe auch Ebenroth/Boujong/Joost/Strohn[2]/*Schaffert* § 441 Rn 19.

Die Regelung des § 440 ist dispositiv. Grundsätzlich kann ein Ausschluss oder eine Änderung auch in Allgemeinen Geschäftsbedingungen erfolgen. Ein AGB-vertraglicher Ausschluss des Pfandrechts selbst für konnexe Forderungen scheitert indes jedenfalls dann, wenn dem Frachtführer keine andere angemessene Sicherheit angeboten wird.[78] Ein Pfandrecht wegen inkonnexer Forderungen an Sachen, die dem Auftraggeber nicht gehören, kann AGB-vertraglich nicht vereinbart werden.[79] **41**

§ 441
Nachfolgender Frachtführer

(1) Hat im Falle der Beförderung durch mehrere Frachtführer der letzte bei der Ablieferung die Forderungen der vorhergehenden Frachtführer einzuziehen, so hat er die Rechte der vorhergehenden Frachtführer, insbesondere auch das Pfandrecht, auszuüben. Das Pfandrecht jedes vorhergehenden Frachtführers bleibt so lange bestehen wie das Pfandrecht des letzten Frachtführers.

(2) Wird ein vorhergehender Frachtführer von einem nachgehenden befriedigt, so gehen Forderung und Pfandrecht des ersteren auf den letzteren über.

(3) Die Absätze 1 und 2 gelten auch für die Forderungen und Rechte eines Spediteurs, der an der Beförderung mitgewirkt hat.

Schrifttum

Brüning-Wildhagen Pfandrechte und Zurückbehaltungsrechte im Transportrecht, 2000; *Ramming* Die Einziehungspflicht des letzten Frachtführers, Verfrachters bzw. Spediteurs (Unternehmers), TranspR 2006, 235–249; *P. Schmidt* Das Frachtführerpfandrecht in der Binnenschifffahrt, in: Kuhlen/Lorenz/Riedel/Schmidt/Wiese, Probleme des Binnenschifffahrtsrechts, Band XII, S. 21–45; im Übrigen siehe Schrifttum zu § 440.

Übersicht

[78] BGHZ 91/139 ff (zu § 648 BGB).

[79] Siehe BGHZ 17, 1 ff (zu § 50 lit. a der seinerzeitigen ADSp); *P. Schmidt* Das Frachtführerpfandrecht in der Binnenschifffahrt, S. 21 (26 f).

I. Überblick

1 § 441 entspricht im Wesentlichen der Regelung des § 441 in der Fassung vor der Transportrechtsreform 1998. Ersetzt worden ist der Begriff des Vor- bzw. Nachmannes durch den des vorhergehenden resp. nachfolgenden Frachtführers. Sinn und Zweck der Vorschrift ist die rechtliche Absicherung eines wirtschaftlich sinnvollen Geschehens: Ein einheitlicher Transportvorgang findet sich häufig in der Weise ausgeführt, dass das Gut von mehreren Frachtführern „in der Kette" transportiert wird. In einer solchen **Frachtführerkette** könnte jeder Frachtführer sich auf § 421 Abs. 1 Satz 1 berufen, mithin die Ablieferung des Guts an den nachfolgenden Frachtführer verweigern, sofern dieser nicht seine Forderungen aus dem Frachtvertrag befriedigt. Dies würde zu erheblichen Transportverzögerungen führen, weshalb Abs. 1 der Bestimmung

- den Fortbestand des Pfandrechts des vorausgehenden Frachtführers über die gewöhnliche Dauer nach § 440 hinaus anordnet (Satz 2)

und

- den letzten Frachtführer verpflichtet, die Forderungen seiner Vormänner beim Empfänger einzuziehen und deren Rechte auszuüben (Satz 1).

Dem einzelnen in der Kette stehenden Frachtführer wird es so möglich, das Gut aus der Hand zu geben und seine Forderung zu kreditieren, ohne einen Rechtsverlust fürchten zu müssen. Abgesichert wird der Mechanismus durch eine Schadensersatzpflicht des letzten Frachtführers, wenn dieser gegen seine Pflicht (unten Rn 9 f) aus § 441 Abs. 1 schuldhaft verstößt.[1]

2 Abs. 2 ordnet eine Legalzession für den Fall der Befriedigung des vorhergehenden Frachtführers durch einen nachgehenden an; Abs. 3 stellt den inmitten[2] der Transportkette an der Beförderung mitwirkenden Spediteur einem Frachtführer gleich.

3 Trotz ihrer Tragweite steht die Bestimmung in der Praxis kaum im Zentrum von Auseinandersetzungen.[3] Rechtsprechung zu der Bestimmung in ihrer neuen Fassung, in der die Norm mehr als nur am Rande erwähnt wird, ist nicht ersichtlich.

II. Allgemeine Anwendungsvoraussetzungen

4 **1. Frachtführerkette.** § 441 Abs. 1 Satz 1 Hs. 1 geht von einer (einheitlichen) Beförderung aus, die durch mehrere Frachtführer erfolgt. Wann eine solch einheitliche Beförderung anzunehmen ist, sagt die Bestimmung nicht ausdrücklich. Sicher dürfte sein, dass irgendeine Verbindung zwischen den Beteiligen bestehen muss, da diese andernfalls nicht an „der Beförderung" mitwirken, sondern an verschiedenen. Die Frachtführer müssen in einer Kette dasselbe Gut transportieren.[4]

5 Zu der Frage, ob darüber hinaus eine spezifische Verbindung zwischen den Gliedern dieser Kette gegeben sein muss, ist früher die Auffassung vertreten worden, als Bindeglied diene der mittelbare Besitz. § 441 Abs. 1 Satz 2 normiert indes einen **eigenen Tatbestand**, bei dessen Vorliegen die Vormänner-Pfandrechte über den Besitzverlust des Vormanns hinaus fortbestehen. Die Besitzlage kann daher nicht entscheidendes Merkmal für

[1] Siehe RGZ 122, 221, 226.

[2] Ebenroth/Boujong/Joost/Strohn[2]/*Schaffert* § 442 Rn 3; näher noch unten Rn 8.

[3] Vgl. *Ramming* TranspR 2006, 235.

[4] Siehe auch MünchKommHGB[2]/*C. Schmidt* § 442 Rn 3.

das Bestehen einer Kette i.S.d. § 441 sein.[5] In Übereinstimmung damit hat der BGH[6] ausgesprochen, das Frachtführerpfandrecht sei kein Besitzpfandrecht. Gesichert seien mehrere hintereinander geschaltete Frachtführer wegen ihrer verschiedenen Forderungen auch dann, wenn nur das letzte Glied der Frachtführerkette das Frachtgut in Besitz habe.[7]

Ist Sinn und Zweck des § 441 Abs. 1, den raschen Güterumlauf dadurch zu gewährleisten, dass kein Frachtführer befürchten muss, mit Übergabe des Guts an seinen Nachfolger seiner Rechte verlustig zu gehen,[8] kann es ebensowenig darauf ankommen, ob zwischen den einzelnen Kettengliedern eine vertragliche Verbindung besteht. Die Auffassung, die das Bestehen einer Vertragsbindung zwischen den Gliedern der Kette verlangt,[9] ist abzulehnen.[10] Entscheidend ist vielmehr allein, dass aus Sicht des letzten der nachfolgenden Frachtführer[11] ein einheitlicher Transportvorgang gegeben ist.[12] Das Schutzbedürfnis, dem die Norm Rechnung trägt, besteht auch in den Fällen, in denen lediglich ein tatsächlich funktionelles Zusammenwirken zu beobachten ist. Dies führt zu einer **wirtschaftlich-technischen Betrachtungsweise.**[13] Wann immer ein wirtschaftlich einheitlicher Beförderungsvorgang vorliegt, wäre es zeitraubend und störend, wenn ein Glied der Beförderungskette die Weitergabe von vorheriger Bezahlung seiner Forderungen abhängig machen müsste. Daher sollte eine ununterbrochene Kette angenommen werden, sofern nur ein vom Absender in Gang gesetzter, in wirtschaftlich-technischer Hinsicht zusammengehöriger Beförderungsvorgang durch aufeinanderfolgende Frachtführer verwirklicht wird. Eine solche Interpretation leitet Recht und Pflicht des Nachmanns zur Geltendmachung der Vormänner-Pfandrechte nicht aus Vertrag oder Besitz ab, sondern aus der gesetzlichen Anordnung des § 441. Sie braucht auf Zufälligkeiten in der juristischen Ausgestaltung der Beförderungsvorgänge nicht zu achten. 6

Ohne Bedeutung ist es daher, ob mehrere Frachtführer die Beförderung tatsächlich durchführen oder der Hauptfrachtführer in vollem Umfang Unterfrachtführer einsetzt, und ebenso, ob eine Beauftragung durch einen Vormann oder unmittelbar seitens des ersten Absenders gegeben ist.[14] Eine **Unterbrechung** der Frachtführerkette allerdings hat zur Folge, dass die Pfandrechtsverlängerung endet; diese tritt nur aufgrund einer durchgehenden Kette ein.[15] 7

5 Eingehend StaubHGB[4]/*Helm* § 441 a.F. Rn 4 mit Nachweisen auch zur Gegenauffassung; ferner etwa Gemeinschaftskommentar[7]/*Bracker* § 442 Rn 2.

6 BGHZ 150, 326 ff.

7 Zum Fortbestand der Pfandrechte über die Besitzdauer des letzten Frachtführers hinaus siehe § 440 Abs. 3 wie auch noch unten Rn 20.

8 BGHZ 150, 326 ff; Baumbach/HoptHGB[35]/*Merkt* § 442 Rn 1.

9 Heymann[2]/*Schlüter* § 442 Rn 3; *Müglich* § 442 Rn 3.

10 Wie hier Fremuth/Thume/*Fremuth* § 442 Rn 6; MünchKommHGB[2]/*C. Schmidt* § 442 Rn 3; Ebenroth/Boujong/Joost/Strohn[2]/*Schaffert* § 442 Rn 2; Heidelberger Kommentar[7]/*Ruß* § 442 Rn 1; Baumbach/HoptHGB[35]/*Merkt* § 442 Rn 1.

11 Insoweit **aA** Ebenroth/Boujong/Joost/Strohn[2]/*Schaffert* § 442 Rn 2: bei einer Beurteilung nach den objektiven Gegebenheiten. Im Ergebnis dürfte dies kaum einen Unterschied machen, da bei einem Abstellen auf die Frachtführersicht allein die Anschauung eines *verständigen* Frachtführers maßgeblich sein kann.

12 *Koller*[8] Rn 2 a.E., 3.

13 Siehe auch schon StaubHGB[4]/*Helm* § 441 a.F. Rn 6.

14 MünchKommHGB[2]/*C. Schmidt* § 442 Rn 3.

15 Ebenroth/Boujong/Joost/Strohn[2]/*Schaffert* § 442 Rn 2.

8 **2. Einschaltung von Spediteuren.** Kettenglied kann auch der Spediteur sein, sofern er nicht als letztes Glied der Kette handelt. § 441 Abs. 3 bestimmt im Ausgangspunkt ganz allgemein, dass die vorausgehenden Absätze auch für die Forderungen und Rechte eines Spediteurs, der an der Beförderung mitgewirkt hat, gelten. Für den Fall des abliefernden Spediteurs findet sich jedoch in § 465 eine besondere Regelung, die nach Spezialitätsgrundsätzen vorgeht. Es handelt sich dabei weniger um eine inhaltliche, denn um eine regelungssystematische Trennung, die darin wurzelt, dass für die Regelung der Pflichten eines Spediteurs, der als letzte Person in einer Unternehmerkette tätig wird, das Frachtrecht nicht der geeignete Standort schien.[16] Steht der Spediteur am Ende der Kette und ist folglich er mit der Ablieferung des Gutes beim Empfänger betraut, greift § 465, der auf § 441 Abs. 1 verweist.[17]

III. Ausübung der Rechte der Vormänner durch den letzten Frachtführer

9 **1. Ausübungspflicht.** Während § 441 Abs. 1 Satz 1 in der Fassung bis zur Transportrechtsreform 1998 als Grundsatz statuierte, dass der letzte Frachtführer bei der Ablieferung auch die Vormännerforderungen einzuziehen hat, den letzten Frachtführer mithin entsprechend in die Pflicht nahm, scheint es in § 441 Abs. 1 Satz 1 n.F. an einer entsprechenden Inpflichtnahme zu fehlen. Beim Wort genommen regelt die Vorschrift nur Folgefragen der Konstellation, dass der letzte Frachtführer bei der Ablieferung die Forderungen der vorhergehenden Frachtführer einzuziehen hat. Dass er dies zu tun hat, bleibt begründungsbedürftig.

10 Zu finden ist die Begründung einer Einziehungsverpflichtung des letzten Frachtführers wohl nur im materiellen Geltungsanspruch der Norm. Die Regelung des § 441 liefe leer und verlöre ihre Funktion, wenn eine Einzugspflicht jeweils erst durch Vertrag besonders begründet werden müsste.[18] Wertungsmäßig widerspräche eine solche Sicht der wirtschaftlich-technischen Betrachtungsweise (oben Rn 6), die in der Frage der Schutzgewährung nicht darauf blickt, ob die Frachtführer der Kette vertraglich miteinander verbunden sind. Offenbar setzt § 441 Abs. 1 Satz 1 die (gesetzliche) Einziehungspflicht des letzten Frachtführers stillschweigend voraus.[19] Diese Sicht ist auch genetisch legitimiert.[20]

11 a) **Reichweite.** Das Bestehen einer Einziehungspflicht bedeutet nicht, dass der letzte Frachtführer die Forderung einklagen könnte. Ihre Erfüllung kann er vielmehr nur durch Geltendmachung der Pfand- oder Zurückbehaltungsrechte (mittelbar) erzwingen.[21] Die Einzugspflicht als solche statuiert nicht zugleich auch die Verpflichtung zur Herausgabe des eingezogenen Betrages; insoweit finden vielmehr die allgemeinen Regeln über die Herausgabepflicht des Geschäftsbesorgers Anwendung.[22]

12 b) **Rechtsstandschaft.** Mit der Verpflichtung des letzten Frachtführers zur Rechtsausübung korrespondiert eine entsprechende Berechtigung. Die „Ausübung“ des fremden

---

16 BR-Drucks. 368/97, S. 80 f; Fremuth/Thume/*Fremuth* § 442 Rn 10.
17 Heymann²/*Schlüter* § 442 Rn 5.
18 *Ramming* TranspR 2006, 235 (238); *Koller*⁸ Rn 1.
19 Ebenso Heymann²/*Schlüter* § 442 Rn 3; Fremuth/Thume/*Fremuth* § 442 Rn 11 ff; MünchKommHGB²/*C. Schmidt* § 442 Rn 4; **aA** *Andresen/Valder* § 442 Rn 4; *Brüning-Wildhagen* S. 120 f.
20 Vgl. BT-Drucks. 13/8445, S. 81.
21 *Ramming* TranspR 2005, 235 (239); *Koller*⁸ Rn 3.
22 OLG München TranspR 1990, 71 ff.

Rechts ist dabei Geltendmachung in eigenem Namen i.S.e. Rechts- resp. Prozessstandschaft.[23] Gegen die vor allem früher vertretene Ansicht, nach der es sich um eine Geltendmachung der Rechte in fremdem Namen kraft gesetzlicher Vollmacht handeln soll,[24] spricht die Formulierung der Bestimmung, die zumindest in Richtung der hier vertretenen Sicht deutet. Zudem erscheint die Annahme einer Ausübung im eigenen Namen weitaus praktikabler und prozessökonomischer: Sie vermeidet Schwierigkeiten, wenn sich der Frachtführer gegen den Herausgabeanspruch des Empfängers mit den Rechten der Vormänner zu verteidigen hat.[25]

c) **Ausschluss der Ausübungsverpflichtung.** Die Pflicht zur Rechtsausübung besteht aufgrund nachgiebigen Rechts und kann daher nach allgemeiner Auffassung im Frachtvertrag des letzten Frachtführers mit seinem Absender ausgeschlossen werden. Dies kann insbesondere durch Vermerk im Frachtbrief geschehen. Um einen (unzulässigen) Vertrag zu Lasten Dritter handelt es sich nicht, da mit der Abrede bereits eine Entstehung der Ansprüche der Vormänner auf Wahrnehmung ihrer Rechte ausgeschlossen wird.[26] **13**

d) **Schadensersatzpflicht.** Verstößt der letzte Frachtführer gegen seine Einzugspflicht oder die Pflicht, das Pfandrecht rechtzeitig geltend zu machen, haftet er nach § 280 BGB.[27] Der letzte Frachtführer muss indes keine Nachforschungen zu eventuellen Forderungen seiner Vormänner anstellen. Soweit ihm das Bestehen offener Forderungen seiner Vormänner weder bekannt noch erkennbar ist, stellt der Nichteinzug bereits keine Pflichtverletzung dar.[28] Berücksichtigte man den betreffenden Umstand erst auf der Verschuldensebene, müsste der letzte Frachtführer sich entlasten (§ 280 Abs. 1 Satz 2 BGB). Dies dürfte kaum richtig sein, wenn und weil der letzte Frachtführer, der die Rechte seiner Vormänner weitestmöglich wahrt, schon nicht hinter dem „Leistungssoll" zurückbleibt. **14**

In den Fällen, in denen eine Haftung des letzten Frachtführers nach Vorgesagtem ausscheidet, kann sich eine Haftung des vorausgehenden Frachtführers gegenüber den weiteren Vormännern unter dem Gesichtspunkt unterlassener oder unzureichender Information des nachgehenden Frachtführers ergeben. Gleichfalls kommt eine Haftung des vorletzten Frachtführers oder Spediteurs gegenüber den weiteren Vormännern in Betracht, wenn dieser die Verpflichtung des letzten Frachtführers aus § 441 Abs. 1 Satz 1 durch Vertrag mit jenem ausschließt (dazu Rn 13).[29] **15**

Klauseln wie **„frei von Kosten"** oder **„frei gegen Lieferschein"**, durch die der Absender die Zahlungspflicht im Verhältnis zum Empfänger alleine übernimmt, befreien den letzten Frachtführer nicht von der Pflicht zur Wahrung der Rechte der Zwischenmänner, weshalb sich der letzte Frachtführer, wenn er das Frachtgut in den betreffenden Fällen ausliefert, ohne Zahlung erhalten zu haben, haftbar macht, sofern auch die weiteren Voraussetzungen des Haftungstatbestands gegeben sind.[30] **16**

---

[23] Heymann²/*Schlüter* § 442 Rn 3; MünchKommHGB²/*C. Schmidt* § 442 Rn 4; **aA** *Ramming* TranspR 2006, 235 (240): nur Empfangsermächtigung.

[24] Etwa Heymann¹/*Kötter* § 441 a.F. Rn 1; Schlegelberger⁵/*Geßler* § 441 a.F. Rn 6.

[25] So auch bereits StaubHGB⁴/*Helm* § 441 a.F. Rn 13.

[26] Ebenso Ebenroth/Boujong/Joost/Strohn²/*Schaffert* § 442 Rn 4; MünchKommHGB²/*C. Schmidt* § 442 Rn 10; **aA** *Ramming* TranspR 2006, 235 (242).

[27] *Koller*⁸ Rn 3; Ebenroth/Boujong/Joost/Strohn²/*Schaffert* § 442 Rn 4.

[28] Wie hier auch *Koller*⁸ Rn 3.

[29] Siehe auch MünchKommHGB²/*C. Schmidt* § 442 Rn 10; Heymann²/*Schlüter* § 442 Rn 6.

[30] Siehe RGZ 122, 221 (226).

17 Der Ersatzanspruch[31] ist grundsätzlich nach § 433 beschränkt.[32]

18 e) **Ausübungszeitpunkt.** Für die Ausübung des Pfandrechts genügt es, die Drei-Tages-Frist des § 440 Abs. 3 zu wahren, sofern die weiteren Voraussetzungen der Norm vorliegen, d.h. das Gut noch im Besitz des Empfängers ist. Für andere Rechte der vorausgehenden Frachtführer (Zurückbehaltungsrechte) gilt dies nicht. Allgemein kommt es darauf an, ob sich die Ablieferung bereits i.S.e. irreversiblen Beeinträchtigung auf das geltend zu machende Vormannrecht ausgewirkt hat oder nicht.

19 **2. Rechte der vorhergehenden Frachtführer.** Die auszuübenden Rechte der Vormänner bestehen in Anbetracht der Forderungen, die diese jeweils dem Nachmann (Empfänger) gegenüber geltend machen können, d.h. vor allem Fracht, Auslagen, Nachnahmen, Standgelder und Schadensersatzansprüche. Zur Vereinbarung alleiniger Kostentragung des Absenders im Verhältnis zum Empfänger bereits oben Rn 16. Ohne Bedeutung ist, ob ein Frachtbrief ausgestellt ist und, wenn ja, die Forderungen in diesem vermerkt sind oder nicht.

20 **3. Fortdauer der Vormänner-Pfandrechte (§ 441 Abs. 1 Satz 2).** Missverständlich formuliert ist die Regelung der Fortdauer des Pfandrechts in § 441 Abs. 1 Satz 2, die sich dogmatisch nicht aus Besitzgesichtspunkten erklärt, sondern als gesetzlich angeordnete Sonderregelung betrachtet werden muss; siehe dazu auch bereits oben Rn 5 f. Entgegen dem Wortlaut der Norm ist das Fortbestehen des Pfandrechts des vorhergehenden Frachtführers nicht an das Bestehen oder den Fortbestand des eigenen Pfandrechts des letzten Frachtführers gekoppelt. Hatte dieser kein eigenes Pfandrecht oder ist dieses durch Befriedigung erloschen, so wirkt sich dies auf die Vormänner-Pfandrechte nicht aus; vielmehr bestehen diese fort, solange das Pfandrecht für den letzten Frachtführer bestünde, wenn dieser eines besäße,[33] d.h. grundsätzlich bis zum Besitzverlust des letzten Frachtführers und unter den Voraussetzungen des § 440 Abs. 3 bei Geltendmachung innerhalb der dreitägigen Frist auch über diesen hinaus.

IV. Rechtsübergang nach § 441 Abs. 2

21 Befriedigt ein nachgehender Frachtführer einen vorhergehenden, so gehen dessen Forderung und Pfandrecht nach § 441 Abs. 2 kraft Gesetzes auf ihn über und können, wie es sodann selbstverständlich ist, von ihm geltend gemacht werden. Wegen dieser *cessio legis* bedarf es keiner rechtsgeschäftlichen Forderungsabtretung mit Wirkungen nach §§ 398 Satz 2, 401 Abs. 1 BGB. Nicht vorausgesetzt ist, dass bei der Befriedigung kein Glied der Kette übergangen wird. § 441 Abs. 2 lässt die Befriedigung durch „einen" vorhergehenden Frachtführer ausdrücklich genügen, welcher nicht notwendig der unmittelbar vorhergehende sein muss. Die Legalzession umfasst auch Forderungen, die nicht aus dem Frachtbrief ersichtlich sind,[34] und wird nach Maßgabe des Abs. 3 auf den an der Beförderung mitwirkenden Spediteur erstreckt.

---

[31] Zu dessen Umfang Fremuth/Thume/*Fremuth* § 442 Rn 13.

[32] Heidelberger Kommentar[7]/*Ruß* § 442 Rn 2.

[33] MünchKommHGB[2]/C. *Schmidt* § 442 Rn 7; Ebenroth/Boujong/Joost/Strohn[2]/*Schaffert* § 442 Rn 5; *Koller*[8] Rn 5.

[34] Fremuth/Thume/*Fremuth* § 442 Rn 22.

§ 442
Rang mehrerer Pfandrechte

(1) Bestehen an demselben Gut mehrere nach den §§ 397, 440, 464, 475b und 495 begründete Pfandrechte, so geht unter denjenigen Pfandrechten, die durch die Versendung oder durch die Beförderung des Gutes entstanden sind, das spätere entstandene dem früher entstandenen vor.

(2) Diese Pfandrechte haben Vorrang vor dem nicht aus der Versendung entstandenen Pfandrecht des Kommissionärs und des Lagerhalters sowie vor dem Pfandrecht des Spediteurs, des Frachtführers und des Verfrachters für Vorschüsse.

Übersicht

I. Grundsätzliches

Seit der Transportrechtsreform bezieht die Vorschrift ausdrücklich das Pfandrecht des Verfrachters (§ 495; § 623 a.F.) mit ein, welches bereits zuvor den aufgezählten Pfandrechten im Wege der Auslegung gleichgestellt wurde.[1] Die Norm statuiert eine von §§ 1209, 1257 BGB teilweise abweichende Rangfolge der gesetzlichen Pfandrechte des Handelsrechts, und zwar **1**
- zum einen für miteinander konkurrierende Pfandrechte von Kommissionären, Frachtführern, Spediteuren, Lagerhaltern oder Verfrachtern aus der Versendung oder Beförderung einen Vorrang des später entstandenen Pfandrechts (Abs. 1),
- zum anderen einen generellen Vorrang dieser Pfandrechte vor nicht aus der Versendung entstandenen Pfandrechten des Kommissionärs und des Lagerhalters sowie vor Pfandrechten des Spediteurs, des Frachtführers und des Verfrachters für Vorschüsse (Abs. 2).

Dem liegt zugrunde, dass der Transport das Handelsgut regelmäßig aufwertet oder zumindest einen Wertverlust zu vermeiden oder zu verringern hilft. Aufgrund der Regelung muss ein später an der Versendung Beteiligter nicht befürchten, wegen seiner Ansprüche nur unzureichend gesichert zu sein. Dies ermöglicht ihm etwa eine Weiterbeförderung auch ohne Vorauszahlung und beschleunigt die Abwicklung des Gesamttransports. Gerichtsentscheidungen aus jüngerer Zeit, die § 442 mehr als bloß streifen, sind nicht ersichtlich. **2**

§ 442 findet nach §§ 26 BinSchG, 407 Abs. 3 Satz 1 Nr. 1 Var. 2 auch in der Binnenschifffahrt Anwendung, wobei zu beachten ist, dass die wegen der Beiträge zur großen Haverei auf den Ladungsgütern haftenden Pfandrechte den in § 442 bezeichneten gemäß § 116 Abs. 1 Satz 1 BinSchG vorgehen. **3**

---

[1] BR-Drucks. 368/97, S. 81; MünchKomm-HGB²/C. *Schmidt* § 443 Rn 1.

II. Die bevorrechtigten Pfandrechte nach § 442 Abs. 1

4 **1. Erfasste Pfandrechte.** § 442 Abs. 1 nennt die Pfandrechte der Kommissionäre (§ 397), Frachtführer (§ 440), Spediteure (§ 464), Lagerhalter (§ 475a) und Verfrachter (§ 495). Das Pfandrecht fällt nur dann in die bevorrechtigte Klasse, wenn es durch die Versendung oder Beförderung des Gutes entstanden ist. Damit kommt es für die Abgrenzung zwischen Abs. 1 und Abs. 2 des § 442 auf die zugrundeliegende Forderung an. Nur wenn diese versendungs- oder beförderungsbezogen ist, besteht der Vorrang nach Abs. 1. Ist diese Voraussetzung gegeben, ist es gleich, ob die pfandrechtlich gesicherte Forderung bei einem Kommissionär, Frachtführer, Spediteur, Lagerhalter oder Verfrachter entstanden ist.[2]

5 Von der Privilegierung erfasst sind Frachtforderungen, Forderungen wegen Spediteurprovisionen und den mit der Beförderung zusammenhängenden Aufwendungsansprüchen, etwa Stand- oder Liegegeldern, Verpackungskosten, Verzollungskosten, Überwachungskosten, Wiegekosten, Transport- und Speditionsversicherungsprämien. Der erforderliche Zusammenhang fehlt hingegen regelmäßig bei Eigenprovisionsansprüchen des Kommissionärs oder Lagergeldforderungen des Lagerhalters. Ein anderes gilt im Hinblick auf Lagerkosten allerdings, wenn die Lagerung in einem inneren Zusammenhang mit der Versendung oder Beförderung steht, so bei Einlagerung gemäß § 419 Abs. 3;[3] in diesem Fall gehören die Lagerkosten zur bevorrechtigten Klasse. Ebenso fallen Nachnahmen, wenn und soweit sie Versendungs- und Beförderungskosten betreffen, unter Abs. 1, nicht aber Wertnachnahmen, die sich auf den Kaufpreis oder ähnliche mit der Beförderung nicht zusammenhängende Ansprüche beziehen.[4]

6 Im Falle eines einheitlichen Nachnahmebetrags kann daher die Aufteilung des Pfandrechts in einen bevorrechtigten und einen nachrangigen Teil erforderlich werden. Es erfolgt keine generelle Einordnung in die bevorrechtigte Klasse, wenn ein Vorrang sich nur mit Blick auf einen Teil der gesicherten Forderung ergibt; vielmehr ist in diesen Fällen auch nur ein teilweiser Vorrang nach § 442 Abs. 1 anzunehmen.[5]

7 **2. Vorrangwirkung.** Die Pfandrechte i.S.d. Abs. 1 gehen den in Abs. 2 aufgeführten ohne Rücksicht auf den Zeitpunkt ihrer Entstehung vor. Innerhalb der Klasse des Abs. 1 selbst bestimmt sich der Vorrang nach der umgekehrten Rangfolge der Entstehung; das später entstandene Pfandrecht geht dem früher entstandenen vor. Der Prioritätsgrundsatz des § 1209 BGB ist in sein Gegenteil verkehrt (sog. Posterioritätsprinzip).

III. Nicht bevorrechtigte Pfandrechte

8 **1. Geltungsbereich des Abs. 2.** Abs. 2 gilt für alle in Rn 4 genannten gesetzlichen Pfandrechte des Handelsrechts, soweit sie nicht aus der Versendung entstanden sind und daher nicht in die bevorrechtigte Klasse des Abs. 1 fallen. Für das Pfandrecht des Frachtführers oder Spediteurs sind dies nur die in § 442 Abs. 2 genannten Pfandrechte für Wertvorschüsse.[6]

---

[2] Ebenroth/Boujong/Joost/Strohn[2]/*Schaffert* § 443 Rn 2.
[3] Heymann[2]/*Schlüter* § 443 Rn 4.
[4] Fremuth/Thume/*Fremuth* § 443 Rn 9.
[5] Siehe StaubHGB[4]/*Helm* Rn 3, 6.
[6] Siehe auch Heymann[2]/*Schlüter* § 443 Rn 3.

2. Rangordnung unter diesen Pfandrechten. Für das Rangverhältnis der nicht bevorrechtigten Pfandrechte des § 442 Abs. 2 untereinander und zu etwaigen anderen Pfandrechten, z.B. Vertrags- oder Pfändungspfandrechten, greift nach den allgemeinen Regeln (§§ 1209, 1257 BGB) das Prioritätsprinzip.[7] Die nicht bevorrechtigten gesetzlichen Pfandrechte konkurrieren also nicht nur untereinander, sondern mit allen anderen Pfandrechten nach Maßgabe des § 1209 BGB. Frachtführer- und Spediteurpfandrechte für Vorschüsse haben ebensowenig Vorrang vor älteren Pfandrechten wie die anderen, nicht unter § 442 Abs. 1 fallenden gesetzlichen Pfandrechte des Handelsrechts. 9

Durchbrechungen der sich so ergebenden Rangordnung sind aufgrund gutgläubigen Erwerbs des Vorrangs oder gutgläubig lastenfreien Erwerbs (§§ 932 ff BGB, 366) möglich. 10

[7] Heidelberger Kommentar[7]/*Ruß* § 443 Rn 4.